JN416872

PXA320을 이용한

Windows CE 개발 및 응용

남상엽 · 하이버스(주) 기술연구소 공저

도서출판 상 학 당

21세기로 접어든 지금, 세계 IT 산업은 디지털 기술과 인터넷의 확산으로 디지털, 가전, 컴퓨터, 방송 등 다양한 산업분야가 융합되어 새로운 부가가치를 창출하는 디지털 컨버전스와 사람, 사물, 기계 등 무엇이든지 서로 접속하여 실시간으로 어떠한 정보든지 주고받을 수 있는 환경으로 빠르게 진화하고 있다. 유비쿼터스 컴퓨팅 패러다임은 인간생활을 둘러싼 모든 환경과 사물 속에 특정 용도와 기능 중심의 컴퓨터를 센서, 칩, 배지 등과 같은 포스트 PC 형태로 내장하고 이들을 유무선 네트워크로 연결함으로써 보이지 않은 컴퓨터를 통해 사람, 장소, 사물이 시시각각 변하는 상황정보를 활용할 수 있는 미래 정보화의 핵심으로 떠오르고 있다. 이러한 포스트 PC의 시대에 맞추어 적용되어질 기술적 요소의 무언가가 필요하게 되었고, 그에 따라 등장한 것이 '임베디드(embedded) 시스템'이다.

임베디드 시스템용 운영체제로서 Window CE는 마이크로소프트사에서 개발한 운영체제로써 확장성이 뛰어난 개방형 32비트 운영체제이다.

응용 분야는 산업용 컨트롤러와 통신허브, POS 터미널과 같은 엔터프라이즈 도구에서부터 카메라와 전화, 가정용 오락기기와 같은 소비자 제품에 이르기까지 다양하게 응용되고 최근에는 기존의 윈도우즈 인터페이스에 모바일 네트워크 기능을 강화해 가전제품, PDA, 셋톱박스 등에 주로 사용되고 있다.

Window CE는 적외선 통신, 웹 브라우징 기능 이외에도 편리한 개발환경을 가지고 있으며 UI가 기존의 윈도우즈와 매우 유사하게 제작되어 있어 별도의 학습 없이도 바로 사용할 수 있다. 또한, 윈도우즈 CE 계열의 PDA는 흑백 및 컬러 디스플레이가 가능하며 동영상, WAV, MP3 등 멀티미디어 파일의 재생이 가능하여 PDA의 엔터테인먼트 기기화를 가져왔다. PC용의 윈도우즈 OS나 각종 오피스 프로그램들과 완벽한 호환이 가능해 기존의 데스크탑이나 노트북에서 가능하던 각종 애플리케이션들을 PDA에서도 그대로 사용할 수 있는 장점이 있다. 포켓 PC의 등장으로 기존 윈도우즈 CE에서 보여주었던 수행속도의 저하와 비효율적인 하드웨어의 활용 등의 문제점들이 보완됐다. 포켓 PC는 사운드와 동영상 재생 및 컬러 디스플레이 구현 등 다양한 멀티미디어 기능을 기본적으로 제공하며 PC와의 호환성이 뛰어났다. 또한, 포켓 인터넷 익스플로러를 기본으로 내장해 모바일 인터넷을 실현했으며, 게다가 데스크탑과 거의 흡사한 UI를 갖춤으로써 윈도우즈에 익숙한 사용자들을 쉽게 끌어들이고 있다.

이 책에서 타깃 시스템(X-Hyper320TKU)의 OS는 커널과 커널을 보조하는 시스템 프로세서, 디바이스 드라이버, API, 데이터 파일, 응용프로그램으로 구성된 Window CE 5.0 기반으로 실습하도록 구성되어 있다. X-Hyper320TKU에서 Windows CE 운영체제가 구동될 수 있도록 하는 부트로더의 다운로드, X-Hyper320TKU가 구동될 때 출력되는 디버깅 메시지, 통신 메시지, Windows CE 이미지 파일의 다운로드를 위해서 통신 케이블을 연결하여 개발환경을 구축한다. Windows CE 운영체제를 개발하고 타깃보드에 다운로드 및 디버깅을 하기 위해서는 Platform Builder 5.0, Microsoft eMbedded Visual C++ 4.0, 하이퍼 터미널, JFlashMM, ActiveSync 소프트웨어들이 호스트 컴퓨터에 설치되어 있어야 한다.

이 교재는 32bit 프로세서인 PXA320를 기반으로 한 X-Hyper320TKU 보드를 이용하여 컴퓨터 · 전자 · 통신 분야 관련 학생 및 초보개발자를 대상으로 한 임베디드 시스템 프로그램에 대한 기본학습 및 실습을 위한 교재로서, 처음 Window CE 5.0을 접하는 학생 및 개발자에게 쉽고 빠르게 접근할 수 있도록 하는 데 초점을 맞추어 편찬되었다.

이 책의 주요 구성은 다음과 같다.

이 책의 1장은 임베디드 시스템의 기초부분으로서 임베디드 시스템의 개요, 임베디드 시스템의 활용, 임베디드 시스템의 향후 전망, 임베디드 시스템 프로세서의 종류 및 특징, PXA320 프로세서, PXA320과 PXA270의 비교 및 X-Hyper320TKU와 X-Hyper270TKU 사양 비교를 설명하였고, 2장은 임베디드 시스템 소프트웨어인 운영체제(OS)의 개요, 기능, 개발환경, 임베디드 시스템 운영체제의 종류 및 특징을 설명하였고 특히 Window CE에 관한 전반적인 특징에 대하여 서술하였다. 3장에서는 임베디드 타깃 시스템인 X-Hyper320 TKU의 구성 및 성능에 대한 내용으로 구성하였으며 특히 PXA320 프로세서에 대한 개괄적인 특징을 설명하였다.

4장은 Windows CE 개발환경 구축을 위해 필요한 소프트웨어에 대한 설명과 설치방법에 대하여 서술하였다. 5장에서는 EBOOT 환경 구축, 6장에서는 모바일 핸드헬드 디바이스 플랫폼 생성, 7장에서는 스트림 인터페이스 드라이버의 구조 및 종류와 스트림 인터페이스 디바이스 드라이버에 대해 설명하였다. 8장에서는 디바이스 드라이버 구성으로써 IEB 보드 디바이스 드라이버 제작, X-Hyper320TKU 주변기기 디바이스/테스트에 대하여 설명하였다.

9장은 Windows CE 애플리케이션 제작 및 설치, 확인, eMbedded Visual C++ 개발, 플랫폼 빌더 개발, 비주얼 스튜디오 개발, Application의 응용, KITL 사용, 리모트 툴에 대해 서술하였다. 그리고 각 장에서는 소스를 장비에 적용함으로써 X-Hyper320TKU 교육장비의 실질적인 실험실습을 통해 다양한 기능과 특징을 확인해봄으로써 임베디드 Window CE 5.0 시스템에 대한 쉽고 빠른 이해를 얻을 수 있을 것이다.

끝으로 이 교재를 집필하는 데 많은 도움을 주신 하이버스(주)의 김태형 사장님과 임직원 관계자 여러분께 감사의 말씀을 전하고, 도서출판 상학당의 관계자 여러분에게 감사의 마음을 전합니다. 그리고 어려운 환경 속에서 이 책을 집필하는 데 많은 도움을 준 김승한 연구원, 남상석 님에게 감사의 말을 전한다.

저자 씀

Contents

Contents

Contents

Contents

Contents

Contents

1장 임베디드 시스템

학습목표

임베디드 시스템의 정의를 이해하고, 임베디드 시스템의 기본구조 및 개념을 학습한다. 그리고 임베디드 시스템의 실생활에서의 폭넓은 활용범위를 알고 이를 적용할수 있는 여러 분야의 발전가능성에 대해 학습한다.

1.1 임베디드 시스템의 개요

임베디드 시스템(embedded system)이란 어떤 시스템에 내장되어 특정한 목적만을 수행하는 컴퓨터의 하드웨어와 소프트웨어가 결합된 고기능의 전자 제어 시스템을 말한다. 임베디드 시스템의 일반적인 의미는 마이크로프로세서/마이크로컨트롤러를 내장(embedded)하여 원래 제작자가 의도한 특정한 기능만을 수행하는 장치이다.

임베디드 시스템의 구성을 살펴보면 임베디드 하드웨어는 임베디드 프로세서/임베디드 컨트롤러, 메모리, I/O 장치, 네트워크 장치, 센서, 구동기 등으로 구성되어 있고 임베디드 소프트웨어는 운영체제, 시스템 소프트웨어 및 응용 소프트웨어로 구성되어 있다.

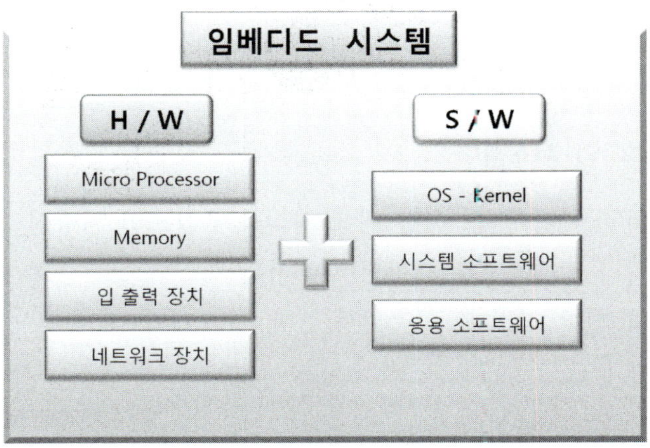

[그림 1-1] 임베디드 시스템 구성

[그림 1-2] 임베디드 시스템의 특징

임베디드 시스템의 특징은 특정한 기능에 부합하는 최적화(application-specific functionality), 소형, 경량화, 저전력화, 고신뢰성을 가지면서, 네트워크를 지원하고 멀티미디어를 지원하는 시스템으로, 실시간 운영이 되는 열악한 환경 하에서도 데드라인(deadline) 이내, 즉 반응에 요구되는 시간의 한계값에 논리적으로도 결과 산출에 걸리는 시간에서도 적시성(timeliness)을 가지며 외부 자극에도 예측 가능한(predictable) 방식으로 반응하는 시스템으로서 가격에 민감하고 안전하게 동작할 수 있는 시스템의 특징을 가지고 있다.

실시간 시스템(real time system)의 정의는 정해진 시간 내에 시스템이 결과를 출력하는 시스템을 말한다. 이는 주어진 작업을 빨리 처리하는 것이 아니고 정해진 시간을 넘어서는 안 된다는 뜻이다.

실시간 시스템의 분류는 HARD 리얼타임 시스템과 SOFT 리얼타임 시스템으로 분류된다.

1 HARD 리얼타임 시스템

정해진 시간(deadline) 내에 즉, 시간 내에 처리하지 않으면 치명적인 결과를 초래하는 경우에 작업의 결과가 절대적으로 출력되어야 하는 시스템으로 주로 전투기의 비행제어 시스템, 핵발전소의 제어 시스템, 인공위성의 제어 시스템 등이 이에 해당된다.

2 SOFT 리얼타임 시스템

정해진 범위를 넘는 시간(deadline) 지연이 발생하더라도 그것이 시스템의 에러가 되지 않는 시스템으로 주로 컴퓨터, 정보기기, 네트워크 관련기기 등이 이에 해당된다.

임베디드 시스템은 대부분 실시간적인 요소가 내포되어 있고 실시간 시스템이 포함되어 있어야 한다.

1.2 임베디드 시스템의 활용

임베디드 시스템은 이미 각종 산업분야, 및 가정 등 우리생활 깊숙한 곳에 적용되고 있다. 임베디드 시스템은 앞으로도 최신기술이 요구되는 휴대용 정보가전기기의 대부분에 활용되어질 것이다.

- 정보가전 : 세탁기, 오디오, 인터넷 냉장고, HDTV 등
- 제어분야 : 공장자동화, 가정자동화, 로봇 제어, 공정제어 등
- 정보기기 : 핸드폰, PDA, 스마트 폰, LBS 등
- 네트워크기기 : 교환기, Router, 공유기, 홈게이트웨이 등
- 게임기기 : 가정용 게임기(PS2, Xbox, PSP), 지능형 장난감 등
- 항공/군용 : 비행기, 우주선, 로켓, 야전 이동단말(GPS, GIS)
- 물류/금융 : ATM, RFID, 물류단말, 영업단말 등
- 차량/교통 : 자동차, ITS 등
- 사무, 의료 : 전화기, 프린터, Heart pacer, 수술로봇, 증강현실장비

[그림 1-3] 각종 임베디드 시스템

1.3 임베디드 시스템의 향후 전망

1 프로세서

- 대부분의 프로세서가 임베디드 시스템용으로 사용한다.
- 데이터 처리용량 증가로 인하여 32비트 코어에서 64비트 코어로 발전한다.
- 고성능의 파이프라인, DSP, 자바 처리 전용 H/W 추가한다.
- 많은 종류의 마이크로프로세서 / 컨트롤러들 중에서 응용에 최적인 제품을 찾아내는 것이 설계에서 매우 어렵고 중요한 작업이다.

2 SOC(System-On-a-Chip)

- CPU, 메모리, DSP, I/O 등을 하나의 칩으로 만드는 기술로써 CPU칩, 메모리 칩, 주변장치 칩들을 따로 사용하여 설계한다.

- 각 칩에 해당되는 회로를 각각의 IP(Intellectual Property 또는 지적 재산권)로 확보해서 한 개의 칩으로 설계한다.
- 수백만 게이트급의 칩으로 제작된다.

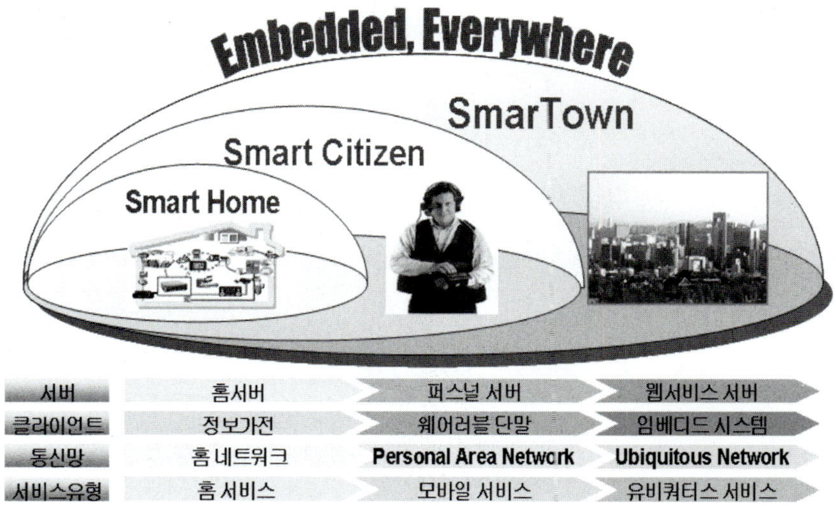

[그림 1-4] 임베디디 시스템 적용 범위

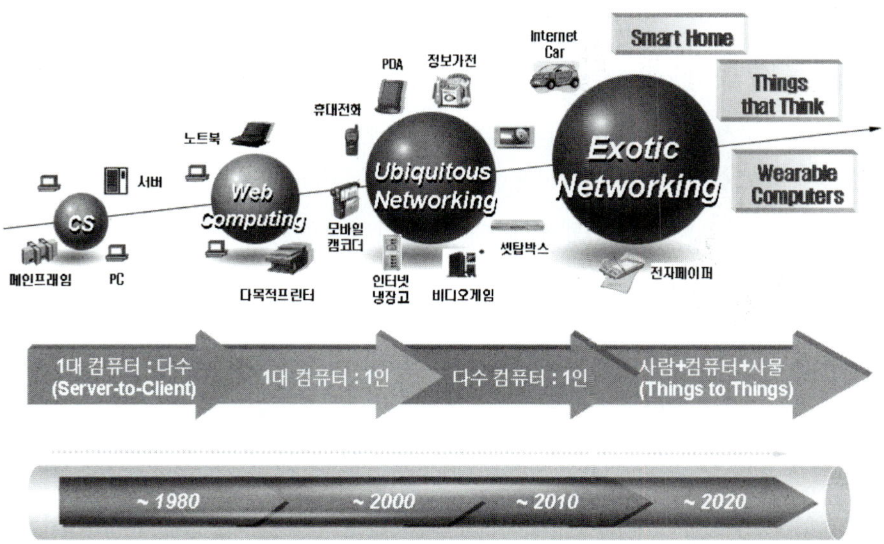

[그림 1-5] 임베디드 시스템 발전 전망

1.4 임베디드 시스템 프로세서의 종류 및 특징

임베디드 프로세서는 8비트에서 64비트까지 다양한 종류와 특징을 가지고 있다. 특히 [표 1-1]에서 보는 바와 같이 프로세서의 CISC와 RISC별, 제조사별 다양한 종류가 생산되고 있다.

[표 1-1] 임베디드 프로세서

프로세서	제 조 사	종 류
8051계열	Atmel, Cirrus, intel, TI 등	8051
PowerPC 계열	모토로라(현재 ; Freescale)	MPC860, 850, 8260
ARM 계열	ARM	ARM7, ARM9, ARM10, ARM11
INTEL 계열	Intel	strongARM, Xscale(PXA255), Bulverde(PXA270)
삼성계열	삼성 Korea	S3C2410, S3C2440 등
MIPS 계열	MIPS	MIPS32, MIPS63 등
X86 계열	AMD, Intel 등	I386, I686 등

다양한 제조사에서 생산되는 임베디드 시스템 프로세서 중에서도 가장 많은 시장점유율을 차지하는 프로세서는 ARM 아키텍처를 사용한 프로세서들이다. 삼성, Marvell 등의 기업에서 역시 ARM 아키텍처를 이용한 프로세서들이 주류를 이루고 있다. [표 1-2]는 가장 많이 사용되는 ARM 아키텍처에 대해 정리되어 있다.

[표 1-2] ARM 아키텍처

Feature	ARM9E™	ARM10E™	Intel® XScale™	ARM11™
구조 파이프라인 길이	ARMv5TE(J) 5	ARMv5TE(J) 6	ARMv5TE	ARMv6 8
Java Decode	(ARM926EJ)	(ARM1026EJ)	No	Yes
V6 SIMD 명령어	No	No	No	Yes
MIA 명령어	No	No	Yes	Available as

Feature	ARM9E^{TM}	ARM10E^{TM}	Intel® XScale^{TM}	ARM11^{TM}
				coprocessor
Branch Prediction	No	Static	Dynamic	Dynamic
Independent Load-Store Unit	No	Yes	Yes	Yes
명령어 이슈	Scalar, in-order	Scalar, in-order	Scalar, in-order	Scalar, in-order
Concurrency	None	ALU/MAC, LSU	ALU, MAC, LSU	ALU/MAC, LSU
Cut-of-order completion	No	Yes	Yes	Yes
Target Implementation	Synthesizable	Synthesizable	Custom chip	Synthesizable and Hard macro
Performance 범위	Up to 250MHz	Up to 325MHz	200MHz ->1GHz	350MHz ->1GHz

1.5 PXA320 프로세서

차세대 PXA3xx 프로세서 패밀리를 이끄는 PXA320 프로세서는 806MHz의 클럭으로 동작함으로서 휴대폰이나 PDA 등의 임베디드 시스템 기반에서 고성능의 계산처리 능력으로 고품질의 비디오 처리를 가능하게 한다. 90nm 나노공정의 저전력기반의 설계기술로 요구에 따라 전압과 클럭을 설정할 수 있어서 배터리 사용시간을 연장할 수 있도록 설계되었다. 또한 무선 MMX, 무선 Speed Step을 지원하며, 카메라 접속을 용이하게 하는 퀵 capther-인터페이스를 갖추고 있다.

1 PXA320 성능

PXA320은 기존의 PXA270에 비해 성능개선, 연장된 배터리 사용시간을 제공하고 멀티미디어 성능을 강화하였다. 무선 단말전용의 차세대 응용 프로세서로서 새로운 프로세서 기술을 기반으로 한 고급 멀티미디어 휴대폰, PDA전용 CPU로 2007년 이후 휴대폰/DMB/PDA 등 모바일 핸드헬드 장비의 트렌드를 결정할 프로세서다.

2 PXA320 프로세서의 주요 특징

- 최대 806MHz의 성능을 낼 수 있으며 256KB의 L2캐쉬 메모리, 그리고 32bit DDR 메모리 인터페이스를 지원하여 사용자들이 풍부한 웹 2.0 콘텐츠 및 스트리밍 비디오 서비스를 검색할 수 있다. 확장된 성능으로 동시에 여러 가지 응용프로그램 작업을 할 수 있도록 한다. 또한 무선 클라이언트 디바이스들의 요구에 대해 보다 나은 성능을 제공한다.
- 마벨(Marvell)의 확장된 전원관리 기술은 사용자가 좀 더 오랜 시간 장비와 서비스를 제공받을 수 있도록 배터리 사용시간을 효과적으로 늘린다.
- 인텔 무선(Wireless) MMX 2 기술, 2D 그래픽 가속기(graphics accelerator), 그리고 768KB의 프레임 버퍼로 설계되어 사용자들이 향상된 수준의 비디오 재생 및 동영상 기능과 화상통화 및 디지털 TV 기능을 체험할 수 있다.
- Wi-Fi, WiBro, WiMAX, 그리고 Bluetooth v1.2와 같은 주변장치들의 쉽게 연결할 수 있으며, 2~3 mega pixels까지 지원하는 Camera Sensor의 Quick 캡쳐 인터페이스를 제공하여 다양한 응용을 할 수 있다.
- [그림 1-6]은 PXA320의 블록 다이어그램이다.

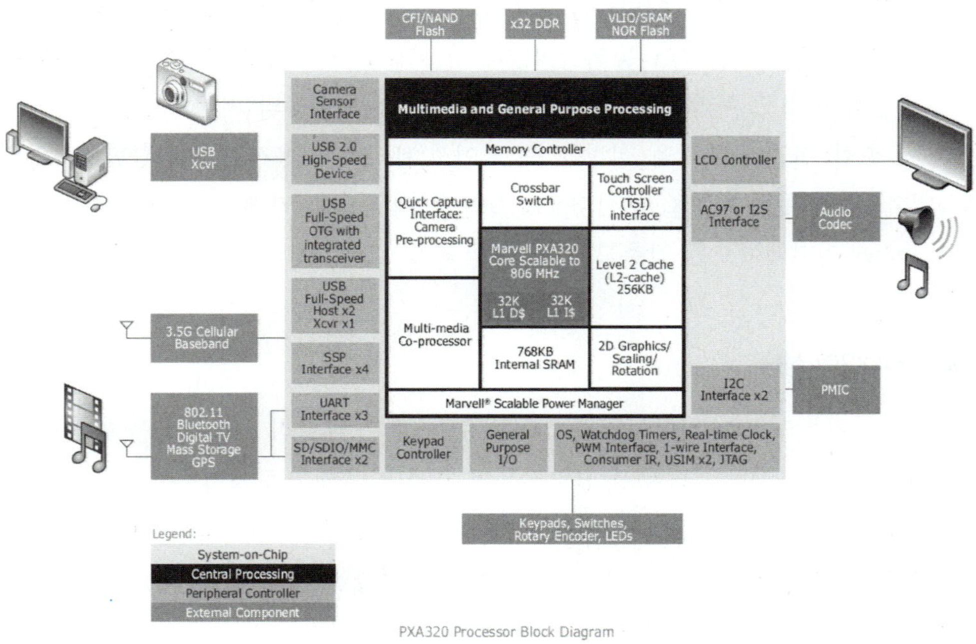

[그림 1-6] PXA320의 블록 다이어그램

3 향상된 비디오와 오디오 성능

PXA320 프로세서에 탑재된 Intel video Max 기술은 다음 세대에 요구되는 높은 수준의 멀티미디어 기능을 지속적으로 제공할 것이다. Intel video Max 기술은 멀티미디어 폰과 PDA 등 고급 핸드헬드 개인 미디어 플레이어에 적용되어 초당 30프레임과 최고 D1 해상도까지 지원하며 고품질의 비디오 재생을 위해 H.264 같은 첨단 코덱을 지원한다. PXA3xx 프로세서는 디지털 카메라, 떨림 방지 같은 첨단 카메라 효과와 5MP 카메라 센서를 지원한다. 또한 큰 프레임 버퍼와 새로운 메모리 아키텍처를 이용하고 보다 빠른 DDR 메모리를 지원하여 PXA320 프로세서는 기존의 PXA270 보다 약 40% 향상된 한 단계 높은 비디오 성능을 이끌어낸다.

4 PXA3xx 프로세서 패밀리

PXA3xx 응용 프로세서 패밀리는 사용자들에게 성능이나 배터리 사용시간에 지장을 주지 않고 옵션형의 안전한 프레임워크 내에서 이동 중에도 웹브라우징과 고급 음악감상 및 최신 비디오 시청을 가능하게 해준다. 무선통신 고객들은 이메일을 확인하거나, WiFi를 통해 액티브 콘텐츠를 즐길 수 있으며 개인화된 MIDI 통화 연결음과 콜러 ID를 적용해 휴대폰을 사용하면서 스테레오 블루투스 헤드셋을 이용하여 음악감상을 할 수 있다.

마이크로소프트, 리눅스, 팜, 그리고 RTOS 스펙트럼 오퍼링 이용이 가능한 솔루션을 가능하게 해주는 플랫폼을 통해서 기기개발자들은 고객요구를 충족시키는 체험, 애플리케이션 및 서비스를 선택할 수 있다. 다양한 운영환경을 지원한다는 것은 다양한 무선통신 사업자들의 요구에 대응하여 개발 작업을 보존하고 제품의 시장화시간을 단축시켜 위험을 줄여준다. 또한 ARM 아키텍처를 따를 경우 기존의 ARM 기반 애플리케이션은 PXA3xx 패밀리에 신속히 이식될 수 있다.

이처럼 PXA3xx 프로세서 패밀리는 적은 비용으로 200MHz의 스마트 폰에서부터 고성능 멀티미디어 폰을 구현할 수 있을 정도로 광범위하게 적용되어지며, PXA3xx 플랫폼을 기본으로 많은 사용자들을 위한 전자기기와 임베디드 응용 장비에 적용할 수 있다. 또한 진보된 최신 기술로 신뢰성 있는 컴퓨팅을 가능하게 하는 PXA3xx 프로세서는 하드웨어와 소프트웨어를 결합하여 소비자의 요구에 맞는 높은 보안성을 제공하고 높은 성능과 저전력 기술을 통합하여 기존의 프로세서보다 한 단계 높은 새로운 수준의 프로세서 경험할 수 있게 해준다.

5 마 벨

마벨(Marvell)은 또한 현재 셀룰러 베이스 밴드 프로세서인 PXA800(사내 코드명 : 하몬)시리즈를 대량 출하하고 있다. 마벨 애플리케이션과 셀룰러 베이스 밴드 프로세서를 업계를 리드하는 마벨의 스토리지, WLAN, 전력관리, VIOP 및 블루투스 솔루션들과 결합할 경우, 개발자들에게 다양한 시장 부문들의 요구와 가격 포인트를 충족시키는 광범위한 종류의 무선 핸드헬드 기기들을 개발할 수 있는 종합적인 플랫폼을 제공할 것이다.

1.6 PXA320과 PXA270의 비교

[표 1-3]에서 PXA320과 PXA270 Xscale의 CPU 클럭, incredible, 고성능 카메라 인터페이스, 고성능 LCD 제어기, 무선 데이터 액세스 및 다량의 주변기기 세트를 비교하였다.

[표 1-3] PXA320과 PXA270의 비교

	PXA320	PXA270
CPU Clock	806MHz	520MHz
CPU Core	ARM11	ARM9
Internal SRAM	6(banks) X 128(KB) = 768KB	4(banks) X 64(KB) = 256KB
LCD Controller	최대 800 X 600	최대 800 X 600
Mini-LCD Controller	Mini-LCD Controller (최대 800 X 600)	None
NAND	NAND (Data Flash Interface)	Not Supported
Dynamic Memory	DDR SDRAM (최대 260MHz로 동작)	SRAM (최대 104MHz로 동작)
Controller	32CH, 92 Peripheral-device Requests	32CH, 63 Peripheral-device Requests
USB	USB 1.1 Host : 3Ports USB 1.1 Device : 23 Enpoints USB 2.0 Device : 7 Enpoints	USB 1.1 Deivce : 23 Enpoints
DMA	3 External device Requests	USB 1.1 Host : 1 port
Camera Interface	최대 2560 X 2048	최대 2048 X 2048
SD / MMC	2CH Supported	Not Supported

1.7 X-Hyper320TKU와 X-Hyper270TKU 사양 비교

X-Hyper320TKU 임베디드 시스템의 개발로 인하여 종래 타깃 시스템인 X-Hyper 270 TKU와 성능비교를 다양한 항목별로 [표 1-4]에 요약 서술하였다.

[표 1-4] X-Hyper320TKU와 X-Hyper270TKU 사양 비교

항 목	X-Hyper320TKU	X-Hyper270TKU
CPU	PXA320	PXA270
CPU 클럭	806MHz	520MHz
SDRAM	266MHz DDR SDRAM 128MByte	128MB
플래시 ROM		TE28F128 2EA(32MB)
NAND 플래시	NAND Flash 128MByte	NAND Flash 64MByte
오디오	AC'97 CODEC Chip(WM9712)	AC'97 CODEC Chip(CS4299)
이더넷	10/100Mbps Ethernet – 2port	10Base–T 1Port(CS8900)
	Wireless LAN (Max 54 Mbps, IEEE 802.aag/b)	10/100Base–T 2Port(LAN91C111)
디스플레이	800 X 480 (7Inch Wide TFT clolor LCD)	6.4 inches TFT LCD Interface
VGA	VGA Interface	VGA Controller(THS8135)
터치스크린	Touch Screen Controller 내장	MK712RI
USB HOST	USB HOST / Client 1.1 1Port(Internal)	USB 1.1 Host 1Port(PXA270 Internal)
	USB HOST 2.0 2Port(External) / Client 2.0 1Port(External)	USB 2.0 Host 2Port(TD242LP)
CPLD/FPGA	12만 게이트 FPGA (최대 24만 게이트 확장가능)	CPLD EPM3604_TQFP100/FPGA ALTERA 10만 gate
카메라 I/F	CMOS Camera 1.3M Pixel	CMOS(PXA270 Internal)
UART	Debug(RS232), GPS(TTL), FFUART(RS232) – 3EA	UART 1Port(PXA270 Internal)
UART Externd	Bluetooth(RS232), IrDA(TTL), RS232, TTL –(4EA)	Full Function UART 4 Port(TL16C554APN)
KEY	GPIO Key 4EA	GPIO Key 4EA
	4 X 4 Key Matrix	4 X 4 Key Matrix
Charicter LCD	16 X 2 Line (1EA)	16 X 2 Line (1EA)
GPS	GPS Module	
IDE	mini IDE Interface(1.8")DMA 지원	
etc	MMC/SD 1 Slot 내장 Speaker L/R	

2장 임베디드 시스템 소프트웨어

학습목표

임베디드 시스템 소프트웨어에는 여러 가지의 다양한 종류가 있다. 그 중에서 많이 사용되는 임베디드 소프트웨어에 대해서 알아보고, 일반적으로 가장 많이 사용되는 임베디드 Linux와 Windows CE에 대해서 학습한다. 임베디드 시스템 특성상 H/W뿐 아니라 S/W의 중요성을 인식한다.

2.1 임베디드 소프트웨어의 개요

임베디드 소프트웨어란 임베디드 시스템에 탑재되는 소프트웨어를 말한다. 임베디드 시스템의 응용 분야가 다양해지면서 예전에는 단순했던 임베디드 소프트웨어가 점점 더 복잡하고 다양한 기능을 처리하게 되었다.

임베디드 OS를 사용하는 이유는 인공위성이나 미사일 제어 등과 같이 오류에 견고한 시스템이나 실시간 시스템을 위해 최적화된 운영체제가 필요한 경우이다. 이러한 경우에는 다양한 목적의 범용적인 운영체제보다는 RTOS(Real Time Operating System)와 같은 임베디드 OS를 사용한다. RTOS는 표준 하드웨어 환경이 정해져 있지 않다는 점이 윈도우나 유닉스 등 범용 운영체제와 커다란 차이이며, 이는 곧 응용프로그램뿐 아니라 운영체제 자체에 대해서도 사용자가 환경을 설정해야 하고 때에 따라서는 포팅 노력이 요구된다는 뜻이다. 그리고 시스템의 하드웨어 자원, 특히 메모리 사용에 대해서 많은 제약이 따른다. 예를 들어 일반 OS에서 작동하는 응용프로그램이 몇 백 KB 메모리를 더 사용한다고 해서 무슨 큰 문제가 되는 것은 아니다. 그러나 임베디드 시스템에서는 메모리를 더 사용하면 그만큼 제품 단가가 올라가고, 특히 이동 환경에서는 제품의 크기와 배터리의 사용 시간에도 직접적인 영향을 주게 된다.

RTOS는 실시간 처리에 대한 강력한 지원과 통합 개발 및 디버깅 환경을 지원한다. RTOS는 그 종류는 대단히 많이 있다. 대표적으로 화성 착륙선인 패스파인더(PathFinder)와 혼다에서 만든 로봇인 아시모(ASIMO)의 운영체제로 쓰인 윈드리버(WindRiver)의

VxWorks, ISI에서 개발해서 지금은 윈드리버에 통합된 pSOS, Mentor Graphics의 VRTX, 윈도우 CE 닷넷, 윈도우 XP 임베디드, 임베디드 리눅스 등이 있으며 교육용으로 만들어진 uC/OS-II가 있다.

2.2 임베디드 시스템의 운영체제

임베디드 시스템(embedded system)이라는 것은 통상적으로 일반적인 시스템과는 달리 특정한 작업만을 수행하도록 설계되며 초기의 임베디드 시스템은 비교적 아주 단순해서 특별한 운영체제가 필요 없이 사람이 순차적인 프로그램을 작성해서 실행하도록 되어 있고, 중간에 인터럽터가 발생되는 경우에만 그 순차적인 프로그램에서 잠시 벗어나는 정도였다. 이전의 임베디드 시스템들은 주로 간단하고 단순한 순차적인 작업에 관련되었기 때문에 굳이 운영체제(OS : Operation System)를 사용한다는 것은 낭비가 되었고 그럴 필요조차 없었다.

그러나, 최근의 임베디드 시스템 분야에서는 그 시스템 자체가 상당히 커지게 되고, 네트워크나 멀티미디어가 시스템에 기본으로 포함되면서 임베디드 시스템이 해야 할 일들도 많아지고 복잡해졌기 때문에 순차적인 프로그램을 작성하기가 매우 어렵게 되었다. 따라서 임베디드 시스템에서는 운영체제의 개념이 필요하게 되었고 임베디드 시스템의 특성상 실시간(real time)이라는 요소를 만족해야 하였으므로 실시간 운영체제가 임베디드 시스템에 도입되게 되었다.

지금도 실시간 RTOS를 채택하여 개발되는 제품들이 점점 늘어나고 있는 추세이며, 이제는 수많은 임베디드(embedded) 시스템에서 그 목적에 맞게 실시간 운영체제와 함께 적절하게 사용되고 있는 실정이다. 그리고 임베디드 운영체제(embedded operation software)는 크게 아래와 같이 RTOS(Real Time OS)와 GPOS(General Purpose OS)로 분류할 수 있다.

1 실시간 운영체제(Real Time OS)

RTOS는 정해진 시간 내에 타깃 시스템이 결과를 출력하는 실시간 시스템을 말한다. 이는 주어진 작업을 빨리 처리하는 개념이 아니고 정해진 시간을 넘겨서는 안된다는 개념이다. 또한, RTOS에 사용되며 실시간 임베디드 시스템 응용에 적합할 수 있도록 시스템 응답속도(response speed), 인터럽트(interrupt), Efficiency, Scalability, Portability 등에서 우수한 성능을 가지도록 설계된 운영체제를 말한다. RTOS는 실시간적 요소를 충족시키기 위해서 모듈화, 선점형 멀티태스킹, 스케줄링, 통합 개발환경 지원 등을 고려해야 한다.

실시간 시스템도 하드 리얼타임 시스템(Hard Real Time System)과 소프트 리얼타임 시스템(Soft Real Time System)으로 나눌 수 있다.

① 하드 리얼타임 시스템

하드 리얼타임 시스템은 정해진 시간 내에 작업한 결과가 절대적으로 출력되어야 하는 시스템을 말하며, 이런 시스템의 예로는 전투기의 비행 제어 시스템이라든지 핵발전소의 제어 시스템, 인공위성의 제어 시스템 등 작업의 결과가 미리 정해진 시간 내에 도출되지 않으면 막대한 손실을 발생할 수 있거나 치명적인 결과가 나오게 되는 경우이다.

② 소프트 리얼타임 시스템

소프트 리얼타임 시스템은 정해진 시간 내에 작업의 결과가 나오지 않더라도 하드 리얼타임 시스템처럼 치명적인 결과를 양산하는 그런 시스템이 아닌 경우이다. 소프트 리얼타임 시스템은 정해진 범위를 넘는 시간 지연이 발생하더라도 그것이 시스템 에러(system error)가 되지는 않는다.

2 GPOS(General Purpose OS)

일반 OS는 현재 사용하고 있는 Window NT, Window 95/98/2000/XP, DOS, UNIX, Macintosh OS, OS/2 등으로 일반적인 응용 소프트웨어를 운영하기 위하여 설계된 운영체제를 말한다. 따라서 대용량의 메모리와 ROM 영역을 필요로 하며, Local File System, Paged Virtual Memory를 관리할 수 있는 MMU(Memory Management Unit) 등이 필요하다. 실시간을 구현하는 데 있어서 응답속도(Response Speed), 인터럽트 핸들링(Interrupt Handling) 등에서 RTOS보다 우수하지 못하다.

대부분의 임베디드 시스템들은 그 자체에 맞도록 포팅(porting)된 운영체제를 가지고 있으며 이런 운영체제로서는 하나의 운영체제가 거의 독점하고 있다시피 한 PC용 운영체제 시장과는 달리 여러 종류의 독특한 특성을 가진 운영체제가 공존하고 있는 상황이다. Xinu, uC/OS와 같이 개인이나 학계 등에서 공개한 교육용 또는 평가용 운영체제를 채용하고 있는 몇몇 디바이스를 제외하고 대부분 pSOS, VxWORKs와 같은 상용 운영체제를 구입해 내장하고 있으며 Cisco와 같은 일부 대형 통신장비 업체에서는 IOS와 같이 자신들이 직접 개발한 운영체제를 사용하고 있다.

이렇게 다양한 운영체제들이 존재하지만 이를 채택하여 개발시에는 많은 문제점이 상존하고 있다. 우선 교육용 운영체제를 채택하는 것은 무료로 공개되어 있는 경우가 거의 대부분이므로 가격적인 면에서 부담이 없고 구조가 간단하여 자체로 애플리케이션을 개발하기가 쉽다. 하지만 사용자층이 적거나 혹은 그 운영체제를 이용해 애플리케이션을 개발하는 데 어떤 대가도 지불하지 않았으므로 문제가 발생할 경우, 구체적으로 도움을 받거나 책임요소를 분명히 할 수가 없다. 즉, 운영체제 자체를 사용하는 데 있어 위험성이나 불안 요소를 안고 갈 수 밖에 없으며 이런 특성은 특히 제품의 성능과 안정성이 금전적인 손익과 직결되는 산업계에 있어 크게 환영받지 못하는 요인이 되고 있다.

따라서 제품화되고 있는 대부분의 임베디드 시스템에는 상용 운영체제를 사용하고 있는데 이런 운영체제들은 구입과 동시에 개발하는 해당 아키텍처에 대한 초기화 코드, 운영체제의 소스코드와 개발 툴들이 함께 제공되므로 쉽게 애플리케이션 개발에 착수할 수 있다는 장점이 있다. 그리고 운영체제에 대한 지원체계가 확실하므로 문제가 발생할 경우 체계적인 지원을 신속하게 받을 수 있으며 또한 운영체제 자체의 성능이 보장되어 있으므로 안심하고 사용할 수 있다는 장점이 있다.

이런 많은 장점에도 불구하고 사용 운영체제는 가격적인 면과 확장성 면에서 상당한 제약을 가진다. 대부분의 상용 운영체제는 운영체제 자체만으로도 수천 불 혹은 수만 불에 달하는 가격을 가지며 게다가 개발 툴을 합치면 개인이나 학계, 중소업체에서 감당하기 힘든 금액이 소요된다. 뿐만 아니라 네트워크 기능을 위해 TCP/IP 스택, 특정 디바이스 드라이버, 특정 애플리케이션 등이 구입 옵션으로 제공되기 때문에 어떤 애플리케이션을 위한 네트워킹 디바이스를 만들기 위해서는 수만 불 이상의 엄청난 자금이 필요하다.

그러한 운영체제를 사용한 응용제품이 시장에 출시되어 이윤이 발생할 경우 일반적으로 제품 한 대당 일정한 규모 정도의 운영체제에 대한 라이센스(license)비가 책정되어 개발자의 부담은 가중된다. 또한, 상용 운영체제의 개발 툴 자체는 그 가격만큼이나 잘 정비되어 있고 개발자에게 뛰어난 기능들을 제공하지만 그 자체를 돌릴 수 있는 곳, 즉 개발을 위한 머신(machine)이 제한적이다. 대부분 특정 유닉스나 윈도우 기반의 운영체제 개발 툴을 위한 필요조건으로 요구하고 있으며 이는 개발자에게 또 다른 하나의 장벽이 될 수 있다. 그리고 이런 상용 운영체제 위에서 돌아가는 애플리케이션 코드를 만드는 경우 한 운영체제를 위해 개발된 코드는 쉽게 다른 운영체제를 위해 포팅될 수 없다. 결국 상용 운영체제는 상용인 만큼 성능과 개발을 위한 환경이 보장되지만 상당한 규모의 대가를 요구하고 그 확장성, 호환성에 있어서 미약한 면을 보이고 있으며 또한 개발에 익숙하기 위해서는 많은 노력이 필요하다.

이러한 환경에서 임베디드 리눅스의 등장은 수많은 문제점의 해결과 더불어 많은 이익을 개발자에게 가져다 주었다. 여기서 사용되는 임베디드 리눅스란 일반적으로 PC의 운영체제로서 사용되는 GNU/Linux 시스템의 일반적인 명칭인 리눅스와는 차이가 있다. PC에서의 리눅스는 운영체제의 기본 하부구조로서 리눅스 커널과 더불어 그 상위에서 유닉스 운영체제와 유사한 구조를 이루는 Glibc C 라이브러리 시스템과 이를 기반으로 한 수많은 조그만 유틸리티로 이루어져 있으며 이를 총괄적으로 통합해 리눅스 운영체제라 부른다. 하지만 임베디드 리눅스는 기본적으로 특정 임베디드 애플리케이션에 맞도록 리눅스 커널의 크기와 성능을 최소, 최적화시켜 만들어낸 커널을 의미하며 여기에 C 라이브러리나 유틸리티 등은 필요에 따라 추가되거나 교체되어 하나의 시스템을 만드는 형태가 된다. 이런 커널의 최소, 최적화에는 커널의 내부구조 변화도 가능하며 이를 극단화시키면 일반적인 사용 운영체제의 성능을 뛰어넘는 것도 가능하다. 결국 임베디드 리눅스는 개발자에게 시스템 개발에 있어서 금전적인 제약과 개발환경에 적응 시간, 그리고 제품의 신뢰성에 대한 장벽을 넘을 수 있게 해주는 운영체제라 할 수 있다.

2.3 임베디드 운영체제의 기능

임베디드 운영체제는 임베디드 시스템이 가지는 특성 때문에 일반 운영체제와 구조는 다르지만 멀티태스킹, 태스크 스케줄링, 태스크간의 통신, 메모리 관리, I/O, 인터럽터 및 TCP/IP와 같은 통신 프로토콜까지 대부분의 기능을 지원하고 있으며, 일반 운영체제와의 차이점은 시간제약에 차이, 신뢰성, 범용성과 특수성에 있다할 것이다. 따라서 임베디드 운영체제는 구조적으로 일반 운영체제와는 구별되는 다음과 같은 특수한 기능을 제공하고 있다.

① RAM 및 플래시 메모리 기반 파일 시스템

임베디드 시스템은 일반적으로 하드디스크를 사용하지 않는 시스템이 대부분이므로 RAM이나 플래시 메모리가 프로그램과 데이터 메모리로 사용된다. 따라서 이러한 반도체 메모리는 하드디스크에 비해 저장 용량이 현저히 부족하므로 파일의 저장, 관리, 삭제 및 부팅 등의 파일 시스템 기능은 일반 운영체제에 비해 축약된 파일관리를 위한 기능을 제공해야 하는 것이 특징이다.

② 저전력 기능

임베디드 시스템은 이동용 기기가 대부분이므로 건전지를 전원으로 사용하는 것이 일반적이다. 따라서 기기의 사용시간을 늘리기 위해 시스템의 전력소모를 최소로 관리하는 것이 필수적이므로 운영체제가 이러한 기능을 가지는 것이 당연하다. 따라서 임베디드 시스템에서 전력소모가 큰 장치로 LCD 및 LED 등의 디스플레이 장치들이 주 관심대상이 될 것이다.

③ 빠른 부팅 기능

일반적인 PC의 운영체제는 각종 하드웨어 진단 프로그램이 수행된 후에 부팅이 되므로 시스템 초기화에 상당한 시간이 소요된다. 그러나 임베디드 시스템의 경우는 부팅이 느리면 사용자의 불편이 증대되므로 꼭 필요한 기능만을 수행하는 것으로 부팅 기능이 축소되어 있다.

④ 유무선 통신 기능

임베디드 시스템은 정보가전기기의 비율이 급속도로 증가하고 있으므로 유무선 통신 기능에다 TCP/IP 등 인터넷 기능들이 필수적으로 장착되고 있다. 무선 LAN, 블루투스, GPS, 적외선 통신 모듈, RF, CDMA 등의 통신들이 제공된다.

⑤ XIP(eXecute in Place)

임베디드 시스템의 경우 일반적으로 메모리 용량이 작으므로 플래시 메모리에 있는 응용프로그램을 주기억장치로 불러들여서 실행하는 것이 시스템에 부담이 되는 경우가 많다. 따라서 응용프로그램을 저장된 플래시 메모리에서 바로 실행할 수 있는 기능을 제공하는 기능이 XIP 기능이다. 이 기능은 플래시 메모리에서 프로그램이 바로 실행되는 편리성이 있으나, 수행속도가 느리고, 플래시 메모리의 수명단축에 대한 단점이 있다.

⑥ 컴포넌트 기반 운영체제

임베디드 운영체제는 각종 타깃 디바이스에 따라서 메모리 사용을 최소화하기 위해 운영체제의 커널의 구성에서 필요한 부분만을 발췌하여 구성할 수 있는 기능을 제공한다. 이러한 기능을 제공하려면 커널을 기능별로 모듈화가 되어 있어야 한다.

⑦ 다양한 입출력 장치 드라이버

임베디드 운영체제는 PC에서처럼 표준화된 규격의 하드웨어나 장치에 대해서 운용을 지원하는 것이 아니라, 그 응용 분야가 다양하므로 다양한 입출력 장치 드라이버를 제공하고 있다. GPS, LCD, CDMA, 블루투스, 무선 LAN 등에 대한 장치 드라이버는 표준화되어 제공하고 있으며, 각 하드웨어의 응용에 따라서 필요할 경우 PC의 운영체제와 마찬가지로 제조사에서 하드웨어를 구동해 줄 수 있는 장치 드라이버를 만들어서 제공해야 한다.

2.4 임베디드 소프트웨어 개발환경

Time-to-market이 생명인 임베디드 시스템 제조업자들은 임베디드 소프트웨어를 빨리 개발하여 프로젝트 기간을 단축하는데 반드시 필요한 임베디드 소프트웨어 개발환경을 강력히 원하고 있다.

임베디드 시스템은 대개 한정된 자원을 갖고 있기 때문에 임베디드 소프트웨어 개발환경은 일반적으로 호스트 컴퓨터와 타깃보드 시스템으로 구성된다. 타깃보드에는 최소한의 개발 도구만 있고, 대부분의 도구는 자원이 풍부한 호스트에 존재한다. 임베디드 소프트웨어 개발환경은 자원이 한정된 타깃보드에서 실행될 프로그램을 편리하고 빨리 개발할 수 있게 해야 한다.

임베디드 소프트웨어 개발환경은 크게 타깃 이미지 생성 도구, 소프트웨어 개발 도구, 설계 자동화 도구, 테스트 자동화 도구의 네 분야로 구분된다.

1 타깃 이미지 생성 도구

타깃 이미지 생성 도구는 임베디드 시스템이 동작하는 데 필요한 커널, 라이브러리, 유틸리티, 응용프로그램들 중에서 개발자가 필요한 부분만 선택하면 최적화된 타깃 이미지를 생성해주는 도구이다. 이 도구의 예로는 MS의 플랫폼 빌더와 WinXPe 스튜디오, QNX의 시스템 빌더, Lineo의 타깃 위저드, 그리고 한국전자통신연구원에서 개발한 타깃 빌더가 있다.

타깃 이미지 생성 도구는 각 컴포넌트들 간의 의존성을 관리하므로, 개발자가 어떤 컴포넌트를 선택하면 그 컴포넌트의 실행에 필요한 컴포넌트들이 같이 선택된다. 예전에는 커널 컴포넌트들 간의 의존성과 응용프로그램들 간의 의존성이 따로 관리되었으나 근래에는 타깃 이미지를 구성하는 모든 컴포넌트들의 의존성이 통합적으로 관리된다. 타깃 이미지 생성 도구는 다양한 타깃보드에 대한 BSP(Board Support Package)를 제공하여 개발자가 빨리 타깃 이미지를 생성할 수 있게 한다. 근래에는 BSP보다 더 상위 수준인 임베디드 시스템의 응용 분야를 선택할 수 있다. 예를 들면, 개발자가 자동차 분야를 선택하면 이 분야의 임베디드 시스템이 공통적으로 필요로 하는 라이브러리와 유틸리티(예를 들면, CAN 지원 기능)를 포함한 타깃 이미지를 생성한다.

2 소프트웨어 개발 도구

소프트웨어 개발 도구란 타깃에 내장되어 실행될 프로그램을 개발하는 데 필요한 도구이다. 가장 기본적인 것으로서 크로스컴파일 툴 체인과 디버거가 있다. 그리고 타깃 모니터링 및 프로파일링 도구, 디바이스 드라이버 개발 툴 킷, GUI 빌더도 중요한 소프트웨어 개발 도구이다. 더욱 편리한 개발을 위해서 위에서 언급한 개발 도구들이 통합개발환경(Integrated Development Environment)으로 제공된다.

3 설계 자동화 도구

설계 자동화 도구란 임베디드 소프트웨어를 개발할 때 시스템을 분석 설계하고 코드를 자동 생성한 후에 최종 시스템을 구축할 수 있도록 지원해 주는 기술로서 임베디드 소프트웨어 개발 프로세스 기술, 시스템 분석 및 모델링 기술, 소프트웨어 아키텍처를 기반으로 하는 임베디드 소프트웨어 개발 기술 등이 있다.

4 테스트 자동화 도구

테스트 자동화 도구에는 화이트 박스, 블랙박스, 회귀(regression), 유닛, 통합, 코드 범위, 오류 방지 테스트 등이 있다.

앞으로 임베디드 시스템의 응용 분야는 더욱 다양해지고 그 수요도 지속적으로 증가할 것이다. 이에 따라 임베디드 시스템을 적시에 개발하기 위하여 더욱 편리하고 기능이 풍부한 임베디드 소프트웨어용 개발 도구의 중요성이 대두된다. 특히, 임베디드 리눅스는 앞으로 가장 널리 쓰이게 될 임베디드 운영체제임에도 불구하고 만족할만한 개발 도구가 부족해서 개발이 시급한 분야이다.

국내에서는 2002년도에 한국전자통신연구원에서 임베디드 리눅스인 Qplus-P용 통합개발환경으로 Esto를 개발하여 발표하였다. 2004년에는 기능이 더욱 강화된 이클립스 기반의 Esto가 이클립 컨퍼런스에서 발표하였다. Esto는 임베디드 리눅스뿐만 아니라 마이크로 운영체제와 나노 운영체제도 지원한다. 마이크로 운영체제는 Wind River의 VxWorks처럼 유저 모드와 커널 모드의 구분없이 단일한 주소 공간을 제공하고 경성 실시간 시스템을 지원한다. 나노 운영체제는 UC Berkeley의 TinyOS처럼 작은 센서에도 사용될 수 있는 초소형 운영체제이다.

임베디드 소프트웨어는 크기도 작아야 하지만, 전력 소모도 적어야 한다. 이를 위하여 개발 중인 임베디드 소프트웨어가 소모하는 전력을 측정해주는 도구가 Esto에 포함되어 있다. 실시간 프로그램의 경우 기존 디버거에서 하듯이 정지점에서 멈추게 되면 제대로 디버깅을 하기 어렵다. 이를 위하여 비정지 디버깅(non-stop debugging 또는 tracepoint debugging)을 지원하는 디버거도 Esto에 포함되어 있다. 이 외에도 앞으로 경성 실시간 시스템의 개발에 필요한 도구나 유비쿼터스 환경의 임베디드 소프트웨어의 개발을 도와주는 도구들을 추가 개발해 나가야 할 것이다.

2.5 임베디드 시스템 개발환경

1 임베디드 시스템 개발환경의 개요

임베디드 시스템 개발시 전체 시스템의 가격이나 소비되는 전력을 낮추기 위해 하드웨어 및 소프트웨어의 많은 제한을 가하게 된다. 따라서 임베디드 시스템에 사용하는 OS는 일반적인 일반 OS보다는 시스템에 특화된 운영체제를 사용한다.

임베디드 시스템을 개발하기 위해선 기본적으로 다음과 같은 요소들이 갖춰져 있어야 한다. '호스트 PC'는 임베디드 시스템 개발을 위한 컴퓨터를 말하며, '타깃 PC(Target PC)'은 실제 임베디드 시스템이 설치된 개발하고자 하는 하드웨어를 말한다. 호스트에는 개발을 위한 개발 툴, 개발된 응용프로그램을 임시로 수행해 볼 수 있는 타깃 시뮬레이터, 타깃과 연결되어 타깃에 개발된 이미지를 업로드하거나 타깃에 반응하는 디버그 에이전트를 통해 원격 디버깅을 할 수 있게 하는 타깃 서버가 설치돼 있다. 또한 타깃에는 호스트에서 만들어져서 설치된 여러 컴포넌트가 존재하는데 타깃을 부팅하기 위한 부트로더와 커널, 그리고 임베디드 응용프로그램이 존재하게 된다. 호스트에 설치된 개발 툴에는 타깃에서 수행될 수 있는 바이너리를 생성하는 크로스 컴파일러가 존재하며 그 밖에 오류를 검색해 주는 디버거 등으로 이루어져 있다.

2 임베디드 시스템 개발 과정

임베디드 시스템 개발 과정은 대략적으로 부트로더 개발, 커널 및 파일 시스템 개발, 응용프로그램 개발의 세 단계로 볼 수 있다.

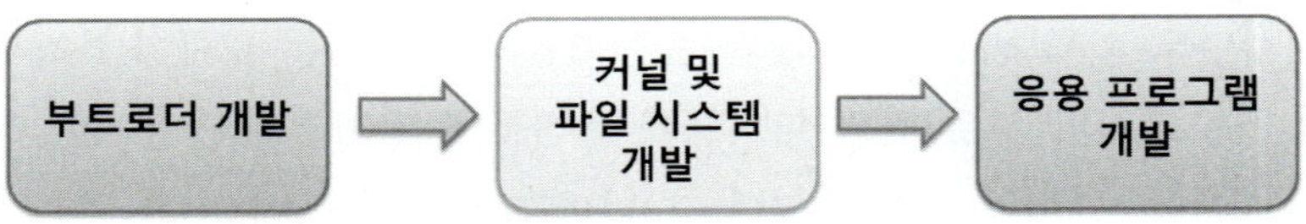

[그림 2-1] 임베디드 시스템 개발 과정

(1) 부트로더 개발

부트로더는 타깃보드에 전원이 인가되면 부트롬으로부터 가장 먼저 수행되는 프로그램이다. 보통 부트로더는 OS의 커널을 로드하는 순수 로더로서의 기능뿐만이 아니라 현재 레지스터나 메모리 값, 버스 상태 등을 살펴볼 수 있는 모니터 기능, 기초적인 네트워크 모듈을 내장해 네트워크를 통한 커널을 다운받아서 커널 로드를 할 수 있는 기능을 포괄하고 있다. 부트로더는 보통 부트롬에 내장되어 있으며 부트로더를 새로 작성하여 타깃에 설치하려면 호스트와 JTAG 인터페이스 혹은 기타 인터페이스를 통하여 설치할 수 있으며 이외의 방법에는 롬 라이터를 이용하여 롬에 구워서 설치할 수 있다. 대부분 상용 임베디드 OS에서는 부트롬 부분을 앞서 잠깐 언급 한 BSP라 불리는 패키지의 일부분으로 규정하고 있다. 반면 임베디드 리눅스의 경우는 규격화된 BSP가 존재하지 않으므로 하드웨어 벤더가 리눅스용 BSP를 제공하지 않을 경우 부트롬 부분을 각 하드웨어 플랫폼에 맞게 작성해야 한다.

(2) 커널 및 디바이스 드라이버 및 파일 시스템 개발

커널 및 디바이스 드라이버의 개발은 호스트의 임베디드 시스템 개발 툴에서 이뤄진다. 개발을 위해서는 개발자가 먼저 시스템에 대한 하드웨어 사양을 숙지해야 하며 이를 바탕으로 커널 및 디바이스 드라이버를 설정하게 된다. 이렇게 생성된 커널 및 디바이스 드라이버들은 부트롬과 같이 하나의 이미지 파일 형태로 되어 부트롬에 저장되거나 별도의 저장장치에 파일 시스템을 통한 파일 형태로 구현된다. 만일 부트롬의 용량이 작거나 기타 저장장치가 없는 경우 부트로더에서 네트워크 모듈을 통해 별도의 서버로부터 커널을 다운받아 부팅이 진행될 수도 있다. 특히 부트롬이나 저장장치의 용량이 제한적일 경우는 커널 이미지 자체를 압축해 저장되는 것이 일반적이다.

(3) 임베디드 응용프로그램

임베디드 응용프로그램은 앞에서 구현된 커널과 파일 시스템을 바탕으로 수행된다. 응용프로그램의 개발은 커널과 마찬가지 방법으로 호스트에서 생성이 가능하며 호스트에 설치된 개발 툴의 크로스 컴파일러에 의해 타깃보드에 맞는 바이너리가 생성되게 된다. 생성된 응용프로그램의 실행은 임베디드 OS 개발 툴 내의 타깃 에뮬레이터나 실제로 타깃보드에 옮겨서 실행이 가능하다. 또한 응용프로그램은 네트워크를 이용한 원거리 디버깅을 이용하거나, JTAG 인터페이스를 이용한 디버깅을 통하여 에러를 확인하여 볼 수 있다.

3 임베디드 OS의 주요 개념

임베디드 시스템의 성능이 커지면서 기존에 간단한 펌웨어 형식으로 구현되었던 임베디드 프로그램이 점차 해야 할 일이 많아지고 복잡하게 된다. 이는 순차적인 프로그램으로는 해결하기 어려운 단계로 발전하고 결국 임베디드 시스템에도 운영체제의 개념이 필요하게 된다. 임베디드 시스템의 대부분 특성상 실시간이라는 요소를 만족해야 하는 점 때문에 많은 임베디드 OS는 RTOS의 속성을 가진다. 다음에 설명하는 주요 개념들은 여러분이 임베디드 OS를 이용해 임베디드 시스템을 개발하기 위하여 반드시 알아두어야 할 여러 개념 중 중요한 개념들을 선정하여 설명한 것이다.

(1) 임베디드 환경의 파일 시스템

파일 시스템이란 저장장치에 파일을 관리하는 시스템을 말한다. 임베디드 시스템에서 주로 사용하는 저장장치는 보통 네트워크를 통한 외부 서버의 저장장치, 타깃 내의 일반 메모리 및 플래시 메모리 등을 말하며 각각 장치의 특성상 다른 파일 시스템이 올라가게 된다. 외부 서버로부터는 저장장치에 대한 파일 시스템으로는 NFS(Network File System)라는 것이 있는데, 이는 네트워크를 통해 마치 외부 서버의 파일 시스템을 로컬의 파일 시스템처럼 사용할 수 있게 해주는 파일 시스템이다.

일반 메모리에 대한 파일 시스템은 RAMFS(RAM File System)이라 하여 보통 부트롬

내에 파일 시스템 이미지를 저장해두고 시스템이 부팅시 일반 메모리에 그 파일들을 모두 복사한 다음 RAMFS를 통하여 파일을 유지 관리하는 파일 시스템이다. 단 일반 메모리에 구현되어 있으므로 타깃의 전원이 없어지면 그 내용이 소실된다.

플래시 메모리는 일반 메모리와는 다르게 전원이 나가도 그 내용이 보전되는 특성이 있으므로 한번 파일 시스템이 구현되면 그 내용이 보존되는 특징이 있다. 하지만 플래시 메모리의 특성상 기록 및 삭제의 횟수 제한이 있으므로 파일 시스템 내에서 이를 효율적으로 관리해 주는 부분이 고려되어야 한다.

(2) 스케줄러

임베디드 OS는 보통 태스크(Task)라 불리는 프로그램 수행 단위를 가지게 된다. 보통 임베디드 시스템에서는 복수 개의 태스크가 동시에 수행되는 환경을 가지게 되며 이때 OS 내부의 스케줄러에 의해서 다음에 수행되어야 할 태스크를 선택하게 된다. 이때 사용되는 임베디드 OS의 스케줄링 알고리즘으로는 다양한 알고리즘이 나와 있지만 구현상의 문제 등으로 인해 실제 대부분의 임베디드 OS에서는 우선순위에 기반을 둔 스케줄링 알고리즘을 사용한다.

대표적인 우선순위 알고리즘으로 FIFO(First In First Out)와 라운드로빈(Round Robin) 방식이 있다. FIFO의 알고리즘은 동일한 우선순위를 가진 태스크들이 존재시 먼저 시작한 태스크가 종료될 때까지 다음 번 수행된 태스크가 스케줄링을 받지 못하는 스케줄링 알고리즘이며, 라운드로빈 방식은 동일한 우선순위를 가진 태스크들이 존재할 경우 각각 미리 정해진 타임 슬라이스(time-slice)만큼씩 차례로 스케줄링이 되는 알고리즘이다.

(3) 프리엠티브 커널

프리엠티브 커널(Preemptive kernel, 선점형 커널)은 어떤 태스크가 수행되고 있을 경우 커널이 강제로 그 태스크의 수행을 중지시키고 다른 태스크의 기능을 수행시킬 수 있는 능력을 지닌 커널을 말한다. 논프리엠티브(Non-preemptive) 커널에 비해 인터럽트 잠복기(interrupt latency)가 조금 길어지는 단점이 있긴 하지만 대부분의 임베디드 OS에서 프리엠티브 커널을 채택하는 이유는 우선순위가 높은 태스크가 먼저 수행될 수 있다는 점 때문이다. 이는 결국 커널의 안정성을 높게 유지시킨다는 점에서 좋은 점이 될 수 있다.

(4) 상호 배제

하나의 태스크가 한 자원을 점유하여 사용 중에 또다른 태스크가 접근하여 사용 중인 자원에 무단으로 접근시도 변경을 가한다면 곧 그 자원은 예측불허의 상황으로 치달을 수밖에 없다. 이런 부분을 임계 지역(critical section)이라 명하며, 한 자원이 점유중일 경우 나머지 자원들은 점유하고 있던 태스크가 자원을 모두 사용하고 사용권을 반환하기 전까지 모두 접근이 지연되어야 하는 지역을 말한다. 따라서 임계 지역은 상호 배제(mutual exclusion)로써 보호해야 하며 임베디드 OS는 상호 배제를 위해 인터럽트 활성화 / 비활성화(Enable/Disable)이나 세마포어의 기능으로 임계 지역을 보호할 수 있다.

(5) 세마포어

세마포어(semaphore)는 60년대 중반 Dijkstra가 고안한 메커니즘이다. 이는 태스크간에 상호 공유하는 변수이며, 임계 지역을 세마포어로 보호하면 태스크간 상호 배제을 구현할 수 있다. 기본적인 알고리즘은 먼저 세마포어 변수를 선언한 후 임계 지역의 전에 세마포어를 얻기를 시도한다. 만일 아무도 세마포어 얻기를 시도하지 않았으면 바로 임계 지역에 들어갈 수 있으나 다른 태스크가 세마포어를 얻어서 임계 지역에 있으면 나중에 시도한 태스크는 세마포어를 풀어줄 때까지 블록 상태로 되게 된다. 이후 세마포어가 풀리면 블럭된 태스크는 세마포어를 얻어 임계 지역에 진입할 수 있게 된다.

세마포어는 초기화시 동시에 진입할 수 있는 개수를 명시할 수 있는데 그 개수가 하나인 세마포어에 대하여 바이너리 세마포어(binary semaphore)라 하며 그 이상의 값을 명시하면 카운팅 세마포어(counting semaphore)라 한다.

(6) 태스크 커뮤니케이션

임베디드 OS에서의 태스크들은 종종 서로 데이터를 교환해야 할 경우가 생기게 된다. 이럴 경우 태스크간 통신을 통하여 교환할 수 있으며 이 기능은 OS에서 지원하는 여러 도구들에 의해 수행이 된다. 대표적인 방법으로는 시스템 전역의 변수를 선언하여 사용 방법이 있으나 이 경우에는 변수 자체가 임계 지역이 되므로 인터럽트 활성화 / 비활성화(Enable / Disable)이나 세마포어 등으로 상호 배제를 해야 한다. 그 밖의 방법으로는 큐, 파이프, 메일박스, 공유 메모리 등이 있으며 이들은 커널에 의해 자동으로 상호 배제가 이루어지므로 임계 지역이 보호된다.

(7) JTAG

JTAG(Joint Test Access Group)는 IEEE 표준 1149.1-1990 Test Access Port and Boundary-Scan Architecture에 근거한 규격으로 CPU에서 직접 지원하는 디버깅을 위한 인터페이스로 현재 CPU의 상태를 점검하거나 프로그램의 디버깅, 플래시 메모리에 새로운 자료를 저장할 때 주로 사용한다.

(8) Priority Inversion

낮은 우선순위를 가진 태스크에 의해 높은 우선순위를 가진 태스크가 블록되어 수행이 되지 않는 현상을 말한다. 이러한 우선순위 역전 현상은 시스템의 schedul-ability와 predictability를 떨어뜨려 결국 시스템을 불안정하게 만드는 원인이 되기도 한다. 일부 임베디드 OS에서는 OS 차원에서 priority inheritance를 이용하여 해결하기도 하나, 가장 안전한 방법은 태스크들을 디자인할 경우 그러한 상황이 벌어지지 않도록 설계를 하는 것이다. 보통 이를 막기 위해 같은 세마포어를 쓰는 태스크들 사이에는 같은 우선순위를 주는 등의 방법을 사용한다.

(9) Priority Inheritance

우선순위 역전현상을 피하는 방법으로 예를 들면 태스크 T2가 특정 리소스를 점유하고 있는 상태에서 우선순위가 높은 T1이 같은 리소스에 접근할 경우 우선순위 역전현상이 나타난다. 이때 이 리소스를 대기하고 있는 가장 큰 우선순위인 T2의 우선순위만큼 T1이 우선순위를 상속(inheritance)받아서 그 우선순위의 값을 유지한 상태로 리소스를 점유하게 된다. 이후 해당 리소스를 모두 사용한 후에는 다시 원래의 T1의 우선순위 값으로 환원된다.

2.6 임베디드 운영체제의 종류

1 무료 임베디드 시스템 OS

교육용의 목적으로 개발되어 소스가 무료이거나 특정 이유로 비영리 목적에는 무료이고 영리 목적일 경우에도 거의 대가 없이 소스코드를 사용할 수 있는 운영체제들은 다음과 같다.

(1) Xinu

Xinu는 Purdue 대학의 Douglas E. Comer가 교육용 목적으로 개발한 운영체제이다. 실제로 지금도 수많은 교육기관에서 이를 운영체제 학습을 위해 사용되고 있다. 최근 버전에서는 TCP/IP스택도 구현되어 많은 교육 기관에서 데이터 통신이나 컴퓨터 네트워크 과정에서 활용하고 있다. Xinu는 병렬 프로세싱, 메시지 패싱, 세마포어(semaphore), 메모리 관리, 통일된 디바이스 I/O와 같은 세련된 운영체제 특징을 가지고 있으면서 TCP/IP 스택도 가지고 있다. 또한, 교육용으로 제작된 것이라서 잘 정리된 레퍼런스 문서가 존재하며, Intel, Motorola, Sparc 등의 여러 CPU에 포팅되어 있다. 아주 간단하며 크기가 작으며 무료이기 때문에 이를 네트워크 디바이스용 운영체제로 사용해 장비를 제작하는 회사들도 있다.

(2) uC/OS와 uC/OS-II

Jean J. Labrosse가 만든 POSIX((1) POSIX, Portable Operating Systems based on Unix1) 표준 호환의 실시간 운영체제이며 uC/OS-II는 그 다음 버전이다. 비영리 목적이라면 소스코드를 홈페이지에서 무료로 다운받을 수 있고 라이센스 비용도 거의 무료에 가깝다. 상당히 저렴한 가격의 실시간 운영체제이기 때문에 많은 계측장비, 산업용 장비의 운영체제로 쓰이고 있다. uC/OS와 uC/OS-II는 4천라인 정도의 C코드와 약간의 아키텍처에 의존적인 어셈블리 코드로 이루어져 있어 여러 CPU로의 포팅이 쉬우며 실제로 Intel, Motorola, ARM, Sparc, Hitachi SH 등의 32비트 CPU와 자이로그(Zilog)사의 Z80과 같은 8비트 CPU, 그리고 TI의 여러 DSP칩에도 포팅되어 있다. C 프리프로세스 매크로로 필요 없는 기능을 제거할 수 있는 스케일러빌러티를 제공하며 완전한 선점형(preemptive)실시간 멀티태스킹을 할 수 있는 구조를 지니고 있다. 또한 여러 메일 박스, 큐, 세마포어와 같은 시스템 서비스를 제공한다. 하지만 TCP/IP 스택을 가지고 있지 않기 때문에 네트워크 디바이스용의 운영체제로 사용하기 위해서는 uC/OS, uC/OS-II용 스택을 판매하는 회사의 제품을 구매해야 한다는 단점이 있다.

(3) eCOS

eCOS는 지금 레드햇에 합병된 시그너스사에서 만든 오픈 소스 실시간 운영체제로서 로열티가 없고 제조사에서 잘 정리된 지원체제를 가지고 있다는 장점이 있다. 리눅스가 탑재되지 못할 만큼 극히 제한된 임베디드 디바이스를 위해 제작되었으며 모토로라의 Power PC, Sparc, ARM, Mips 계열의 CPU로 포팅되어 있으며 커널 자체를 쉽게 특정 목적에 맞게 구성할 수 있는 GUI 툴이 제공된다. 애플리케이션 제작을 위한 자체 C 라이브러리와 리눅스 호환을 위한 EL/IX라는 리눅스 호환 API를 가지고 있어 EL/IX를 이용해 리눅스에서 프로그래밍한 애플리케이션을 수정없이 eCOS에서 돌릴 수 있다. 이외에 ITRON 호환 실시간 라이브러리를 제공하며 TCP/IP 스택을 제공한다. 하지만 지금까지 TCP/IP 스택 자체가 베타(beta) 버전이기 때문에 네트워크 디바이스용 운영체제로서 안정성에 대한 검정이 이루어지지 않았다. 그리고 운영체제 자체는 오픈 소스지만 개발 툴과 지원체제를 이용하기 위해서는 상용 운영체제만큼의 부담이 든다. [그림 2-2]는 eCOS의 구조를 보여준다.

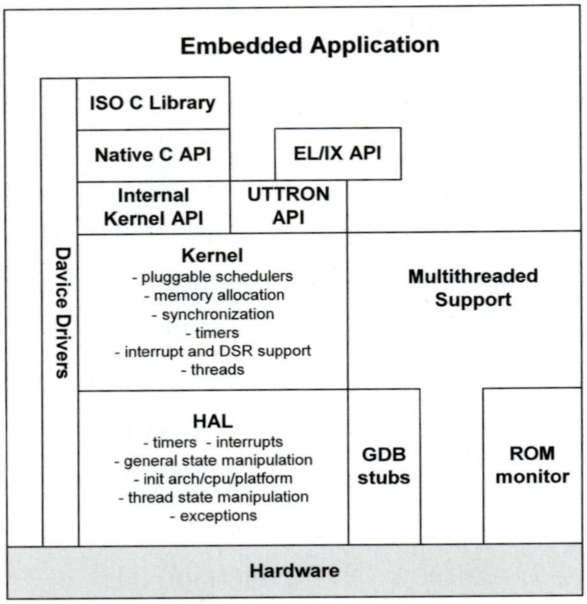

[그림 2-2] eCOS의 구조

2 상용 임베디드 시스템 OS

상용 임베디드 운영체제(OS)의 수는 거의 100가지에 이르며 그 중에서 TCP/IP 스택을 자체적으로 가지거나 외부 회사를 통해 지원해 기본적인 네트워킹 기능을 보유한 운영체제만 해도 50가지가 넘는다. 하지만 자체적으로 지원되는 아키텍처의 수가 적어 네트워크 디바이스에 많이 사용되는 Motorola, ARM, Mips 계열의 마이크로 프로세스에는 개발자가 직접 포팅해야 하는 운영체제들과 상업적으로 그다지 성공하지 못한 운영체제들을 제외하면 현재의 네트워크 디바이스에 많이 사용되고 있는 운영체제들로는 다음과 같이 6종류가 있다.

(1) pSOS+

pSOS는 윈드리버(WindRiver) 시스템즈로 합병된 미국의 인티그레이티드 시스템즈(Integrated Systems)에서 만든 임베디드 디바이스용 실시간 커널(Kernel)이다. 이를 이용한 운영체제를 pSOSystem이라 부른다. 이 커널은 기본적으로 클라이언트/서버의 구조로 소프트웨어 버스를 이용해 운영체제 각 모듈(module)간 통신을 수행한다. 모든 스레드(thread)들이 하나의 어드레스 스페이스를 공유하고 있으며, 따라서 컨텍스트 스위칭(context switching) 타임은 매우 적으나 서로 다른 스레드간의 메모리 보호가 이루어지지 않기 때문에 프로그래밍 테크닉이 시스템의 안정성에 영향을 준다. 이를 피하기 위해 메모리 보호와 관리를 위한 라이버러리를 따로 구입해야 한다. 멀티프로세스를 지원하기 위한 버전인 pSOS+m도 존재하며, 이 경우 프로세스간은 하나의 마스터와 다수의 슬레이브 관계를 요구하며 공유 메모리, 메모리 기반의 소프트웨어 버스 등의 방법을 통해 프로세스간의 통신을 하도록 되어 있다. 하지만 pSOS+m 커널은 인텔의 x86 계열만을 지원하며 Master/Slave라는 구조 때문에 고장 방지 능력이 부족하다. pSOSystem은 멀티태스킹 RTOS로 각 태스크들은 우선순위를 가지고 있어 우선순위가 높은 태스크들의 작업 수행이 먼저 이루어진다. 따라서 선점형 스케줄링 방식을 따른다고 볼 수 있다. 만일 각 태스크들이 같은 우선순위를 가진다면 스케줄링 방식은 라운드로빈(Round Robin)방식으로 바뀌게 된다. 태스크의 수는 총 256개이다. 우선순의 레벨(priority)은 256단계이며 스레드의 수는 메모리의 크기에 의해 제한된다. 그리고 태스크 관리, 세마포어(semaphore), 메시지 큐, 시간 관리 및 타이머, 이벤트 및 비동기 시그널, 에러 처리, 동적인 메모리 저장 관리, 다른 태스크들로부터의 코드나 데이터 보호 등의 서비스를 지원한다.

여러 개의 다른 실행 모드를 가지고 있는 CPU를 위해서 사용자 모드와 슈퍼바이저 모드를 제공하고 있다. 그리고 우선순위 FIFO와 우선순위 라운드로빈의 두 가지 스케줄링 메커니즘을 가진다. MMU 지원은 메모리 보호와 함께 옵션 사항이며 물리적 페이지 크기는 4KB이지만 가상 메모리를 지원하지 않는다. 외부 인터럽터 처리는 인터럽터된 스레드 내부 컨텍스트에 의해 처리되므로 시스템 안정성을 위해서는 숙련된 프로그래밍 테크닉이 요구된다. 태스크 관리와 메모리 관리 기능이 부족하기 때문에 이를 위한 옵션 라이브러리들이 많이 제공된다.

네트워크 기능으로는 TCP/IP를 비롯한 다양한 프로토콜 스택들이 유료로 선택 가능하며 FTP, Telnet, TFTP, NFS, HTTP 서버 등이 애플리케이션으로 존재한다. pSOSystem은 커널을 중심으로 해서 여러 개의 소프트웨어 컴포넌트들로 구성되어 있다. 이들 소프트웨어 컴포넌트들은 각각의 독립적인 모듈로 되어 있으며 통합개발환경 툴로 pRISM+을 제공하고 있다. pSOSystem용 애플리케이션은 pRISM+라는 개발 툴을 이용하여 개발 가능하며 이 툴은 여러 유닉스 시스템과 윈도우 95/98, NT 등에서 운용할 수 있다. pRISM+는 코바를 하부구조로 가지고 있어 개발 툴 자체가 폭넓은 확장성을 가진다.

에디터로는 pROBE+라는 GUI 디버거를 제공한다. pSOSystem은 실시간 멀티태스킹 커널을 중심으로 여러 개의 소프트웨어 컴포넌트와 라이브러리를 두고 있다. 이런 컴포넌트와 라이브러리는 선택적으로 사용될 수 있다.

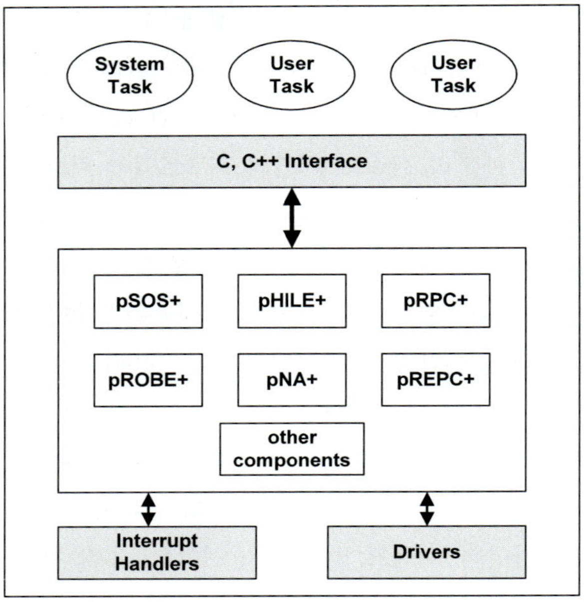

[그림 2-3] pSOSystem의 구조

하부 구조에는 디바이스 드라이버와 칩과 각종 디바이스의 정보를 담고 있는 BSP (Board Support Package)가 있다. BSP를 따로 구별하는 이유는 만일 하드웨어가 변경될 경우 시스템 프로그램에 큰 변경없이 BSP만 수정하여 쉽게 처리할 수 있기 때문이다. 따라서 전체적으로 정리해 보면 BSP와 디바이스 드라이버의 바탕 위에 커널과 기타 필요한 컴포넌트들을 링크하고, 다시 그 위에 사용할 각종 태스크와 응용프로그램을 제작하여 사용하는 것이다. pRISM+는 pSOSystem 개발자가 좀더 용이한 개발을 위해 소스코드 분석을 위한 툴과 컴파일러, 링커, 디버깅할 수 있는 툴을 제공하는 통합개발환경이다.

삼성전자가 pSOS+ 개발에 참여해 라이선스를 갖고 있어 잘 알려져 있다. 삼성전자의 휴대폰에 사용되어 왔으며, 각종 통신장비와 네트워크 장비에서 사용되고 있다. [그림 2-3]은 pSOSystem의 구조를 보여준다.

(2) QNX

QNX는 QNX 소프트웨어 시스템에서 만든 운영체제로서 마이크로커널과 그 상위에서 시스템 서비스를 하는 여러 프로세스들로 이루어진 클라이언트/서버 구조를 가진다.

QNX의 마이크로커널은 스케줄링, 디스패칭, 기본 인터럽트 핸들링, IPC 라우팅과 같은 핵심 서비스들만을 가지고 있으며 그 외의 서비스는 유저 모드 프로세스들이 담당하고 있다. 이 프로세스들은 파일 시스템 매니저, 프로세스 매니저, 디바이스 매니저, 네트워크 매니저 등의 서버로 구성되어 있으며 클라이언트 개념의 애플리케이션 프로세스로부터 서비스 요청을 받아들여 동작하게 된다. 그리고 마이크로커널과 시스템 서비스 서버들, 애플리케이션 프로그램들은 서로 다른 CPU 모드에서 동작하게 되어 있어서 구조적으로 안정성이 보장된다.

QNX는 메시지 기반의 운영체제이며 IPC도 메시지를 통해 이루어지고 애플리케이션과 시스템 서비스 프로세스(process)간의 통신 역시 메시지(message)를 통해 이루어진다. 이런 메시지 패싱 메커니즘은 네트워크 메시징으로 확장되며 이를 이용해 QNX는 완전한 고장 방지 능력과 분산운영 체제로 검증받고 있다. QNX는 실제 프로세스 개념을 가지고 있다. 모든 프로세스는 자신의 메모리 영역을 가지고 있으며 이 때문에 애플리케이션에 대해 운영체제의 안정성을 확보하고 있다. 하지만 스레드의 개념은 가지고 있지 않다. QNX는 32개의 우선순위 레벨을 가지고 있으며 프로세스의 수는 2천개로 제한되어 있다. 그리고 우선순위 FIFO, 우선순위 라운드로빈(Round Robin), adaptive 세 종류의 스케줄링 정책을 가진다. QNX는 메모리 보호를 위해 반드시 MMU를 필요로 하며 4KB의 물리적 페이지 크기를 가지고 가상 메모리(virtual memory)를 지원한다. 인터럽터 처리는 인터럽터 핸들러를 인스톨하는 형태로 처리되지만 이를 인스톨한 프로세스의 컨텍스트

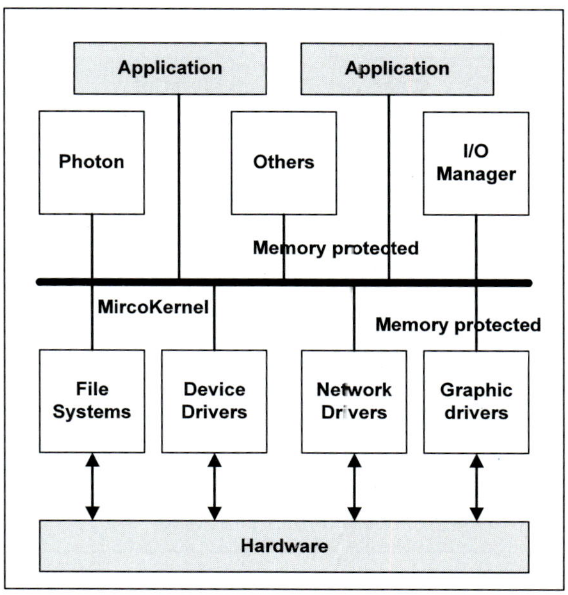

[그림 2-4] QNX의 구조

에서 이루어진다. 인터럽터 핸들링과 타이머 관련 옵션 라이버러리가 많이 제공된다. 네트워킹은 기본적으로 TCP/IP 스택이 제공되며 프로토콜이 그리 다양하지 못하다. [그림 2-4]는 QNX의 구조이다.

(3) VRTX

VRTX는 멘토 그래픽스(Mentor Graphics)사에서 만든 실시간 운영체제(RTOS)로 극히 제약된 리소스를 가진 간단한 시스템을 위한 VRTXoc(on-chip)와 메모리 보호가 필요한 복잡한 시스템을 위한 VRTX sa(scalable architecture) 두 종류의 커널을 가진다. 커널상의 시스템 서비스가 모듈화되어 있어 커널 크기를 필요에 맞게 줄일 수 있으며, 옵션으로 POSIX/ANSI 호환 라이버러리를 제공해 프로그램의 호환성을 높일 수 있고, MS-DOS 호환 파일 시스템을 제공한다.

기본적으로 TCP/IP 스택을 제공하며 유닉스와 비슷한 소켓 인터페이스를 가진다. SNMP와 TMN/CMIP 툴킷이 옵션으로 제공된다. 네트워킹, I/O, 파일 시스템은 스트림(stream) 기반으로 통합되어 있다. MMU를 제공하는 프로세스에 대해 MMU를 지원하므로 시스템 안정성의 향상을 기대할 수 있다.

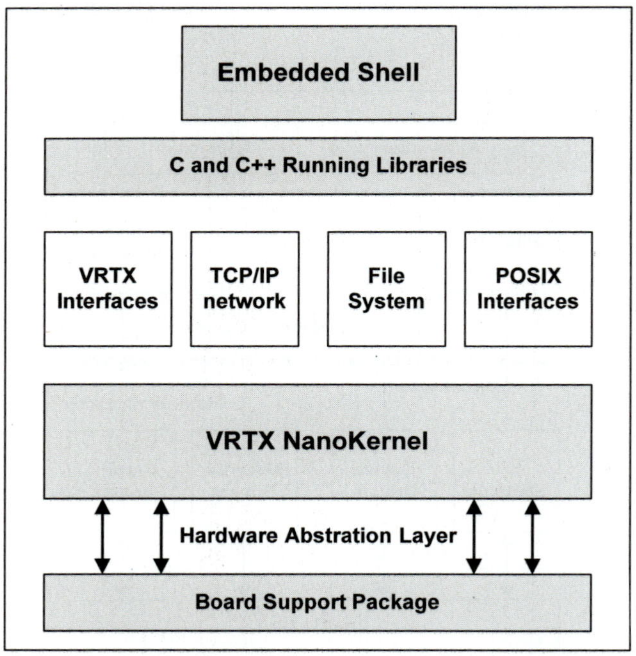

[그림 2-5] VRTX의 구조

그리고 멀티태스킹 디버깅을 지원하는 XRAY 디버거(debugger)가 제공된다. XRAY는 다수의 스레드를 동시에 추적해 실행 상태를 디스플레이할 수 있고 서로 다른 종류의 프로세스들에서 돌아가는 스레드들도 동시에 디버깅이 가능하다.

또한, 여러 스레드간의 디버깅 명령을 동기화할 수 있어 통신이나 메시지 패싱과 같은 복잡한 문제에 대해 대응할 수 있고 결과적으로 멀티프로세스 시스템도 지원이 가능하다. [그림 2-5]는 VRTX의 구조를 보여준다.

(4) VxWORKs

VxWORKs는 처음에 윈드리버 시스템즈에서 VRTX와 pSOSystem을 위한 개발환경과 네트워크 환경을 제공하기 위해 만들어졌다. 이런 시스템밑에 윈드리버 시스템즈가 자신들의 마이크로커널을 구현해 만든 것이다. 윈드리버의 RTOS인 VxWorks는 pSOSystem과 유사한 점이 많다. pSOSystem이 통합개발환경으로 pRISM+를 제공한다면 VxWorks는 토네이도를 제공한다. VxWORKs도 마이크로커널 기반의 클라이언트/서버 구조의 운영체제로서 VxWORKs의 마이크로커널은 Wind 마이크로커널이라 불리는 것으로 멀티태스킹, 스케줄링, 태스크간 동기화/통신, 메모리 관리 기능이 포함된 실시간 커널이다. VxWorks의 커널인 마이크로커널은 선점형 멀티태스킹이며 총 태스크의 단계는 256, 스케줄링 방식도 높은 우선순위를 가지는 태스크가 먼저 실행하는 방식을 지원한다.

만일 같은 우선순위를 가진다면 라운드로빈 방식의 스케줄링을 이용하는 것도 pSOSystem과 유사하다. 이외의 다른 기능들은 서비스 프로세스로 구현되어 있다. 모든 프로세스들은 커널과 같은 레벨의 특권을 가지고 모든 프로세스와 커널이 하나의 어드레스 영역을 공유하므로 시스템의 안정성이 약화될 수 있으나, 옵션으로 VxVMI라는 보호 컴포넌트를 통해 커널과 사용자 프로세스간의 메모리 보호를 할 수 있다. 우선순위 레벨은 256단계를 지원하며 최대 태스크수는 메모리 크기에 의해 제한된다. 스케줄링 정책은 POSIX와 Wind라는 우선순위 스케줄링 기법을 쓴다. MMU는 VxVMI 컴포넌트에 의해 지원되며 물리적 페이지 크기는 8KB이며 VxVMI 컴포넌트를 통해 가상 메모리를 지원한다. 인터럽트 핸들링은 해당 핸들러 컨텍스트에 의해 이루어진다. 옵션 라이브러리는 태스크 관리, 메모리 관리, 타이머 관련이 많이 존재한다. VxWORKs는 네트워크 관련 각종 프로토콜과 JVM, 각종 서버들, 네트워크 하드웨어 디바이스 드라이버들, 웹 브라우저들과 시스템 개발환경을 함께 제공하는 토네이도(Tornado)라는 제품을 따로 가지고 있다. 이 패키지는 Tcl 기반으로 구현되어 있다.

이외에도 시스템을 시뮬레이션할 수 있는 유닉스 기반의 툴인 VxSim이 있다. VxWORKs

는 다중 프로세스를 지원하지만 멀티프로세스간 통신에 있어 하드웨어 구조의 영향을 많이 받는다. 또 하나 pSOSystem이 여러 개의 컴포넌트로 되어 있다고 하면 VxWorks는 200개 가량이 모듈을 지원하는 형식으로 되어 있어 개발자는 이들 필요한 모듈만 사용해서 시스템에 맞는 운영체제를 구성할 수 있다. VxWorks는 현대의 RTOS들이 지원하는 거의 모든 서비스를 지원하고 있다. 태스크간의 통신을 위해 세마포어와 메시지 큐, 공유 메모리, 소켓, 시그널 등을 제공하고, 표준 TCP/IP 네트워킹과 ROM이나 로컬 디스크, 네트워크로 부팅이 가능하게 되어 있다. 예를 들어 프로세스간 메시지 전송은 공유된 메모리 영역이 있을 때만 가능하며 이런 기능 또한 VxMP라는 추가구입 옵션 컴포넌트로서 존재한다.

소켓 기반의 통신을 지원하므로 소켓을 통해 멀티프로세스간 통신을 해도 되지만 소켓은 자료구조를 지원하지 못하는 등의 문제로 인해 메시지 패싱에 비해 단점이 많다. 또한 TCP/IP 스택을 거쳐야 하므로 성능에 문제가 될 수도 있다. [그림 2-6]은 VxWORKs의 구조를 보여준다.

VxWorks의 구조는 크게 하드웨어에 의존하는 BSP, 디바이스 드라이브 영역과 하드웨어에 의존하지 않는 커널과 그에 따른 모듈, 그리고 애플리케이션 프로그램으로 나뉜다. 이것은 pSOSystem과 매우 유사한 부분이다. VxWorks의 토네이도는 교차 개발환경을 지원하는 통합개발환경이다.

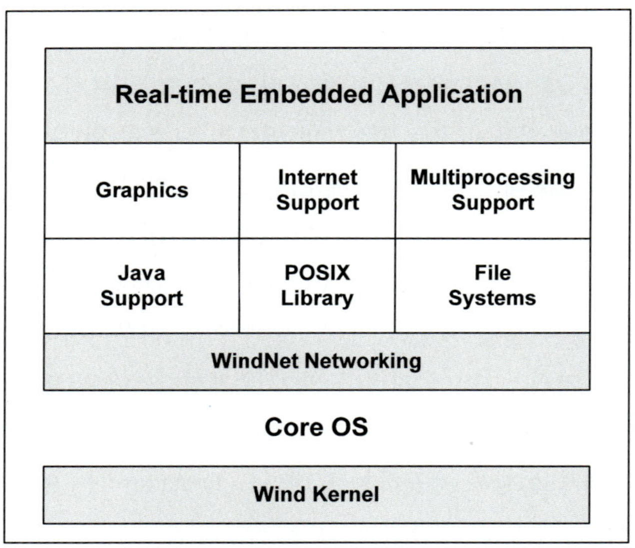

[그림 2-6] VxWORKs의 구조

(5) Nucleus PLUS

Nucleus는 Accelerated Technology회사에서 개발한 실시간 운영체제로서 그 중에서 네트워킹 디바이스 같이 복잡한 애플리케이션에 걸 맞는 커널이 Nucleus PLUS이다. 커널 내부에는 네트워크 기능이 들어 있지 않으므로 Necleus NET라는 TCP/IP 스택을 따로 구입해야 네트워킹 디바이스에 사용가능하다. Nucleus PLUS는 대부분의 코드가 ANSI C로 작성되어져 있기 때문에 포팅이 용이하며 태스크간의 통신, 태스크 동기화, 메모리 관리, 타이머 관리 등의 기능과 다수의 디바이스 드라이버를 제공해 개발의 편이성을 제공하고 있다. Nucleus NET은 내부에 TCP/IP와 그 위의 수많은 프로토콜을 소스 레벨에서 제공하며 Telnet, FTP, WWW 등의 애플리케이션을 제공한다.

Nucleus NET의 TCP/IP 스택은 그 크기가 60KB 정도이며 유닉스 소켓 인터페이스와 비슷한 인터페이스를 제공한다. Nucleus PLUS는 한 서비스 내에서 데이터끼리 각자의 메모리 영역을 침해하지 않도록 태스크마다 자신들이 가지고 있는 메모리 포인터들의 리스트를 관리함으로써 메모리 보호를 하게 된다. 하지만 아키텍처 자체가 하나의 어드레스 공간에서 모든 프로세스가 CPU의 슈퍼바이저 모드에서 돌아가므로 안정성에 문제가 있다. 이 방법은 태스크 스위칭이나 함수 콜에 있어 오브헤드가 작아진다는 장점이 있다. Nucleus PLUS는 메일 박스, 큐, 파이프의 태스크 통신 메커니즘을 가지며 인터럽터 처리는 애플리케이션 컨텍스트에서 이루어진다. MMU는 아직 지원하지 못하며 따라서 가상 메모리도 지원하지 못한다.

(6) Windows CE

Windows CE는 마이크로소프트사에서 개발한 임베디드 시스템용 운영체제이다.

마이크로소프트(이하 MS)는 임베디드 시장에 대한 공략을 위해 1996년 윈도우 CE를 발표했다. MS에서 제작된 기존의 윈도우 인터페이스에 모바일 네트워크 기능을 강화해 가전제품, PDA, 셋톱박스 등에 주로 사용되고 있다. 적외선 통신, 웹 브라우징 기능 이외에도 편리한 개발환경을 가지고 있으며 UI가 기존의 윈도우와 매우 유사하게 제작되어 있어 대부분의 사용자들은 별도의 학습 없이도 바로 사용이 가능하다. 또한 윈도우 CE 계열의 PDA는 흑백 및 컬러 디스플레이가 가능하며 동영상, WAV, MP3 등 멀티미디어 파일의 재생이 가능하여 PDA의 엔터테인먼트 기기화를 가져왔다.

그리고 PC용의 윈도우 OS나 각종 오피스 프로그램들과 완벽한 호환이 가능해 기존의 데스크탑이나 노트북에서 가능하던 각종 애플리케이션들을 PDA에서도 그대로 사용할 수 있다는 잇점이 있다. 그러나 제한적인 하드웨어를 가진 임베디드 시스템에 너무 많은 기능을 구현하려 했기 때문에 느린 실행 속도와 불편한 UI를 초래했다.

이를 개선해 MS는 2000년 4월 윈도우 CE 3.0을 개발하고 기존의 윈도우 CE와는 전혀 다른 것이라는 것을 강조하기 위해 그것을 포켓 PC(Pocket PC)라고 명명했다. 포켓 PC의 등장으로 기존 윈도우 CE에서 보여주었던 수행속도의 저하와 비효율적인 하드웨어의 활용 등의 문제점들이 보완됐다.

2.7 Windows CE

1 Windows CE

Windows CE는 임베디드 시스템용 운영체제로서 개인정보 단말기나 최근 급증하고 있는 네비게이션, PMP 등에 많이 사용이 되고 있다. 기존 임베디드 리눅스가 저렴한 개발비용과 Windows CE의 여러 단점들 때문에 많은 인기를 누렸으나 최근에는 개발의 어려움과 기술지원 등의 문제 그리고 개발소스를 경쟁업체에 공개하는 문제 등 개발업체간 경쟁에서 불리한 사항 등을 이유로 Windows CE 운영체제로 전환하는 추세이다.

Windows CE는 마이크로소프트사에서 제공되는 다양한 개발 플랫폼과 툴을 보유함으로서 개발자가 좀 더 편리하게 개발하고 개발시간을 단축할 수 있는 장점을 제공하고 다양한 방법의 기술지원을 통해 점차 시장을 확대해 가는 추세이다.

윈도우 CE는 사운드와 동영상 재생 및 컬러 디스플레이 구현 등 다양한 멀티미디어 기능을 기본적으로 제공하며 PC와의 호환성이 뛰어나다. 또한 포켓 인터넷 익스플로러를 기본으로 내장해 모바일 인터넷을 실현했다. 게다가 데스크탑과 거의 흡사한 UI를 갖춤으로써 윈도우에 익숙한 사용자들을 쉽게 끌어들이고 있다. 그럼에도 불구하고 PDA 업계에서 윈도우 CE의 시장점유율은 팜 OS에 미치지 못했다. 하지만 유명 PDA업체들이 윈도우 CE 채용 제품들을 대거 출시함에 따라 점유율은 계속 증가 추세에 있다.

2 Windows CE 특징

(1) 성 능

윈도우 CE는 성능이 상당히 우수하며, 특히 GUI 환경과 많은 애플리케이션을 가지고 있어서 현재 널리 사용되고 있다. 멀티태스킹 오퍼레이팅 시스템인 Windows CE는 32개에 달하는 동시 프로세스를 지원하고 각각의 프로세스는 애플리케이션의 단일 개체이다.

또한, 멀티스레딩 지원은 각각의 프로세스가 다중 실행 스레드를 생성할 수 있게 한다. 스레드(thread)는 다른 부분들과 병행하여 실행되는 프로세스의 한 부분이며 스레드들은 독립적으로 실행한다. 그러나 각각의 스레드는 특별한 프로세스에 속하고 같은 메모리 공간을 공유한다. 스레드들의 총 수는 단지 사용 가능한 물리적인 메모리에 의해 제한된다. Windows CE는 최소의 프로세서 자원에서 스레드 동기화를 실현한다. 그리고 다른 많은 오퍼레이팅 시스템과는 다르게 Windows CE는 스레드와 관련된 작업, 즉 스케줄링, 동기화, 자원관리 등을 다루는 것은 커널을 이용한다. 따라서, 애플리케이션은 다른 스레드 함수들로 프로세스나 스레드의 수행과 완료를 위한 폴(poll)이 필요하지 않다. Windows CE는 선점형이기 때문에 우선순위가 더 높은 프로세스나 스레드가 선점적인 실행을 해야 한다. 그것은 스레드 스케줄링을 위해 여섯 개 등급인 스레드 우선순위를 기초로 한 시분할 알고리즘을 사용한다.

(2) 네트워크

Windows CE는 선택한 수의 네트워크 스택을 제공한다. 네트워크 통신들은 적외선 통신, 이더넷, 무선 통신을 포함한 여러 가지 하드웨어를 지원한다. 비록 네트워크 스택이 윈속 인터페이스를 통해 유일하게 접근할 수 있어도 Windows CE는 또한 내부적으로 윈속에 사용하고 윈속 연결을 설정하고 관리하는 섬세한 부분을 다루는 여러 가지 상위 레벨의 API들을 제공한다.

WinInet API는 FTP와 HTTP 1.0을 포함한 인터넷 브로우징 프로토콜들을 지원한다. 또한 Secure Sockets Layer(SSL) 2.0, Secure Sockets Layer(SSL) 3.0 그리고 Private Communication Technology(PCT) 1.0을 포함한 세 가지 보안 프로토콜의 접근을 제공한다. WinInet API는 Common Internet File System(CIFS) 리디렉터를 통한 원격 파일 시스템의 접근을 제공한다. 적외선 통신을 위해 Windows CE는 산업 표준 IrDA 프로토콜들을 사용하는 소켓 기반 적외선 통신이 가능한 윈속에서 확장된 IrSock을 지원한다.

Windows CE는 윈속으로써 네트워크 스택과 같은 레벨인 RAS 클라이언트를 제공한다. 인터넷을 위해 개발된 TCP/IP 프로토콜 그룹은 가장 복잡하고 넓게 알려진 네트워크 프로토콜이다. 그것은 광범위한 시스템에 의해 지원되고 Windows CE 네트워크 스택의 핵심을 형성한다. 많은 윈도우 기반 이동장치들은 무선 통신을 사용할 수 있다. 그러나 전통적인 TCP/IP 스택은 유선 네트워크에서 효과적인 함수에 의해서 만들어지기 때문에 무선 기술에서는 불충분하게 동작할 수 있다.

그러나 Windows CE TCP/IP 스택은 무선 네트워킹을 위해 설정되게 디자인되었다. 네트워크 스택의 기반에 있어서 Windows CE는 시리얼 연결 네트워크와 LAN을 위해 데이터 연결 계층을 지원한다.

많은 Windows CE 기반 장치들은 모뎀과 같은 시리얼 통신 연결을 사용하여 네트워크에 연결한다. 시리얼 연결 네트워크를 지원하기 위해 Windows CE는 많이 사용되는Serial Line Internet Protocol(SLIP)와 Point-to-Point Protocol(PPP)를 구현하였다. Password Authentication Protocol(PAP), Challenge Handshake Authentication Protocol (CHAP)와 Microsoft CHAP의 세 가지 프로토콜들은 시리얼 연결 통신에 사용하고 있다. LAN 연결에 대한 지원은 Windows CE에서는 NDIS((2) NDIS, Network Driver Interface Specification2) 4.0으로 구현하였다. 그러나 단지 이더넷 미니 포트 드라이버들만 지원한다.

(3) 확장성

Windows CE는 여러 가지 다른 플랫폼의 사용자 입력 요구를 받아들일 수 있게 지정할 수 있다. 현재로 키보드, 입력 패널, 음성 그리고 스타일러스는 Windows CE를 기반으로 한 장치들의 사용자 입력 방법이다.

3 Windows CE 동향

MS는 윈도우 CE 3.0의 소스코드를 공개한 후 2002년초 코드명 탈리스커(Talisker)로 알려졌던 윈도우 CE 닷넷과 윈도우 XP 임베디드를 공식 발표했다. MS는 윈도우 CE 닷넷을 Non-x86 프로세서 계열이거나 실시간이 요구되는 시스템에 대해서 권고를 하고 있으며 PC 운영체제인 윈도우 XP 프로페셔널의 컴포넌트 버전인 윈도우 XP 임베디드는 네트워킹과 서버 기능을 수행하는 시스템 개발에 권고를 하고 있다. 최근들어 Windows Embedded CE가 발표되면서 기존의 제품이 타깃으로 하던 모바일 제품뿐만 아니라 최근 증가하는 셋톱박스, IP폰, 카네비게이션 등의 정보가전기기 분야 등 다양한 분야에 변형하여 응용할 수 있게 되었다. 또한 라이센스 비용을 줄이고 안정된 운영체제를 제공함으로써 Windows CE의 시장을 선도해 나갈 전망이다.

(1) Windows CE 5.0

Windows CE 5.0은 현재 가장 많이 개발되고 사용되는 마이크로소프트의 향상된 최신 실시간 운영체제로 Windows CE .NET 4.2의 업그레이드 버전이다. 네트워킹 성능의 현저한 개선, 개발자 생산성 향상을 위한 드라이버 지원 등 보다 향상된 기능을 제공하며, ARM, MIPS SuperH, x86의 32bit CPU 아키텍처를 지원한다.

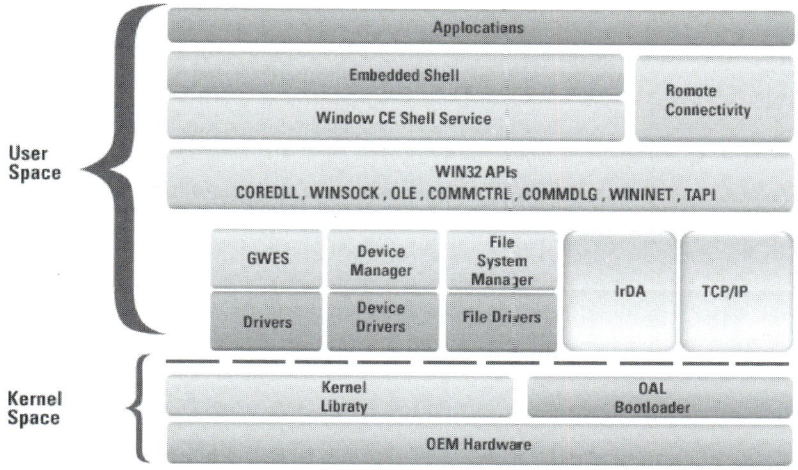

[그림 2-7] Windows 5.0 구조

(2) Windows Embedded CE 6.0

Windows Embedded CE는 6.0 버전부터 적용되는 Windows CE의 새로운 이름이다. 아직까지 많은 개발자가 사용하고 있지는 않지만 여러 가지 개발의 편리성 향상 등으로 앞으로 많이 사용될 것이 기대되는 운영체제이다. Windows Embedded CE 6.0은 운영체제의 핵심인 OS 커널을 새롭게 디자인하였으며, 32,000개에 달하는 프로세스 동시처리와 프로세스당 2GB의 가상 메모리를 지원한다. CPU는 Windows CE 5.0과 동일하게 지원한다.

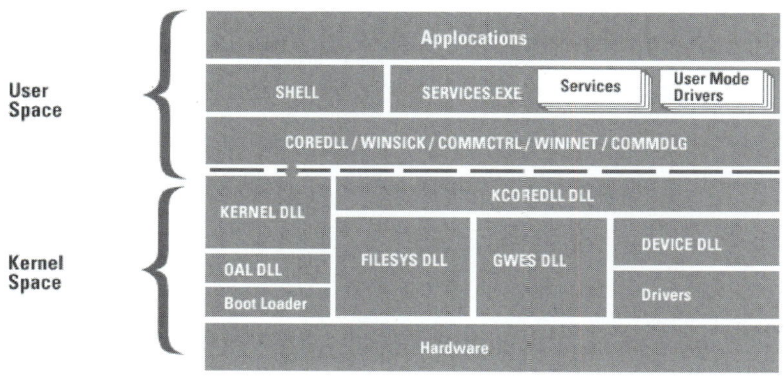

[그림 2-8] Windows Embedded CE 6.0 구조

① 향상된 개발환경

개발자들은 Windows Embedded CE 6.0 개발 툴인 Platform Builder가 Visual Studio 2005에 통합되어 Desktop과 같은 친숙한 개발환경에서 디바이스 개발이 가능하며, 이전 버전에서 사용하던 사용자 인터페이스, 애플리케이션, 미들웨어, 드라이버 등을 그대로 활용할 수 있고, 개발자들은 친숙한 툴로 OS와 Application을 동시에 개발할 수 있게 되므로 개발비용 절감 및 시장진입 시간을 단축시킬 수 있다.

② 차세대 커널기술과 확장된 메모리 처리

커널 구조는 32,000개에 달하는 프로세스를 동시에 지원가능하며, 각 프로세스당 2G의 가상메모리를 지원한다. Windows CE 5.0에서 동시에 구동할 수 있는 프로세서가 32개, 각 프로세서당 가상 메모리를 32MB를 지원했던 것에 비해 성능이 향상되었고, 보다 효율적인 멀티미디어 콘텐츠 재생이 가능하다.

③ 통신기능 제공

기존에는 통신 단말기에 CE를 탑재하기 위해 단말 제조사들이 별도의 작업을 해야 했으나, 통신기능이 기본으로 내장되어 있어 모바일 단말을 더욱 쉽게 구현할 수 있다.

2.8 임베디드 리눅스 시스템

1 리눅스란

리눅스(Linux)는 운영체제이다. 운영체제란 하드웨어와 응용프로그램, 혹은 사용자 사이에서 시스템을 제어하고 운영하는 프로그램이다. 엄밀한 의미로 말하면 리눅스는 프로세스 스케줄링, 가상 메모리, 파일 관리, 장치 입/출력이라는 기본적인 서비스를 제공하는 운영체제의 커널일 뿐이다.

초기의 리눅스는 핀란드 헬싱키 대학의 교수에 의해 개발된 유닉스 기반의 마이크로커널 구조를 가지는 인텔 프로세스에서 동작하는 운영체제인 미닉스(Minix)를 이 대학 학생인 리누즈 토발즈(Linus Torvalds)가 수정하여 인터넷에 공개한데서부터 출발한다. 그 이후 리눅스는 전 세계의 해커들에 의해서 지속적으로 수정 보완되면서 급속히 발전하여 왔다. 또한 리처드 스톨만(Richard Stallman)에 의해 창시된 자유 소프트웨어 재단(FSF : Free Software Foundation)과 노선을 함께 하여 GNU GPL(General Public License)하에 커널 소스를 공개하여 오늘에 이르고 있다. 이러한 소스코드 공개에 기초한 자유 소프트웨어 정신에 입각하여 리눅스는 해커들에 의해 급속한 진전을 이루었으며, 비로소 1994년 5월에 커널 버전(리눅스 커널 버전이 홀수(odd)이면 개발 버전, 짝수(even)이면 안정 버전임을 의미한다.) 1.0.0이 발표되었고, 1996년 6월에는 커널 버전 2.0.0이 발표되고, 2001년 1월에는 커널 버전 2.4.0이 발표되었다. 이제 리눅스는 저렴한 중소형 컴퓨터뿐만 아니라 서버급 컴퓨터에 널리 사용되고 있는 실정이다. 또한, 최근에는 크기를 현격히 줄여 임베디드 시스템에 리눅스가 포팅되어 임베디드 운영체제로 각광받고 있다.

2 리눅스의 특징

리눅스는 유닉스 시스템의 표준 인터페이스로 자리잡고 있는 POSIX 표준을 따르고 있으나, 진정한 자유 소프트웨어를 구현하기 위해 유닉스 소스코드 사용을 배제하고, 모든 소스를 새로 작성하였다. 초기의 리눅스는 i386이상의 x86 CPU를 탑재한 PC에서 운영되는 것을 목표로 하였으나, 현재에는 Macintosh, SPARC, MIPS, Alphaf 머신 등에서 동작하는 최고의 이식성을 자랑하는 운영체제가 되었다.

리눅스는 진정한 개념의 멀티태스킹이 가능하며, 가상 메모리를 구현하며, 공유 라이브러리, 메모리 관리, TCP/IP 네트워킹과 유닉스 계열 시스템들이 가지는 특징들을 포함하는 공개 운영체제인 것이다.

리눅스는 상용 임베디드 OS보다는 실시간적 요소를 충족하지 못하고 윈도우 CE보다는 개발환경이 좋지는 않지만, 오픈소스에 라이선스 비용이 없기 때문에 커널 크기를 줄여 다양한 임베디드 시스템의 개발에 유리하다.

리눅스는 소스를 공개하는 오픈소스 정책을 따르는 관계로 관련 개발자가 세계 곳곳에 있어 현지의 응용프로그램을 개발할 수 있는 개발자층이 넓다는 것이 다른 OS들과 구별되는 큰 장점이다. 이에 따라 리눅스를 채용한 임베디드 시스템은 다른 제품에 비해 가격 경쟁력이 우수하고 다양한 응용프로그램의 개발이 가능할 것으로 기대된다.

3 임베디드 리눅스

임베디드 리눅스는 소스 공개와 아울러 안정성, 신뢰성 및 성능의 확보에 따라 활용도가 급격히 증대되고 있으며, 레드햇, 몬타비스타, 리니오 등이 임베디드 리눅스 개발 및 기술지원 사업에 주력하고 있다.

임베디드 리눅스 운영체제는 특정 애플리케이션에 맞도록 리눅스 커널을 최적화한 것이다. 이는 라이센스비가 무료이며, 커널 소스 또한 공개되며 현재 전 세계의 수많은 개발자들에 의해 지속적으로 업데이트되고 있다. 그러나 임베디드 리눅스는 열악한 개발환경에 따른 개발기간에 대한 부담과 라운드로빈 방식의 스케줄링을 하므로 실시간 시스템에는 적합하지 않다는 문제점을 가지고 있다. New Mexico Tech에서 기존 리눅스 커널에 실시간 기능을 추가한 RT-Linux를 개발했으며 또한 오픈소스 진영에서는 임베디드 리눅스를 기반으로 한 표준화를 통해 시장 확대를 도모중인데, 2000년에 애질런트, 알카텔, HP, IBM, 윈드리버, ARM, 모토로라 등이 참여하는 세계 최대 규모의 임베디드 리눅스 컨소시엄(ELC : Embedded Linux Consortium)이 결성되어 임베디드 리눅스 및 실시간 운영체제 API 표준인 EL/IX(Embedded Linux based on POSIX)를 기반으로 플랫폼 표준화를 추진하고 있다.

임베디드 운영체제 시장은 전통적인 RTOS 중심에서 다기능 임베디드 OS 중심으로 발전하는 추세에 따라 VxWorks, pSOS 등의 RTOS의 시장 성장률이 둔화되고 있으며, 전용 실시간 임베디드 시스템에서 높은 시장점유율을 보였던 VxWorks, pSOS, VRTX와 같은 전통적인 RTOS는 2001년을 기점으로 시장점유율이 하락하고 있다.

4 임베디드 리눅스의 장점

- 산학계에 걸친 수많은 사용자들로부터 지난 수년간 직접 사용되면서 검증된 후로 효율적이고 안정적이며 성숙된 내용을 가진다.
- 오픈소스이기 때문에 소스코드 자체가 공개되어 있고 이의 공급에 따른 로열티 자체가 없기 때문에 부담 없이 쉽게 자체 개발 아키텍처에 공급할 수 있다.
- 리눅스 커널 자체가 태생적으로 모듈 형식의 코드로 이루어져 있어 쉽게 최소, 최적화가 가능하다.
- 네트워킹 애플리케이션에 필수적인 TCP/IP, PPP, X.25, HDLC, FDDI 등의 네트워크 코드를 가지며 그 종류에 있어서도 다양하고 무료로 사용할 수 있어 개발에 용이하다.
- 네트워킹 디바이스에서 현존하는 거의 대부분의 프로세스에 포팅되어 있고 대부분의 컨트롤러를 위한 디바이스 드라이버가 제공되기 때문에 그 공급 영역 또한 방대하다.
- 사용자뿐만 아니라 개발자 그룹의 크기도 오픈소스이면서도 개발을 위한 자체 툴과 라이브러리를 가지고 있는 현대적인 운영체제라는 특성에 맞물려 전세계적으로 거대한 수의 개발자들이 존재한다. 따라서 애플리케이션은 물론 자체 문서도 거의 모든

영역에 대해 상용 운영체제 못지않게 잘 이루어져 있다.

- 이미 PC상에 리눅스 애플리케이션과 커널의 개발에 익숙한 사람들에게 있어 임베디드 리눅스는 자신에게 익숙한 환경을 제공하기 때문에 쉽게 임베디드 애플리케이션을 개발할 수 있게 해준다. 또한, 개발 툴은 어떤 은영체제나 아키텍처상에도 포팅이 되어 있으므로 한 번 개발 툴에 익숙해지면 개발환경에 제약이 없어진다는 장점이 있다.
- 실시간(real time)을 지원하여 지금까지 상용 OS에 열세였던 Real Time성을 크게 확보하고 보다 다양한 분야에 공급할 수 있다.

5 임베디드 리눅스의 단점

- 임베디드 리눅스(embedded Linux)위에서 실행될 수 있는 애플리케이션이 상당히 부족한 실정이다. 따라서 임베디드 리눅스를 OS로 채택하고 이를 확산시키는 데 걸림돌이 되고 있는 실정이다.
- 임베디드 리눅스(embedded Linux)를 이용하여 장비 개발시 개발환경에 접근하는 데 상당히 어렵다. 커널을 비롯하여 마이크로프로세스(microprocess), 네트워크, 각종 툴(tool) 등을 다루어야 하는 내용이 방대하므로 단시일 내에 전문적인 개발자 양성에 문제가 있다.

X-Hyper320TKU 임베디드 시스템 구성 및 성능

3장

학습목표

이 교재에서 실습에 사용되는 장비인 X-Hyper320TKU는 최신성능의 CPU를 탑재한 모델이다. 다양한 디바이스 드라이버의 테스트가 가능하며 최신기술이 적용되어 DMB/WirelessLAN등의 장치에 대하여 학습할 수 있으며, 다양한 임베디드 시스템의 기능에 대해서 만족할만한 성능을 갖추고 있다. 여기서는 X-Hyper320TKU 실습장비가 갖는 특징과 부가적인 기능이 어떠한 것이 있는지 학습한다.

3.1 X-Hyper320TKU 임베디드 시스템 개요

1 임베디드 시스템 특징

PXA320기반의 X-Hyper320TKU 임베디드 시스템에 대한 주요 특징 및 임베디드 시스템 사양에 대하여 서술하였다. 임베디드 시스템은 최신의 임베디드 시스템 기술을 응용한 윈도우 CE 5.0을 실험실습을 할 수 있는 장비이다.

Bulverde(PXA270)을 보다 강화된 PXA320 프로세서 기반으로 제작되어 모바일용에 적합한 멀티미디어와 전원관리기술이 강화된 첨단 임베디드 시스템이다.

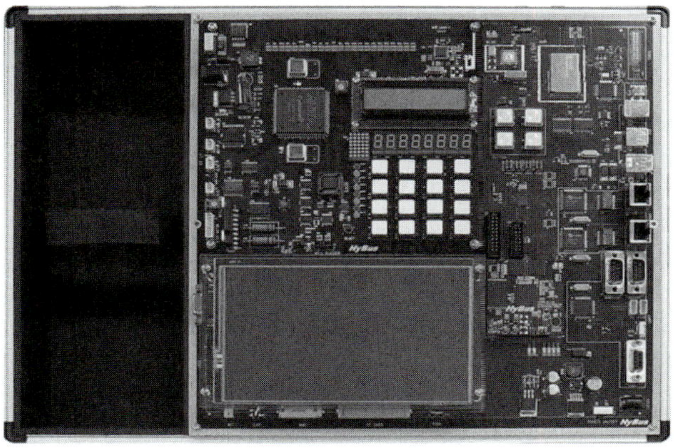

[그림 3-1] X-Hyper 320 TKU

(1) 주요 특징

- CPU 보드 + 메인보드 + IEB 보드로 모듈별 구성되어 있어 추가 기능을 위한 확장 및 CPU 업그레이드, FPGA 독립실험 등이 가능한 특징이 있다.
- PXA320은 PXA270보다 더 빠른 Core (806MHz)를 제공한다.
- 266MHz DDR SDRAM의 사용으로 SDRAM보다 성능이 뛰어나서 빠른 프로그램 실행 속도를 가지고 있다. (266MHz DDR SDRAM 128Mbyte)
- PXA320은 내부 SRAM용량이 768KByte(PXA270은 256KB) 이어서 800 × 480 LCD를 사용했을 경우 리프레시(Refresh)를 위한 프레임 버퍼(Frame Buffer)를 내부 SRAM으로도 가능하다. 이러한 이점은 저전력으로 LCD를 구동할 수 있고, 인터페이스 또한 빠르게 동작한다.
- NAND 플래시의 장점은 NOR 플래시보다 가격이 저렴하며, 보드수정 없이도 용량이 더 큰 NAND 플래시로 교체가 가능하다.
- LCD 및 미니 LCD 제어기를 가지고 있어 2개의 LCD를 필요로 하는 스마트폰(Smart Phone)에 적용에 가능하다.
- 터치 제어기(Touch Controller)가 기본 내장되어 별도의 외장 터치 제어기(Touch Controller)가 필요 없다.
- DMB 장착으로 DMB 시청 및 교육이 가능하다.
- 무선(Wireless) LAN 모듈이 기본 장착되었다.

2 하드웨어 사양

(1) CPU 보드

X-Hyper320TKU 임베디드 시스템은 CPU 보드가 별도로 제작되어 있다. 모듈형태로 제작되어 PXA310, PXA300 등 다른 CPU로 업그레이드 및 변경이 가능하게 설계되어 있다. 이 CPU 모듈을 사용하여 사용자가 별도 임베디드 장비 제작도 가능하다. CPU 보드 하드웨어 사양은 [표 3-1]과 같다.

[표 3-1] CPU 사양

분 류	항 목	내 용
CPU	PXA320(806MHz)	Monahan-P
메모리	NAND Flash memory 128Mbyte	
	266MHz DDR SDRAM 128MByte	
PMIC	PMIC	MAX8660

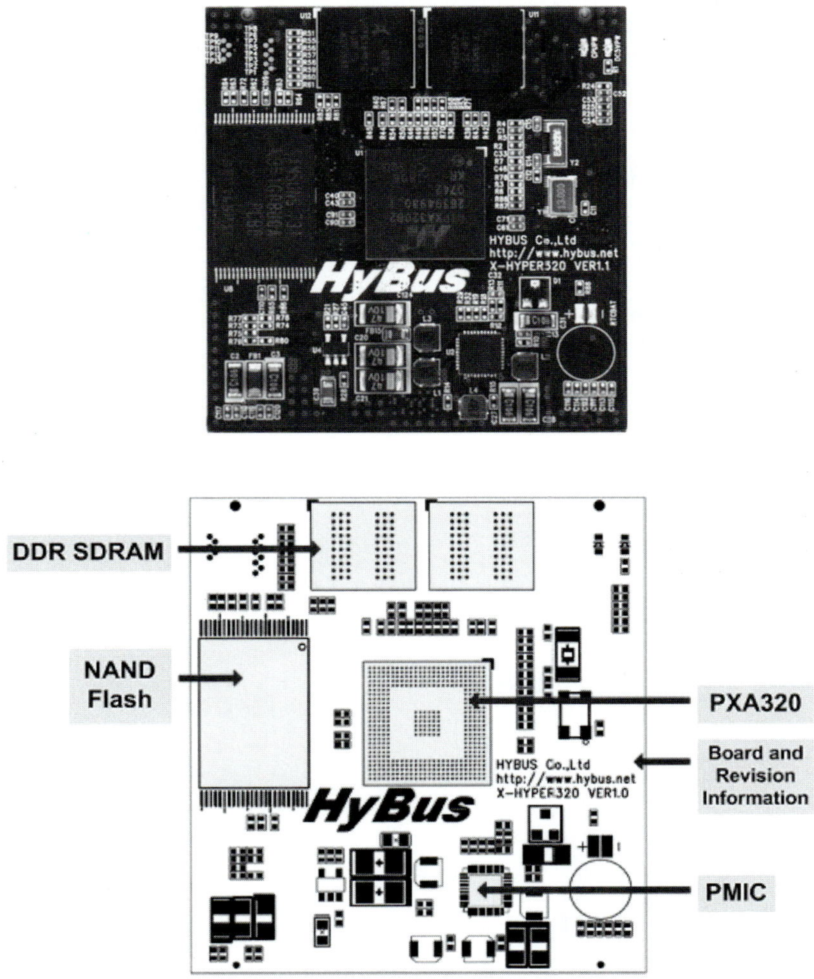

[그림 3-2] X-Hyper320TKU-CPU 모듈

(2) 메인보드

X-Hyper320TKU 임베디드 시스템의 메인보드이다. DMB, TFT 7" LCD, Wireless LAN, Ethernet, USB 등 고급 디바이스들이 장착되어 첨단장비 개발이 가능하다. 하드웨어 사양은 [표 3-2]와 같다.

[표 3-2] XHyper320TKU 메인보드 사양

분 류	항 목	내 용
외부장치	CPLD	Xilinx CoolRunner-II
	USB Host 2.0 2Port	TD242LP
	Display	7" Wide TFT Color LCD
	Touch Screen	CPU에 내장
	IDE I / F	mini IDE
	Analog RGB(VGA Monitor)	THS8135
	Ethernet(10 / 100)	2Port
	Wireless LAN	Max 54Mbps, IEEE802.11g/b
	Audio-AC97 (WM9712)	Speaker 내장
	DMB	DMB 모듈
	Camera	CMOS Camera 1.3M Pixel
	GPS	GPS Module
	USB	USB Host/Client 1.1 각 1Port
		USB Host 2.0 2Port
		USB Client 2.0 1Port
	UART	Debug(RS232), GPS(TTL), FFUART(RS232) 1Port(3EA)
		Bluetooth(RS232), IrDA(TTL), RS232, TTL 1Port(4EA)
	VGA	VGA I/F
	Key Button / LED	GPIO 4EA
	Mic, Speaker	Jack Type
	MMC / SD	MMC / SD 1Slot
확장 커넥터	160pin	2.54mm pitch

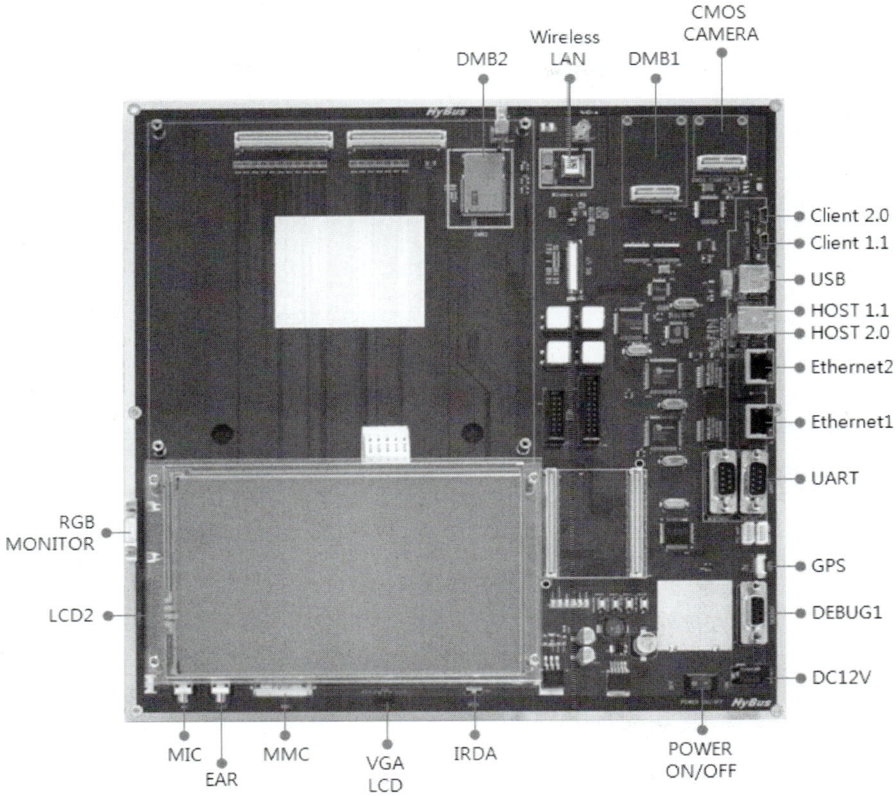

[그림 3-3] X-Hyper320TKU 메인보드

(3) IEB 확장보드

임베디드 시스템의 기초 실험을 위해서 저급디바이스만을 모아놓은 IEB 확장보드를 제작하여 학생들에게 저급디바이스로 처음에 교육하고 추후에 고급디바이로 학습할 수 있도록 단계별 교육이 가능한 장비이다. IEB 확장보드의 사양은 [표 3-3]과 같다.

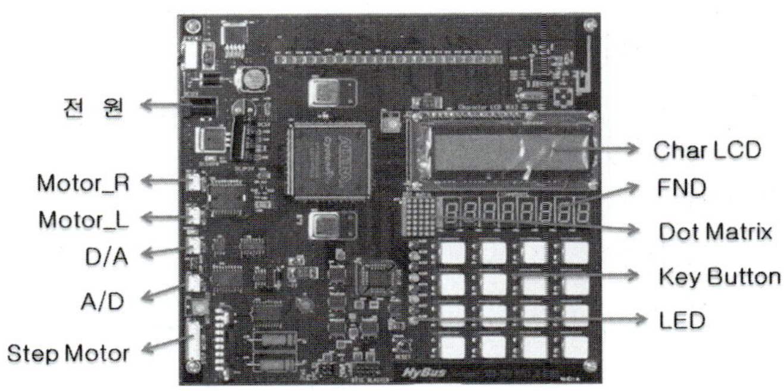

[그림 3-4] IEB 보드

[표 3-3] IEB 보드 사양

분 류	항 목	내 용
FPGA	EP1C6240PQFP	Cyclone (PQFP-240)
Programming ROM	EPC2	EP2(PLCC/SOCKET)
RF 디바이스	CC2420	CC2420(QLP48)
DC 모터 제어	L298	DIP
Step 모터 제어	L297	DIP
ADC	ADC0804	
DAC	DAC0800	
7-Segment	7-Segment * 8	
DOT Matrix	DOT Matrix	
글자 LCD	글자 LCD	

[그림 3-5]는 X-Hyper320TKU의 전체 블록도를 나타낸다.

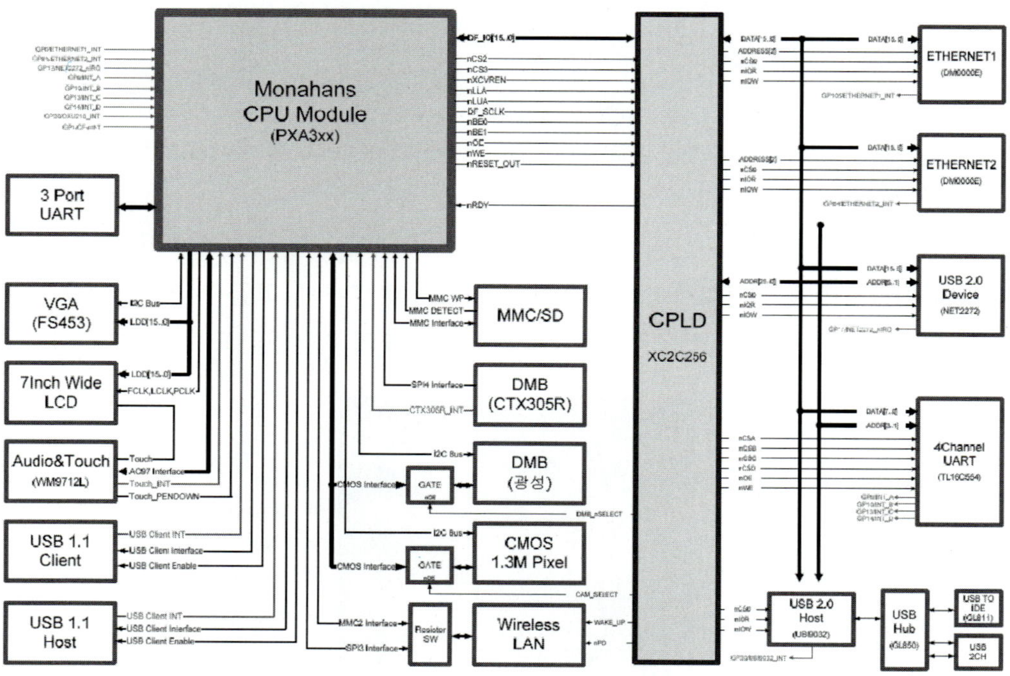

[그림 3-5] X-Hyper320TKU의 전체 블록도

3 X-Hyper320TKU 소프트웨어 사양

(1) 소프트웨어 사양

[표 3-4] X-Hyper320TKU 소프트웨어 사양

분 류	항 목	내 용
O / S	Linux / WinCE	
Compiler	GNU Tool for ARM	
JTAG	XDB	OPTION
파일 시스템	JFFS2(Rootfile system) ext2, ext3, YAFFS, RAMFS, NFS	
Bootloader	hybus-boot320	
GUI	GTK QT / Embedded	
디바이스 드라이버	Ethernet	10/100Base-T
	Wireless	
	TFT LCD	7 inches TFT LCD Interface
	Touch Screen	Touch Screen Controller
	AC'97 Codec	Audio
	PMIC	
	MMC / SD	
	USB 1.1 Host / Client	
	USB 2.0 Host / Client	
	CMOS Camera	
	PCMCIA / CF	
	VGA	
	IDE	mini IDE
응 용	Tiny X-Server	
	MatchBox	Windows manager
	MP3 Player	
	동영상 Player	MPEG1,2,4, WMV1/2/3, DivX5
	Web Brower	
	USB Cam	OV511 CAM 지원
	Access Pointer	802.a, 802.b

(2) 확장보드(IEB)의 소프트웨어 사양

[표 3-5] 확장보드(IEB)의 소프트웨어 사양

분 류	항 목	내 용
디바이스 드라이버	DC Motor Control	L298
	Step Motor Control	L297
	ADC	ADC0804
	DAC	DAC0800
	7-Segment	8 EA
	DOT Matrix	5 × 7
	Character LCD	2 ×16
응 용	IEB Test Program	

3.2 세부장치 설명

1 전 원

X-Hyper320TKU의 전원의 구성은 다음과 같은 블록도로 구성되어 있다.

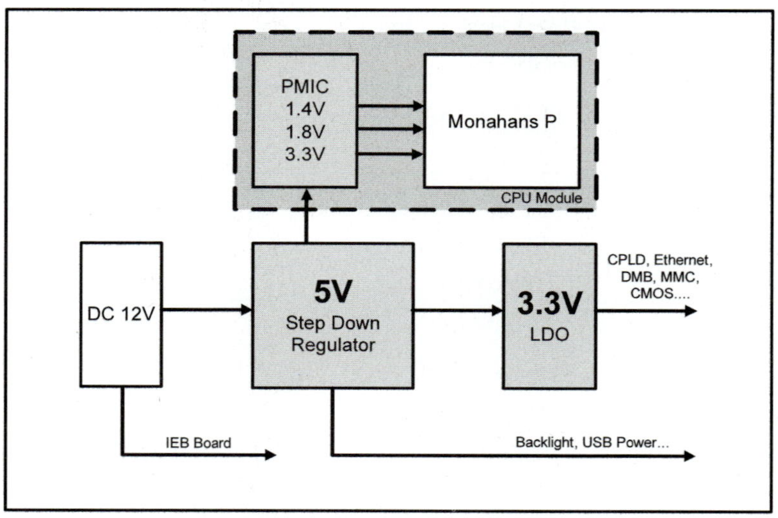

[그림 3-6] X-Hyper320TKU 전원 구성 블록도

X-Hyper320TKU 보드는 DC 12V(2A이상)를 사용한다. DC 12V는 IEB 보드에 전원공급을 해주고, CPU Module은 DC 5V 전원공급을 한다. 보드 내부는 DC 5V와 DC 3V로 보드 전체 디바이스에 공급을 해주고 있다.

2 시스템 버스

PXA320 CPU의 System Bus는 두 가지가 있다. 하나는 DDR SDRAM 전용 Bus (EMPI)와 다른 하나는 FLASH 및 외부 디바이스를 위한 DFI Bus이다. DFI Bus는 기존 Intel PXA CPU들과는 달리 16bit Bus로 순차적으로 Address / Address / Data순으로 access 하는 Multiplex 방식을 사용한다. 이는 (nLLA, nLUA, nXCRVEN) Signal에 의해 상/하위 Address, Data로 구분한다. 외부 디바이스들을 제어하기 위해서는 이런 Multiplex 방식을 VLIO 방식이나 SRAM Interface 방식으로 변환해 주어야 한다. X-Hyper320TKU에서는 이러한 변환과정이 CPLD에 구현되어 있다.

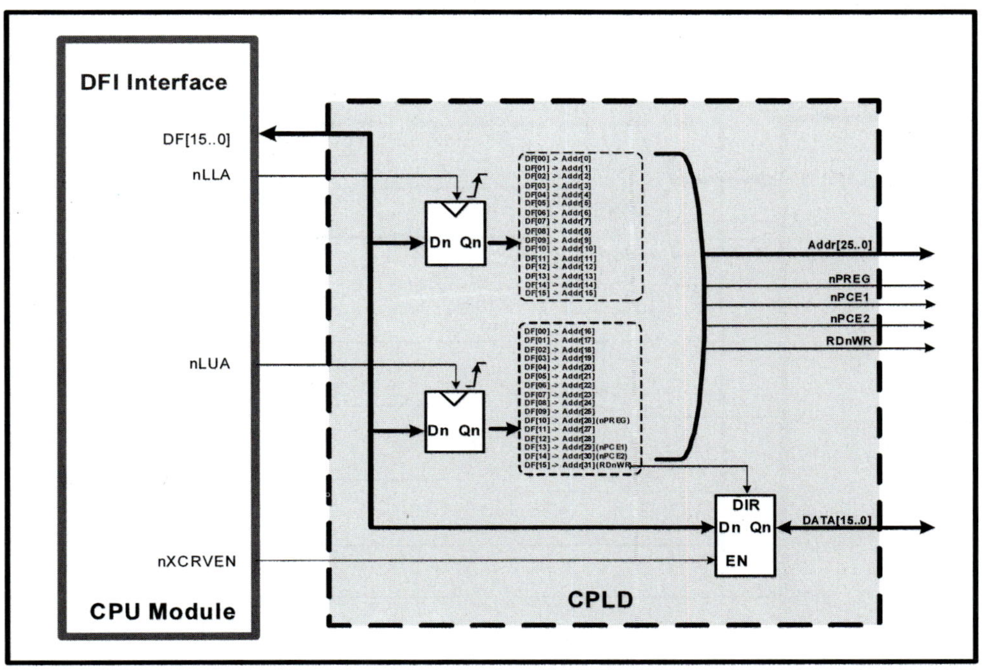

[그림 3-7] 시스템 버스 블록도

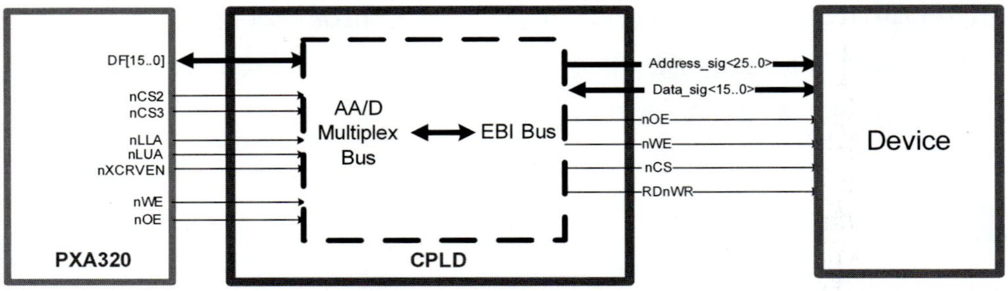

[그림 3-8] CPLD 구성 블록도

3 Ethernet

10/100을 지원하는 DM9000E는 CPU와는 16bit Data Bus로 연결되어 있고, CPU의 Address[2]bit가 DM9000E의 CMD와 연결되어있다. CMD의 High/Low에 의해 DM9000E는 16bit Bus가 Data / Address로 동작한다.

DM9000E의 Chip Select와 간단한 로직들은 전부 CPLD(Address Decoding)에서 구현되어 있다.

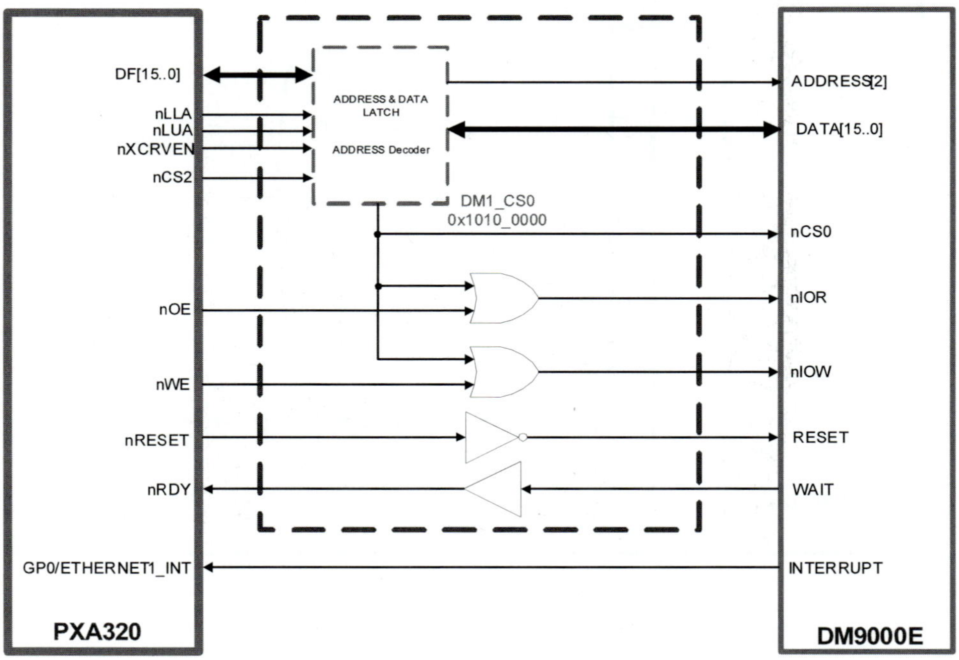

[그림 3-9] Ethernet 블록도 (1)

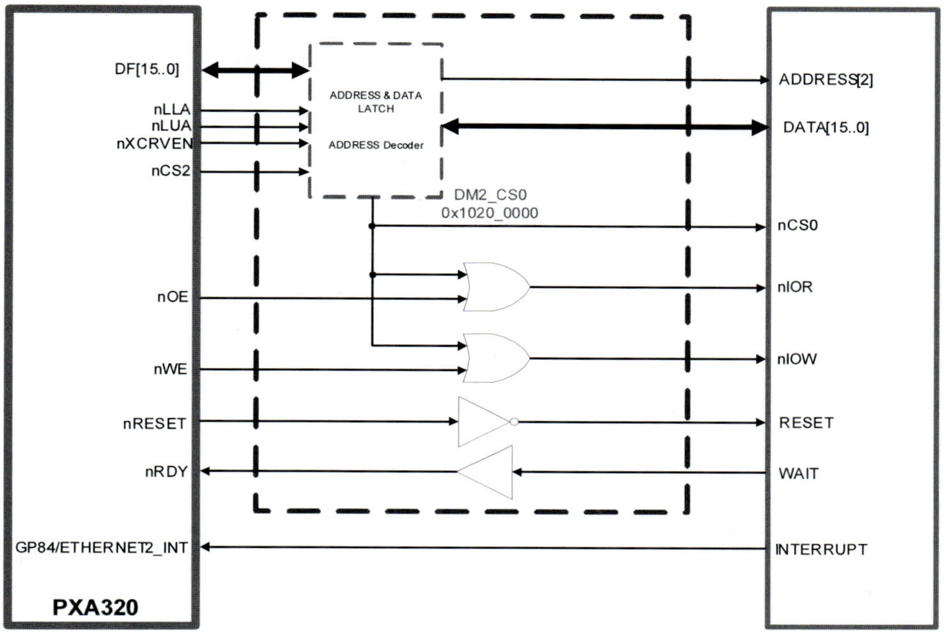

[그림 3-10] Ethernet 블록도 (2)

4 TFT LCD

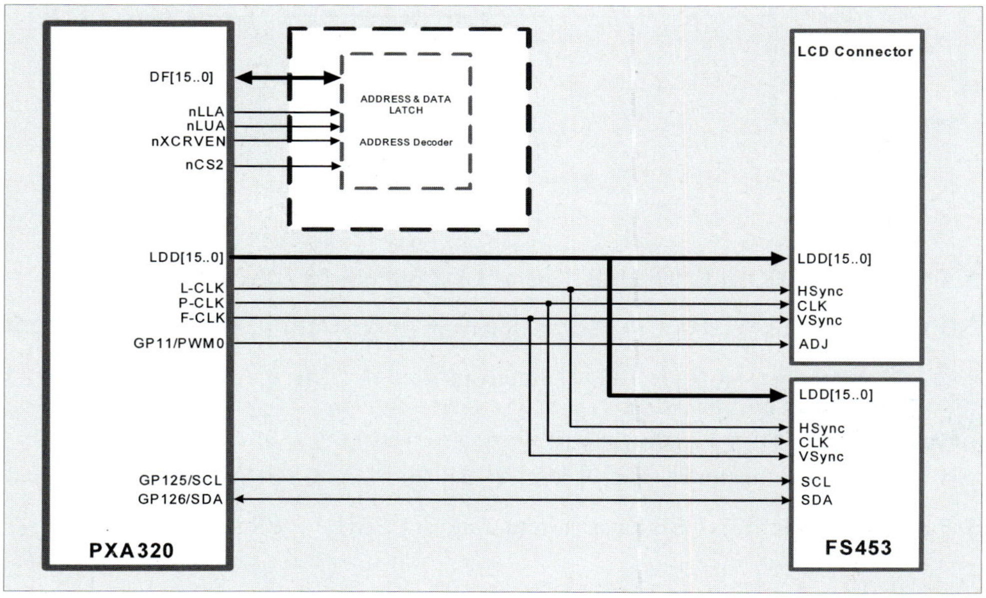

[그림 3-11] LCD 블록도

PXA320 CPU의 LCD 출력핀은 18핀(18bit)로 구성되어 있으나, X-Hyper320TKU에서는 16bit로 사용하고 있다. 이 LCD는 LED Backlight 내장 타입이라 Backlight용 5V 전원만 공급해주면 Back light는 동작하며, Logic Input Voltage는 3.3V, 밝기조절은 PWM 방식을 사용한다. FS453은 RGB 출력을 위해 사용되었다.

5 USB(Internal)

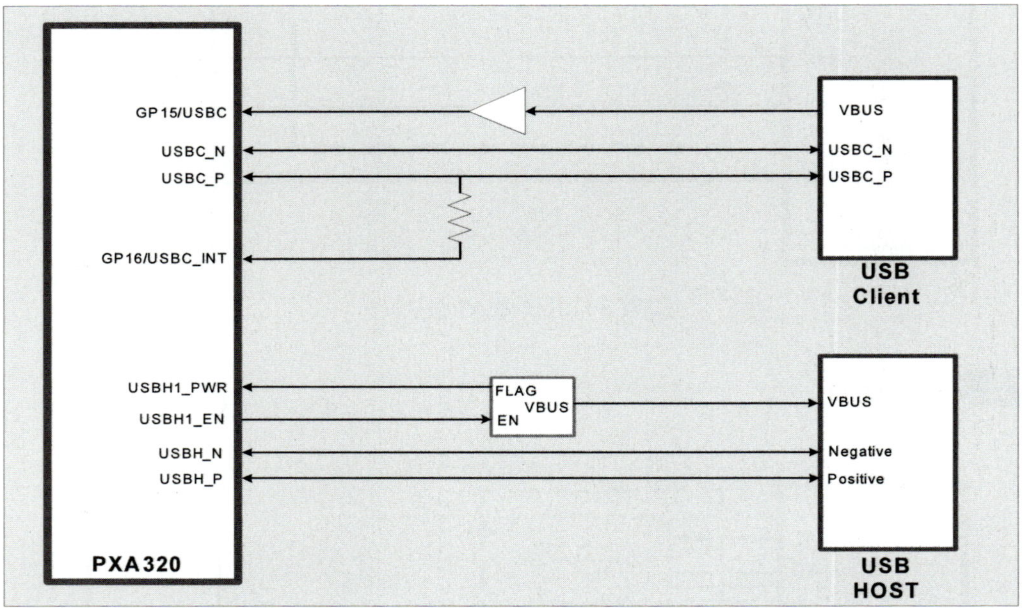

[그림 3-12] USB 블록도

PXA320은 USB HOST1.1과 USB Client 1.1 Controller을 내장한다.

USB Client는 Vbus에 의해 CPU쪽으로 Interrupt를 발생시키고, CPU의 레벨을 맞추기 위해 중간에 buffer를 사용했다. CPU의 Interrupt에 의해 USB 접속을 확인하고, GPIO로 USB를 활성화시킨다.

USB HOST는 Connector와 직접적으로 연결되어 있고, CPU의 USBH1_EN signal로 USB Power를 enable하고 USB Overcurrent flag인 USBH1_PWR로 USB Power를 관리한다.

6 USB Host 2.0(External)

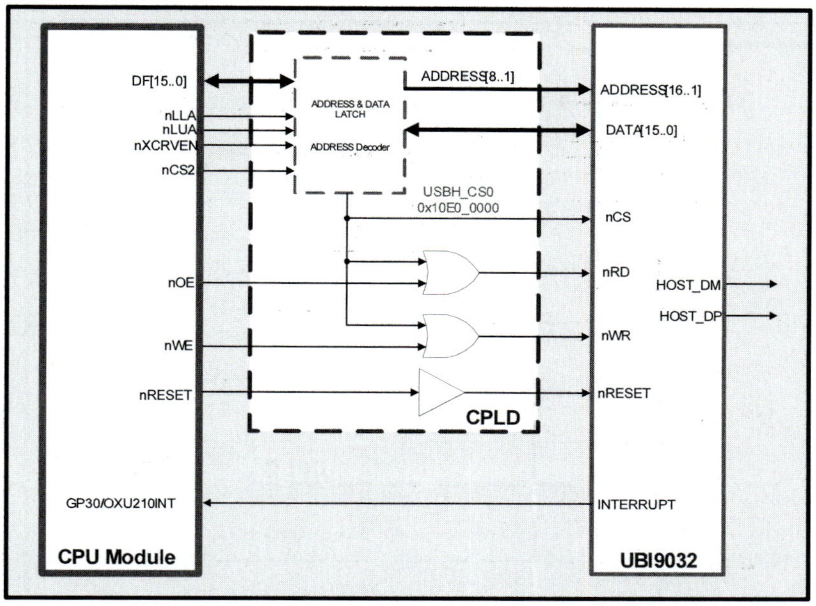

[그림 3-13] USB Host 2.0 블록도

UBI9032는 Host 2.0으로 Hi-Speed를 지원하며 16bit Data Bus를 사용한다. Chip Select와 간단한 로직들은 전부 CPLD(Address Decoding)에서 구현되어 있다.

X-Hyper320TKU에서는 USB Hub Controller(GL850)를 사용하여 USB Port를 확장하였다. GL850은 Hardware적으로 구성되어 있어서, USB Interface가 동작하면 GL850도 자동적으로 동작하게 되어 있다. GL850의 4 Port 중 2 Port는 Connector로서 연결되어 있고, 1 Port는 USB To IDE Controller(GL811)를 사용하여 1.8Inch Mobile Hard Disk를 연결하였다. GL811역시 USB interface가 동작하면 GL811도 자동적으로 동작하게 되어 있다.

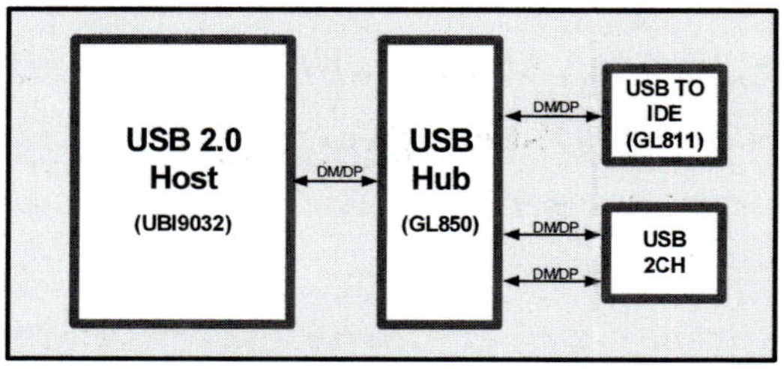

[그림 3-14] USB Host 2.0 연결 블록도

7 USB Client 2.0(External)

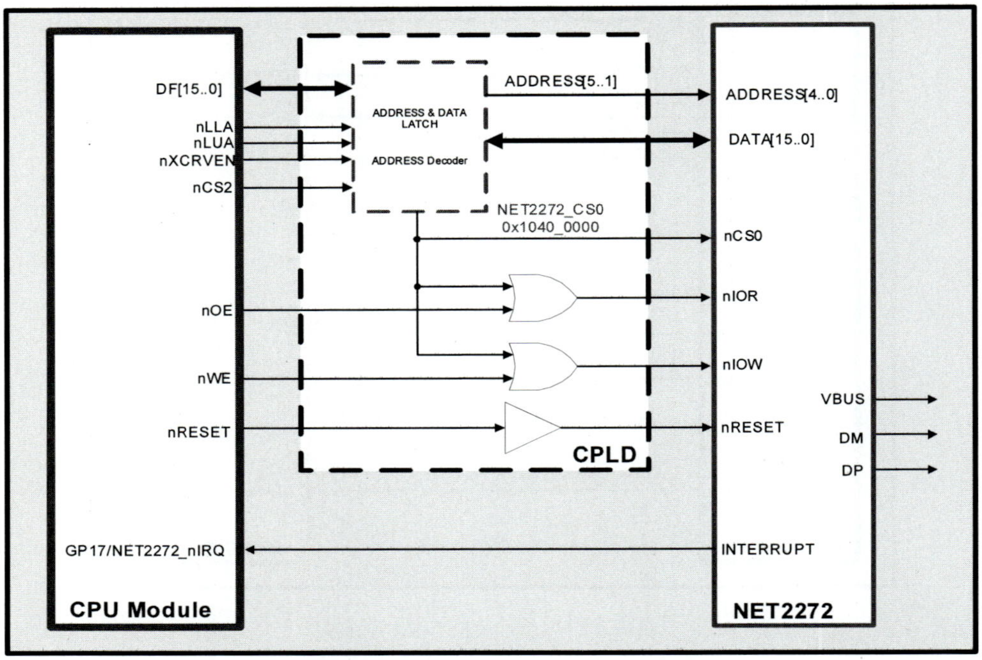

[그림 3-15] USB Client 2.0 블록도

USB Client 2.0을 지원하는 NET2272는 3가지의 Address Mode를 지원한다. 각 Mode에 따라서 하드웨어 방식이 틀리며, X-Hyper3xxTKU에서는 Non-Multiplexde Direct Address Mode를 사용하였다.

Chip Select와 간단한 로직들은 전부 CPLD(Address Decoding)에서 구현되어 있다.

8 Wireless LAN

모듈로 구성되어 있는 Wireless LAN은 IEEE802.11b/g 와 호환하고, SPI interface로서 제어한다. Wireless LAN의 기본제어 Signal(WLAN_nPD, WAKEUP_WLAN)들은 CPLD에서 제어할 수 있도록 구성되어 있다.

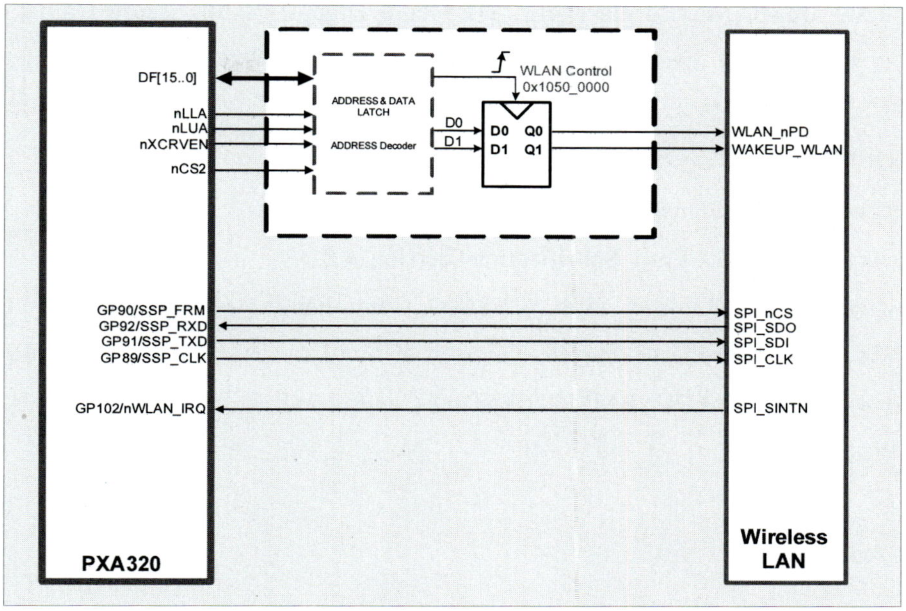

[그림 3-16] Wireless LAN 블록도

9 MMC / SD / SDIP

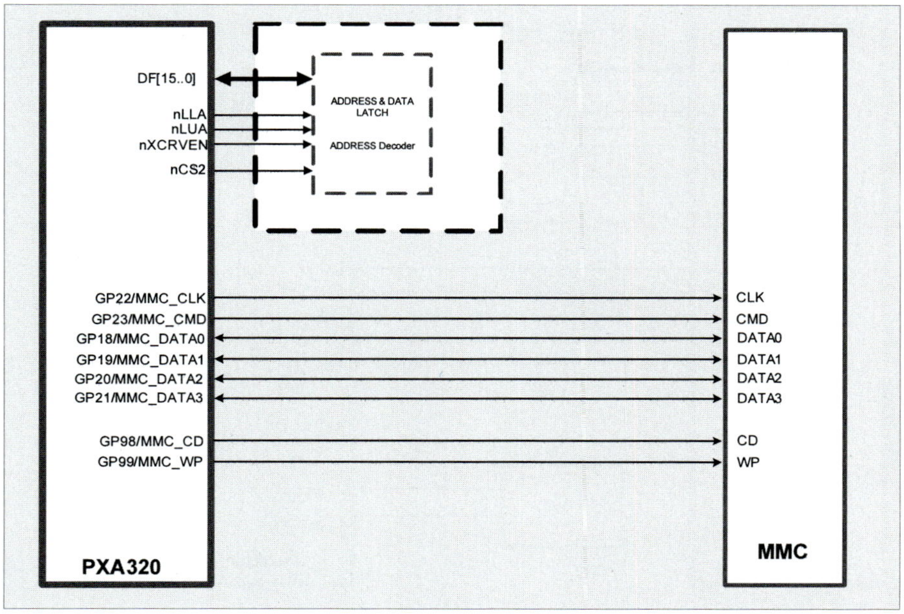

[그림 3-17] MMC/SD/SDIP 블록도

PXA320은 MMC(MultiMedia Card), SD(Secure Digital), SDIO(Secure Digital I/O)를 지원하는 Controller를 2포트 제공한다. MMC/SD/SDIO 에 대한 통신 Protocol을 지원하며 아래 스펙을 만족한다.

- MultiMedia Card System Specification Version 4.0
- Secure Digital Memory Card Specification Version 1.10
- Secure Digital I/O Card Specification Version 1.0

X-Hyper320TKU 보드에서 MMC/SD/SDIO Controller를 사용하기 위해서는 CPU의 MMC/SD/SDIO Controller에 전원을 공급해야 한다. 이 보드에서는 MAX8660 6번 전원 출력 단자가 PXA320 CPU의 MMC/SD/SDIO Controller로 공급되는 전압으로 설계되어 있다. 먼저 MAX8660에 접근해서 6번 전원 출력을 3.3V로 세팅해주어야 한다.

10 Audio

X-Hyper320TKU 보드에서는 EARJACK, MICJACK, 그리고 2개의 스피커로 구성되어 있다. 그리고 DMB에 나오는 오디오 Signal들이 Audio Codec의 LINE Input에 연결되어 있다.

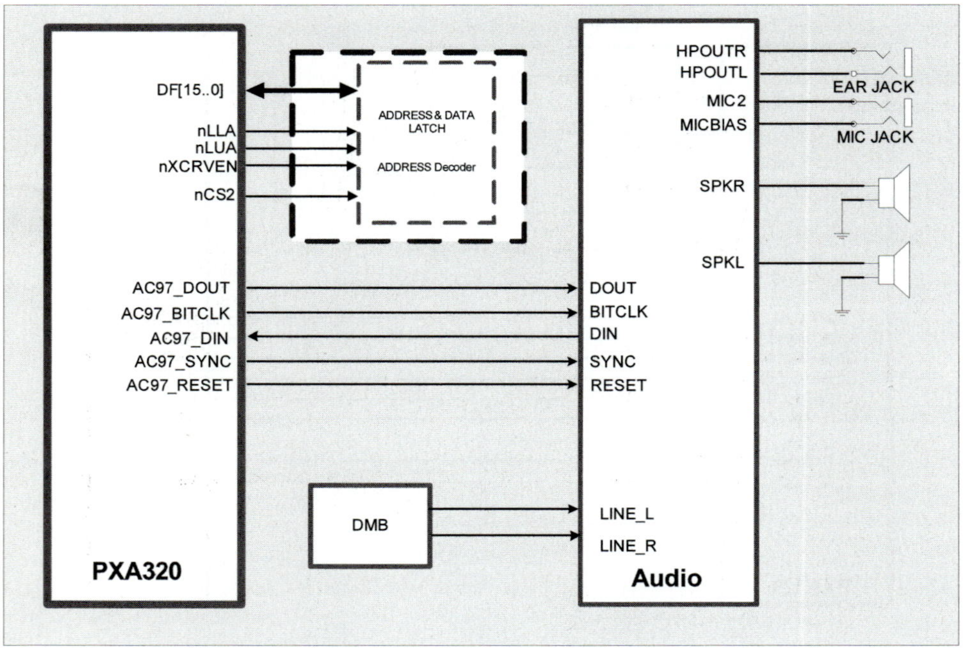

[그림 3-18] Audio 블록도

11 UART

X-Hyper320TKU는 Internal 3 Port, External 4 Port로 총 7 Port의 UART를 지원하며, Internal 중 Standard UART는 Debug용으로, FF UART는 Full UART용으로, BT UART는 GPS 전용으로 설계되어 있다. External 4 Port 중 Port A는 BLUETOOTH(Bluetooth Module 바로 사용가능)전용으로, Port B는 IrDA전용으로, 나머지 2 Port는 Connector로 구성되어 있다.

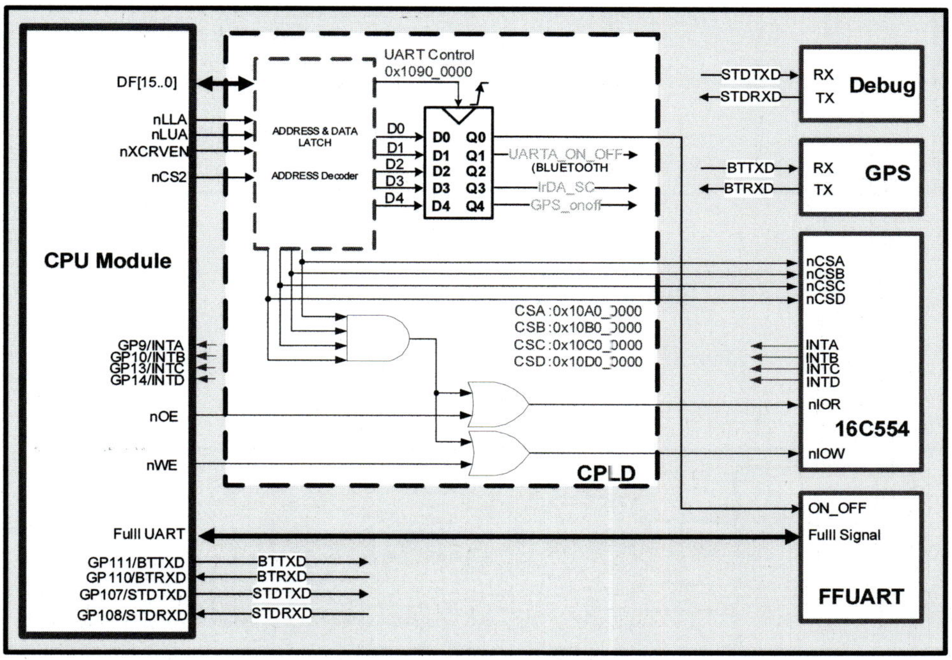

[그림 3-19] UART 블록도

12 DMB

CTX305R DMB는 Interface가 SPI로 되어 있으며, Control Interface와 Data Interface로 분리되어 있다. DMB를 제어하기 위한 기본 Control Signal들은 CPLD에서 출력이 이루어지며, 각각의 Chip Select에 SPI 라인은 브리지되어 있다.

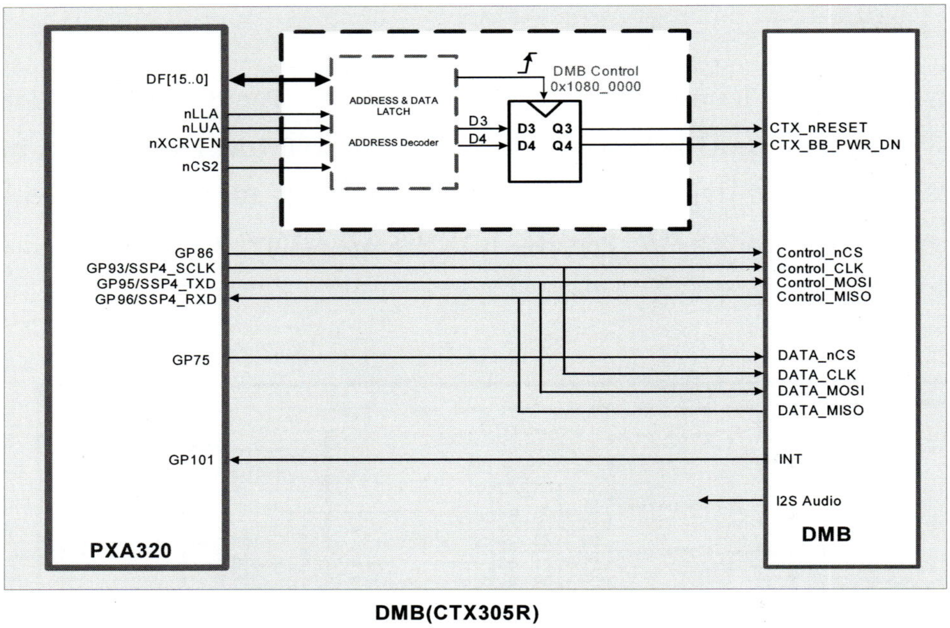

[그림 3-20] DMB(CTX305R) 블록도

13 PMIC

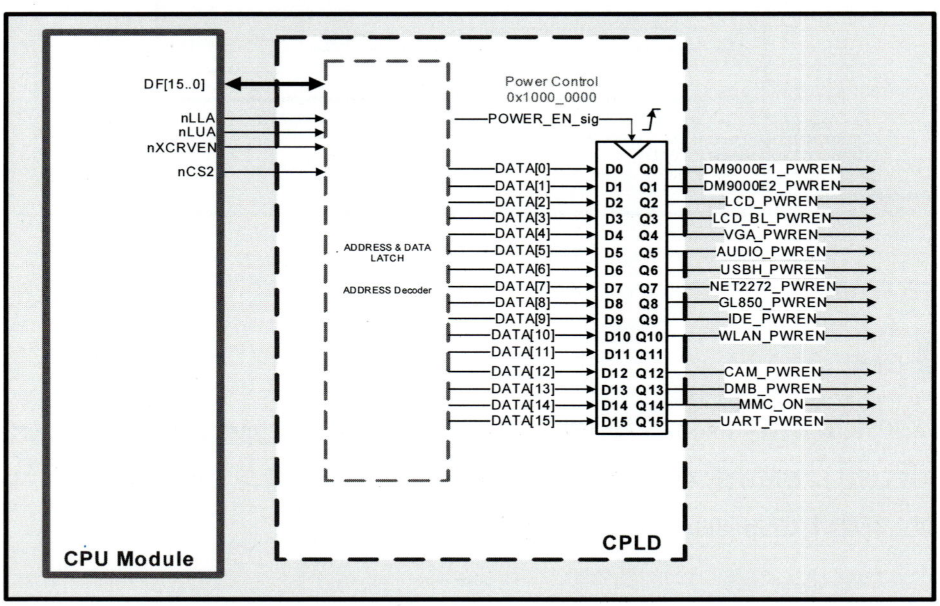

[그림 3-21] PMIC 블록도

X-Hyper320TKU는 각각의 디바이스들을 ON/OFF할 수 있도록 설계되어 있다. 이는 CPLD에서 담당하며, CPLD의 ON/OFF 동작에 의해 각각의 디바이스들로 전원이 공급된다.

14 CMOS Camera

X-Hyper320TKU에서는 CMOS Camera와 DMB Module(광성전자)에서 CIF Interface를 입력받는다. 회로 설계상 두 개는 동시에 사용이 불가능하고 한 개씩 디바이스만 사용이 가능하다. 따라서 Buffer Gate를 사용하여 Select할 수 있도록 설계되어 있다.

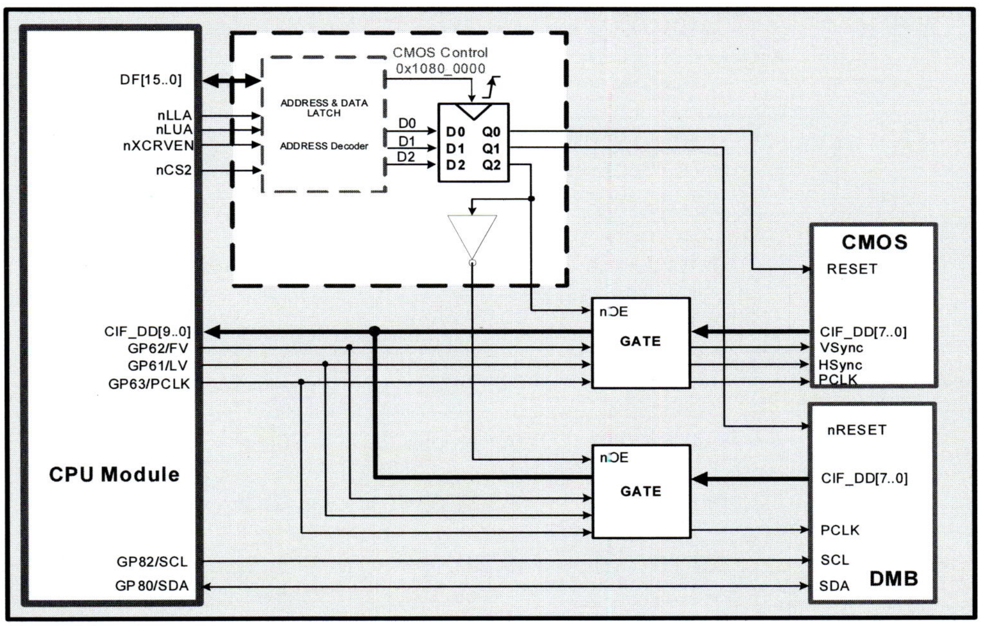

[그림 3-22] CMOS Camera 블록도

3.3 X-Hyper320TKU 시스템 각종 맵

1 Static 메모리 맵(MAP)

(1) 메인보드

[표 3-6] 메인보드 메모리 맵

이 름	어드레스	범 위	설 명
CPLD	0x10000000	0x100000	XHYPER320TKU CPLD Power
DM9000-1	0x10100000	0x100000	10/100 Base-T Ethernet Controller
DM9000-2	0x10200000	0x100000	10/100 Base-T Ethernet Controller
CPLD ID	0x10300000	0x100000	CPLD ID
NET2272	0x10400000	0x100000	USB2.0 Slave
WLAN	0x10500000	0x100000	wireless module
CMOS	0x10800000	0x100000	cmos camera
UART ON_OFF	0x10900000	0x100000	External uart power on/off
16C554 CSA	0x10A00000	0x100000	Serial Controller CS A
16C554 CSB	0x10B00000	0x100000	Serial Controller CS B
16C554 CSC	0x10C00000	0x100000	Serial Controller CS C
16C554 CSD	0x10D00000	0x100000	Serial Controller CS D

(2) IEB 확장보드

[표 3-7] IEB 확장보드 메모리 맵

이 름	어드레스	범 위	설 명
FND1	0x11000000	0x100000	7-Segment 1
FND2	0x11100000	0x100000	7-Segment 2
FND3	0x11200000	0x100000	7-Segment 3
FND4	0x11300000	0x100000	7-Segment 4

이 름	어드레스	범 위	설 명
FND5	0x11400000	0x100000	7-Segment 5
FND6	0x11500000	0x100000	7-Segment 6
FND7	0x11600000	0x100000	7-Segment 7
FND8	0x11700000	0x100000	7-Segment 8
DOT_1 Col	0x11800000	0x100000	Dot collumn 1
DOT_2 Col	0x11900000	0x100000	Dot collumn 2
DOT_3 Col	0x11A00000	0x100000	Dot collumn 3
DOT_4 Col	0x11B00000	0x100000	Dot collumn 4
DOT_5 Col	0x11C00000	0x100000	Dot collumn 5
KEY_W	0x11D00000	0x100000	Key Write
KEY_R	0x11E00000	0x100000	Key Read
DAC	0x11F00000	0x100000	Digital to Analog Convertor
ADC	0x12000000	0x100000	Analog to Digital Convertor
STEP Motor	0x12100000	0x100000	Step Motor controller
DC Motor	0x12200000	0x100000	DC Motor controller
Character LCD	0x12300000	0x100000	Character LCD Control
LED	0x12400000	0x100000	LED

4장 Windows CE 개발환경 구축

학습목표

임베디드 시스템에서 개발환경 구축은 임베디드 시스템의 개발에 있어 가장 중요한 사항 중에 하나이다. 임베디드 시스템의 특성상 타깃보드에 프로그래밍하기 위해서는 반드시 HOST PC를 사용하여 개발해야 크로스컴파일하는 과정을 통해 개발을 수행해야 하기에 더욱 그렇다. 기본적인 개발환경 구축에서부터 개발에 필요한 여러 가지 툴 및 응용프로그램에 대해 학습한다.

4.1 개발환경 구축

X-Hyper320TKU에서 Windows CE 운영체제가 구동될 수 있도록 하는 부트로더의 다운로드, X-Hyper320TKU가 구동될 때 출력되는 디버깅 메시지, 통신 메시지, Windows CE 이미지 파일의 다운로드를 위해서는 [그림 4-1]과 같은 통신 케이블이 연결되어 있어야 한다.

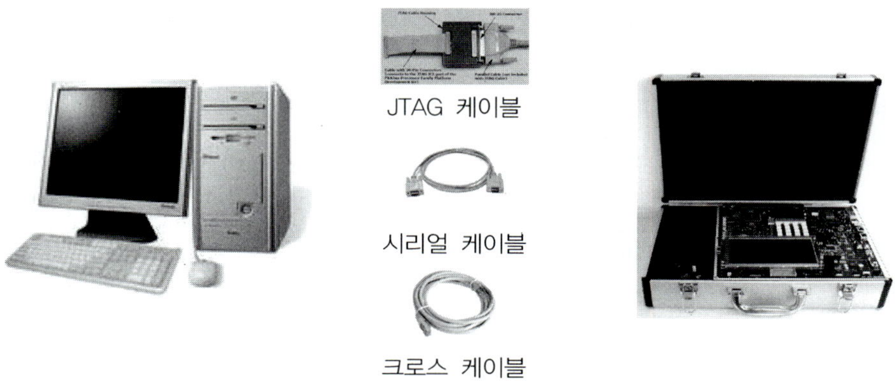

[그림 4-1] 개발환경

XHyper320TKU에 각각의 케이블은 [그림 4-2]를 참조하여 연결한다.

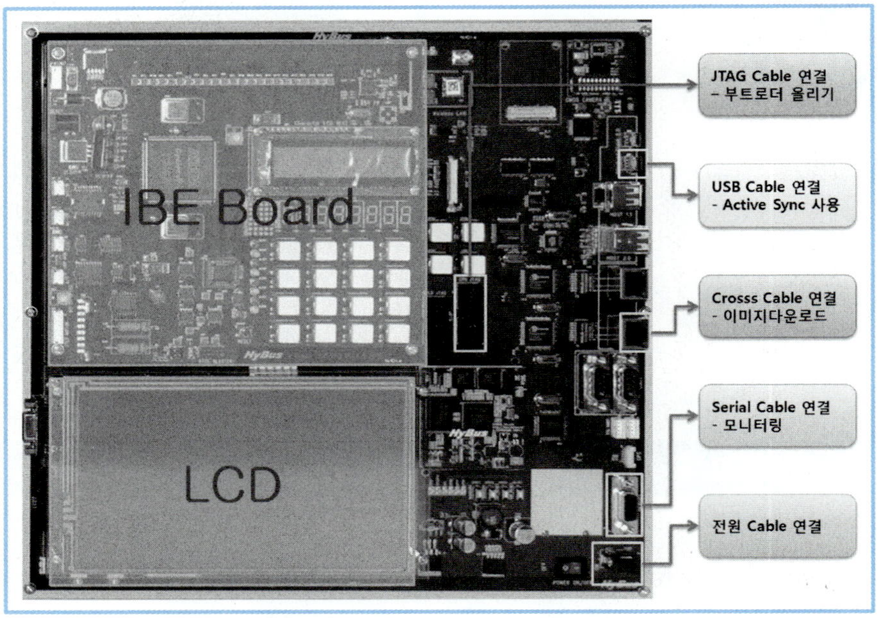

[그림 4-2] 320TKU 커넥터 설명

1 JTAG 케이블(부트로더 다운로드)

JTAG 케이블은 일반적으로 타깃보드에 부트로더를 다운로드 하기 위해 사용되며, 호스트 컴퓨터의 병렬 포트와 X-Hyper320TKU의 JTAG 커넥터를 연결한다. X-Hyper320TKU에서 JTAG 케이블은 Marvell사의 Black Stone Cable을 사용한다. Marvell Black Stone Cable은 인텔® XScale 기술 기반의 프로세서를 적용한 제품 개발에 사용할 수 있는 JTAG 인터페이스 장비로 PDA, 핸드헬드 장비, 핸드폰 장비 등의 개발에 사용할 수 있는 XScale 전용 디버거 케이블이다.

✔ JTAG 케이블의 타깃보드와의 연결은 [그림 4-4]와 같이 연결한다. 호스트 컴퓨터에는 프린터 포트에 연결을 한다.

[그림 4-3] XDB 디버거

[그림 4-4] XDB 디버거 타깃보드에 연결한 모습

2 시리얼 케이블(타깃보드 모니터링)

시리얼 케이블은 부트로더의 출력 메시지를 보고, 제어를 위한 통신 메시지를 보고자 사용하며, 호스트 컴퓨터의 COM 포트와 X-Hyper320TKU의 DEBUG1 커넥터에 연결한다.

✔ 타깃보드와의 연결은 [그림 4-6]을 참조한다. 타깃보드의 시리얼포트인 DEBUG1 포트에 시리얼 케이블을 연결하고 호스트 컴퓨터의 뒷면에 시리얼포트에 케이블을 연결하면 된다.

[그림 4-5] 시리얼 케이블

[그림 4-6] 시리얼 케이블 연결 모습

3 크로스 케이블(이미지 다운로드)

이더넷 케이블은 다이렉트(Direct) 방식과 크로스(Cross) 방식이 있으며, 다이렉트 방식의 케이블은 허브 또는 인터넷 공유기 등의 연결에 사용되고, 크로스 방식의 케이블은 이더넷 단자의 입력과 출력 등을 서로 교차하여 두 장치간의 1:1 통신을 지원해 주는 케이블이다. 개발환경 구축에 필요한 케이블은 크로스(Cross) 방식의 케이블로 호스트 시스템과 연결된 이더넷 케이블을 통하여 개발자가 생성한 Windows CE 이미지 파일을 X-Hyper320TKU에 다운로드한다. X-Hyper320TKU에 장착된 이더넷 장치는 USB나 시리얼과 같은 다른 통신 장치들 보다 아주 높은 데이터 전송률인 최대 100Mbps를 지원함으로써 이미지 파일을 빠르게 다운로드할 수 있다.

✔ 타깃보드와의 연결은 [그림 4-8]과 같이 크로스 케이블을 Ethernet 포트에 연결한다. 호스트 컴퓨터는 뒷면의 랜카드(Ethernet) 포트에 연결하면 된다.

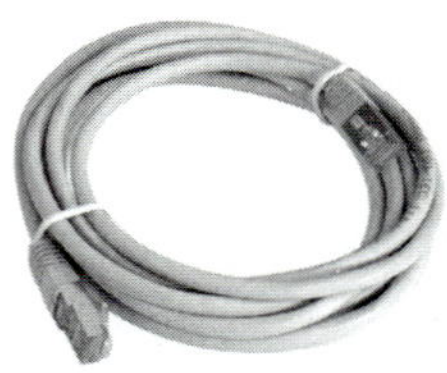

[그림 4-7] 크로스 케이블

[그림 4-8] 이더넷 연결

4.2 개발 호스트 구축

Windows CE 운영체제를 개발하고 타깃보드에 다운로드 및 디버깅을 하기 위해서는 다음과 같은 몇 가지의 소프트웨어들이 호스트 컴퓨터에 설치되어 있어야 한다.

[그림 4-9] 호스트 컴퓨터

- Platform Builder 5.0

Platform Builder는 마이크로소프트사에서 만든 소프트웨어 개발 툴로서 타깃보드에서 수행되어지는 Windows CE 운영체제를 개발하고 타깃보드에 올리기 위한 이미지 파일을 생성하기 위한 개발도구이다.

- Microsoft eMbedded Visual C++ 4.0

eVC++(eMbedded Visual C++) 4.0은 Platform Budilder를 이용해서 만든 플랫폼에서 작동될 응용소프트웨어를 개발하는 개발도구이다. Platform Budilder와 마찬가지로 마이크로소프트 웹사이트에서 무료로 다운로드해서 사용할 수 있다.

- XDB 디버거

XScale 전용 디버깅 케이블인 Marvell Black Stone Cable을 이용하여 JTAG을 사용하기위해 필요한 프로그램이다. X-Hyper320TKU는 Marvell Black Stone Cable을 JTAG 케이블로 사용한다. 호스트 컴퓨터의 병렬 포트와 X-Hyper320TKU의 JTAG 커넥터를 연결한다.

- 하이퍼 터미널

호스트 컴퓨터에서 타깃보드를 모니터링하기 위해서 시리얼 통신 프로그램을 사용하게 되는데 윈도우에서 기본적으로 제공되는 하이퍼 터미널(Hyper terminal)을 간단하게 설정하여 모니터링할 수 있다. 하이퍼 터미널 외에 Teraterm 등의 프로그램을 사용해도 무방하며, 기본적으로 시리얼 케이블을 연결한 상태에서 통신이 가능하다.

- ActiveSync

호스트 컴퓨터에서 타깃보드에 올릴 애플리케이션이나 파일 수정을 위해 동기화 프로그램으로 사용된다. USB 케이블을 연결하여 통신하며 호스트 컴퓨터에 ActiveSync 프로그램을 설치후 타깃보드에도 연결 설정을 해주어야 한다. 장비가 연결되면 자동으로 ActiveSync 프로그램이 실행되며 연결을 시도한다.

4.3 Platform Builder 5.0 설치

플랫폼 빌더(Platform Builder)는 마이크로소프트사에서 만든 소프트웨어 개발 툴로서, 플랫폼 보드에서 수행되는 Windows CE 운영체제를 개발하고 플랫폼 보드에 올리기 위한 이미지 파일을 생성하기 위한 개발도구이다.

플랫폼 빌더는 GUI기반의 IDE(Integrated Development Environment) 환경을 제공해주고 있으며, 개발자는 플랫폼 빌더를 이용하여 플랫폼에서 작동될 Windows CE 운영체제의 형태를 디자인하고, 관련 디바이스 드라이버나 응용프로그램을 개발할 수 있으며, 소프트웨어의 디버깅과 테스트도 할 수 있다. 즉, Windows CE라는 OS는 우리가 일반적으로 생각하는 Windows XP와 같은 설치용 CD를 이용하는 것이 아니라, 개발자가 Platform Builder를 이용하여 용도와 목적에 맞게 Windows CE 이미지를 만들어 타깃보드에 다운로드하게 된다.

Platform Builder를 호스트 컴퓨터에 설치하는 방법은 라이센스 CD를 구입하여 이용하는 방법과 마이크로소프트사의 상용(120일 평가판)을 무료로 다운로드하여 설치하여 사용하는 방법이 있다. 여기에서는 상용 프로그램 다운로드 방법 및 설치방법에 대해서 설명하도록 한다.

1 설치 전 확인사항

(1) 사용자 계정 확인 및 변경

Platform Builder 5.0 설치이전에 개발자는 Platform Builder 5.0을 설치하는 호스트 컴퓨터의 운영체제에 사용자 계정을 반드시 영문으로 수정하거나 새로운 영문 사용자 계정을 추가하여 영문 사용자 계정으로 로그인한 후 Platform Builder 5.0을 설치하도록 한다.

① 시작 → 제어판 → 사용자 계정을 클릭하여 들어간다.

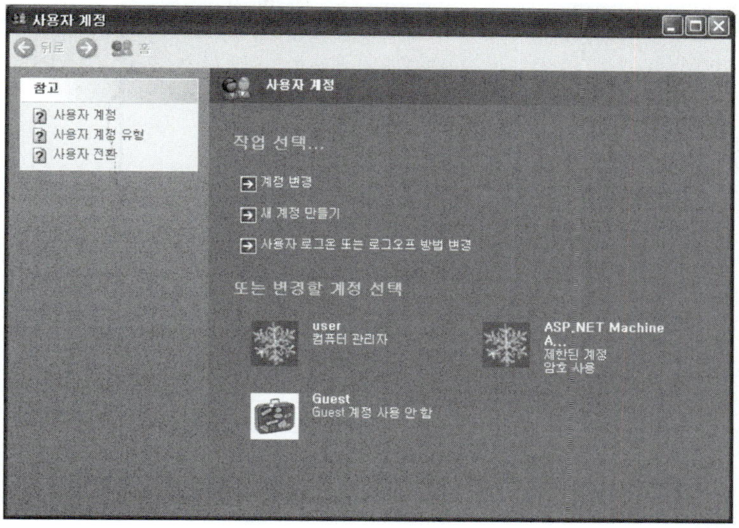

② 자신이 사용하는 컴퓨터의 사용자 계정의 이름이 영문이 아니면 "새 계정 만들기"를 클릭하여 새로운 계정을 생성한다. 영문형태의 이름을 지정하면 된다.

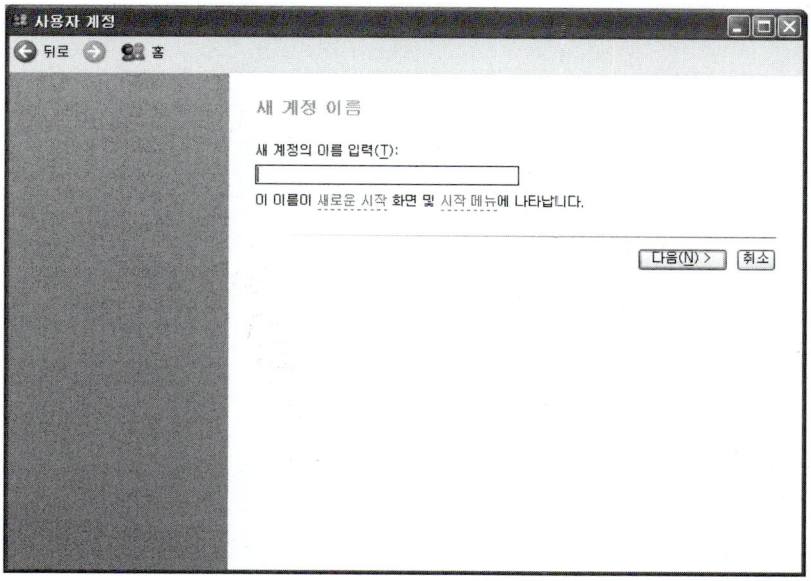

③ "계정 만들기"를 클릭하여 새로운 이름의 계정을 생성한다.

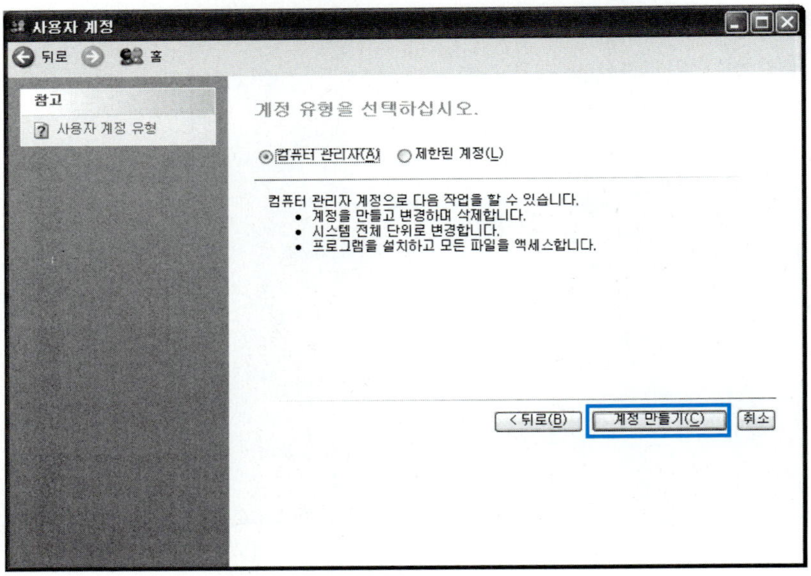

④ 계정을 생성한 이름을 확인한다.

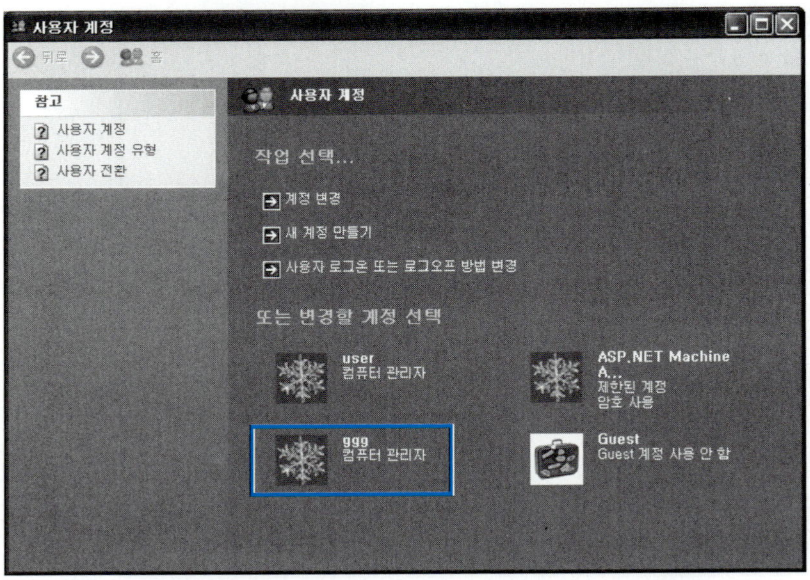

5 영문계정이 생성되었으면 창을 닫고 윈도우 로그오프 후 새로 생성한 영문 이름의 계정으로 로그인한다.

(2) 컴퓨터 이름 확인

1 내 컴퓨터에서 오른쪽 마우스를 클릭하여 속성을 클릭한다.

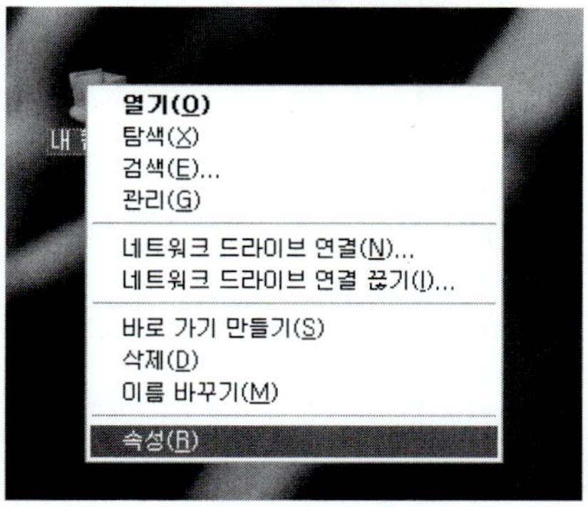

2 시스템 등록창이 열리면 컴퓨터 이름이 영문인지, 한글인지 확인한다.

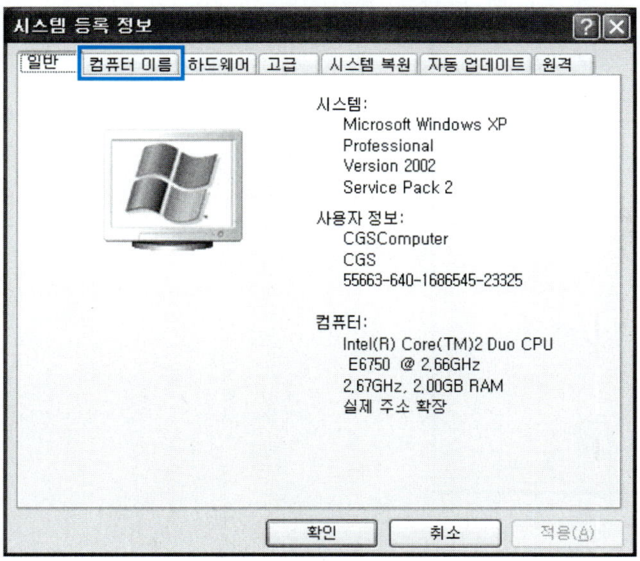

③ 한글일 경우 “컴퓨터이름” 탭으로 이동하여 “변경”을 누른다.

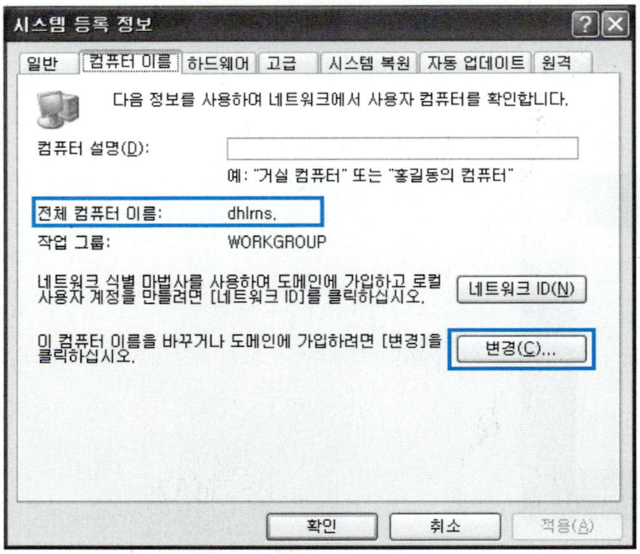

④ 컴퓨터 이름 변경창이 열리면 컴퓨터 이름을 영문으로 변경하고 “확인”을 누른다.

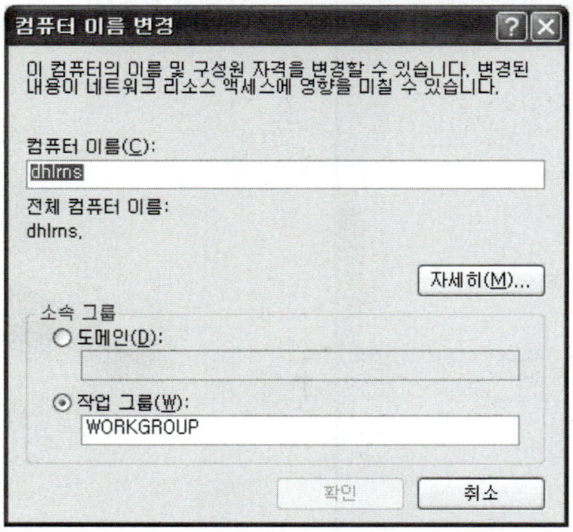

⑤ 재부팅한다는 메시지가 나오면 "확인"을 눌러 재부팅한다.

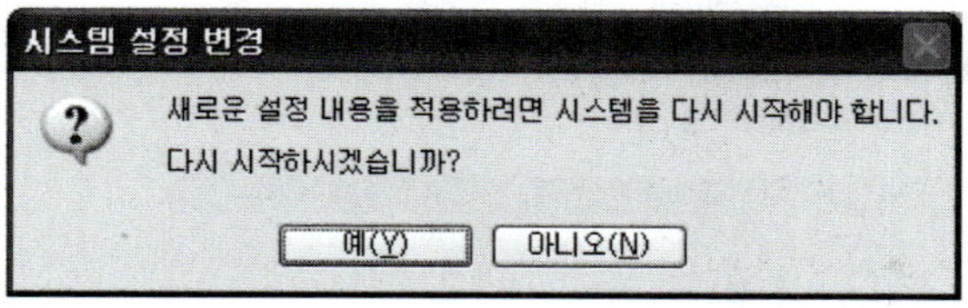

(3) "Microsoft.NET Framework 1.1" 확인 및 설치

호스트 컴퓨터에 "Microsoft.NET Framework 1.1"이 설치되어 있어야 한다. 설치 중 "Microsoft.NET Framework 1.1 설치가 되어 있지 않다" 는 메시지가 출력되면 마이크로소프트사의 홈페이지에서 "Microsoft.NET Framework 1.1"을 검색 후 다운로드하여 설치를 해준다.

① 시작 → 제어판 → 프로그램 추가제거로 이동한 후 "Microsoft.NET Framework 1.1" 이 설치되어 있는지 확인한다.

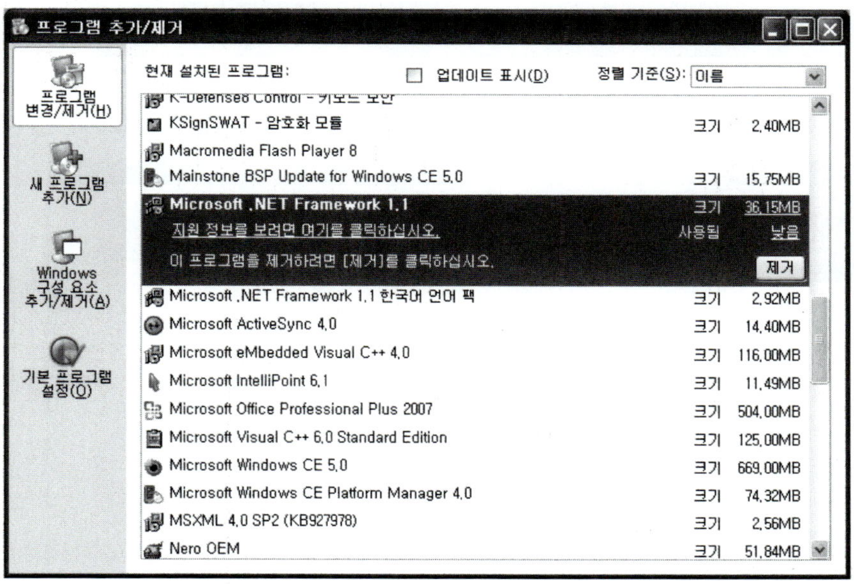

② 앞의 그림과 같이 설치된 항목이 없다면 마이크로소프트사의 홈페이지에 접속하여 우측의 검색창에서 "Microsoft.NET Framework 1.1"을 검색한다. (http://www.microsoft.com/ko/kr/default.aspx)

③ 검색결과에 ".NET Framework 버전 1.1 재배포가능" 항목을 확인할 수 있다.

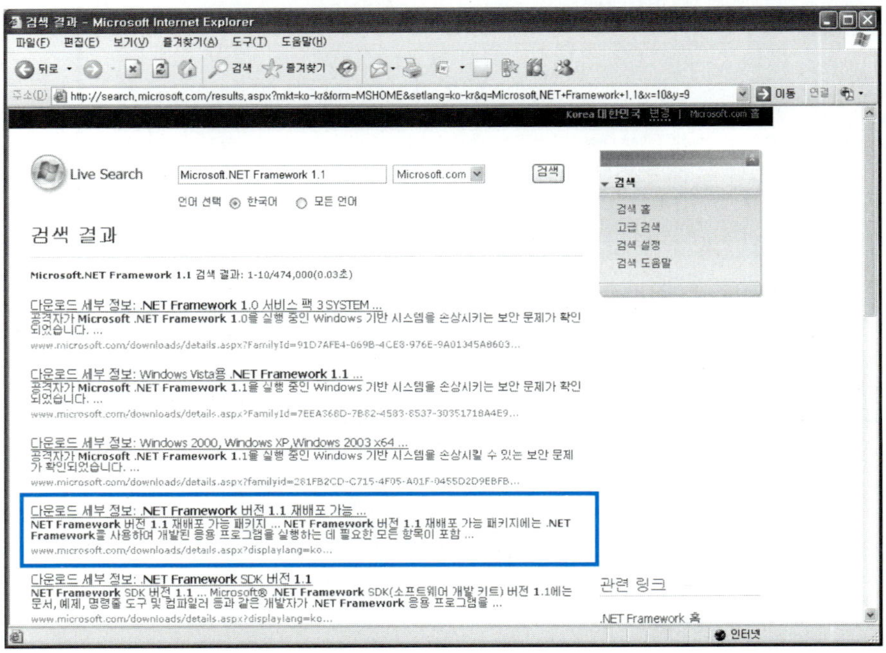

④ 네트워크 상태를 설정하고 "다운로드"을 누른다.

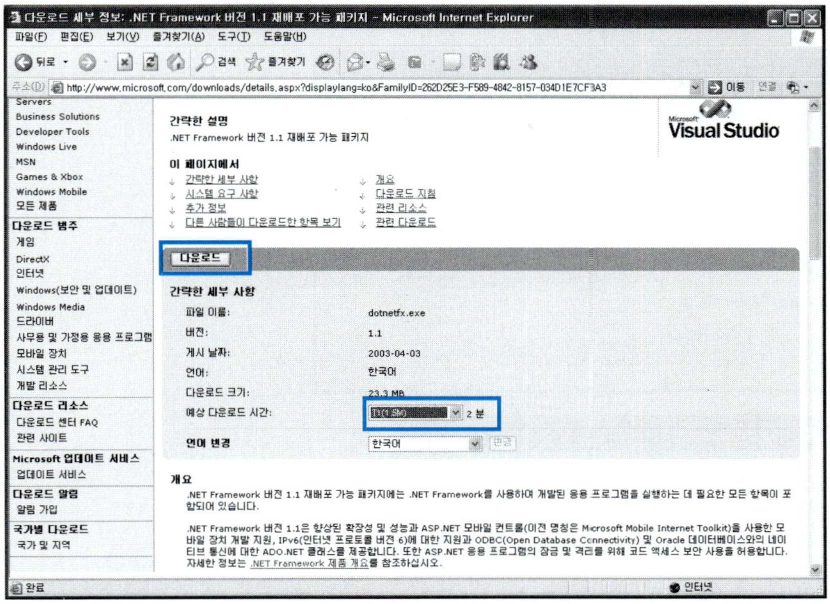

⑤ 다운할 경로를 찾아서 "저장"을 눌러 다운로드한다.

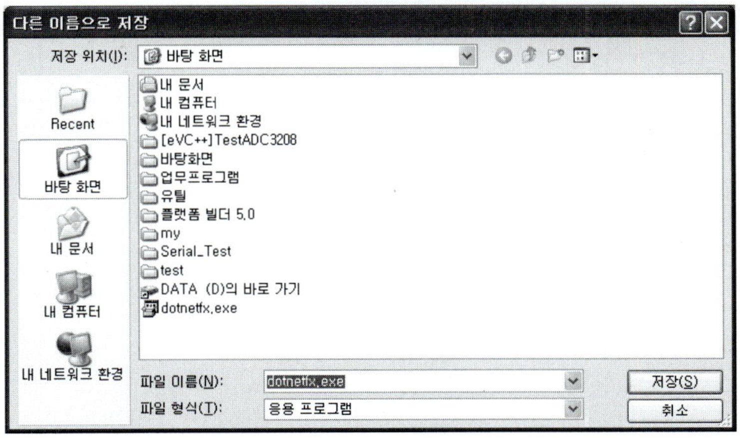

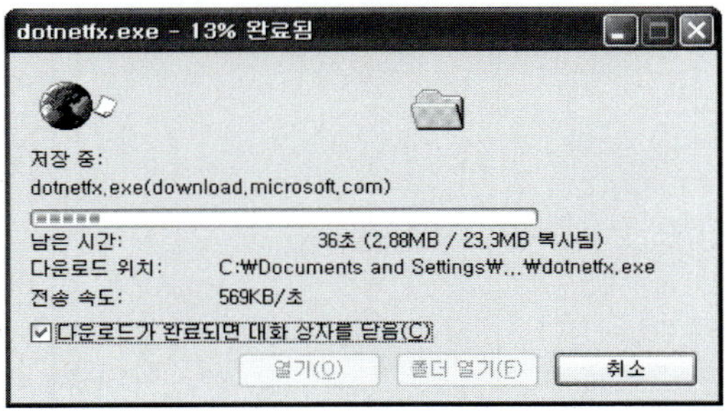

⑥ 다운로드가 완료되면 다운로드한 폴더로 이동해서 다운로드된 파일을 더블클릭하여 설치를 진행한다.

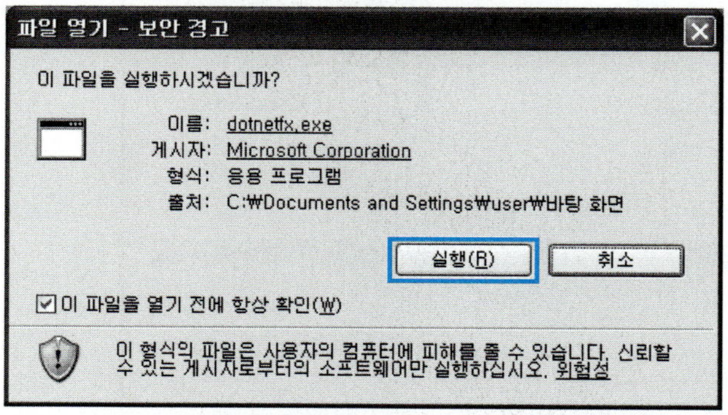

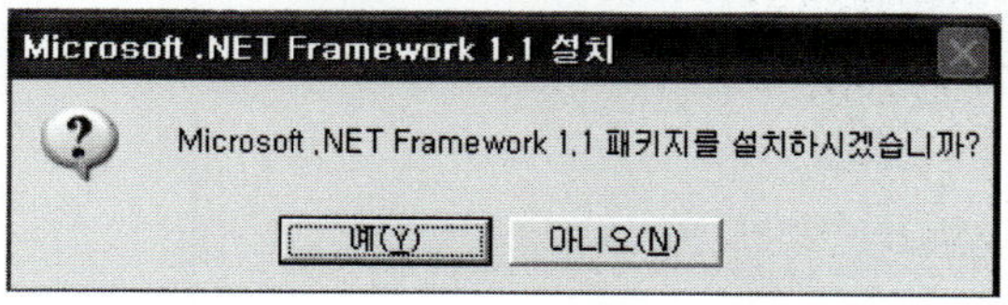

⑦ 사용권 계약에 동의하고 "설치"를 클릭한다.

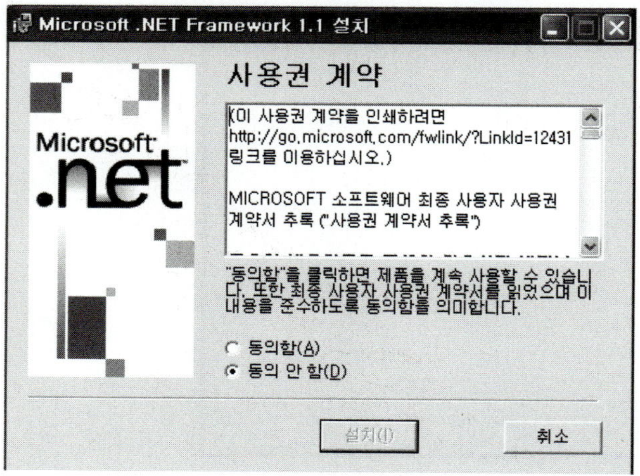

8 설치가 진행된다.

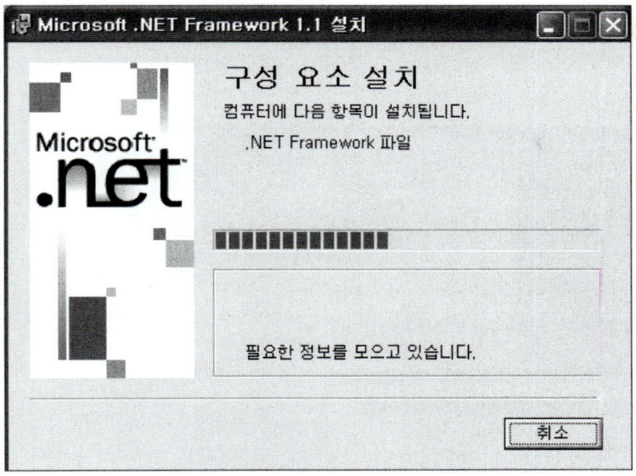

9 설치가 완료되면 "확인"을 눌러 설치를 완료한다.

2 Platform Builder 5.0 다운로드

Platform Builder는 상용 프로그램으로 Platform Builder를 사용하기 위해서는 비용을 지급하고 라이센스를 구입해야 한다. 마이크로소프트사에서 제작된 다른 개발 툴처럼 Platform Builder도 개발자가 120일 동안 임시로 개발 툴을 경험할 수 있도록 평가판을 제공하며, 평가판은 마이크로소프트 웹사이트에서 다운로드받거나 CD 또는 DVD 형태로 받을 수 있다. Platform Builder 5.0 다운로드는 다음과 같다.

1 Platform Builder를 다운로드받기 위해서 마이크로소프트사의 홈페이지로 이동한다.(http://www.microsoft.com)

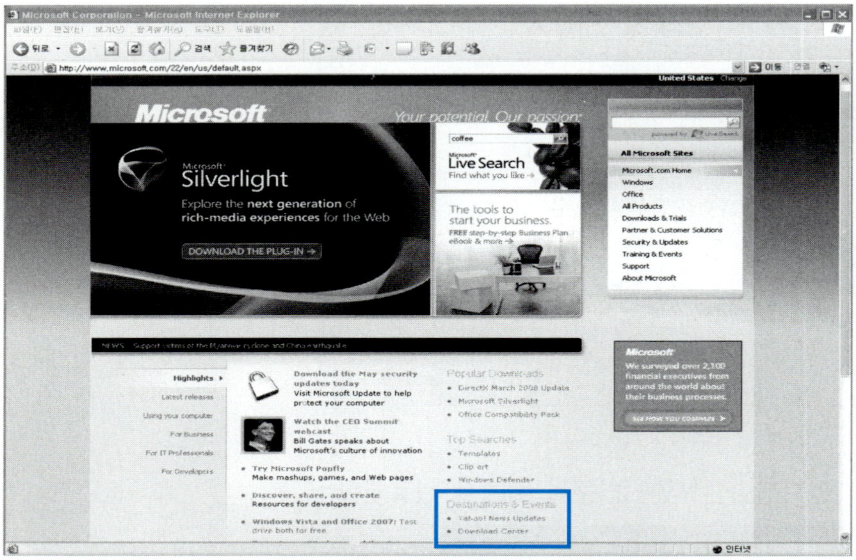

2 마이크로소프트사의 홈페이지에서 다운로드 센터를 찾아 클릭한다. 홈페이지의 내용은 시기에 따라 달라질 수 있음을 주의하자. 교재에 삽입된 그림과 다른 디자인의 홈페이지가 열리더라도 다운로드 센터를 찾아 클릭하면 된다.

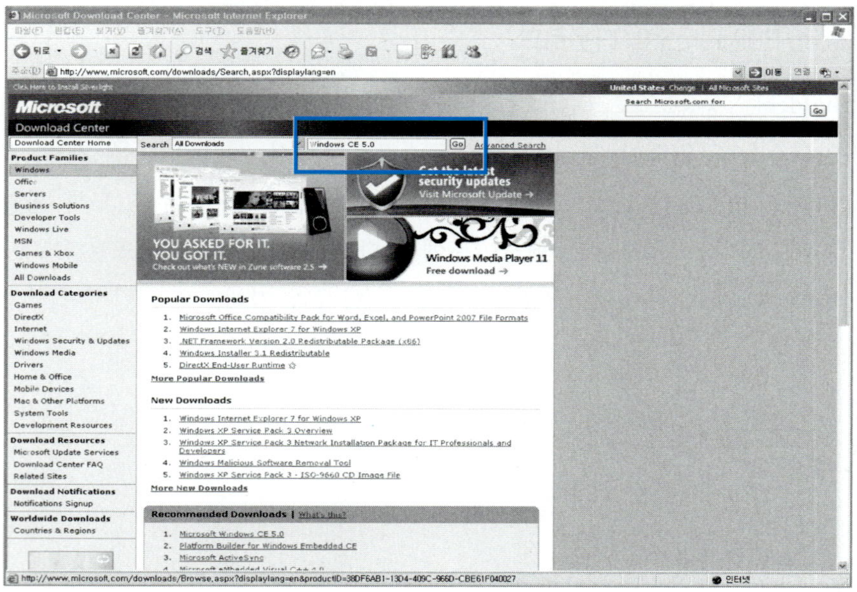

③ 다운로드 웹페이지창이 열리면 검색창에서 Windows CE 5.0을 입력하고 검색을 한다.

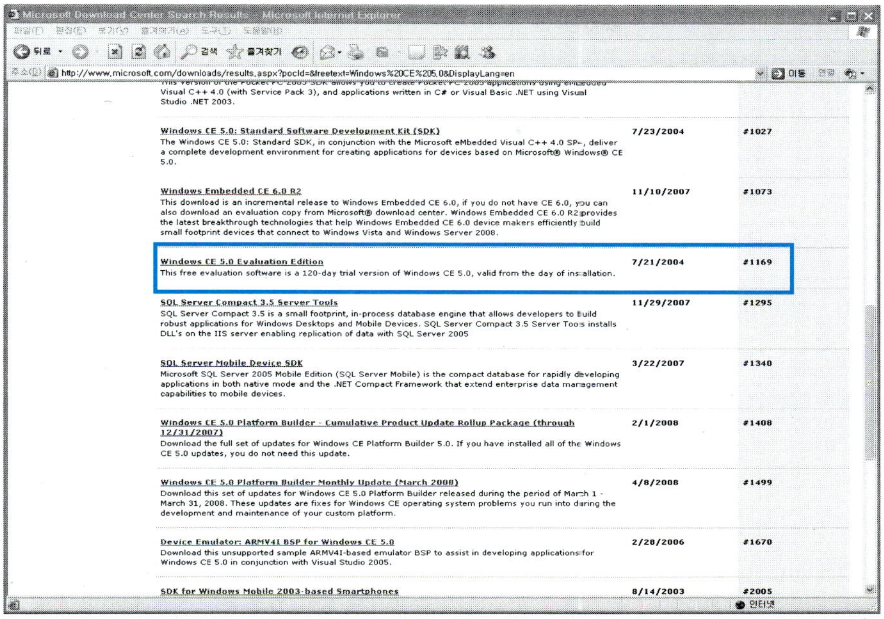

④ 검색된 많은 다운로드 패키지들이 보일 것이다. 먼저 Platform Builder 5.0 버전 설치 파일인 Windows CE 5.0 Evaluation Edition을 찾아서 클릭한다.

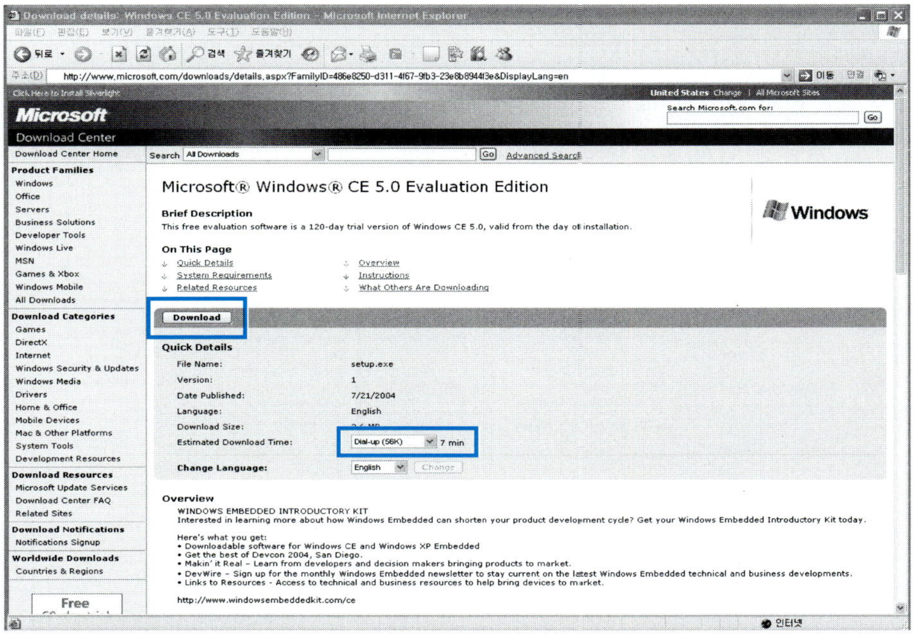

5 다운로드 페이지를 볼 수 있다. 연결속도를 적당하게 설정하고 "Download" 를 눌러 설치 파일을 다운로드한다. 아래와 같은 화면에서 "저장"을 눌러 경로를 지정한다.

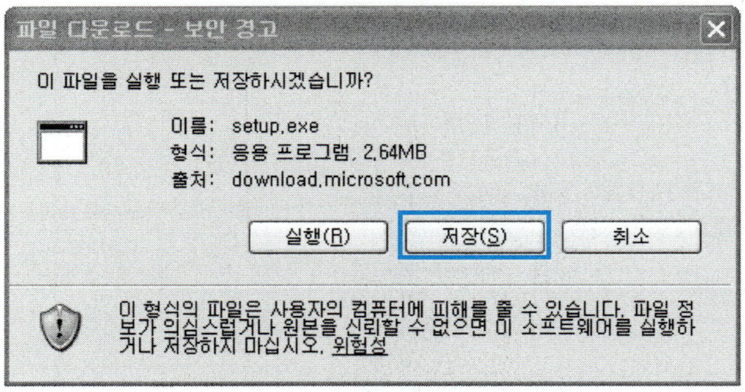

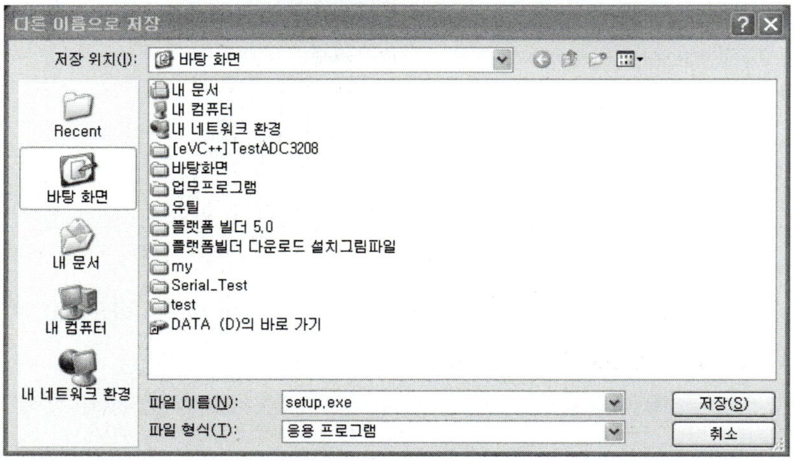

앞으로 Platform Builder 와 업데이트 및 필요한 파일들을 몇 가지 다운로드받아야 하므로 적당한 위치에 폴더를 하나 생성해서 경로를 지정하여 저장해두고 설치하는 것이 편리하다.

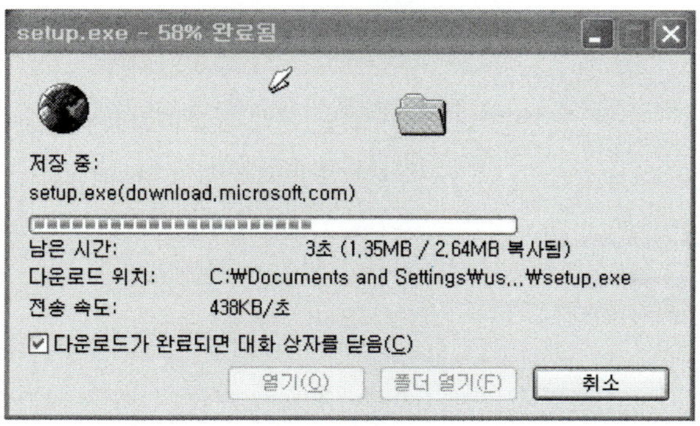

⑥ 파일 다운로드가 완료되면 업데이트 파일을 받기 위해 Windows CE 5.0 검색 후 화면으로 돌아간다.

3 Platform Builder 5.0 업데이트 다운로드

마이크로소프트사에서는 우리가 사용하는 Windows XP와 같은 운영체제의 업데이트를 정기적으로 제공한다. 운영체제의 문제점이나 보안의 취약점 등을 업데이트를 통해서 해결한다. 따라서 Windows CE 운영체제의 업데이트도 월별이나 분기별, 또는 연도별 등 주기적으로 업데이트되고 있다. Windows CE 운영체제의 업데이트를 QFE(Quick Fix Engineering)라고 하며, 마이크로소프트사 웹사이트를 통하여 설치파일 형태로 다운로드 받을 수 있다. 다음은 Platform Builder 업데이트 다운로드이다.

① Platform Builder의 업데이트 파일은 정기적으로 파일이 갱신된다. 따라서 많은 업데이트 파일을 모두 받아서 설치하기에는 무리가 있으므로 꼭 필요한 업데이트만 하도록 한다. 교재에서는 현재 최신 업데이트 패키지 파일인 "Windows CE 5.0 Platform Builder - Cumulative Product Update Rollup Package (through 2/31/2007)"을 다운로드받도록 한다.

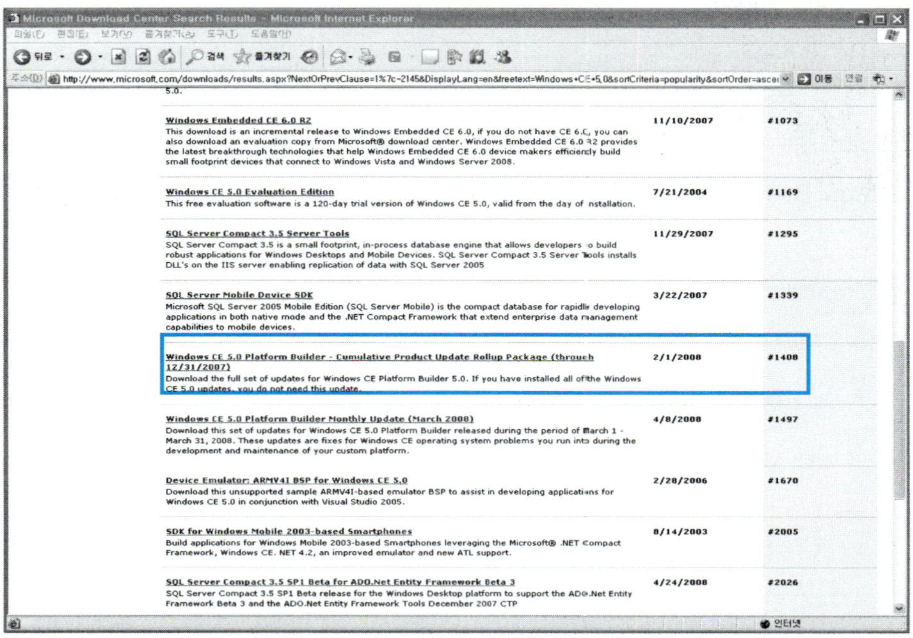

2 패키지를 선택하고 열리는 웹페이지에서 아래로 스크롤하면 개발되어지는 CPU 아키텍처별로 업데이트가 구분되어 있음을 확인 할 수 있다. X-Hyper320TKU에서 사용되어지는 processor는 (Marvell PXA320-P(Core : 806MHz))이다. Marvell PXA 320-P는 ARM 아키텍처를 기반으로 설계되어진 프로세서이므로 “WinCEPB50-071231-Product-Update-Rollup-Armv4I.msi”을 선택해서 다운로드하면 된다.

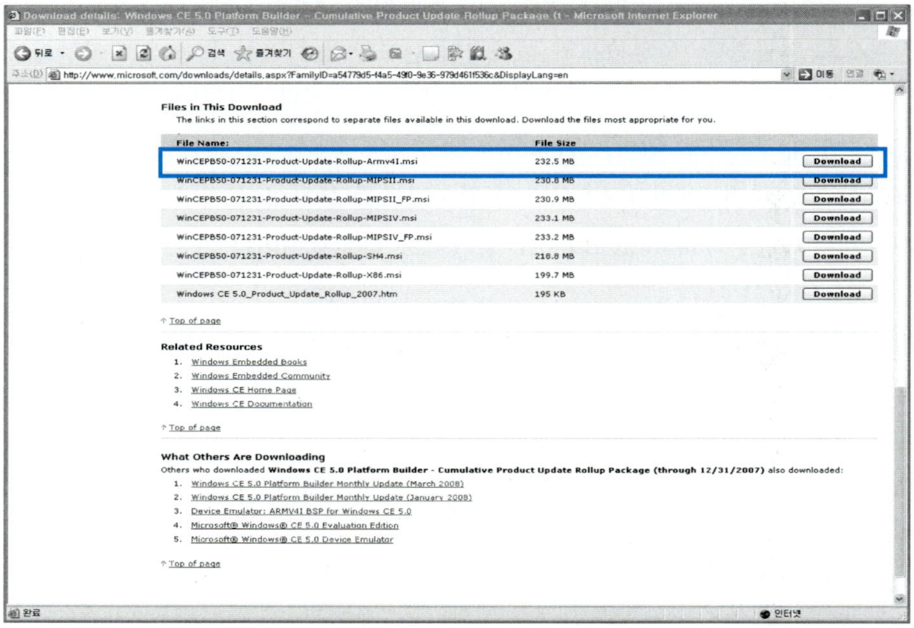

3 다운로드를 하게 되면 아래와 같은 파일 다운로드 화면이 나온다.
Platform Budilder를 다운로드한 폴더와 동일한 폴더 내에 파일을 다운받아 놓도록 한다.

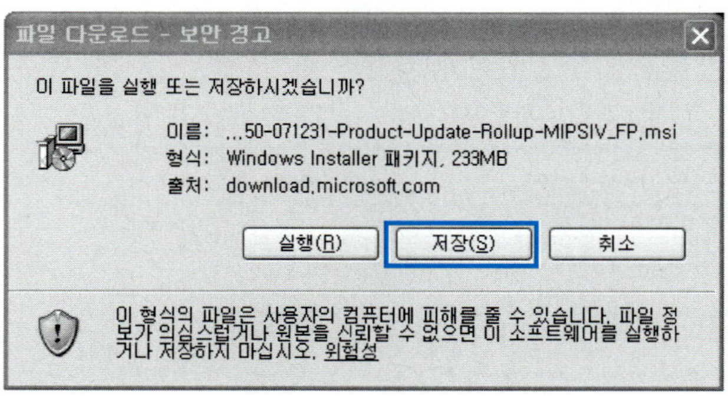

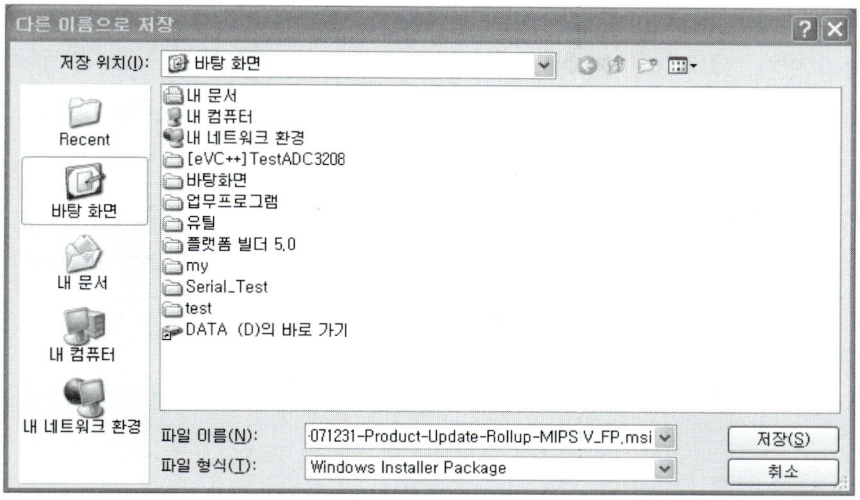

④ 폴더를 지정해주면 다운로드가 시작된다. 다운로드에 걸리는 시간은 호스트 컴퓨터의 네트워크 상황에 따라 달라지지만 약 10분에서 30분 정도가 소요된다.

⑤ 파일 다운로드가 완료되면 Platform Builder 5.0을 설치하기 위한 준비가 완료되었다.

4 Platform Builder 5.0 설치

마이크로소프트사의 홈페이지에서 평가판을 다운받았다면 Platform Builder 5.0을 설치할 준비가 되었다. 다운로드 폴더를 열어 파일을 확인하고 Platform Builder 5.0의 설치를 진행하여 보도록 한다.

Platform Builder의 설치는 CD를 이용하는 방법과 앞에서와 같이 다운로드 파일을 이용하는 방법이 있다. 설치 방법은 거의 유사하다. 여기에서는 일반적인 상황에 맞게 앞에서 다운로드받은 파일을 이용하여 평가판을 설치하는 과정을 기술하도록 한다.

1 다운로드받은 파일이 들어 있는 폴더를 열어 확인한다.

Setup.exe 파일과 WinCEPB50-071231-Product-Update-Rollup-Armv4I.msi 파일이 들어 있다. 이 중에서 Setup.exe 파일이 Platform Builder 5.0 설치 파일이다. 더블클릭하여 설치를 실행한다.

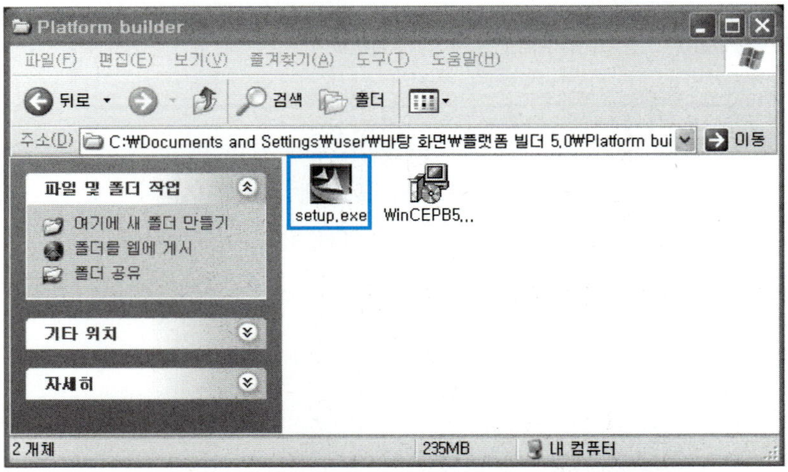

2 파일이 실행되면서 설치를 진행하겠냐는 보안경고 메시지가 출력된다. "실행"을 눌러 설치를 계속 진행한다.

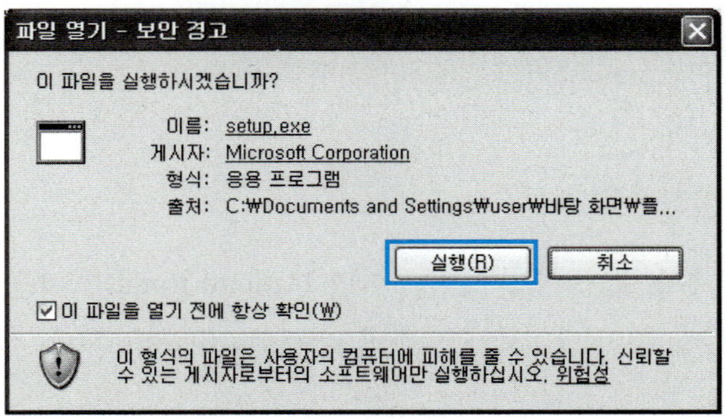

③ 설치 준비중 메시지를 출력하면서 설치를 진행하게 된다.

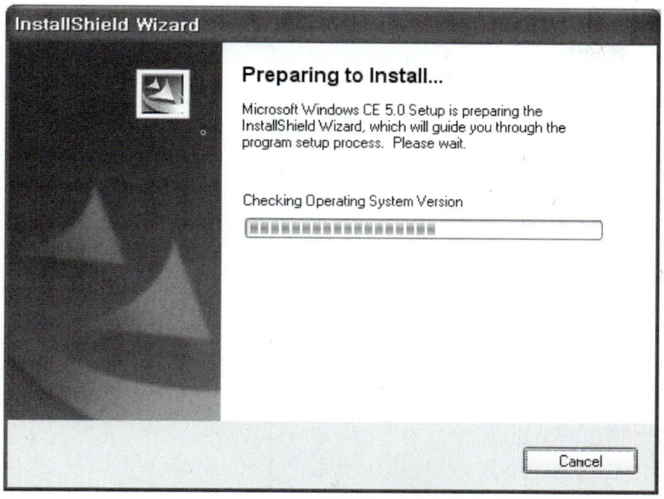

④ 설치가 준비되면 설치시작 메시지가 출력된다. “Next”를 눌러 설치를 계속 진행한다.

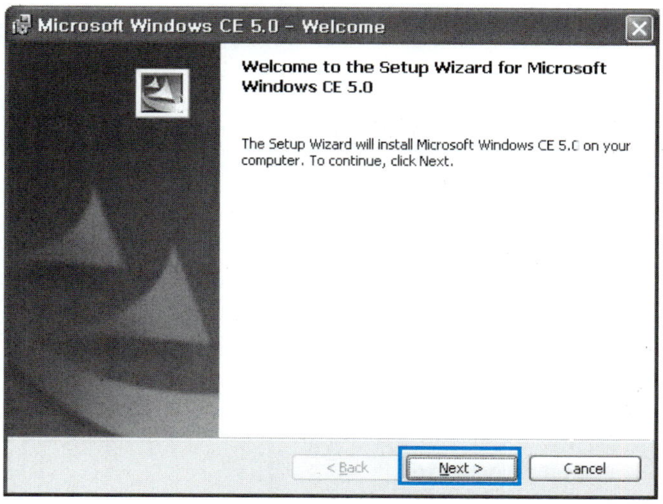

5 License Agreement 윈도우 화면에서 "I accept the terms in the license agreement" 옵션을 선택한 후 "Next"를 클릭한다.

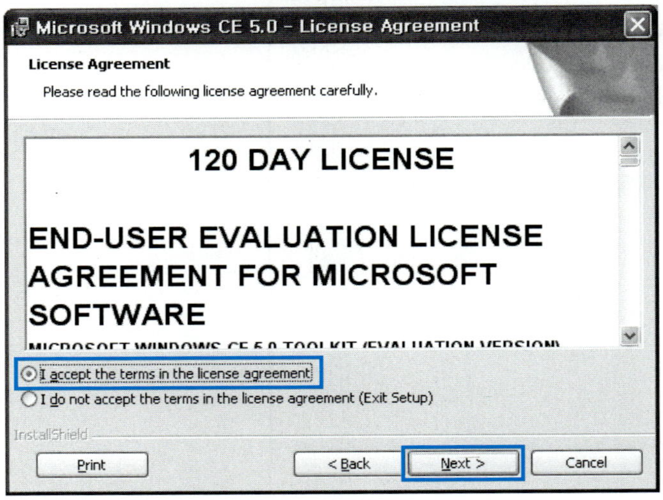

6 고객정보를 입력하는 윈도우 화면이 열리면 고객정보 및 product key를 입력한 후 "Next"를 클릭한다.

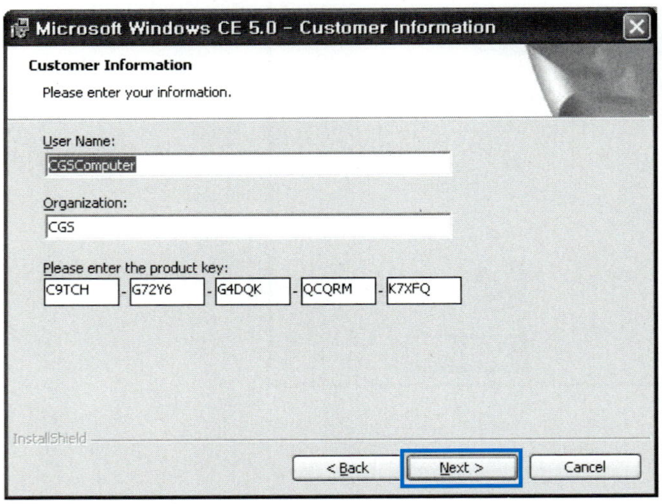

⑦ Custom(Tool and OS)을 선택 후 "Next"를 클릭한다.

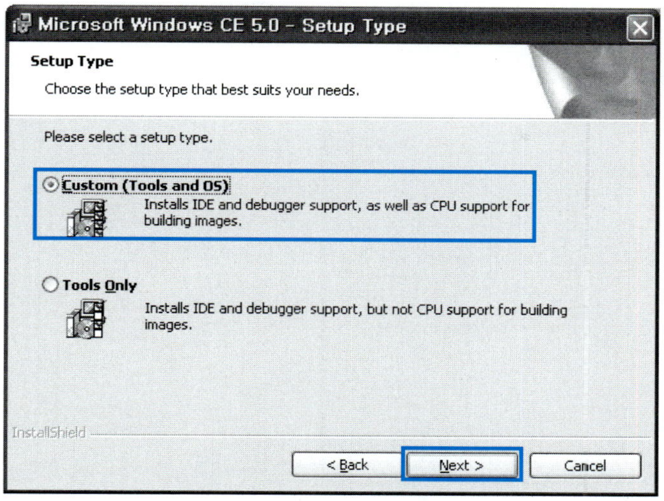

⑧ Platform Builder를 설치할 폴더를 설정한 후 "Next"를 클릭한다. 특별한 경우가 아니라면 일반적으로 기본적인 경로를 따라 설치를 진행하도록 한다.

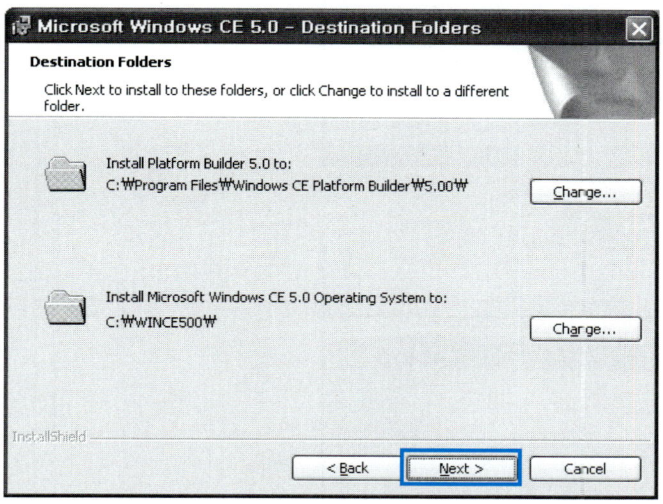

9 Custom Setup 설정에서 우리가 사용할 CPU 형태는 ARMVI을 선택한 후 아래쪽의 XSCALE를 선택한다.

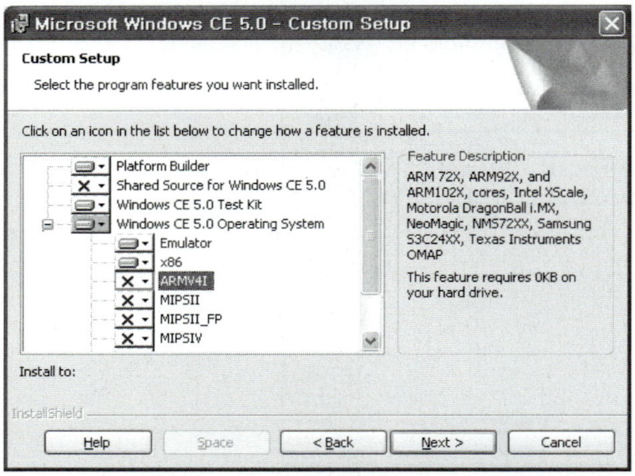

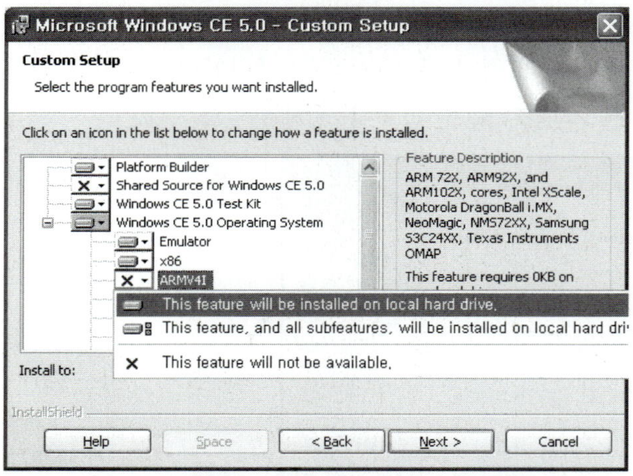

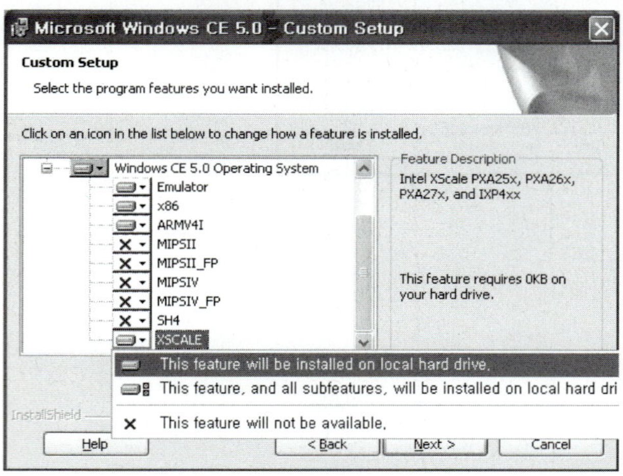

⑩ "Custom Setup"이 끝나면 "Install"을 클릭하면 설치가 시작된다.

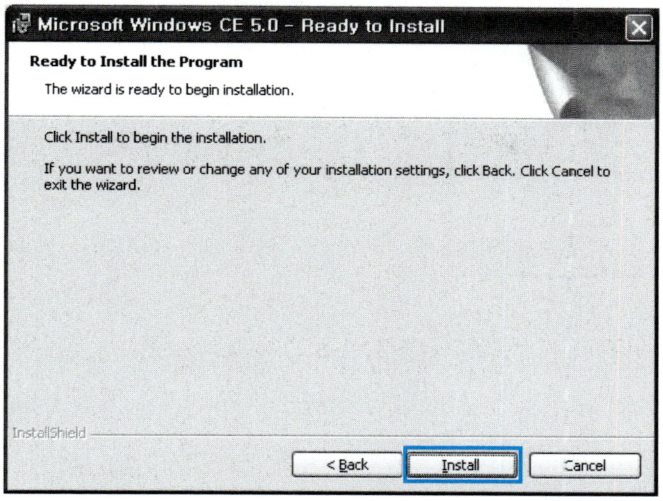

⑪ Install 과정이 시작된다.

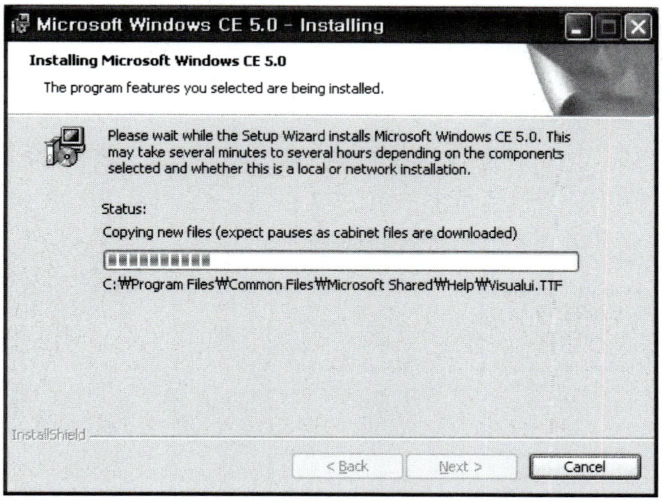

홈페이지에서 평가판을 다운받아서 설치하는 경으에는 설치가 진행되면서 네트워크를 통해서 필요한 파일을 다운로드받고 설치하는 방식으로 진행된다. 그러므로 설치중에 네트워크 연결에 장애가 발생하지 않아야 설치가 끝까지 진행될 수 있다.

또한 네트워크 상황에 따라서 설치의 진행은 수 십분에서 수 시간까지 걸릴 수 있음을 참고하자.

⑫ 간혹 네트워크를 통해 장애발생시 아래와 같이 네트워크 접속 에러메시지가 출력되기도 한다. 그럴 경우 "Retry"를 클릭하여 계속 설치를 진행한다.

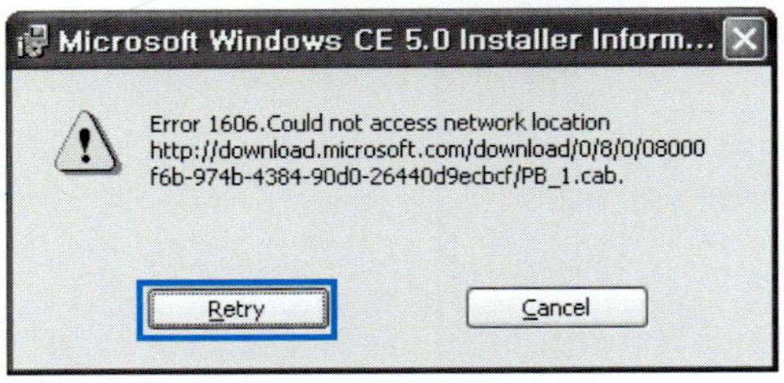

⑬ 하지만 만약 설치중에 다음 그림과 같은 에러메시지가 출력되었다면 설치를 진행하는 중에 다운로드받은 설치 파일에 문제가 있는 것이므로 "Retry"를 누르지 말고 설치를 취소한 다음 다시 설치를 시도한다.

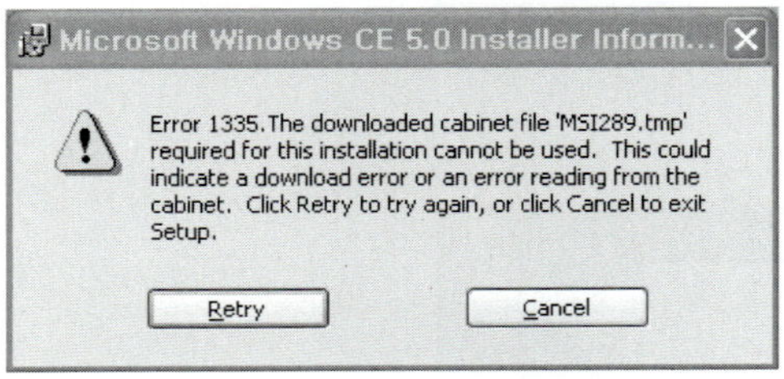

⑭ Install 과정이 완료되었다는 메시지가 출력되면 "Finish"를 클릭하고 설치를 마친다.

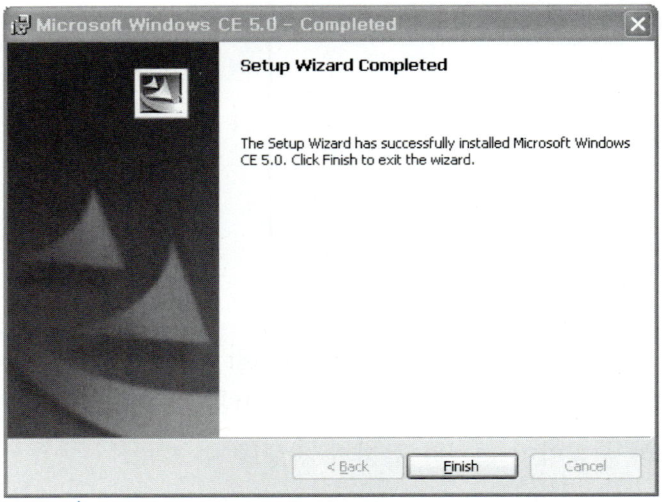

5 Platform Builder 5.0 QFE 설치

① Windows CE 5.0 Platform Builder 설치 파일과 함께 다운로드받은 "Armv4l"용 최신 업데이트 파일인 "WinCEPB50-071231-Product-Update-Rollup-Armv4I.msi"를 디렉토리에서 파일을 선택하여 업데이트하도록 한다.

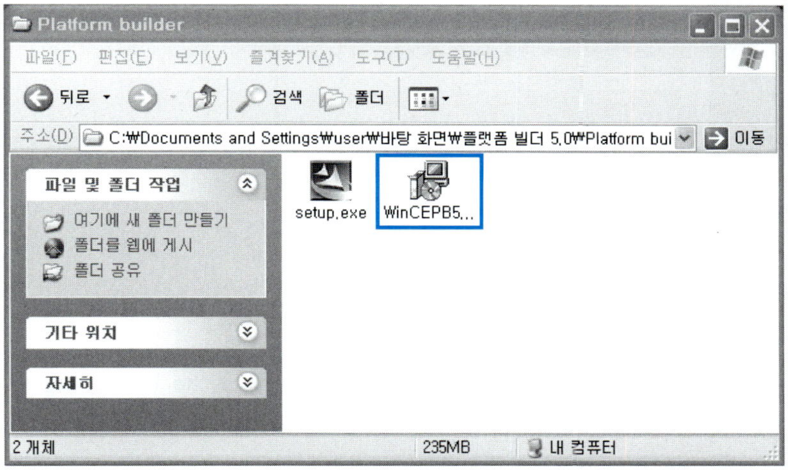

② 업데이트 파일을 클릭하면 다음과 같이 프로그램 실행 보안경고 메시지가 나타난다. "실행"을 눌러 계속 진행한다.

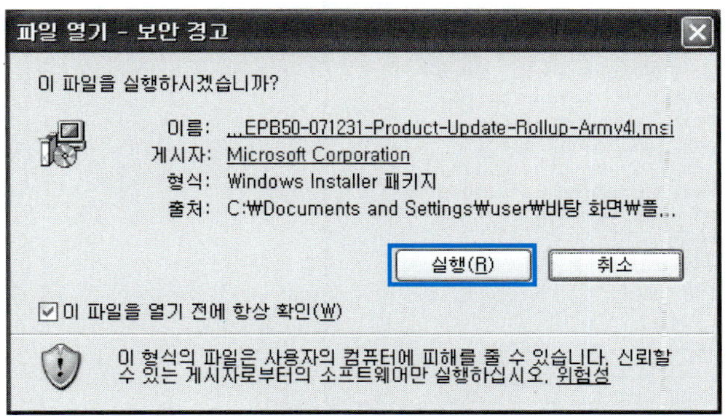

③ 설치를 준비하는 창이 열리면 잠시 기다린다.

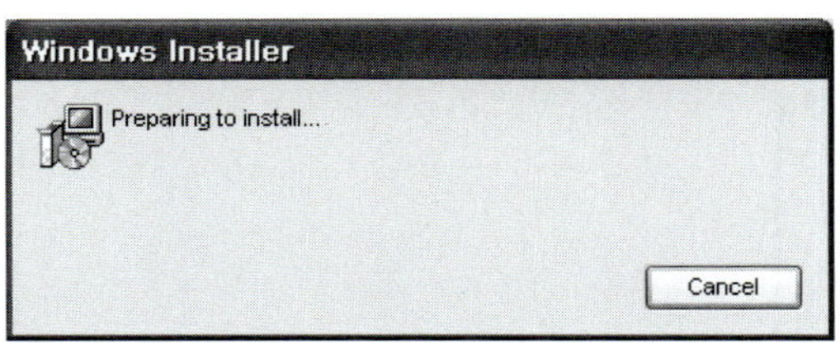

④ 설치 마법사기 실행되면 “Next”를 눌러 설치를 진행한다.

⑤ License Agreement 윈도우 화면에서 “I accept the terms in the license agreement” 옵션을 선택한 후 잠시 후 “Next”를 클릭한다.

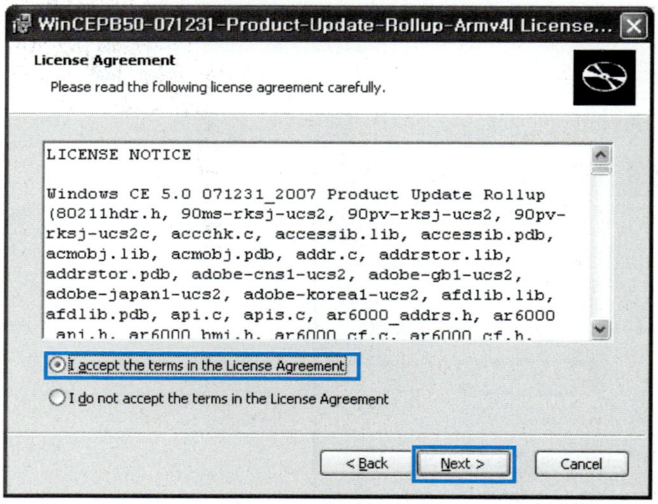

⑥ 너무 빨리 클릭하면 다음과 같은 메시지가 출력된다. 에러메시지가 아니므로 잠시 기다리면 다음 단계로 진행된다.

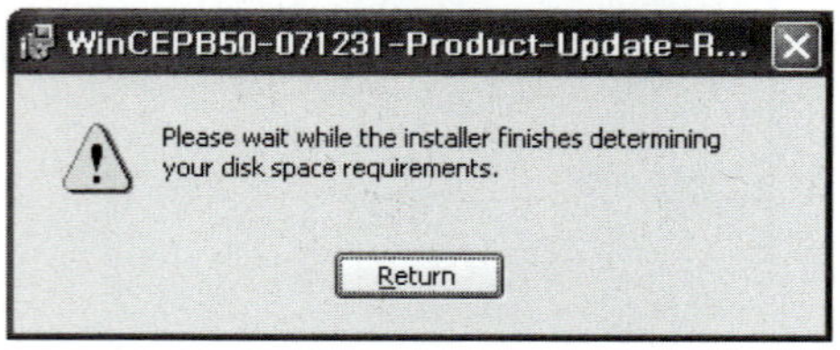

7 퍼블릭 소스코드에 대한 변경을 동의를 선택한 후 "Next"를 클릭한다.

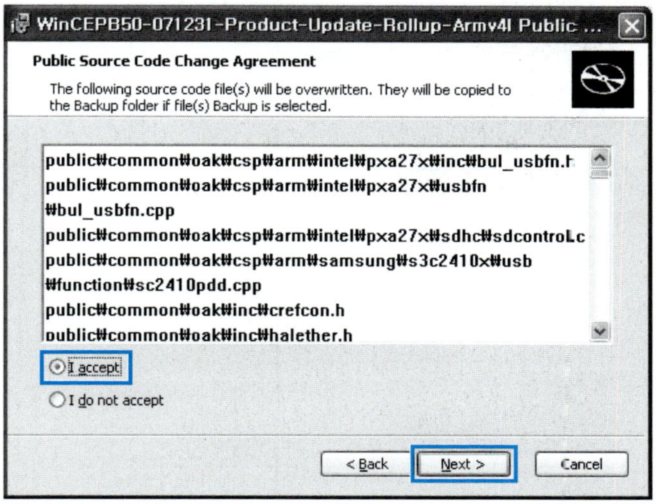

8 Custom Setup에선 변경사항 없이 그대로 선택하고 "Next"를 클릭하면 자동으로 설치된다.

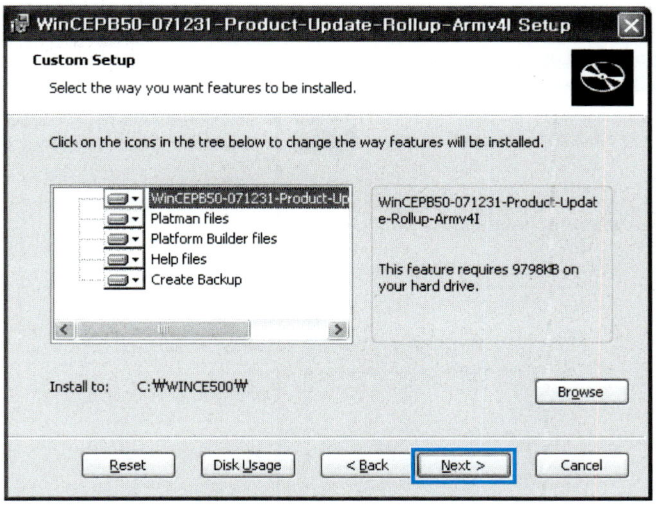

⑨ 설치할 준비가 되었으면 “Install”을 클릭하여 설치를 진행한다.

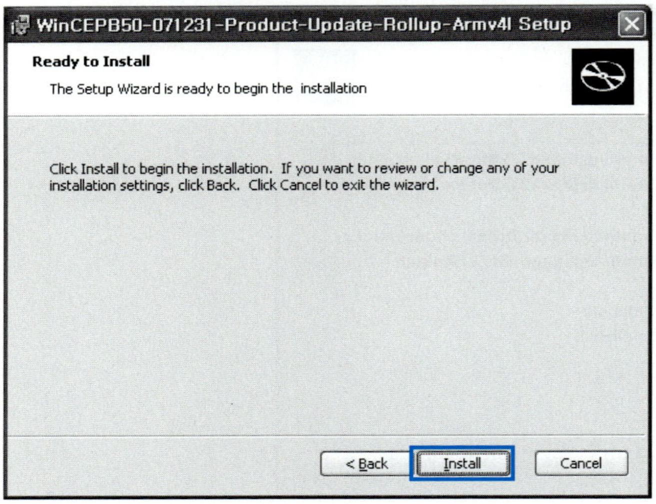

⑩ 설치가 시작되며 진행되는 동안 잠시 기다린다. 업데이트 파일은 네트워크를 통해 다운로드하며 설치가 진행되는 것이 아니므로 Platform Builder를 설치하는 것과는 다르게 네트워크 에러는 걱정하지 않아도 된다.

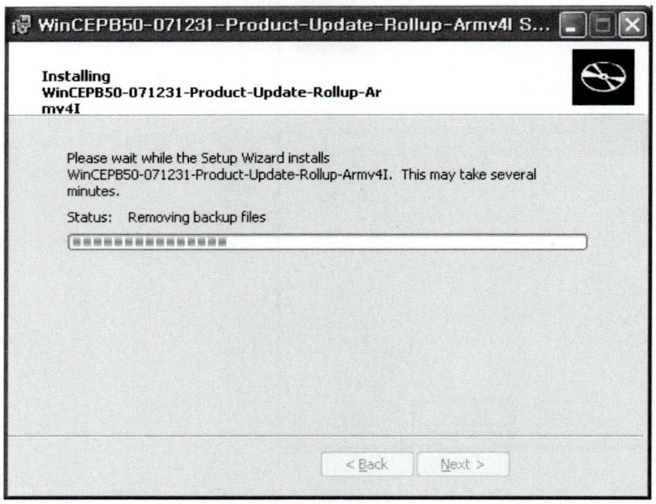

1 eMbedded Visual C++ 4.0과 Service Pack 4 다운로드

마이크로소프트사에서는 eVC++(eMbedded Visual C++) 4.0 뿐만 아니라 eVC++(eMbedded Visual C++) 4.0의 문제점들을 해결하고 보완하기 위해 추가로 "서비스팩(Service Pack) 4"를 제공한다.

① 아래의 주소로 접속하여 검색창에서 "eVC++" 이라고 입력하여 검색한다. (http://www.microsoft.com/downloads/)

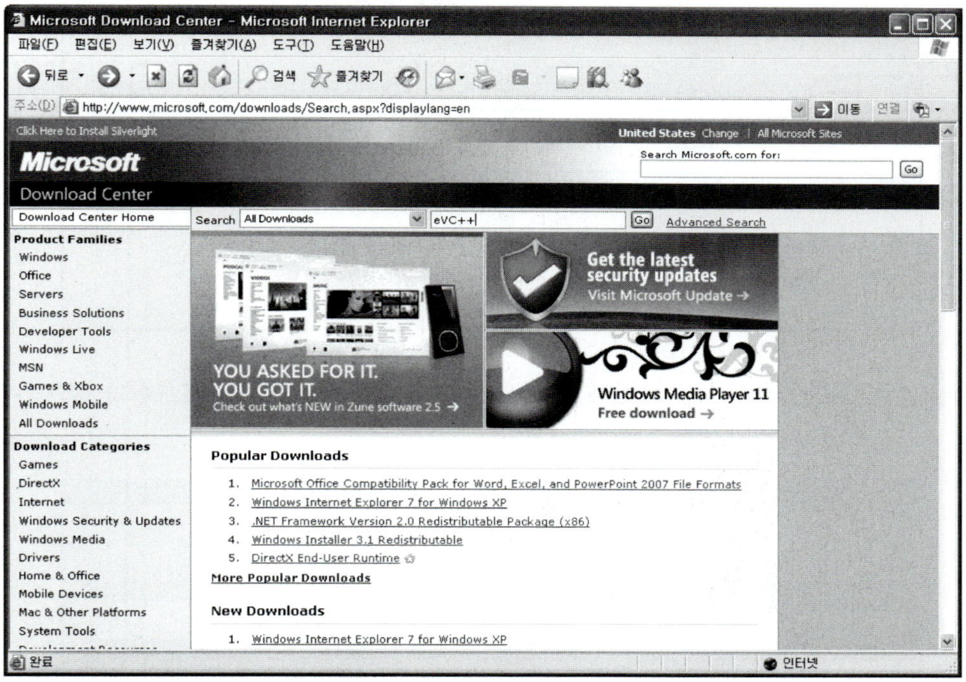

2 검색결과 화면에서 "eMbedded Visual C++ 4.0" 과 아래 항목에 "Service Pack 4" 항목을 확인할 수 있다. "eMbedded Visual C++ 4.0" 항목을 선택한다.

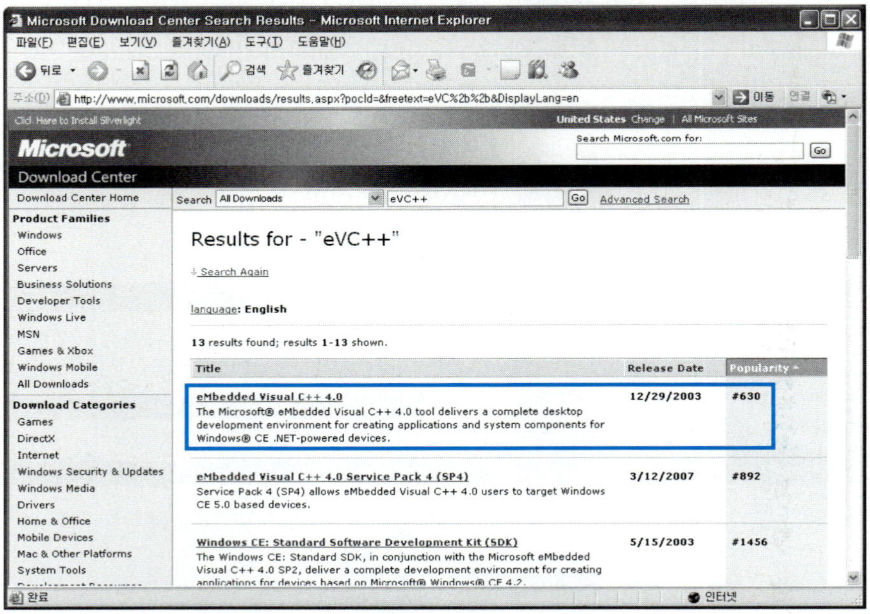

3 네트워크 연결속도를 확인하고 "Download"를 클릭하여 다운로드한다. 화면 아래로 스크롤하면 설치시 필요한 인증키가 적혀있다.

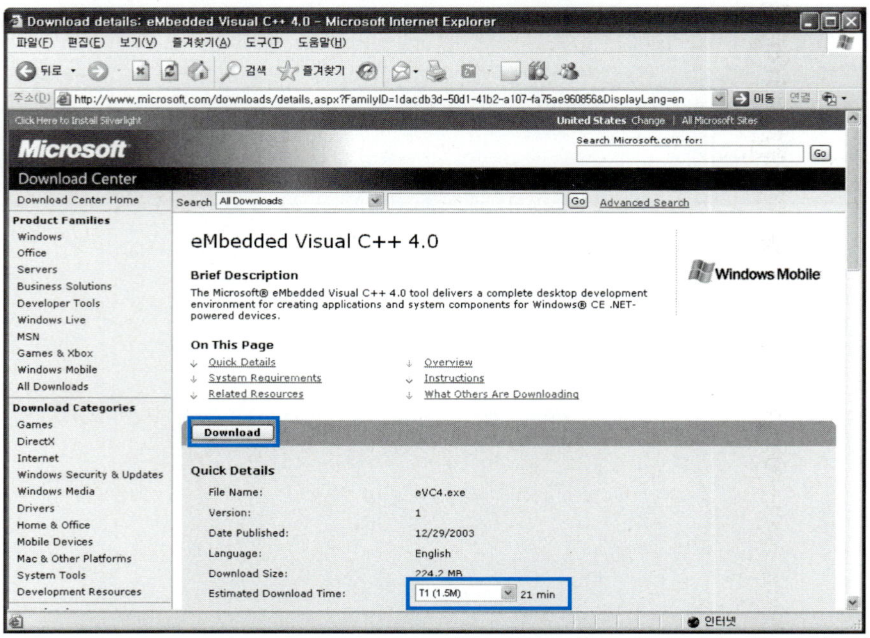

④ 아래와 같은 다운로드 옵션에서 "저장"을 클릭한다.

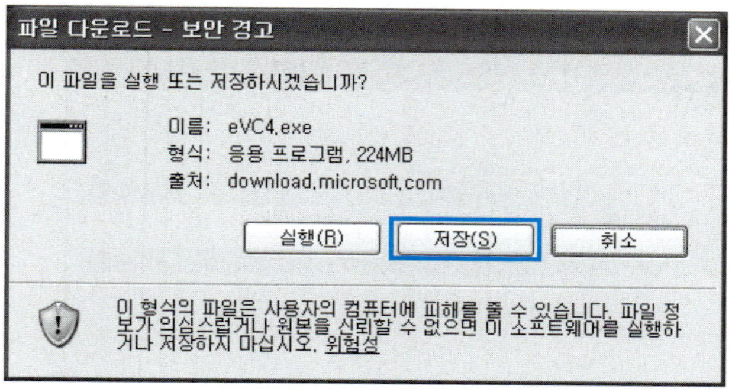

⑤ 저장할 경로를 설정한다. 저장할 때에는 폴더를 만들어 기억해 두는 것이 좋다.

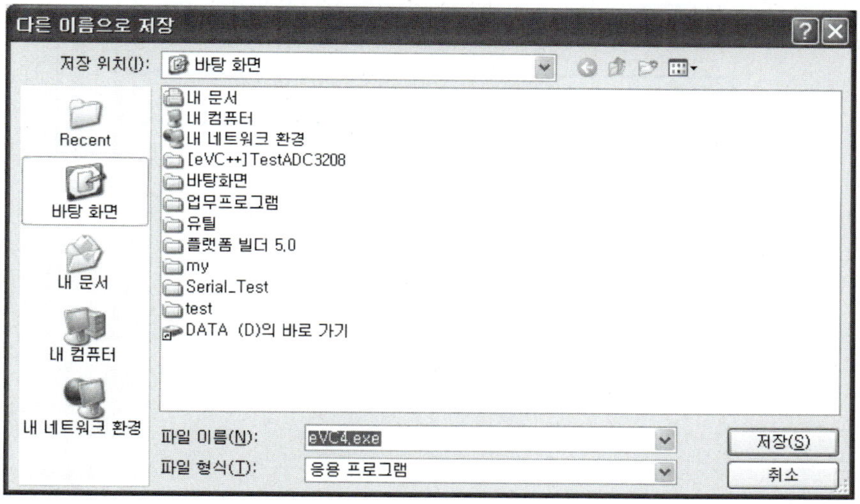

⑥ 10분정도를 기다리면 다운로드가 완료된다.

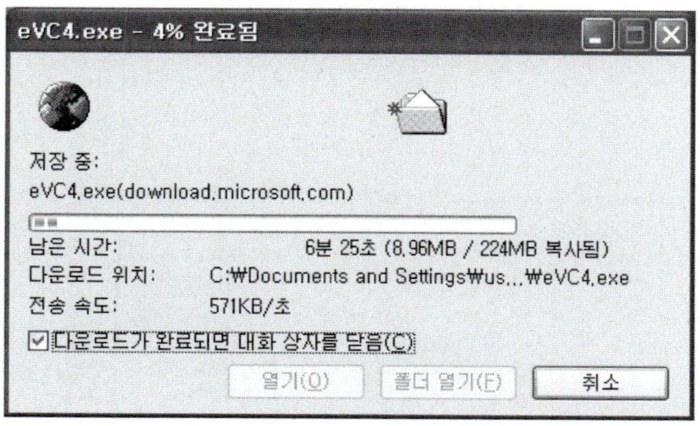

7 다음으로는 eMbedded Visual C++ 4.0 Service Pack 4(SP4)항목을 선택하여 다운로드한다.

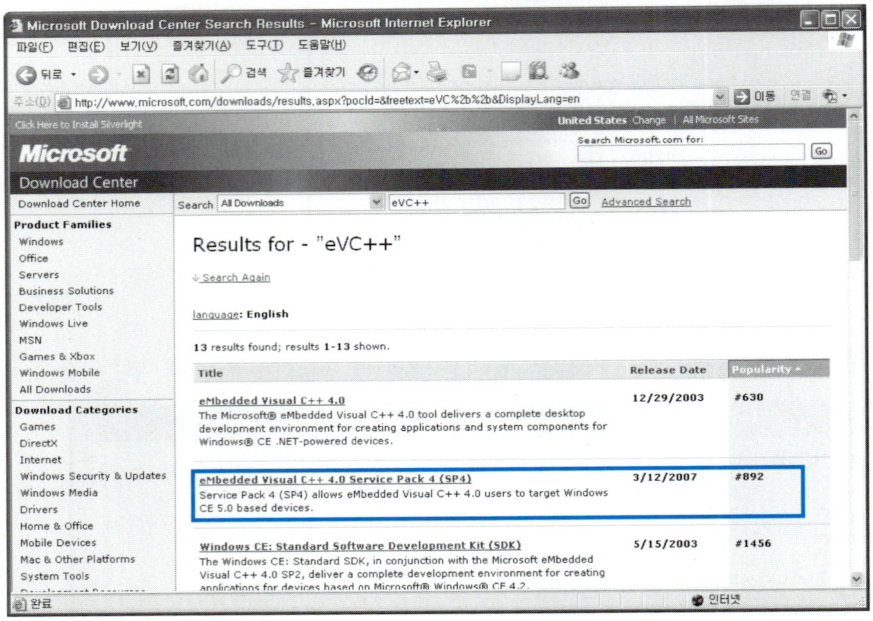

8 eMbedded Visual C++ 4.0 Service Pack 4(SP4) 항목을 선택하고 나서 아래로 스크롤하면 다운로드 버튼을 확인할 수 있다.

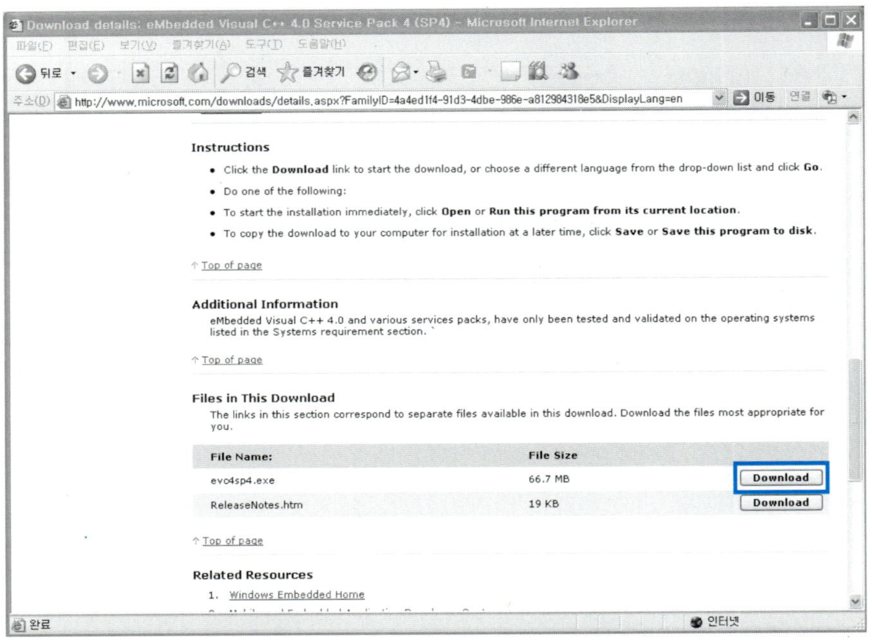

⑨ "eMbedded Visual C++ 4.0" 과 마찬가지로 "저장"을 선택하여 경로를 설정하여 준다.

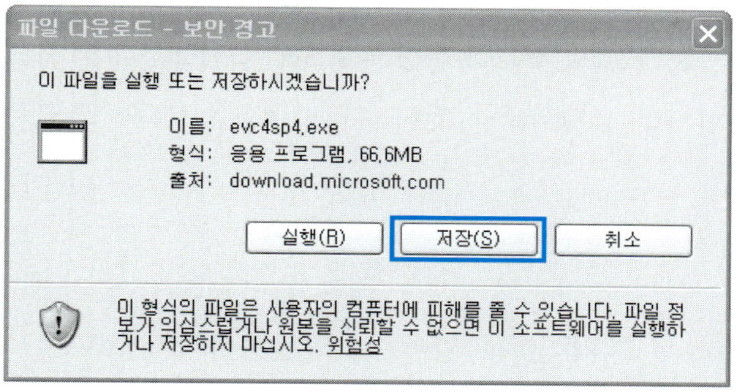

⑩ 저장할 경로를 지정하여 준다.

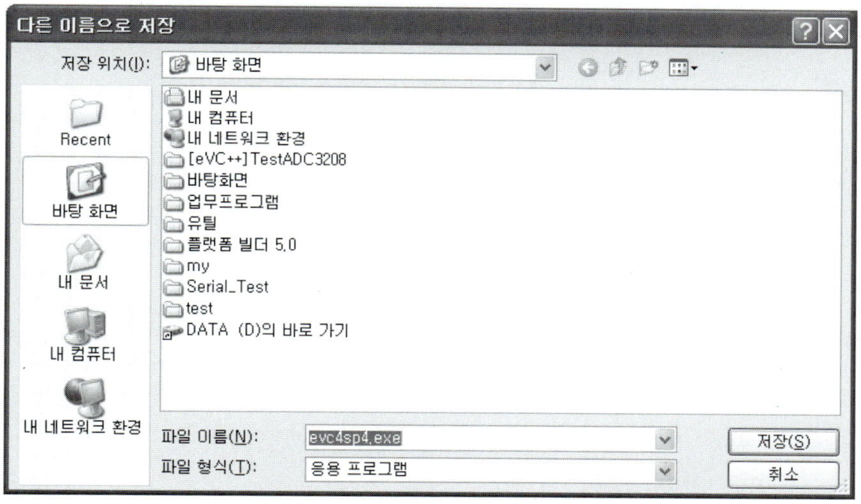

⑪ 다운로드가 시작되고 10여분정도면 다운로드가 완료된다.

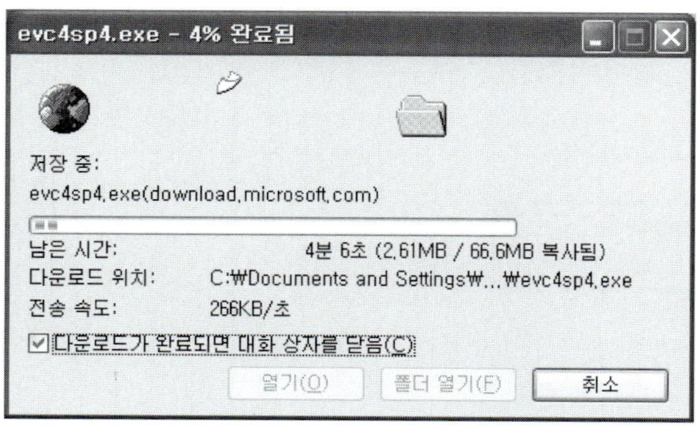

2 eMbedded Visual C++ 설치

eMbedded Visual C++ 4.0 과 eMbedded Visual C++ 4.0 Service Pack 4(SP4)을 다운받았거나 설치용 CD가 있다면 설치를 진행하도록 한다. 다음 과정은 다운로드받은 파일을 기준으로 기술하였다.

1. eMbedded Visual C++ 4.0 파일을 다운로드받은 폴더로 이동한다. 폴더에 eVC4.exe 압축파일과 evc4sp4.exe 두 개의 압축파일이 있다. 압축을 풀고 eVC4 폴더로 이동한다.

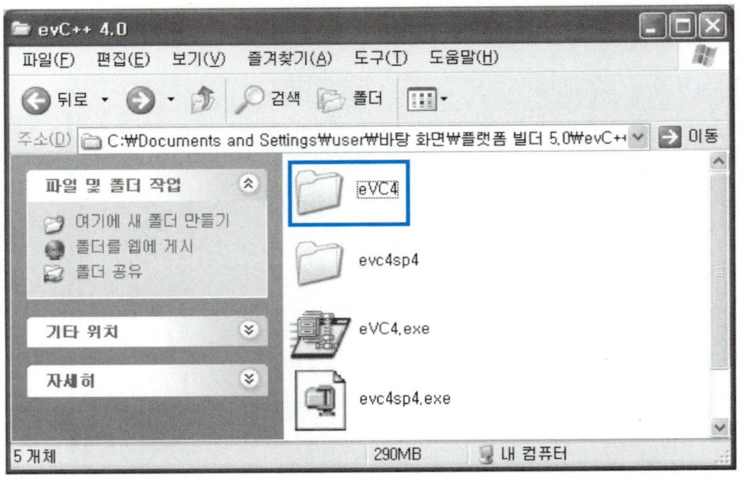

2. setup.exe 파일을 찾아 더블클릭한다.

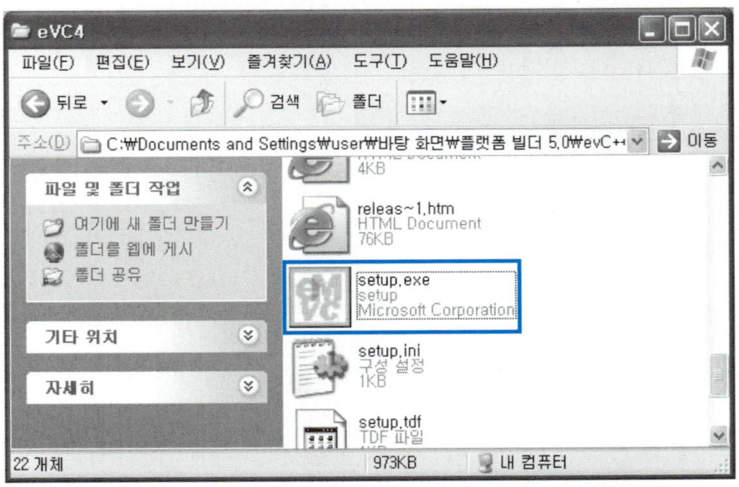

③ 설치가 시작되면서 다음과 같은 화면에서 "Next"를 눌러 계속 진행한다.

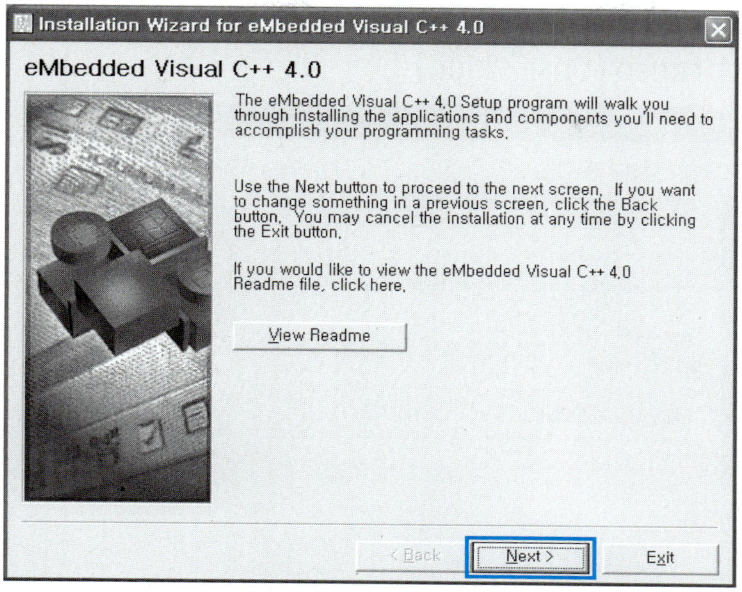

④ eVC++4.0 사용에 있어 권한에 대한 동의를 선택하고 "Next"를 클릭한다.

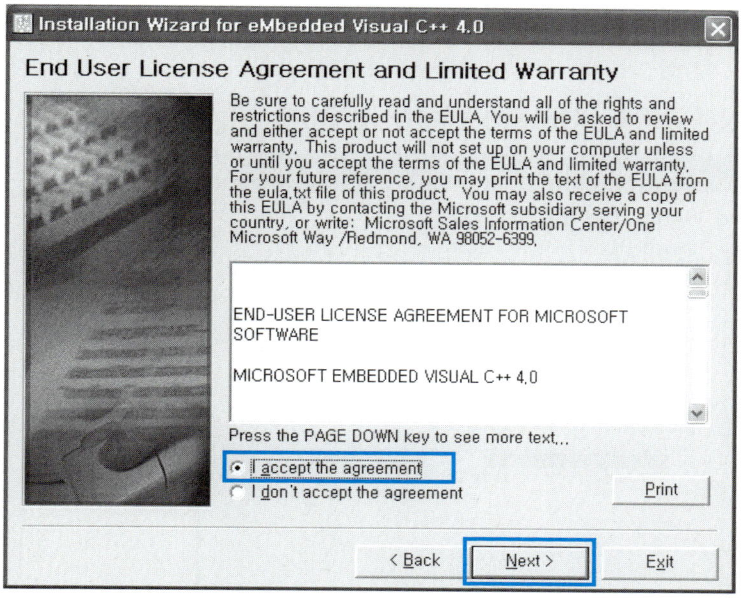

5 인증키 입력화면에서 인증키를 입력한다. 앞에서 마이크로소프트의 웹사이트에서 eVC++4.0을 다운로드받을 때 웹페이지 하단에 사용가능한 인증키가 있었다. 인증키(TRT7H-KD36T-FRH8D-6QH8P-VFJHQ)

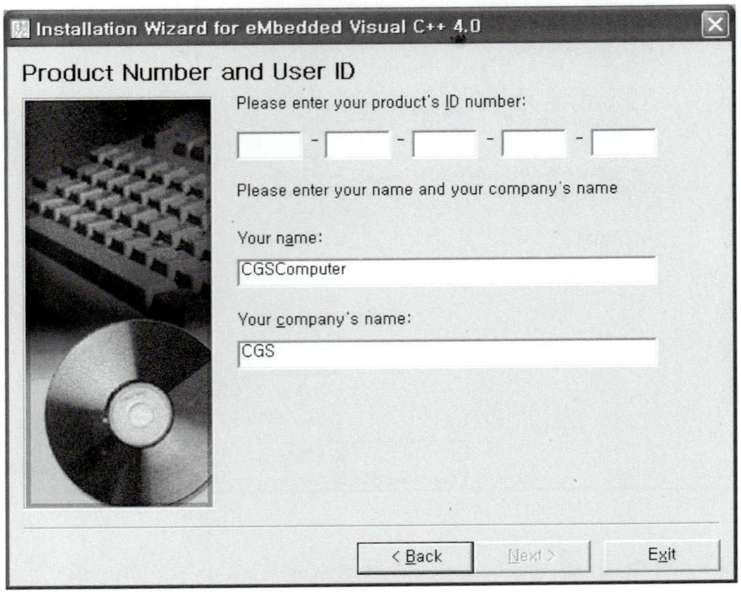

6 다음으로 eVC++ 4.0의 패키지 중 어느 것을 설치할 것인가 선택하는 창이 나온다. 다음과 같이 설정하고 "Next"를 눌러 설치를 진행한다.

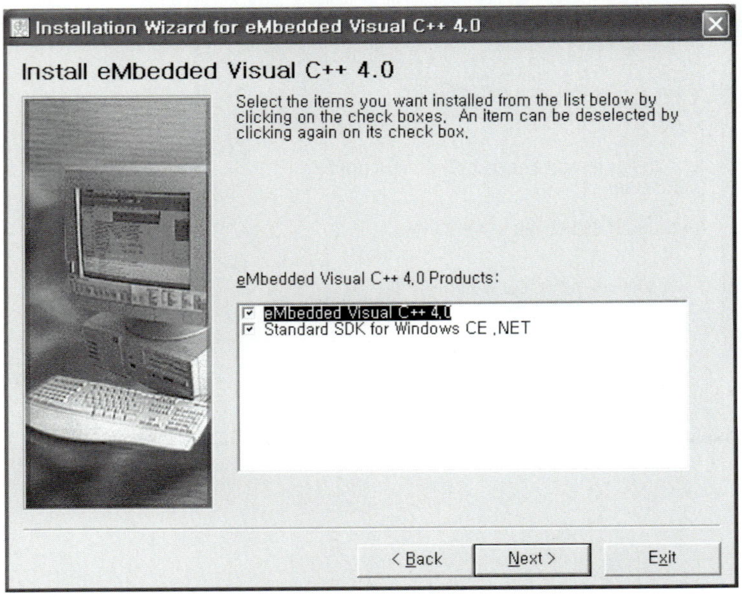

⑦ eVC++ 4.0은 “Microsoft Windows CE Platform Manager”를 필요로 한다. 그래서 다음과 같이 “Microsoft Windows CE Platform Manager”를 설치할 것인가를 물어보는 창이 열린다. “예”를 눌러 설치를 진행한다.

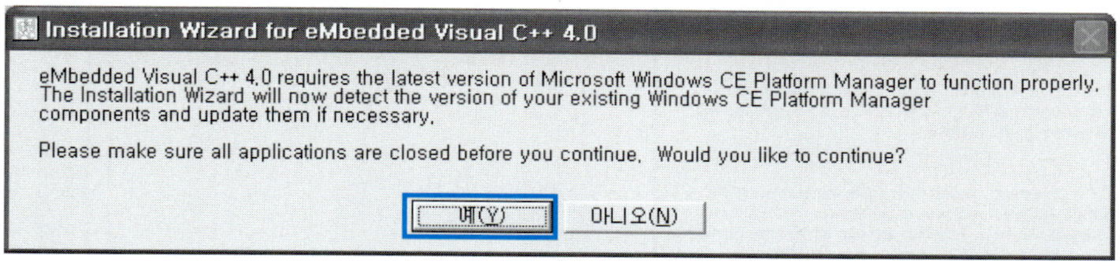

⑧ “Microsoft Windows CE Platform Manager” 설치가 진행된다.

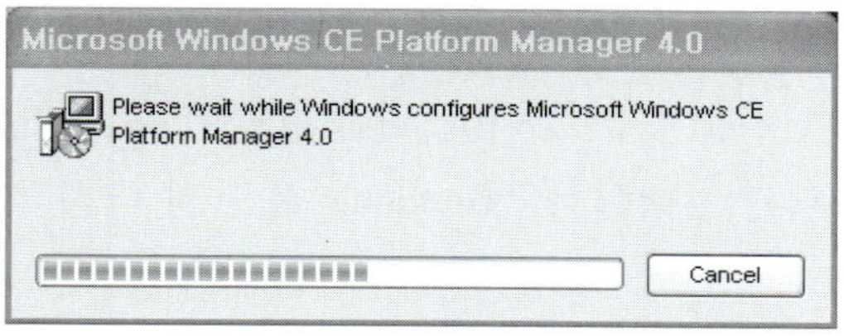

⑨ 설치가 완료되면 “OK”를 눌러 “Microsoft Windows CE Platform Manager” 설치를 마치고, 계속해서 eVC++ 4.0 설치를 진행한다.

⑩ “Microsoft Windows CE Platform Manager” 설치가 완료되고 eVC++ 4.0 설치가 진행된다.

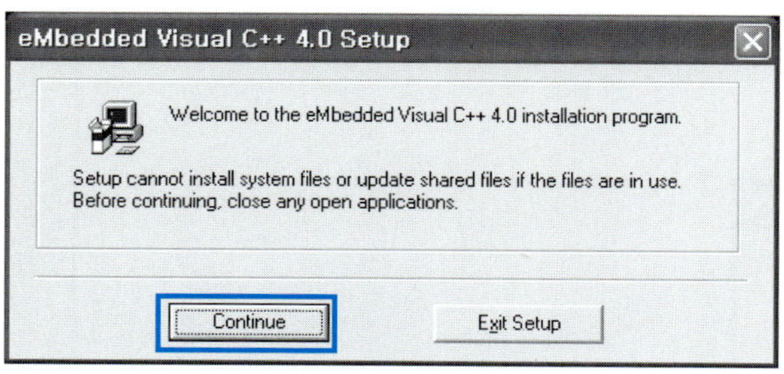

⑪ 마이크로소프트사로부터 기술지원을 받기 위한 Product ID 넘버가 나온다. “OK”를 클릭하여 계속 진행한다.

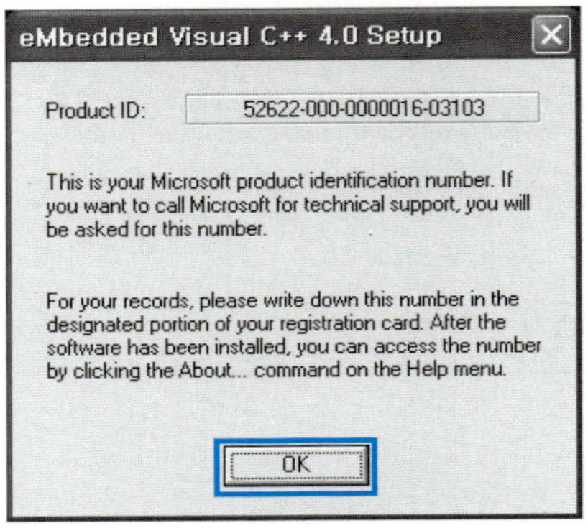

⑫ 다음은 어떤 구성요소들을 설치할 것인지를 묻는 창이다. 다음과 같이 두 가지 모두를 선택하고 eVC++ 4.0을 설치할 폴더를 선택한 후 “Continue”를 눌러 다음 과정을 진행한다.

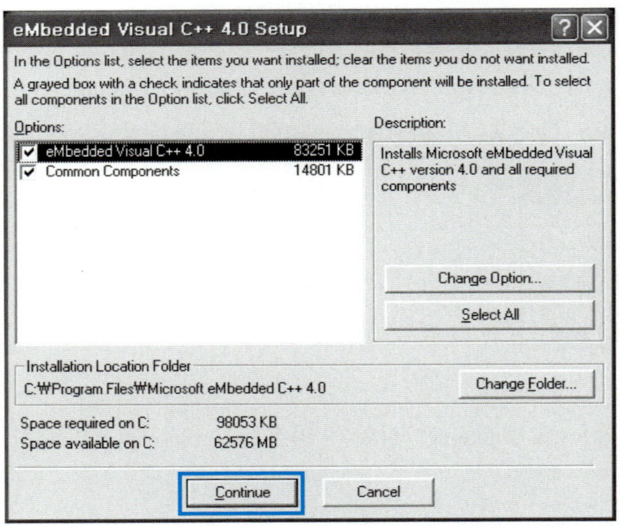

⑬ eVC++ 4.0설치가 진행된다.

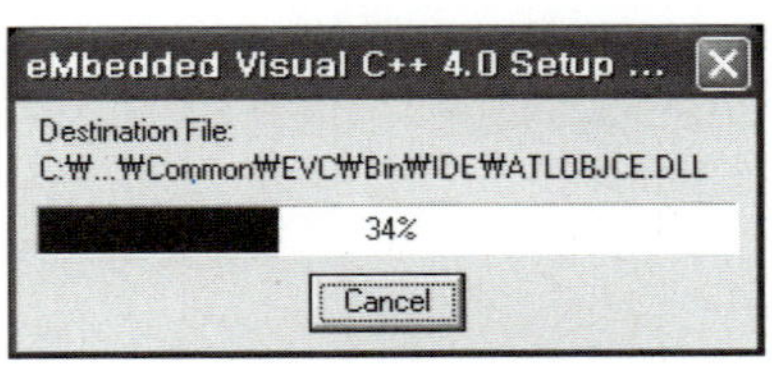

⑭ 설치가 완료되었다. "OK"를 눌러 eVC++ 4.0의 설치를 마치고 계속해서 eVC++ 4.0 SP4의 설치를 진행한다.

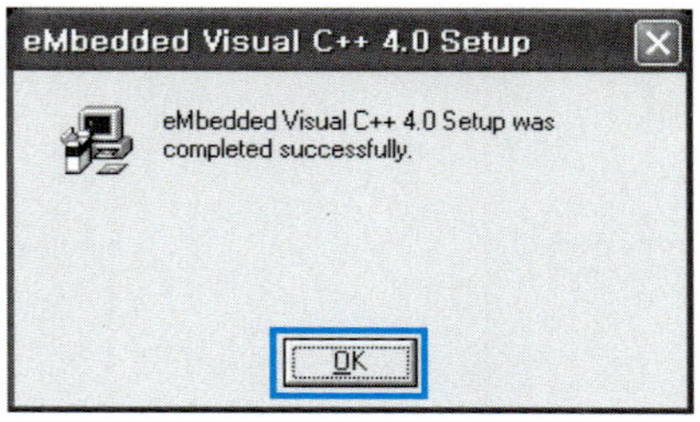

3 eMbedded Visual C++ Service Pack 4 설치

eVC++ 4.0 과 같은 방법으로 eMbedded Visual C++ Service Pack 4 설치를 진행한다.

① 다운로드받은 Se5rvice Pack 4 압축파일을 더블클릭하면 압축풀기가 완료되면서 설치를 진행한다. 또는 eVC++ 4.0을 설치할 때와 같이 다운로드받은 폴더로 이동하여서 압축을 풀고 "Setup" 파일을 찾아 더블클릭해도 상관없다.

② 설치진행을 시작한다.

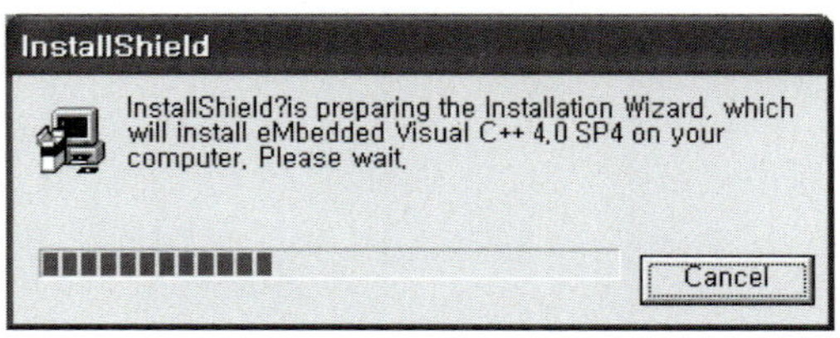

③ "Next"를 눌러 설치를 진행한다.

④ 라이센스 문서에 동의하고 "Next"를 눌러 다음 과정으로 진행한다.

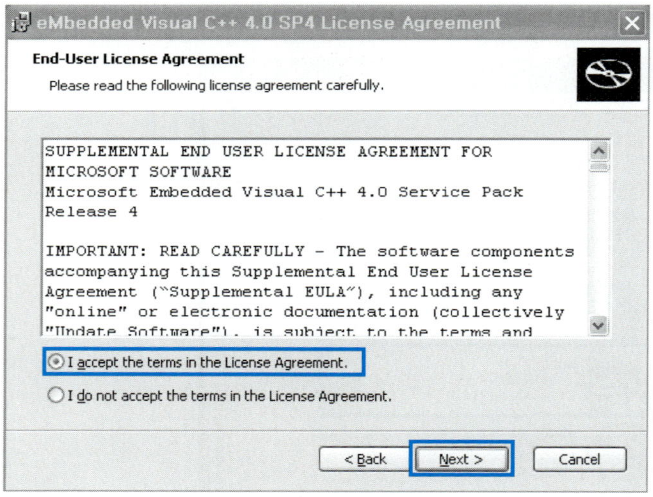

⑤ "Install"을 눌러 eMbedded Visual C++ Service Pack 4 설치를 진행한다.

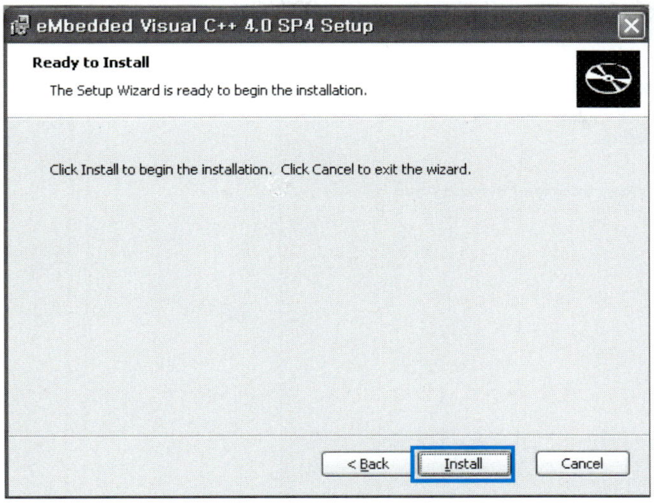

⑥ 설치가 진행되는 동안 잠시 기다린다.

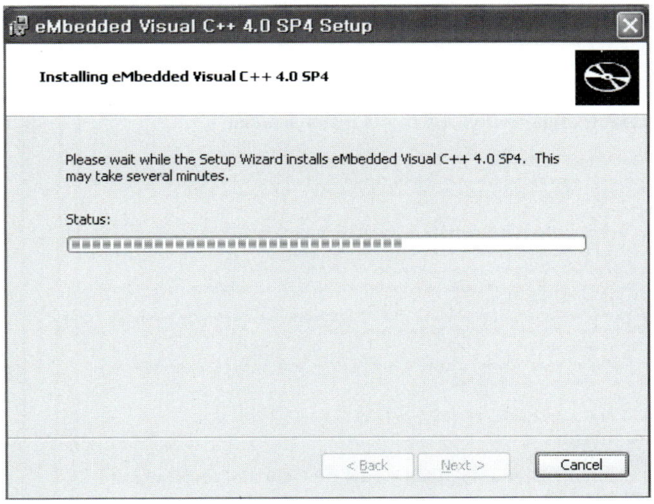

4장

7 설치가 완료되면 "Finish"를 눌러 설치를 종료한다.

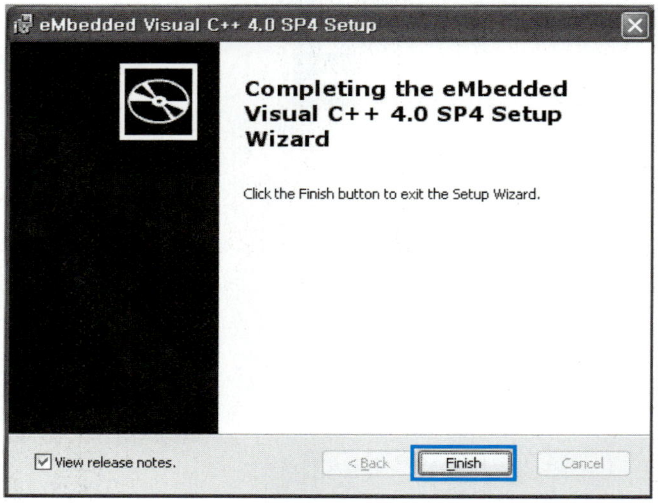

8 설치가 완료되고 release notes가 열린다.

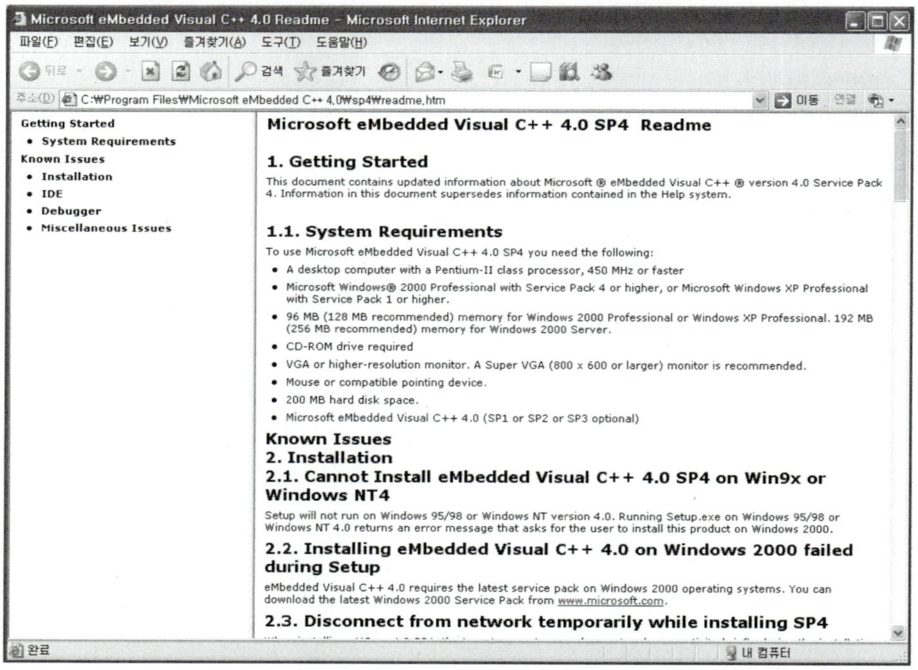

4.5 XDB Debuger

JTAG 케이블은 일반적으로 호스트 컴퓨터의 병렬 포트와 타깃보드의 JTAG 커넥터를 연결하여 타깃보드에 부트로더를 다운로드하기 위해 사용된다. XDB 디버거는 부트로더를 다운로드할 때만 사용하므로 타깃보드에 이미 부트로더가 올라가 있다면 XDB 관련 챕터는 생략해도 무방하다.

1 XDB JTAG 케이블

X-Hyper320TKU에서 사용되는 JTAG 케이블은 Marvell사의 Black Stone Cable을 사용한다. Marvell Black Stone Cable은 인텔® XScale 기술 기반의 프로세서를 적용한 제품 개발에 사용할 수 있는 JTAG 인터페이스 장비로 PDA, 핸드헬드 장비, 핸드폰 장비 등의 개발에 사용할 수 있는 XScale 전용 디버깅 케이블이다.

- 패러럴 케이블(프린터 케이블)

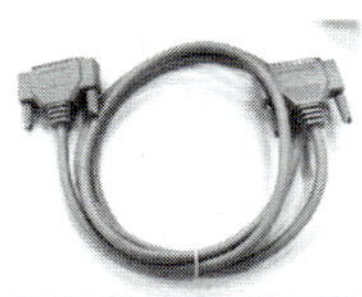

- JTAG Cable Housing

- 20핀 유연 케이블

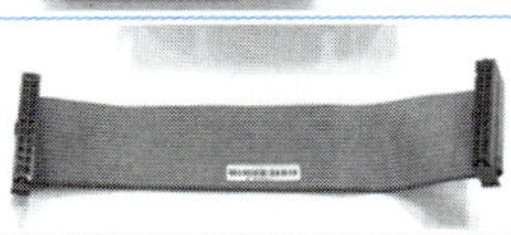

결 합

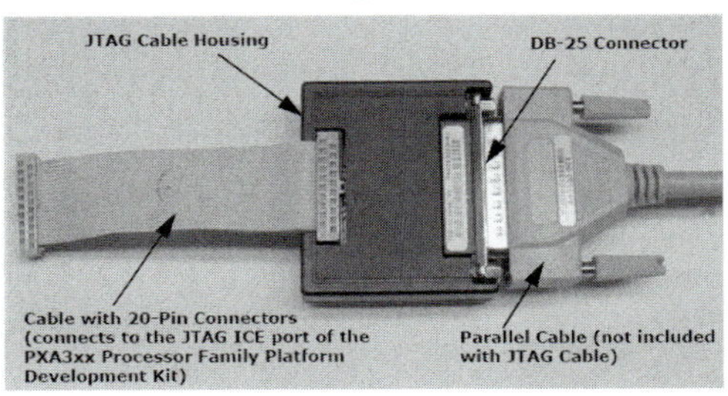

[그림 4-10] XDB 디버거의 연결

Marvell사에서 제공되는 Software Development Tool Suite-v2.1 for Intel XScale® Microarchitecture, Professional (Marvell SDT 2.1)와 함께 사용되며 해당 소프트웨어 설치 시 XDB Debuger가 함께 설치되며, [그림 4-10]은 JTAG 케이블의 구성을 보여준다.

(1) XDB JTAG 케이블 (JTAG 케이블을 위한 Marvell XDB JTAG 디버거)

응용 프로세서를 위한 DEBUG 보드에는 20핀 JTAG 케이블과 ICE 커넥터가 있다. JTAG 케이블을 위한 Marvell XDB JTAG 디버거는 PXA3xx 프로세서 기반 임베디드 시스템의 설계, 디버그, 그리고 프로그래밍에 쓰이는 시리얼/JTAG 인터페이스이다. JTAG 케이블의 한쪽은 표준 25핀 케이블 커넥터를 통해 킷의 JTAG ICE 포트에 연결한다.

(2) 동작 원리

JTAG 케이블은 JTAG 신호를 위해 병렬-직렬 그리고 직렬-병렬 변환기로 동작한다. 호스트 PC는 병렬 포트의 EPP(Enhanced Parallel Port) 모드를 통해 JTAG 케이블에 교신을 한다.

2 XDB Debuger 설치

① 설치파일이 있는 폴더로 이동한 후 "w_xisdt_u_2.1.004.exe" 파일을 찾아서 더블클릭하여 실행한다.

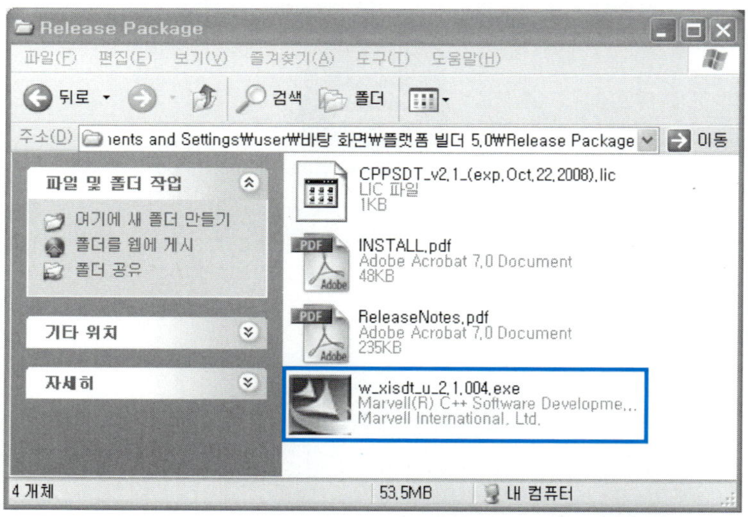

② "Mavell C++ Software Development Tool Suite 2.1"을 설치할지에 대한 물음에 "예"를 눌러 다음 단계로 진행한다.

③ 설치파일을 어디에 저장할 것인지 확인하는 창이 나온다. 기본경로를 선택하고 "Next"를 클릭한다.

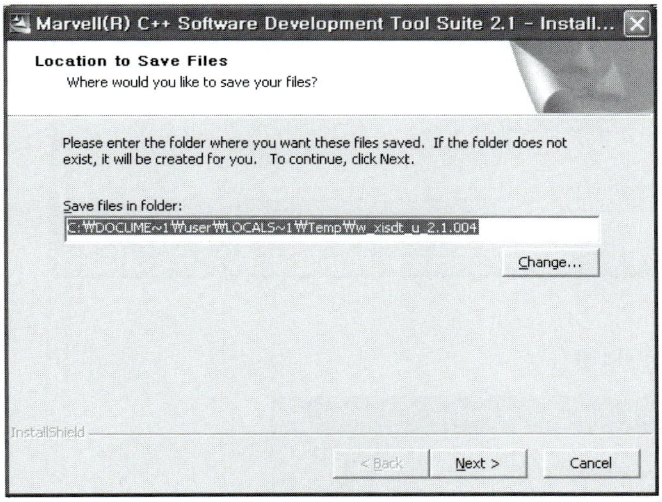

④ Mavell 설치창이 열린다. 좌측에 "Software Development Tool Suite"를 클릭하면 인스톨 화면으로 전환된다.

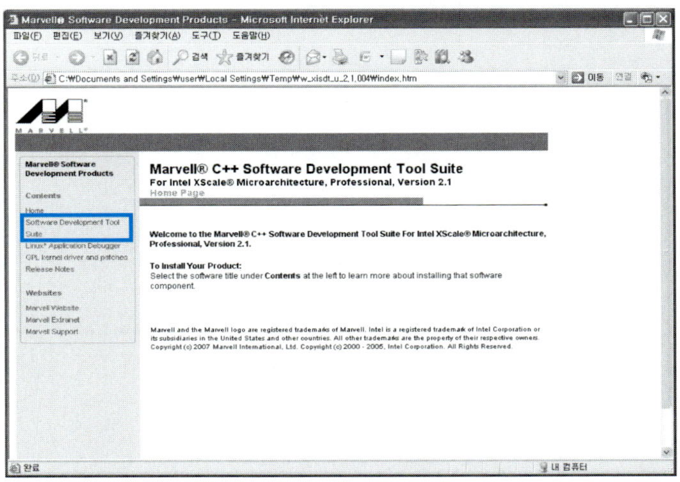

5 설치화면에서 "Install Now"를 클릭하여 설치를 진행한다.

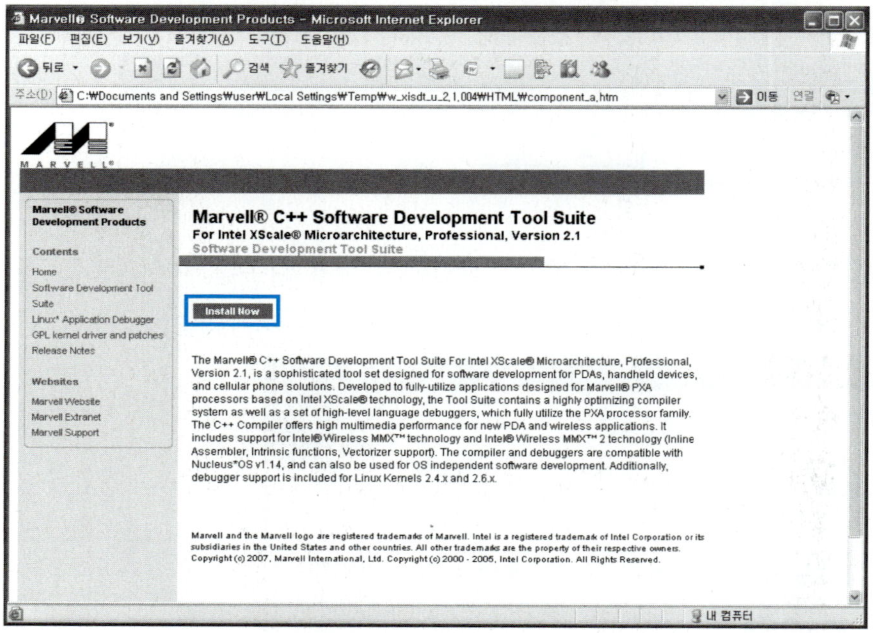

6 Package 무결성 검사를 진행한다.

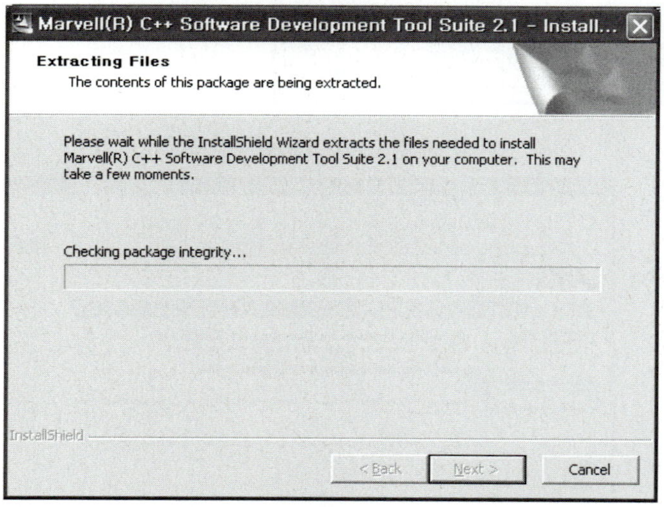

⑦ "Mavell C++ Software Development Tool Suite 2.1"을 설치 준비한다.

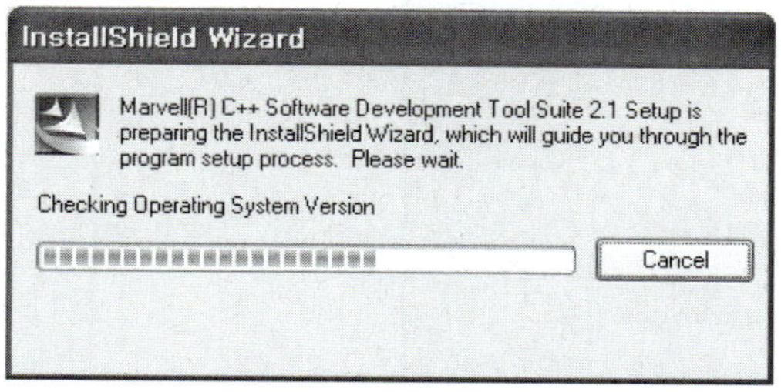

⑧ "Next"를 눌러 다음 과정으로 진행한다.

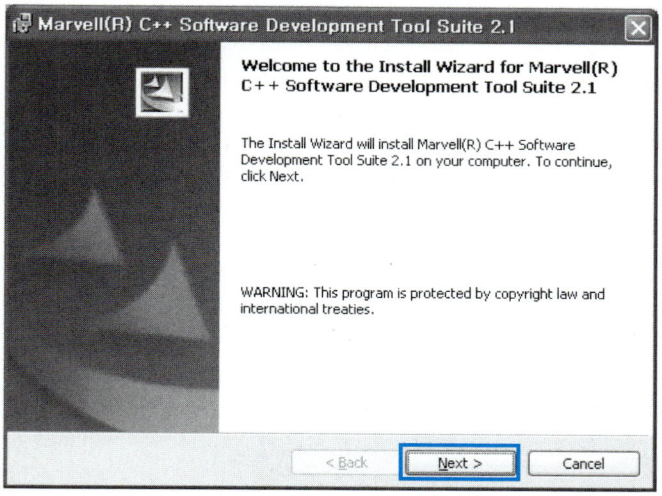

⑨ 소프트웨어 사용권에 동의하고 "Next"를 클릭하여 설치를 진행한다.

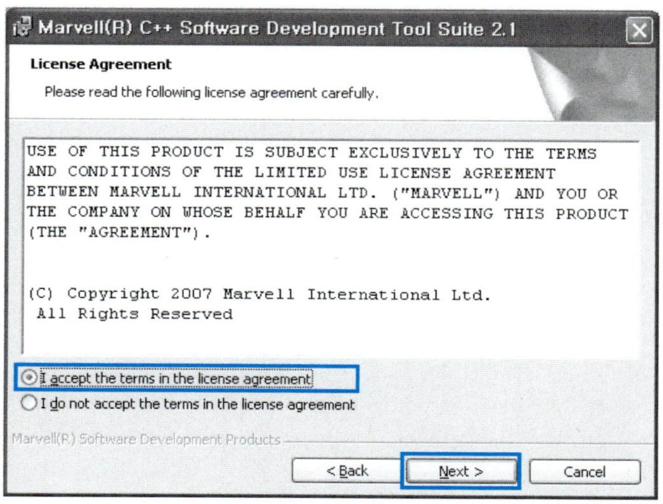

4장

⑩ Setup Type에서 기본설정인 Complete를 선택하고 넘어간다.

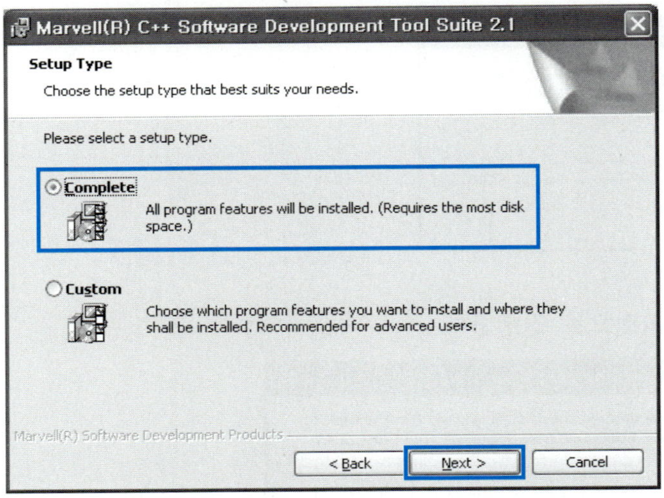

⑪ 프로그램을 설치할 폴더의 경로를 지정한다. 특별한 이유가 아니면 기본경로를 사용하도록 한다.

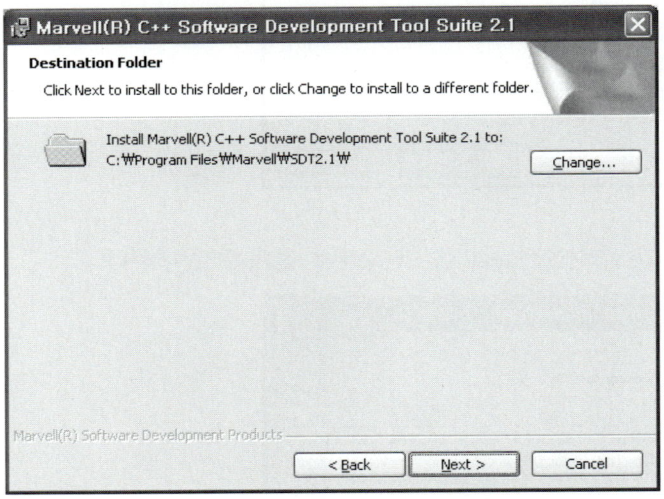

⑫ 프로그램 설치를 계속 진행하기 위해서는 라이센스 파일이 필요하다. “Browser”를 선택하고 설치 파일이 있던 폴더의 경로로 이동한다.

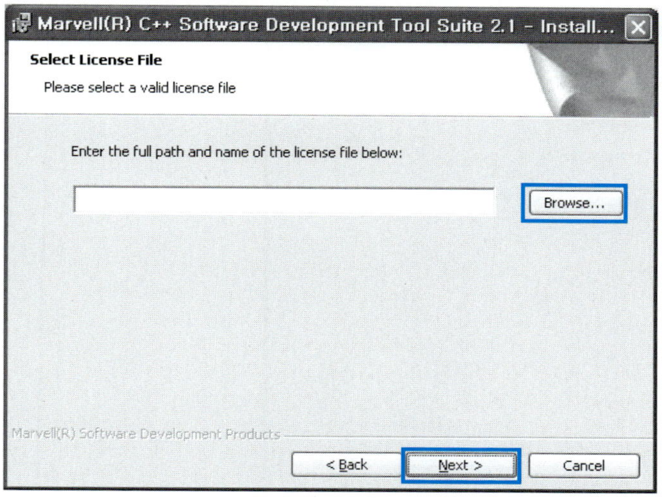

⑬ 설치폴더의 경로에 라이센스 파일이 있을 것이다. 라이센스 파일을 열어 설치를 계속 진행하도록 한다.

⑭ 라이센스 파일이 선택된 경로가 입력된 창이 나타나면 "Next"를 클릭하고 다음 설치단계로 진행한다.

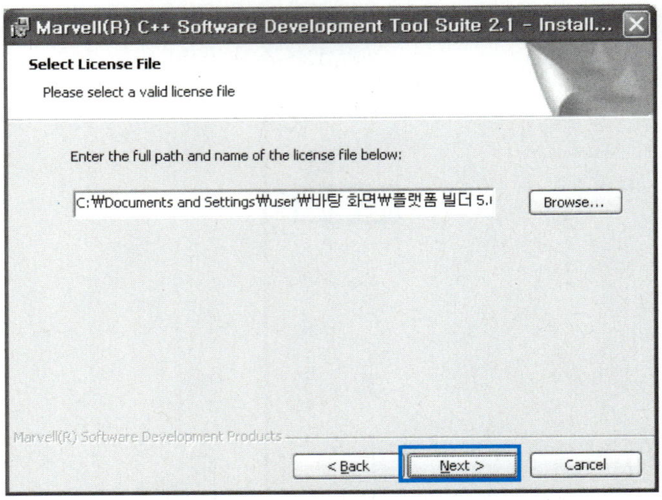

⑮ "Install"을 클릭하며 설치가 진행된다.

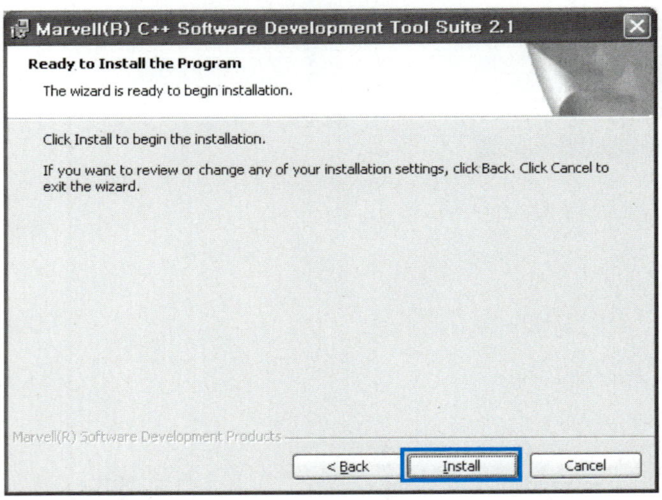

⑯ 설치가 진행되는 동안 잠시 기다린다.

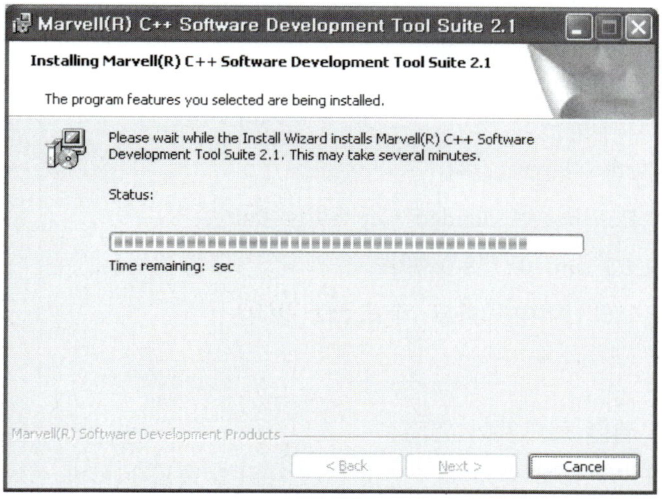

⑰ 설치가 완료되면 "Finish"를 눌러 종료한다.

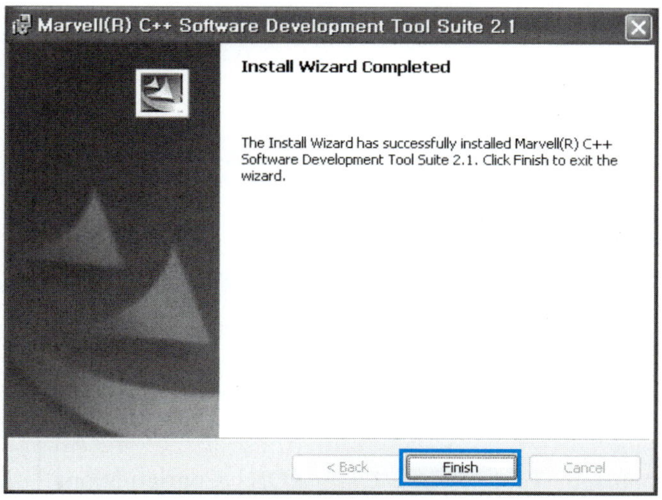

3 XDB Debuger 사용방법

XDB Debuger를 이용하여 JTAG을 사용하기 위해서는 Software Development Tool Suite - v2.1 for Intel XScale® Microarchitecture, Professional (Marvell SDT 2.1)을 이용하여 XDB Debuger를 설치하여야 한다. 이미 설치가 되었다면 사용하기 위한 환경을 확인하여 보도록 한다.

(1) 시스템 BIOS에서 패러럴포트 설정확인

호스트 컴퓨터의 바이오스에서 패러럴 포트의 설정을 확인한다.

바이오스 설정방법은 PC마다 상이하며, 일반적으로 재부팅하면서 "Delete"키를 누르면 CMOS 상태로 진입하게 된다. 컴퓨터에 따라 "F2"를 누르거나 "Esc"를 눌러 진입해야 하는 경우도 있으며, 확인사항은 다음과 같다.

① Operating mode : ECP(Enhanced/Extended Capability Port)

② I/O address : 0x378-0x37F and 0x778-0x77A

③ DMA : 3 (권장 설정은 "0" 이지만 다른 채널로도 동작)

④ IRQ : 7 (any)

(2) XDB JTAG 디버깅을 위한 하드웨어 연결

JTAG 인터페이스를 통하여 호스트와 타깃 시스템의 연결은 다음 과정을 따라 연결한다.

① 타깃 시스템의 전원을 OFF 한다.

② CPU JTAG 인터페이스의 전원을 OFF 한다.

③ DEBUG 보드에서 호스트 시스템과 CPU JTAG 인터페이스를 연결한다.

④ CPU JTAG 인터페이스와 타깃 시스템을 연결한다.

⑤ JTAG 인터페이스에 전원을 인가한다.

⑥ 타깃 시스템에 전원을 인가한다.

(3) Marvell XDB 디버거 실행하기

데이터 파일을 타깃 플래시 메모리에 굽기 위해 JTAG 디버깅을 위한 하드웨어 설치에서 앞서 설명한 것과 같이 호스트 컴퓨터와 타깃보드를 JTAG 케이블을 서로 연결한다.

1 시작 → 모든 프로그램 → Marvell(R) Software Development Tools → Marvell(R) C++ Software Development Tool Suite 2.1 → XDB Configurations → JTAG PXA320을 선택하여 프로그램을 실행시킨다.

② Marvell(R) XDB Debuger 가 실행된다. 여기에서 사용자가 원하는 타깃을 위한 설정파일을 만든다. 즉, “Setting..” 을 눌러 X-Hyper320TKU 시스템을 위한 설정파일을 생성한다.

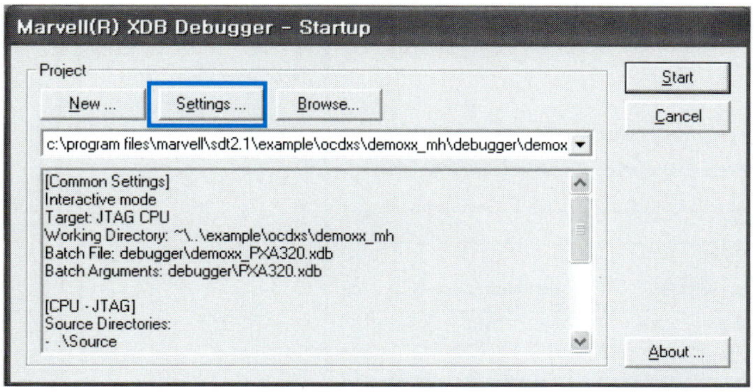

③ General 탭에서 다음과 같이 설정한다.

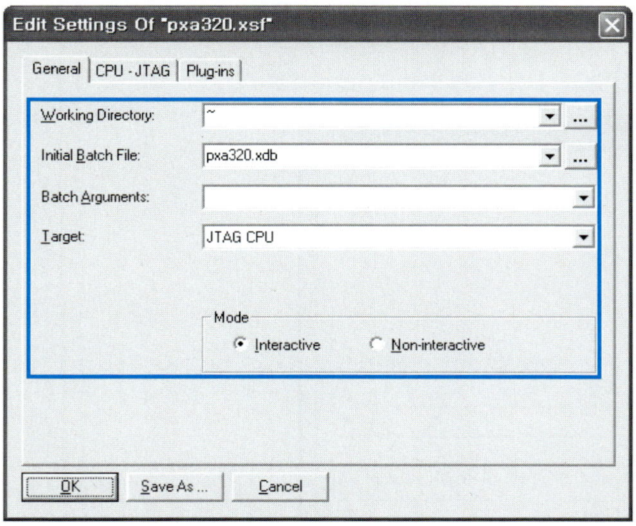

④ CPU-JTAG 탭으로 이동하여 다음과 같이 설정을 맞춘다.

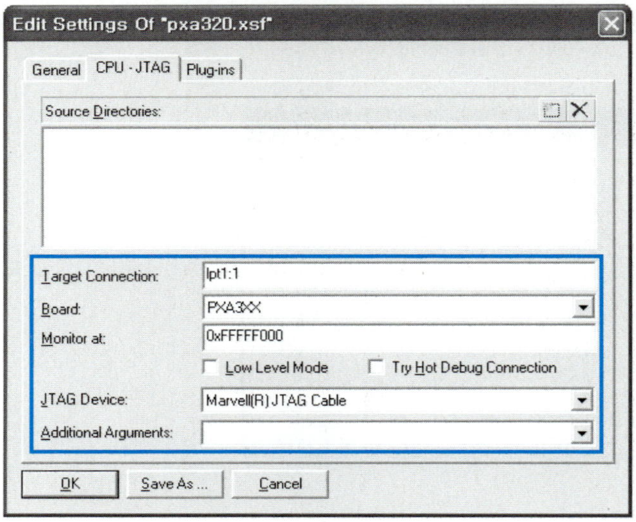

⑤ 설정을 맞추었으면 "Save As"를 클릭한다. 그리고 PXA320_HYBUS.XSF와 같은 사용자 설정이름을 선택한다.

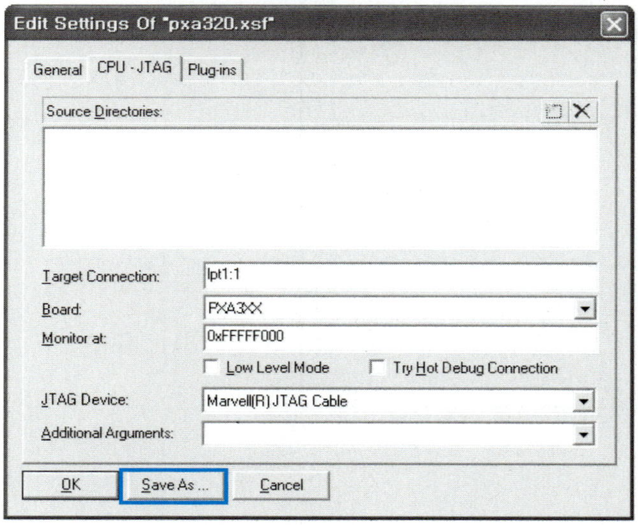

⑥ 파일의 이름을 "pxa 320 hybus" 라고 입력하여 설정파일을 저장한다.(미리 설정된 파일은 제공된 CD안에 "Release Packge" 폴더안에 존재하므로 이 파일을 복사해서 사용해도 무방하다.)

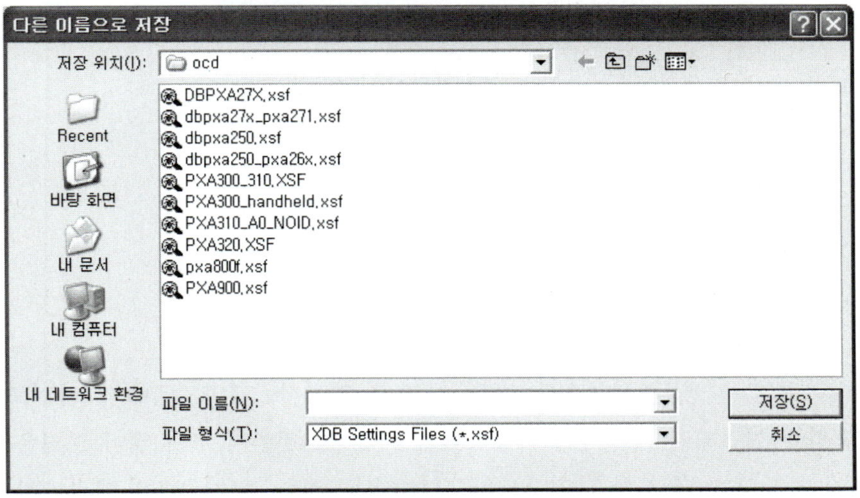

⑦ 설정을 다른 이름으로 저장하였다면 다음과 같은 화면에서 "OK"를 클릭한다.

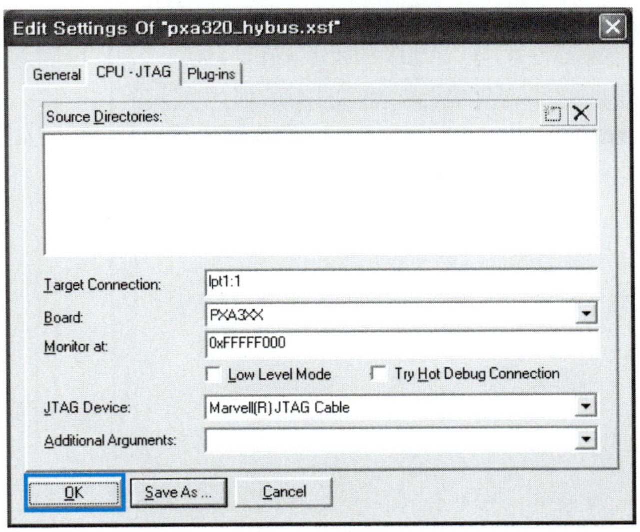

8 설정이 끝나면 다음과 같이 설정파일의 경로에서 자신이 지정한 이름 또는 지정한 파일이름을 확인하고 "Start"를 눌러 디버거를 시작한다.

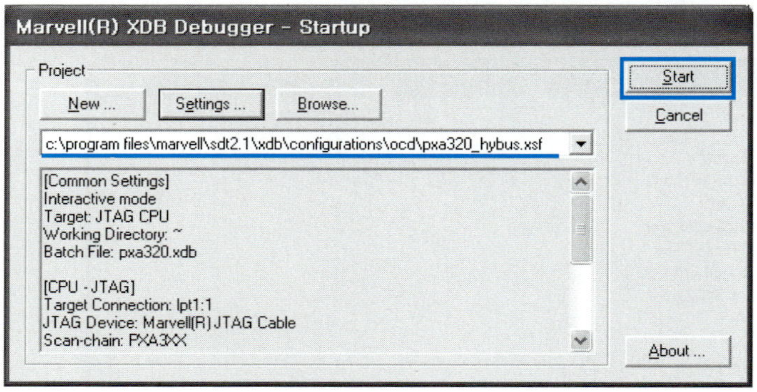

9 XDB 디버거가 실행되면 다음과 같은 화면이 열린다. 만약 XDB가 타깃보드의 JTAG 장치에 연결되지 않는다면 사용자에게 다시 할 것인지, 하드웨어 설정을 확인할 것인지 묻는다. 사용자는 타깃보드와 JTAG을 확인한 후 "Yes"를 클릭하여 재연결을 시도한다.

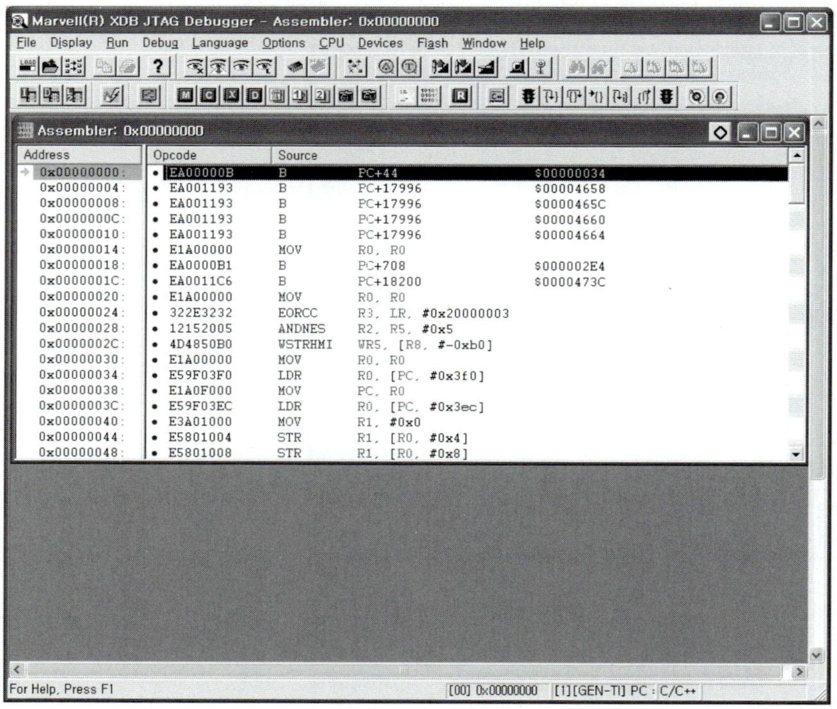

(4) Marvell XDB 디버거를 이용하여 NAND 플래시 메모리에 프로그래밍하기

① XDB 디버거가 실행되었다면 다음 화면과 같이 "Burn"을 실행한다. 메뉴를 이용하는 방법과 아이콘을 이용하는 방법으로 두 가지 방법이 있다.

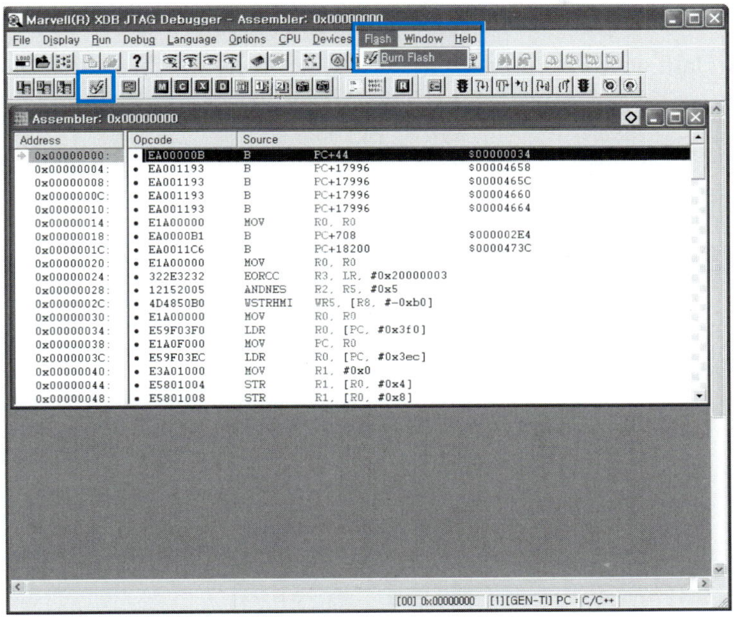

② "Burn"을 실행하면 다음과 같은 Flash Memory Programmer 창이 열린다. 이곳에서 "Burning" 탭에 "Data File"를 클릭하여 프로그램할 파일을 찾는다.

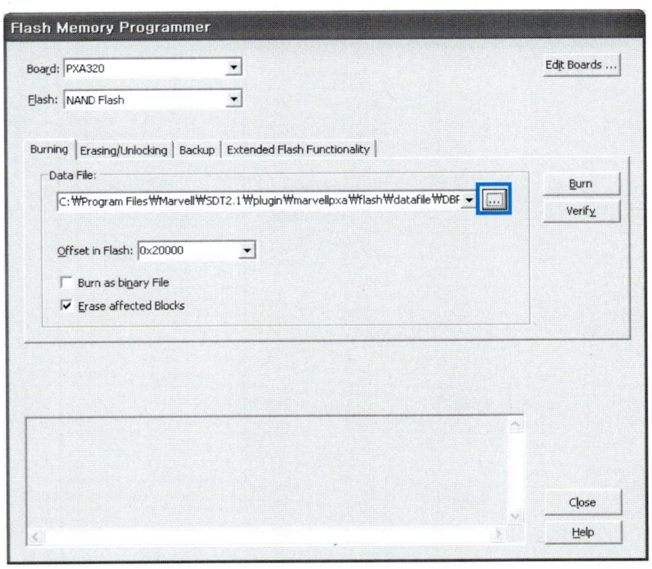

③ 먼저 파일 선택창이 열리면 "C:\WINCE500\Images" 경로에 이미지 파일을 확인한다. 만약 없다면 제공된 CD에서 "Images" 폴더의 파일을 해당경로로 복사한 뒤 "MOBM_bc.nb0" 파일을 선택한다.

PXA320에는 bootrom이 존재하는데 NAND Flash 메모리는 실행할 수 없는 메모리이므로 NAND Flash 메모리를 이용한 부팅의 경우 bootrom에서 nand 0 block을 읽어서 초기화를 하고 Eboot로 진행하여 부팅하는 방식을 취하게 된다. 이런 기능을 "MOBM_bc.nb0" 이 수행하여 NAND에 저장되어 있는 EBOOT를 RAM으로 복사하여 부팅을 진행하게 된다.

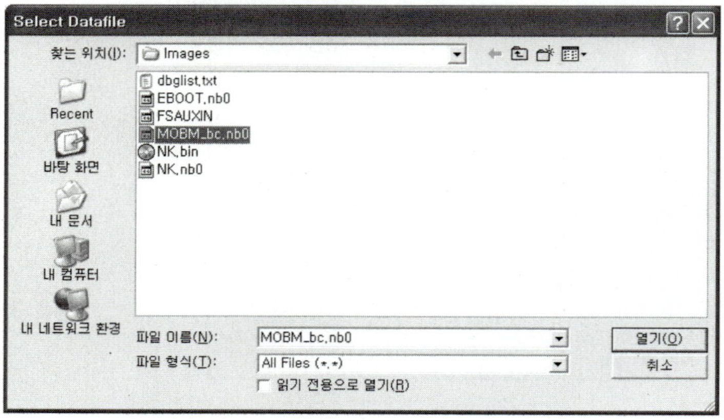

④ "MOBM_bc.nb0" 파일 지정이 끝나면 "Offset in Flash"의 값을 "0x0000"으로 설정하고 "Burn"을 클릭하여 플래시 메모리에 프로그래밍한다.

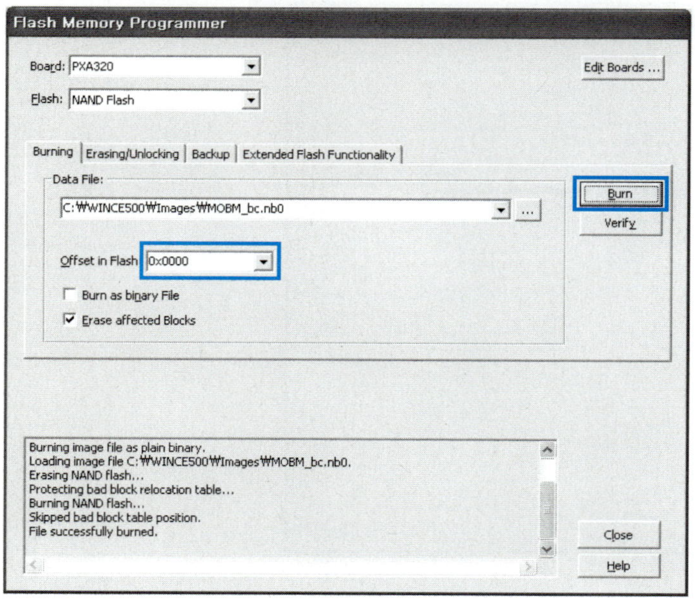

⑤ "Burn"을 입력하며 플래시 메모리에 프로그래밍되고 "File successfully burned" 이란 메시지를 확인한다. 만약 실패하였다면 앞의 과정을 다시 확인하고 재시도하자.

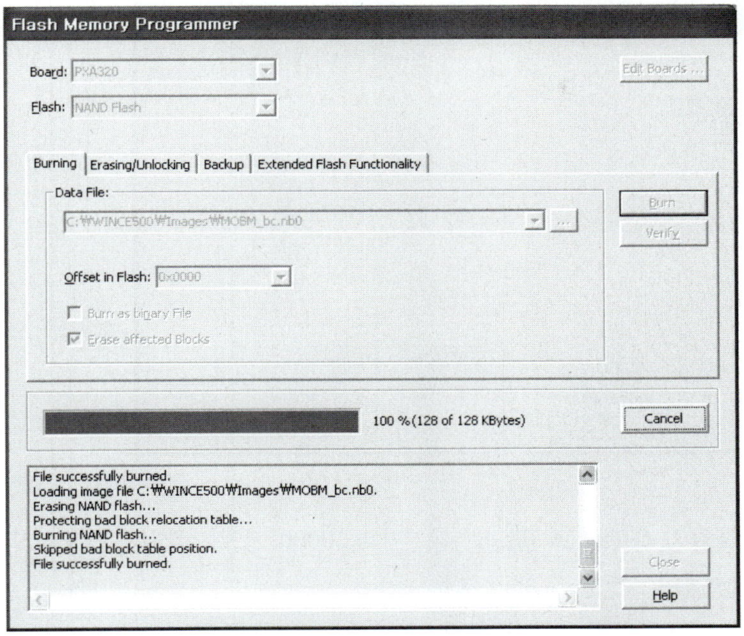

⑥ 다음은 "EBOOT.nb0" 파일을 찾아서 프로그래밍한다.

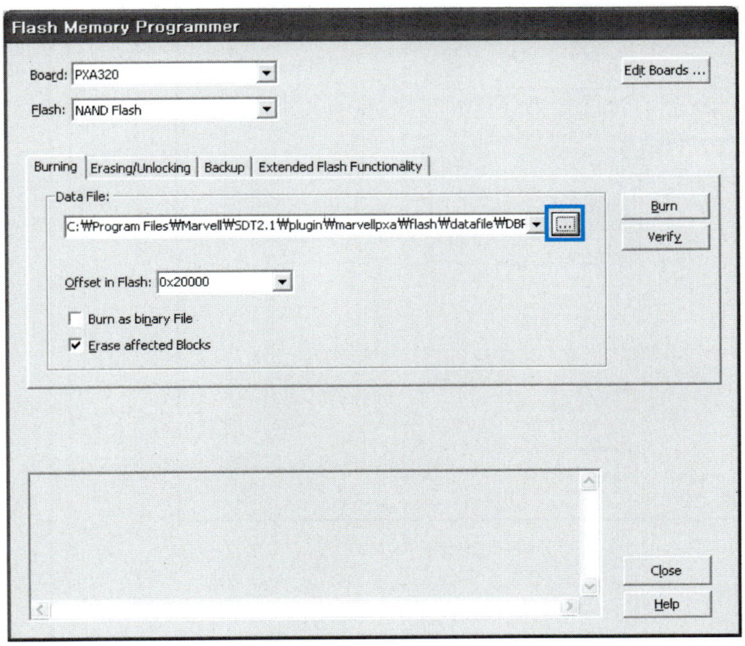

7 "MOBM_bc.nb0" 과정과 같은 방법으로 해당 경로로 이동 후 "EBOOT.nb0" 파일을 찾는다.

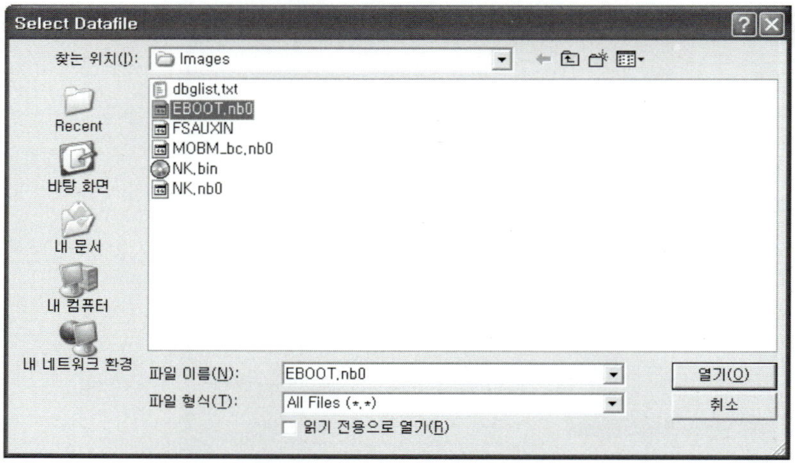

8 "EBOOT.nb0" 파일의 Offset in Flash" 값은 "0x20000"으로 설정하고 "Burn"을 클릭하여 프로그래밍한다.

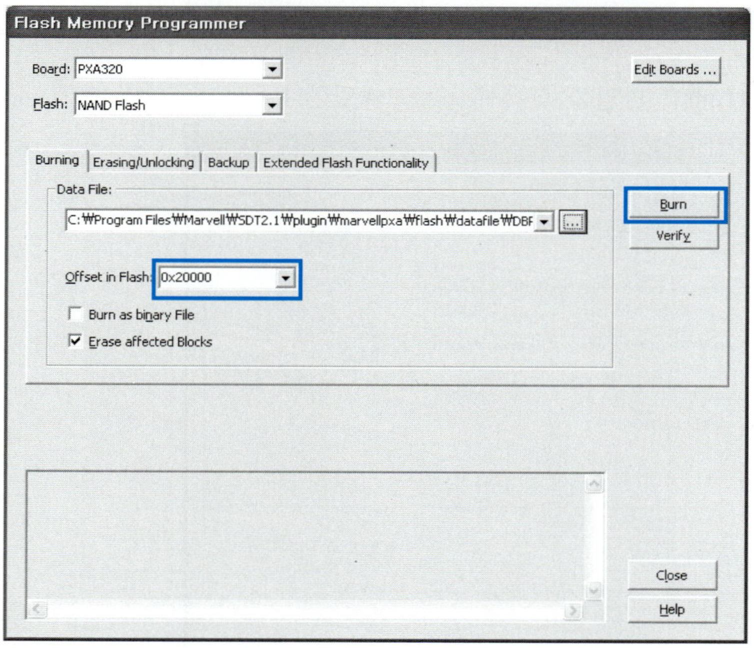

⑨ 마찬가지로 플래시 메모리에 프로그래밍이 되면서 "File successfully burned" 메시지를 확인한다.

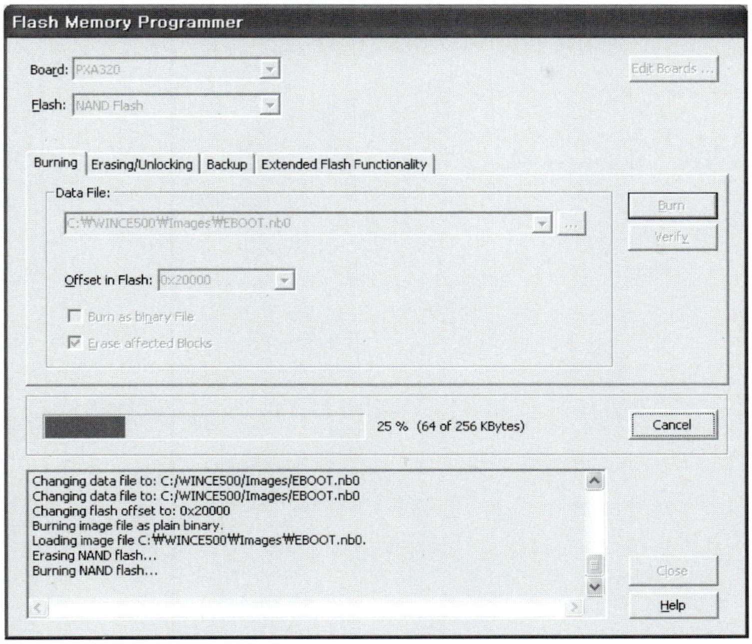

퓨징이 완료되면 하이퍼 터미널을 열고 타깃보드 와의 연결설정을 한 다음 타깃보드를 재부팅하면, EBOOT 메뉴로 진입할 수 있게 된다. 하이퍼 터미널 연결설정과 EBOOT 내용은 4.6절을 참고한다.

4장

(5) Marvell XDB 디버거를 이용하여 NAND 플래시 메모리 삭제하기

1 NAND Flash 메모리를 삭제할 때는 “Erasin / Unlockin” 탭을 선택한다.

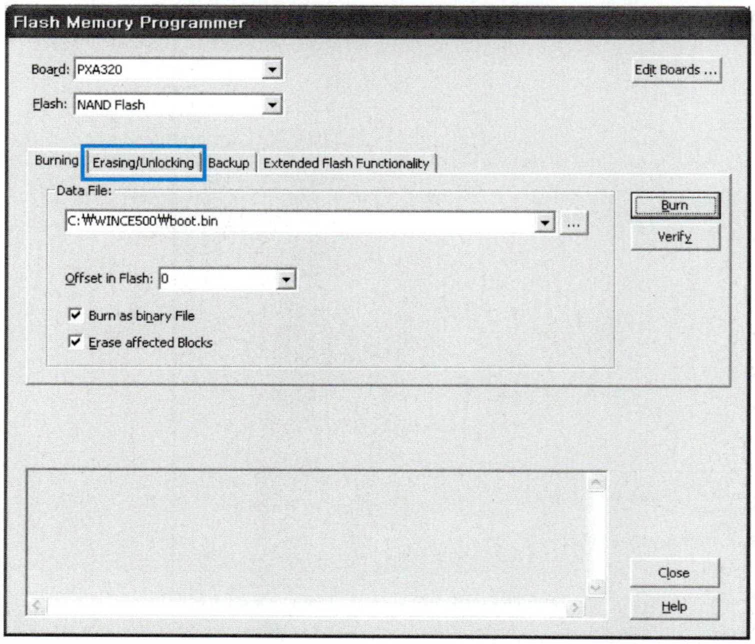

2 “All Blocks”을 선택한 후 “Erase”를 누르면 메모리의 내용이 삭제된다.

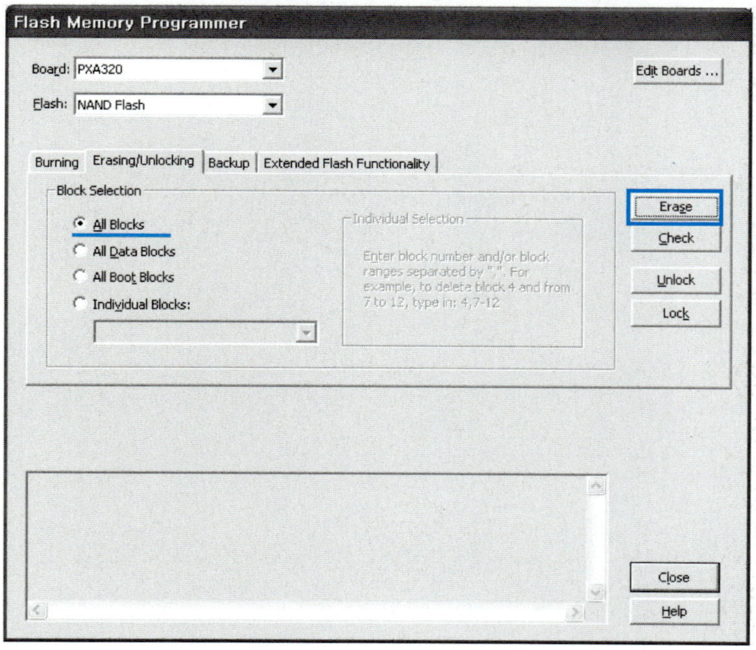

(6) Marvell XDB 디버거의 추가기능

① "Extended Flash Functionality" 탭으로 이동하면 "Special NAND Flash Functions"에서 플래시 메모리의 추가기능을 사용할 수 있다.

- Print bad block table : 플래시 메모리의 bad block을 출력해 준다.
- Initialize NAND flash : NAND flash 메모리를 초기화해 준다.
- Reset bad block table : bad Block table을 리셋하여 준다.

위의 기능을 이용하여 NAND Flash 메모리의 블록검사와 초기화를 통해 메모리의 상태를 확인할 수 있다.

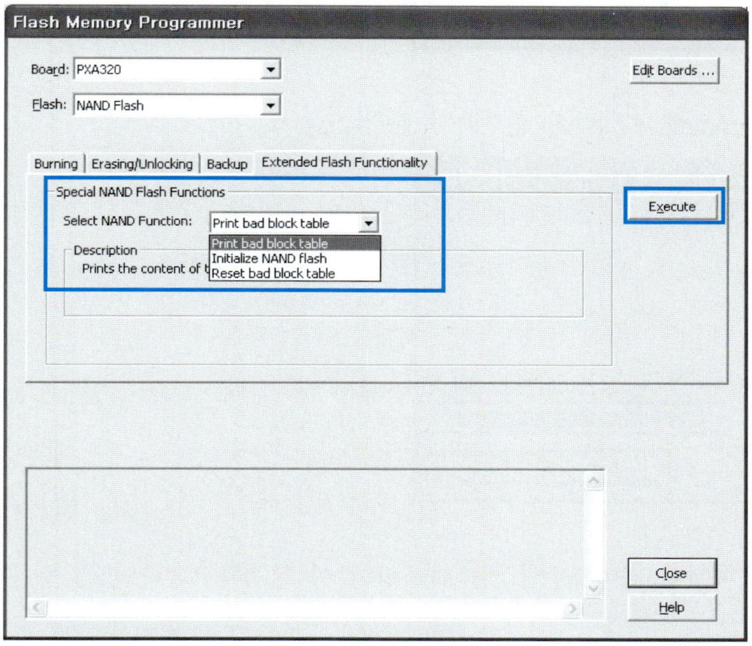

4.6 하이퍼 터미널 설정

X-Hyper320TKU에 전원이 인가되면 플래시(Flash)에 기록된 부트로더가 처음 실행이 된다. 부트로더의 수행과정을 X-Hyper320TKU의 DEBUG1 포트에 시리얼 케이블을 연결하고 호스트 컴퓨터의 Windows 운영체제에서 기본적으로 제공하고 있는 "하이퍼 터미널(Hyper terminal)"이라는 프로그램을 이용해서 확인해 볼 수 있다.

XHyper320TKU에 시리얼 케이블을 연결하고 하이퍼 터미널 설정은 다음과 같다.

1 윈도우의 시작 버튼에서 "시작 → 모든 프로그램 → 보조 프로그램 → 통신 → 하이퍼 터미널"을 선택한다.

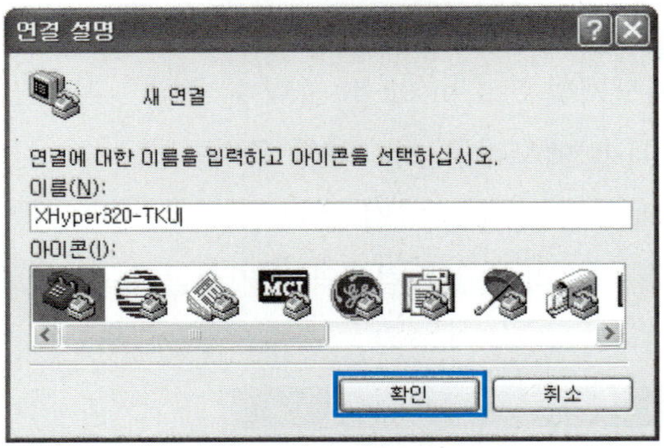

2 보드와 연결된 포트를 선택하고 확인을 누른다.

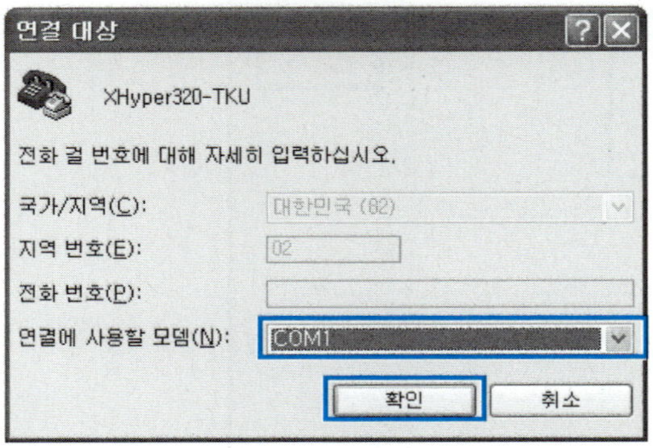

3 Hyperterminal (하이퍼 터미널) 설정을 다음과 같이 설정하고 "확인"을 누른다.

① 비트/초 : 38400
② 데이터 비트 : 8
③ 패리티 : 없음
④ 정지 비트 : 1
⑤ 흐름 제어 : 없음

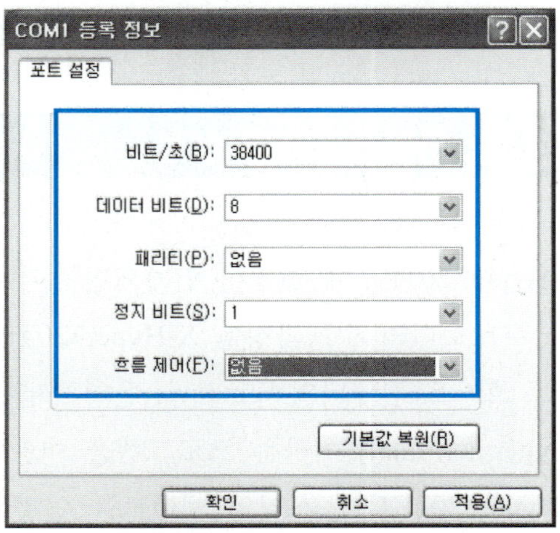

④ X-Hyper320 보드에 리셋 버튼을 누르면 다음과 같이 나타난다.

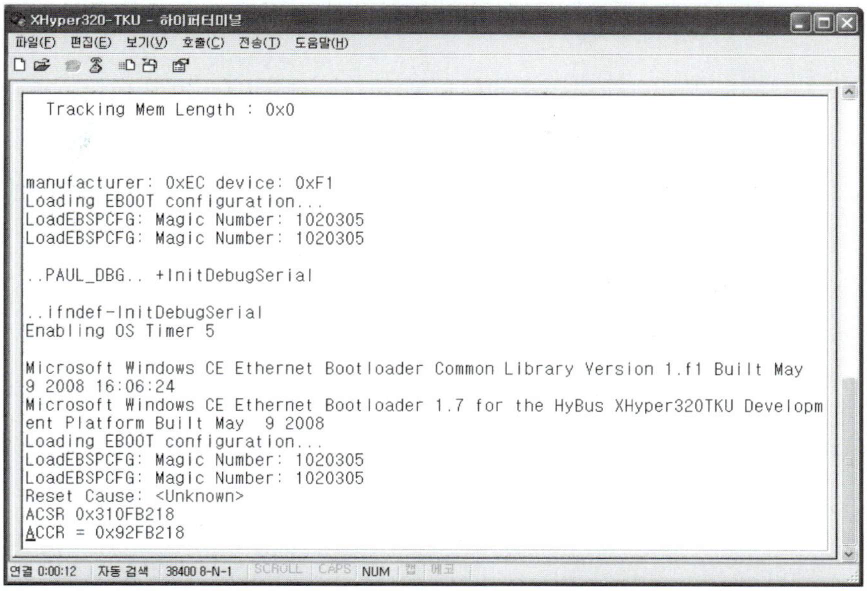

⑤ 기본적으로 3초 이내에(설정하기 나름) 아무키나 누르게 되면 다음과 같이 부트 메뉴로 들어간다. 3초 이내에 별다른 키 입력이 없으면 부팅이 계속 진행된다.

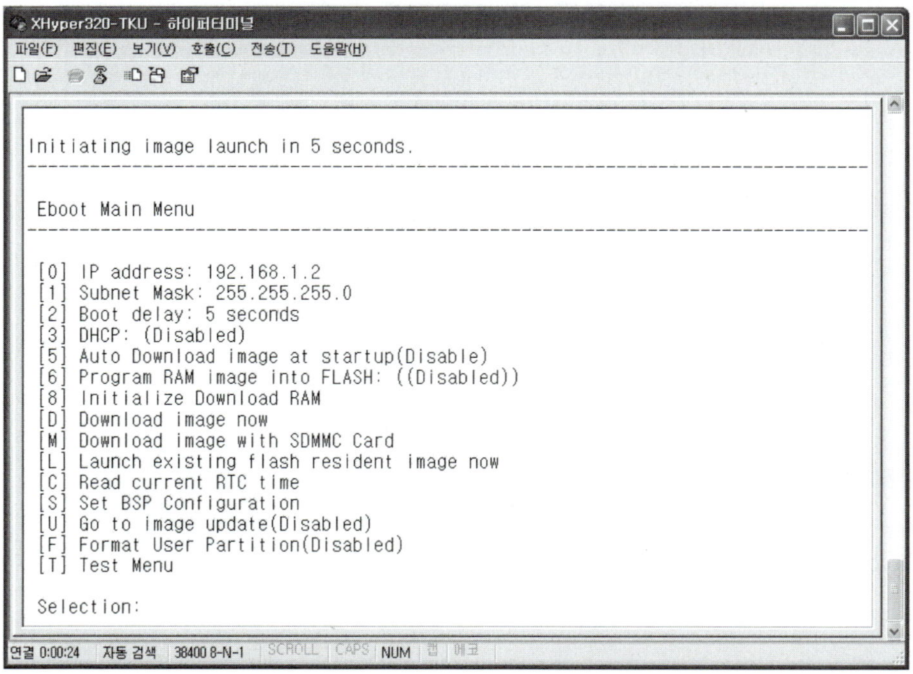

4.7 ActiveSync 4.2

Microsoft ActiveSync는 Windows CE의 운영체제를 사용하는 장치(PDA, Handheld Device)와 일반 PC 사이에 데이터 공유를 가능하게 하는 동기화 소프트웨어이다. 특히 Windows Mobile 기반의 PDA와 PC 사이에 데이터를 공유하려면 반드시 필요한 소프트웨어이다.

Activesync 기능을 사용하려면 호스트 컴퓨터에 ActiveSync 프로그램이 설치되어 있어야 하며 또한 타깃보드의 플랫폼에서도 ActiveSync를 지원해야 한다.

1 ActiveSync 4.2 다운로드

마이크로소프트사에서는 웹사이트를 통해 "ActiveSync"를 무료로 제공한다.

① 마이크로소프트사의 다운로드 센터에 접속한 다음 검색창에서 "ActiveSync 4.2"를 입력하고 검색한다. (http://www.microsoft.com/ko/kr/default.aspx)

② 다운로드 정보에서 ActiveSync 4.2를 확인하고 클릭한다.

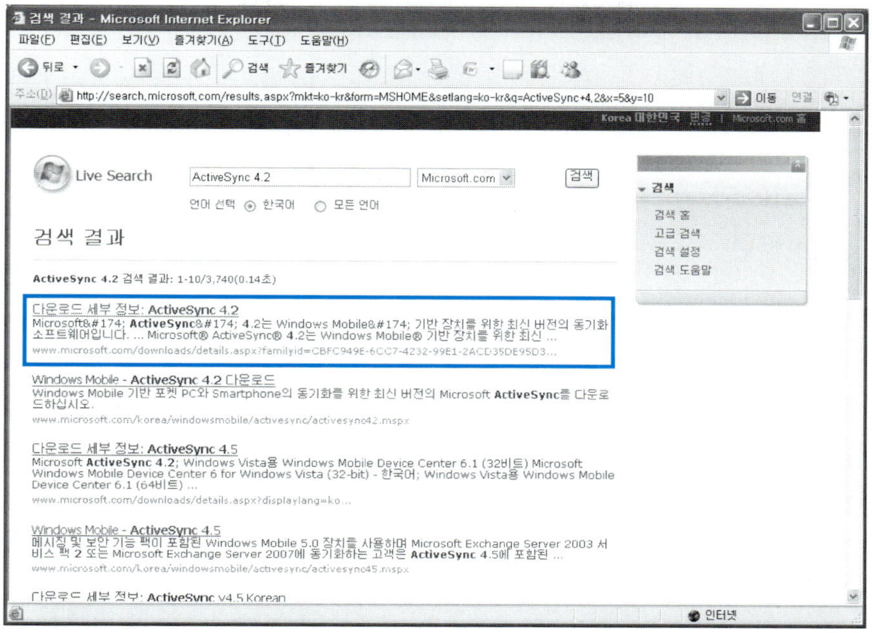

③ 아래쪽을 확인해보면 다운로드 버튼을 확인할 수 있다. "Setup.exe" 을 찾아 "다운로드"를 클릭한다.

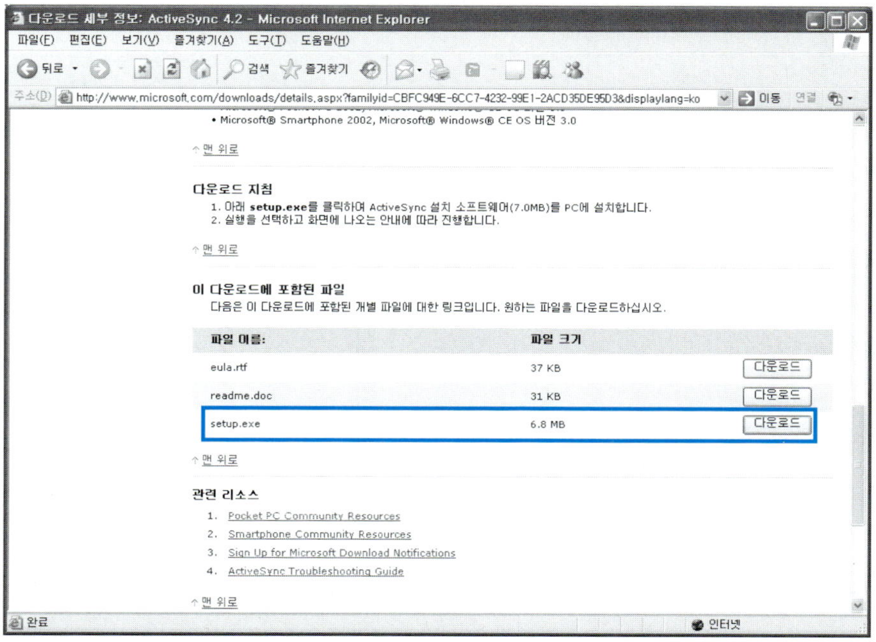

④ "저장"을 눌러 파일을 다운로드한다.

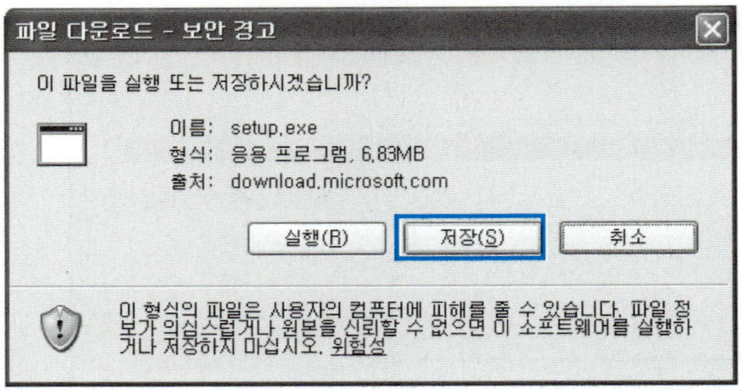

⑤ 저장할 폴더를 만들고 저장을 한다.

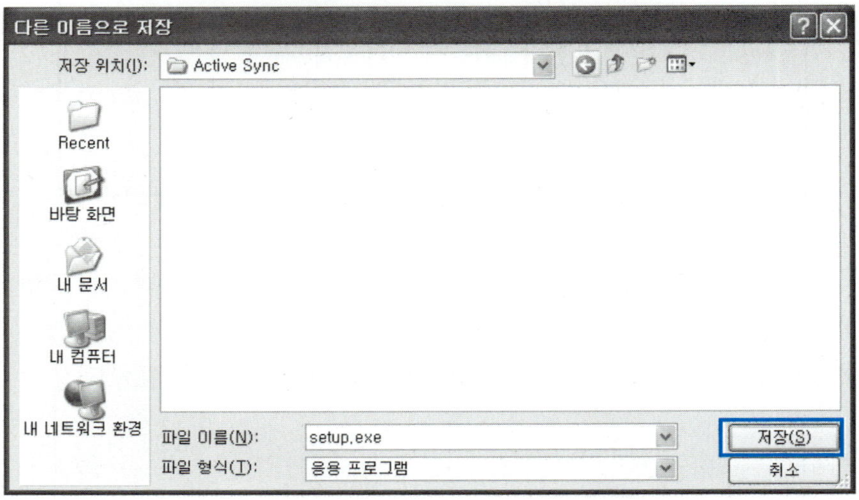

⑥ 용량이 10MB 이내므로 다운로드는 금방된다.

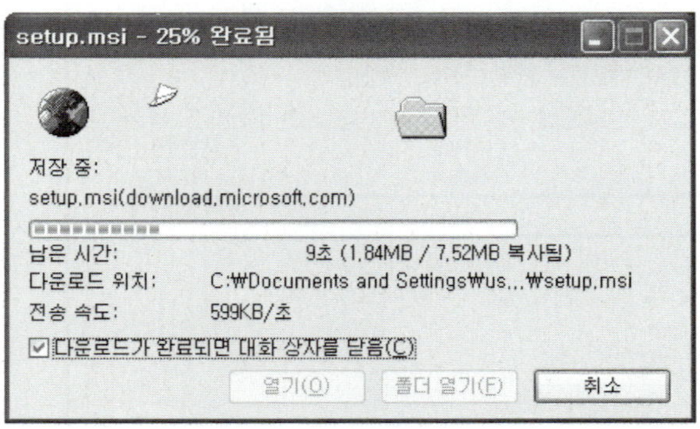

2 ActiveSync 4.2 설치

① 다운로드받은 폴더로 이동하여 설치 파일인 "Setup.exe" 파일을 클릭한다.

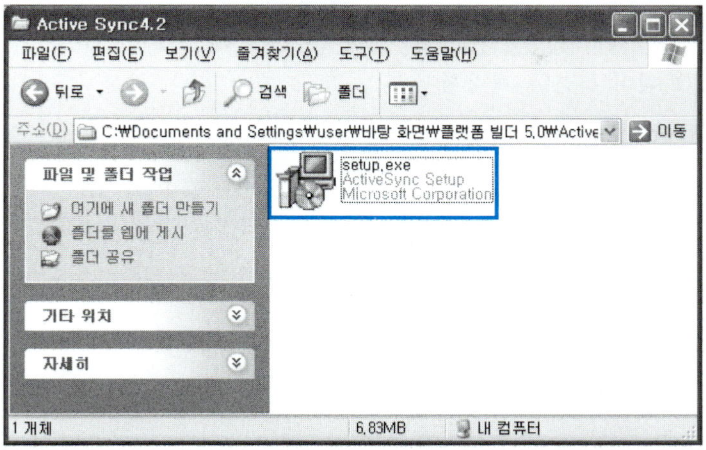

② 파일 실행 경고가 나타나면 "실행"을 눌러 설치를 진행한다.

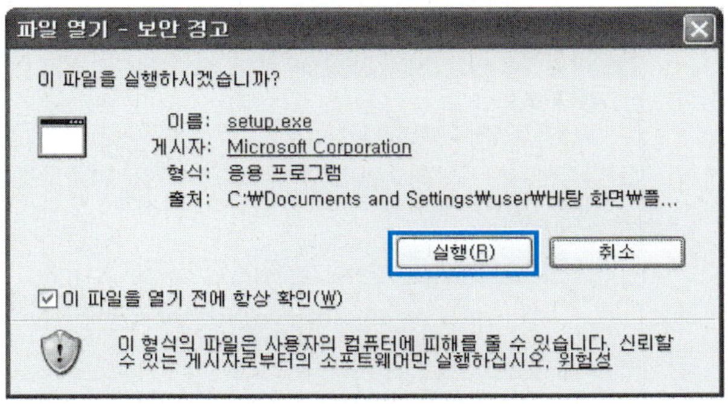

③ "다음"을 눌러 설치를 진행한다.

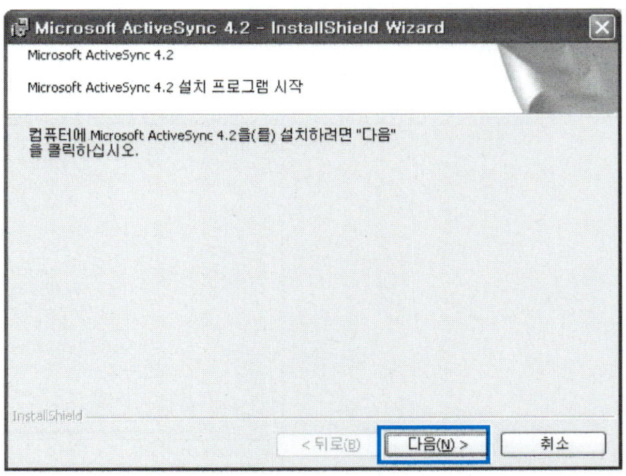

④ 소프트웨어 사용권 계약에 동의하고 "다음"을 눌러 진행한다.

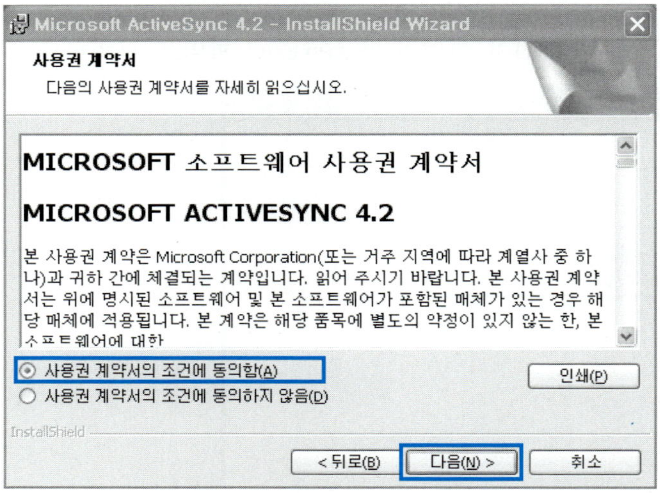

⑤ 사용자 정보를 확인하고 "다음"을 클릭한다.

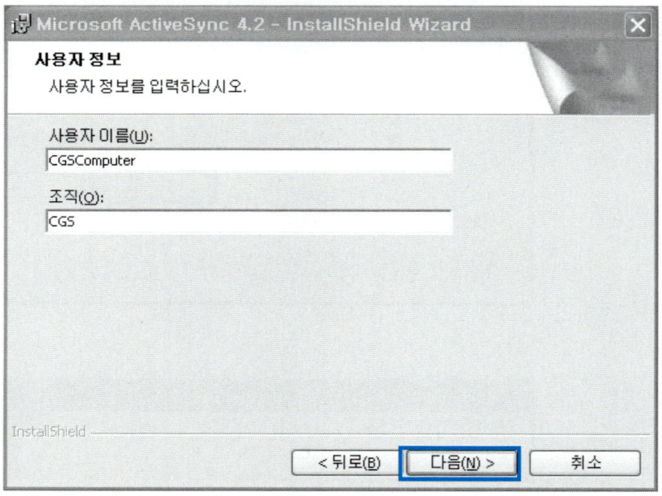

⑥ "ActiveSync 4.2"를 설치할 경로를 설정하고 "다음"을 클릭한다.

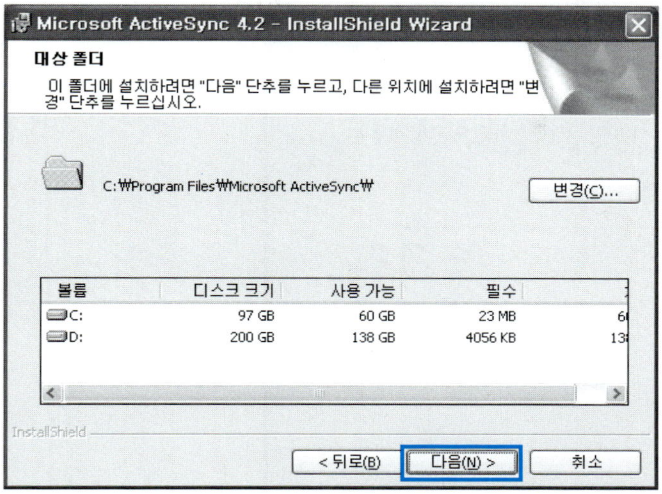

⑦ 설치준비가 완료되면 "설치"를 눌러 설치를 진행한다.

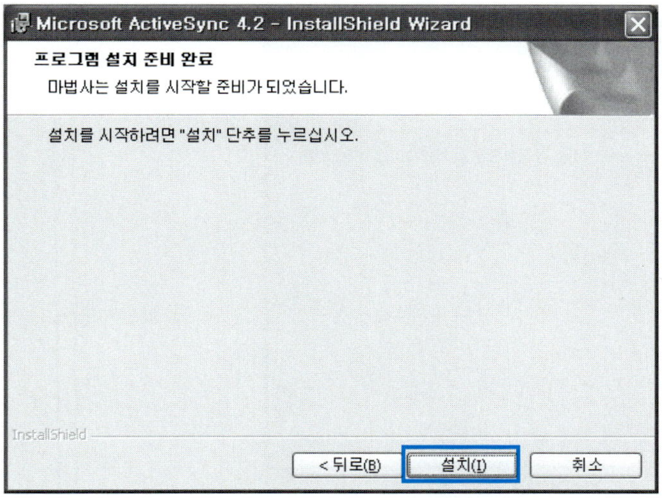

8 잠시 기다리면 설치가 진행된다.

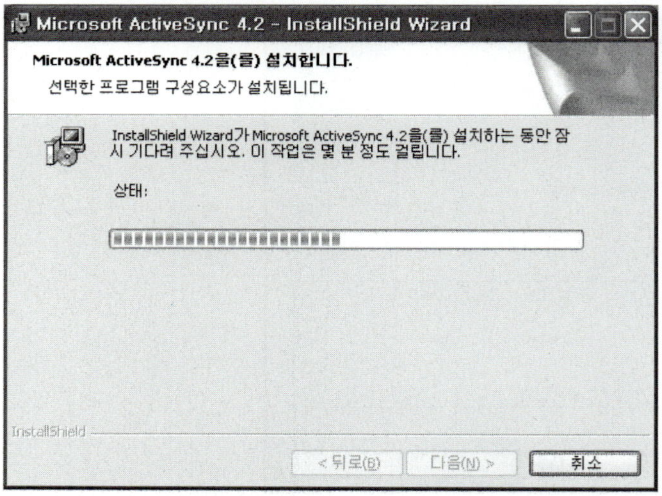

9 설치가 완료되면 "마침" 을 눌러 설치를 종료한다.

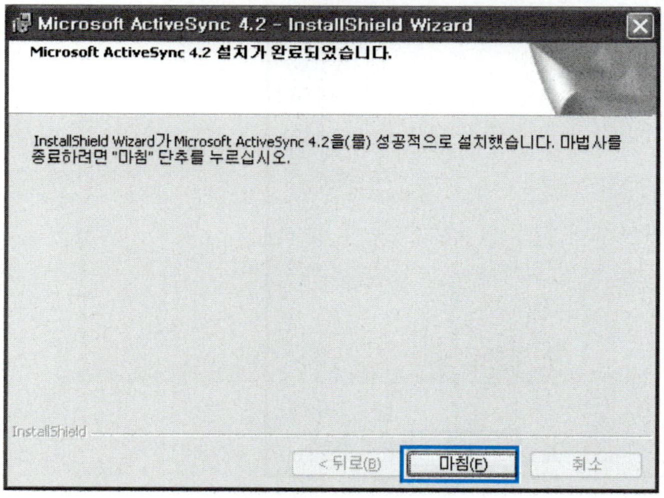

5장 EBOOT 환경 구축

학습목표

EBOOT를 타깃보드에 올리는 것은 아무런 기능이 없는 보드에 기능을 부여하는 것이다. 부트로더가 없다면 타깃보드는 단지 갖가지 부품이 붙여진 플라스틱 조각에 지나지 않는다. 여기에서는 보드에 기본적인 기능들부터 잠깨우는 부트로더의 구조와 부트로더 이미지 빌드 및 업로드를 통해 부트로더의 기능과 역할에 대해서 학습한다.

5.1 Microsoft Windows CE 부트로더

1 부트로더

부트로더(Bootloader)는 “Boot”와 “Loader”의 합성어로서 “Boot”는 시스템 프로그램의 초기 동작을 의미하고 “Loader”는 실제 운영체제를 시스템에 올린다는 의미이다. 즉, 임베디드 시스템에 처음 전원을 인가하거나 하드웨어적으로 리셋시키면 부트로더는 다시 시스템을 시작하도록 프로세서, 메모리, 인터럽트, UART 등의 시스템을 시작하는 데 필요한 최소한의 하드웨어 장치들을 초기화한 후, 롬 또는 플래시 메모리에 적재되어있는 운영체제 이미지를 찾아서 램으로 복사를 하고 복사한 위치로 실행을 옮겨 운영체제가 부팅되도록 한다. 자세하게 부트로더의 기능들을 살펴보면 다음과 같다.

(1) 하드웨어 디버깅과 초기화 기능

임베디드 시스템의 하드웨어 제작 과정에서 일단 하드웨어 설계가 끝나면 가장 먼저 프로세서를 동작시켜야 한다. 그러려면 부트로더는 프로세서 자체의 클럭속도를 설정하고, 프로세서 초기화 루틴, 동작환경설정 루틴, 동작환경검사 루틴 등을 포함하고 있어야 한다. 프로세서를 동작시킨 후에는 프로세서 이외의 주변 디바이스의 이상 유무도 검증을 해야 하는데 그러려면 부트로더는 주변 디바이스 초기화 루틴, 이상 유무 검사 루틴 등도 포함하고 있어야 한다.

(2) 임베디드 시스템의 상태 표시, 도움말 기능

개발자는 임베디드 시스템을 개발하는 과정에서 임베디드 시스템의 상태를 알아야 한다. 그래서 부트로더는 보통 시리얼 디바이스를 구동시킨 후 시리얼 디바이스를 이용해 임베디드 시스템의 상태나 기타 메시지를 출력하게 하여 개발자가 상태를 확인할 수 있도록 한다. 시리얼 통신으로 메시지를 출력할 때는 우리가 편하게 많이 사용하고 있는 보통 "C"함수의 "printf"문으로 구현된다. 또한, 부트로더는 자체적으로 시스템을 테스트할 수 있는 기능을 가지고 있으며, 테스트하기 위해 사용하는 명령어들에 대한 도움말 기능을 제공한다.

(3) 이미지 다운로드 기능

하드웨어 설계가 끝나면 처음에는 시스템에 부트로더가 적재되어 있지 않기 때문에 JTAG 장비를 이용하여 플래시에 부트로더를 적재해야 한다. 그러나 일단 플래시에 데이터를 써넣는 기능을 가진 부트로더를 시스템에 적재하면, 시리얼 통신이나 이더넷 통신을 이용해 이미지를 다운로드한 후 플래시에 적재할 수 있다. 특히 수십 MB가 되는 이미지도 이더넷 통신을 이용하여 쉽고 빠르게 다운로드할 수 있다.

(4) 운영체제 구동기능

임베디드 시스템에서 운영체제(OS)를 구동시키려면 커널 이미지를 램영역으로 복사한 후 초기설정 상태를 커널에 전달하거나 커널에 진입시에 필요한 형식을 구현해 주고 커널수행 진입점으로 수행위치를 옮겨주어야 하는데 부트로더가 이러한 기능을 수행한다.

2 EBOOT

EBOOT(Ethernet BOOTloader)는 Windows CE 운영체제 이미지를 호스트 컴퓨터에서 타깃보드로 이더넷을 이용한 다운로드를 지원하며, 운영체제 이미지 또는 데이터를 직접 플래시에 읽기와 쓰기를 지원한다. 또한, Windows CE가 동작하도록 CPU 내부의 MMU (Memory Management Unit)와 캐시를 활성화하며, 리얼타임을 초기화하고, 이미지의 다운로드를 위한 하드웨어들을 초기화한다. EBOOT의 구조는 [그림 5-1]과 같다.

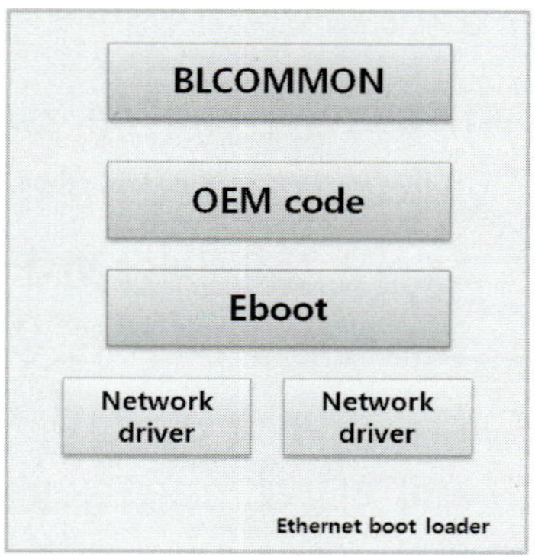

[그림 5-1] EBOOT 구조

BLCOMMON, Eboot, Network Driver 들은 재사용이 가능하고 이식 가능하도록 디자인된 코드 라이브러리들이며, 개발자는 "Common Boot Loader"를 참조하여 쉽게 새로운 부트로더를 만들 수 있다.

개발자가 Windows CE를 지원하는 부트로더를 만들려면 마이크로소프트사에서 지원하는 라이브러리(BLCOMMON)를 가져다 사용해야 하는데 라이브러리는 플랫폼 빌더를 설치하면 생성되는 폴더에 있으며 폴더의 파일들을 살펴보면 [그림 5-2]와 같다.

(C: \ WINCE500 \ PUBLIC \ COMMON \ OAK \ DRIVERS \ ETHDBG \ BLCOMMON)

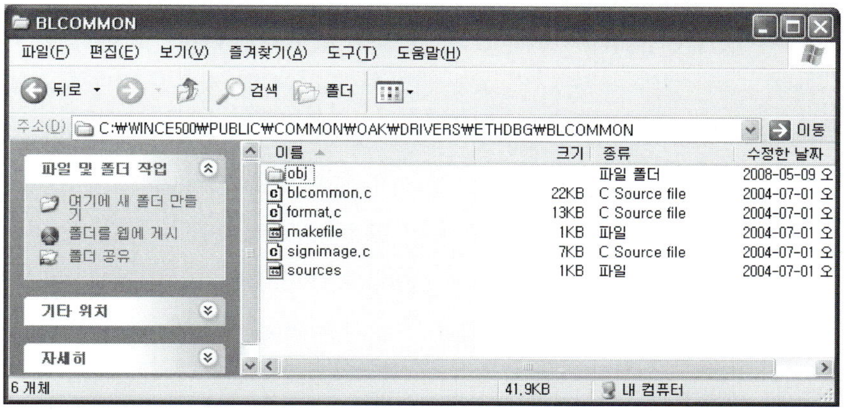

[그림 5-2] 라이브러리 (BLCOMMON)

BLCOMMON 모듈내의 함수들을 살펴보면 [그림 5-3]과 같다.

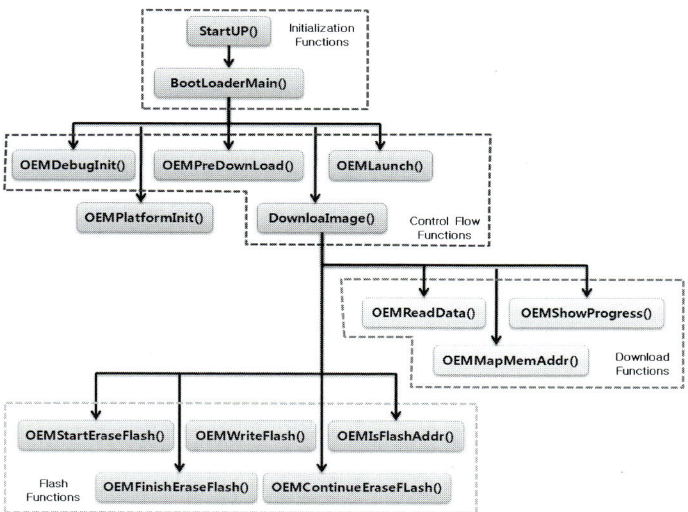

[그림 5-3] BLCOMMON 모듈내의 함수

5장

① StartUp()

타깃보드에 전원이 인가되고 CPU에 전원이 공급되면 최초로 실행되는 코드이다. 대부분 Assembler로 작성되어 있다. CPU의 초기화(Clock, GPIO setting) 및 DRAM 초기화를 진행한 후 main()으로 jump 한다.

② BootLoaderMain()

StartUp에서 main()으로 jump한 후 BootLoaderMain()으로 Jump한다. Microsoft가 제공한 BLCOMMON library 안에 있다.

BootLoaderMain()은 KernelRelocate()을 실행하여 Boot Loader의 Global Variable을 DRAM에 옮기는 과정을 수행한다. KernelRelocate()에서 사용하는 pTOC에는 Boot Loader와 Windows CE Kernel에 필요한 정보를 point하는데 Platform Builder에 포함된 tool인 "RomImage.exe"에 해당 값들이 고정되어 있어 Boot Loader 생성시 해당 값들이 넣어진다. KernelRelocate()가 수행되기 전에는 Global Variable을 사용할 수 없다. 다음으로 BootLoaderMain()은 차례로 OEMDebugInit(), OEMPlatformInit(), OEMPreDownLoad(), DownloadImage(), OEMLaunch()를 호출하여 Boot Loader의 동작을 수행한다.

③ OEMDebugInit()

Boot Loader에서 사용하는 message들을 debug output port에 출력하기 위한 초기화 함수이다. 일반적으로 Boot Loader는 Serial Port를 사용하여 Boot Loader의 message나 status, menu 등을 출력한다.

④ OEMPlatformInit()

OS를 다운로드받기 위해 필요한 device(Ethernet, Flash, Clock)들을 초기화하는 함수이다. 또한 사용자로부터 Boot option(설정)을 입력받기 위한 menu를 출력하고, User로부터 입력받은 Boot option에 따라 Boot Loader의 동작에 변화를 준다.

⑤ OEMPreDownLoad()

Boot Loader는 Target Device Name 과 IP Address, Network chip의 MAC Address들로 "BOOTME" packet을 생성하고 이를 UDP를 이용하여 network channel에 출력 한다. BOOTME packet을 통해 Target device를 확인한 Platform Builder는 Target device에 응답을 보내고, TFTP를 이용하여 Windows CE OS image인 "Nk.bin"을 전송하게 되는데 이러한 작업이 OEMPreDownLoad() 함수에서 이루어진다.

⑥ DownloadImage()

Recode 단위로 구성된 Windows CE OS Image를 다운로드 작업을 수행하는 함수 이다. OEMReadData()를 통해서 Ethernet device로부터 받은 OS image data를 OEMMap MemAddr()을 이용하여 얻어진 DRAM address에 놓는다. Download 진행 절차는 OEMShowProgress()를 이용하여 display한다.

만약 OS Image가 Flash용이라면 임시적으로 OS image data를 DRAM에 놓고 OEM WriteFlash()를 통해서 데이터를 Flash에 write한다.

⑦ OEMLaunch()

Download가 완료된 OS image를 launch하는 함수이다.

Boot option에 따라 이미 Flash에 구워진 Windows CE OS Image를 launch할 수도 있다.

타깃보드에 전원이 인가되면 가장 위에 있는 StartUp() 함수가 실행되는데 StartUp()함수는 CPU, MMU, 캐시 등을 초기화한다. StartUp()함수와 OEMxxx()gkatnemff은 개발자가 직접 작성해 주어야 하는 함수이다. 개발자가 직접 작성해주어야 하는 부분을 살펴보자. 다음 폴더를 보면 EBOOT의 구조를 확인해 볼 수 있다. (C:\WINCE500\PLATFORM\XHyper320TKU\SRC\bootloader\EBOOT)

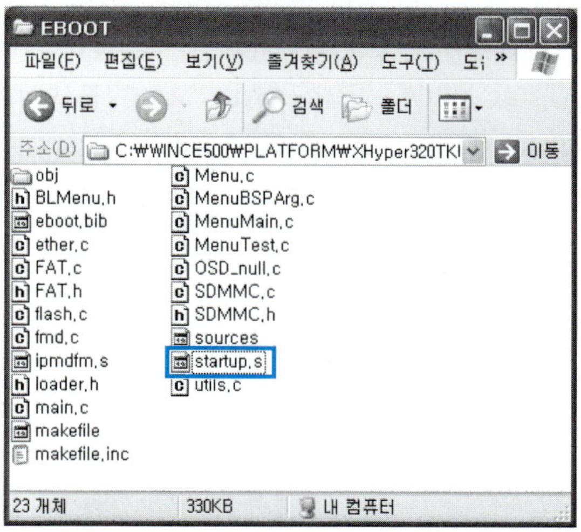

[그림 5-4] EBOOT의 구조

폴더를 살펴보면 크게 “makefile”, “sources”, “eboot.bib” 파일들과 eboot의 생성을 위한 파일들로 구성되어 있다. “makefile” 파일은 “BUILD.exe”를 사용하여 모듈소스를 빌드할 때 필요로 한 빌드정보를 가진 파일로서 소스파일들을 컴파일하고 빌드하기 위한 정해진 규칙을 명시해 놓은 파일이다.

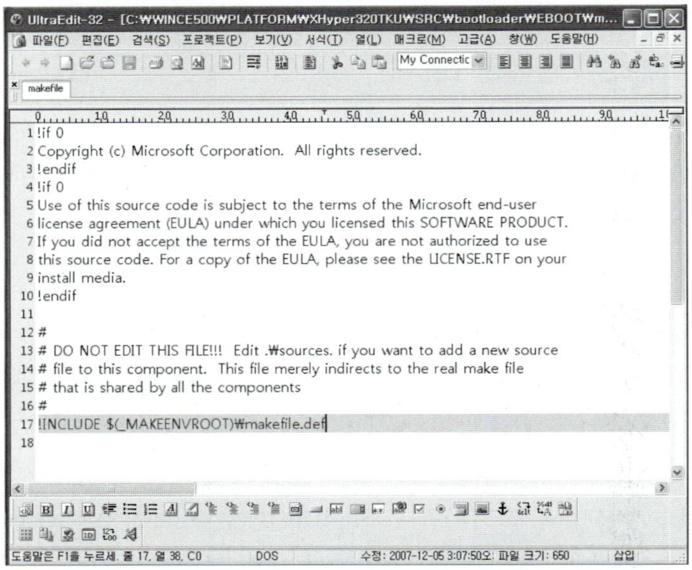

[그림 5-5] make 파일

"makefile" 파일을 살펴보면 $(_MAKEENVROOT)\makefile.def 파일이 실제로 BUILD.exe가 참조하는 파일이라는 것을 알 수 있다. "$(_MAKEENVROOT)" 라는 변수는 C:\WINCE500\PUBLIC\COMMON\OAK\MISC 를 의미한다. "MISC" 폴더에 있는 "makefile.def" 파일이 모듈소스를 빌드할 때 참조하는 makefile이다.

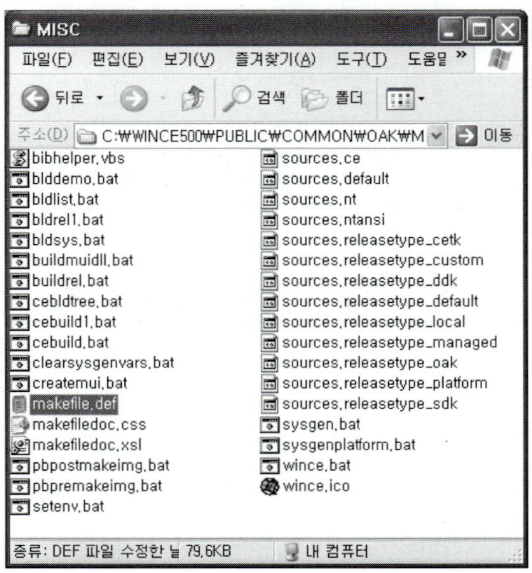

[그림 5-6] makefile.def 파일

"sources" 파일에는 컴파일을 수행하여 이미지를 생성하기 위한 필요한 라이브러리와 소스파일들이 명시되어 있다.

sources 파일

```
/*sources파일*/

TARGETNAME=eboot
TARGETTYPE=PROGRAM

RELEASETYPE=PLATFORM
EXEENTRY=StartUp
NOMIPS16CODE=1

INCLUDES= \
  $(INCLUDES); \
  $(_PUBLICROOT)\common\oak\drivers\block\msflashfmd\inc

LDEFINES=-subsystem:native /DEBUG /DEBUGTYPE:CV /FIXED:NO

CDEFINES= $(CDEFINES) -DEBOOT_BUILD
ADEFINES=-pd "EBOOT_BUILD SETS \" 1\" " $(ADEFINES)

SOURCES= \
  main.c \
  ether.c \
  flash.c \
  utils.c \
  fmd.c \
  SDMMC.c \
  FAT.c \
  menu.c \
  menumain.c\
  menuBSPArg.c\
  menuTest.c        \
  OSD_null.c


ARM_SOURCES= \
  startup.s \
  ipmdfm.s

!if "$(_WINCEOSVER)" >= "501"
TARGETLIB_GSNULL=$(_COMMONOAKROOT)\lib\$(_CPUINDPATH)\gsnull.lib
```

5장

```
!else
TARGETLIB_GSNULL=
!endif

TARGETLIBS=\
   $(_TARGETPLATROOT)\lib\$(_CPUDEPPATH)\oal_cache_Monahans.lib  \
   $(_TARGETPLATROOT)\lib\$(_CPUDEPPATH)\oal_power_monahans.lib \
   $(_TARGETPLATROOT)\lib\$(_CPUDEPPATH)\oal_startup_monahans.lib \
   $(_TARGETPLATROOT)\lib\$(_CPUDEPPATH)\oal_blcommon.lib \
   $(_PLATCOMMONLIB)\$(_CPUDEPPATH)\oal_blnk.lib \
   $(_PLATCOMMONLIB)\$(_CPUDEPPATH)\oal_memory_arm.lib \
   $(_TARGETPLATROOT)\lib\$(_CPUDEPPATH)\oal_kitl.lib \
   $(_PLATCOMMONLIB)\$(_CPUDEPPATH)\oal_log.lib \
   $(_TARGETPLATROOT)\lib\$(_CPUDEPPATH)\oal_ethdrv_dm9000.lib \
   $(_PLATCOMMONLIB)\$(_CPUDEPPATH)\oal_other.lib \
   $(_TARGETPLATROOT)\lib\$(_CPUINDPATH)\xhyper320tku_freq.lib \
   $(_TARGETPLATROOT)\lib\$(_CPUINDPATH)\xhyper320tku_io.lib \
   $(_TARGETPLATROOT)\lib\$(_CPUDEPPATH)\monahans_xllp.lib \
   $(_COMMONOAKROOT)\lib\$(_CPUINDPATH)\eboot.lib \
   $(_COMMONOAKROOT)\lib\$(_CPUINDPATH)\ne2kdbg.lib \
   $(TARGETLIB_GSNULL)        \
   $(_COMMONOAKROOT)\lib\$(_CPUINDPATH)\fulllibc.lib \
   $(_TARGETPLATROOT)\lib\$(_CPUINDPATH)\UsbkitlRndis.lib \
   $(_TARGETPLATROOT)\lib\$(_CPUINDPATH)\xhyper320tku_usb20fn_rndiskitl.lib \
   $(_COMMONOAKROOT)\lib\$(_CPUDEPPATH)\rne_mdd.lib          \
   $(_TARGETPLATROOT)\lib\$(_CPUDEPPATH)\OAL_ARG.lib

WINCETARGETFILES=BootImage
```

"TARGETNAME" 과 "TARGETTYPE"은 eboot라는 exe 확장자를 가지는 파일의 생성을, "EXEENTRY"는 eboot.exe 파일의 시작함수가 StartUp이라는 것을 나타내며, 이 함수는 startup.s 파일안에 있다. "TARGETLIBS"은 사용될 라이브러리를 나타내며, "SOURCES"는 사용될 소스코드를 나타낸다.

"eboot.bib" 파일은 압축할 파일들에 대한 정보와 EBOOT의 메모리 맵, eboot.nb0의 이미지 크기, 사용될 압축이미지의 속성 등을 결정한다.

eboot.bib 파일

```
;******************************************************************************
; TITLE:      EBOOT.BIB
;
; Ethernet Boot Loader Source Module
;
; Memory Map
; ___________
;******************************************************************************
;*    RAM Layout: Nand boot; non IU
;*    ______________________________
;*    ------------------------------------> 8400_0000 for x16
;*    |                                |
;*    |                                |
;*    |           NK RAM               |
;*    |                                |
;*    ------------------------------------> 820B_0000 *autosize can alter the start
;*    |           Start OS (NK)        |
;*    |                                |
;*    ------------------------------------> 800B_0000
;*    |                                |
;*    |         IPL RAM (188k)         |
;*    ------------------------------------> 8008_1000
;*    |                                |
;*    |          IPL NK (128k)         |
;*    ------------------------------------> 8006_1000
;*    |                                |
;*    |         EBT ARGS(4K)           |
;*    ------------------------------------> 8006_0000
;*    |           IPL Stack (60k)      |
;*    |           EBT Stack (60k)      |
;*    ------------------------------------> 8005_1000
;*    |           IPL Stack (4k)       |
;*    |       EBT Pagetables (4k)      |
;*    ------------------------------------> 8005_0000
;*    |                                |
;*    |           EBT RAM (64K)        |
;*    ------------------------------------> 8004_0000
;*    |                                |
;*    |        EBT NK (256K)           |
;*    ------------------------------------> 8000_0000
;*
;******************************************************************************

MEMORY
```

5장

```
; Name     Start(uva) Size     Type
; ________ ________ ________ _____
  ARGS     80060000 00001000 RESERVED
  STACK    80051000 0000F000 RESERVED
  PT       80050000 00001000 RESERVED
  RAM      80040000 00010000 RAM
  EBOOT    80000000 00040000 RAMIMAGE


CONFIG
    AUTOSIZE=OFF
         COMPRESSION=OFF
         PROFILE=OFF
         KERNELFIXUPS=ON

         ROMSTART=80000000
         ROMWIDTH=32
         ROMSIZE=00040000
 ; The bootloader is fixed up to run from RAM, but is stored in flash. ROMOFFSET
  ; adjusts the .bin file record headers to that they lie in flash (this tells the
  ; bootloader already on the device to store the image in flash).
  ;ROMOFFSET=3C9E0000                    ; needs to be revisited
  ; The address we need to put it (according to oemaddrtab_cfg.inc) is 0x99D00000
  ; So we have to put it on uncached at 0xB9D00000. 0xB9D00000 - 0x80000000
  ; is 0x39D00000, which is our ROMOFFSET.
  ROMOFFSET=39D00000

MODULES

; Name  Path                                                          Memory Type
;______ ____________________________________________________________ ___________
nk.exe $(_TARGETPLATROOT)\target\$(_TGTCPU)\$(WINCEDEBUG)\eboot.exe  EBOOT
```

파일의 내용을 살펴보면 메모리 영역에서 "EBOOT 80000000 00040000 RAMIMAGE"라는 구문은 EBOOT라는 이름을 갖는 이미지가 0x80000000부터 0x00040000만큼의 메모리를 사용하며, RAMIMAGE의 속성을 갖는다는 의미이다.

CONFIG 영역에서 "AUTOSIZE"는 메모리 영역에서 RAMIMAGE로 정의되고 사용되지 않고 남는 영역을 RAM 영역으로 포함할지를 선택하는 항목이고, "COMPRESSION"는 "MODULES" 영역과 "FILES" 영역에서 정의되는 파일들을 압축해서 보관할지를 선택하는 항목이다. 모듈 영역에서 다음과 같은 부분은 EBOOT라는 이미지파일 안으로

Path 경로의 폴더에 있는 eboot.exe 파일의 복사본인 nk.exe 파일이 압축된다는 의미이다.

```
MODULES
; Name    Path                                                                          Memory Type
;-------  ---------------------------------------------------------------------------  ----------
nk.exe    $(_TARGETPLATROOT)\target\$(_TGTCPU)\$(WINCEDEBUG)\eboot.exe   EBOOT
```

다음으로 EBOOT 이미지를 만드는데 eboot.bib 파일이 어떻게 사용되는지 살펴보자. C:\WINCE500\PUBLIC\COMMON\OAK\MISC 폴더에 있는 makefile.def 파일이 모듈소스를 빌드할 때 참조하는 makefile이라고 앞에서 언급하였다.

makefile.def 파일을 열어 마지막 부분을 보면 “makefile.inc” 파일을 참조하는 것을 확인할 수 있다.

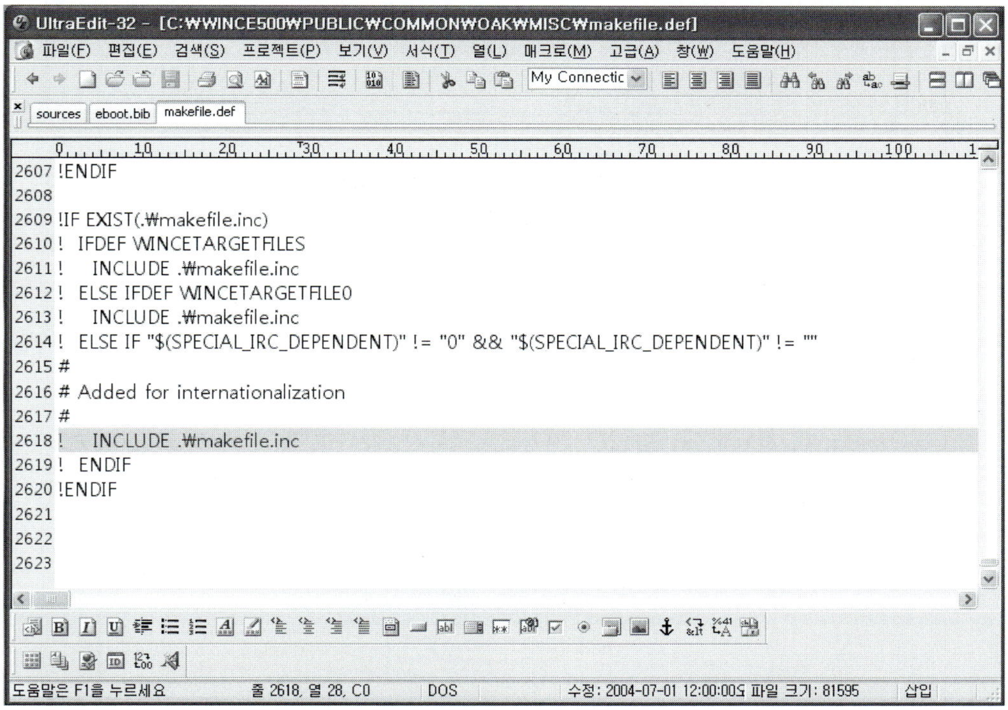

[그림 5-7] makefile.def

C:\WINCE500\PLATFORM\XHyper320TKU\SRC\bootloader\EBOOT 경로의 폴더에 있는 :makefile.inc” 파일을 보면 다음과 같다.

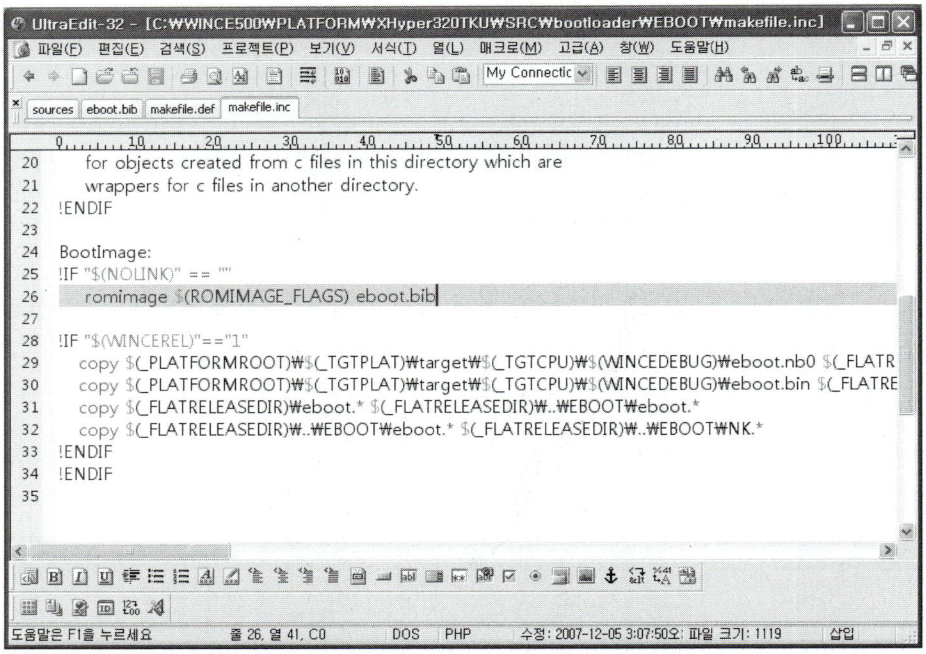

[그림 5-8] makefile.inc

"romimage $(ROMIMAGE_FLAGS) eboot.bib" 구문을 보면, romimage는 ROM 이미지를 생성하는 유틸리티로 eboot.bib 파일을 참조하여 메모리에 적재되는 위치를 결정한다. 환경변수가 "SET WINCEREL=1"로 빌드명령을 실행하면 빌드되는 바이너리 파일들은 $(_FLATRELEASEDIR) 폴더로 복사가 된다.

그러나 eboot.nb0, eboot.bin 파일은 자동으로 복사되지 않기 때문에 eboot.nb0, eboot.bin 파일도 $(_FLATRELEASEDIR) 폴더로 복사가 되도록 코드가 추가되어 있다.

5.2 EBOOT 빌드 및 업로드

1 X-Hyper320TKU BSP

BSP(Board Support Package)는 특정타깃 시스템에 운영체제를 적재하는데 필요한 소스 패키지 및 바이너리 패키지를 말하며, 디바이스 드라이버(Device Driver), OAL(OEM Adaptation Layer), HAL(Hardware Abstraction Layer), 부트로더(Boot Loader), BIOS (Basic Input/Output System) 파일들로 구성된다.

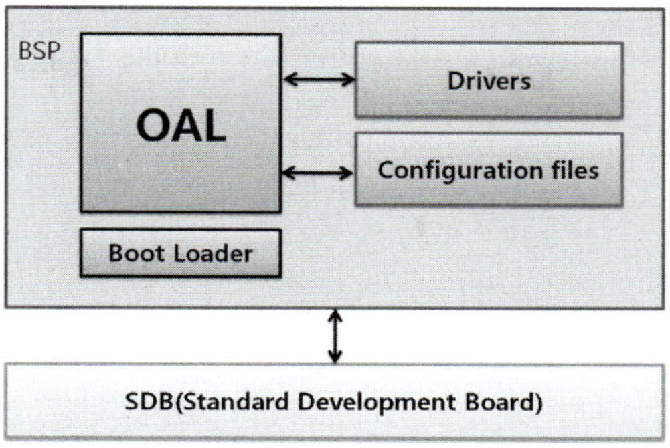

[그림 5-9] BSP 구성

\WINCE500\PLATFORM 폴더를 살펴보면 CEPC, EMULATOR, GEODE, MAINSTONEⅡ, MAINSTONEⅢ, SMDK2410 등의 폴더들이 보이는데, 각각의 폴더에는 각각 폴더명의 이름을 가진 타깃 시스템을 위한 BSP들이 들어 있다. \WINCE500\PLATFORM\COMMON\OAK\CSP, \WINCE500\PLATFORM\COMMON, 폴더 등도 BSP와 관계된 파일들이 들어 있다.

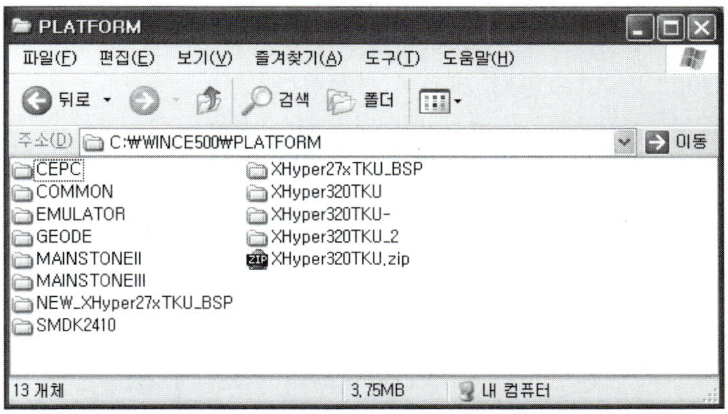

[그림 5-10] PLATFORM 폴더

타깃 시스템에 적재할 Windows CE 운영체제 이미지를 만들려면 특정 타깃 시스템에 종속적인 BSP와 Common 요소가 필요하다. Common 요소는 특정 타깃 시스템에 종속적인 코드를 제외한 코드들로 어떤 BSP를 사용하더라도 호환성을 가지는 코드들로 \WINCE500\PUBLIC 폴더에 들어 있다. 쉽게 말하면, Windows CE 운영체제에서 동작하는 익스플로러나 미디어 플레이어, 다이렉트 X 같은 프로그램을 말한다.

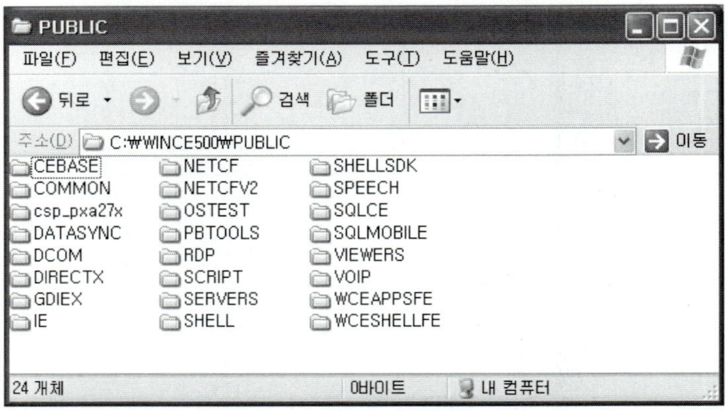

[그림 5-11] PUBLIC 폴더

2 X-Hyper320TKU BSP 추가

실습에 사용되는 장비인 X-Hyper320TKU의 BSP를 플랫폼 빌더에 추가해보도록 한다.

1. X-Hyper320TKU 장비의 BSP(Board Support Package)는 제공된 CD에 들어 있다. BSP 폴더내의 PLATFORM 폴더에 들어 있는 “XHyper320TKU.zip” 압축파일을 C:\WINCE500\PLATFORM 경로에 복사한다.

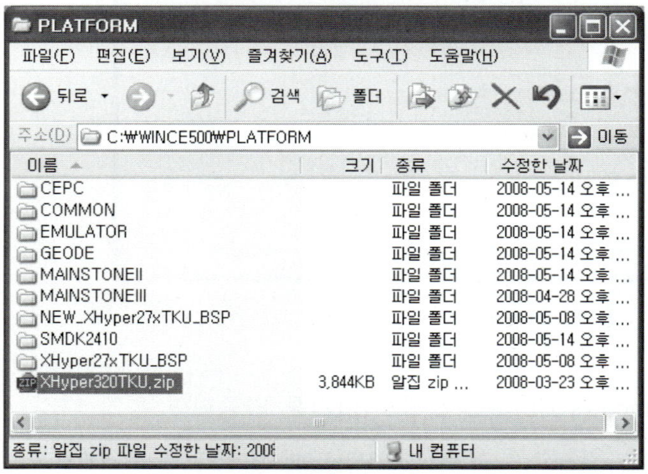

② "XHyper320TKU.zip" 압축파일을 해당 경로에 압축을 해제한다.

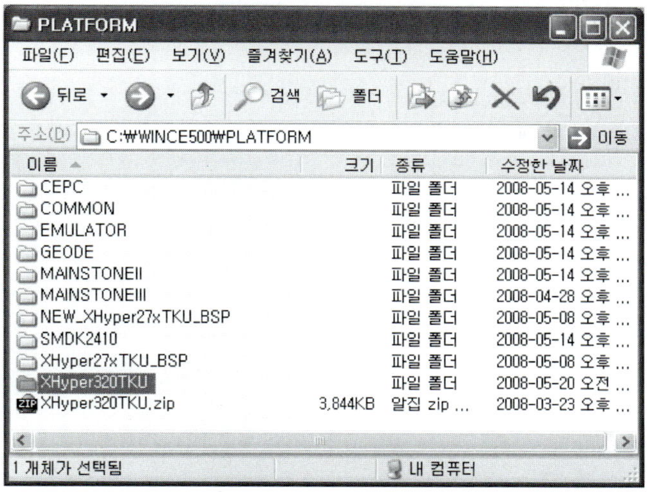

③ 플랫폼 빌더의 메뉴에서 File→Manage Catalog Items 을 클릭한다.

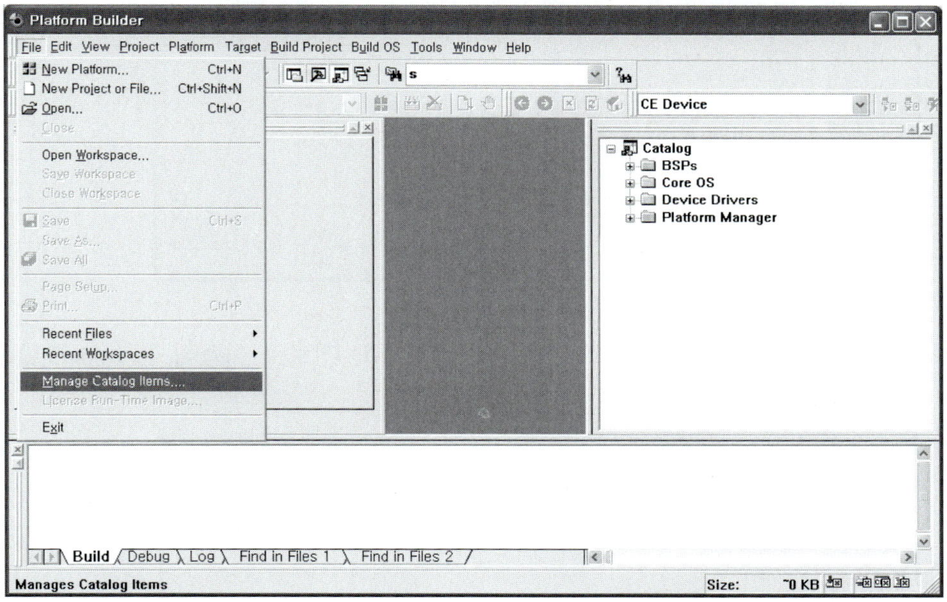

5장

④ Manage Catalog Items 창이 열리면 "Import"를 클릭한다.

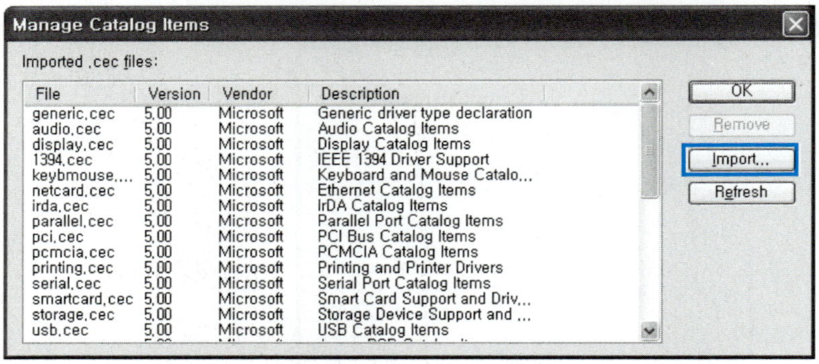

⑤ "Import"를 클릭하면 다음과 같은 창이 열린다.

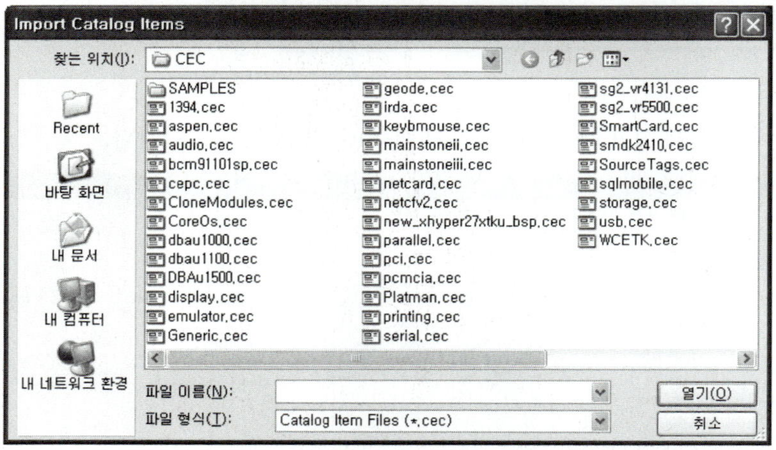

⑥ C:\WINCE500\PLATFORM\XHyper320TKU 경로로 이동해서 xhyper320tku.cec 파일을 선택한다.

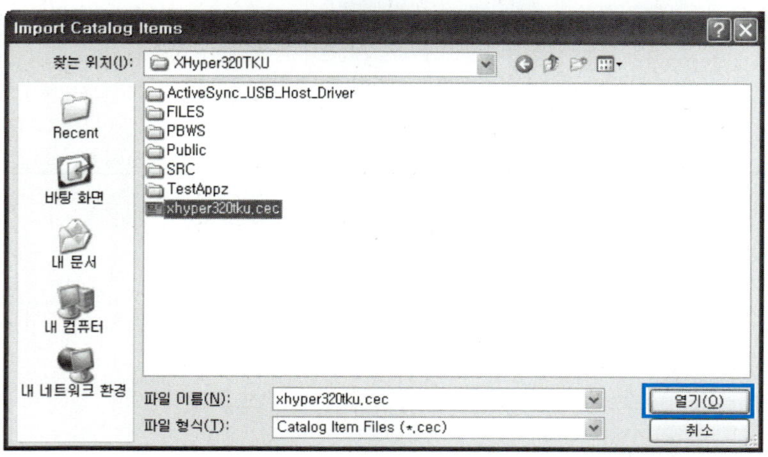

7 Manage Catalog Items창에서 제일아래 "xhyper320tku.cec" 파일이 추가된 것을 확인한 후 "OK"를 클릭한다.

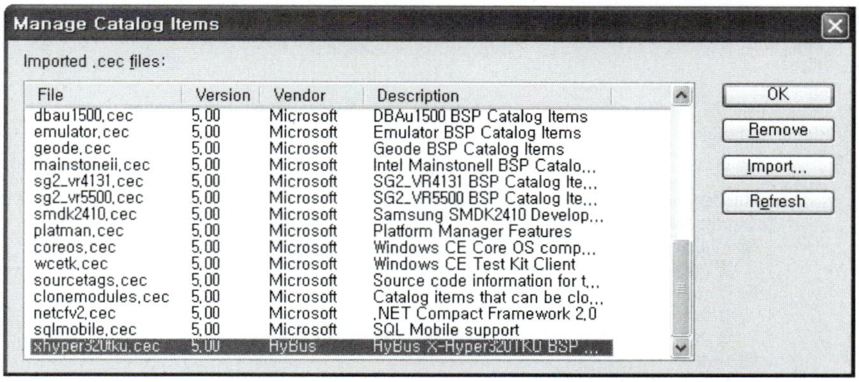

8 플랫폼 빌더의 오른쪽 Catalog 창을 보면 "Third Party" 항목아래 "BSPs" 아래에 "HyBus XHyper320TKU Dev Platform : ARMV4I"가 정상적으로 추가되었는지 확인한다.

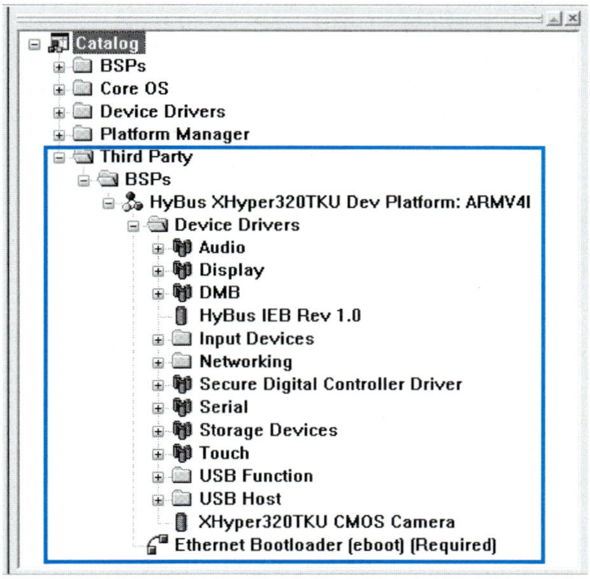

⑨ "HyBus XHyper320TKU Dev Platform : ARMV4I" 항목 중에 "Device Drivers" 항목을 클릭하면 추가된 디바이스 드라이버들을 확인할 수 있다.

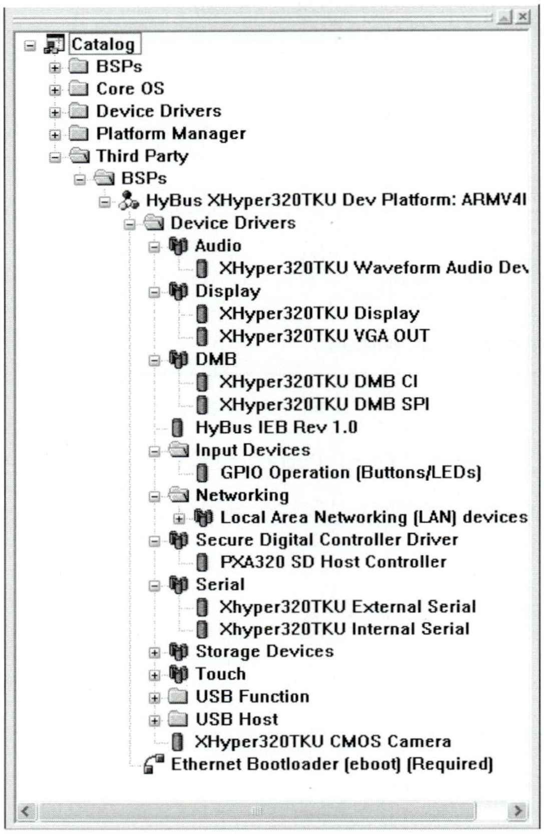

3 새로운 BSP 만들기

플랫폼 빌더에서 제공하는 "BSP Wizard"를 이용하면 쉽게 새로운 BSP를 만들 수 있다. 새로운 BSP를 만들어 보도록 하자.

① 플랫폼 빌더의 메뉴에서 File → BSP Wizard를 선택하여 실행한다.

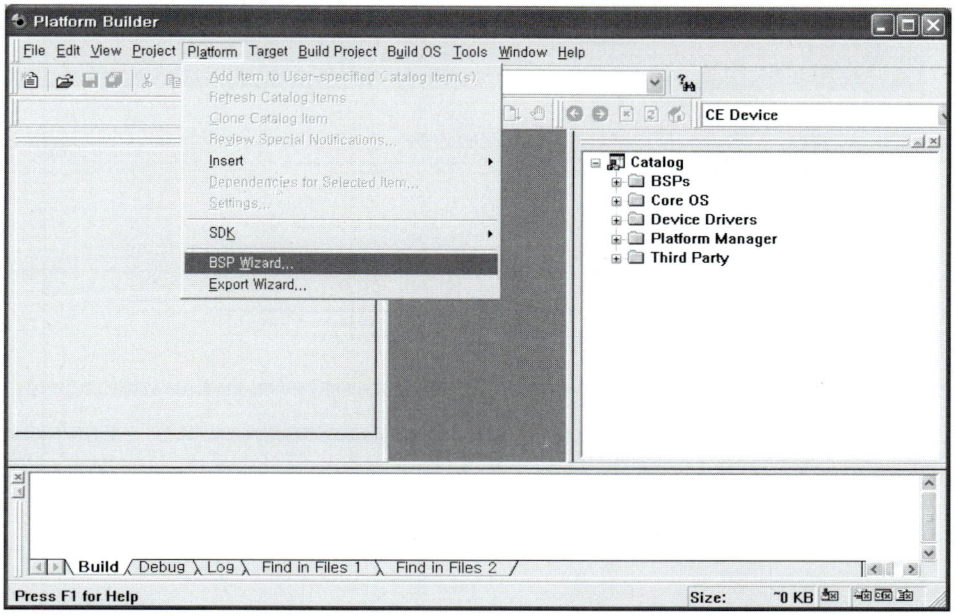

② "BSP Wizard"를 실행하면 다음과 같은 화면을 볼 수 있다.

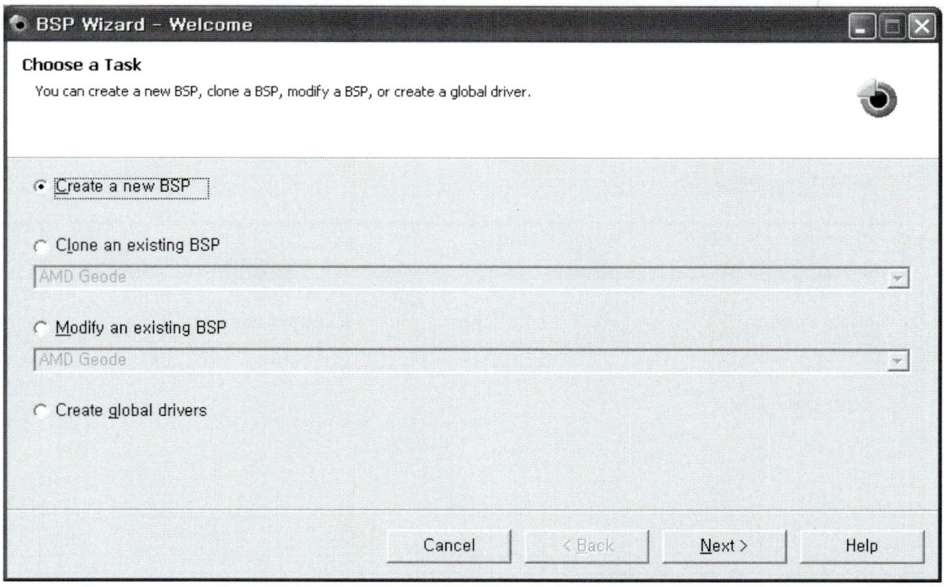

3 앞의 실습에서 추가한 BSP를 이용하여 생성할 수 있는 "Clone an existing BSP"를 선택한 후 전에 추가한 "HyBus XHyper320TKU Dev Platform"을 선택한다.

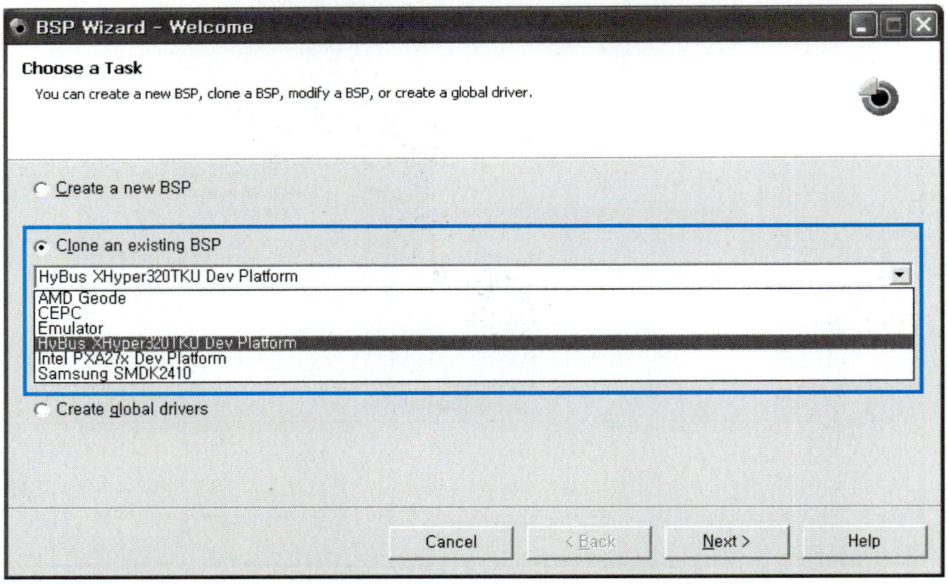

4 "HyBus XHyper320TKU Dev Platform"을 선택한 후 "Next"를 누른다.

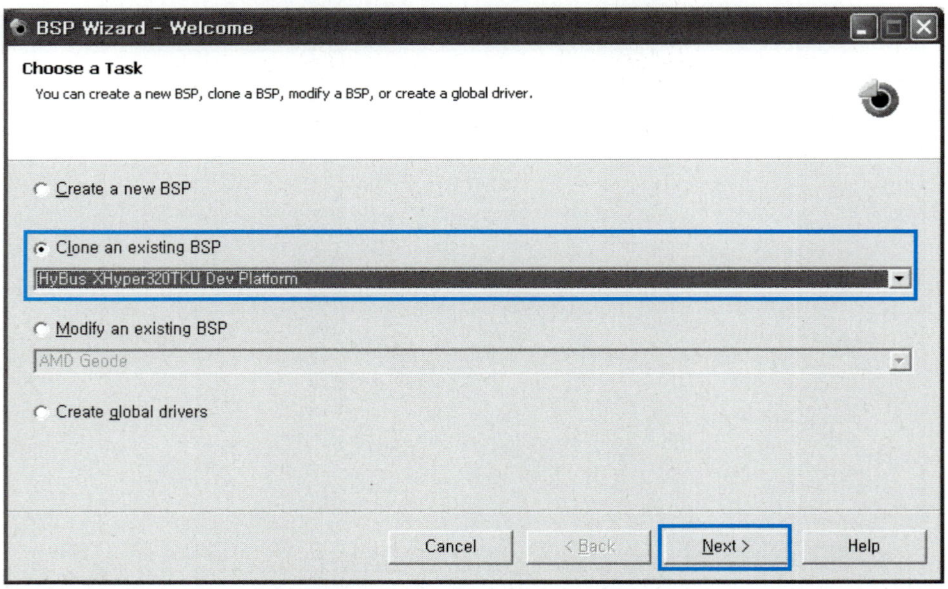

⑤ 저장할 cec 파일명과 cec 파일을 저장할 경로를 지정하는 창이다. 파일명으로 "new_xhyper320tku" 라고 입력하고 저장할 경로는 기본설정 경로를 사용하도록 한다.

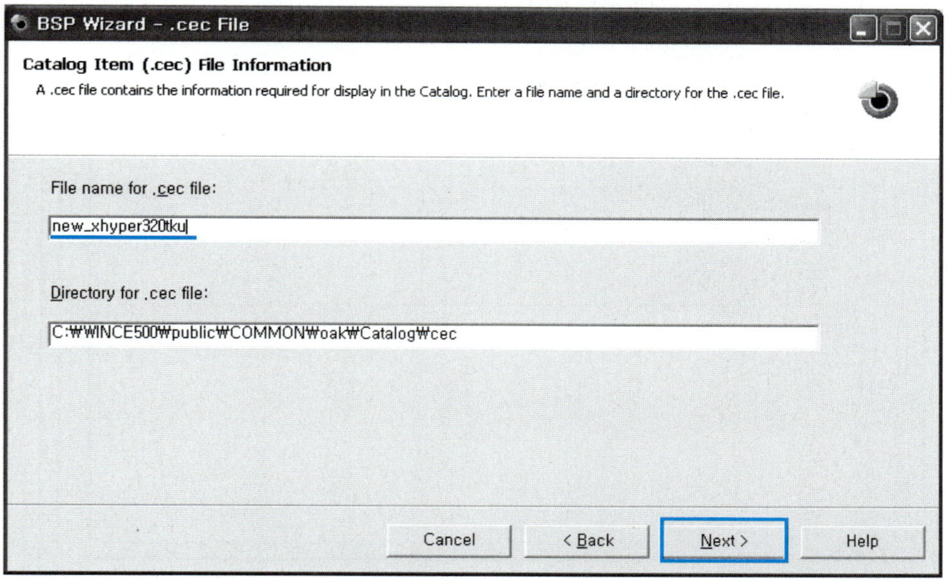

⑥ 플랫폼 빌더의 Catalog창에 표시할 BSP 이름을 지정하는 창이다. Catalogname에 "New HyBus XHyper320TKU Dev Platform" 이라고 입력 후 "Next"를 누른다.

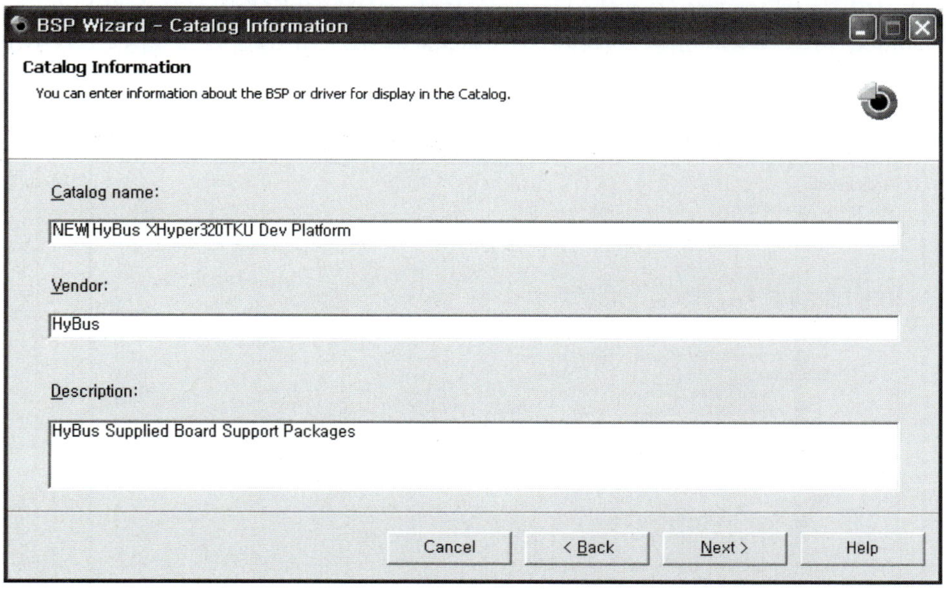

5장

⑦ 새로 생성할 BSP를 저장할 디렉토리와 사용하는 CPU 타입을 지정하는 창이다. Platform directory에 "NEW_XHyper320TKU"라고 입력하고 "ARMV4I"를 선택한 후 "Next"를 누른다.

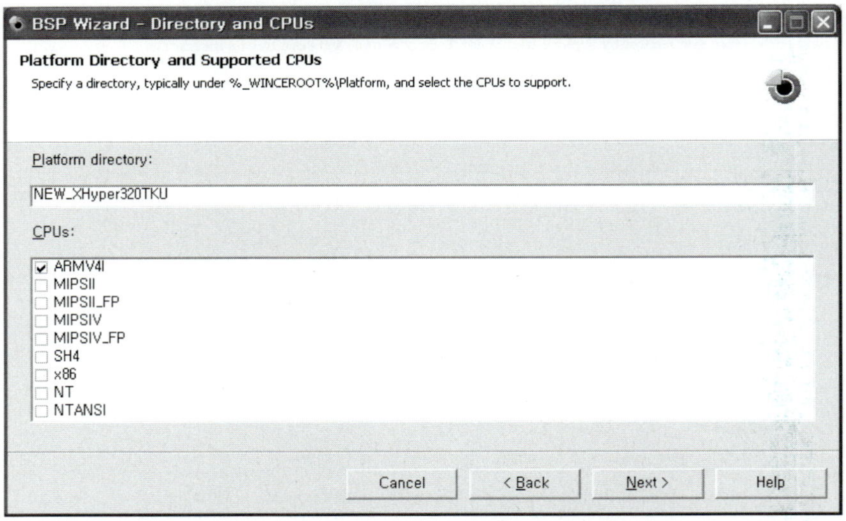

⑧ "HyBus XHyper320TKU Dev Platform"의 "Clone an existing BSP"를 생성하도록 하였기 때문에 "HyBus XHyper320TKU Dev Platform"의 기본적인 디바이스들이 추가되어 있다. 새로 생성할 "NEW HyBus XHyper320TKU Dev Platform"에서 사용하지 않을 드라이버를 선택한 후 "Delete"를 누르면 개발자는 원하는 드라이버들만 포함하는 새로운 BSP를 생성할 수 있다.

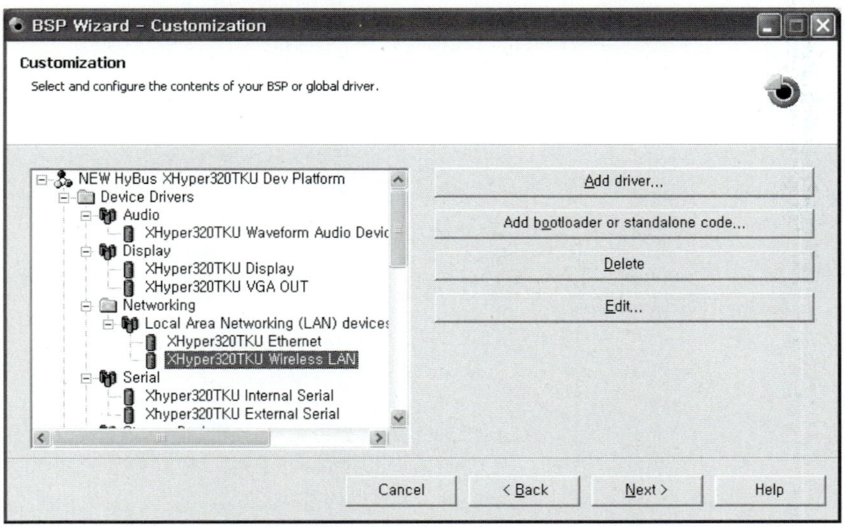

⑨ “Finish” 버튼을 눌러 BSP Wizard를 끝마치면 필요한 파일들을 복사하고 새로운 BSP를 생성한다.

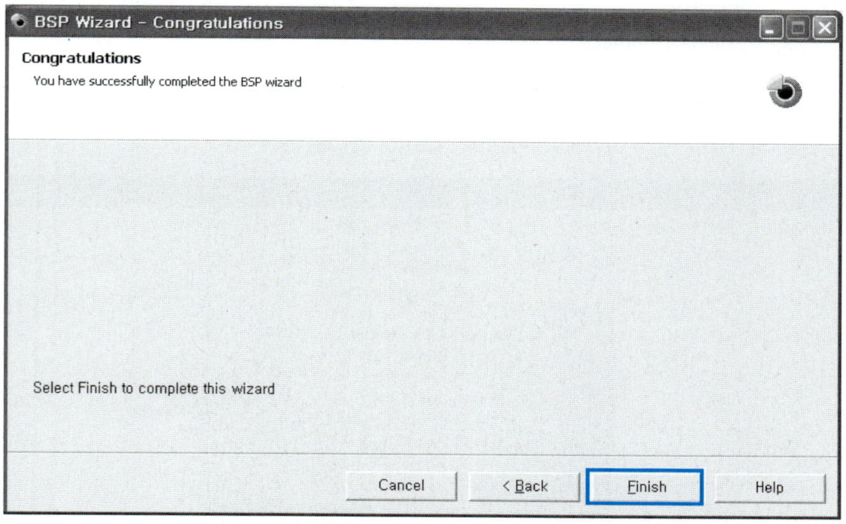

⑩ 플랫폼 빌더의 오른쪽 Catalog창의 : Third Party” 항목에 새로 생성한 “NEW HyBus XHyper320TKU Dev Platform : ARMV4I” 가 제대로 추가되었는지 확인한다.

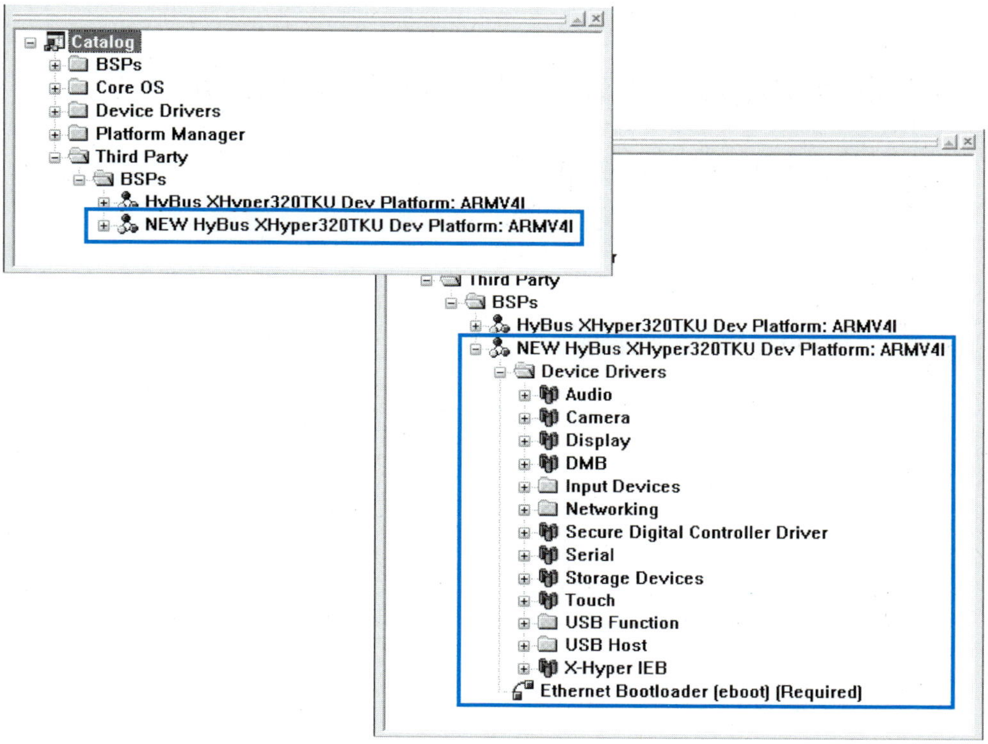

4 CEC Editor

CEC 파일은 “Catalog”의 구성요소를 정의하는 파일로서 CEC Editor를 사용해서 “xhyper320tku.cec” 파일의 내용을 살펴보자.

1 플랫폼 빌더의 메뉴에서 Tools → CEC Editor를 선택한다.

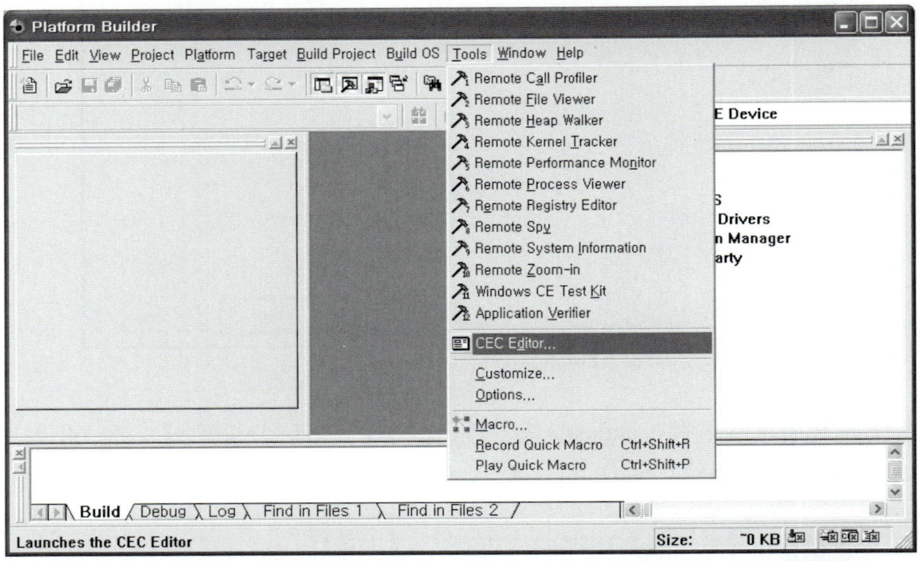

② CEC Editor를 실행시킨 후 메뉴에서 File → Open을 선택한다.

③ 열기창이 나타나면 C:\WINCE500\PLATFORM\XHyper320TKU의 경로를 찾아서 "xhyper320tku.cec" 파일을 선택한다.

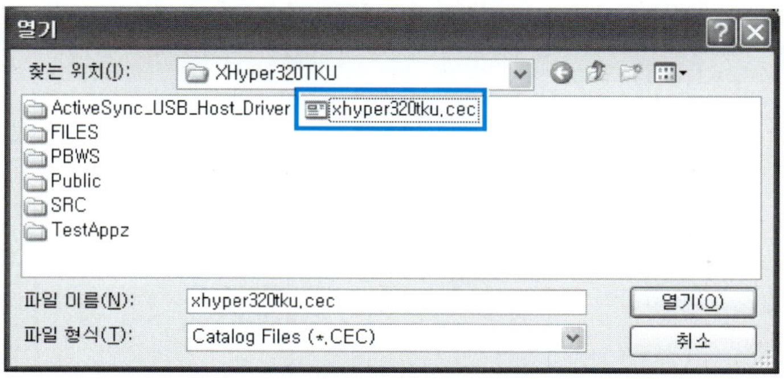

④ "xhyper320tku.cec" 파일을 선택하면 다음과 같은 창을 볼 수 있다.

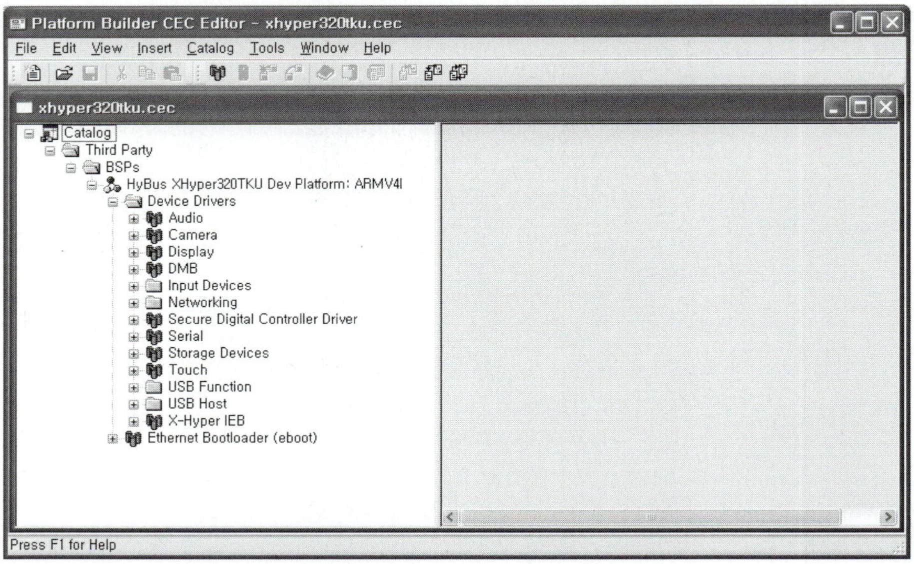

⑤ Catalog 창에서 "Ethernet Bootloader (eboot)" 항목을 클릭해보면 선택한 항목에 대한 상세한 정보를 열람할 수 있다.

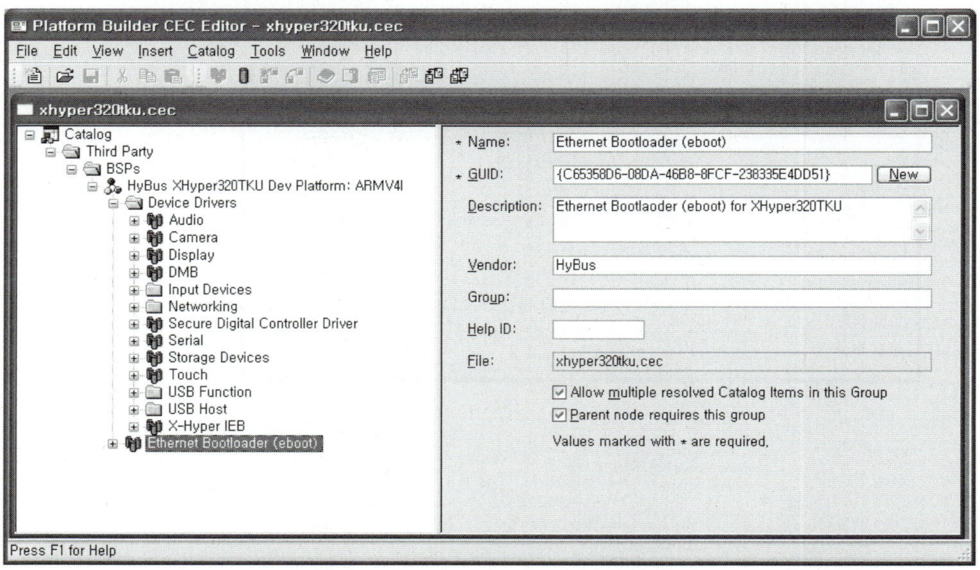

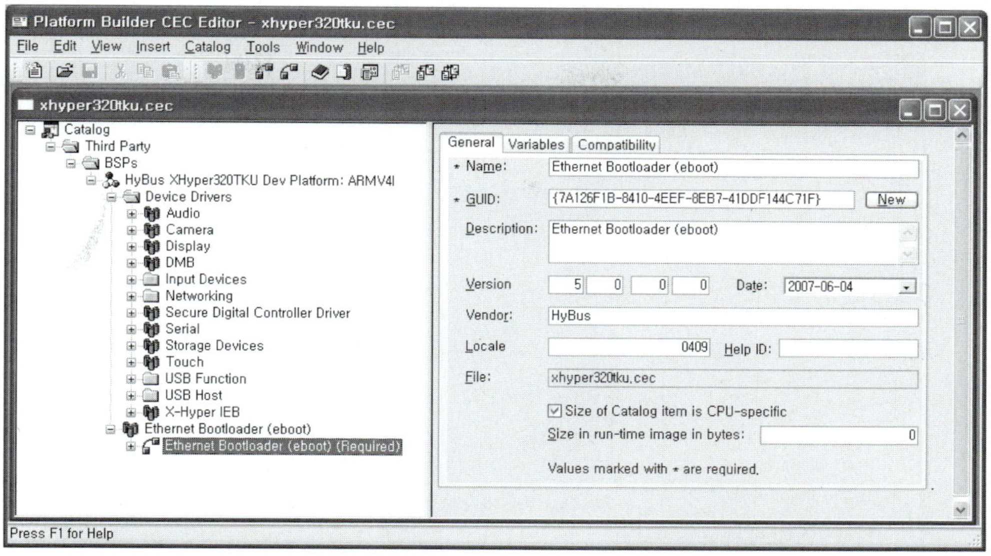

5 이미지 빌드하기

X-Hyper320TKU EBOOT를 생성하려면 먼저 "xhyper320tku" BSP를 사용하는 플랫폼을 사용해야 한다. 플랫폼을 생성하는 과정은 제6장에서 자세히 기술하도록 한다. 이 장에서는 제공된 CD에 들어 있는 "xhyper320tku" 플랫폼을 불러들여 EBOOT를 생성하는 방법을 실습해 본다.

1 제공된 CD에 들어 있는 "XHyper320TKU.zip" 압축파일을 아래의 경로에 복사하여 압축을 해제하면 "XHyper320TKU"라는 폴더가 생성된다.
(C: \ WINCE500 \ PBWorkspaces)

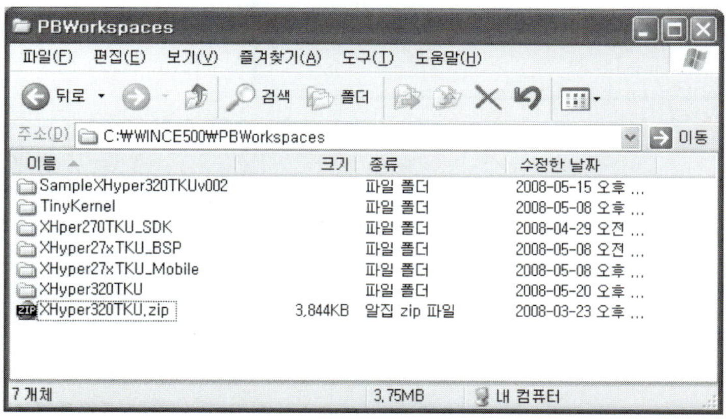

2 플랫폼 빌더의 메뉴에서 File → Open Workspace..을 선택한다.

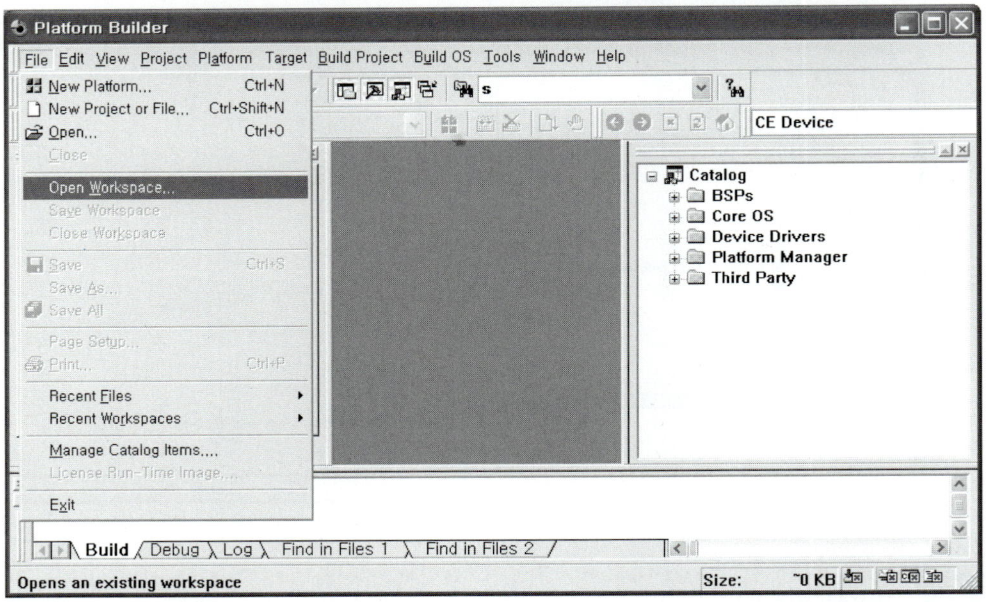

3 탐색창이 열리면 아래의 경로로 이동하여 "XHyper320.pbxml"이란 Workspace 파일을 찾아서 선택한다.

(C:\WINCE500\PBWorkspaces\XHyper320TKU\PBWS\XHyper320TKU)

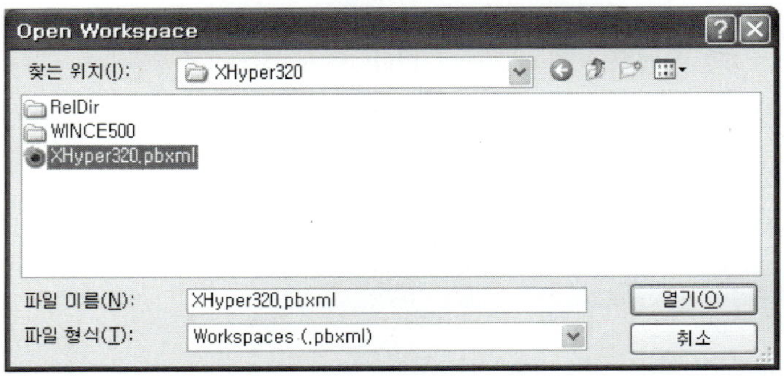

④ Workspace 창에서 "320TKU_SAMPLE Catalog items"이 추가되었는지 확인한다.

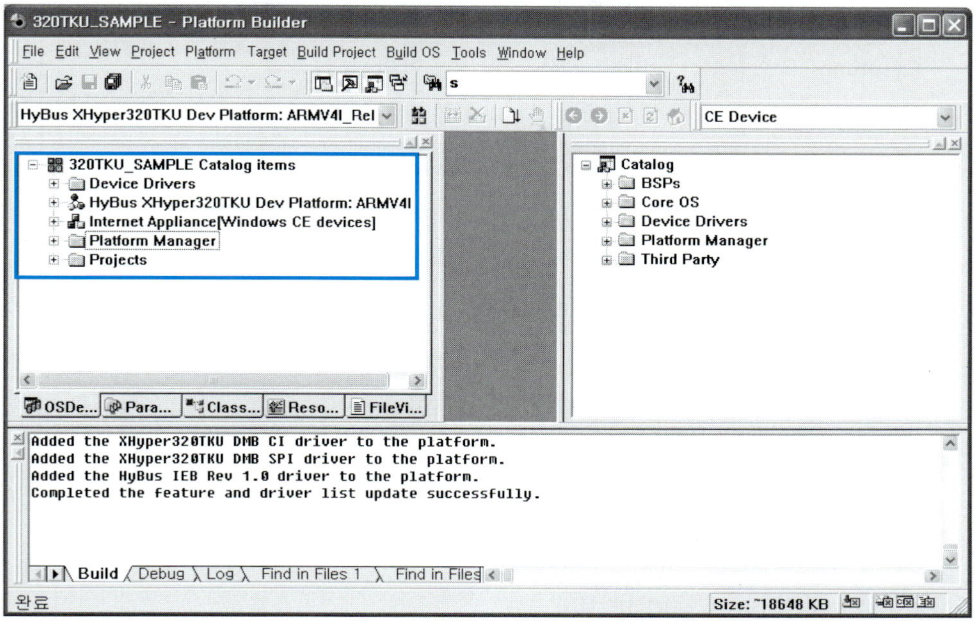

⑤ BSP들이 사용할 수 있는 헤더와 라이브러리 파일들이 준비되도록 플랫폼 빌더의 메뉴에서 Build OS → Sysgen을 선택한다. Sysgen이 실행되고 Output 창을 통해 과정을 확인할 수 있다. 완료되기까지 잠시 기다린다.

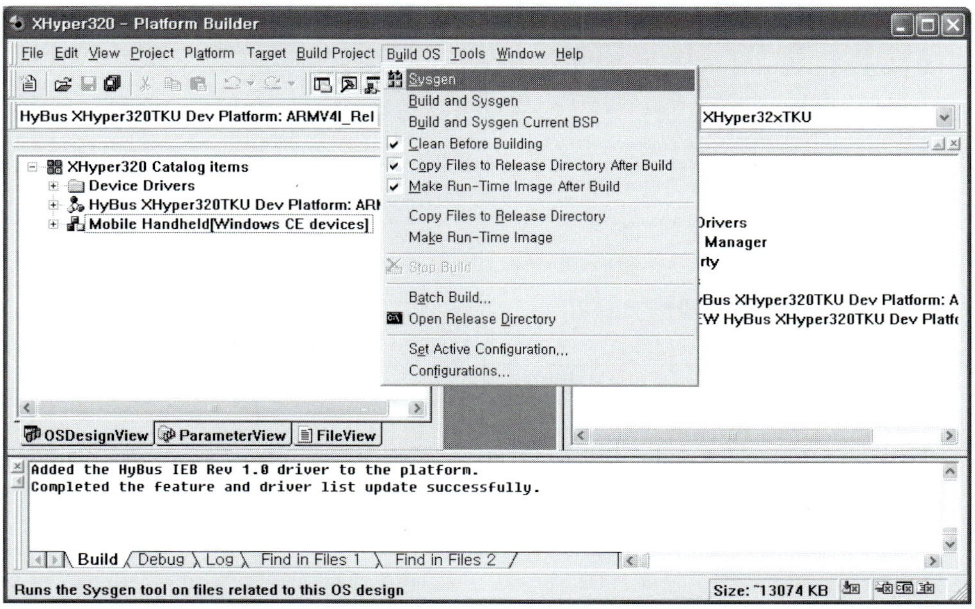

플랫폼 빌더의 메뉴 중에서 "Build OS" 항목을 살펴보자.

① Sygen

Common 요소들을 준비하고 BSP를 빌드한다.

Common 요소들은 이미 컴파일 된 라이브러리이기 때문에 컴파일하지 않고 플랫폼의 해당 폴더에 복사된다. 개발자가 Custom Features를 추가하지 않았다면, 개발자는 "Copy Files to Release Directory After Build" 와 "Make Run-Time Image Agter Build" 항목을 선택하고 Sysgen을 실행시키는 것만으로 Windows CE 운영체제 이미지를 만들 수 있다. 그리고 Sysgen한 후 Catalog 아이템이나 파일을 수정한 후 다시 빌드를 수행해야 하는 경우 "Clean Before Building" 옵션을 사용하면 빌드 수행시 발생할 수 있는 에러를 줄일 수 있다.

② Build and Sysgen

Common 요소들을 빌드한 후 Sysgen을 한다. 개발자가 Common 요소를 수정했을 경우 사용한다.

③ Build and Sysgen Current BSP

BSP를 빌드한 후 Sysgen을 한다. BSP를 수정했을 경우에 사용한다.

6 에러 발생 없이 Build가 정상적으로 수행되었는지 Output 창을 통하여 확인한다.

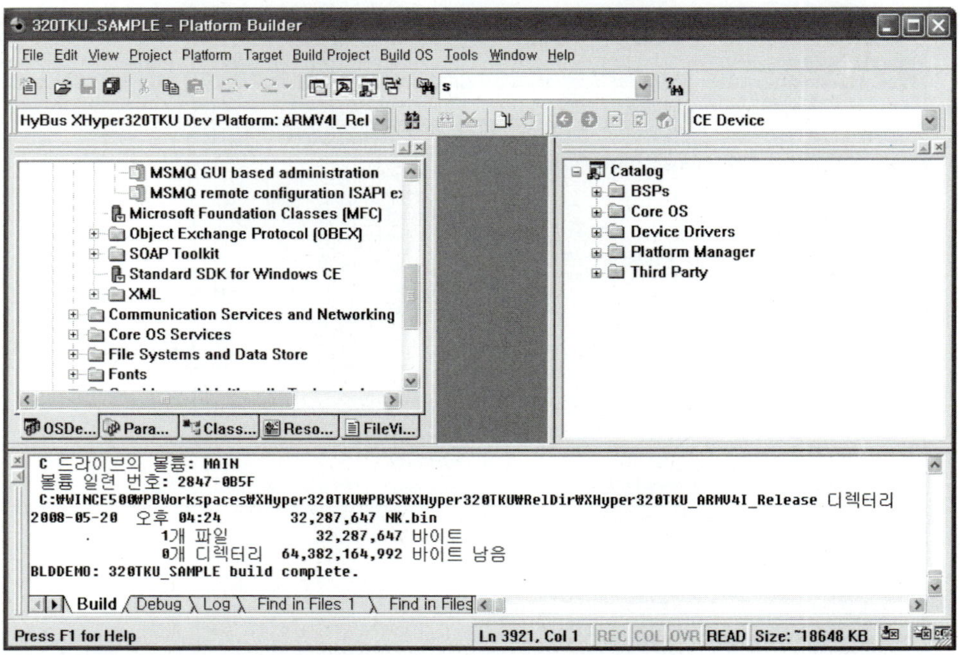

7 C: \ WINCE500 \ PBWorkspaces \ XHyper320TKU \ PBWS \ XHyper320TKU \ RelDir \ XHyper320TKU_ARMV4I_Release 디렉토리에서 Sysgen을 수행을 통해 생성된 파일들을 볼 수 있다. *.nb0의 확장자를 갖는 바이너리 파일과 *.bin의 확장자를 갖는 바이너리 파일이 생성된다.

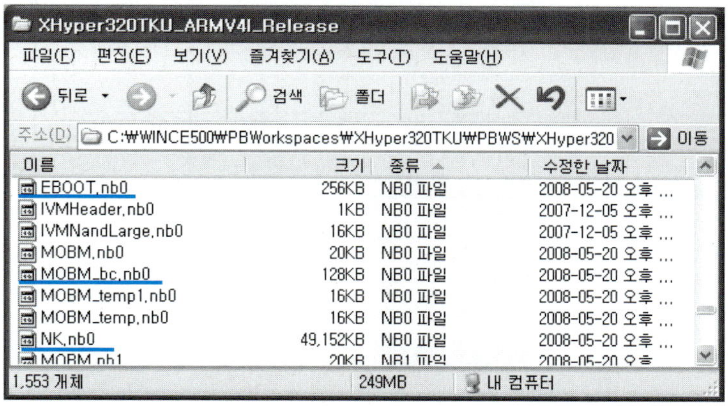

① MOBM._bc.nb0

4장에서 자세히 다루었으며 NAND Flash 메모리를 이용한 부팅의 경우 bootrom에서 nand 0 block을 읽어서 초기화를 하고 Eboot로 진행할 수 있도록 해주는 파일이다.

② EBOOT.nb0

Windows CE가 동작하도록 CPU 내부의 MMU와 캐시를 활성화하며, 리얼타임을 초기화하고 이미지의 다운로드를 위한 하드웨어들을 초기화한다.

③ nk.nb0

cpu가 실행할 수 있는 명령어 코드와 데이터들로 구성된 바이너리 이미지이기 때문에 Flash에서 직접 실행가능하다.

④ NK.BIN

OS 이미지의 startup address와 size 그리고 record로 구성된 바이너리 이미지. 그러므로 cpu가 실행할 수 있는 유효 코드들을 분리해주는 부트로더를 필요로 한다.

6 EBOOT 빌드

다음으로는 EBOOT만 빌드하여 이미지를 생성하는 과정을 설명한다.

① 플랫폼 빌더의 Build OS → Open Release Directory를 선택한다.

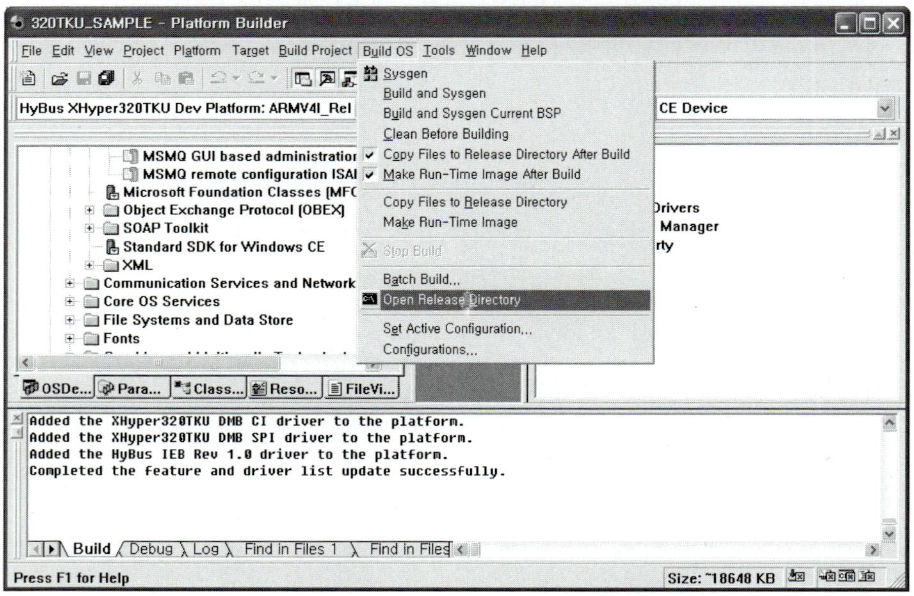

② Open Release Directory를 선택하면 다음과 같은 창이 열린다.

③ EBOOT 소스들이 있는 C:\WINCE500\PLATFORM\XHyper320TKU\SRC\bootloader\EBOOT 로 이동 후 "build -c" 명령을 실행하여 EBOOT 이미지를 생성한다.

```
>cd  \WINCE500\PLATFORM\XHyper320TKU\SRC\bootloader\EBOOT
>build  –c
```

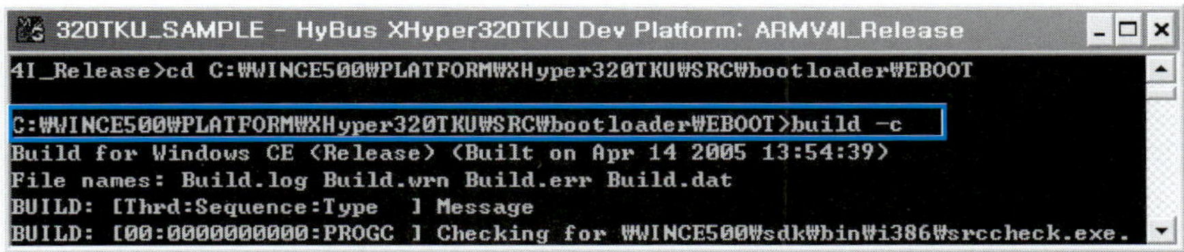

④ 빌드가 진행된다.

5 빌드가 정상적으로 완료되면 C:\WINCE500\PLATFORM\XHyper320TKU\target\ARMV4I\retail 경로로 이동하여 바이너리 파일이 생성되었는지 확인한다.

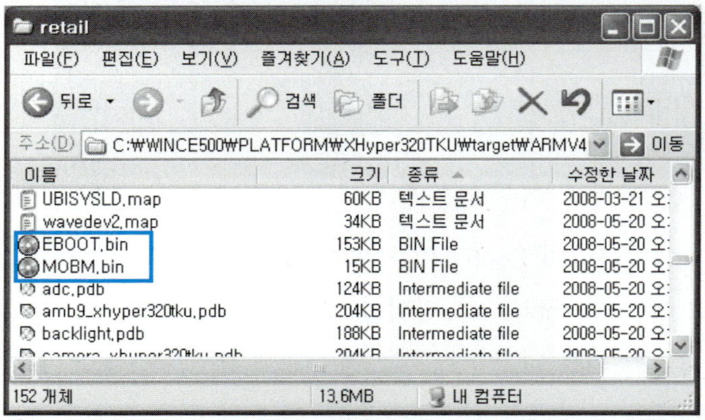

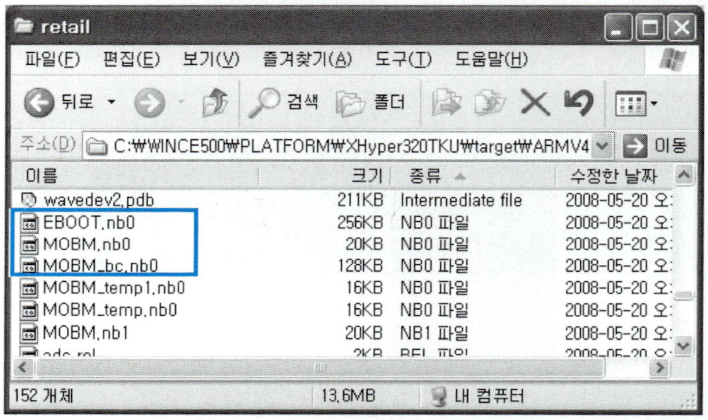

7 EBOOT 업로드

빌드로 생성된 부트이미지를 타깃보드에 직접 올려보도록 한다. 부트이미지를 타깃보드에 업로드하기 위해서는 XDB 디버거를 이용하여 이미지를 업로드하도록 한다.

1 데이터 파일을 타깃 플래시 메모리에 굽기 위해 JTAG 디버깅을 위한 하드웨어 설치에서 앞서 설명한 것과 같이 호스트 컴퓨터와 타깃보드를 JTAG 케이블을 서로 연결한다.

② XDB 디버거 프로그램을 실행시킨다.

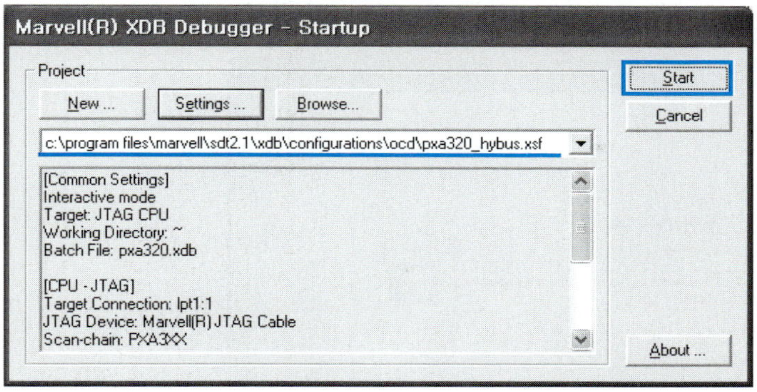

③ XDB 디버거가 실행되었다면 다음 화면과 같이 "Burn"을 실행한다.

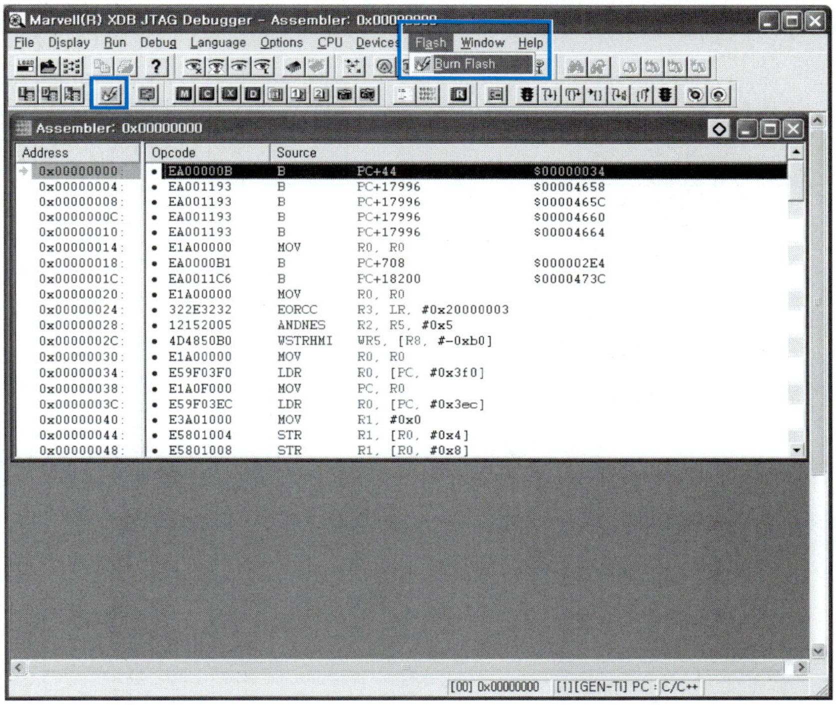

4 "Burn"을 실행하면 다음과 같은 Flash Memory Programmer창이 열린다. 이곳에서 "Burning" 탭에 "Data File"를 클릭하여 프로그램할 파일을 찾는다.

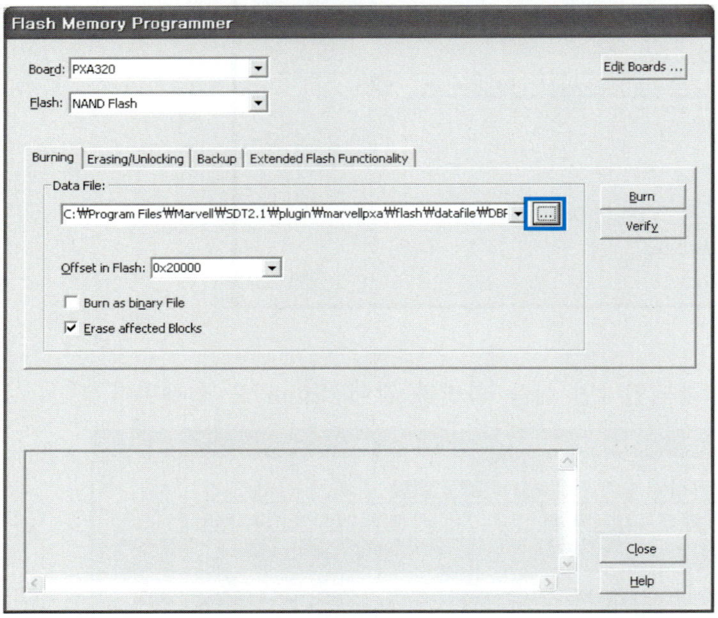

5 먼저 파일 선택창이 열리면 앞서 빌드한 이미지의 경로를 찾는다. Sysgen을 통해 빌드된 이미지 경로, 또는 콘솔창에서 명령어로 빌드한 이미지의 경로를 선택한다.

- Sysgen 경로 = C:\WINCE500\PBWorkspaces\XHyper320TKU\PBWS\XHyper320TKU\RelDir\XHyper320TKU_ARMV4I_Release
- build –c 경로 = C:\WINCE500\PLATFORM\XHyper320TKU\target\ARMV4I\retail

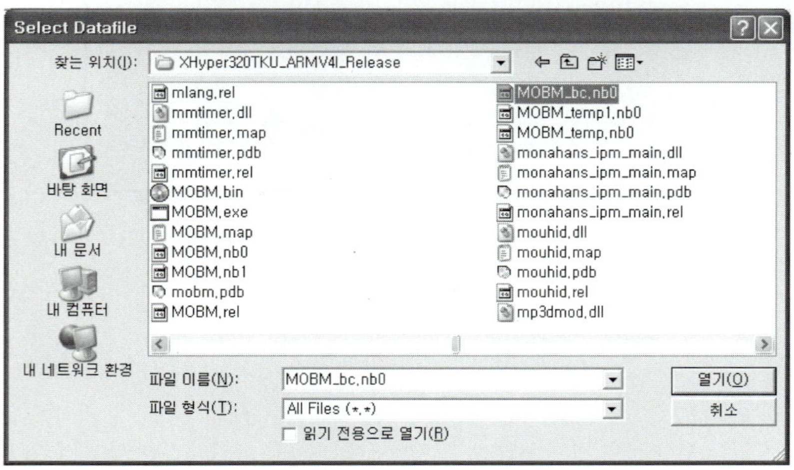

⑥ "MOBM_bc.nb0" 파일 지정이 끝나면 "Offset in Flash"의 값을 "0x0000"으로 설정하고 "Burn"을 클릭하여 플래시 메모리에 프로그래밍한다.

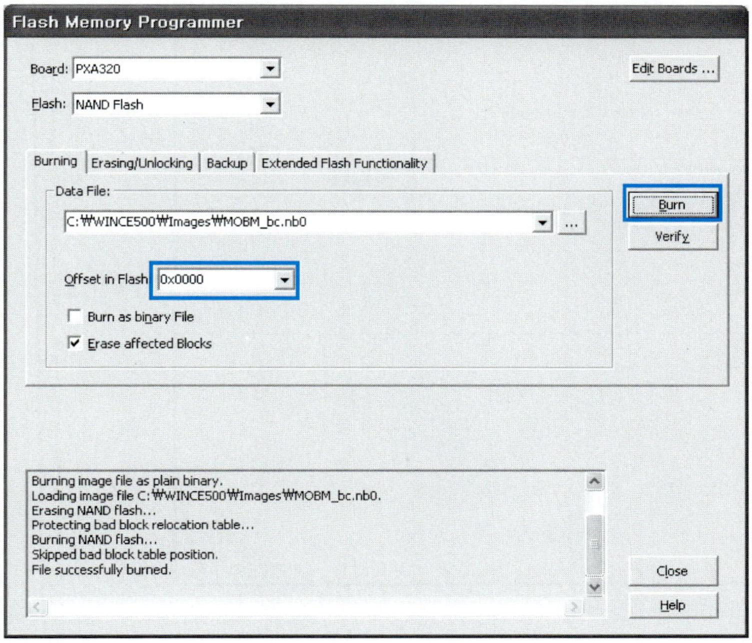

⑦ "Burn"을 입력하여 플래시 메모리에 프로그래밍이 되어지고 "File successfully burned" 이란 메시지를 확인한다.

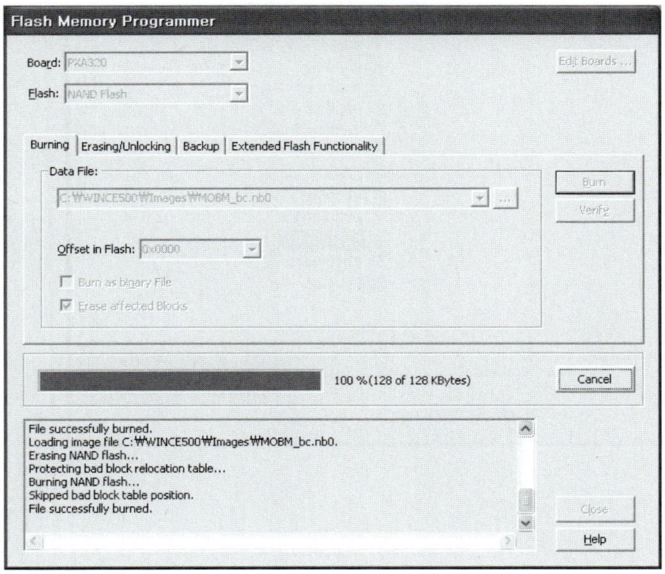

⑧ 다음은 "EBOOT.nb0" 파일을 찾아서 프로그래밍한다.

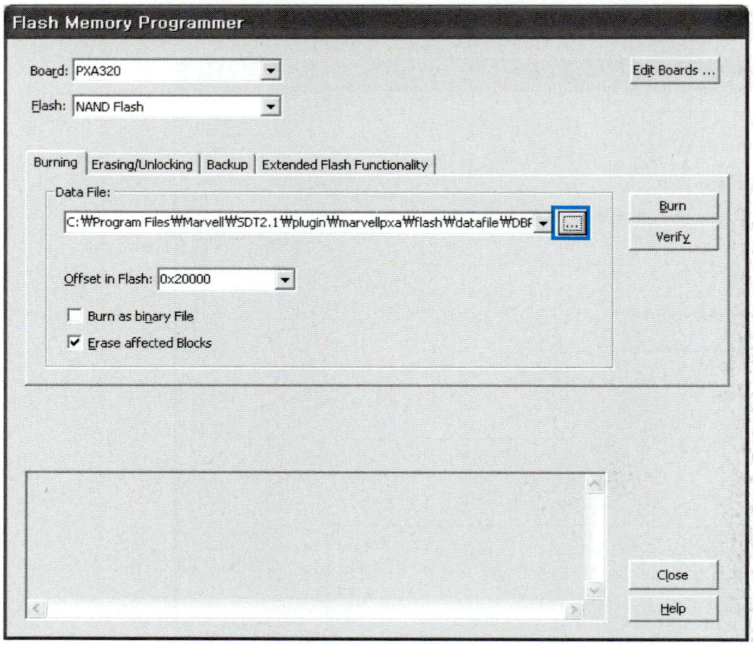

⑨ "MOBM_bc.nb0" 과정과 같은 방법으로 해당 경로로 이동후 "EBOOT.nb0" 파일을 찾는다.

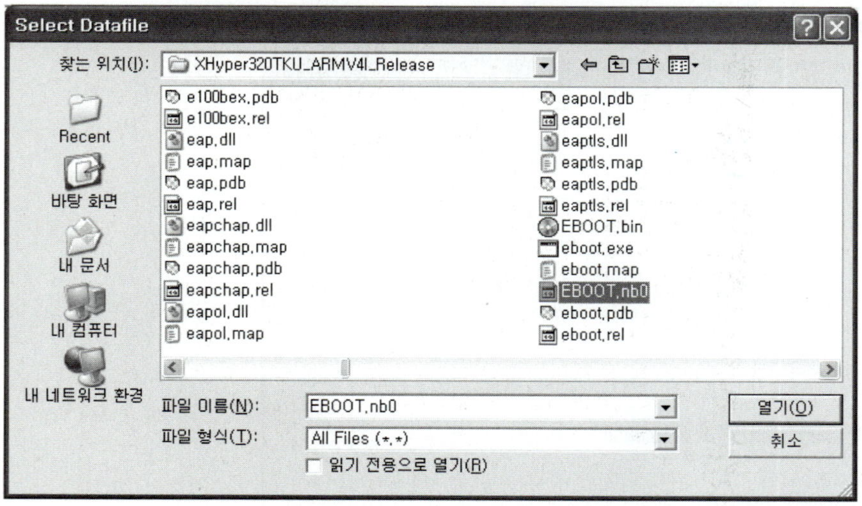

⑩ "EBOOT.nb0" 파일의 Offset in Flash" 값은 "0x20000" 으로 설정하고 "Burn"을 클릭하여 프로그래밍한다.

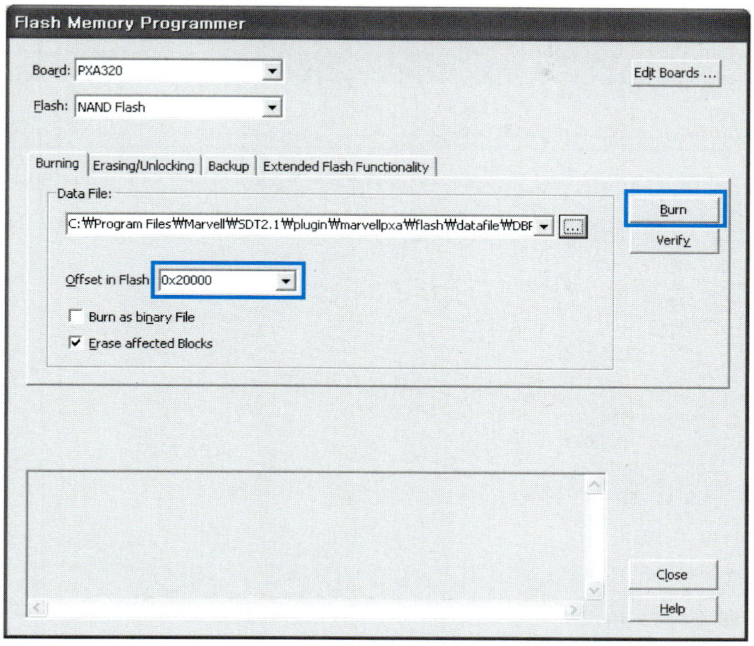

⑪ 마찬가지로 플래시 메모리에 프로그래밍이 되면서 "File successfully burned" 메시지를 확인한다.

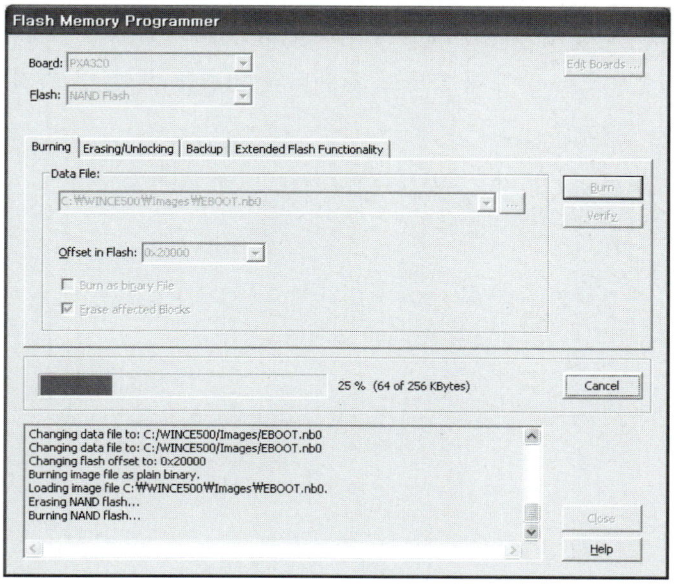

⑫ 프로그래밍이 완료되었으면 타깃보드가 부팅을 할수 있는 상태가 된 것이다. 타깃보드를 4장을 참조하여 하이퍼 터미널을 실행시키고 타깃보드를 재부팅한다. 다음과 같은 화면이 하이퍼 터미널을 통해 출력된다면 정상적으로 업로드된 것이다.

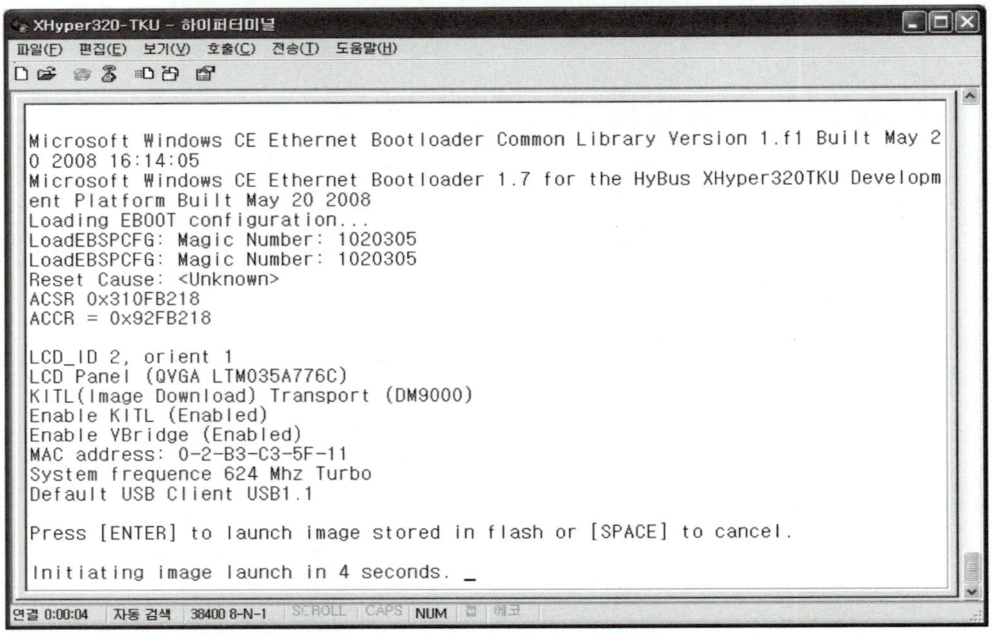


```
Microsoft Windows CE Ethernet Bootloader Common Library Version 1.f1 Built May 2
0 2008 16:14:05
Microsoft Windows CE Ethernet Bootloader 1.7 for the HyBus XHyper320TKU Developm
ent Platform Built May 20 2008
Loading EBOOT configuration...
LoadEBSPCFG: Magic Number: 1020305
LoadEBSPCFG: Magic Number: 1020305
Reset Cause: <Unknown>
ACSR 0x310FB218
ACCR = 0x92FB218

LCD_ID 2, orient 1
LCD Panel (QVGA LTM035A776C)
KITL(Image Download) Transport (DM9000)
Enable KITL (Enabled)
Enable VBridge (Enabled)
MAC address: 0-2-B3-C3-5F-11
System frequence 624 Mhz Turbo
Default USB Client USB1.1

Press [ENTER] to launch image stored in flash or [SPACE] to cancel.

Initiating image launch in 4 seconds. _
```

8 EBOOT 메뉴 설정

EBOOT 빌드를 통해 타깃보드에 업로드가 정상적으로 수행이 되면 EBOOT 메뉴에서 커널이미지를 타깃보드에 다운로드하기 위해 호스트 컴퓨터와 연결을 위한 몇 가지 옵션을 설정해주어야 한다.

① 하이퍼 터미널이 실행되어 있는 상태에서 타깃보드를 재부팅하면 3~5초를 카운트 한다. 스페이스바를 누른다.

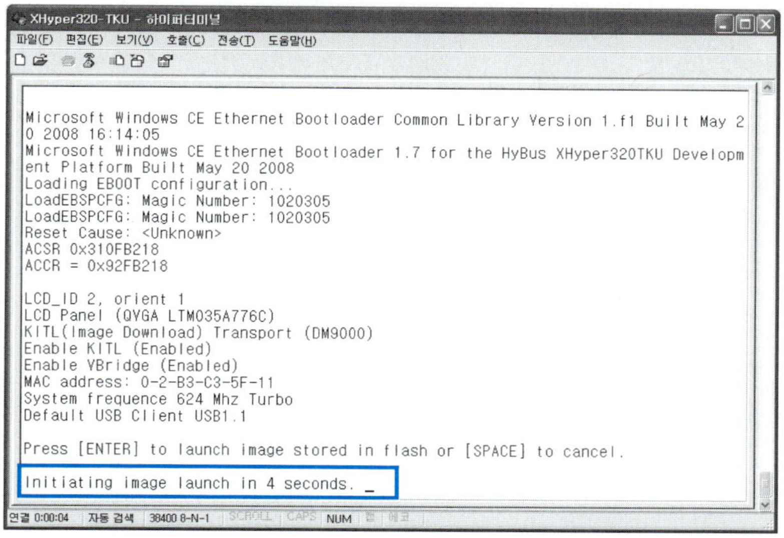

② 키입력을 하면 EBOOT 메뉴로 진입하게 된다. 시간이 경과되기까지 키입력이 없으면 부팅이 진행된다.

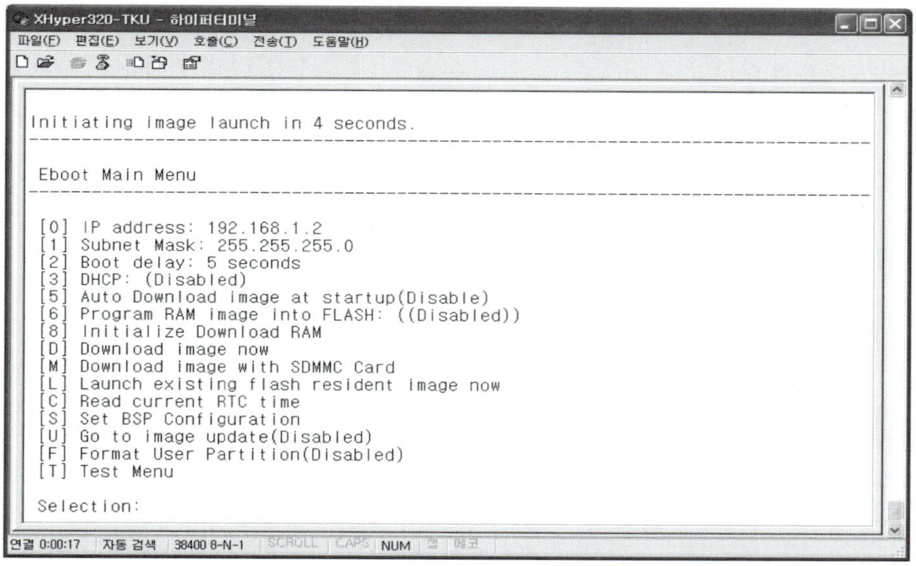

③ EBOOT 메뉴를 보면 모두 15가지 메뉴항목을 확인할 수 있다. "0"을 선택하여 타깃 보드의 IP를 192.168.1.2 로 설정하고 "Enter"를 입력한다.

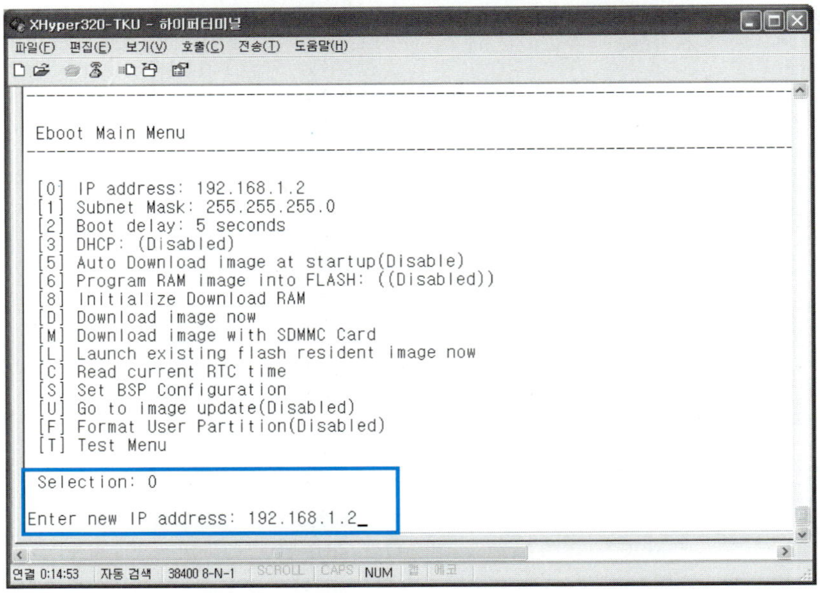

④ "1"을 선택하여 Subnet mask를 255.255.255.0 로 설정한 후 "Enter"를 친다.

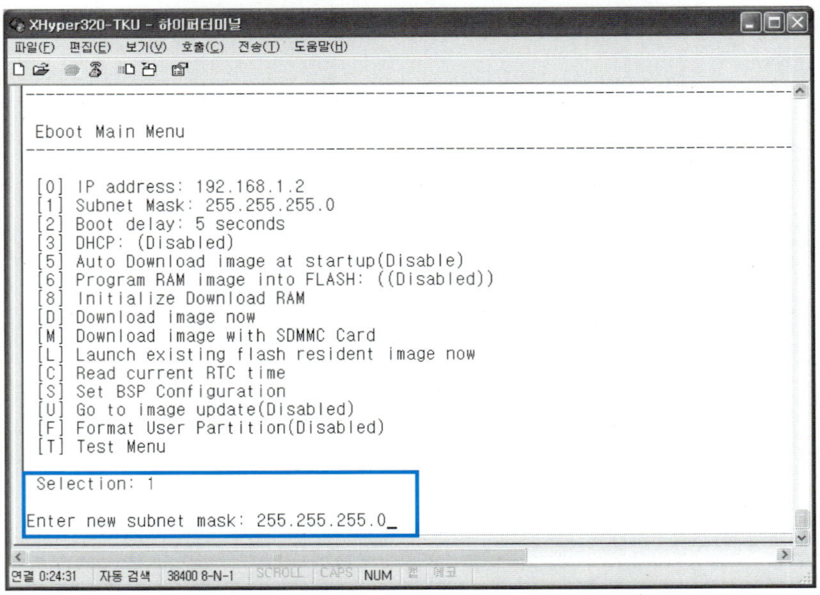

⑤ "2"를 선택하여 메뉴 화면 진입시간 설정을 "5"초로 설정한 후 "Enter"를 친다.

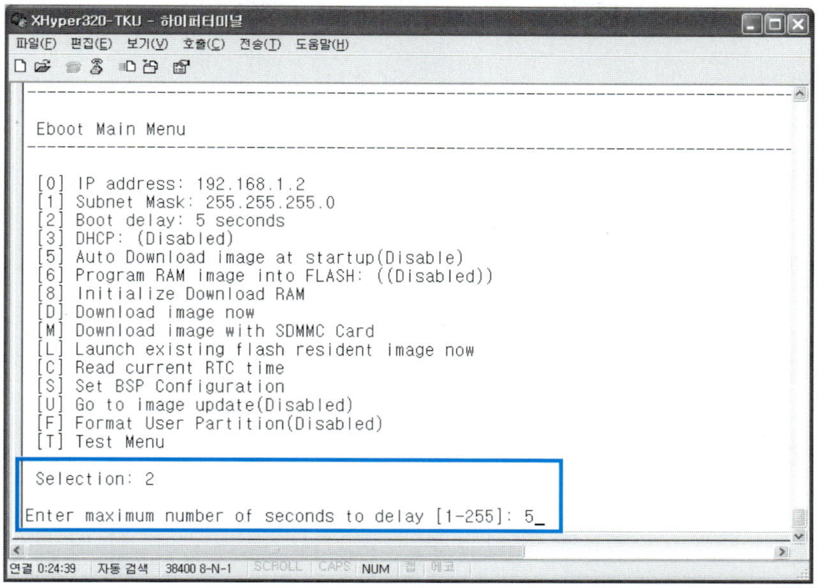

⑥ "3"을 눌러 DHCP 설정을 (Disabled)로 설정한다. 다시 "3"을 입력하면 (Enabled) 상태로 변화된다. "3"을 입력할 때마다 현재 설정의 값이 바뀐다.

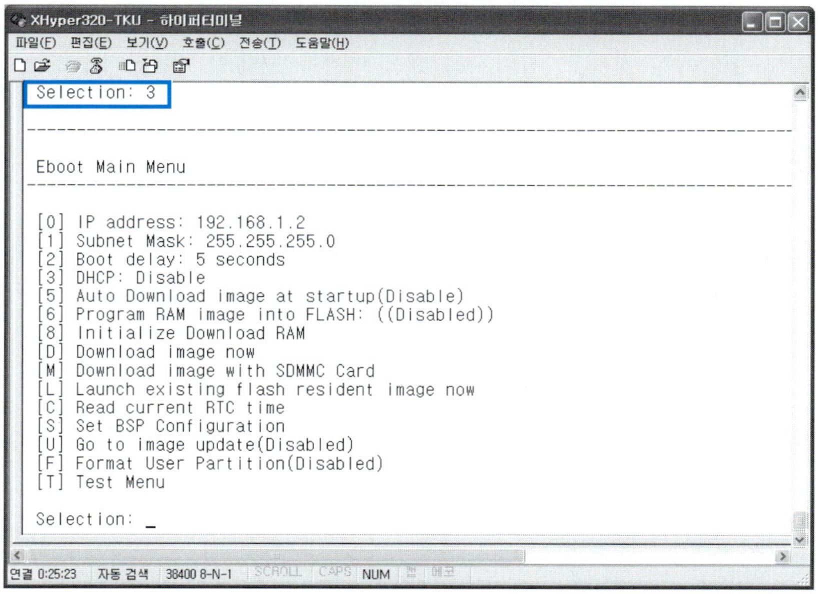

7 "5"를 눌러 "Auto Download Image at startup" 상태를 (Disabled) 상태로 설정한다. (Enabled) 상태가 되면 계속해서 이미지를 다운로드받아 부팅을 진행하게 된다.

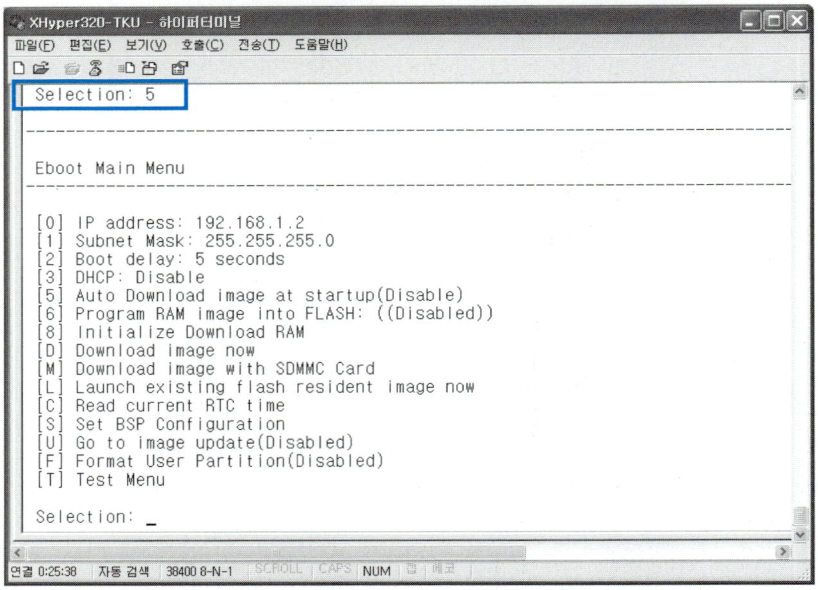

8 "6"을 눌러 "Program RAM image into FLASH" 상태를 (Enabled) 상태를 설정한다. (Enabled) 상태일 경우 다운로드받은 이미지를 FLASH에 적재하므로 타깃보드를 재부팅한 후에도 Flash에 적재된 이미지로 운영체제를 구동할 수 있다.

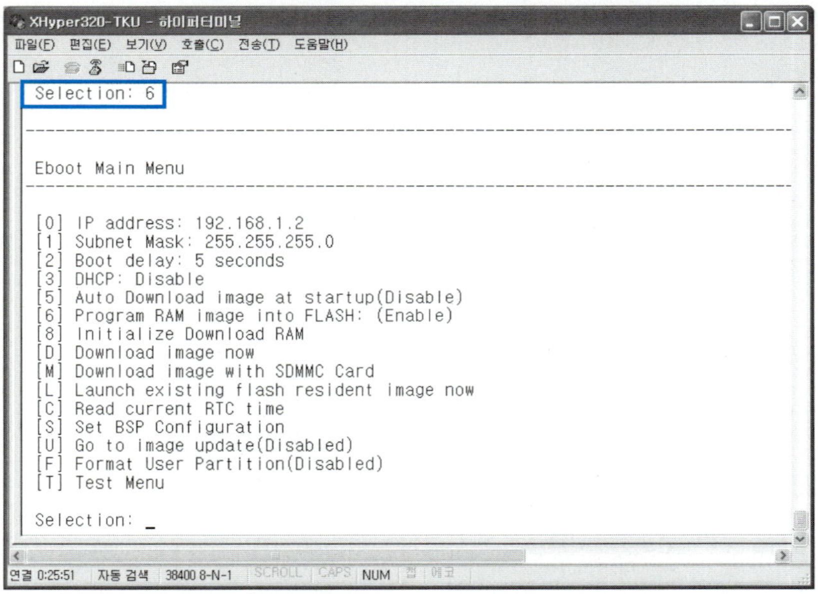

9 Kernel 다운로드(OS 이미지 다운로드)

(1) 호스트 컴퓨터 IP할당하기

호스트 컴퓨터와 타깃보드는 TCP/IP 인터넷 프로토콜을 사용하여 서로 통신을 한다. EBOOT 메뉴 설정에서 타깃보드의 IP를 192.168.1.2 의 IP를 할당하였다. IP가 할당된 타깃보드와 호스트 컴퓨터가 통신을 하려면 호스트 컴퓨터에 마지막 숫자만 다른 IP를 할당해야 한다.

[그림 5-12] 호스트 컴퓨터 IP 할당

5장

① 시작 → 제어판 → 네트워크 연결 에서 호스트 컴퓨터의 IP를 설정한다.

② 타깃보드와 연결된 Ethernet Card를 선택하여 오른쪽 마우스에서 속성을 클릭한다.

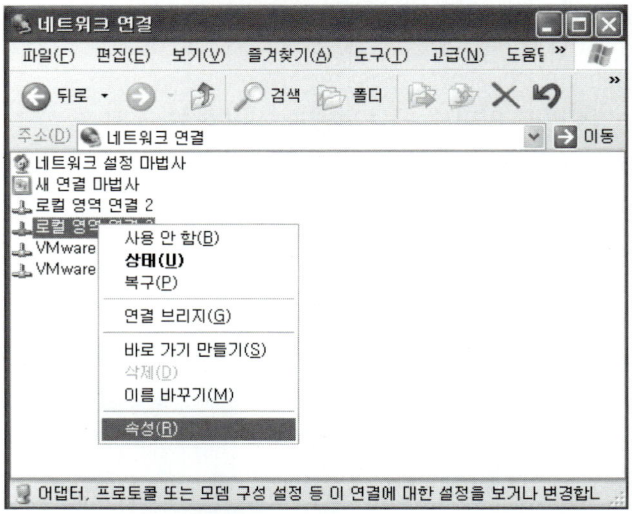

③ 인터넷 프로토콜(TCP/IP)를 선택하여 더블클릭한다.

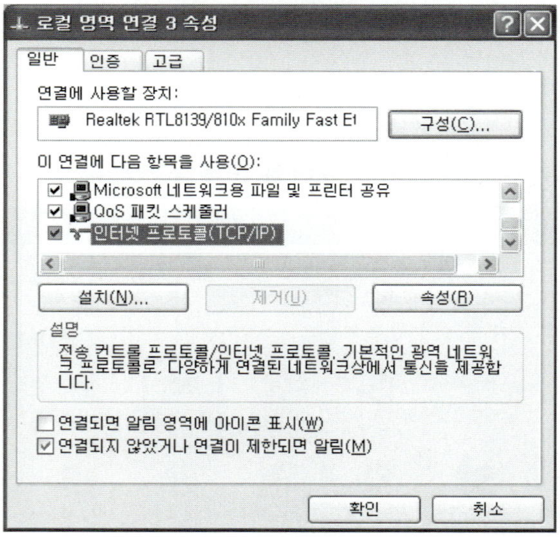

④ 인터넷 프로토콜(TCP/IP) 등록정보에서 다음과 같이 호스트 컴퓨터의 IP를 할당한다.

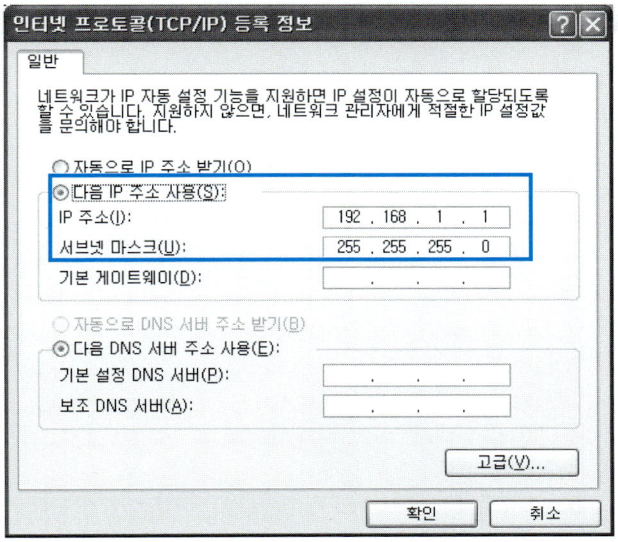

⑤ 설정이 끝났으면 "확인"을 누르고 설정을 마친다.

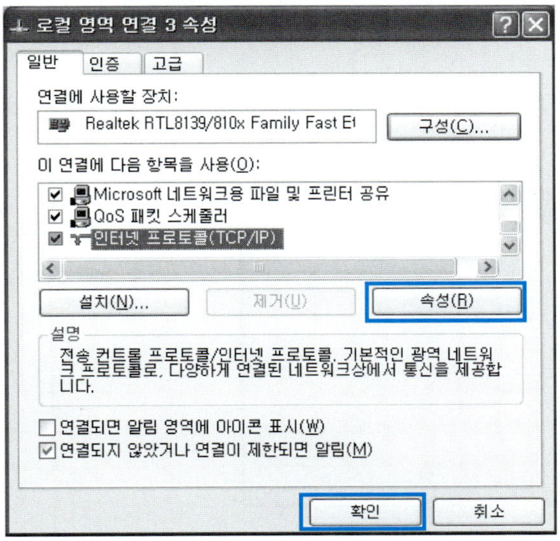

(2) 플랫폼 빌더에서 커널 다운로드

앞선 "이미지 빌드하기" 실습에서 이미 부트로더와 OS 커널 이미지가 생성된 것을 확인하였다. 이후 수정사항이 없었으므로 앞선 실습에서 생성된 이미지를 타깃보드에 올려 보도록 한다.

1 플랫폼 빌더를 실행시킨다. 메뉴에서 File→Open Workspace.. 을 선택한다.

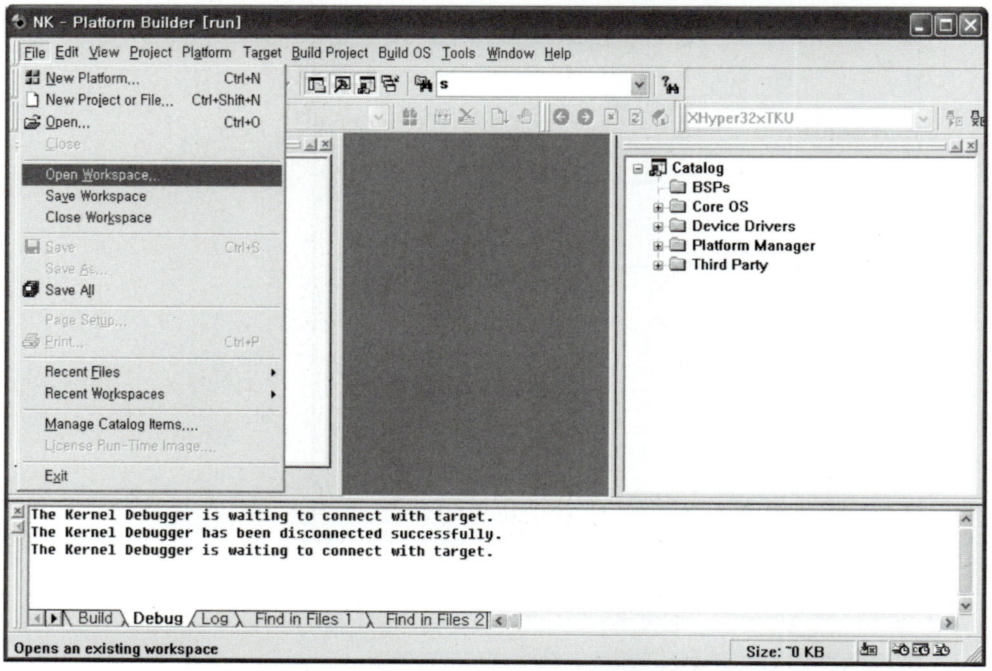

2 C: \ WINCE500 \ PBWorkspaces \ XHyper320TKU \ PBWS \ XHyper320TKU 경로의 320TKU_SAMPLE.pbxml 파일을 불러온다.

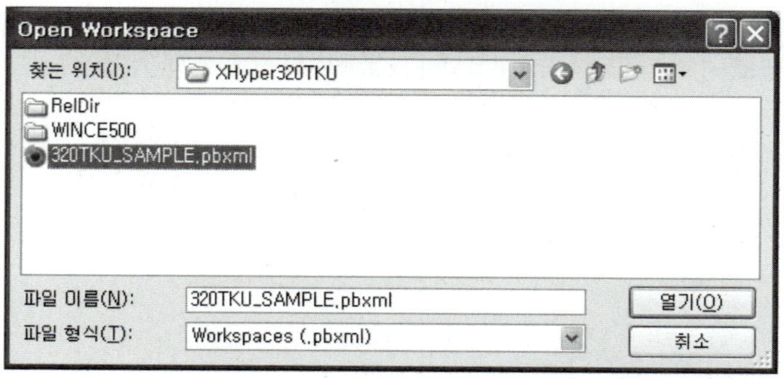

③ 플랫폼을 불러온 다음 플랫폼 빌더의 메뉴에서 Target → Connectivity..을 선택한다.

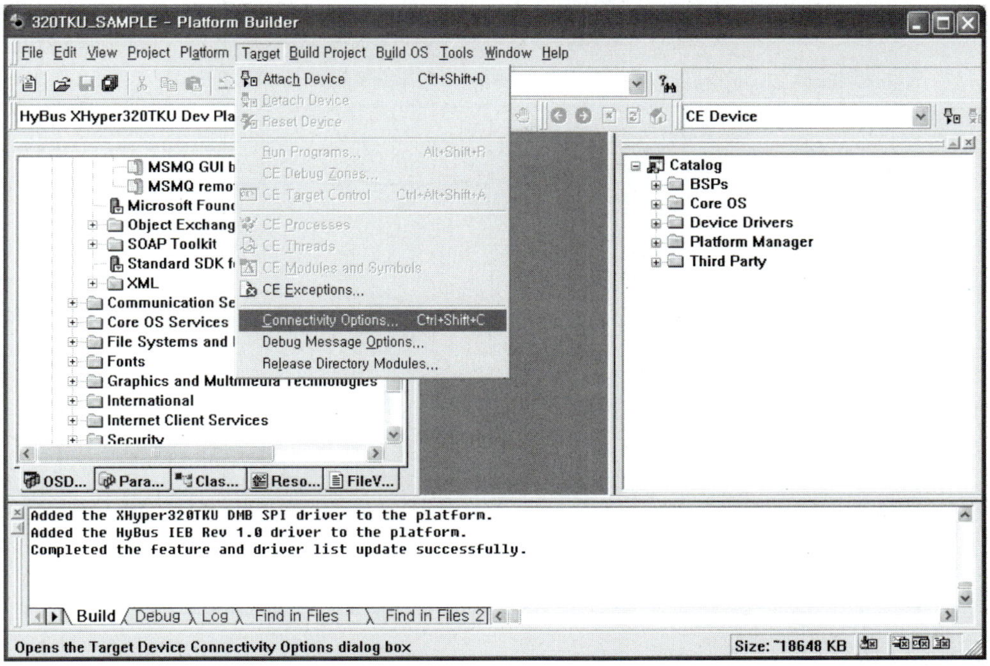

④ Connectivity Options 창이 열리면 "Add Device"를 클릭한다.

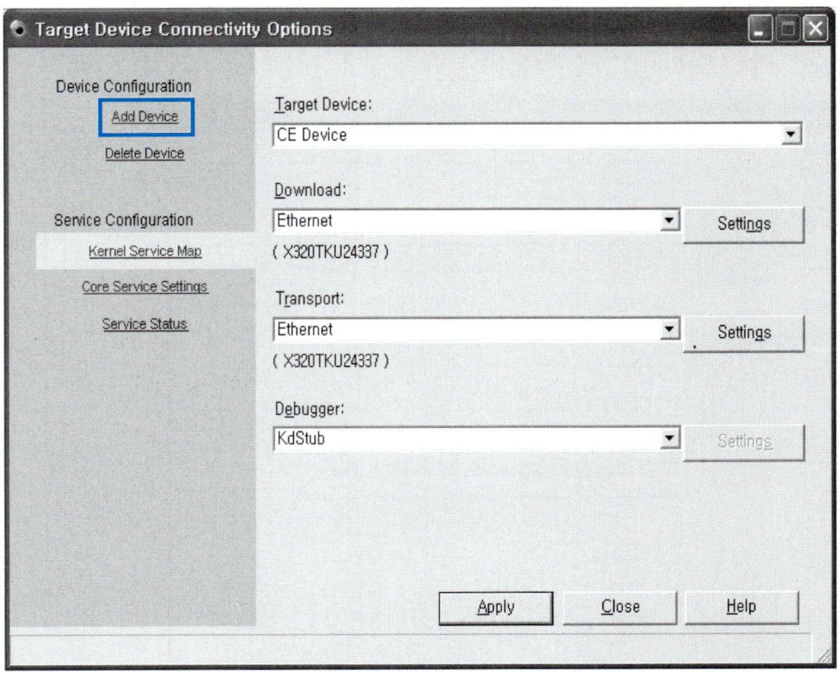

5 New target device name에서 새로운 이름을 “XHyper320TKU”라고 지정한다. 다음으로 “Kernel Service Map”를 클릭한다.

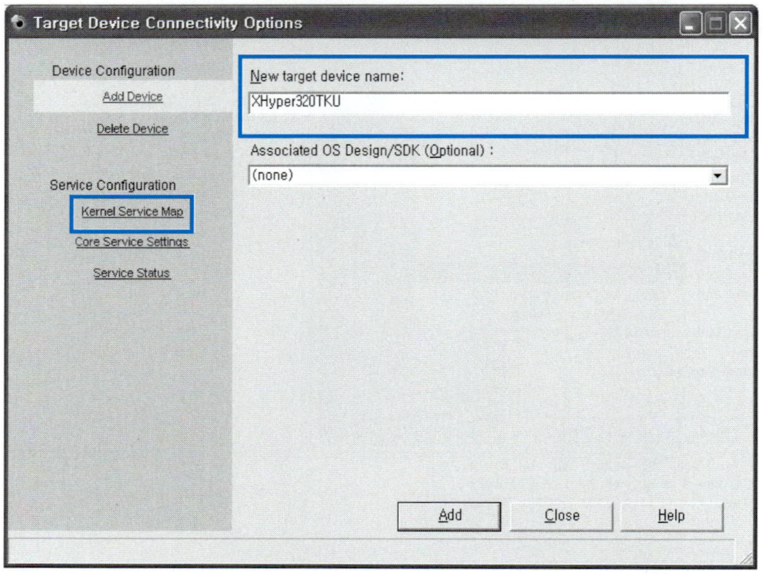

6 Target Device 이름을 “XHyper320TKU”라고 선택한 후 “Download”에서 “Ethernet”을 선택하고, “Transfor”에서도 마찬가지로 “Ethernet”을 선택한 다음 “Debuger”에서는 실시간 디버깅을 가능하게 해주는 기능을 가진 “KdStupb”을 선택한다. 그리고 “Download” 의 “Settings” 을 누른다.

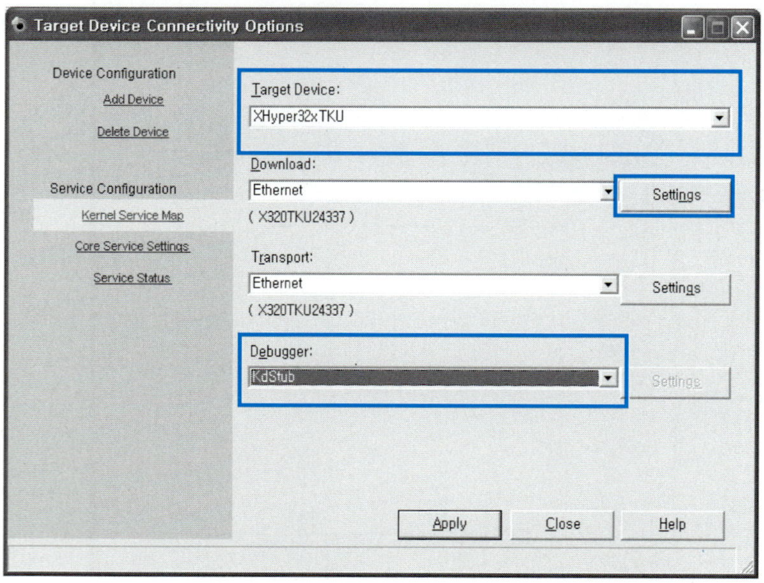

⑦ 플랫폼 빌더의 "Ethernet Download Settings" 창이 나타난다.

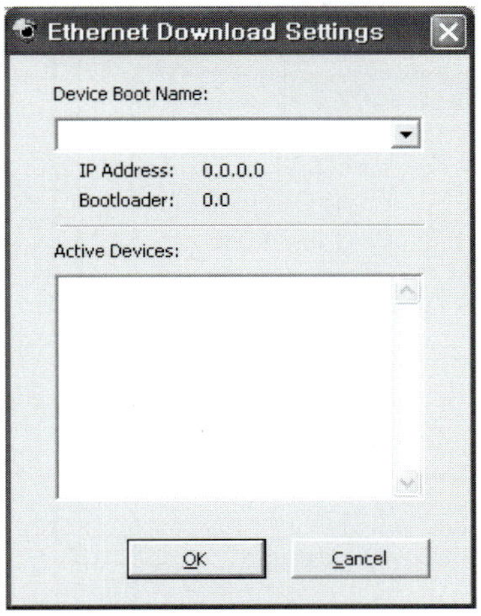

⑧ 하이퍼 터미널을 실행하고 타깃보드의 전원을 "ON"하고 5초안에 스페이스바를 입력을 하여 EBOOT 메뉴로 진입한다.

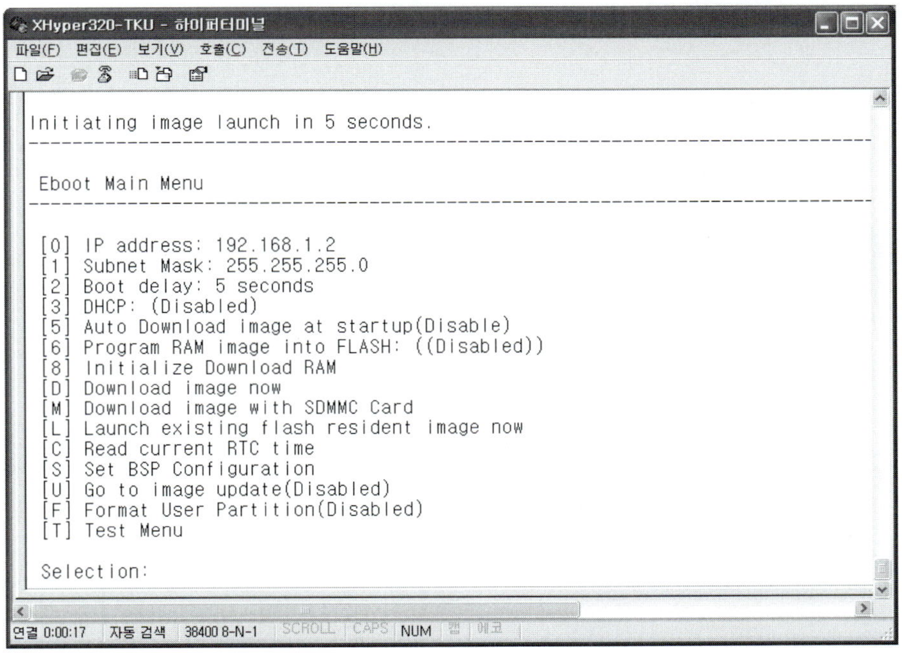

⑨ EBOOT 메뉴에서 6번항목인 "Program RAM image into FLASH"가 "Enable" 되어 있는지 확인하고 "Disable"되어 있다면 "6"을 눌러 설정을 바꾼다.

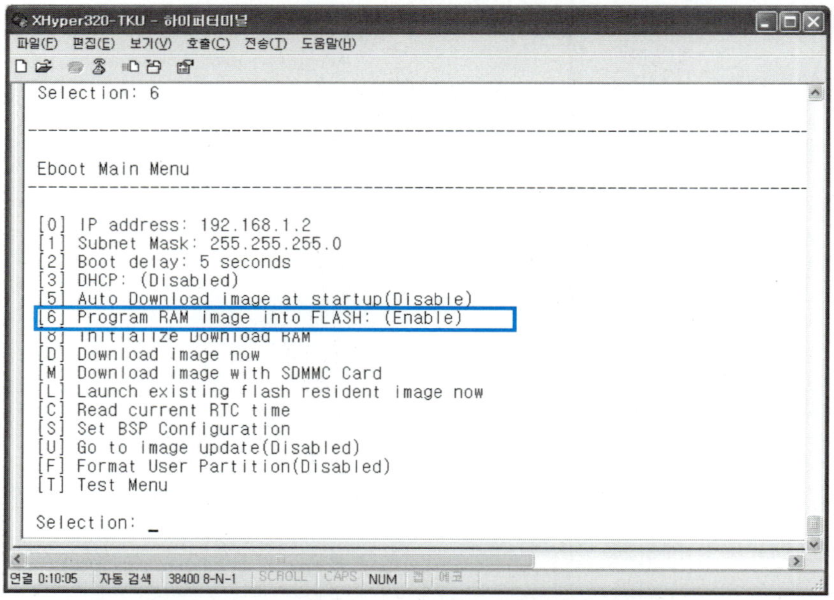

⑩ 다음으로 "Download image now" 항목인 "D"키를 입력하면 타깃보드는 커널 이미지를 다운로드받기 위해 브로드캐스드 IP인 255.255.255.255로 자신의 디바이스 이름을 전송한다.

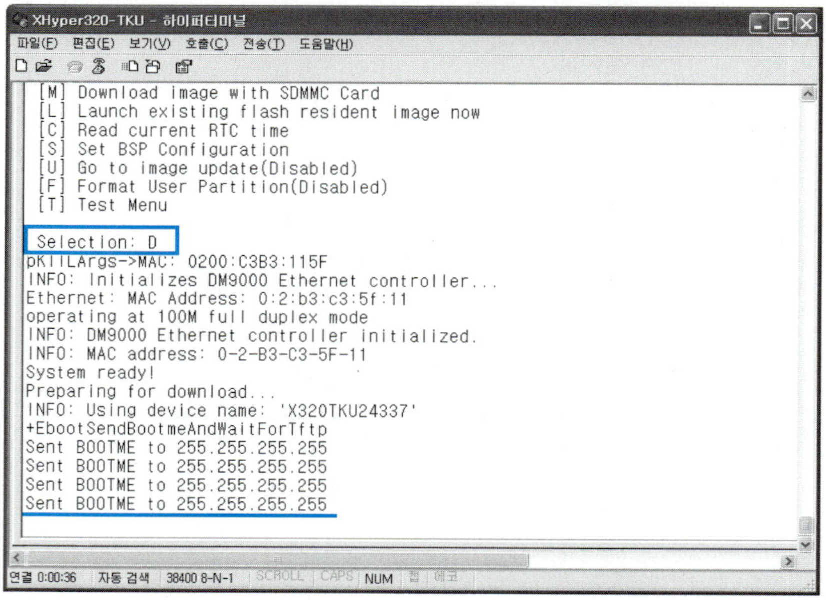

⑪ 플랫폼 빌더의 "Ethernet Download Settings" 창의 "Active Devices"에 타깃보드가 전송하는 디바이스 이름이 표시되면 디바이스를 클릭하여 "Device Boot Name"에 디바이스 이름을 추가한다. "OK"를 눌러 설정을 마친다.

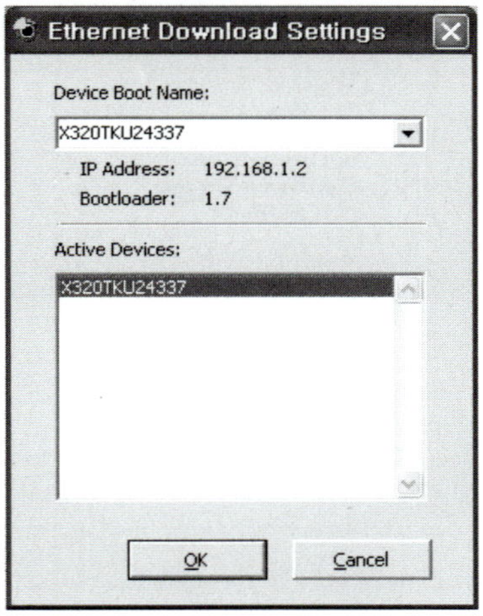

⑫ "Apply"를 누르고 "Close"를 눌러 타깃보드와의 연결설정을 마친다.

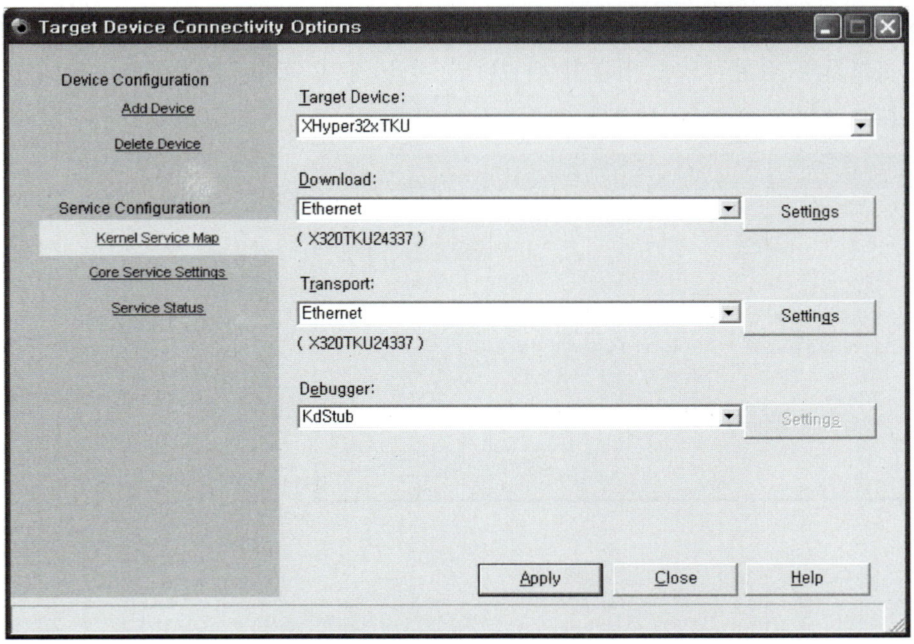

⑬ 플랫폼 빌더의 메뉴에서 Target → Attach Device 을 선택한다.

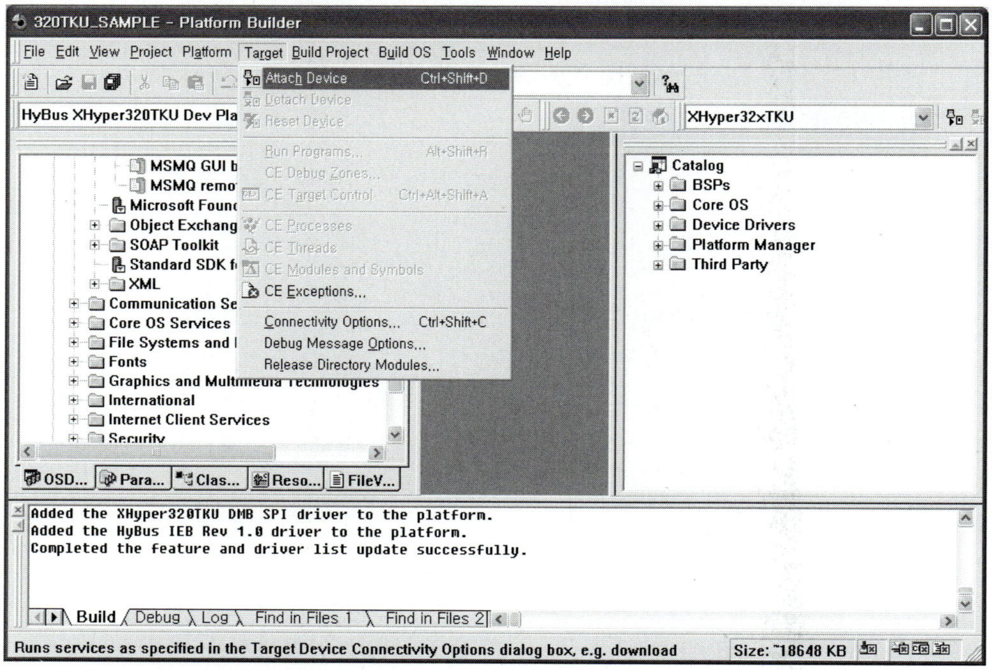

⑭ 타깃보드와 정상적으로 연결이 되었다면 다음 창이 나타나고, NK.bin 파일이 타깃 보드로 다운로드되는 상황을 확인할 수 있다.

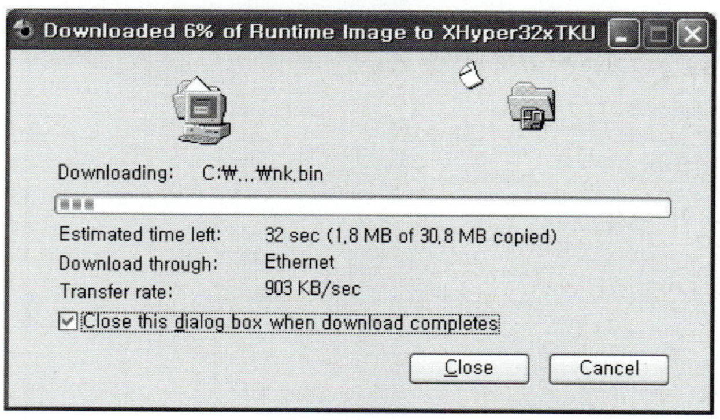

⑮ 하이퍼 터미널에서 다운로드되는 것을 모니터링할 수 있다.

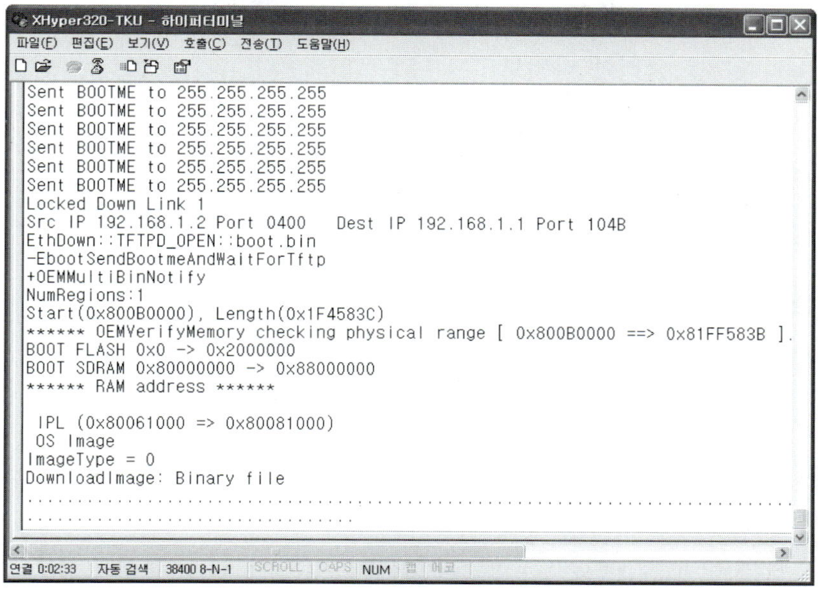

```
Sent BOOTME to 255.255.255.255
Sent BOOTME to 255.255.255.255
Sent BOOTME to 255.255.255.255
Sent BOOTME to 255.255.255.255
Sent BOOTME to 255.255.255.255
Sent BOOTME to 255.255.255.255
Locked Down Link 1
Src IP 192.168.1.2 Port 0400   Dest IP 192.168.1.1 Port 104B
EthDown::TFTPD_OPEN::boot.bin
-EbootSendBootmeAndWaitForTftp
+OEMMultiBinNotify
NumRegions:1
Start(0x800B0000), Length(0x1F4583C)
****** OEMVerifyMemory checking physical range [ 0x800B0000 ==> 0x81FF583B ].
BOOT FLASH 0x0 -> 0x2000000
BOOT SDRAM 0x80000000 -> 0x88000000
****** RAM address ******

 IPL (0x80061000 => 0x80081000)
 OS Image
ImageType = 0
DownloadImage: Binary file
..............................................................................
................................
```

⑯ 다운로드가 완료되면 곧 FLASH에 이미지를 기록한다. 정상적인 기록이 완료되었으면 타깃보드를 재부팅한다. 새로운 이미지로 기록된 Flash 메모리로부터 부팅이 진행된다.

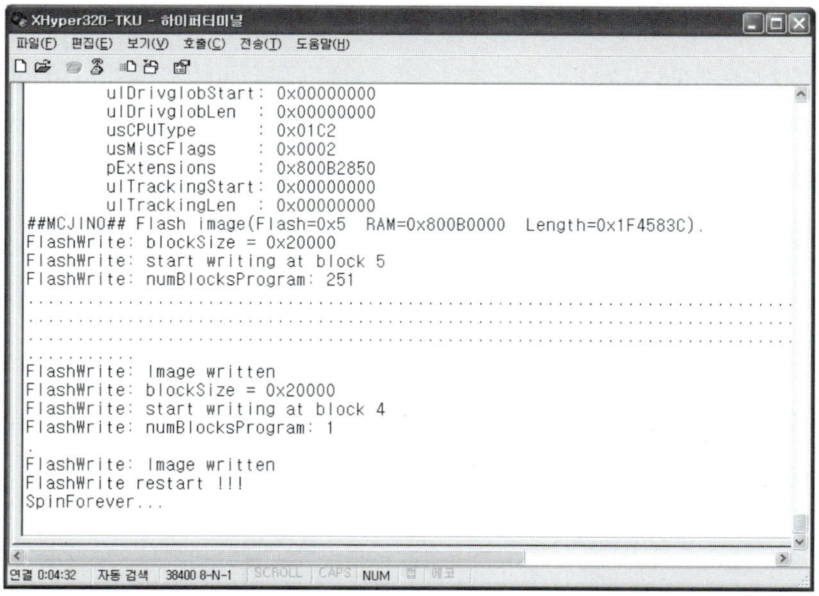

```
        ulDrivglobStart: 0x00000000
        ulDrivglobLen  : 0x00000000
        usCPUType      : 0x01C2
        usMiscFlags    : 0x0002
        pExtensions    : 0x800B2850
        ulTrackingStart: 0x00000000
        ulTrackingLen  : 0x00000000
##MCJINO## Flash image(Flash=0x5  RAM=0x800B0000  Length=0x1F4583C).
FlashWrite: blockSize = 0x20000
FlashWrite: start writing at block 5
FlashWrite: numBlocksProgram: 251
..............................................................................
..............................................................................
..............................................................................
...........
FlashWrite: Image written
FlashWrite: blockSize = 0x20000
FlashWrite: start writing at block 4
FlashWrite: numBlocksProgram: 1
.
FlashWrite: Image written
FlashWrite restart !!!
SpinForever...
```

5장

(3) 생성된 커널 이미지 다운로드

앞에서는 플랫폼상의 이미지를 다운로드하여 보았다. 이번에는 이미 생성된 커널 이미지만 있을 경우 이미지를 불러와 타깃보드에 다운로드해본다.

1 플랫폼 빌더의 메뉴에서 File → Open.. 을 선택한다.

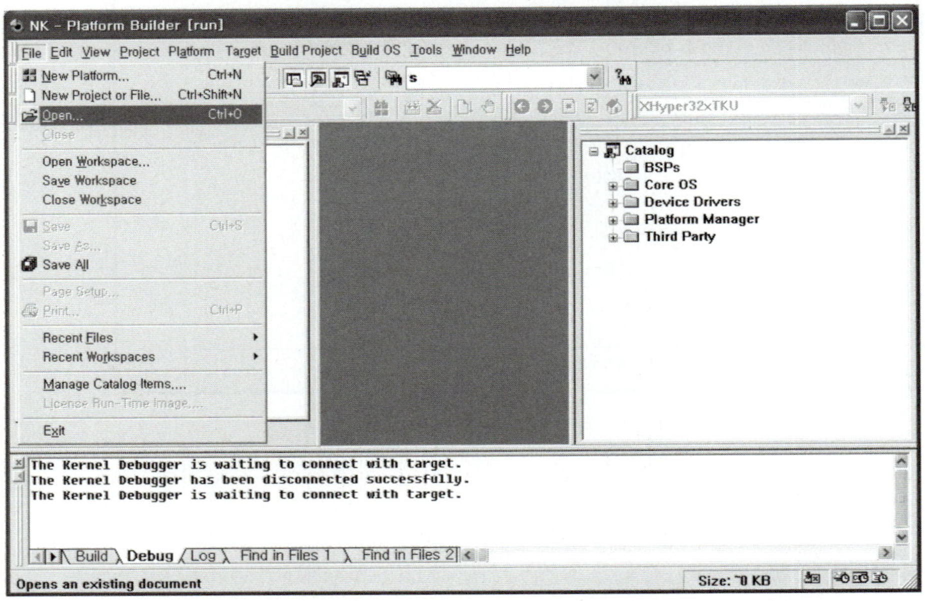

2 커널 이미지가 존재하는 경로로 이동한다. 제공되는 CD의 image 폴더나 앞선 실습에서 생성된 이미지가 있는 경로로 이동하여 커널 이미지를 선택한다. 파일이 많으므로 파일형식에서 "Kernel Files"를 선택하면 쉽게 찾을 수 있다.

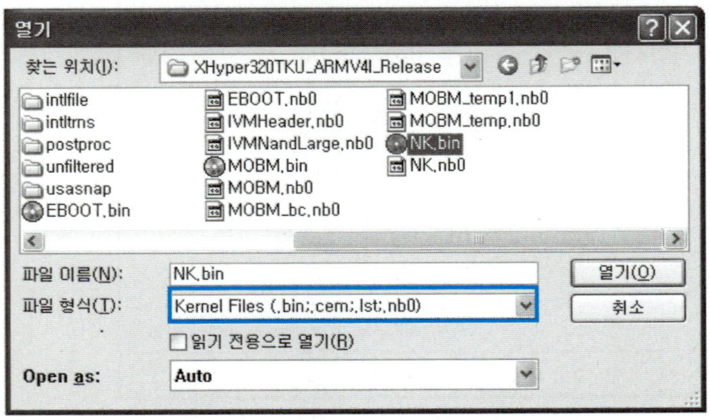

③ Workspace 창에서 "NK.bin" 항목을 확인할 수 있다. Connectivity Device Name 항목에서 앞에서 설정했던 "XHyper320TKU"를 선택한다. 이것으로 앞서 설정했던 Device 설정이 그대로 적용되어진다.

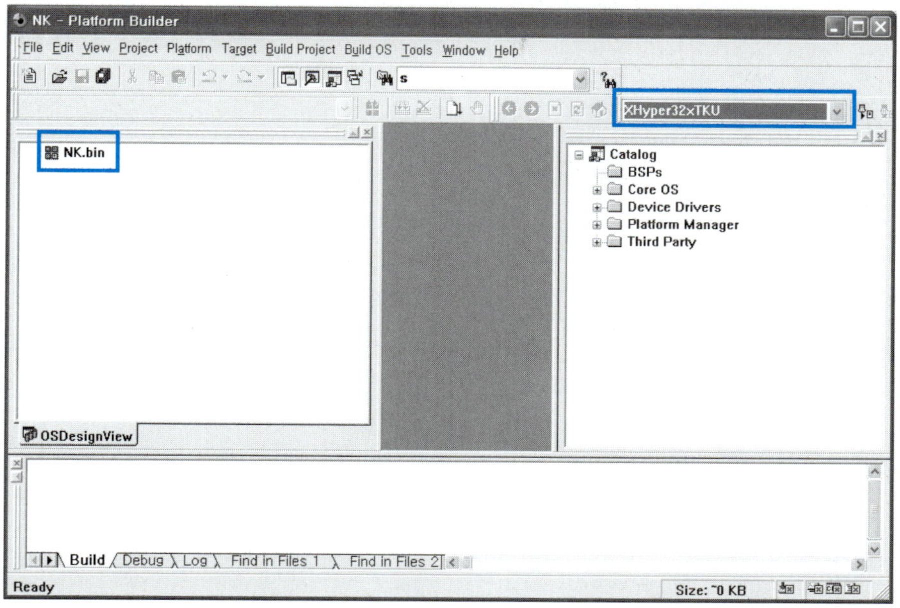

④ 플랫폼 빌더의 메뉴에서 Target → Attach Device 을 선택한다.

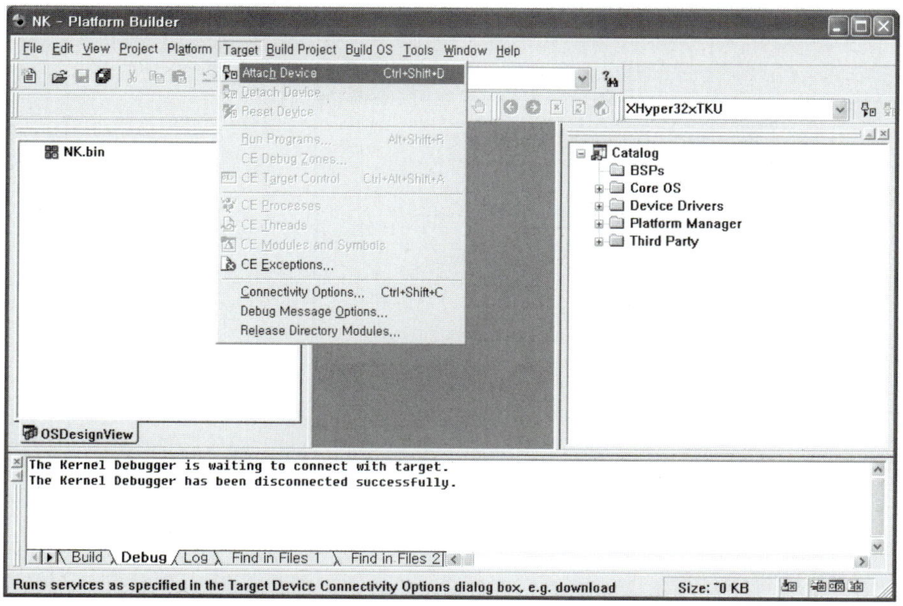

⑤ 하이퍼 터미널을 열고 EBOOT메뉴에서 “D”를 눌러 커널 이미지 다운로드를 시도 한다.

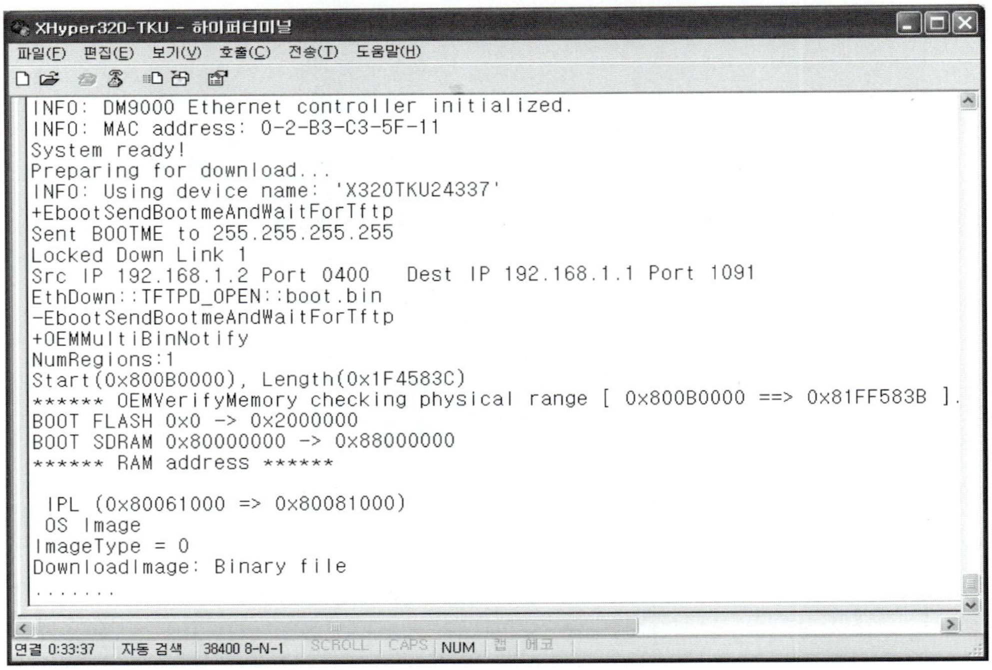

⑥ 타깃보드와 호스트 컴퓨터가 정상적으로 연결되었다면 커널 이미지가 다운로드 되는 것을 볼 수 있다.

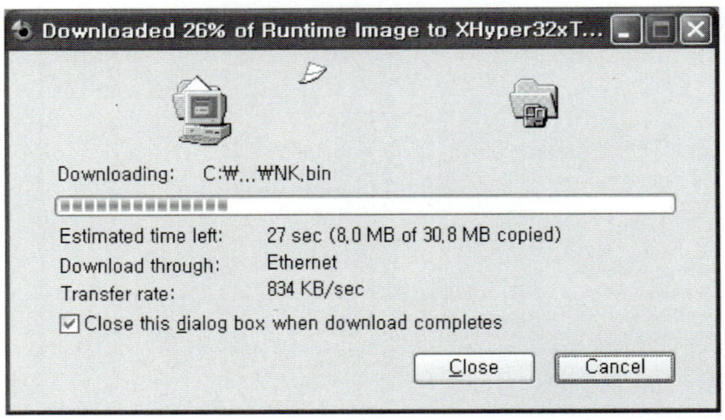

6장 모바일 핸드헬드 디바이스

학습목표

지금부터 Windows CE 5.0 이미지를 만들기 위한 작업이 시작된다. 플랫폼 빌더를 이용하여 플랫폼을 생성하고 Mobile Handheld 플랫폼에 구성요소를 추가하여 이미지 생성을 해봄으로써 Windows CE의 생성과정을 알아보고 타깃보드에 생성된 이미지를 올려본다.

6.1 모바일 핸드헬드 디바이스 플랫폼 생성

모바일 핸드헬드(Mobile Handheld) 디자인 템플릿은 클램쉘과 키보드를 가진 모바일 장치를 위한 기능들을 제공하며, Mobile Handheld는 인터넷 액세스, 주소록, 캘린더, 이메일 등의 다양한 기능을 사용자에게 제공하는 휴대용 장치를 말한다.

✔ 클램쉘 : PDA의 구조와 외부형태에 따른 분류로 조개와 같이 덮개로 되어 있는 PDA 6인치 정도의 상대적으로 큰 스크린을 통한 콘텐츠 제작, 워드프로세서, 스프레드시트, 프리젠테이션 등과 같은 오피스 애플리케이션이 포함되어 있으며, 보험판매 자동화 의료부문에서 주로 사용되고 있다.

1 플랫폼 생성

① 플랫폼 빌더의 메뉴에서 File→New Platform..을 선택한다.

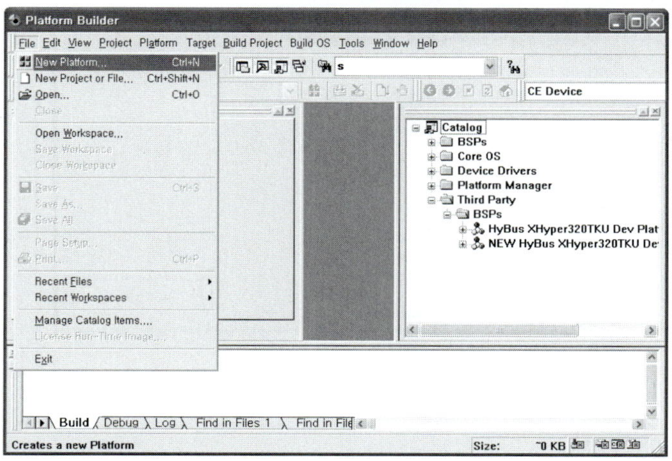

2 New Platform을 실행하면 “New Platform wizard”가 실행된다. “Next”를 눌러 설치를 진행한다.

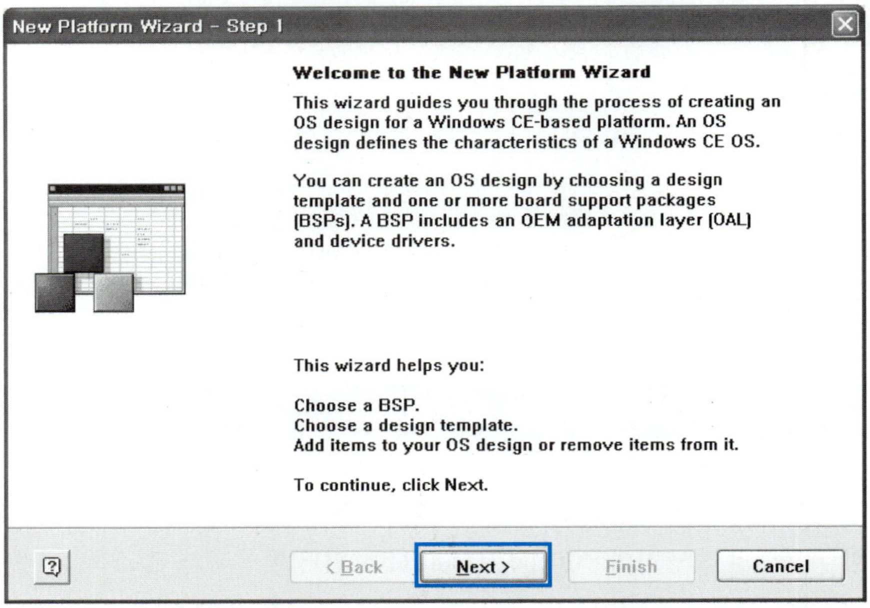

3 Workspace 이름을 입력하고 “Next”를 누른다.

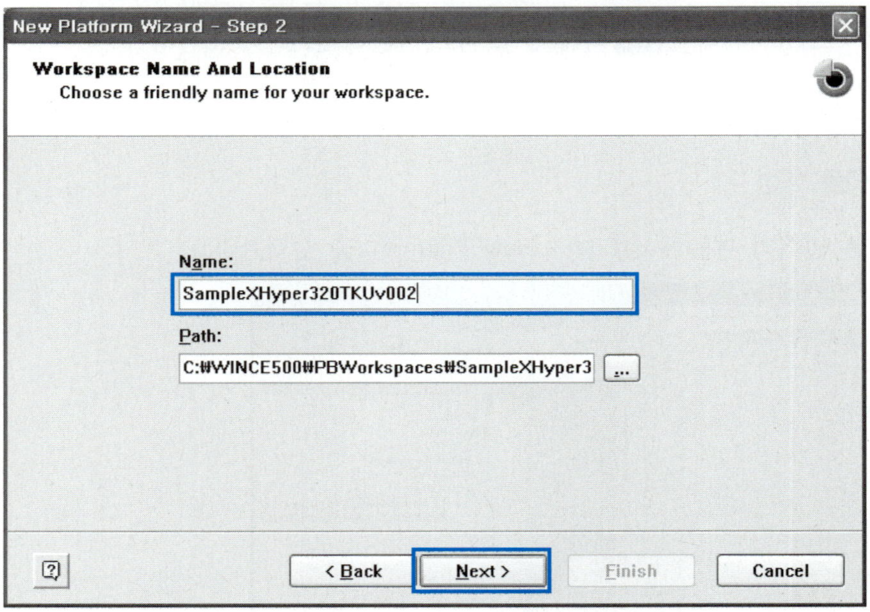

④ Available BSPs에서 “HYBUS XHYPER320TKU DEV PLATFORM:ARMV4I”를 선택하고 “Next”를 누른다.

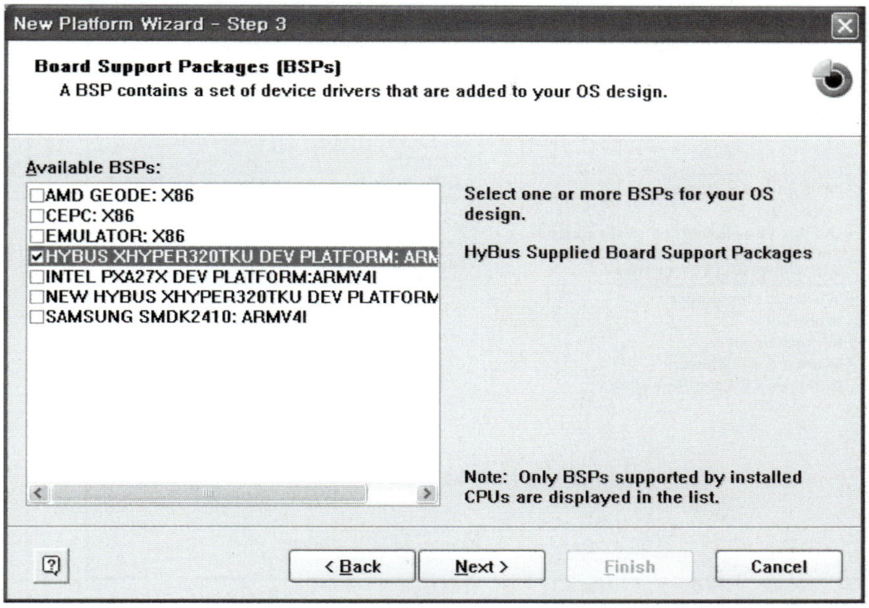

⑤ Desin template에서 “Mobile Handheld” 를 선택한다.

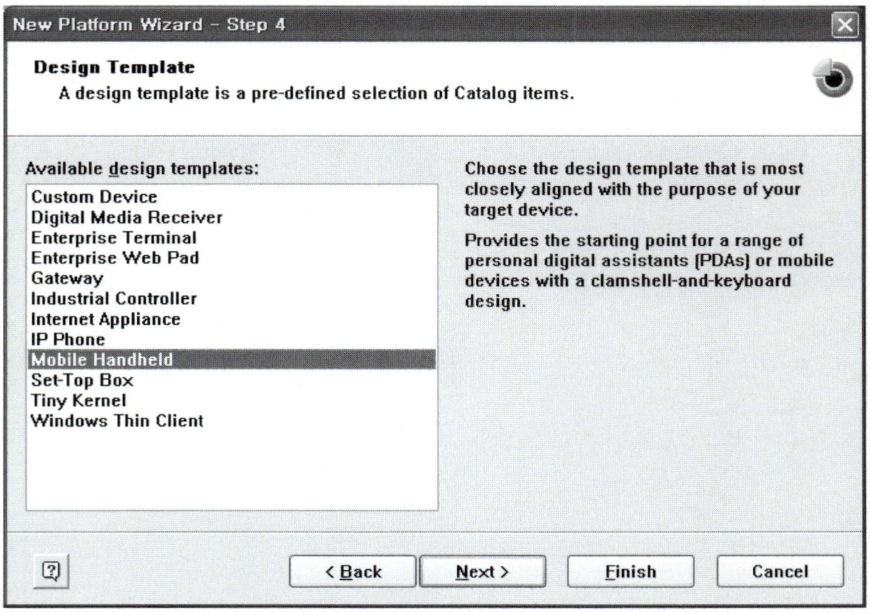

⑥ 플랫폼 형태를 지정하고 나면 생성할 플랫폼에 제공될 애플리케이션과 미디어 관련 응용프로그램을 선택한다. 필요한 부분만 추가하며 추후 Catalog를 통해 추가할 수 있다.

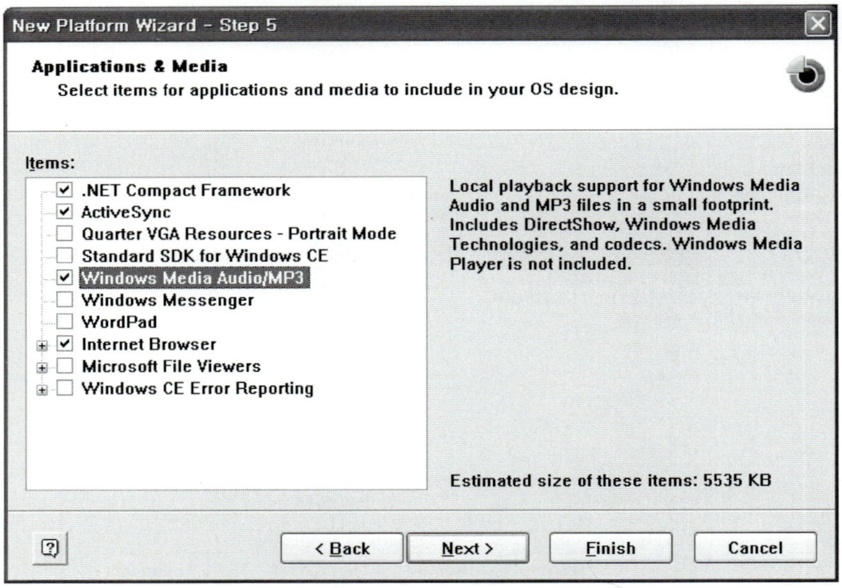

- Items 항목에 대해서 알아보면 다음과 같다.

① .NET Compact Framework
: .NET Compact Framework는 Microsoft .NET용 스마트 장치 개발 플랫폼으로서 언제, 어디서 어떤 장치에서나 소비자에게 최상의 경험을 제공한다는 Microsoft의 목표를 실현하게 해 주는 중요한 부분으로, .NET Compact Framework는 관리되는 코드와 XML 웹서비스의 세계를 스마트 장치로 옮겨주어 PDA, 휴대폰 및 셋톱박스와 같은 장치에서 다운로드 가능한 안전한 응용프로그램을 실행할 수 있게 해준다.

② ActiveSysnc
: Windows CE의 운영체제를 사용하는 장치(PDA, Handheld Device)와 일반 PC 사이에 데이터 공유를 가능하게 하는 동기화 소프트웨어이다.

③ Quarter VGA Resource – Portrait Mode
: Landscape와 반대되는 모드로 240 X 320으로 길게 나오는 모드이다.

④ Windows Media Audio/MP3
: 윈도우즈 미디어 플레이어를 위한 DirectShow, 윈도우즈 미디어 기술, 코덱, MP3 파일 등을 지원한다.

⑤ WordPad
: 윈도우즈 CE 기반의 워드프로세서를 지원한다.

⑥ Internet Explorer 6.0
: 윈도우즈 CE 기반의 인터넷 익스플로러 6.0 브라우저를 지원한다.

7 다음은 타깃보드에서 사용할 네트워킹과 통신부분의 구성요소들을 선택하는 창이다.

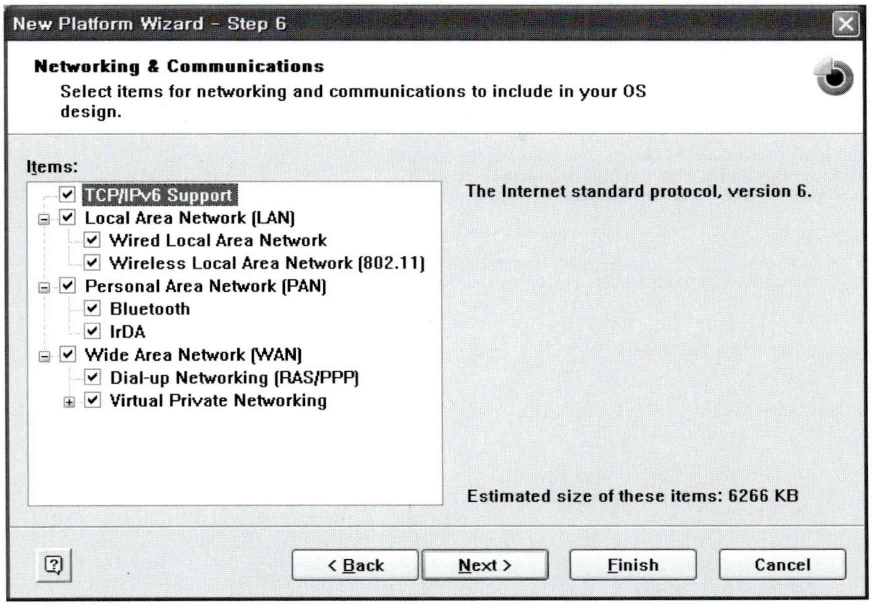

8 블루투스(Bluetooth)나 IrDA를 선택했을 경우 보안관련 경고가 나타난다. “Next”를 클릭한다.

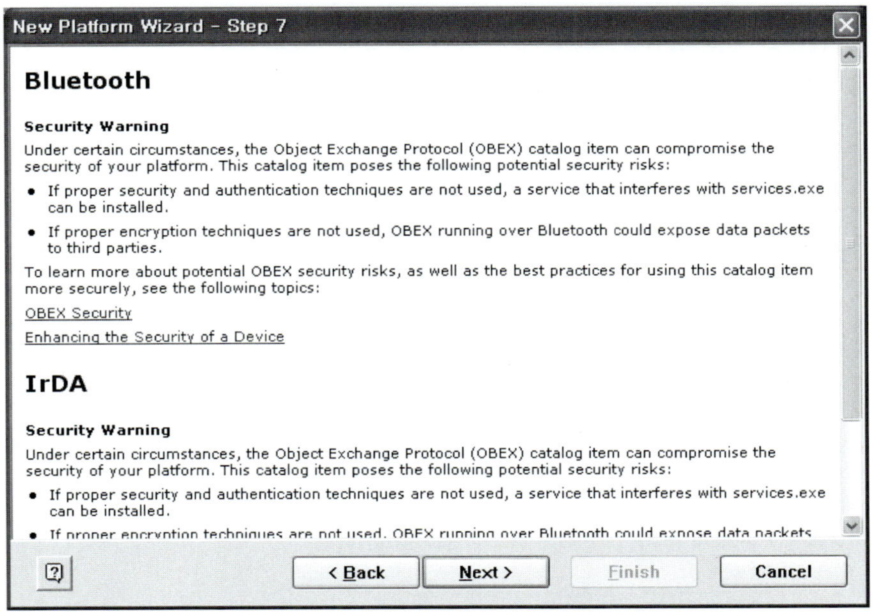

6장

9 "Finish"를 눌러 설정을 완료한다.

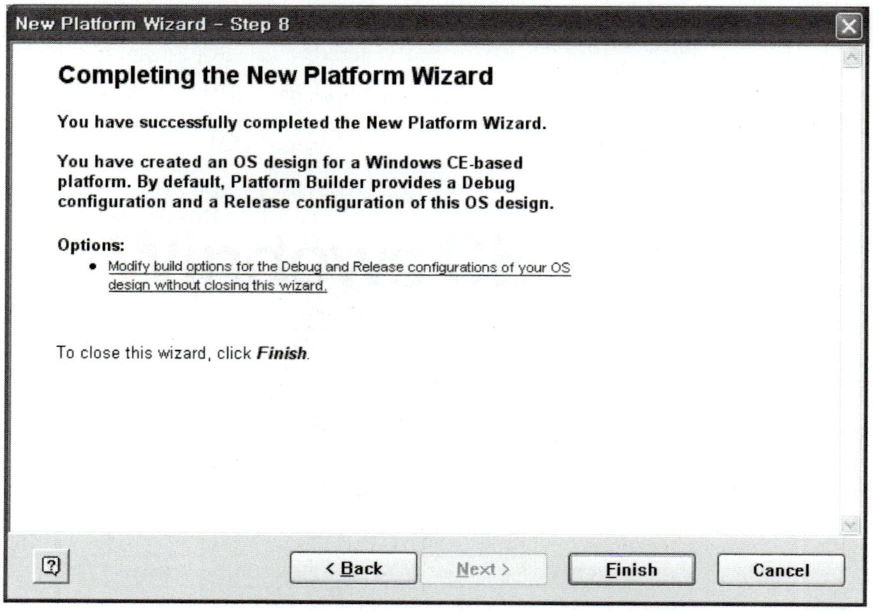

10 새로운 플랫폼이 생성이 되면 플랫폼 빌더의 Workspace 창에 추가된 항목을 볼 수 있다.

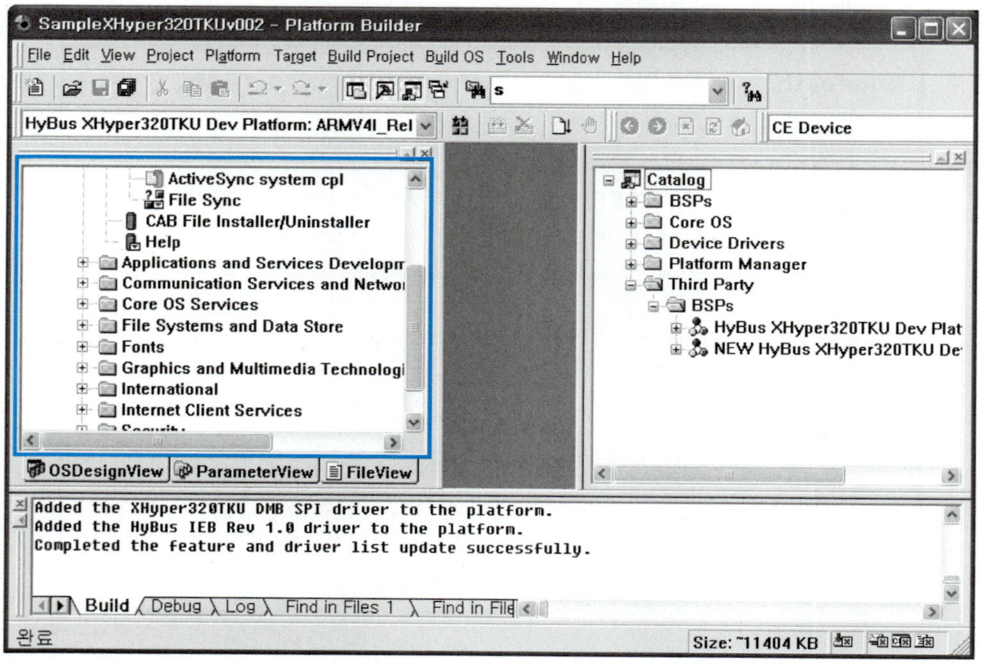

⑪ 다음으로 플랫폼 빌더의 메뉴에서 File → Settings.. 를 선택한다.

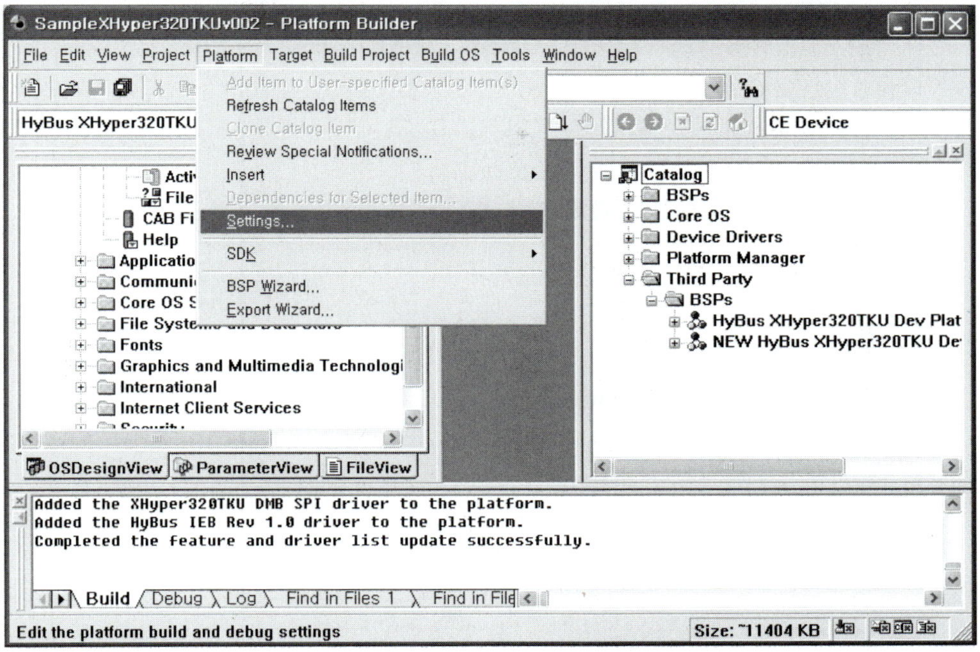

⑫ Platform Settings 창이 열린다.

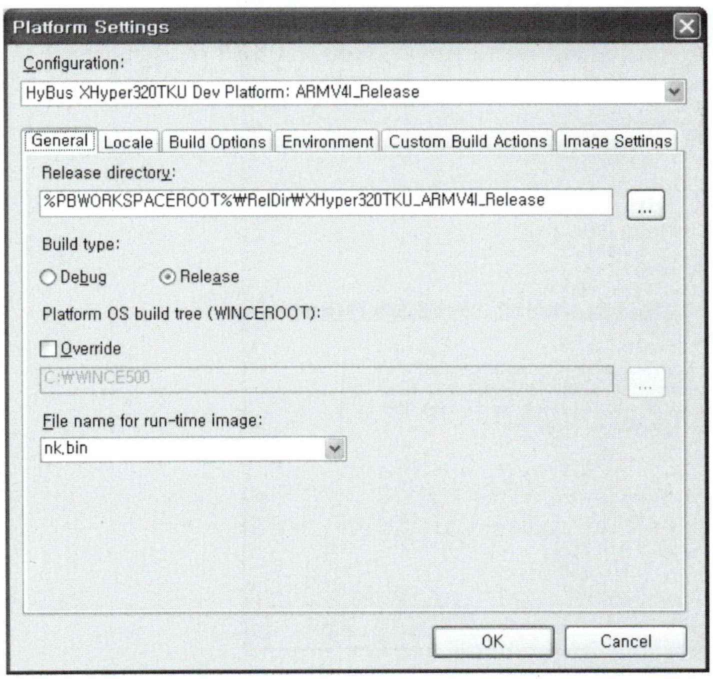

6장

⑬ Locale 창에서 한국어를 선택한다.

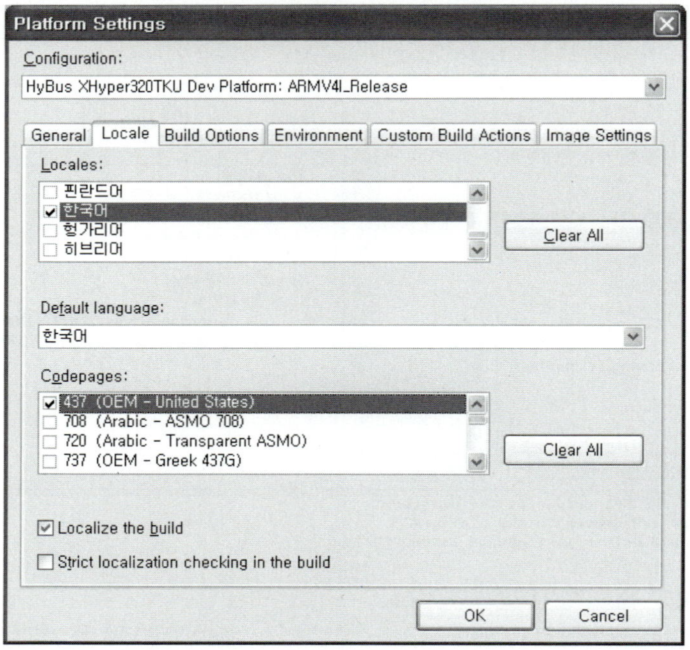

⑭ "Build Options"에서 다음과 같이 설정한 다음 "OK"를 눌러 설정을 마친다.

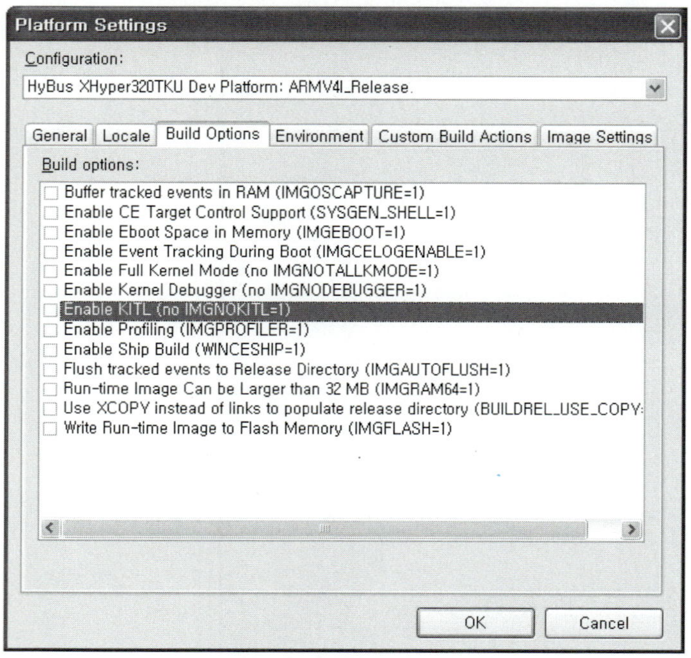

6.2 구성요소 추가

앞의 실습에서 플랫폼 마법사를 이용하여 TFT LCD, Touch, Audio, USB Host, NOR Flash Media Drivers, Hive-Based Registry, USB Client, Ethernet, SD/MMC, PCMCIA/CF, MFC 라이브러리의 구성요소들을 추가해 주었다. 그러나 커널 이미지를 만들기 위해서는 Catalog에서 몇 가지 구성요소들을 더 추가해 주어야 한다. 구성요소들을 추가해 주는 작업은 Catalog창에서 이루어진다. 플랫폼 빌더에서 Catalog 창이 보이지 않을 경우에는 메뉴에서 View → Catalog를 선택한다.

1 구성요소 추가방법

① 개발자는 검색기능을 이용해서 원하는 것을 쉽게 찾을 수 있다. 먼저 검색을 하고자 하는 분류에서 오른쪽 마우스의 버튼을 클릭하고 "Find"를 선택한다.

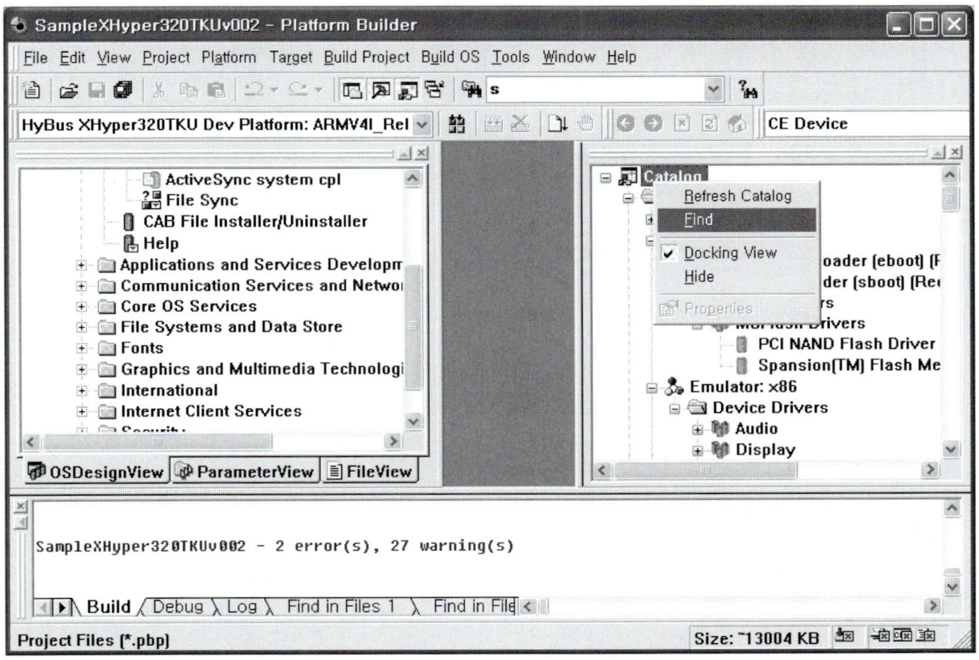

2 "Find"를 누르면 다음과 같은 창이 열린다. "Find what"에 검색하려고 하는 키워드를 입력한다.

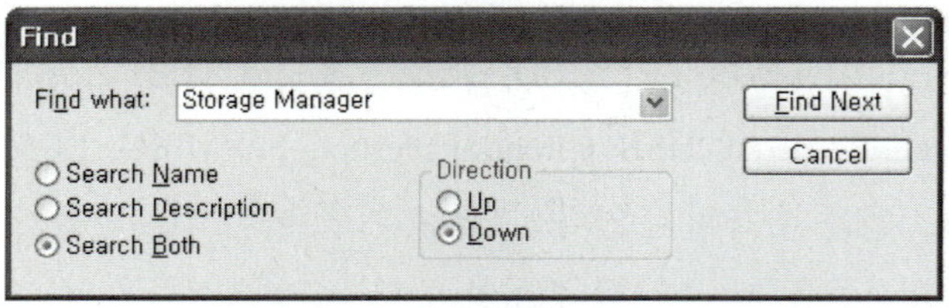

3 검색이 되었으면 추가하고자 하는 항목에서 오른쪽 마우스를 클릭하면 "Add to OS Design"을 클릭한다.

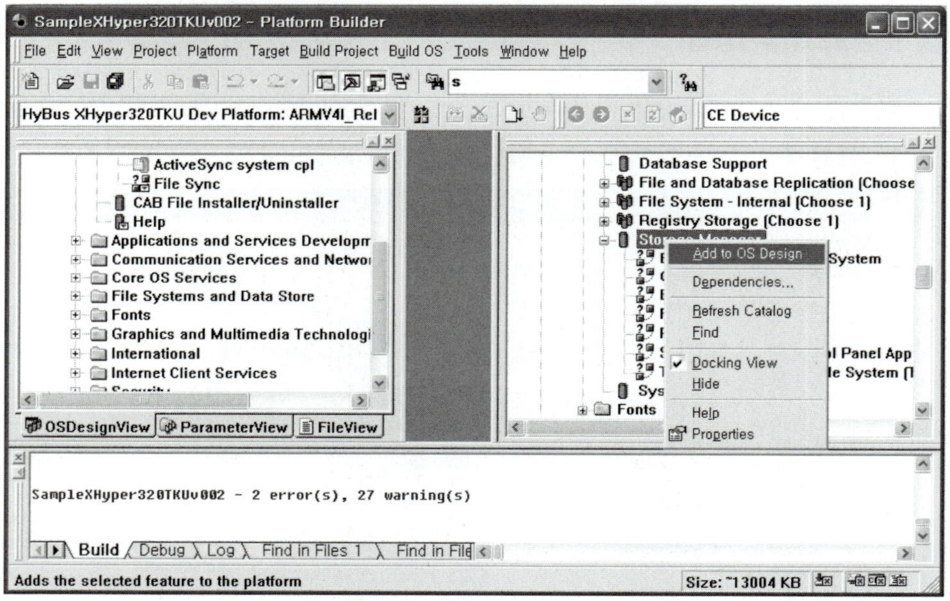

④ 추가된 항목의 확인은 왼쪽의 Workspace 창에서 확인이 가능하다.

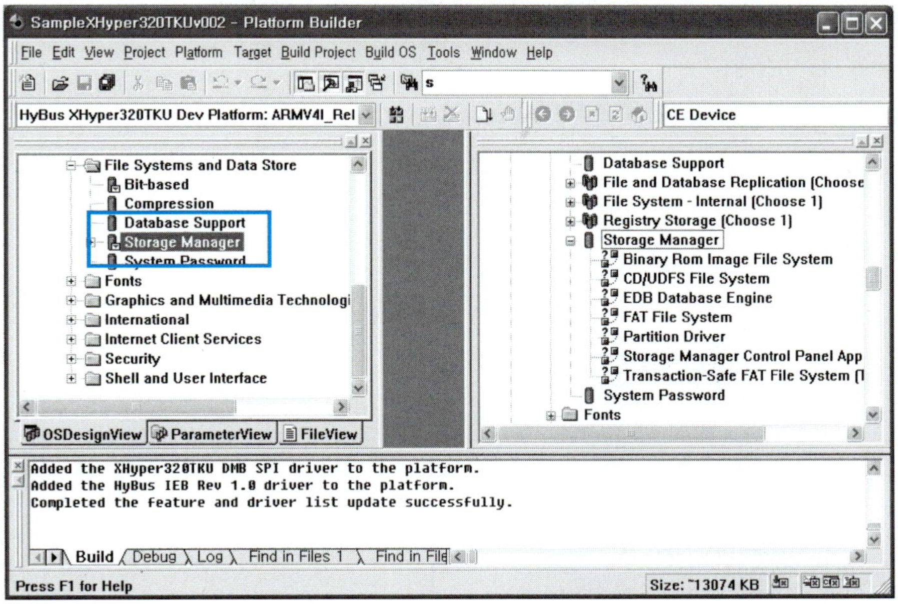

2 TFT LCD

① 플랫폼 빌더에서 구성요소 추가를 시작한다. TFT LCD를 사용하고자 할 경우에는 Catalog에서 XHyper320TKU Display를 추가한다.

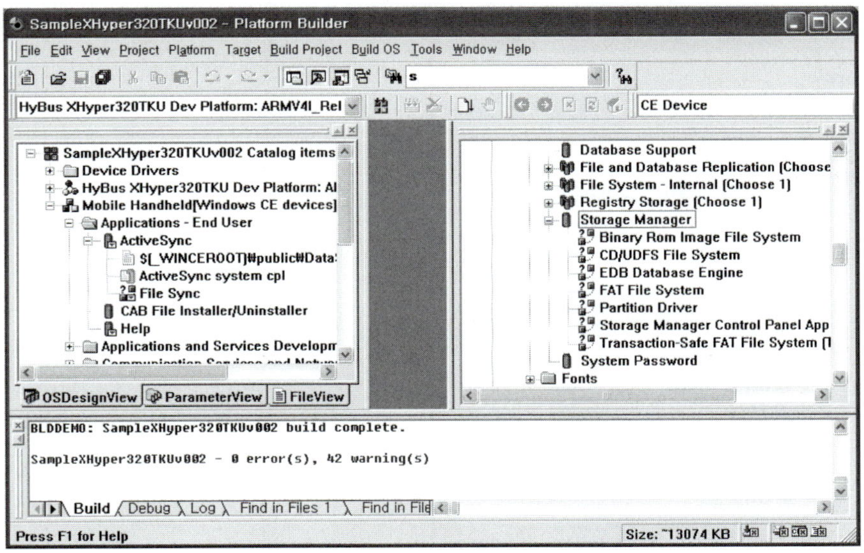

2 Catalog 창에서 Third Party → BSPs → HyBus320TKU Dev Platform : ARMV4I → Device Drivers → Display → XHyper320TKU Display 를 "Add to OS Design"을 클릭하여 추가한다.

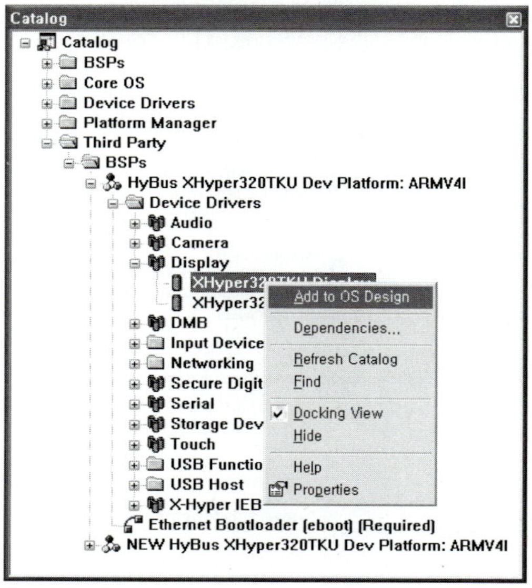

3 Catalog 창에서 Third Party → BSPs → HyBus320TKU Dev Platform : ARMV4I → Device Drivers → Display → XHyper320TKU VGA OUT 를 "Add to OS Design" 을 클릭하여 추가한다.

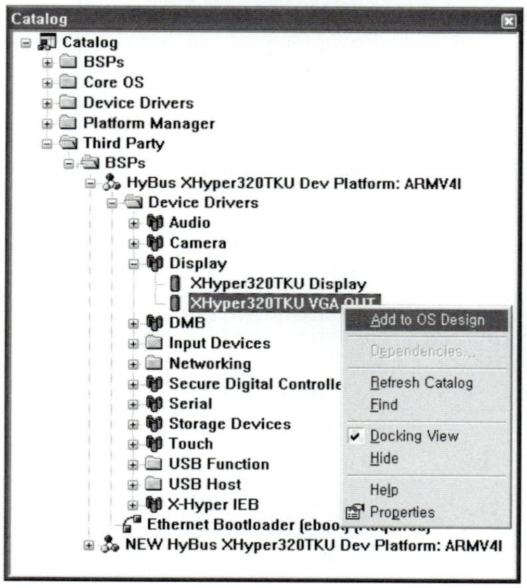

④ 추가된 항목은 "Workspace"에서 확인할 수 있다.

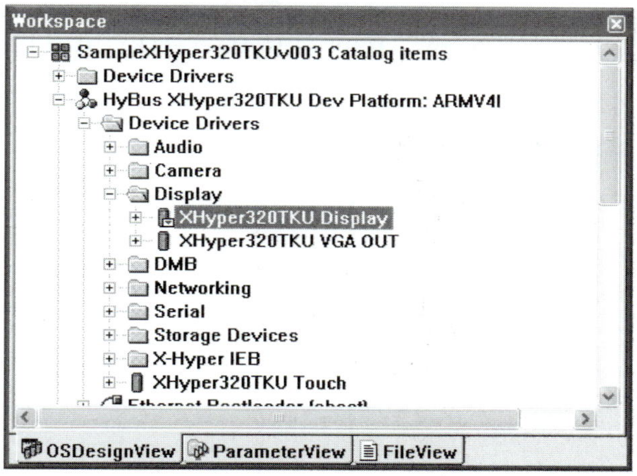

⑤ Catalog 창에서 항목을 드래그하여 Workspace 창으로 이동하여도 항목이 추가된다.

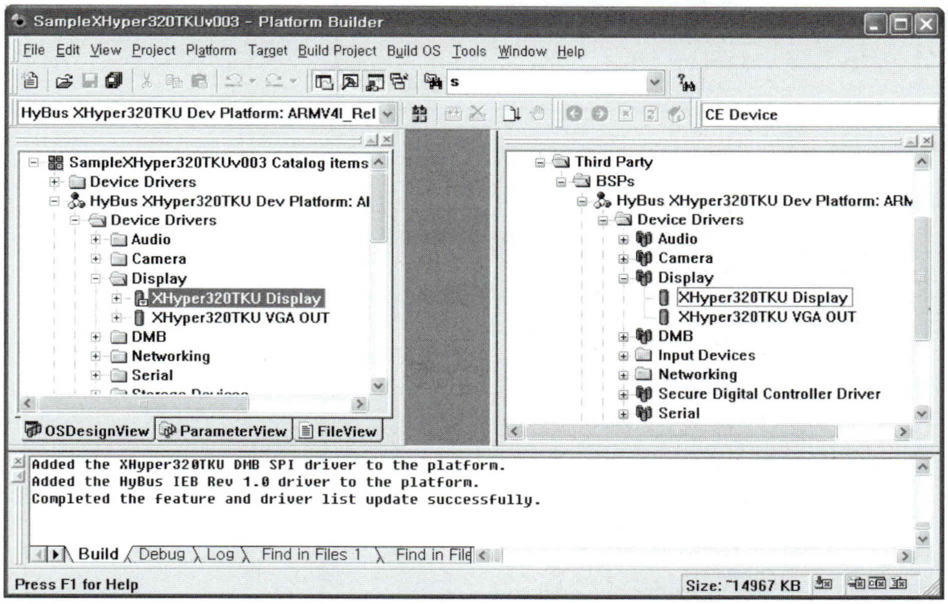

3 Touch

① Touch를 지원하도록 Catalog에서 Third Party → BSPs → HyBus320TKU Dev Platform : ARMV4I → Device Drivers → Touch → XHyper320TKU Touch 항목을 추가한다.

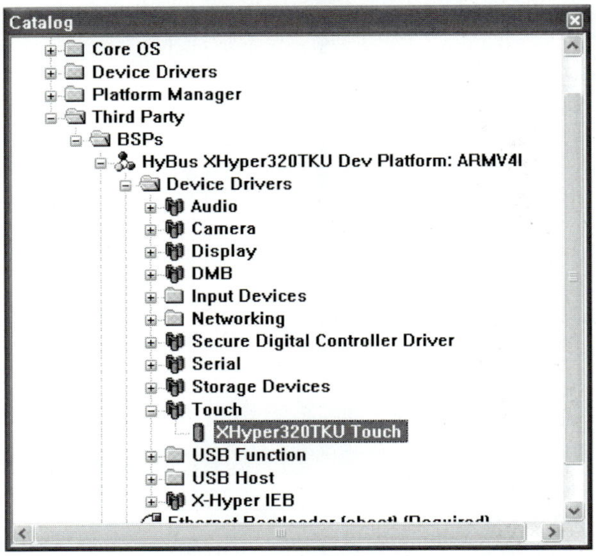

② 추가된 항목은 "Workspace"에서 확인할 수 있다.

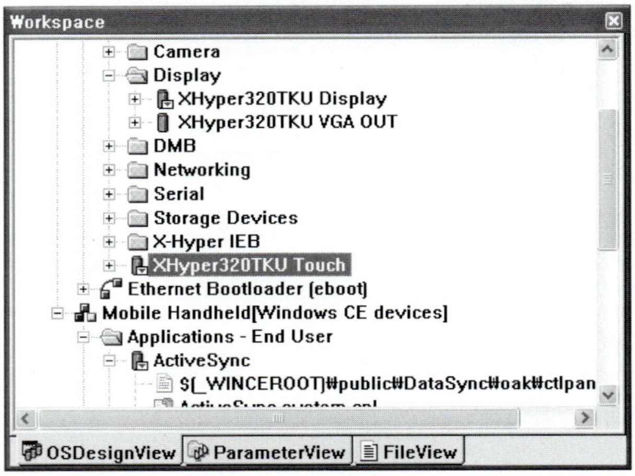

● 캘리브레이션(Touch Calibration)

터치의 정확한 위치를 설정하고자 부팅된 타깃보드에서 다음 과정을 수행한다.

① My Device → Control → Stylus → [Calibration] 선택 → [Recalibrate] 선택

② 화면에 차례로 나타나는 다섯 개의 십자모양의 중앙을 조심스럽게 누른다.(누른 상태를 잠깐 유지한다)

③ 새로운 터치 보정값이 설정되면 값을 저장하도록 터치 패널을 가볍게 눌러 준다.

④ "Stylus Properties" 창의 "OK"를 선택한다.

⑤ 이제 새로운 설정의 터치를 사용할 수 있다.(보드에 새로운 설정값을 적용하려면 "Suspend"를 해야 한다.)

4 Audio

Audio를 지원하도록 Catalog에서 다음 항목들을 추가한다.

1 Third Party → BSPs → HyBus320TKU Dev Platform : ARMV4I → Device Drivers → Audio → XHyper320TKU Waveform Audio Device를 추가한다.

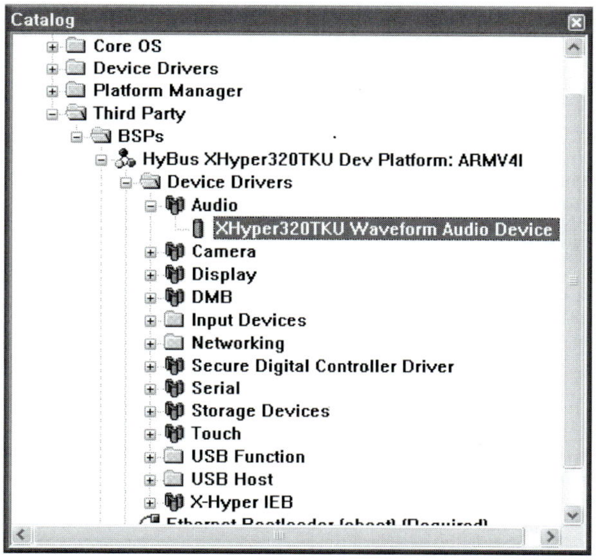

② 추가된 항목은 "Workspace"에서 확인할 수 있다.

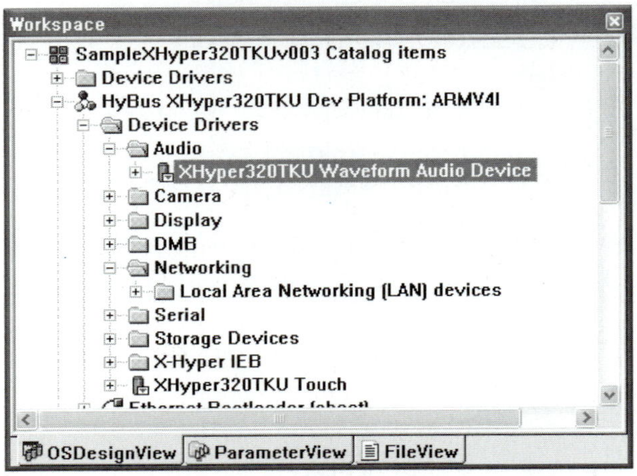

③ Core OS → Windows CE device → Graphics and Multimedia Technologies → Media → Windows Media Player → Windows Media Player를 추가한다.

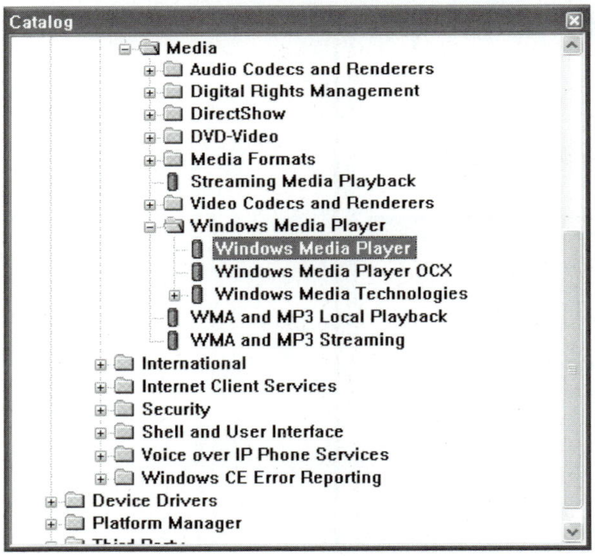

④ Core OS → Windows CE device → Graphics and Multimedia Technologies → Media → Media Formats → AVI Filter를 추가한다.

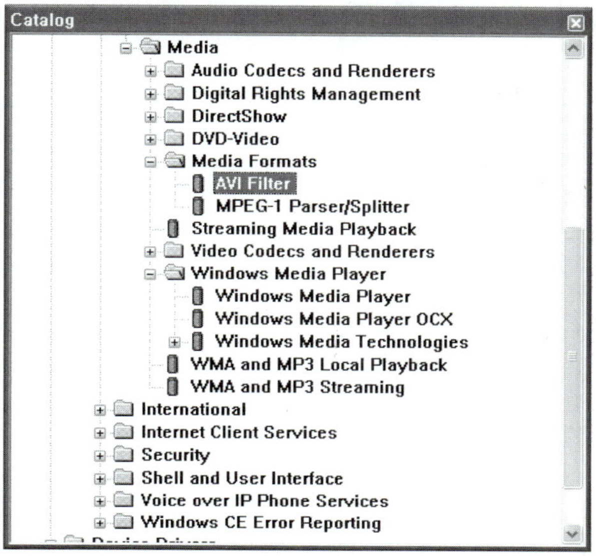

⑤ Core OS → Windows CE device → Graphics and Multimedia Technologies → Media → Audio Codecs and Renderers → MP3 Codec를 추가한다.

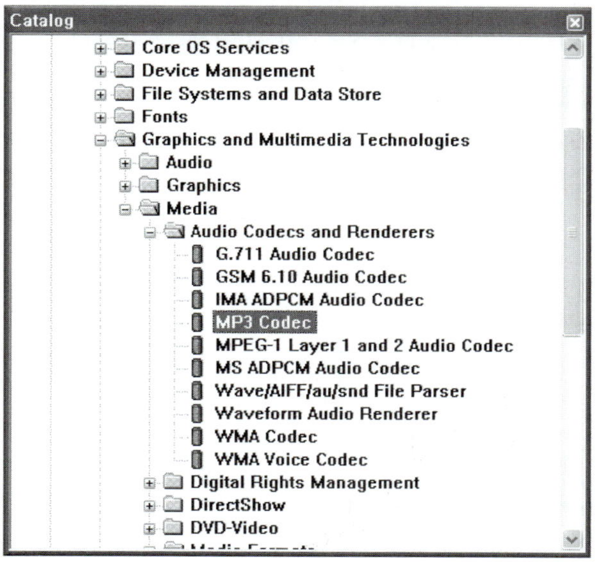

6장

⑥ Core OS → Windows CE device → Graphics and Multimedia Technologies → Media → Audio Codecs and Renderers → WMV/MPEG-4 Video Codec을 추가한다.

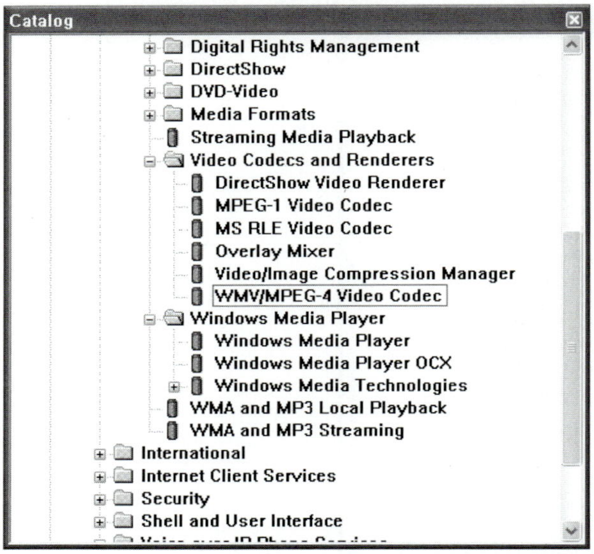

5 USB Host

① Third Party → BSPs → HyBus320TKU Dev Platform : ARMV4I → Device Drivers → USB Host Comtrollers → XHyper320TKU USB 2.0 Host를 추가한다.

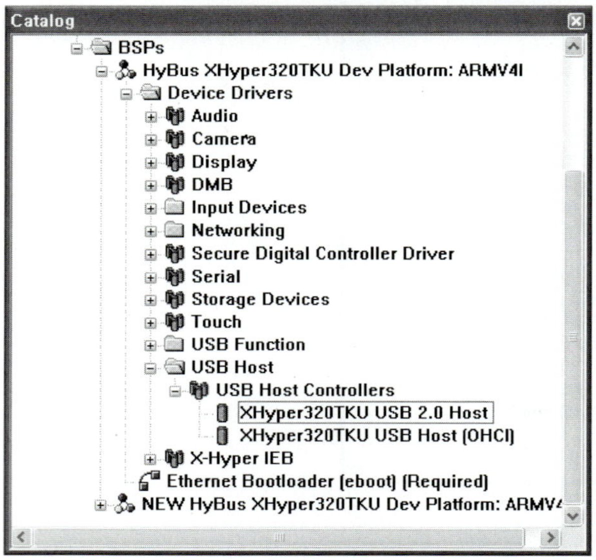

② Third Party → BSPs → HyBus320TKU Dev Platform : ARMV4I → Device Drivers → USB Host Comtrollers → XHyper320TKU USB Host(OHCI)를 추가한다.

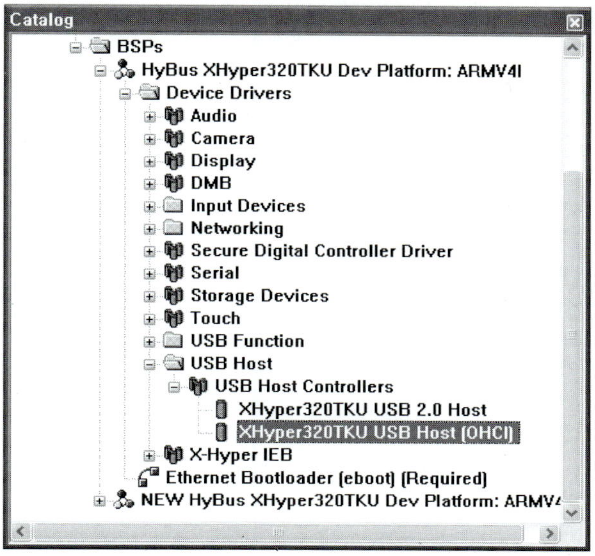

③ Core OS → Windows CE device → Corre OS Services → USB Host Support → USB Human Input Device [HID] Class Driver → USB HID Keyboard and Mouse를 추가한다.

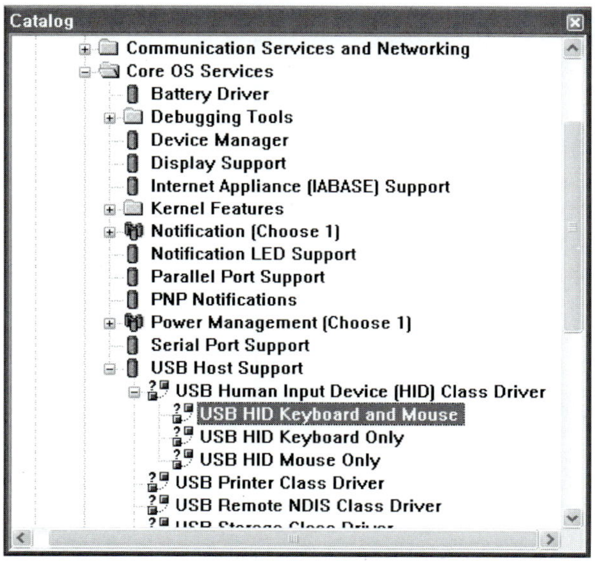

④ Device Drivers → Input Devices → Keyboard/Mouse → NOP [Stub] Keyboard/Mouse English를 추가한다.

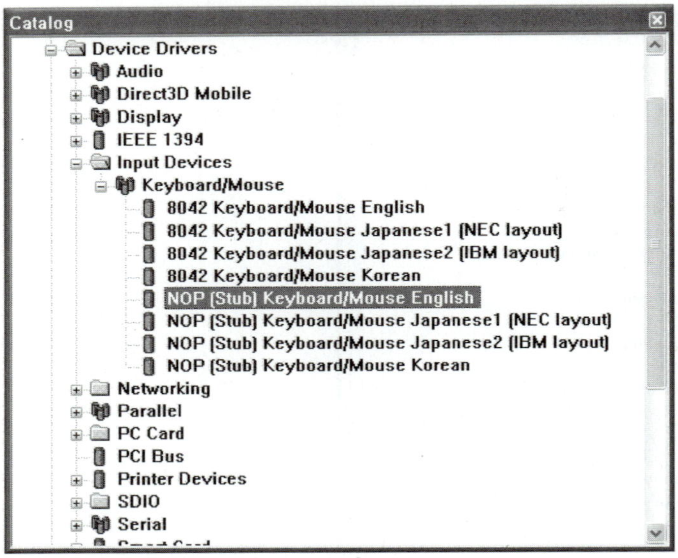

⑤ Core OS → Windows CE device → Corre OS Services → USB Host Support → USB Storage Class Driver를 추가한다.

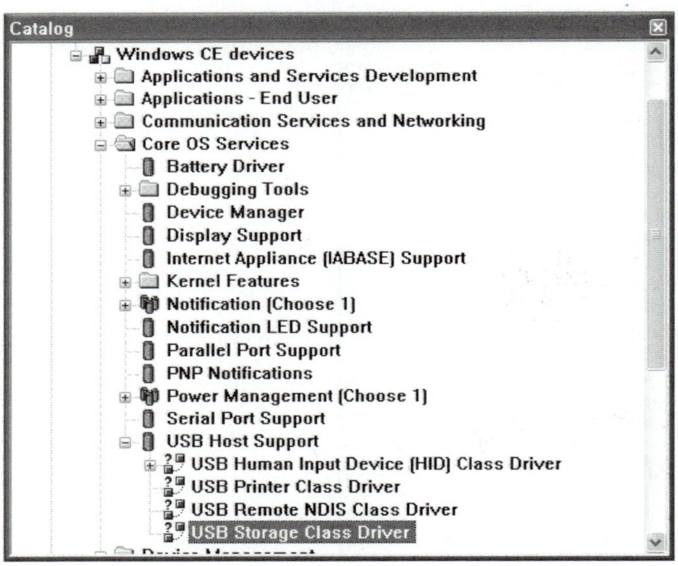

6 NOR Flash Media Drivers

NOR Flash Media Driver는 NOR Flash 장치들을 사용할 수 있도록 지원한다. Core OS →Windows CE devices→File Systems and Data Store→Storage Manager→FAT File System, Partition Driver, Storage Manager Control Pannel Applet 다음 3가지 구성요소들이 추가되어야 NOR Flash Media를 사용할 수 있다.

FAT File System은 블록디바이스에 사용할 파일 시스템으로 이를 지원하도록 Catalog에서 다음 항목을 추가한다.

1. Core OS→Windows CE devices→File Systems and Data Store→Storage Manager→FAT File System

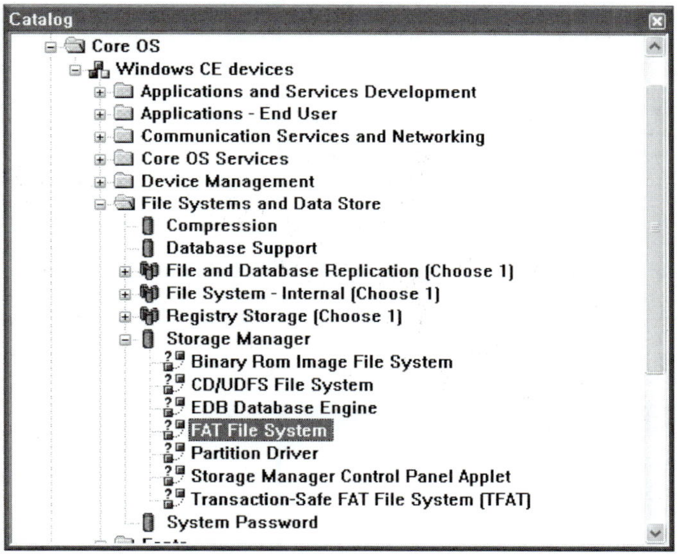

② 파티션 드라이버는 파일 시스템의 파티션을 구성할 드라이버로 이를 지원하도록 Catalog에서 다음 항목을 추가한다. Core OS → Windows CE devices → File Systems and Data Store → Storage Manager → Partition Driver

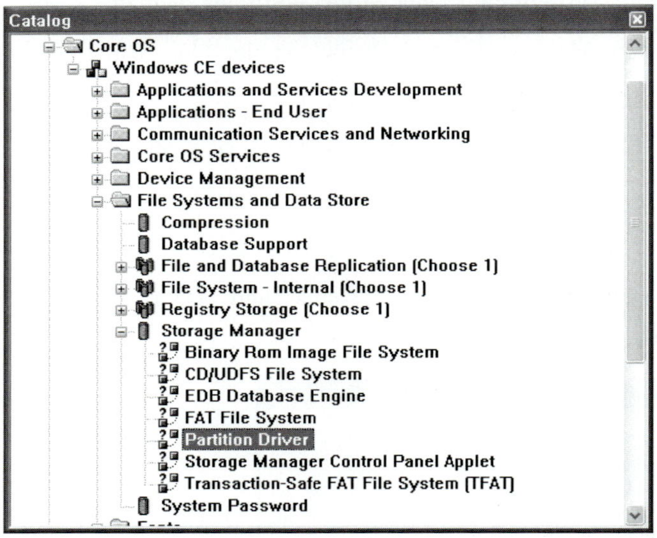

③ Storage Manager Control Pannel Applet은 저장장치 설정을 위한 제어판 프로그램으로 제어판(Control Panel)에서 저장소 관리자를 지원하도록 Catalog에서 다음 항목을 추가한다. Core OS → Windows CE devices → File Systems and Data Store → Storage Manager → Storage Manager Control Pannel Applet

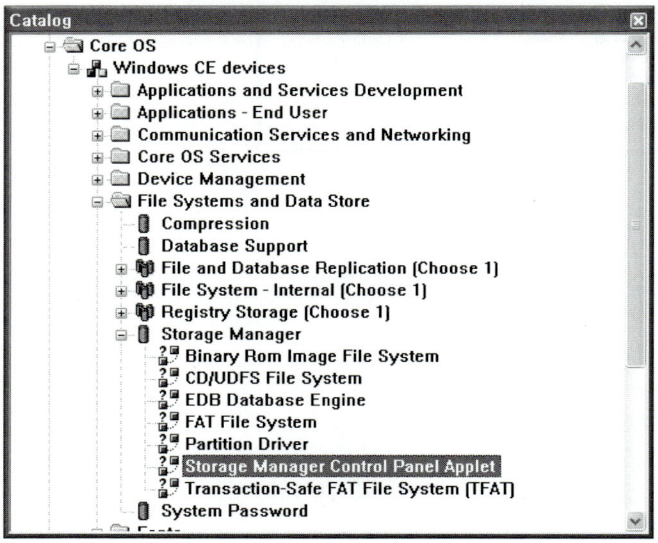

④ 추가된 항목을 Workspace에서 확인할 수 있다.

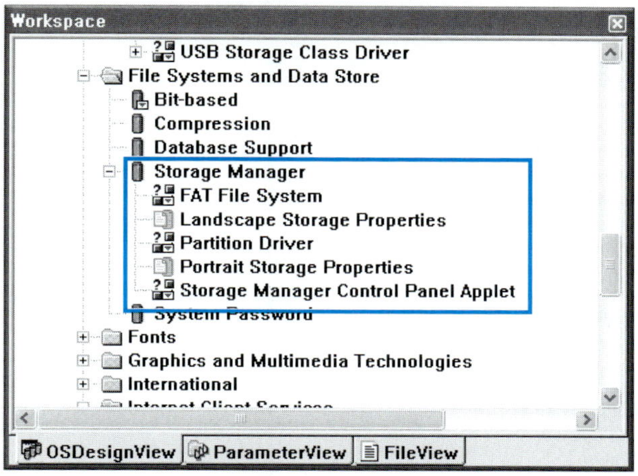

7 Hive-Based Registry

하이브 기반 레지스트리를 지원하도록 Catalog에서 다음 항목들을 추가한다. 하이브 기반 레지스트리는 하이브가 저장될 디스크 공간이 필요하기 때문에 먼저 블록디스크 디바이스를 추가해야 한다.

① Core OS → Windows CE devices → File System and Data Store → File System Internal [Choose 1] → RAM and ROM File System을 추가한다.

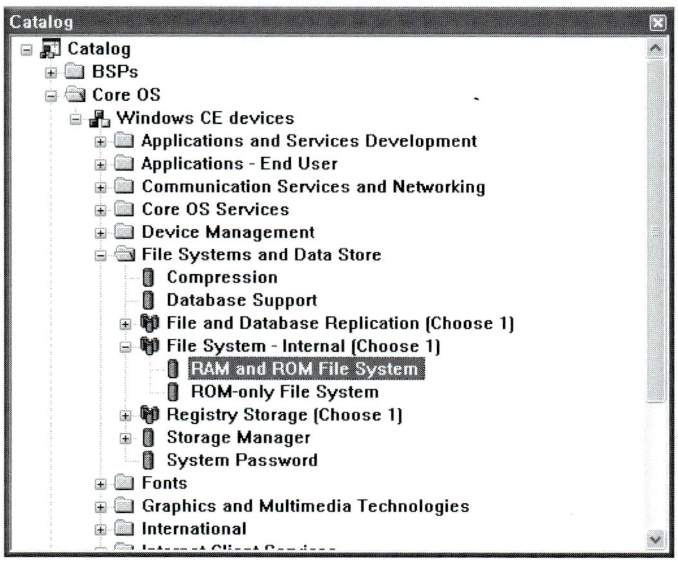

② Core OS → Windows CE devices → File System and Data Store → File System Internal [Choose 1] → Hive-based Registry를 선택한다.

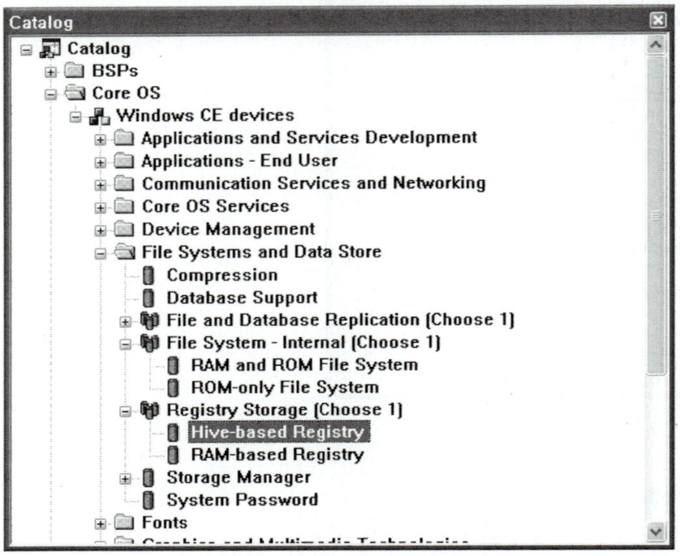

8 USB Client

① Core OS → Windows CE devices → Applications - End User → ActiveSync → File Sync를 선택한다.

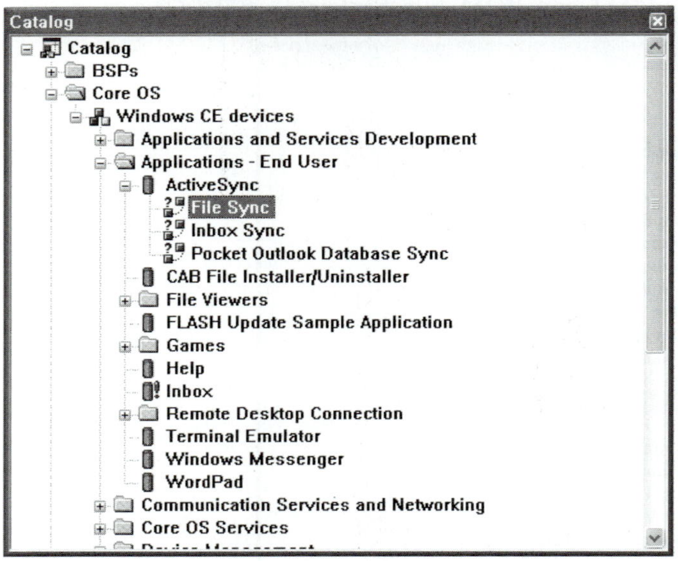

② Device Drivers → USB Function → USB Function Clients → Serial를 추가한다.

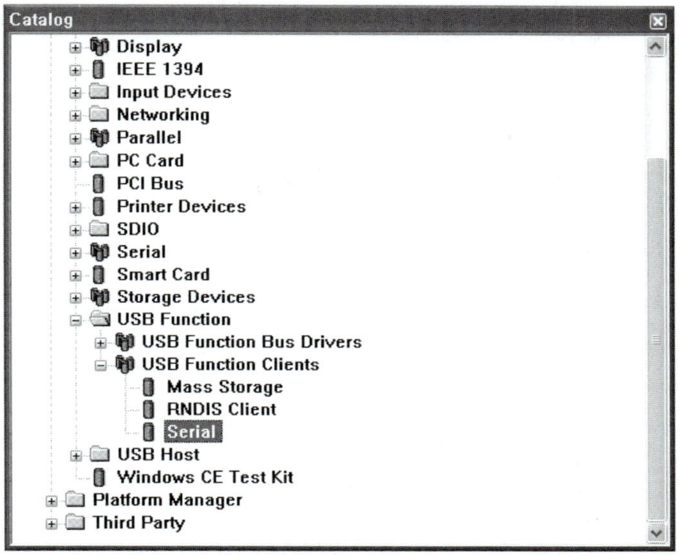

③ Third Party → BSPs → HyBus320TKU Dev Platform : ARMV4I → Device Drivers → USB Function Bus Drivers → XHyper320TKU USB 2.0 Funtion[Mass Storage Interface] 를 추가한다.

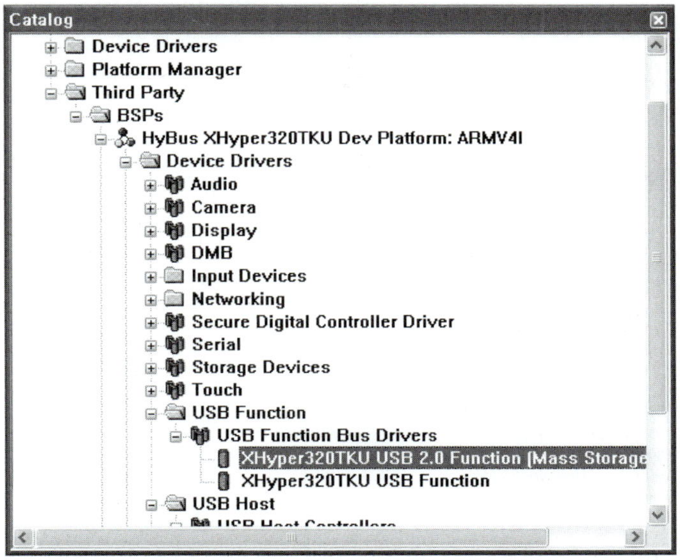

6장

4 Third Party → BSPs → HyBus320TKU Dev Platform : ARMV4I → Device Drivers → USB Function Bus Drivers → XHyper320TKU USB Function을 선택하여 추가한다.

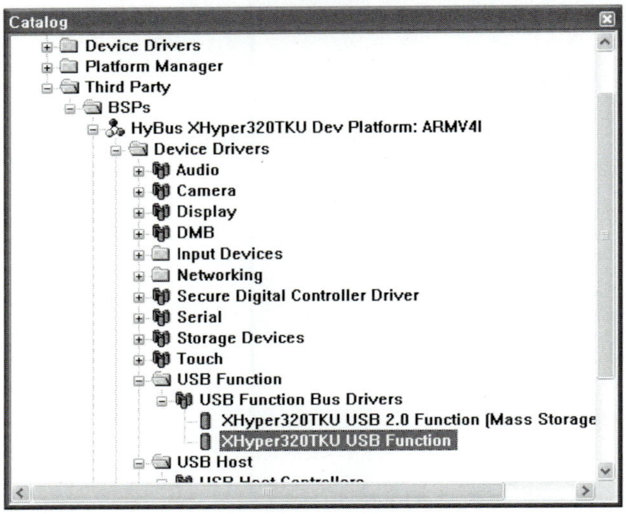

9 Ethernet

이더넷을 지원하도록 Catalog에서 다음 항목들을 추가한다.

1 Core OS → Windows CE devices → Communication Services and Networking → Networking - Local Area Network [LAN} → Wired Local Area Network [802.3, 802.5] 를 추가한다.

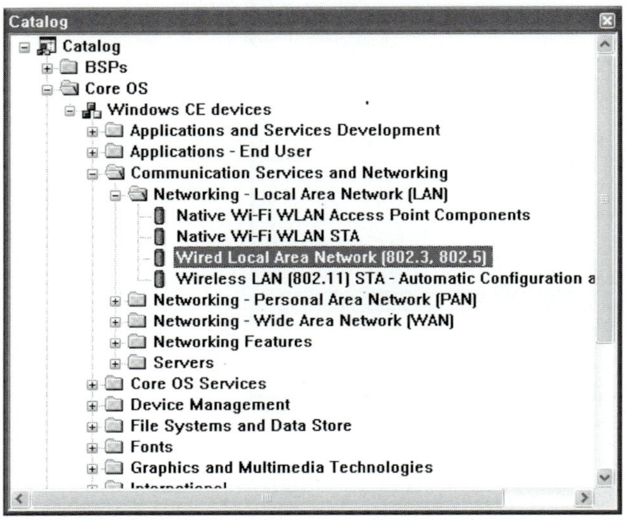

② Core OS → Windows CE devices → Communication Services and Networking → Networking Features → Network Driver Arrchitecture [NDIS]를 추가한다.

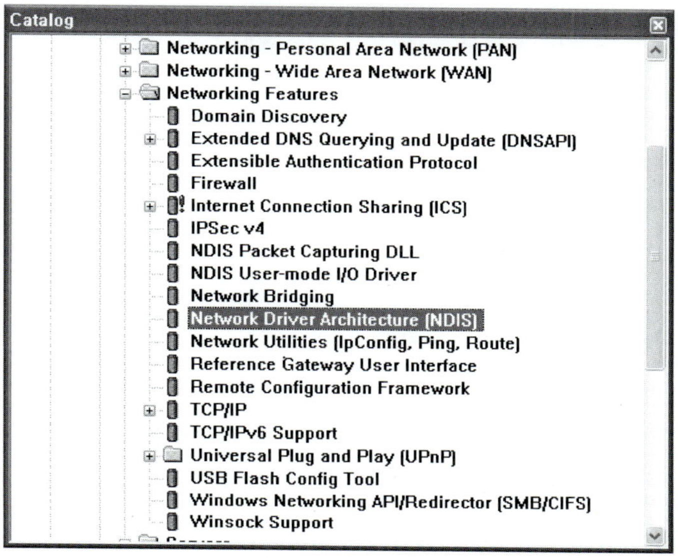

③ Core OS → Windows CE devices → Communication Services and Networking → Networking Features → Network Utilities [IPConfig, Ping, Route]를 추가한다.

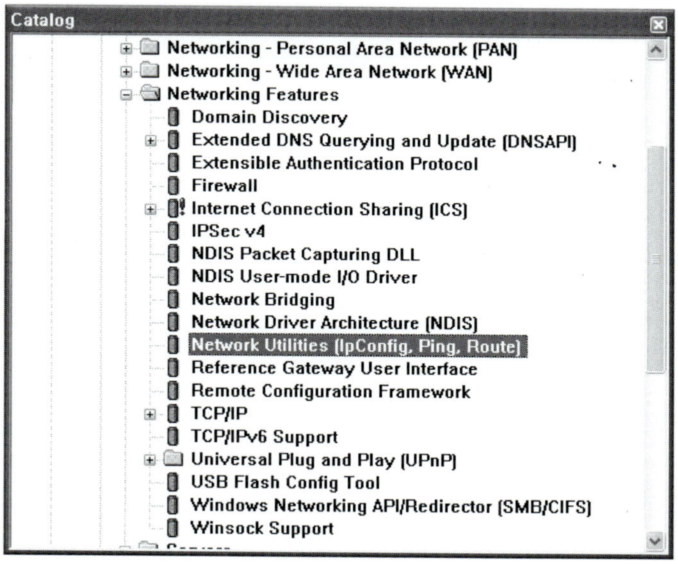

④ Core OS → Windows CE devices → Communication Services and Networking → Networking Features → TCP/IP 를 추가한다.

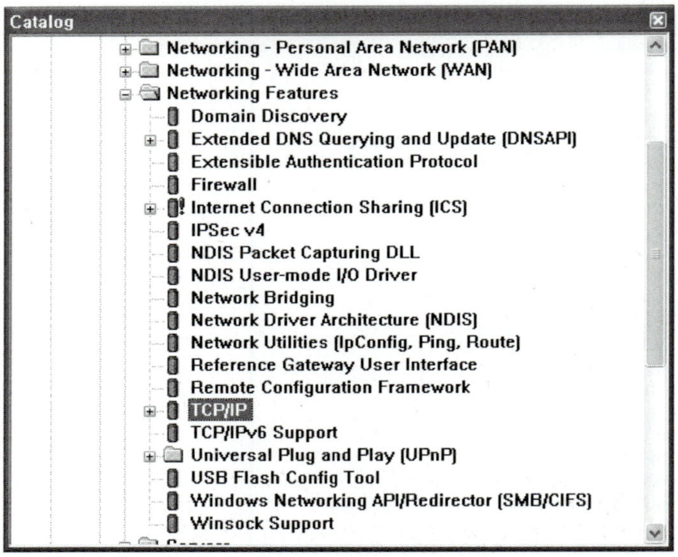

⑤ Core OS → Windows CE devices → Communication Services and Networking → Networking Features → Universal Plug and Play [UPnP] → Winsock Support를 추가한다.

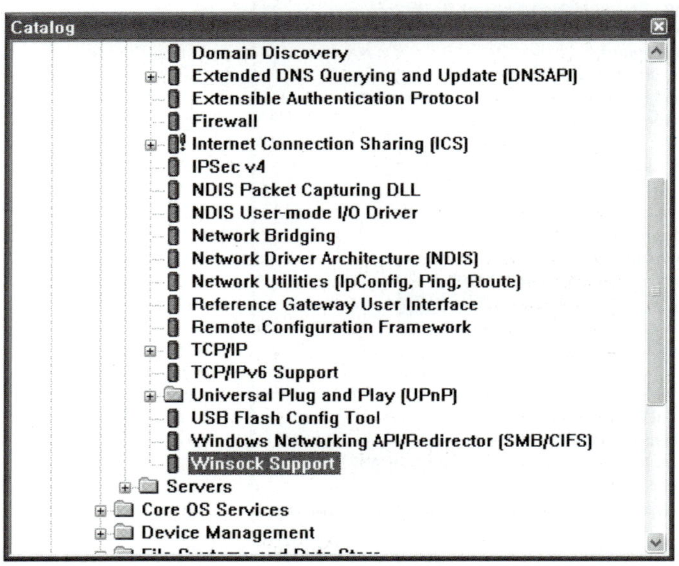

10 SD / MMC 메모리

① Device Drivers → SDIO → SD Memory를 선택한다.

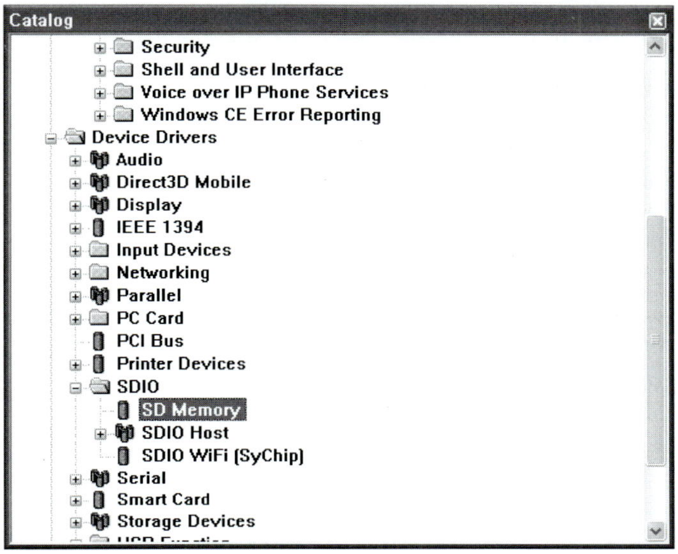

② Core OS → Windows CE devices → File Systems and Data Store → Compression을 추가한다.

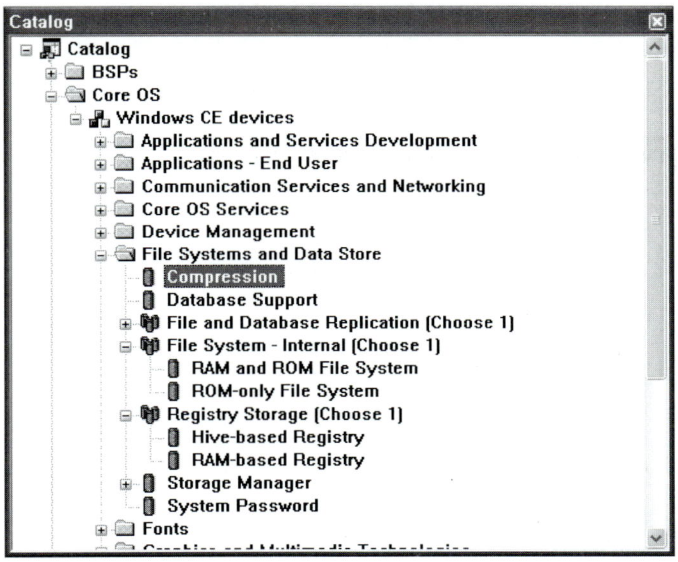

3 Core OS → Windows CE devices → File Systems and Data Store → Storage Manager → FAT File System, Partition Driver, Storage Manager Control Pannel Applet 다음 3가지 구성요소들이 추가되어야 SD/MMC를 사용할 수 있다. 앞에서 이미 추가하였으므로 확인만 하고 넘어간다.

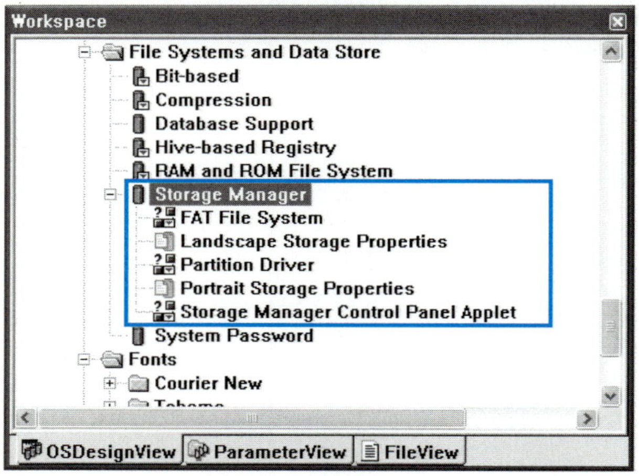

11 PCMCIA / CF

PCMCIA/CF를 지원하도록 Catalog에서 다음 항목들을 추가해야 한다.

1 Device Drivers → Storage Devices → Storage Devices → ATAPI PCI/IDE Storage Block Driver → ATAPI PCI/IDE Storage Block Driver를 추가한다.

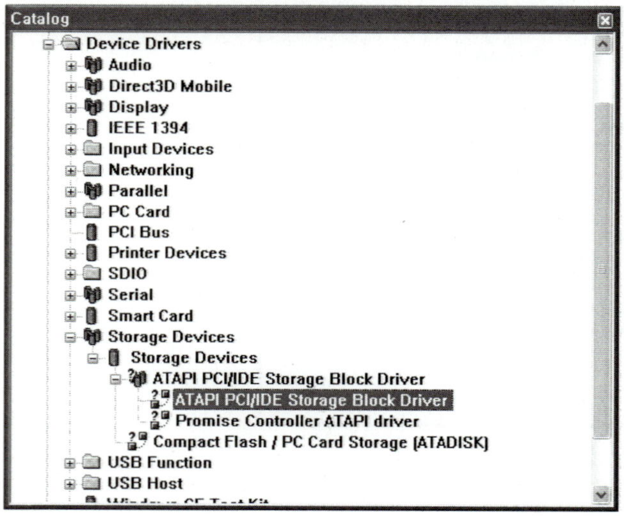

② Device Drivers → Storage Devices → Storage Devices → Compact Flash / PC Card Storage [ATADISK]를 추가한다.

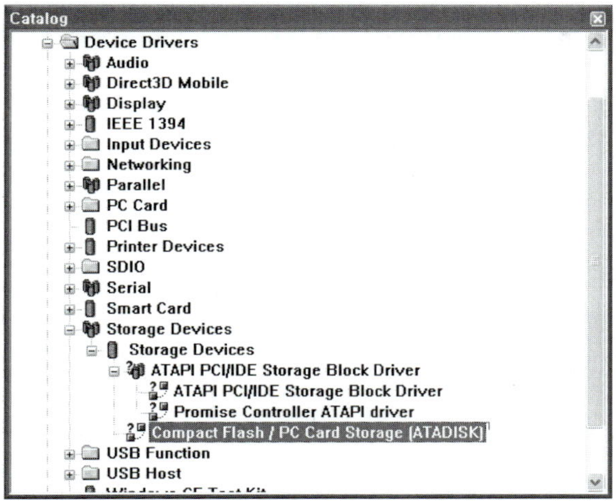

12 MFC 라이브러리

Windows CE 일부 프로그램들은 Microsoft 사의 MFC 라이브러리를 이용하여 만들어졌다. 이러한 프로그램들이 정상적으로 실행되려면 해당 플랫폼에 MFC 라이브러리를 추가해야 한다.

① Core OS → Windows CE devices → Applications and Services Development → Microsoft Foundation Class [MFC]를 추가한다.

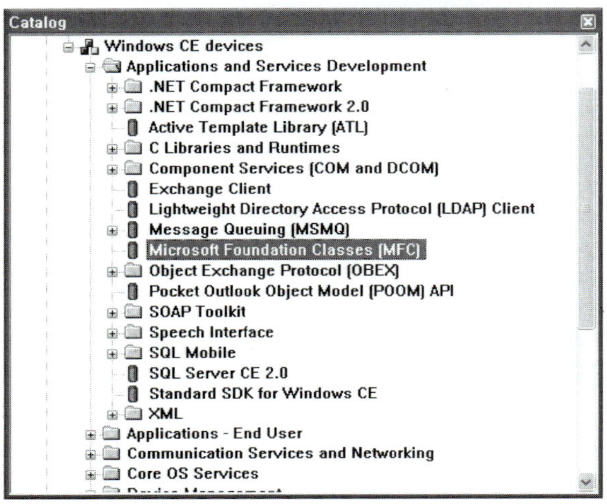

6.3 Windows CE용 이미지 (NK.BIN)생성

구성요소의 추가가 완료되었으면 이미지를 생성하고 타깃보드에 다운로드하여 실행여부를 확인한다.

1 Sysgen

① 플랫폼 빌더의 메뉴에서 Build OS → Sysgen을 실행하여 이미지를 생성한다.

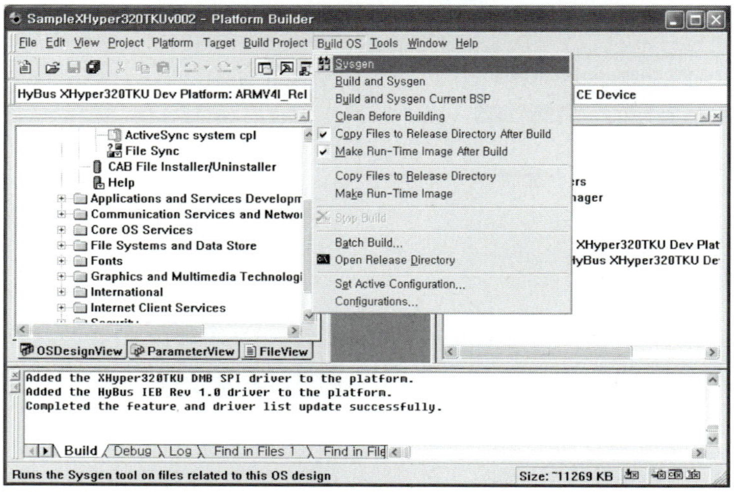

② 이미지 생성이 완료될 때까지 잠시 기다린다.

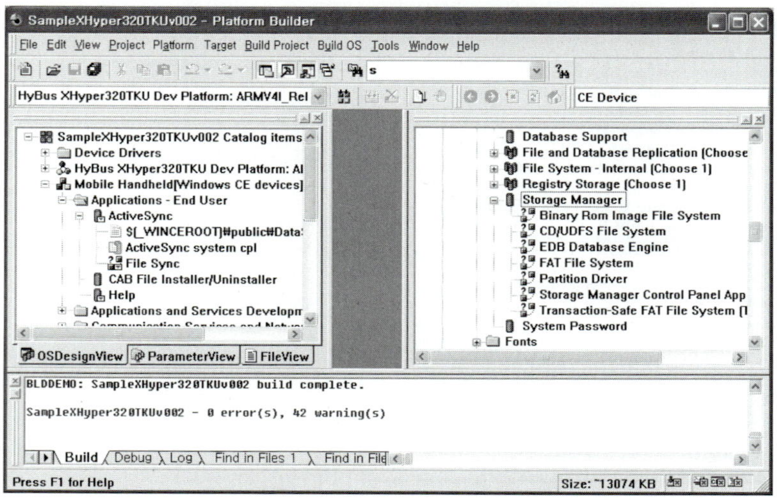

2 이미지 업로드

Windows CE OS 이미지가 정상적으로 생성되었다면 타깃보드에 이미지를 다운로드하여 하이퍼 터미널을 통하여 확인하여본다.

① 플랫폼 빌더 메뉴에서 Target → Connectivity Options..을 선택한다.

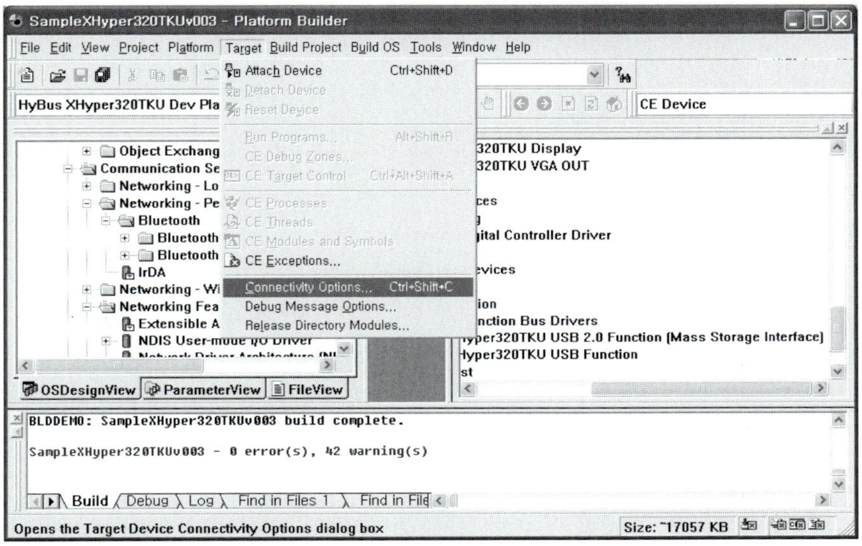

② 5장의 실습을 통해 설정하였던 Debuger 옵션을 "none"를 선택한다. 본 플랫폼은 KITL을 사용하지 않도록 하였기 때문에 Debuger가 필요없다.

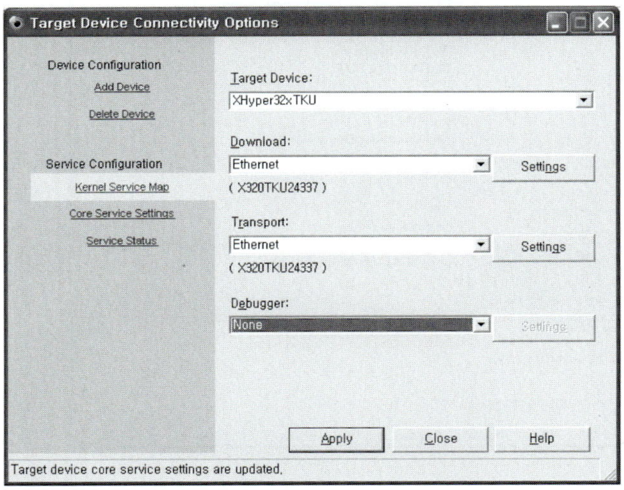

6장

③ 타깃보드를 재부팅하고 하이퍼 터미널을 이용해 EBOOT의 메뉴설정으로 들어간다. “D”를 눌러 타깃보드를 호스트 컴퓨터로부터 운영체제 이미지를 다운로드받기 위한 상태로 만든다.

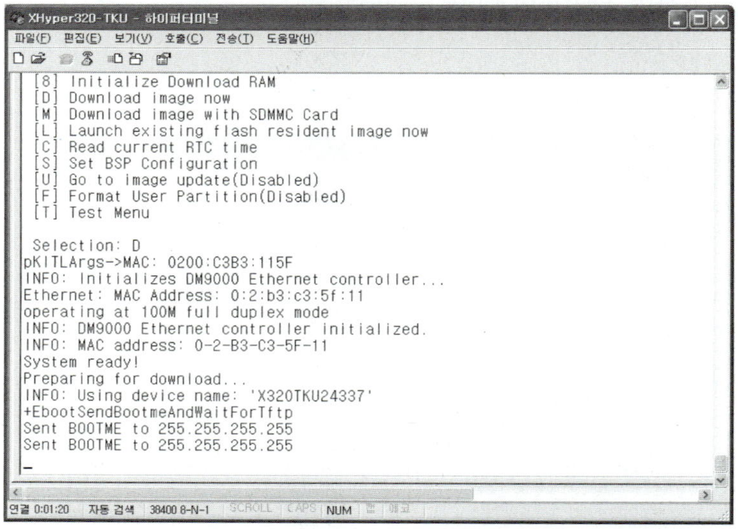

④ 플랫폼 빌더의 메뉴에서 Target → Attach Device를 선택한다. 앞의 실습에서 타깃보드의 디바이스 이름을 플랫폼 빌더에 등록해 놓았기 때문에 Attach Device하는 것만으로 이미지를 다운로드할 수 있다.

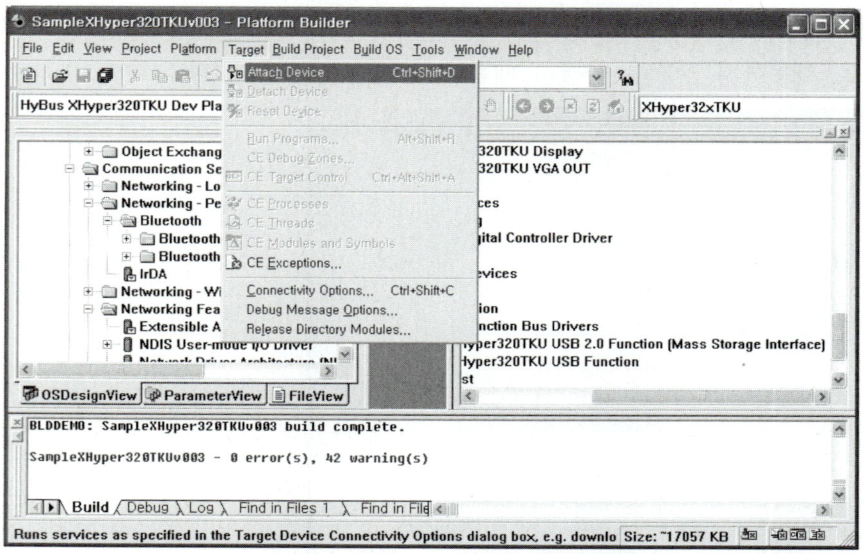

⑤ 타깃보드와 정상적으로 연결이 되었다면 이미지가 다운로드된다.

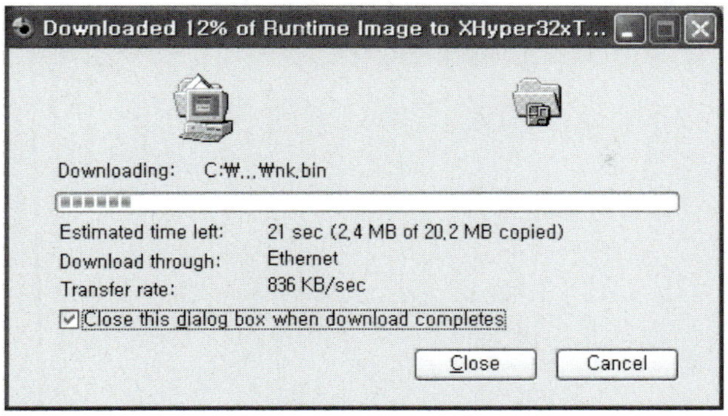

⑥ Mobile HandHeld 이미지가 정상적으로 타깃보드에 올라갔다면 하이퍼 터미널을 통해 다음과 같은 화면을 확인할 수 있다.

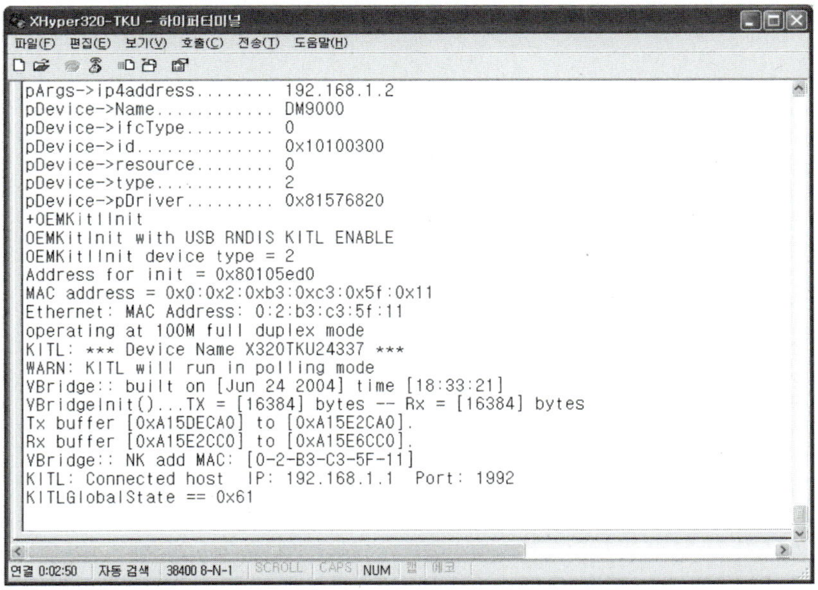

6장

7장 스트림 인터페이스 드라이버 구성

학습목표

타깃보드에 추가되어 있는 각종 디바이스 드라이버에 대해 알아보고 드라이버의 구조 및 종류에 대해 학습한다. 그리고 다양한 디바이스 드라이버 작성시 사용되는 함수 사용법을 이해한다. 또한 툴을 이용한 디바이스 드라이버 동작 확인을 통해 드라이버의 동작 방식을 이해한다.

7.1 디바이스 드라이버 구조 및 종류

디바이스 드라이버(Device Driver)는 OS(Operation System)와 하드웨어를 연결해 주는 인터페이스 역할을 하며, 디바이스 드라이버는 하드웨어를 제어하여야 하기 때문에 매우 복잡하다. 이 장에서 Windows CE의 디바이스 드라이버의 전반적인 내용에 대해서 설명한다.

1 Windows CE 드라이버 구조

[그림 7-1]은 Windows CE의 모듈 중 일반적인 구성에 따라 해당 모듈이 관리하게 되는 디바이스 드라이버들이다. 개발자는 주로 디바이스 매니저(DEVICE.EXE)와 GUI 관련 모듈(GWES.EXE)에 대한 디바이스 드라이버를 많이 접하게 된다. 각각의 실행모듈은 필요한 항목을 레지스트리에서 구해오며 일반적인 디바이스 드라이버는 다바이스 매니저가 로드 및 관리를 수행하나 용도에 따라 FileSys, Gwes에 의해 관리되기도 한다.

디바이스 매니저가 관리하는 디바이스 드라이버들은 "HKEY_LOCAL_MACHINE \ Drivers"의 레지스트리에 들어 있으며, GWES가 관리하는 디바이스 드라이버들은 "HKEY_LOCAL_MACHINE \ HARDWARE \ DEVICEMAP"의 위치에 저장된다.

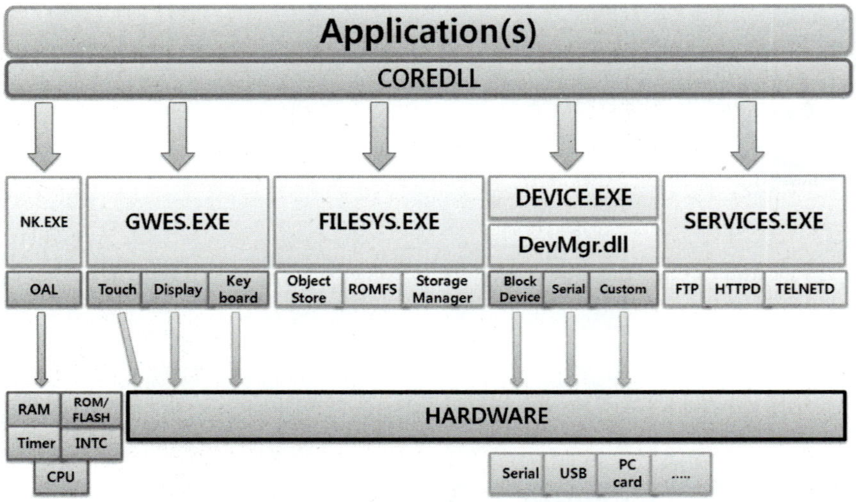

[그림 7-1] Win CE 5.0 구조

2 Windows CE 드라이버 구분

Windows CE 디바이스 드라이버를 나누는 방법은 여러 가지가 있지만 그 중 애플리케이션과 하드웨어를 비롯한 시스템과 어떤 방법으로 통신을 하는지 그 연결방법에 따라서 네이티브 디바이스 드라이버와 스트림 인터페이스(Stream Interface) 디바이스 드라이버로 나누어진다. 네이티브(Native) 드라이버는 GWES 모듈에서 관리하고 Stream 디바이스 드라이버는 디바이스 매니저가 관리한다. 그리고 디바이스 드라이버를 보통 일체형(Monolithic)과 계층화(layered)된 드라이버로 분류하기도 한다.

계층화된 드라이버는 각 디바이스 드라이버의 공통된 코드로 구성된 상위계층(MDD)와 하드웨어 액세스를 위한 하위계층(PDD)으로 분류하며, 상위계층은 그대로 사용하고 하위계층만 수정하여 사용할 수 있다. 계층구조로 나누어서 사용하지 못할 경우는 일체형 드라이버를 사용한다.

Windows CE에서 디바이스 드라이버는 커널 모드에서 실행되며 응용프로그램과는 달리 확장자가 exe가 아니라 DLL(Dyanamic Link Libraries)이다.

대부분의 디바이스 드라이버는 시스템이 부트될 때 드라이버 매니저에 의해서 로드되지만 디스플레이 드라이버, 키보드, 터치스크린(혹은 마우스) 드라이버는 GWES에 의해서 로드된다.

3 디바이스 드라이버 종류

Windows CE는 디바이스 드라이버를 네이티브(Native) 드라이버, 버스(bus) 드라이버, 스트림 인터페이스(stream interface) 드라이버로 분류한다.

(1) 네이티브 디바이스 드라이버

OEM(Oreginal Equipment Manufacture)이 Windows CE 하드웨어를 설계하면서 만드는 다비이스 드라이버로 직접 하드웨어와 관련된 드라이버이다. 키보드, 터치스크린, 오디오 등의 장치에 사용되며, 이 드라이버는 Windows CE 운영체제와 긴밀히 결합되는 것이므로 보통 변경하지 않고 그대로 사용한다. 네이티브 디바이스 드라이버(Native Device Driver)는 잘 알려진 하드웨어 장치를 제어하는 디바이스 드라이버로 시스템이 ON되면 자동으로 로드하는 디바이스 드라이버이다.

네이티브 디바이스 드라이버를 간단하게 말하면 전용 디바이스 드라이버라고 말할 수 있다. 네이티브 디바이스 드라이버의 구조를 가지는 드라이버들은 다른 드라이버의 구조에 맞춰서 구현하기 힘들고 정해진 방식대로 정해진 함수들을 구현해 주어야 한다. 예를 들어 디스플레이 디바이스 드라이버의 구조를 마우스나 터치스크린에 적용시킬 수 없는 것과 같다.

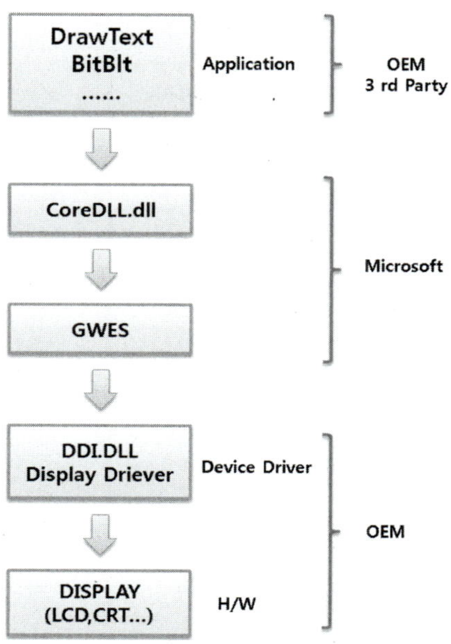

[그림 7-2] 네이티브 디바이스 드라이버 구조

네이티브 드라이버의 가장 큰 특징은 애플리케이션과 통신에 있어 애플리케이션이 네이티브 디바이스 드라이버에 직접 접근하는 것이 아니라 윈도우 CE에서 지원하는 API를 통하여 접근할 수 있도록 되어 있다. 따라서 특정 하드웨어(디바이스)에 접근하고자 한다면 그와 일치하는 윈도우 API를 사용해야 한다.

(2) 버스 디바이스 드라이버

PCI 버스 등과 같은 시스템 버스를 관리하는 드라이버로, PCMCIA 혹은 CF, SD/MMC슬롯도 버스로 취급한다. 버스 드라이버는 버스상에 하드웨어를 조사하여 어떤 하드웨어가 장착되었는지 판단하고, 각 하드웨어의 리소스를 할당하는 일을 담당하며, 올바른 디바이스 드라이버가 로드되도록 장치 관리자에게 요청한다.

(3) 스트림 인터페이스 디바이스 드라이버

스트림 인터페이스 디바이스 드라이버(Stream interface Device Driver)는 디바이스 드라이버 개발업체가 아닌 사용자가 추가한 디바이스 드라이버로, 설치가능(installable) 디바이스 드라이버라 부르기도 한다. 네이티브(Native) 디바이스 드라이버를 제외한 대부분의 디바이스 드라이버가 이러한 방식을 가진다. 애플리케이션과 디바이스 드라이버가 통신을 하기 위해 특정 API를 이용한다. (스트림 관련 API들 : CreatFile, ReadFile, WriteFile 등) 따라서 스트림 인터페이스 드라이버가 모두 동일한 구조로 표현하게 된다.

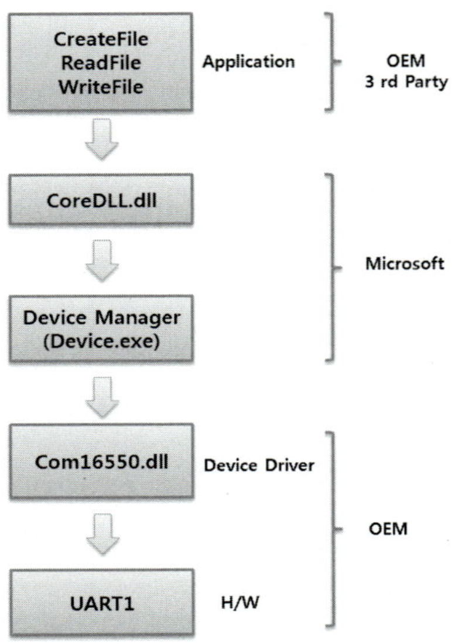

[그림 7-3] 스트림 인터페이스 디바이스 드라이버 구조

4 일체형과 계층형 드라이버

디바이스 드라이버를 일체형(Monolithic)과 계층화(layered)된 드라이버로 분류하기도 한다. Windows CE의 디바이스 드라이버는 크게 두 가지 방향의 인터페이스를 구현하는데 애플리케이션으로 연결되는 인터페이스를 상위 에지(Upper Edge)라 하고, 하드웨어나 버스 인터페이스를 사용하는 인터페이스를 하위 에지(Lower Edge)라고 한다.

일체형(Monolithic) 드라이버는 애플리케이션으로 연결되는 상위 에지와 하드웨어와 연결되는 하위 에지를 모두 구현한 것을 말하고 계층화(layered) 드라이버는 상위 에지나 하위 에지 중 하나만 구현하는 것을 말한다.

이렇게 하드웨어에 독립적인 부분과 하드웨어에 의존하는 부분을 나누어서 생각할 때 두 부분을 하나로 작업할 것인지, 나누어서 작업할 것인지에 따라 일체형과 계층화된 드라이버로 나누게 된다.

MS에서는 각 드라이버들의 공통된 부분을 라이브러리나 소스형태로 제공해주어 공통 모듈이라 불리는 부분을 MDD(Module Dependent Driver)라 하고, 하드웨어에 의존하는 부분을 PDD(Platform Dependent Driver)라고 한다.

일체형 드라이버는 MDD 모듈이 제공되지 않거나 비교적 간단한 드라이버에 적용될 수 있으며 일반적인 Windows CE 디바이스들은 대부분 계층화된 드라이버의 구조를 따른다.

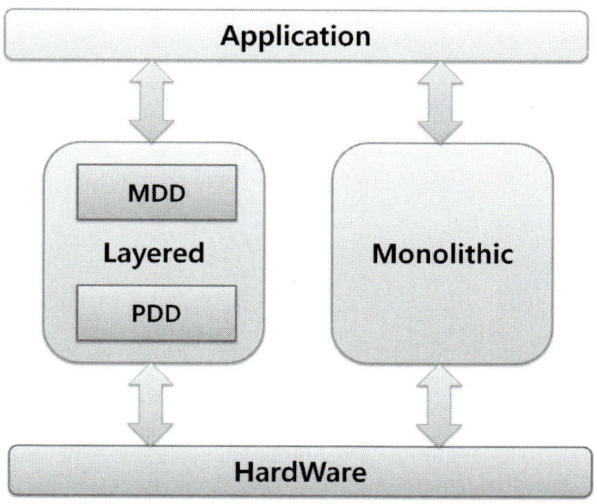

[그림 7-4] 계층화 드라이버 구조

위에서 살펴본 디바이스 드라이버를 구분하는 방법의 예를 살펴보자.

- 시리얼(Serial) 포트 → Stream Interface 드라이버의 구조로 구현된 계층화 드라이버
- 디스플레이 드라이버 → 네이티브 드라이버 구조의 계층화 드라이버
- 키보드 → 네이티브 드라이버 구조의 계층화 드라이버
- USB Host → 스트림 인터페이스 드라이버의 구조로 구현된 계층화 드라이버

7.2 스트림 인터페이스 디바이스 드라이버

Windows CE에서 가장 많이 사용하며, 파일 입·출력 방법으로 응용프로그램에서 다룰 수 있다. 스트림 인터페이스 디바이스 드라이버는 주로 Windows CE 플랫폼에 사용자가 추가할 수 있는 설치가능(installable) 디바이스 드라이버이다.

1 스트림 인터페이스 드라이버

스트림(Stream) 인터페이스 드라이버는 [그림 7-5]와 같이 디바이스 매니저에 의해서 로드되면 응용프로그램에서 파일을 다루듯이 쉽게 사용할 수 있다.

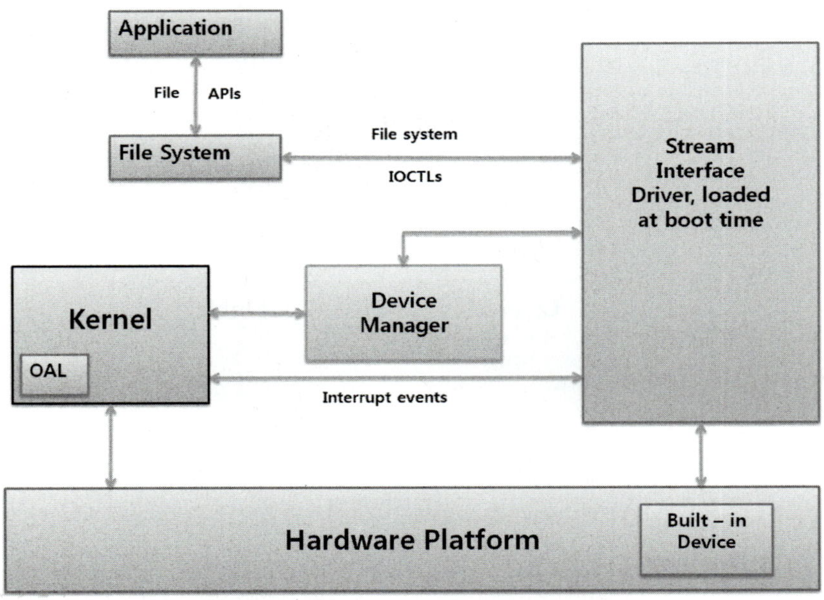

[그림 7-5] 스트림 인터페이스 드라이버 구조

네이티브 디바이스 드라이버를 제외한 대부분의 디바이스 드라이버가 스트림 인터페이스 드라이버의 방식을 가진다. 애플리케이션과 디바이스 드라이버가 서로 데이터를 주고받거나 하드웨어를 제어하는 방식이 특정 API를 통하는 것이다. 예를 들면 시리얼 포트를 통한 데이터 통신을 구현할 때 애플리케이션 개발자는 먼저 CreatFile 이라는 API를 사용하고, 데이터를 전송하기 위해서는 WriteFile, 데이터를 읽기 위해서는 ReadFile과 같은 API를 사용하게 될 것이다. 이것은 시리얼 포트 뿐만 아니라 다른 스트림 인터페이스 드라이버가 모두 같은 방식을 취하게 된다. 이러한 이유로 스트림 인터페이스 드라이버 구조를 가지는 디바이스 드라이버들은 모두 동일한 구조로 구현하게 된다. [표 7-1]은 스트림 인터페이스 구조를 가지는 디바이스 드라이버에서 반드시 구현해야 할 함수와 API의 연관관계를 간단하게 보여준다.

[표 7-1] 디바이스 드라이버 API 함수

함 수	API	설 명
XXX_Init		드라이버 인스턴스(instance)가 로드될 때 호출
XXX_Deinit		드라이버 인스턴스가 언로드(unload)될 때 호출
XXX_Open	CreatFile	디바이스 파일을 연다(디바이스 사용시작)
XXX_Close	CloseHandle	열린 디바이스 파일을 닫는다.(사용종료)
XXX_Read	ReadFile	디바이스로부터 데이터를 읽는다.
XXX_Write	WriteFile	디바이스에 데이터를 전송한다.
XXX_Seek	SetFilePointer	전송중인 위치를 바꾸고자 할 때 사용한다.
XXX_IOControl	DeviceIOControl	읽기/쓰기만으로 부족하거나 불가능할 때 이 API 사용
XXX_PowerDown		
XXX_PowerUp		

여기서 "XXX" 라고 표현한 것은 시리얼 포트의 경우 COM으로 생각하면 되고, 프린터의 경우 PRN과 같은 방식이 된다. [표 7-1]을 간단하게 설명하면 디바이스 매니저가 드라이버를 로딩할 때 "XXX_Init"이 호출되며, 이때 드라이버에서 하드웨어 초기화 및 필요한 메모리 할당 작업을 한다. 그 후 애플리케이션에서 CreateFile API를 이용하면 드라이버의 "XXX_Open"을 리턴하게 되고 열린 디바이스를 대상으로 ReadFile / WriteFile를 수행하게 되면 "XXX_Read", "XXX_Write" 함수가 호출된다.

일반적인 디바이스 드라이버의 접두어는 [표 7-2]와 같다.

[표 7-2] 디바이스 드라이버 접두어

접두어 (Prefix)	드라이버
COM	시리얼 포트 디바이스 드라이버
ACM	오디오 압축 관리자(Audio Compression Manager)
CON	콘솔 디바이스 드라이버
WAV	오디오 웨이브 드라이버
DSK	디스크 드라이버
HCD	USB 호스트 컨트롤러 드라이버

스트림 인터페이스 디바이스 구현시 / 애플리케이션에서의 주의점은 다음과 같다.

- 디바이스 드라이버의 접두어(Prefix) : 모든 스트림 인터페이스 드라이버는 세 글자로 시작하는 접두어를 가지게 된다.([표 7-1]에서 "XXX" 로 표현한 부분) 이는 영문으로 구성된다. 예를 들어 시리얼포트는 COM, 프린터 포트는 PRN과 같은 방식이다.
- 디바이스의 순서 : X86 계열의 PC를 보면 Serial 포트를 2개 가진다. 이 경우 하나의 컨트롤러에 2개의 포트를 가지거나 혹은 같은 컨트롤러 2개를 사용하는 것이 될 것이다. 이때 어떤 포트를 Serial1으로 사용할 것인지를 결정해야 하는데 이는 윈도우 CE의 레지스트리에 저장된다.
- 애플리케이션에서의 고려할 점 : 애플리케이션 개발자는 스트림 인터페이스 디바이스를 사용하고자 할 때, "CreateFile"이라는 API를 사용해서 디바이스를 Open해야 하는데 이때 사용되는 디바이스 파일명은 앞서 설명한 두 가지 접두어와 순서를 결합한 형태가 된다. 예를 들어, 시리얼 포트 중 첫 포트라면 'COM1:' 이 된다. 윈도우 CE에서는 반드시 콜론을 추가해서 사용해야 한다.

2 로드과정

개발자가 Windows CE 디바이스 드라이버를 제작하려면 디바이스 드라이버가 어떻게 작동하는지 이해하고 있는 것은 매우 중요하다. Windows CE 5.0 이전 버전인 Windows CE .NET에서는 디바이스 매니저(DEVICE.exe)가 시스템에 로드된 후 RegEnum.dll라는 레지스트리 조사기(Registry Enumerator)를 이용하여 레지스트리에서 [HKEY_LOCAL_MACHINE \Drivers \Builtin] 안에 드라이버들을 조사하여 해당 장치를 찾고 찾은 장치가 사용가능하도록 그 장치의 디바이스 드라이버 코드의 Init()함수를 호출하여 장치를 구동하고, 장치의 사용이 끝나면 디바이스 드라이버 코드의 Deinit() 함수를 호출하여 장치를 종료시킨다. 그러나 Windows CE5.0 버전에서는 RegEnum.dll가 하는 역할을 BusEnum.dll이 대신한다.

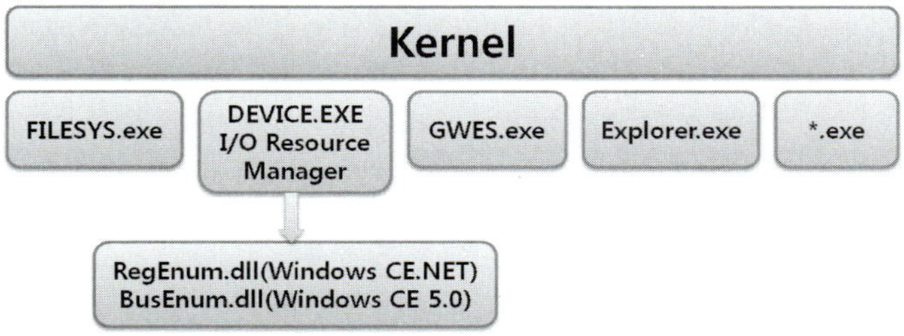

[그림 7-6] BusEnum.dll 역할

디바이스 매니저는 다음과 같은 순서로 스트림 인터페이스 드라이버를 로드한다.

- "HKEY_LOCAL_MACHINE\Drivers" 키 아래 "BuiltIn" 키를 찾는다. "BuiltIn" 키의 값에는 로드해야 할 드라이버 목록이 있는 레지스트리키가 서술되어 있다.
- 레지스트리 열거자(RegEnum.dll)를 사용하여 "BuiltIn" 키를 읽어서 로드해야할 드라이버 목록과 각 드라이버를 초기화 하는 방법에 대한 정보를 얻는다.
- 레지스트리 열거자는 레지스트리 키를 읽으면서 지정된 dll을 로드하고, 드라이버에 대한 Active 키를 생성한 후 ActiveateDevice 함수를 호출해서 dll을 디바이스 드라이버로 등록한다.
- ActivateDevice 함수는 "HKEY_LOCAL_MACHINE\Drivers\Active"키 아래에 새로운 키를 만들고 초기화하고 드라이버 인덱스값을 찾는다.
- RegisterDevice를 호출하여 드라이버를 메모리에 로드한 다음 메모리가 해제되지 않게 메모리를 잠근다.
- RegisterDevice는 드라이버의 외부 엔트리 포인터 10개의 함수 포인터를 구하고 xxx_Init 함수를 호출해서 드라이버를 초기화한다.

3 스트림 인터페이스 함수

스트림 인터페이스 드라이버는 [표 7-3]과 같은 10개의 함수를 제공하여야 하며, 디바이스 매니저는 함수를 호출하여 디바이스 드라이버와 통신을 한다.

[표 7-3] 스트림 인터페이스 함수

함 수	설 명
XXX_Init	드라이버 인스턴스(instance)가 로드될 때 호출
XXX_Deinit	드라이버 인스턴스가 언로드(unload)될 때 호출
XXX_Open	응용프로그램에서 CreateFile로 드라이버를 오픈할 때 호출
XXX_Close	응용프로그램에서 Closehandle로 드라이버를 닫을 때 호출
XXX_Read	응용프로그램에서 ReadFile로 호출
XXX_Write	응용프로그램에서 WriteFile로 호출
XXX_Seek	응용프로그램이 SetFilePointer로 호출
XXX_IOControl	응용프로그램이 DeviceControl로 호출
XXX_PowerDown	시스템 작동이 중지되기 직전에 호출
XXX_PowerUp	시스템 작동이 다시 시작되기 직전에 호출

(1) 함수설명

함수들을 설명하면 다음과 같다.

① XXX_Init 함수

디바이스 매니저는 디바이스 드라이버를 시스템 메모리에 로딩하고 기본 표준 입출력을 위한 함수 포인터를 찾고, 표준 입출력을 위한 함수들의 매핑이 만족되면 Activate DeviceEx()함수를 호출한 후 장치를 초기화하고, 디바이스 드라이버를 구동하도록 XXX_Init() 함수를 호출한다.

```
Prototype
DWORD XXX_Init(
      LPCTSTR pContext,
      LPCVOID lpvBusContext
);
```

첫 번째 pContext 인자는 문자열 포인터 변수로, 활성화된 레지스트리 경로의 키정보를 갖는다. 활성화된 디바이스 드라이버에 대한 정보는 레지스트리 경로 "HKEY_ LOCAL_ MACHINE\Drivers\Active"에 있으며, 두 번째 lpvBusContext 인자는 Activate DeviceEx() 함수의 네 번째 인자를 전달하기 위한 인자로서, ActivateDeviceEx() 함수는 다양한 변수들을 Active 키 아래로 추가로 등록하도록 지원하는 함수이다. 장치의 초기화가 성공적으로 이루어지면 이 디바이스 드라이버를 사용할 수 있도록 핸들값을 반환한다.

디바이스 드라이버는 XXX_Init()함수가 호출되었을 때 자신이 액세스하는 하드웨어가 정상적으로 동작하는지 검사를 하여야 하며, 장치를 초기화하고 디바이스 드라이버의 내부 상태를 초기화한 후 '0'이 아닌 값을 반환해야 한다. 만약에 디바이스 드라이버 관리자가 XXX_Init() 함수 호출에서 '0'이 반환되는 것을 발견하면 해당 디바이스 드라이버를 언로드하고, 레지스트리에서 해당 디바이스 드라이버의 Active 키를 제거한다.

```
Prototype
HANDLE ActivateDeviceEX(
        LPCWSTR lpszDevKey,
        LPCVOID lpvBusContext,
        DWORD cRegEnts,
        LPVOID lpvParam
);
```

ActivateDeviceEX() 함수는 Active 키 아래에 추가로 다양한 변수들을 등록하도록 지원하는 함수이다.

② XXX_Deinit 함수

디바이스 매니저가 디바이스드라이버를 중지시킬 때 ActivateDevice(), Activate DeviceEx(), 함수를 사용해 등록한 드라이버의 레지스트리의 정보를 지우는 함수인 DeactivateDevice() 함수를 호출하고, 디바이스 드라이버를 등록해제 하도록 XXX_Deinit() 함수를 호출한다. 응용프로그램은 이 함수를 호출할 수 없으며, 디바이스 매니저에 의해 호출된다.

```
Prototype
BOOL XXX_Deinit(
      DWORD hDeviceContext
);

->hDeviceContext : 입력 - XXX_Init 함수에서 만들어진 핸들
->성공하면 TRUE, 실패하면 FALSE를 반환한다.
```

hDeviceContext 인자는 XXX_Init() 함수가 반환하는 값이 그대로 전달되며, 함수의 처리가 성공적으로 완료되었을 경우 TRUE 값을 반환한다. 디바이스 드라이버는 이 값을 통해 드라이버의 어떤 인스턴스가 언로드되는 것인지 알아낼 수 있다.

③ XXX_Open 함수

응용프로그램이 장치나 파일을 열기 위해 CreateFile() 함수를 호출하면, 디바이스 매니저에 의해 디바이스 드라이버가 시스템에 로드되고, 함수는 초기화되어 있는 디바이스 드라이버 모듈의 XXX_Open() 함수가 간접적으로 호출된다.

```
Prototype
DWORD XXX_Open(
        DWORD hDeviceContext,
        DWORD AccessCode,
        DWORD ShareMode
);

-> hDeviceContext : 입력 - XXX_Init 함수에서 만들어진 핸들
-> AccessCode : 입력 - 응용프로그램에서 CreateFile로 호출할 때 dwDesiredAccess 가 그대로 전달
-> ShareMode : 입력 - 응용프로그램에서 CreateFile로 호출할 때 dwShareAccess가 그대로 전달
-> 성공하면 핸들이 반환되며 실패하면 '0' 이 반환한다.
```

hDeviceContext 인자는 초기화된 디바이스 드라이버의 핸들값으로, XXX_Init() 가 반환했던 값이다. AccessCode 인자는 CrreateFile() 함수에 의해 정의된 읽기 / 쓰기 속성(dwDesiredAccess)을 받고, ShareMode 인자는 CreateFile() 함수에 의해 정의된 공유속성(dwShareMode)을 나타낸다. XXX_Open() 함수가 반환하는 값은 XXX_Read(), XXX_Write(), XXX_Seek(), XXX_IOControl() 등의 함수의 첫 번째 파라미터(OpenContext)로 전달되어 함수들을 간접적으로 호출할 수 있고, 0을 반환하면 장치의 열기가 실패하게 된다. 한 번에 하나의 응용프로그램만이 열 수 있는 드라이버라면, 보통 첫 번째 매개변수인 장치 컨텍스트값을 다시 반환한다. XXX_Open() 함수에서 장치 컨텍스트값을 반환하면, 모든 드라이버 함수가 장치 컨텍스트 자료구조에 직접 액세스할 수 있게 된다.

④ XXX_Close 함수

응용프로그램이 사용 중인 디바이스 드라이버를 종료하도록 CloseHandle() 함수를 호출하면, CloseHandle() 함수는 로드된 디바이스 드라이버의 XXX_Close() 함수와 매핑되어 있어 XXX_Close() 함수가 간접적으로 호출된다.

```
Prototype
DWORD XXX_Close(
        DWORD hOpenContext
    );
```

-> *hOpenContext* : 입력 - XXX_Open 함수에서 반환된 핸들
-> 성공하면 TRUE, 실패하면 FALSE를 반환한다.

hOpenContext 인자는 XXX_Open() 함수가 반환했던 핸들값을 받는다.

⑤ XXX_Read 함수

응용프로그램에서 호출한 CreateFile() 함수가 성공적으로 수행되면, 반환된 핸들값을 ReadFile() 함수의 인자로 사용하여 해당 장치로부터 데이터를 읽어올 수 있다.

Prototype
```
DWORD XXX_Read(
        DWORD hOpenContext,
        LPVOID pBuffer,
        DWORD Count
      );
```

-> *hOpenContext* : 입력 - XXX_Open 함수에서 반환된 핸들
-> *pBuffer* : 출력 - 디바이스에서 읽어서 데이터를 저장하는 버퍼의 포인터
-> *Count* : 입력 - 디바이스 드라이버에서 읽을 바이트 수
-> 성공하면 읽은 바이트 수 , 실패하면 -1이 반환한다.

hOpenContext 인자는 XXX_Open() 함수가 반환했던 핸들값을 받으며, 핸들값을 통해 어떤 응용프로그램이 이 함수를 호출하는지를 알 수 있다. pBuffer 인자는 장치로부터 전달될 데이터가 저장되어 있는 버퍼주소가, Count 인자는 응용프로그램이 장치로부터 읽고자 하는 데이터의 바이트 크기정보가 저장되어 있다. XXX_Read() 함수의 반환값은 장치로부터 바이트 단위의 데이터를 얼마만큼 돌려주는가를 의미하며, 읽은 데이터가 없으면 '0'을, 수행도중에 에러를 발생하면 '-1'을 반환한다.

⑥ XXX_Write 함수

응용프로그램에서 호출한 CreateFile() 함수가 성공적으로 수행되면, 반환된 핸들값을 WriteFile() 함수의 인자로 사용하여, 해당 장치에 데이터를 쓸 수 있다.

Prototype
```
DWORD XXX_Write(
        DWORD hOpenContext,
        LPCVOID pBuffer,
        DWORD Count
      );
```

-> *hOpenContext* : 입력 – XXX_Open 함수에서 반환된 핸들
-> *pBuffer* : 출력 – 디바이스가 써 넣을 데이터가 저장된 버퍼의 포인터
-> *Count* : 입력 – 디바이스가 써 넣을 바이트 수
-> 성공하면 읽은 바이트 수 , 실패하면 –1을 반환한다.

hOpenContext 인자는 XXX_Open() 함수가 반환했던 핸들값을 받으며, 핸들값을 통해 어떤 응용프로그램이 이 함수를 호출하는지를 알 수 있다. pBuffer 인자는 장치로 전달할 데이터가 저장되어 있는 버퍼주소가, Count 인자는 응용프로그램이 장치로 전송하고자 하는 데이터의 바이트 크기정보가 저장되어 있다. XXX_Write() 함수의 반환값은 장치로부터 바이트 단위의 데이터를 얼마만큼 수용했는가를 의미하며, 기록한 데이터가 없으면 '0' 을 수행도중 에러가 발생하면 '–1'을 반환한다.

⑦ XXX_Seek 함수

응용프로그램은 읽기 또는 쓰기 작업을 하는 시작위치를 변경하도록 SetFilePointer() 함수를 호출하면, SetFilePointer() 함수는 로드된 디바이스 드라이버의 XXX_Seek() 함수와 매핑되어 있어 XXX_Seek() 함수가 간접적으로 호출된다.

```
Prototype
DWORD XXX_Seek(
      DWORD hOpenContext,
      long Amount,
      WORD Type
     );
```

-> *hOpenContext* : 입력 – XXX_Open 함수에서 반환된 핸들
-> *Amount* : 입력 – 디바이스로 옮길 데이터 포인터의 바이트 수
-> *Type* : 입력 – 데이터 포인트의 스타팅 포인터(FILE_BEGIN, FILE_CURRENT, FILE_END)
-> 성공하면 새로운 포인터, 실패하면 –1을 반환한다.

hOpenContext 인자는 XXX_Open() 함수가 반환했던 핸들값을 받으며, Amount 인자는 읽기 또는 쓰기 작업을 시작할 위치를 얼마만큼 이동시킬 것인지를 결정하는 오프셋값으로 마지막 인자(Type)에 의해 정한 위치로부터 상대적인 위치이다. Type 인자는 파일의 어느 위치를 기준으로 할 것인지를 결정한다.

[표 7-4] Type 인자

값	설 명
FILE_BEGIN	파일의 시작 위치 또는 0으로 시작함
FILE_CURRENT	현재의 위치를 시작으로 함
FILE_END	마지막의 위치를 시작으로 함

⑧ XXX_PowerUP 함수

시스템에 공급되는 전력량에 따라 5단계(D0, D1, D2, D3, D4)로 레벨이 정의되어 있다. D0 레벨은 전력공급이 가장 많은 상태이고, 오른쪽으로 갈수록 전력공급이 약한 상태이고, D4레벨은 전원공급이 차단된 상태를 나타낸다.

시스템에 공급되는 전력량이 낮은 레벨에서 높은 레벨로 변하게 되면, XXX_PowerUp() 함수를 호출하여 디바이스 드라이버가 이를 인지하도록 한다.

```
Prototype
DWORD XXX_PowerUP(
        DWORD hDeviceContext
        );

-> hDeviceContext : 입력-XXX_Init 함수에서 반환된 핸들
```

hDeviceContext 인자는 XXX_Init() 함수가 반환했던 값을 받는다.

⑨ XXX_PowerDown 함수

시스템에 공급되는 전력량이 높은 레벨에서 낮은 레벨로 변하게 되면, XXX_PowerDown() 함수를 호출하여 디바이스 드라이버가 이를 인지하도록 한다.

```
Prototype
DWORD XXX_PowerDown(
        DWORD hDeviceContext
        );

-> hDeviceContext : 입력-XXX_Init 함수에서 반환된 핸들
```

hDeviceContext 인자는 XXX_Init() 함수가 반환했던 값을 받는다.

7장

⑩ XXX_IOControl 함수

응용프로그램은 장치로 명령을 보내도록 DeviceIOControl() 함수를 호출하면, DeviceIOControl() 함수는 XXX_IOControl() 함수와 매핑되어 있어 XXX_IOControl() 함수가 간접적으로 호출된다.

```
Prototype
DWORD XXX_IOControl(
        DWORD hOpenContext,
        DWORD dwCode,
        PBYTE pBufIn,
        DWORD dwLenIn,
        PBYTE pBufOut,
        DWORD dwLenOut,
        PDWORD pdwActualOut
        );

-> hOpenContext : 입력 - XXX_Open 함수에서 반환된 핸들
-> dwCode : 입력 - I/O 컨트롤 동작을 분류하기 위한 코드. 보통 이 값을 이용하여 동작을 분류한다.
-> pBufIn : 입력 - 디바이스가 써 넣을 데이터가 저장된 버퍼의 포인터
-> dwLenIn : 입력 - 디바이스가 써 넣을 바이트 수
-> pBufOut : 출력 - 디바이스에서 읽어서 데이터를 저장하는 버퍼의 포인터
-> dwLenOut : 입력 - 디바이스가 읽을 바이트 수
-> pdwActualOut : 출력 - 출력 버퍼에 기록된 바이트 수를 받을 버퍼의 주소
-> 성공하면 TRUE, 실패하면 FALSE가 반환된다.
```

hOpenContext 인자는 XXX_Open() 함수가 반환했던 핸들값을 받으며, dwCode 인자는 응용프로그램의 DeviceIOControl() 함수가 어떤 기능을 원하는지를 알리며, pBufIn 인자는 장치에 보낼 데이터가 저장되는 버퍼의 주소를 나타내며, dwLenIn 인자는 장치에 보낼 데이터의 크기를 나타낸다. pBufOut 인자는 장치로부터 받은 데이터가 저장되는 버퍼의 주소를 나타내며, dwLenOut 인자는 pBufOut 내에 포함될 수 있는 최대 데이터 크기를 나타내며, pdwActualOut 인자는 pBufOut에 기록된 데이터의 실제크기를 나타낸다. 이 매개변수들에 꼭 유효한 버퍼를 지정해야 하는 것은 아니며, 응용프로그램에서 DeviceIOControl() 함수를 호출할 때 버퍼 포인터 매개변수에 '0' 을 지정해도 된다. 또한, 디바이스 드라이버는 실행에 성공했을 때 TRUE를 반환하고, 실패하면 FALSE를 반환해야 한다.

(2) 응용프로그램에서 드라이버를 호출하는 함수

응용프로그램에서 디바이스 드라이버를 호출하기 위해서 다음과 같은 함수가 사용된다.

① CreateFile

```
• HANDLE CreateFile(
        LPCTSTR lpFileName,
        DWORD dwDesiredAccess,
        DWORD dwShareMode,
        LPSECURITY_ATTRIBUTES lpSecurityAttributes,
        DWORD dwCreationDispostion,
        DWORD dwFlagsAndAttributes,
        HANDLE hTemplateFile
);
```

→ 스트림 디바이스 드라이버의 XXX_Open 함수가 호출된다.

→ lpFileName : 디바이스 드라이버 이름(예) COM1:

→ dwDesiredAccess : 다음과 같은 액세스 타입을 지정하며, OR 연산자를 사용하여 두 개를 동시에 지정할 수 있다.

0 – 디바이스를 액세스하지 않고 속성을 묻는다. GENERIC_READ – 디바이스 읽기를 지정 GENERIC_WRITE – 디바이스 쓰기를 지정

→ dwShareMode : 다음과 같은 공유모드를 지정한다.

0 – 공유를 사용하지 않는다. FILE_SHARE_READ – 디바이스의 다음 동작이 읽기 액세스를 요청하여야 한다. FILE_SHARE_WRITE – 디바이스의 다음 동작이 쓰기 액세스를 요청하여야 한다.

→ lpSecurityAttributes : 사용하지 않는다. NULL

→ dwCreationDispostion : 존재하는 디바이스인지 새롭게 만들어야 하는지를 지정

CREATE_NEW – 파일을 만든다. 파일이 있으면 에러 CREATE_ALWAYS – 파일을 만든다. 파일이 있으면 오버라이트된다. OPEN_EXISTING – 존재하는 파일을 오픈한다. 파일이 없으면 에러 OPEN_ALWAYS – 존재하는 파일을 오픈한다. 파일이 없으면 만든다. TRUNCATE_EXISTING – 존재하는 파일을 오픈한다. 오픈된 적이 있으면 파일은 없어져서 파일 크기는 제로 바이트가 된다.

7장

→dwFlagsAndAttributes : 파일 속성과 파일에 대한 플래그, '0'이면 무시하며, 파일 속성의 종류는 다음과 같다.

```
FILE_ATTRIBUTE_ARCHIVE – 파일은 archived
FILE_ATTRIBUTE_HIDDEN – 숨겨진 파일
FILE_ATTRIBUTE_NORMAL – 속성이 없는 파일
FILE_ATTRIBUTE_READONLY – 읽기만 가능한 파일
FILE_ATTRIBUTE_SYSTEM – 시스템에서 사용하는 파일
FILE_ATTRIBUTE_TEMPORARY – 지원되지 않음
```

파일플래그의 종류

```
FILE_FLAG_WRITE_THROUGH, FILE_FLAG_OVERLAPPED, FILE_FLAG_RANDOM_ACCESS
```

→hTemplateFile : 사용하지 않는다. NULL

→성공하면 핸들, 실패하면 INVALD_HANDLE_VALUE를 반환한다.

② CloseHandle

```
• BOOL CloseHandle (
    HANDLE hObject
);
```

→스트림 디바이스 드라이버의 XXX_Close 함수가 호출된다.

→hObject : 오픈된 파일 핸들

→성공하면 제로가 아닌 값, 실패하면 제로를 반환한다.

③ ReadFile

```
• BOOL ReadFile (
    HANDLE hFile,
    LPVOID lpBuffer,
    DWORD nNumberOFBytesToRead,
    LPDWORD lpNumberOfByteRead,
    LPOVERLAPPED lpOverlapped
);
```

→스트림 디바이스 드라이버의 XXX_Read 함수가 호출된다.

→hFile :읽을 파일 핸들

→lpBuffer : 파일에서 수신할 데이터를 저장하는 버퍼 포인터

→nNumberOFBytesToRead : 파일로 써 넣을 바이트 수

→ lpNumberOfByteRead : 써 넣은 바이트 수에 대한 포인터

→ lpOverlapped : 지원되지 않는다. NULL

→ 성공하면 제로가 아닌 값, 실패하면 제로를 반환한다.

④ DeviceIoControl

```
• BOOL DeviceIoControl (
    HANDLE hFile,
    DWORD dwIoControlCode,
    LPVOID lpInBuffer,
    DWORD nInBufferSize,
    LPVOID lpOutBuffer,
    DWORD nOutBufferSize,
    LPDWORD lpBytesReturned,
    LPOVERLAPPED lpOverlapped
);
```

→ 스트림 디바이스 드라이버의 XXX_IOControl 함수가 호출된다.

→ hFile : CreateFile에서 호출한 동작을 수행할 파일핸들

→ dwIoControlCode : 동작을 식별하기 위한 코드

→ lpInBuffer : 써 넣을 데이터가 저장된 버퍼 포인터

→ nInBufferSize : 써 넣을 수 있는 바이트 수

→ lpOutBuffer : 읽어서 데이터가 저장될 버퍼 포인터

→ nOutBufferSize : 읽을 바이트 수

→ lpBytesReturned : lpOutBuffer 에 저장되는 실제 바이트 수를 가리키는 포인터

→ lpOverlapped : 지원되지 않는다. NULL

→ 성공하면 TRUE, 실패하면 FALSE를 반환한다.

4 레지스트리 엔트리

전원이 ON 되면 온-보드(onboard) 디바이스 드라이버는 자동으로 로드되며, 인스톨 가능(installable) 디바이스 드라이버는 디바이스 매니저가 레지스트리에 열거된 것들을 로드하게 된다.

레지스트리는 트리(Tree)형태로 데이터를 저장하고, 트리의 각 노드를 키라 부르며, 각 키는 보조키(sub-key)와 값(values)이라 부르는 데이터를 포함할 수도 있다.

Windows CE 레지스트리는 상위 레벨 3개의 키만 사용한다.

```
HKEY_CLASSES_ROOT : 파일형식과 OLE 구성 정보저장
HKEY_CURRENT_USER : 사용자 구성 정보저장
HKEY_LOCAL_MACHINE : 하드웨어와 드라이버 구성 정보저장
```

- HKEY_LOCAL_MACHINE 키에서 다음과 같이 "\Drivers\Builtin"키는 온-보드 디바이스를 지원하기 위하여 디바이스 매니저가 사용하며, 스트림 인터페이스 드라이버를 레지스트리에 등록한다.
- 레지스트리에서 많이 사용하는 보조키는 다음과 같다.

  Prefix : 세 개의 대문자로 구성하며, 디바이스 파일 이름을 의미하고, 이름이 중복되어도 관계가 없다.

  Index : 옵션으로 디바이스 파일 이름의 인덱스를 1~9, 0(10을 의미)까지 사용할 수 있고, 데이터형은 DWORD이며, 지정하지 않으면 디바이스 매니저가 자동으로 할당한다.

  Order : 0~255의 값이며, 디바이스 매니저가 로드할 순서를 의미하고, 작은 숫자를 갖는 드라이버로부터 로드된다.

  Dll : DLL 모듈이름
- 응용프로그램에서 디바이스 드라이버를 호출할 때는 "COM1:"과 같이 "Prefix + Index" 다음에 콜론(:)을 붙여야 한다.

(1) 레지스트리 정보 확인하기

1 "Remote Registry Editor" 도구를 실행시키고자 플랫폼 빌더를 실행시킨 후 메뉴에서 Tools → Remote Registry Editor를 선택한다.

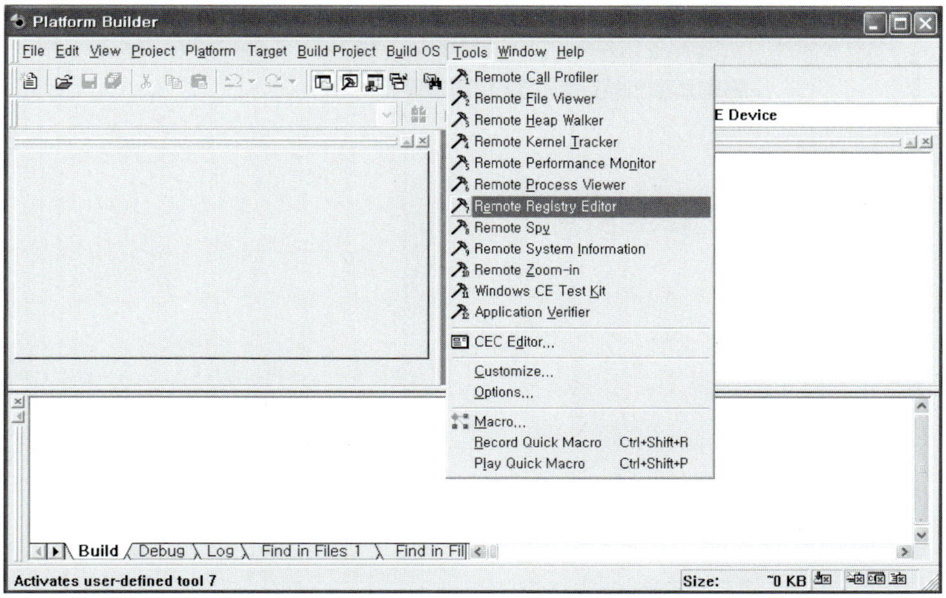

2 Select a Windows CE Device 창에서 XHyper320TKU를 찾아 "OK" 버튼을 클릭하면 레지스트리 정보를 볼 수 있다. 만약 XHyper320TKU가 디바이스 목록에 없다면 다음 과정을 따라 추가해 보자.

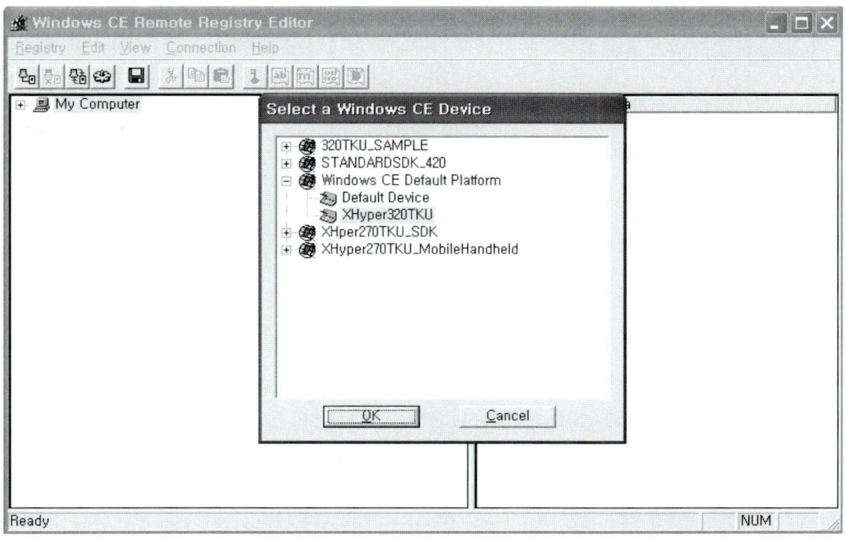

③ Remote Registry Editor가 실행되면, 연결할 타깃보드를 설정하고자 메뉴에서 Connection → Configure Windows CE Platform Manager...를 선택한다.

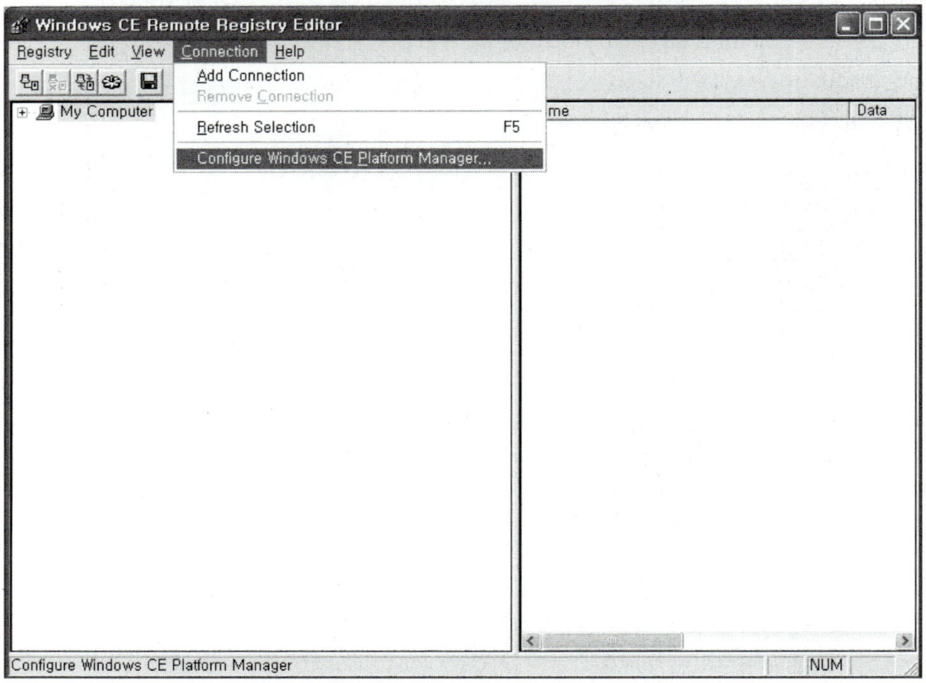

④ Configure Windows CE Platform Manager가 실행되면, "Add Device"를 눌러 연결할 타깃보드를 추가시켜 준다.

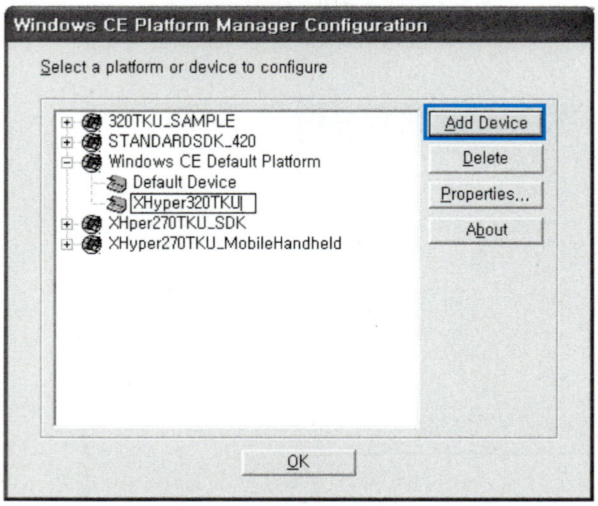

⑤ 연결할 타깃보드 이름에 “X-Hyper320TKU”라고 입력한 후 “Properties...”를 누른다.

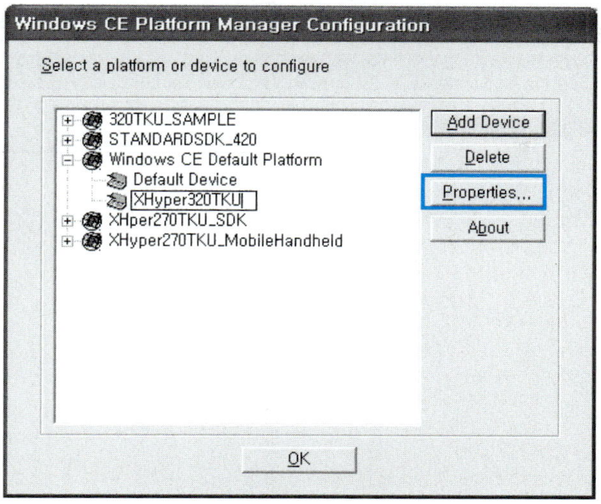

⑥ “Properties...”를 누르면 다음과 같이 Device Properties 창이 나타난다. “ActiveSync”를 이용하여 타깃보드에 연결하도록 Transport 항목과 Startup Server 항목에서 “ActiveSync”를 선택한 후 “OK”를 누른다.

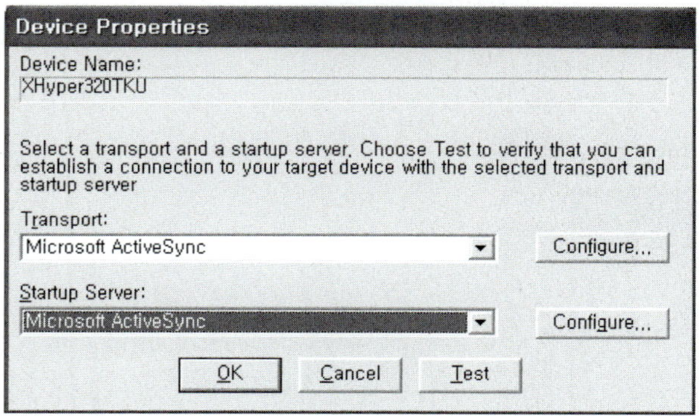

7 설정을 끝마쳤으면 타깃보드에 연결하도록 메뉴에서 Connection → Add Connection 를 선택한다.

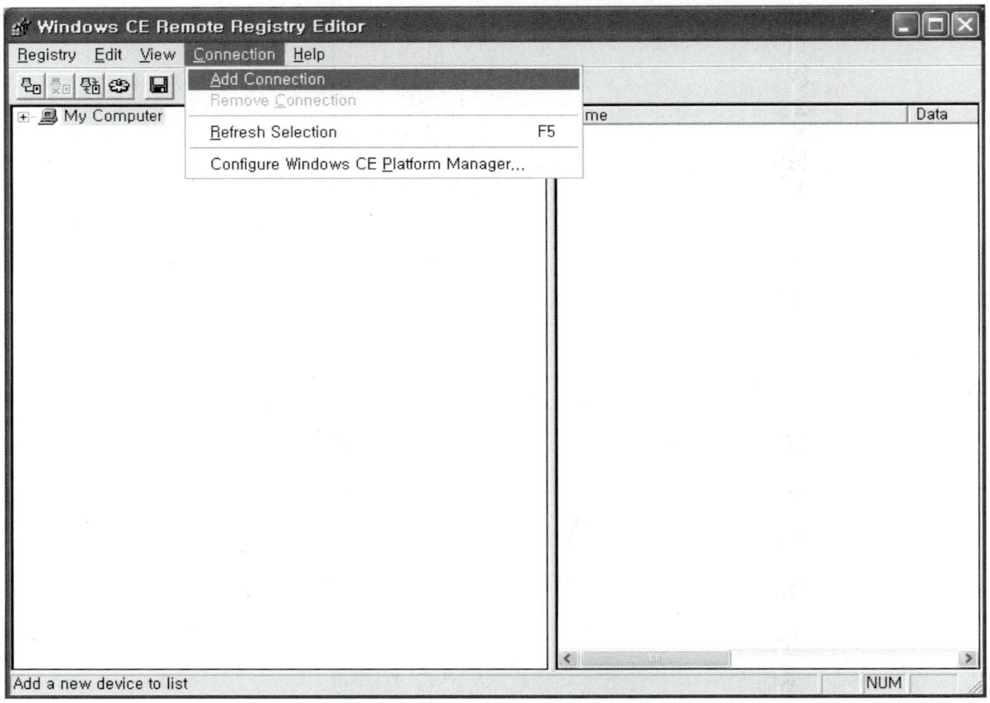

8 새로 생성한 "X-Hyper320TKU"를 선택한 후 "OK"를 누른다.

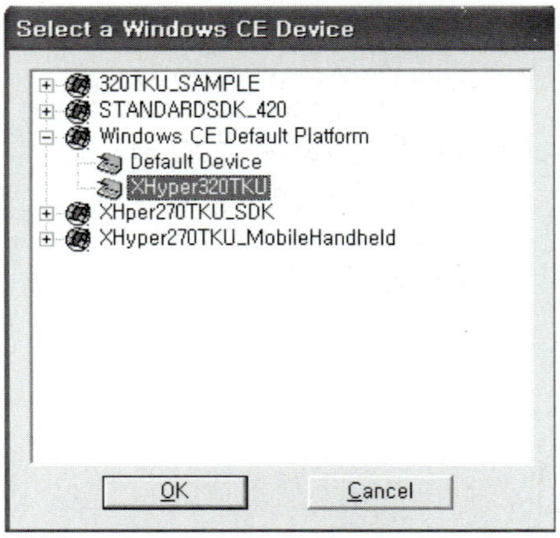

⑨ "OK" 버튼을 누르면 X-Hyper320TKU 타깃보드와 연결이 되면서 X-Hyper320TKU 에서 실행되고 있는 Windows CE운영체제의 레지스트리 정보가 표시된다.

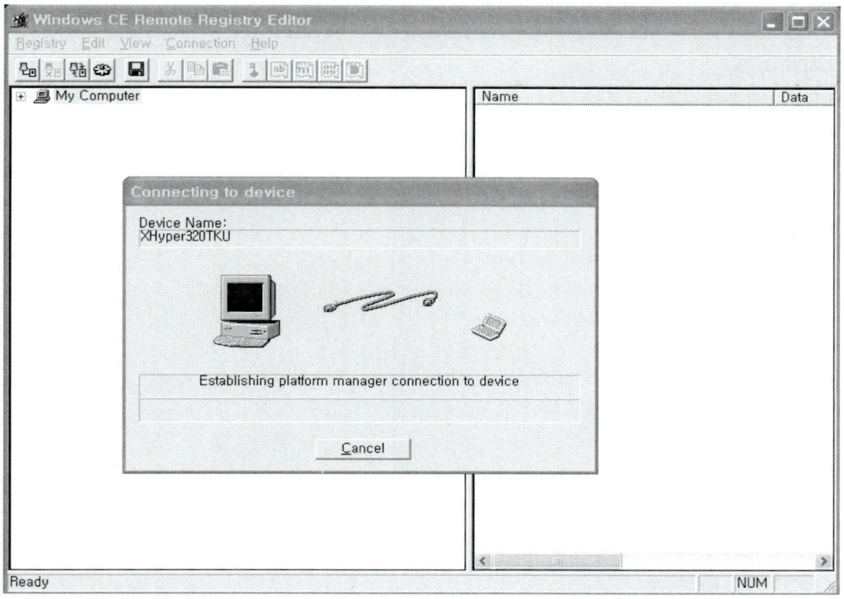

만일 연결이 되지 않는다면 호스트 PC의 네트워크 환경으로 들어가 "LAN 또는 고속 인터넷" 장치가 표시되는 목록의 장치들을 모두 오른쪽 마우스를 클릭하여 "사용안함"으로 설정하고 다시 연결을 시도해 본다.

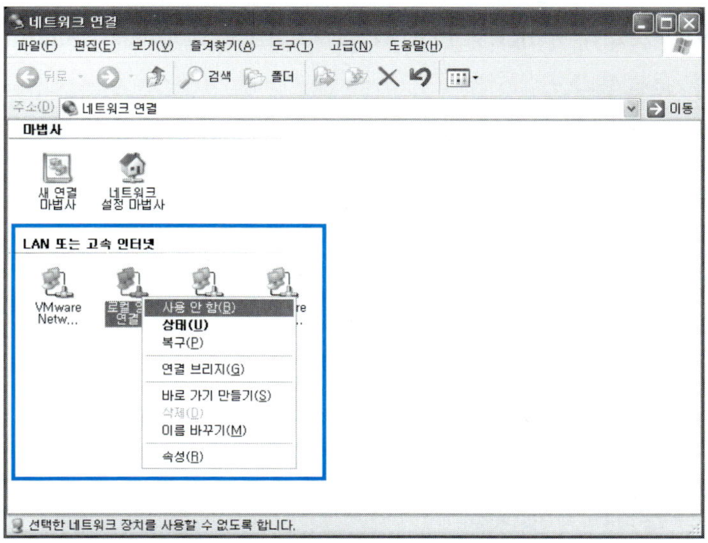

[그림 7-7] 로컬 영역 연결 설정

연결이 되면 [그림 7-8]과 같이 X-Hyper320TKU 장치의 레지스트리 정보가 나타난다.

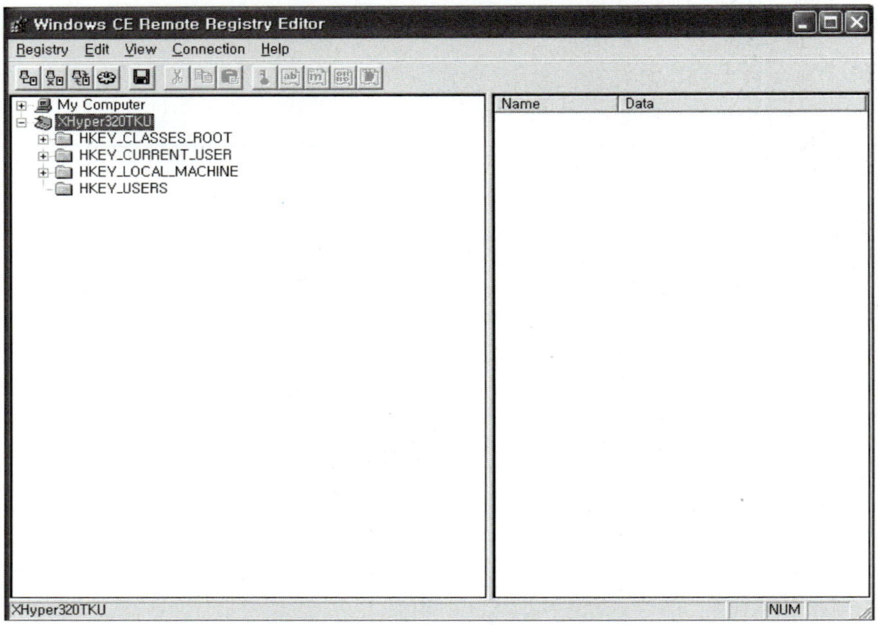

[그림 7-8] 레지스트리 정보

디바이스 매니저(DEVICE.exe)는 [HKEY_LOCAL_MACHINE\Driver] 키를 검색하여 RootKey 변수를 확인한다.

[그림 7-9]와 같이 RootKey 변수의 값이 "Driver\BuiltIn" 으로 되어 있으므로, 디바이스 매니저(DEVICE.exe)는 [HKEY_LOCAL_MACHINE\Drivers\BuiltIn] 키의 값을 읽어 해당 모듈을 로드한다.

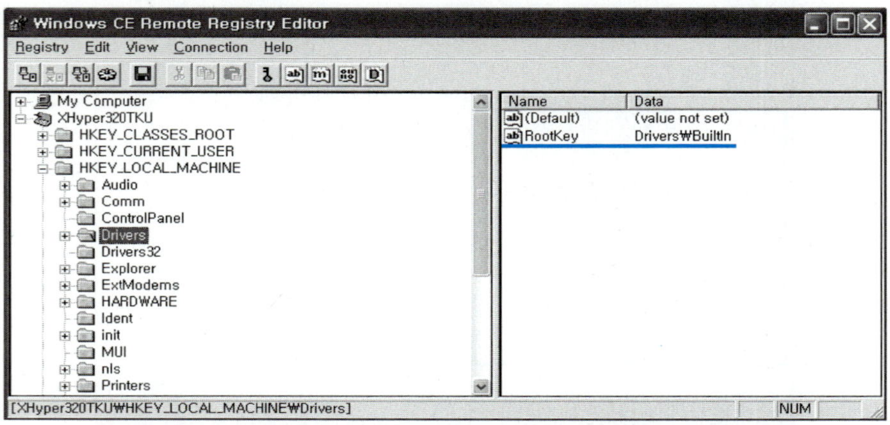

[그림 7-9] Rootkey

[HKEY_LOCAL_MACHINE\Drivers\BuiltIn] 키에는 DLL 변수가 있으며, DLL 변수값으로 "BusEnum.dll"를 갖는다.

디바이스 매니저(DEVICE.exe)는 부팅이 되면 가장 먼저 BuiltIn 장치를 위한 열거역할을 하는 "BusEnum.dll"를 가장 먼저 로드한다.

이렇게 로드된 "BusEnum.dll"의 Init() 함수는 [HKEY_LOCAL_MACHINE\Drivers\BuiltIn] 키의 하위 키들을 모두 검색하고, 검색된 하위 키들을 이용하여 ActivateDeviceEx() 함수를 호출한다.

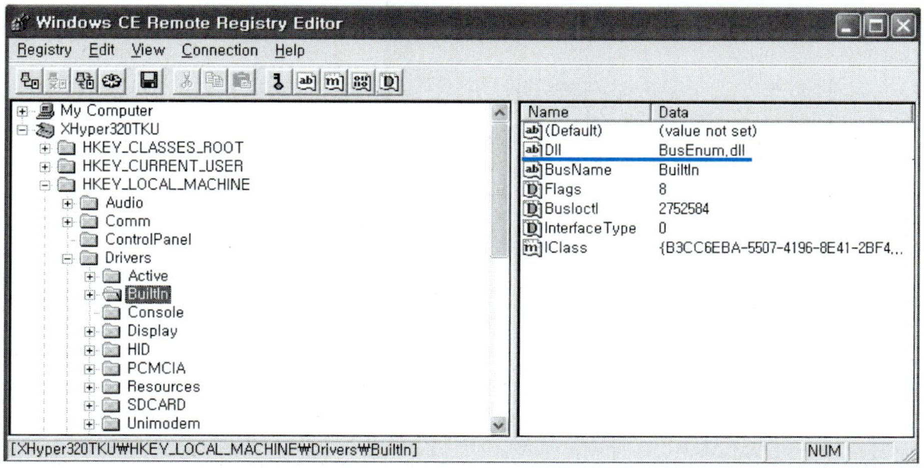

[그림 7-10] BusEnum.dll(1)

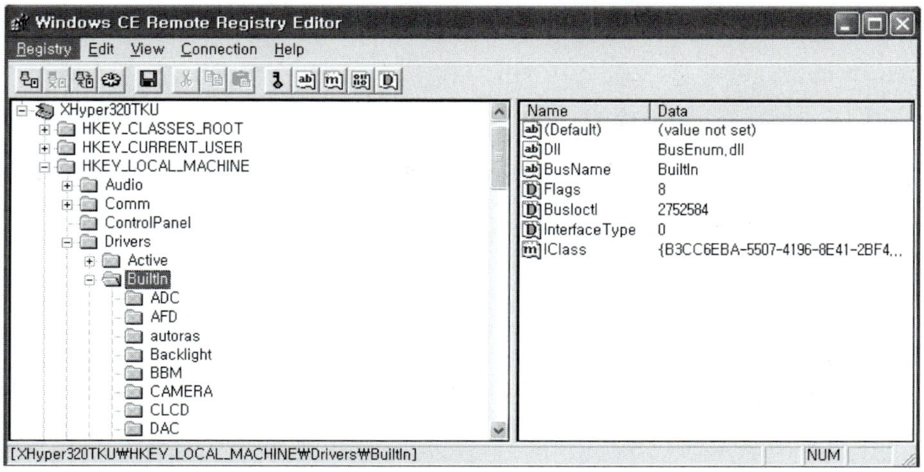

[그림 7-11] BusEnum.dll(2)

7장

[HKEY_LOCAL_MACHINE\Drivers\BuiltIn] 키의 하위 디바이스 드라이버는 "Bus Enum.dll"에 의해 한 번에 한 개씩 정해진 우선순위에 따라 로드가 된다. 우선순위는 0에서 255까지 존재하며, 숫자가 낮을수록 우선순위가 높은 것으로 먼저 로드되며, "Order"라는 변수의 값이 해당 디바이스 드라이버의 우선순위를 나타낸다. "Order" 변수뿐만 아니라 해당 디바이스 드라이버의 변수들을 살펴보면, "Prefix" 변수는 각각의 디바이스 드라이버들을 식별하기 위한 디바이스 드라이버의 이름을 나타내며, "Index" 변수는 각각의 장치들을 식별하려고 덧붙이는 번호이다.

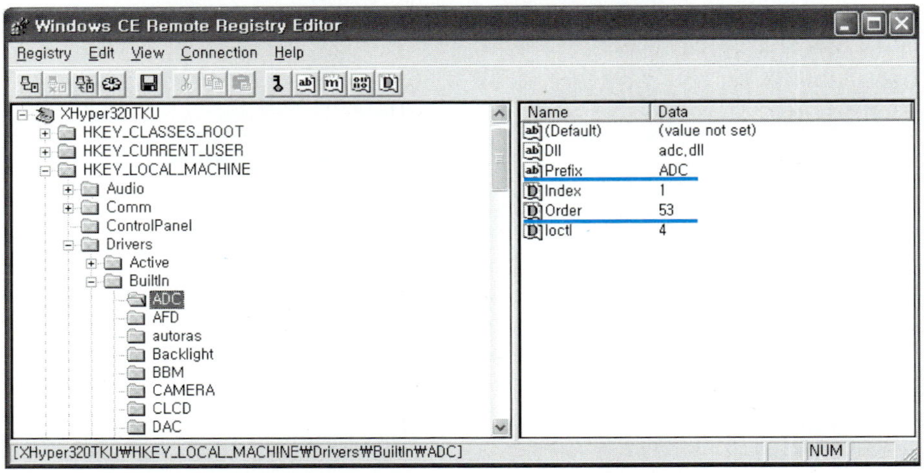

[그림 7-12] Index 변수

디바이스 매니저(DEVICE.exe)는 해당 디바이스 드라이버를 활성화 (Active)시킨 후, ActivateDeviceEx() 함수를 호출하여 해당 디바이스드라이버의 DLL을 시스템에 등록한다. "BusEnum.dll"는 ActivateDeviceEx() 함수의 반환 값을 디바이스 드라이버에 대한 정보를 [HKEY_LOCAL_MACHINE\Drivers\Active]의 하단 항목에 추가한 후 RegisterDevice() 함수는 각 함수의 포인터들의 유무를 확인한 후 함수 포인터들을 매핑한다.

```
Prototype
HANDLE RegisterDevice(
      LPCWSTR lpszType,
      DWORD dwIndex,
      LPCWSTR lpszLib,
      DWORD dwInfo
 );
```

RegisterDevice() 함수는 장치를 초기화하고 디바이스 드라이버를 구동하기 위해 로드한 디바이스 드라이버내의 XXX_Init() 함수를 호출한다. 만약에 XXX_Init() 함수의 반환값이 "0"이면 디바이스 드라이버의 초기화 구동이 실패된 것으로 판단하여 로드한 디바이스 드라이버를 시스템에서 제거한다.

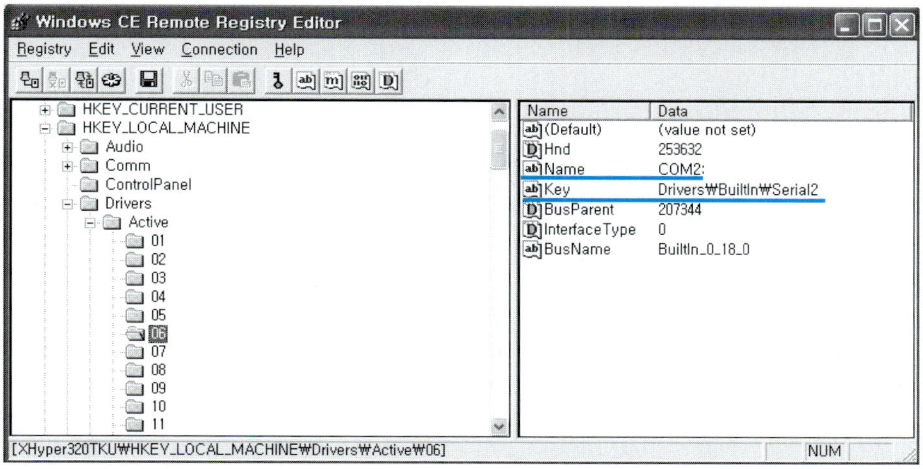

[그림 7-13] Index 변수

로드된 디바이스 드라이버의 변수들을 살펴보면 "Name" 변수는 로드된 디바이스 드라이버를 이름을 나타내며, "Key" 변수는 "Drviers\BuiltIn\Serial2" 에 해당 모듈에 대한 정보가 있다는 것을 나타낸다.

7장

8장 디바이스 드라이버 구성

학습목표

X-Hyper320TKU IEB_board에 부착된 디바이스 드라이버 작성 과정을 이해하여 디바이스 드라이버 작성과 등록 및 구현에 대해서 이해하고 X-Hyper320TKU의 주변확장 디바이스 드라이버를 다루어 보고 동작을 확인해본다.

8.1 IEB 보드 디바이스 드라이버 제작

1 디바이스 드라이버 제작

여기서는 디바이스 드라이버를 제작하는 방법에 대해서 기술한다. 실습으로 제작하는 디바이스 드라이버는 스트림 인터페이스 드라이버 구조의 일체형(Monolithic) 드라이버이다.

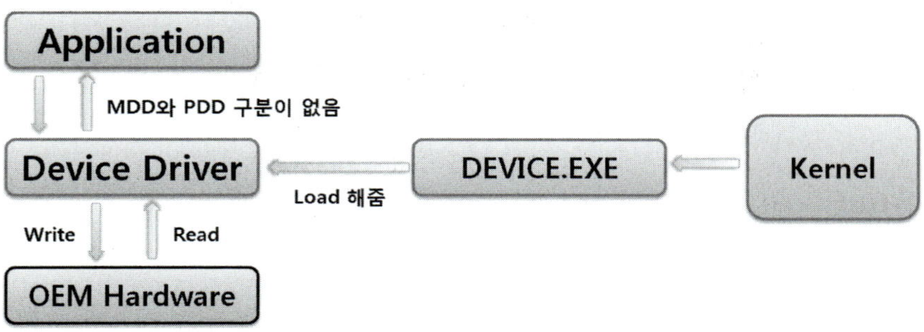

[그림 8-1] Monolithic 드라이버

스트림 인터페이스 드라이버 구조의 일체형 드라이버(Monolithic Driver)는 디바이스 드라이버가 디바이스 매니저(DEVICE.EXE)로부터 로드가 되고, MDD(Model Device Driver)와 PDD(Platform Dependent Driver)의 구분이 없이 주로 응용프로그램에서 접근한다.

디바이스 드라이버를 제작하려면 디바이스가 PXA320 칩과 어떻게 연결되어 있는지 알고 있어야 한다.

- X-Hyper320TKU에서 제공하고 있는 기본적인 디바이스에 대한 물리적인 어드레스 디코드 회로를 살펴보자.
  PXA320 제작회사인 마벨(Marvell)에서는 아래와 같은 기본적인 메모리맵을 제공한다. 이러한 메모리맵을 기반으로 주변장치들이 사용할 메모리 주소를 설계한다.
- 타깃보드는 Static Chip Select2 (64M)의 영역인 0x1000_0000~0x13FF_FFFF 사이의 메모리 영역에 디바이스를 할당하고 있다.
- 이 주소에 설치한 FPGA칩인 ALTERA Cyclone EP1C6Q240C8은 Chip Select(CS)2를 통해 PXA320으로부터 선택되며, 주변 디바이스는 래치 또는 버퍼를 통하여 FPGA의 외부 단자에 연결된다.
  실습 목적의 디바이스로는 FND 8개, 도트 매트릭스(DOT Matrix(7 × 5)), 키 매트릭스(Key Matrix(4 × 4)), 문자(Character) LCD(16 × 2), 스텝 모터, DC모터, LED 등이 있다. 1.5m

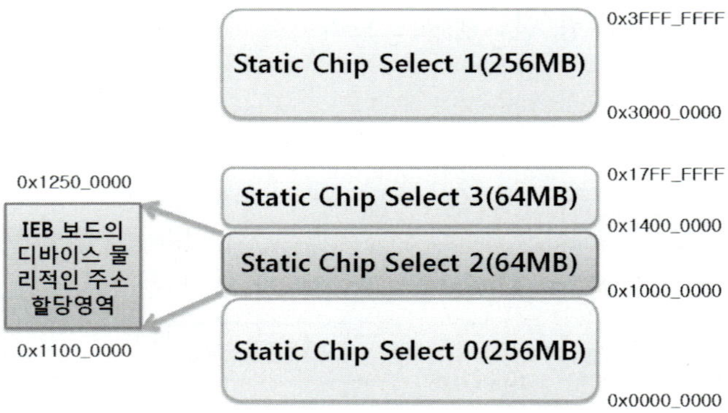

[그림 8-2] 물리적 주소 할당 영역

[그림 8-3]은 X-Hyper320TKU에서 FPGA와 디바이스 연결에 대한 전체 회로도이다. PXA320과 디바이스는 중간에 있는 FPGA를 통하여 연결되며, FPGA 칩에는 주소에 대한 디코딩 회로가 있다.

FPGA에서 CS2로부터 하강 에지 트리거(falling edge triger) 입력마다 동작하는 플립플롭이 있고, 주소버스로부터 입력된 주소값을 FPGA 주소값과 비교한다.

그리고 특정 주소의 디바이스에 입력되는 클록 또는 활성화 신호에 의하여 D-플립플롭 또는 래치가 활성화되며, 데이터 버스가 활성화되어 데이터가 디바이스로 전달된다.

PXA320의 주소버스 32비트 모두 FPGA 칩에 연결된 것이 아니라 주소버스의 25~0비트가 물리적으로 CPLD를 거쳐 연결되어 있다. [그림 8-3]에서 CPLD는 undershoot / overshoot를 줄이기 위해 사용되었고, 전원이 인가되면 EEPROM의 논리회로가 FPGA로 적재되어 실습 디바이스를 위한 어드레스 디코딩이 되도록 하였다.

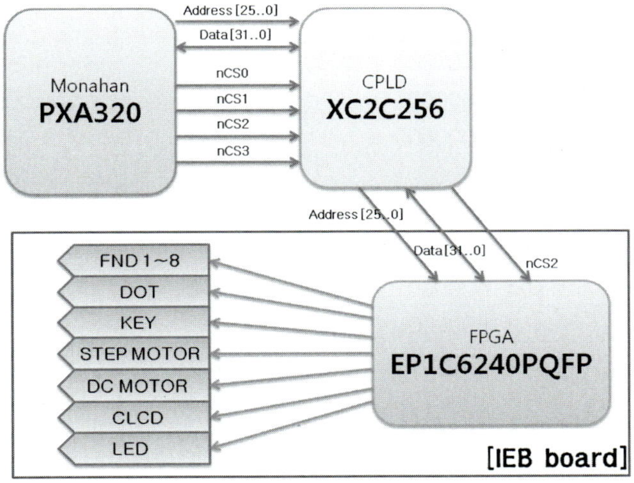

[그림 8-3] FPGA 연결 블록도

[표 8-1]은 IEB 디바이스 드라이버의 메모리 맵이다. 각각의 장치에 대한 주소값이 설정되어있다.

Windows CE 커널이 동작하는 상태에서 [그림 8-4]처럼 MMU가 활성화가 되어 동작하는 커널모드에서는 장치제어를 위해 물리주소로 바로 접근하려면 페이지 폴트가 발생하여 처리가 되지 않는다. 페이지 폴트란 프로그램이 자신의 주소공간에는 존재하지만 시스템의 RAM에는 현재 없는 데이터나 코드에 접근을 시도하였을 경우 발생하는 현상으로 페이지 폴트가 발생하지 않은 것처럼 프로그램이 계속해서 작동하게 해준다. 따라서 사용영역의 응용프로그램에서의 하드웨어 제어를 위해서는 물리주소를 가상주소로 매핑해야 한다.

8장

[표 8-1] IEB 드라이버의 주소값

이 름	어드레스	범 위	설 명
FND1	0x11000000	0x100000	7-Segment 1
FND2	0x11100000	0x100000	7-Segment 2
FND3	0x11200000	0x100000	7-Segment 3
FND4	0x11300000	0x100000	7-Segment 4
FND5	0x11400000	0x100000	7-Segment 5
FND6	0x11500000	0x100000	7-Segment 6
FND7	0x11600000	0x100000	7-Segment 7
FND8	0x11700000	0x100000	7-Segment 8
DOT_1 Col	0x11800000	0x100000	Dot collumn 1
DOT_2 Col	0x11900000	0x100000	Dot collumn 2
DOT_3 Col	0x11A00000	0x100000	Dot collumn 3
DOT_4 Col	0x11B00000	0x100000	Dot collumn 4
DOT_5 Col	0x11C00000	0x100000	Dot collumn 5
KEY_W	0x11D00000	0x100000	Key Write
KEY_R	0x11E00000	0x100000	Key Read
DAC	0x11F00000	0x100000	Digital to Analog Convertor
ADC	0x12000000	0x100000	Analog to Digital Convertor
STEP Motor	0x12100000	0x100000	Step Motor controller
DC Motor	0x12200000	0x100000	DC Motor controller
Character LCD	0x12300000	0x100000	Character LCD Control
LED	0x12400000	0x100000	LED

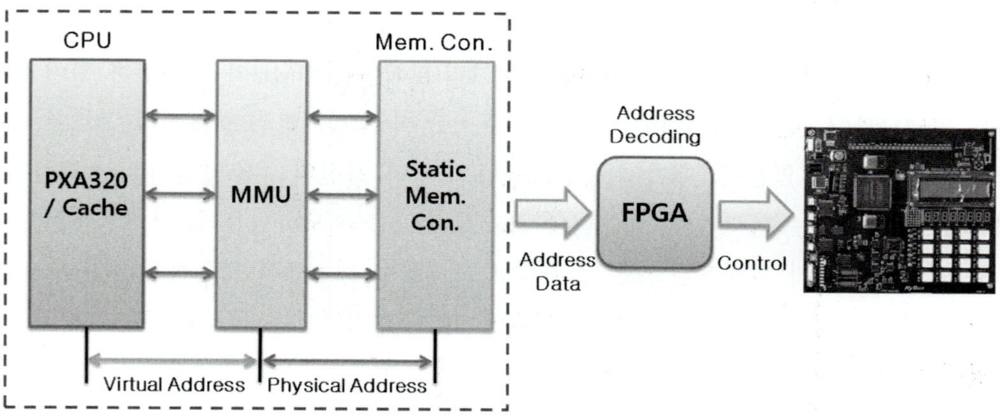

[그림 8-4] 물리주소를 가상주소로 매핑

가상메모리 주소와 실제메모리 주소와의 매핑관계는 OEMAddressTable에 서술되어 있으며, 이 테이블을 참조하여 커널이 MMU를 초기화하게 된다.

OEMAddressTable은 "oemaddrtab_cfg.inc" 파일에 들어 있다.

@상세한 파일을 별첨 CD의 부록 2에서 확인바란다.

2 LED 디바이스 드라이버

X-Hyper320TKU 보드에는 8개의 LED들이 있으며, FPGA 어드레스 디코딩에 의해서 8개의 LED들을 접근하여 [그림 8-5]처럼 데이터버스 하위 8Bit 값을 쓰는 방법으로 쉽게 제어할 수 있다.

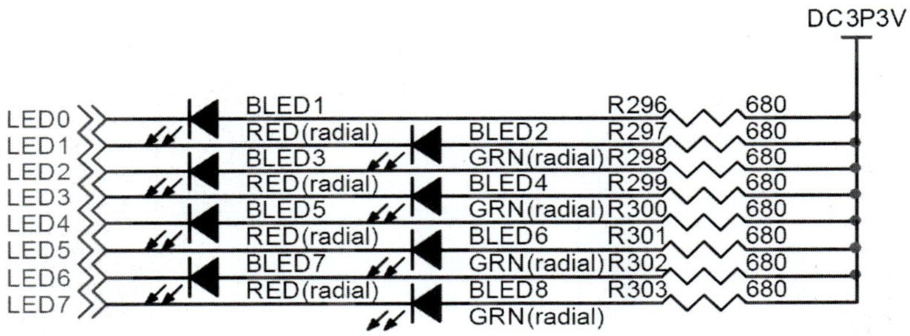

[그림 8-5] LED 회로도

LED의 물리주소(접근번지)는 0x1240_0000에 할당되어 있다. 최상위 6비트(A31~26)가 CS2에 해당하고, 나머지 26비트 중 최상위 6비트(A25~20)가 실질적인 어드레스 디코딩을 위해 사용되고 있다.

[표 8-2] LED 물리주소

add	31~0							
led	0001	0010	0100	0000	0000	0000	0000	0000
16진수	1	2	4	0	0	0	0	0

LED의 물리주소가 주어지면 CS2에 의해 FPGA가 선택되고 FPGA 내부에 있는 어드레스 디코딩 논리회로에 의해 LED_CS에 클럭이 주어져 활성화되고 데이터값이 LED에 전달된다. LED 디바이스 드라이버 소스코드는 별첨 CD의 부록 2에서 확인바란다.

3 FND 디바이스 드라이버

X-Hyper320TKU 보드에서는 FPGA의 어드레스 디코딩에 의해 8개의 FND를 제어한다. FND는 7세그먼트라고도 하고 숫자나 간단한 기호표현에 많이 사용된다.

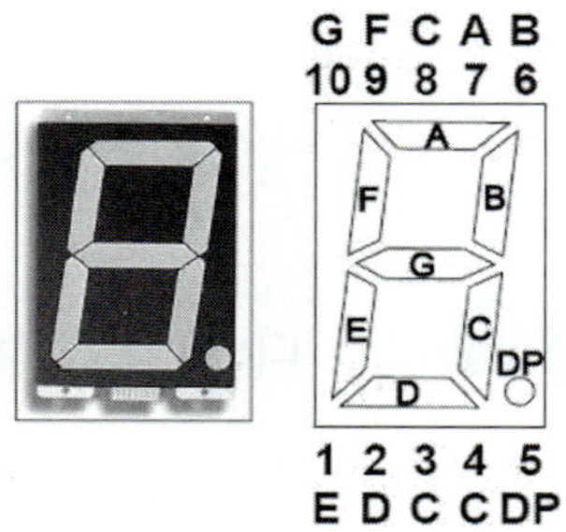

[그림 8-6] FND

7세그먼트 FND는 A~G의 7개의 LED와 소수점 표시를 하는 DP(Decimal Point)의 LED 1개로 구성된다. 각 LED는 표시되는 문자의 일부분을 구성하므로 각각을 세그먼트(segment)라 부른다. 0~9, A~F의 16개 문자를 표현할 수 있으며, 주로 BCB코드나 16진수를 표현하는데 사용된다.

7세그먼트 FND에는 애노드 공통형(Commom-Anode Type)과 캐소드 공통형(Common-Cathode Type)의 2가지가 있다.

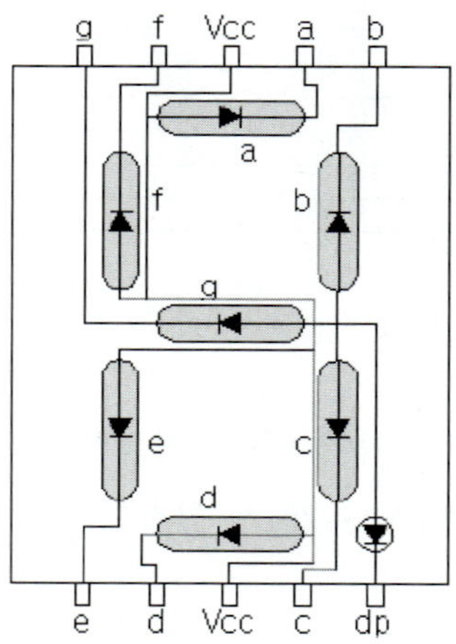

[그림 8-7] Commom-Anode Type

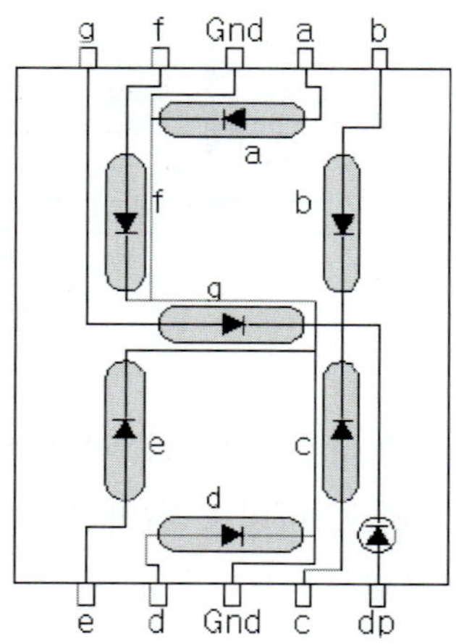

[그림 8-8] Common-Cathode Type

캐소드 공통형은 각 LED의 캐소드 단자들이 공통적으로 묶여 있으며, 따라서 이 공통단자에 접지(0V)를 연결하고, a, b,.... 등의 입력단자에는 저항을 하나씩 직렬로 연결한 후 저항 끝에 Vcc(+5V)를 연결하면 대응되는 LED에 불이 들어오고 저항 끝에 접지(0V)를 연결하면 불이 꺼진다.

타깃보드는 FND를 쉽게 제어할 수 있도록 8개의 FND를 한 개씩 개별적으로 접근하도록 주소번지를 가지도록 설계되어 있다. 따라서 8개의 접근번지 (I/O 주소)를 가지고 있고 FND 한 개는 8개의 LED 엘리먼트로 구성되어 있어 FND 한 개를 제어하려면 8개의 출력비트가 필요하다. [그림 8-9]처럼 각 엘리먼트는 데이터 비트 1비트와 대응되어 제어하는 방식으로 각 세그먼트 주소영역에 데이터 비트를 쓰는 방법으로 다양한 디스플레이를 구현할 수 있다.

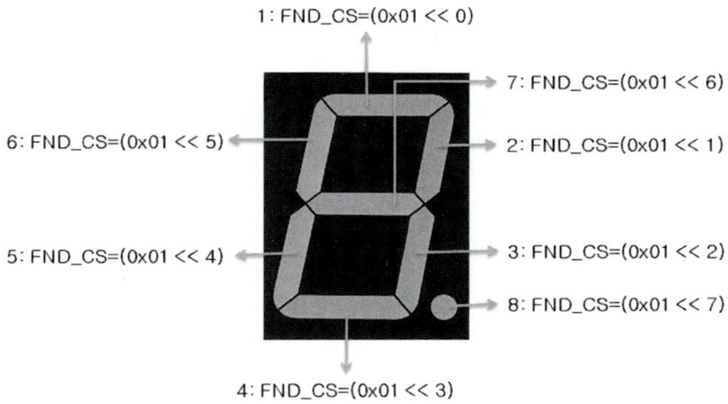

[그림 8-9] FND

[그림 8-10]은 X-Hyper320TKU의 FND 회로도이다.

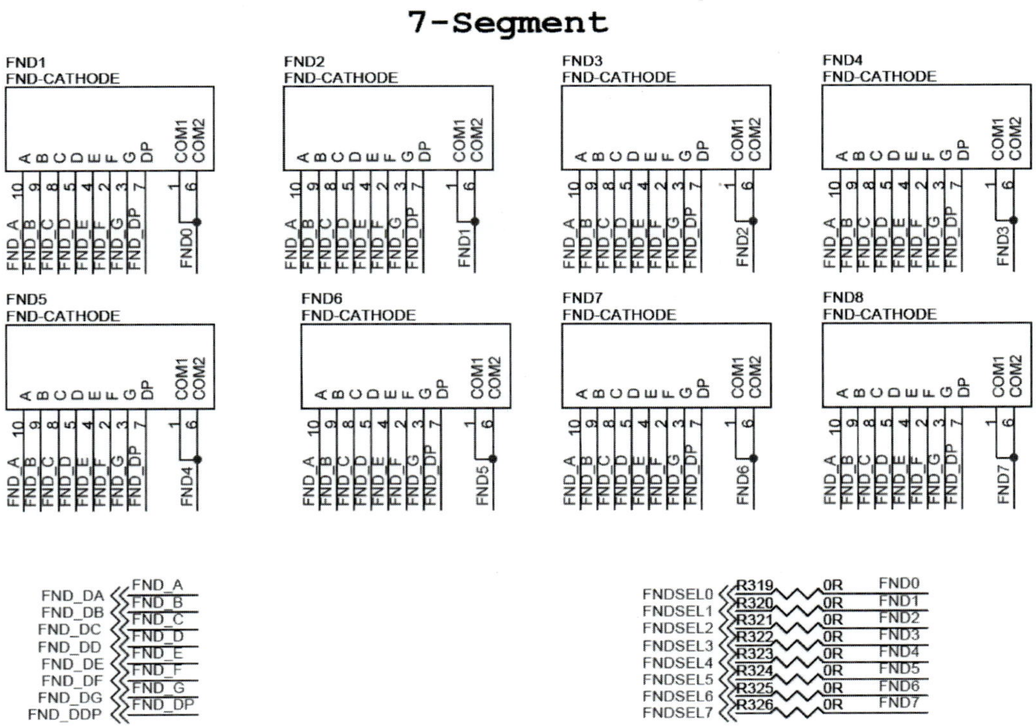

[그림 8-10] IED – FND 회로도

FND의 물리주소(접근번지)는 0x1100_0000~0x1170_0000 영역에 8개가 할당되어 있는데 [표 8-3]과 같이 Address Table을 구성하여 보면 최상위 6비트 (A31~26)는 CS2에 해당하고, 나머지 26비트 중 최상위 6비트(A25~20)가 실질적인 어드레스 디코딩을 위해 사용하고 있다.

[표 8-3] FND 물리주소

add	31~0							
fnd_cs0	0001	0001	0000	0000	0000	0000	0000	0000
fnd_cs1	0001	0001	0001	0000	0000	0000	0000	0000
16진수	1	1	0	0	0	0	0	0
16진수	1	1	1	0	0	0	0	0

FND의 물리주소 FND_CS0~FND_CS7가 주어지면 CS2에 의해 FPGA가 선택되고 FPGA 내부에 있는 어드레스 디코딩 논리회로에 의해 활성화 신호가 발생하고, 해당 FND에 D-플립플롭에 상승에지가 공급되어 FND에 연결된 데이터버스 하위 8비트가 FND에 전달되어 FND의 불을 켜게 된다. [그림 8-11]은 PXA320과 FND 사이의 연결회로도를 나타낸다.

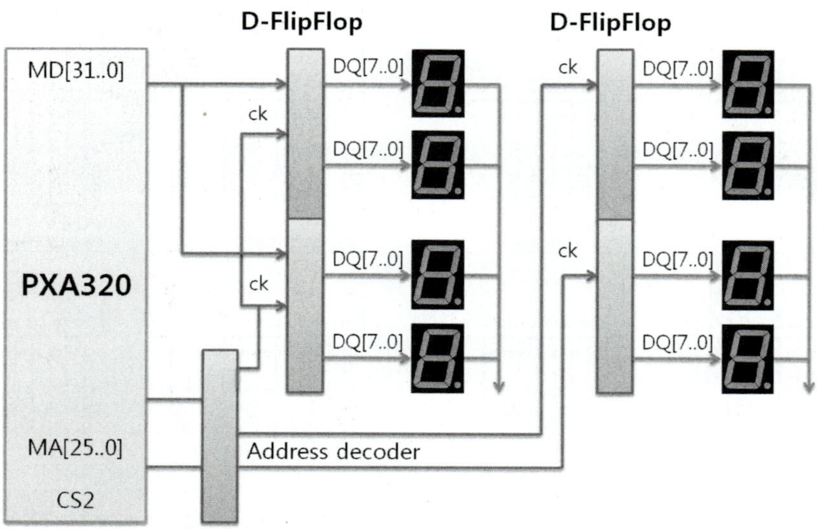

[그림 8-11] PXA320과 FND의 연결도

FND 디바이스 드라이버 소스코드에 대한 상세한 기술은 별첨 CD의 부록 2에서 확인 바란다.

4 도트 매트릭스 디바이스 드라이버

디지털 회로에서 정보를 표시하는 대표적인 방법으로는 LED를 매트릭스 형태로 배선시켜 기판상에 부착한 디바이스를 사용하는 방법이 있다. 도트 매트릭스(Dot Matrix)의 LED 디스플레이 패널은 LED 칩을 매트릭스 형태로 배선시켜서 기판 상에 부착된 것이다.

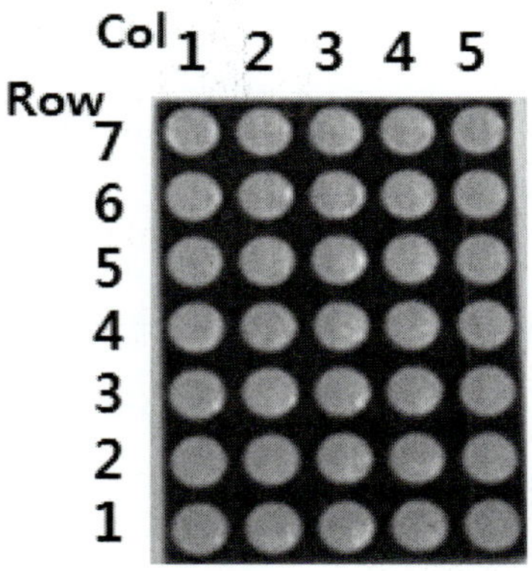

[그림 8-12] Dot Matrix

[그림 8-13]은 도트 매트릭스의 연결회로도이다. 도트 매트릭스의 Column 5개에는 어드레스 버스가 Row 7개에는 데이터 버스가 연결되어 있다. X-Hyper320TKU 보드에는 FPGA의 어드레스 디코딩에 의해 DOT MATRIX를 제어한다.

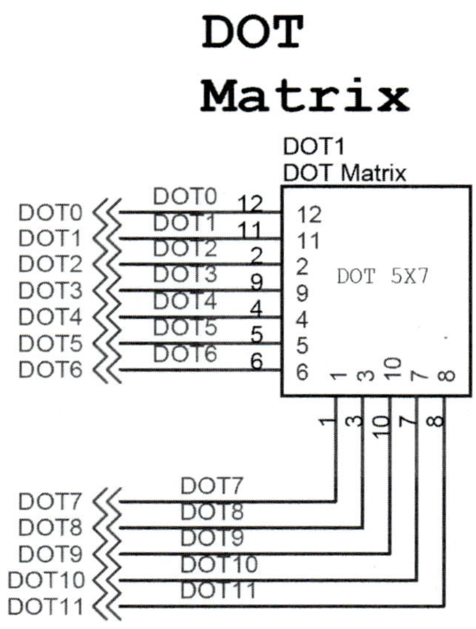

[그림 8-13] Dot Matrix 회로도

도트 매트릭스의 물리주소(접근번지)는 0x1180_0000~0x11C0_0000 에 할당되어 있고 [표 8-4]와 같이 Address Table을 구성해서 보면 최상위 6비트(A31~26)이 CS2에 해당하고, 나머지 26비트 중 최상위 6비트(A25~20)이 실질적인 어드레스 디코딩을 위해 사용되고 있다.

[표 8-4] 도트 매트릭스 물리주소

add	31~0							
dot_col	0001	0001	1000	0000	0000	0000	0000	0000
16진수	1	1	8	0	0	0	0	0

도트 매트릭스의 물리주소가 주어지면 CS2에 의해 FPGA가 선택되고 FPGA 내부에 있는 어드레스 디코딩 논리회로에 의해 해당 Column이 활성화되고 데이터값이 전달된다.

DOT 디바이스 드라이버 소스코드에 대한 상세한 기술은 별첨 CD의 부록 2에서 확인바란다.

- ✔ C:\WINCE500\PLATFORM\XHyper320TKU\SRC\DRIVERS\IEB 폴더에 작성할 디바이스 드라이버를 저장할 dot 라는 하위폴더를 생성한다. 생성한 폴더에 dot.h 파일을 생성한 후 소스코드를 작성한다.
- ✔ C:\WINCE500\PLATFORM\XHyper320TKU\SRC\DRIVERS\IEB\dot 폴더에 dot.cpp 파일을 생성한 후 dot.cpp 함수들을 작성한다.

dot.cpp 파일에서 정의 부분으로 물리주소와 매핑된 가상주소를 편리하게 이용하고 쉽게 알아보도록 정의하였다.

- ✔ C:\WINCE500\PLATFORM\XHyper320TKU\SRC\DRIVERS\IEB\dot 폴더에 dot.def 파일을 생성하여 작성한다.
- ✔ C:\WINCE500\PLATFORM\XHyper320TKU\SRC\DRIVERS\IEB\dot 폴더에 source 파일을 생성하여 작성한다.
- ✔ C:\WINCE500\PLATFORM\XHyper320TKU\SRC\DRIVERS\IEB\dot 폴더에 makefile 파일을 생성하여 작성한다.
- ✔ 디바이스 드라이버를 운영체제 이미지에 포함시키기 위해 platform.bib 파일의 MODULES 영역에 dot.dll 디바이스 드라이버를 추가한다.
- ✔ platform.reg 파일의 적절한 위치에 코드를 추가한다.

REG 파일은 타깃보드에서 작동될 운영체제의 레지스트리 파일을 만드는데 사용되며, 레지스트리 키의 요소와 값에 따라 디바이스 I/O 포트 주소, DMA, IRQ 설정 등 다양한 정보를 입력 수정할 수 있다.

platform.reg 파일에 추가하는 내용을 살펴보면, “Dll” 항목은 드라이버 파일이름을 나타내며, “Prefix” 항목은 드라이버의 접두어를 “Index” 항목은 접두어가 같은 장치를 각각 식별하기 위한 값을 나타낸다. 또한, “Order” 항목은 메모리에 적재되는 순서를 나타내며 ‘0’이 가장 빠른 순서이며, “Ioctl” 항목은 IOControl 코드를 나타낸다.

5 키 매트릭스 디바이스 드라이버

X-Hyper320_TKU에 있는 4 × 4의 키 매트릭스(Key Matrix)는 4비트 입력키와 4비트 출력키로 구성되어 있다.

0번부터 15번까지 16개의 푸시버튼(push button)이 있고, 그 중 하나를 누르면 몇 번 키가 눌러졌는지를 출력한다.

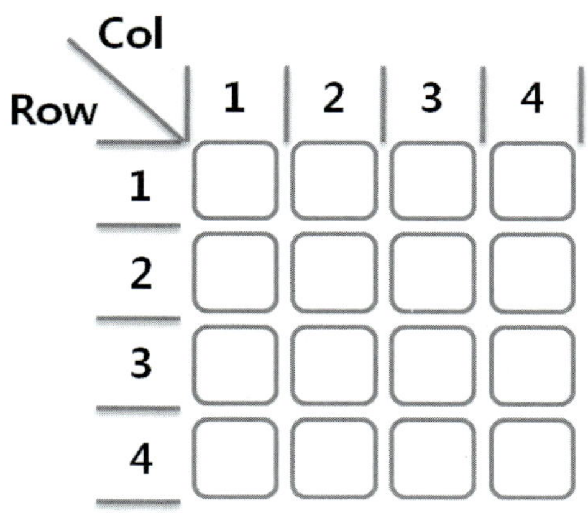

[그림 8-14] 키 매트릭스

회로를 보면 출력에 4개의 데이터 라인만 사용하고 입력 역시 4개의 데이터 라인만 사용한다. 출력과 입력의 데이터 라인의 개수를 곱하면 (4 × 4=16) 16이 나온다. 이것은 검출해 낼 수 있는 최대키의 개수가 16개라는 것을 의미한다.

16개의 키 중 어느 키가 눌러졌는지를 알기 위해서는 다음과 같다.

8장

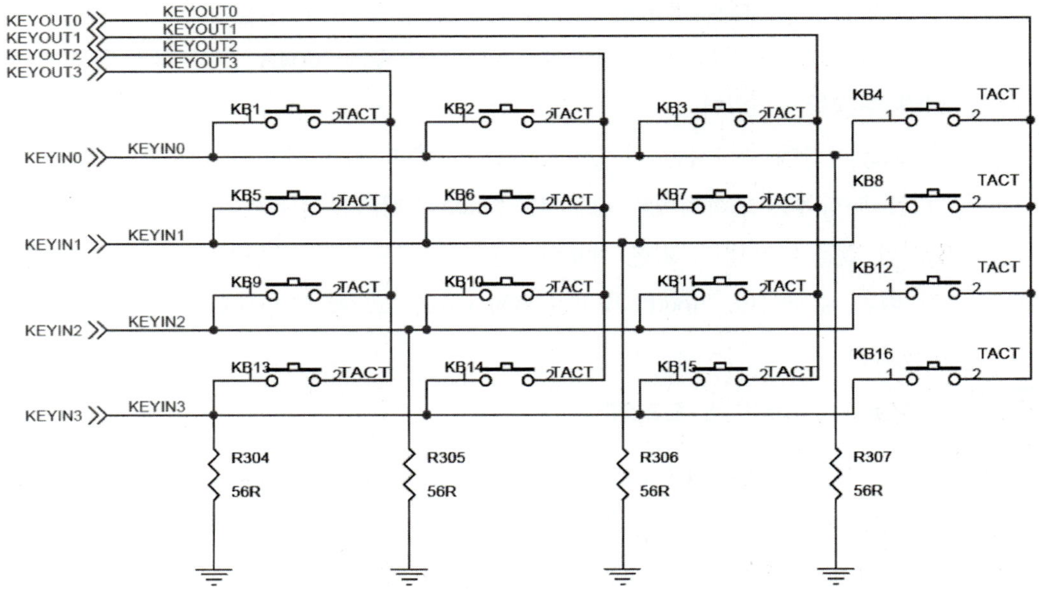

[그림 8-15] Key 회로도

출력측의 4개의 데이터 라인인 KEYOUT0, KEYOUT1, KEYOUT2, KEYOUT3 중 하나의 라인만 1로 설정하고 나머지 라인은 0으로 되어야 한다. KEYOUT0가 1로 설정되면 KEYIN0~KEYIN3 의 입력을 통해서 KEY4, KEY8, KEY12, KEY16 중 어느 KEY가 눌러졌는지를 알 수 있다. 또한, KEYOUT1~KEYOUT3 역시 마찬가지로 KEYIN0~ KEYIN3의 입력값을 읽음으로써 어느 키가 눌러졌는지를 알 수 있다.

먼저 무한루프를 돌려서 KEYOUT0~KEYOUT3까지 한 라인만 1로 설정한다. (KEYOUT0를 1로 설정하면 나머지 KEYOUT1~KEYOUT3 데이터 라인은 0이다) 이때 키가 눌러지면 KEYIN에서는 어떤 값이 입력될 것이다. KEYIN 값이 0이면 키가 눌러지지 않은 경우이므로 무한루프가 계속 돌면서 KEYOUT으로 데이터를 보내게 된다.

KEYIN에 어떤 값이 입력되어졌을 때 KEYOUT 중 어디에서 데이터가 출력이 됐는지를 체크한다. 만약에 KEYOUT0에서 데이터가 나온 것이라면, KEYIN의 값을 읽어서 KEY4, KEY8, KEY12, KEY16 중 어느 것이 눌러졌는지를 알 수가 있다. KEYIN0로 값이 입력되면 KEY4가 눌러진 것이고, KEYIN1로 입력이 있으면 KEY8이 눌러진 것이고, KEYIN2로 입력이 있으면 KEY12가 눌러진 것이고, KEYIN3으로 입력이 있으면 KEY16이 눌러진 것을 알 수 있다.

키 입력과 출력에 대한 물리주소는 입력용과 출력용으로 두 개가 할당되어 있고, CS2가 저수준(low)일 때 래치를 활성화하여 PXA320의 데이터 버스의 하위 4비트를 통하여 키 매트릭스로부터 데이터가 전달된다. 래치는 저장된 값을 PXA320의 데이터 버스에 고정하는(holding) 것을 방지하려고 사용한다.

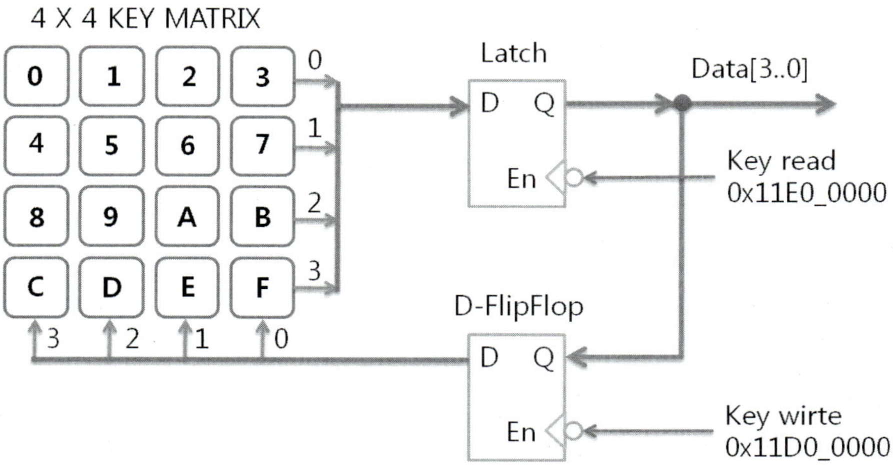

[그림 8-16] 4 X 4 KEY MATRIX

Key Matrix의 물리주소(접근번지)는 키 입력번지 0x11D0_0000와 키 출력번지 0x11E0_0000가 할당되어 있고 [표 8-5]와 같이 어드레스 테이블을 구성해 보면 최상위 6비트(A31~26)ld CS2에 해당하고, 나머지 26비트 중 최상위 비트 6비트(A25~20)이 실질적인 어드레스 디코딩을 위해 사용되고 있다.

[표 8-5] Key Matrix 물리주소

add	31~0							
key_w	0001	0001	1101	0000	0000	0000	0000	0000
key_r	0001	0001	1110	0000	0000	0000	0000	0000
16진수	1	1	D	0	0	0	0	0
16진수	1	1	E	0	0	0	0	0

Key Matrix의 물리주소가 주어지면 CS2에 의해 FPGA가 선택되고 FPGA 내부에 있는 어드레스 디코딩 논리회로에 의해 위의 그림과 같이 wirtedp 해당하는 D-플립플롭과 read에 해당하는 래치가 활성화되어 데이터를 읽고 쓸 수 있게 된다.

Key Matrix 디바이스 드라이버 소스코드에 대한 상세한 기술은 별첨 CD의 부록 2에서 확인바란다.

✔ C:\WINCE500\PLATFORM\XHyper320TKU\SRC\DRIVERS\IEB 폴더에 작성할 디바이스 드라이버를 저장할 kpd 라는 하위폴더를 생성한다. 생성한 폴더에 keypad.c 파일을 생성한 후 keypad.c 소스코드를 작성한다.

위의 소스코드는 keypad.c 파일에서 정의 부분으로 물리주소와 매핑된 가상주소를 편리하게 이용하고 쉽게 알아보도록 정의하였다.

Windows CE는 IOLCTL 코드에 대해 사전처리를 거의 하지 않기 때문에 디바이스 드라이버 개발자는 이 코드로 임의의 값을 사용할 수 있다.

WM_USER는 한 윈도우 클래스를 위한 고유의 메시지를 정의하기 위한 상수값으로, 이 범위 이후부터 윈도우 클래스의 사용자 정의 메시지를 만들 수 있다.

이 값은 0 × 400으로 정의 되어 있으며, 보통 “WM_USER+n” 의 형태로 사용자 정의 메시지를 정의한다. 이때 사용하는 n은 1보다 큰 정수이며, 사용자 정의 메시지간의 구분을 위해 사용된다. 만약에 여러 개의 사용자 정의 메시지가 필요하다면 WM_USER+1, WM_USER+2, WM_USER+3, ... 등의 형태로 계속 n을 증가시키며 사용자 정의 메시지를 정의할 수 있다.

✔ C:\WINCE500\PLATFORM\XHyper320TKU\SRC\DRIVERS\IEB\keypad 폴더에 keypad.cpp 파일을 생성한 후 keypad.cpp 함수들을 작성한다.

위의 소스코드는 keypad.cpp 파일에서 정의 부분으로 물리주소와 매핑된 가상주소를 편리하게 이용하고 쉽게 알아보도록 정의하였다.

✔ C:\WINCE500\PLATFORM\XHyper320TKU\SRC\DRIVERS\IEB\keypad 폴더에 kpd.def 파일을 생성하여 작성한다.

✔ C:\WINCE500\PLATFORM\XHyper320TKU\SRC\DRIVERS\IEB\keypad 폴더에 source 파일을 생성하여 작성한다.
“source” 파일에 컴파일을 수행하기 위한 필요한 라이브러리와 소스파일들을 명시한다.

✔ C: \ WINCE500 \ PLATFORM \ XHyper320TKU \ SRC \ DRIVERS \ IEB \ keypad 폴더에 makefile 파일을 생성하여 작성한다.
"makefile" 파일은 "BUILD.exe" 를 사용하여 모듈소스를 빌드할 때 필요로 한 빌드 정보를 가진 파일로서, 소스파일들을 컴파일하고 빌드하기 위한 정해진 규칙을 명시해 놓은 파일이다.

✔ 디바이스 드라이버를 운영체제 이미지에 포함시키기 위해 platform.bib 파일의 MODULES 영역에 keypad.dll 디바이스 드라이버를 추가한다.

✔ platform.reg 파일의 적절한 위치에 코드를 추가한다.

REG 파일은 타깃보드에서 작동될 운영체제의 레지스트리 파일을 만드는데 사용되며, 레지스트리 키의 요소와 값에 따라 디바이스 I/O 포트 주소, DMA, IRQ 설정 등 다양한 정보를 입력 수정할 수 있다.

platform.reg 파일에 추가하는 내용을 살펴보면 "Dll" 항목은 드라이버 파일 이름을 나타내며, "Prefix" 항목은 드라이버의 접두어를, "Index" 항목은 접두어가 같은 장치를 각각 식별하기 위한 값을 나타낸다. 또한, "Order" 항목은 메모리에 적재되는 순서를 나타내며 '0'이 가장 빠른 순서이며, "Ioctl" 항목은 IOControl 코드를 나타낸다.

6 스텝모터 디바이스 드라이버

스텝모터는 정확한 각도 제어에 유리하여 지폐 계수기, 팩시밀리, 위치제어, 프린터 제어 등 OA, FA에 많이 사용되고 있다. X-Hyper320TKU에서 스텝모터는 입력펄스(input eletrical pulse)를 L297칩을 이용하여 디지털값으로 제어하여 방향 및 속도 제어에 HALF STEP MODE에서 4개의 펄스 위상(차)를 이용하도록 설계되어 있다. [그림 8-17]의 모터를 컨트롤하는 스텝모터 제어기인 L297칩으로 스텝모터를 해당 주소번지에 데이터 버스 하위 4비트 데이터를 전달하는 방법으로 통해 제어하게 되어 있다.

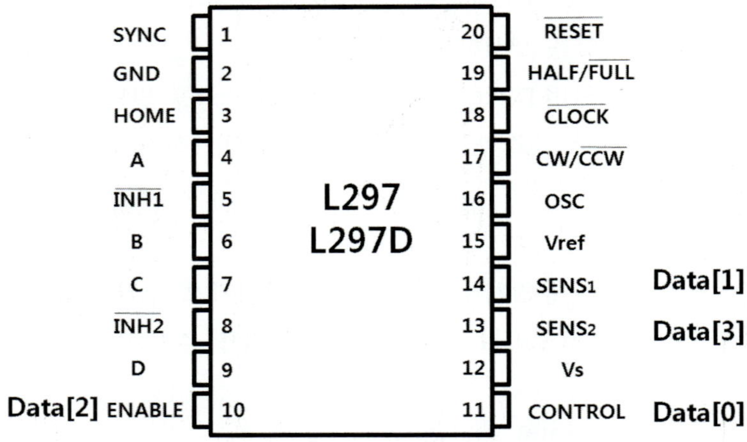

[그림 8-17] L297 칩

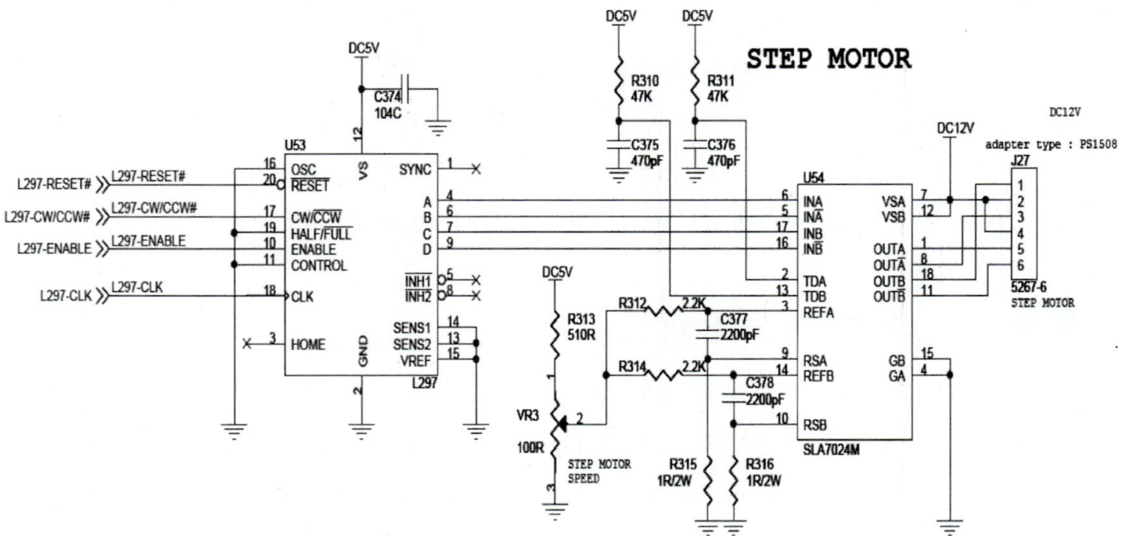

[그림 8-18] STEP MOTOR 회로도

L297의 장점은 회로가 간단하고 크기가 작으며 평균 200~250mA 정도의 적은 소모전류와 2000~4000pps 이상의 고속 구동이 가능하다는 것이다.

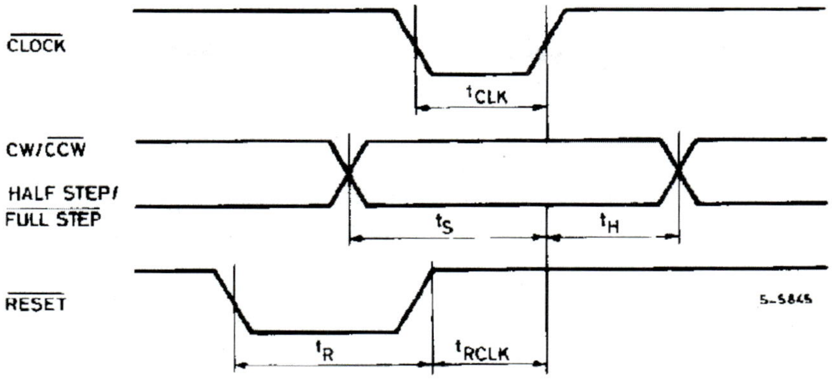

[그림 8-19] L297 Timing 도

CW/CCW 핀은 모터를 시계방향으로 돌릴지 반시계 방향으로 돌릴지를 결정한다. HIGH 신호를 주면 CW(시계방향)으로 돌고 LOW 신호를 주면 CCW(반시계방향)으로 돌게 된다.

ENABLE핀은 L297을 동작시키는 핀으로, ENABLE핀에 HIGH 신호를 주지 않으면 L297이 동작을 하지 않는다.(항상 HIGH가 되어야 한다)

CLK핀은 Clock을 의미하며 이것에 의해 모터의 속도가 결정된다. 즉 주파수가 높으면 그만큼 모터의 속도가 빨라지고 주파수가 낮으면 속도가 느려진다.(프로그램상에서 타이머 인터럽트 시간을 줄였다 늘렸다 하면서 모터의 속도를 조절하게 되어있다)

스텝모터의 물리주소(접근번지)는 0x1210_0000에 할당되어 있고 [표 8-6]과 같이 Address Table을 구성해 보면 최상위 6비트(A31~26)이 CS2에 해당하고, 나머지 26비트 중 최상위 6비트(A25~20)이 실질적인 어드레스 디코딩을 위해 사용되고 있다.

[표 8-6] 스텝모터의 물리주소

add	31~0							
STEP	0001	0010	0001	0000	0000	0000	0000	0000
16진수	1	2	1	0	0	0	0	0

스텝모터의 물리주소가 주어지면 CS2에 의해 FPGA가 선택되고 FPGA 내부에 있는 어드레스 디코딩 논리회로에 의해 내부적으로 스텝모터가 선택되고 데이터 라인이 연결되어 데이터값이 전달된다.

스텝모터 디바이스 드라이버 소스코드에 대한 상세한 기술은 별첨 CD의 부록 2에서 확인바란다.

✔ C:\WINCE500\PLATFORM\XHyper320TKU\SRC\DRIVERS\IEB 폴더에 작성할 디바이스 드라이버를 저장할 stmotor 라는 하위폴더를 생성한다. 생성한 폴더에 smo.h 파일을 생성한 후 smo.h 소스코드를 작성한다.

✔ C:\WINCE500\PLATFORM\XHyper320TKU\SRC\DRIVERS\IEB\stmotor 폴더에 smo.cpp 파일을 생성한 후 smo.cpp 함수들을 작성한다.

위의 소스코드는 smo.cpp 파일에서 정의 부분으로 물리주소와 매핑된 가상주소를 편리하게 이용하고 쉽게 알아보도록 정의하였으며, 모터를 제어하기 위한 다양한 변수들도 정의하였다.

✔ C:\WINCE500\PLATFORM\XHyper320TKU\SRC\DRIVERS\IEB\stmotor 폴더에 smo.def 파일을 생성하여 작성한다.

XXX_Init, XXX_Open 등의 함수를 DLL 외부에서 쉽게 찾을 수 있도록 DEF (Module-Definition File) 파일을 사용하여 각 함수들을 DLL 익스포트시킨다. 즉 외부에 공개되는 함수를 드라이버명 def 파일에 명시한다.

✔ C:\WINCE500\PLATFORM\XHyper320TKU\SRC\DRIVERS\IEB\stmotor 폴더에 source 파일을 생성하여 작성한다.

"source" 파일에 컴파일을 수행하기 위한 필요한 라이브러리와 소스파일들을 명시한다.

✔ C:\WINCE500\PLATFORM\XHyper320TKU\SRC\DRIVERS\IEB\stmotor 폴더에 makefile 파일을 생성하여 작성한다.

"makefile" 파일은 "BUILD.exe" 를 사용하여 모듈소스를 빌드할 때 필요로 한 빌드 정보를 가진 파일로서, 소스파일들을 컴파일하고 빌드하기 위한 정해진 규칙을 명시해 놓은 파일이다.

✔ 디바이스 드라이버를 운영체제 이미지에 포함시키기 위해 platform.bib 파일의 MODULES 영역에 smo.dll 디바이스 드라이버를 추가한다.

[표 8-7] MODULES 영역 추가 내용

추가할 파일	생성될 타깃 위치	압축될 장소	속 성
smo.dll	$(_FLATRELEASEDIR)\smo.dll	NK	

BIB 파일은 압축할 파일들에 대한 정보와 압축이미지의 속성을 결정한다. 특히 개발자는 platform.bib 파일을 사용하여 특별한 항목을 이미지에 추가할 수 있다. BIB(Binary Image Builder) 파일은 이미지를 생성할 때 어떤 모듈이나 파일을 추가할지를 설정하는 파일로, ROM 이미지를 만들어 내는 Romimage.exe 프로그램은 이미지를 생성할 때 BIB 파일을 참조하여 어떤 모듈이나 파일들을 추가할지를 결정한다.

✔ platform.reg 파일의 적절한 위치에 다음 코드를 추가한다.

```
;——————————————————
;SMO
;——————————————————
[HKEY_LOCAL_MACHINE\Drivers\BuiltIn\SMO]
   "DLL" =" smo.dll"
   "Prefix" =" SMO"
   "Index" =dword:1
   "Order" =dword:0
   "Ioctl" =dword:4
```

REG 파일은 타깃보드에서 작동될 운영체제의 레지스트리 파일을 만드는데 사용되며, 레지스트리키의 요소와 값에 따라 디바이스 I/O 포트 주소, DMA, IRQ 설정 등 다양한 정보를 입력 수정할 수 있다.

platform.reg 파일에 추가하는 내용을 살펴보면 "Dll" 항목은 드라이버 파일 이름을 나타내며, "Prefix" 항목은 드라이버의 접두어를, "Index" 항목은 접두어가 같은 장치를 각각 식별하기 위한 값을 나타낸다. 또한, "Order" 항목은 메모리에 적재되는 순서를 나타내며 '0'이 가장 빠른 순서이며, "Ioctl" 항목은 IOControl 코드를 나타낸다.

8장

7 DC 모터 디바이스 드라이버

DC 모터는 전자기력을 응용하여 전기에너지를 기계적 에너지로 바꾸어 회전력을 생성시키게 된다. DC 모터는 직류전원만 연결하면 바로 구동되어 회전제어가 쉽고 가격이 저렴하여 많은 곳에 응용되고 있다. 그러나 전류시의 스파크, 회전소음, 짧은 수명의 단점이 있기도 하다.

X-Hyper320TKU 보드에서는 DC 모터를 제어하고자 L298P(PowerSO20 패키지)칩을 사용하였고, 데이터 버스 하위 6비트를 이용하여 두 개의 DC 모터가 동작하게 제어할 수 있도록 설계되었다. [그림 8-21]은 DC 모터 제어를 위한 컨트롤러로 해당 주소에 데이터버스 하위에 6비트에 데이터를 전달하는 방법으로 제어할 수 있게 되어 있다.

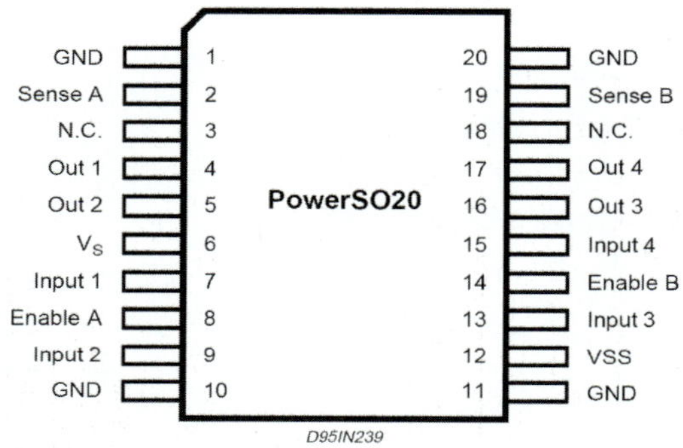

[그림 8-20] L298P (Power SO20 패키지)칩

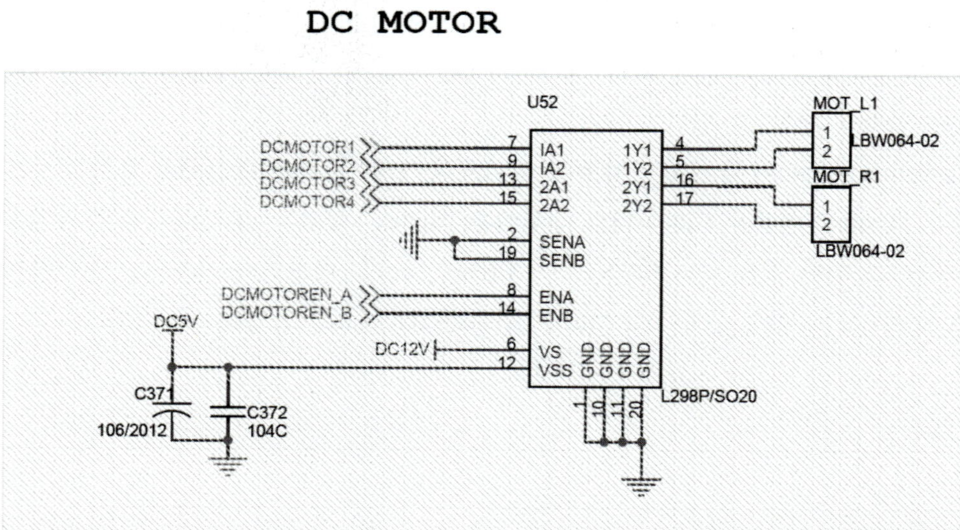

[그림 8-21] DC MOTOR 회로도

[표 8-8] Power SO 20 칩핀의 기능

PowerSO	Name	Function
2;19	Sense A; Sense B	Between this pin and ground is connected the sense resistor to control the current of the load
4;5	Out 1; Out 2	Outputs of the Bridge A; the current that flows through the load connected between these two pins is monitored at pin 1
6	Vs	Supply Voltage for the Power Output Stages. A non-inductive 100nF capacitor must be connected between this and Ground.
7;9	Input 1; Input 2	TTL Compatible Inputs of the Bridge A.
8;14	Enable A; Enable B	TTL Compatible Enable Input: the L state disables the Bridge A(enable A)and/or the brige B(enable B)
1,10,11,20	GND	Ground.
12	VSS	Supply Voltage for the Logic Blocks. A 100nF capacitor must be connected between this pin and ground.
13;15	Input 3; Input 4	TTL Compatible Inputs of the Bridge B.
16;17	Out 3; Out 4	Outputs of the Bridge B. The current that flows through the load connected between these two pins is monitored at pin 15.
3;18	N.C.	Not connected

DC 모터의 물리주소(접근번지)는 0x1220_0000에 할당되어 있고, [표 8-9]와 같이 Address Table을 구성해 보면 최상의 6비트(A31~26)이 CS2에 해당하고, 나머지 26비트 중 최상위 6비트(A25~20)는 실질적인 어드레스 디코딩을 위해 사용되고 있다.

[표 8-9] DC 모터의 물리주소

add	31~0							
DC	0001	0010	0010	0000	0000	0000	0000	0000
16진수	1	2	2	0	0	0	0	0

DC 모터의 물리주소가 주어지면 CS2에 의해 FPGA가 선택되고 FPGA 내부에 있는 어드레스 디코딩 논리회로에 의해 내부적으로 DC 모터가 선택되고 DC 모터와 데이터 라인이 연결되어 데이터값이 전달된다.

CD 모터 디바이스 드라이버 소스코드에 대한 상세한 기술은 별첨 CD의 부록 2에서 확인바란다.

✔ C:\WINCE500\PLATFORM\XHyper320TKU\SRC\DRIVERS\IEB 폴더에 작성할 디바이스 드라이버를 저장할 dcmotor 라는 하위폴더를 생성한다. 생성한 폴더에 dmo.h 파일을 생성한 후 소스코드를 작성한다.

✔ C:\WINCE500\PLATFORM\XHyper320TKU\SRC\DRIVERS\IEB\dcmotor 폴더에 dmo.cpp 파일을 생성한 후 함수들을 작성한다.

위의 소스코드는 dmo.cpp 파일에서 정의 부분으로 물리주소와 매핑된 가상주소를 편리하게 이용하고 쉽게 알아보도록 정의하였으며, 모터를 제어하기 위한 다양한 변수들도 정의하였다.

✔ C:\WINCE500\PLATFORM\XHyper320TKU\SRC\DRIVERS\IEB\dcmotor 폴더에 dmo.def 파일을 생성하여 작성한다.

✔ C:\WINCE500\PLATFORM\XHyper320TKU\SRC\DRIVERS\IEB\dcmotor 폴더에 source 파일을 생성하여 작성한다.
"source" 파일에 컴파일을 수행하기 위한 필요한 라이브러리와 소스파일들을 명시한다.

✔ C:\WINCE500\PLATFORM\XHyper320TKU\SRC\DRIVERS\IEB\dcmotor 폴더에 makefile 파일을 생성하여 작성한다.
"makefile" 파일은 "BUILD.exe" 를 사용하여 모듈소스를 빌드할 때 필요로 한 빌드 정보를 가진 파일로서, 소스파일들을 컴파일하고 빌드하기 위한 정해진 규칙을 명시해 놓은 파일이다.

✔ 디바이스 드라이버를 운영체제 이미지에 포함시키기 위해 platform.bib 파일의 MODULES 영역에 dmo.dll 디바이스 드라이버를 추가한다.

[표 8-10] MODULES 영역 추가 내용

추가할 파일	생성될 타깃 위치	압축될 장소	속 성
dmo.dll	$(_FLATRELEASEDIR)\dmo.dll	NK	

BIB 파일은 압축할 파일들에 대한 정보와 압축이미지의 속성을 결정한다. 특히 개발자는 platform.bib 파일을 사용하여 특별한 항목을 이미지에 추가할 수 있다. BIB(Binary

Image Builder) 파일은 이미지를 생성할 때 어떤 모듈이나 파일을 추가할 지를 설정하는 파일로, ROM 이미지를 만들어 내는 Romimage.exe 프로그램은 이미지를 생성할 때 BIB 파일을 참조하여 어떤 모듈이나 파일들을 추가할지를 결정한다.

✔ platform.reg 파일의 적절한 위치에 다음 코드를 추가한다.

```
;————————————————————
;DMO
;————————————————————
[HKEY_LOCAL_MACHINE\Drivers\BuiltIn\DMO]
   "DLL" =" dmo.dll"
   "Prefix" =" DMO"
   "Index" =dword:1
   "Order" =dword:0
   "Ioctl" =dword:4
```

REG 파일은 타깃보드에서 작동될 운영체제의 레지스트리 파일을 만드는데 사용되며, 레지스트리키의 요소와 값에 따라 디바이스 I/O 포트 주소, DMA, IRQ 설정 등 다양한 정보를 입력 수정할 수 있다.

platform.reg 파일에 추가하는 내용을 살펴보면 "Dll" 항목은 드라이버 파일 이름을 나타내며, "Prefix" 항목은 드라이버의 접두어를, "Index" 항목은 접두어가 같은 장치를 각각 식별하기 위한 값을 나타낸다. 또한, "Order" 항목은 메모리에 적재되는 순서를 나타내며 '0'이 가장 빠른 순서이며, "Ioctl" 항목은 IOControl 코드를 나타낸다.

8 문자 LCD 디바이스 드라이버

문자(Character) LCD는 여러 형태로 구분된다. 일반적으로 최대 가로로 쓰이는 문자수와 세로로 쓰이는 줄 수로 규격이 정해지나, 이외 그래픽 문자를 표시할 수 있는 기능과 LCD표시의 흑백과 컬러에 따라 여러 종류로 구분된다.

타깃보드에서 사용하는 HD44780 컨트롤러 모듈은 16문자 2줄로 표시되는 Character LCD를 사용하고 있으며, Character LCD의 하드웨어 규격은 다음과 같다.

- 4비트, 8비트, 32비트 마이크로프로세서와 인터페이스 가능
- 5 × 8 dot, 5 × 10 dot 디스플레이
- 80 × 8 비트의 디스플레이 데이터 램(DD RAM은 최대 80문자 가능)

- 240문자 폰트를 위한 문자발생기 ROM(CG ROM)
- 64 × 4 비트 문자발생기(CG RAM)
- 5Volt 단일 전원사용

문자 LCD 모듈은 [그림 8-22]와 같이 8비트 마이크로프로세서가 내장되어 있으며, 2개의 레지스터가 문자 LCD 모듈에 사용되고 있다. 문자 LCD는 DR(Data Register)와 IR(Instruction Register)을 이용하여 LCD에 글자를 표시하고 있다. 그러나 타깃보드의 메인 CPU는 DR/IR 레지스터를 직접 액세스하지 못하고, 문자 LCD 모듈에서 인터페이스 나온 11개 비트(D0~D7, RS, R/W, E)를 이용하여 제어해야 한다.

문자 LCD 제어를 위한 2개의 제어 비트 (RS, R/W)와 데이터 비트(D0~D7)에 [표 8-11]에 나온 명령어로 세팅한 후 Enable 클럭을 On/Off 함으로써 PXA270 CPU에서 문자 LCD로 데이터를 전송할 수 있다.

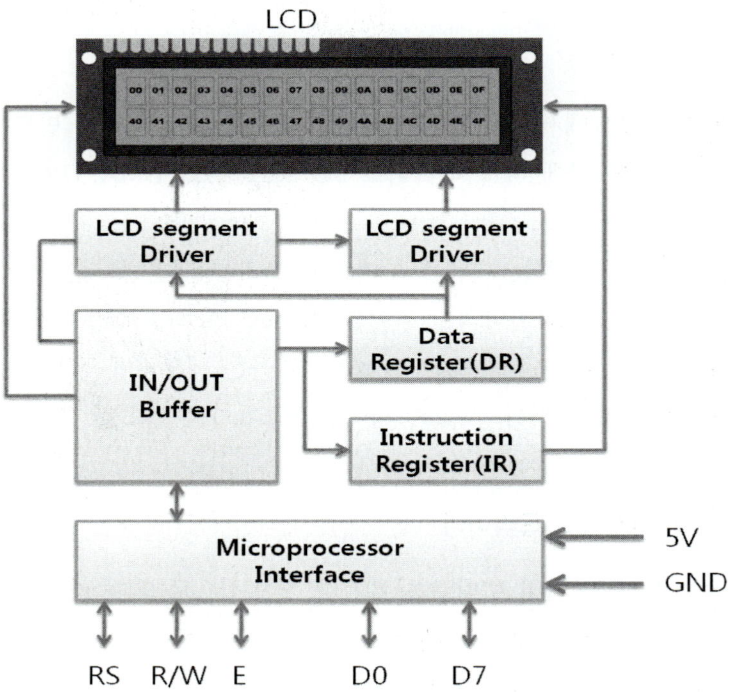

[그림 8-22] CLCD 연결 블록도

[표 8-11] CLCD 내장 기능

기 능	제어신호		제어명령								실행 시간
	RW	RS	D7	D6	D5	D4	D3	D2	D1	D0	
Clear Display	0	0	0	0	0	0	0	0	0	1	
Return Home	0	0	0	0	0	0	0	0	1	0	1.64ms
Entry Mode Set	0	0	0	0	0	0	0	1	I/D	S	1.64ms
display On/Off control	0	0	0	0	0	0	1	D	C	S	40㎲
Cussor or Display Shift	0	0	0	0	0	1	S/C	R/L	0	0	40㎲
Function Set	0	0	0	0	1	D/L	N	F	0	0	40㎲
Set CG RAM Address	0	0	0	1CG RAM Address							40㎲
Set DD RAM Address	0	0	BF Address Counter								40㎲
Read Busy Flag and Address	1	0	BF Address Counter								0㎲
Data Write to CG RAM or DD RAM	0	1Write Address									40㎲
Data Read to CG RAM or DD RAM	1	1 Read Address									40㎲

[표 8-11]의 각 명령에 대한 세부 사항은 다음과 같다.

① Clear Display

전체 화면을 지우고 주소 카운터를 DD RAM(Display Data RAM) 주소 0으로 하여 커서를 home 위치로 이동한다.

② Return Home

DD RAM의 내용은 변경하지 않고 커서를 home 위치로 이동한다.

③ Entry Mode Set

데이터를 read 하거나 write할 경우에 커서의 위치를 증가(I/d=1)시킬 것인가, 감소(I/D)시킬 것인가를 결정하며, 또한 화면을 시프트할 것인지(S=1), 아닌지(S=0)를 결정한다.

④ Display On/Off control

화면 표시를 On/Off 하거나(D), 커서를 On/Off 하거나(C), 커서를 깜박이게 할 것인가(B) 여부를 지정한다.

⑤ Cussor or Display Shift

화면(S/C=1) 또는 커서(S/C=0)를 오른쪽(R/L=1) 또는 왼쪽(R/L=0)으로 시프트한다.

⑥ Function Set

인터페이스에서 데이터의 길이를 8비트(DL=1) 또는 4비트(DL=0)로 지정하고, 화면표시 행수를 2행(N=1) 또는 1행(N=0)으로 지정하여, 문자 폰트를 5 × 10 dot(F=1) 또는 5 × 7 dot(F=0)으로 지정한다.

⑦ Se CG(Character Generator) RAM Addrress

CG RAM의 주소를 지정한다. 이후에 송수신하는 데이터는 CG RAM 데이터이다.

⑧ Set DD(Display Data) RAM Address

DD RAM의 주소를 지정한다. 이후에 송수신하는 데이터는 CG RAM 데이터이다.

⑨ Read Busy Flag and Address

LCD 모듈이 내부 동작중임을 나타내는 Busy Flag(BF) 및 주소 카운터 내용을 read한다.

앞에서는 각 명령에 대해 알아보았다. 그러나 모든 마이크로프로그램이 내장된 디바이스는 초기화 과정이 필요하다. 물론 Character LCD도 같다. Character LCD를 처음 사용할 때 초기화하는 방법은 다음과 같은 순서로 이루어진다.

- Function Set(이진수:0x001x_xx00)을 보낸다.
- Display On/Off Control(0x0000_01xx)을 보낸다.
- Entry Mode Set(0x0000_01xx)을 보낸다.

  DD RAM 주소를 보낸다.

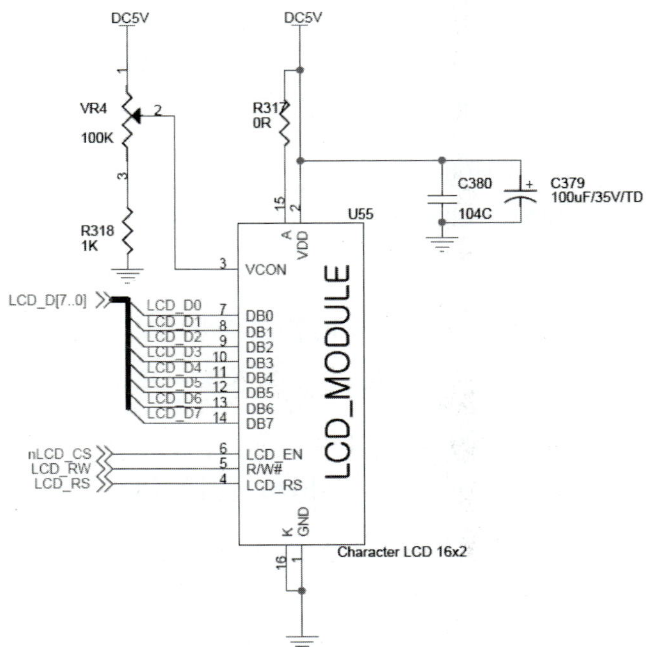

[그림 8-23] LCD-MODULE 회로도

앞의 연결로직을 보면 Character LCD 제어를 위해 RS와 R/W에 해당하는 0x1230_0000, 0x1238_0000 번지로 2개의 물리주소를 사용하고 있다. [표 8-12]와 같이 Address Table을 구성해서 보면 최상위 6비트(A31~26)이 CS2에 해당하고, 나머지 26비트 중 최상위 6비트(A25~20)이 실질적인 어드레스 디코딩을 위해 사용되고 있다.

[표 8-12] CLCD 핀의 기능

핀번호	기 호	레 벨	기 능
1	Vss	–	0V
2	VDD	–	+5V
3	VL	–	LCD 밝기조절
4	RS	H/L	L : 명령 입력(내부 레지스터 선택) H : 데이터 입력
5	R/W	H/L	H : 리드(LCD 모듈 → CPU) L : 라이트(LCD 모듈 ← CPU)
6	DB0	H	enable 신호 LCD 동작신호
7	DB1	H/L	데이터 버스
8	DB2	H/L	
9	DB3	H/L	
10	DB4	H/L	
11	DB5	H/L	
12	DB6	H/L	
13	DB7	H/L	
14	DB8	H/L	

[표 8-13] Character LCD 물리주소

add	31~0							
clcd_rs	0001	0010	0011	0000	0000	0000	0000	0000
clcd_rw	0001	0010	0011	1000	0000	0000	0000	0000
16진수	1	2	3	0	0	0	0	0
16진수	1	2	3	8	0	0	0	0

Character LCD의 물리주소 중 A25~20(0x1230_0000)까지만 주어지면 CS2에 의해 FPGA가 선택되고 동시에 FPGA 내부에 있는 어드레스 디코딩 논리회로에 의해 LCD_CS에 상승에지가 발생, 해당 래치회로가 활성화되어 Character가 Enable되고 데이터값이 Character LCD에 전달된다.

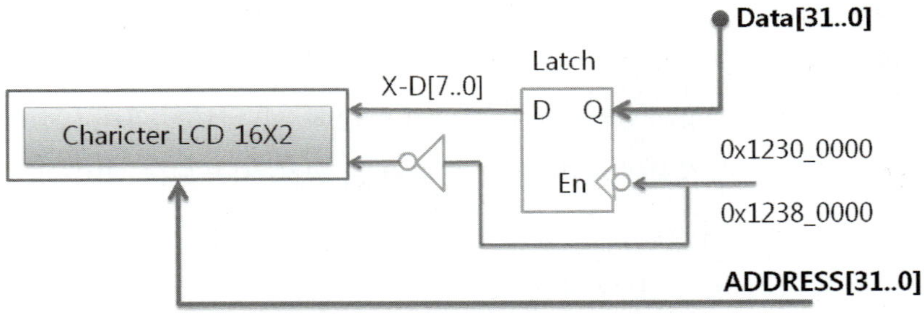

[그림 8-24] 문자주소에 따른 래치회로의 동작

X-Hyper320TKU IEB 보드의 2라인 문자 LCD를 제어하는 디바이스 드라이버 소스코드에 대한 상세한 기술은 별첨 CD의 부록 2에서 확인바란다.

- ✔ C:\WINCE500\PLATFORM\XHyper320TKU\SRC\DRIVERS\IEB 폴더에 작성할 디바이스드라이버를 저장할 clcd 라는 하위폴더를 생성한다. 생성한 폴더에 clcd 파일을 생성 후 clcd.h 소스코드를 작성한다.
- ✔ C:\WINCE500\PLATFORM\XHyper320TKU\SRC\DRIVERS\IEB\clcd 폴더에 clcd.cpp 파일을 생성한 후 함수들을 작성한다.
- ✔ C:\WINCE500\PLATFORM\XHyper320TKU\SRC\DRIVERS\IEB\clcd 폴더에 clcd.def 파일을 생성하여 작성한다.

XXX_Init, XXX_Open 등의 함수를 DLL 외부에서 쉽게 찾을 수 있도록 DEF (Module-Definition File) 파일을 사용하여 각 함수들을 DLL 익스포트시킨다. 즉 외부에 공개되는 함수를 드라이버명, def 파일에 명시한다.

- ✔ C:\WINCE500\PLATFORM\XHyper320TKU\SRC\DRIVERS\IEB\clcd 폴더에 source 파일을 생성하여 작성한다.
  "source" 파일에 컴파일을 수행하기 위한 필요한 라이브러리와 소스파일들을 명시한다.
- ✔ C:\WINCE500\PLATFORM\XHyper320TKU\SRC\DRIVERS\IEB\clcd 폴더에 makefile 파일을 생성하여 작성한다.
  "makefile" 파일은 "BUILD.exe" 를 사용하여 모듈소스를 빌드할 때 필요로한 빌드 정보를 가진 파일로서, 소스파일들을 컴파일하고 빌드하기 위한 정해진 규칙을 명시해 놓은 파일이다.

✔ 디바이스 드라이버를 운영체제 이미지에 포함시키기 위해 platform.bib 파일의 MODULES 영역에 clcd.dll 디바이스 드라이버를 추가한다.

[표 8-14] MODULES 영역 추가 내용

추가할 파일	생성될 타깃 위치	압축될 장소	속 성
clcd.dll	$(_FLATRELEASEDIR)\clcd.dl	NK	

BIB 파일은 압축할 파일들에 대한 정보와 압축이미지의 속성을 결정한다. 특히 개발자는 platform.bib 파일을 사용하여 특별한 항목을 이미지에 추가할 수 있다. BIB(Binary Image Builder) 파일은 이미지를 생성할 때 어떤 모듈이나 파일을 추가할지를 설정하는 파일로, ROM 이미지를 만들어 내는 Romimage.exe 프로그램은 이미지를 생성할 때 BIB 파일을 참조하여 어떤 모듈이나 파일들을 추가할지를 결정한다.

✔ platform.reg 파일의 적절한 위치에 다음 코드를 추가한다.

```
;―――――――――――――――――――――――――
;CLCD
;―――――――――――――――――――――――――
[HKEY_LOCAL_MACHINE\Drivers\BuiltIn\CLCD]
   "DLL" =" clcd.dll"
   "Prefix" =" CLCD"
   "Index" =dword:1
   "Order" =dword:0
   "Ioctl" =dword:4
```

REG 파일은 타깃보드에서 작동될 운영체제의 레지스트리 파일을 만드는데 사용되며, 레지스트리 키의 요소와 값에 따라 디바이스 I/O 포트 주소, DMA, IRQ 설정 등 다양한 정보를 입력 수정할 수 있다.

platform.reg 파일에 추가하는 내용을 살펴보면 "Dll" 항목은 드라이버 파일 이름을 나타내며, "Prefix" 항목은 드라이버의 접두어를, "Index" 항목은 접두어가 같은 장치를 각각 식별하기 위한 값을 나타낸다. 또한, "Order" 항목은 메모리에 적재되는 순서를 나타내며 '0'이 가장 빠른 순서이며, "Ioctl" 항목은 IOControl 코드를 나타낸다.

8장

9 CC2420 디바이스 드라이버

CC2420은 RF통신을 위한 칩으로서 2.4GHz 대역의 주파수로 통신을 한다. 일반적으로 USN ZigBee 시스템에 많이 사용된다. 여러 개의 센서노드를 통해 입력되는 값을 XHyper 320-TKU에서 모니터링을 할 수 있다.

DLL 형태로 지원되며 platform.bib 파일에서 CC2420.dll을 정의한다. 다음은 platform.bib의 일부이다.

```
CC2420drv.dll     $(_FLATRELEASEDIR)₩CC2420drv.dll     NK     SH
```

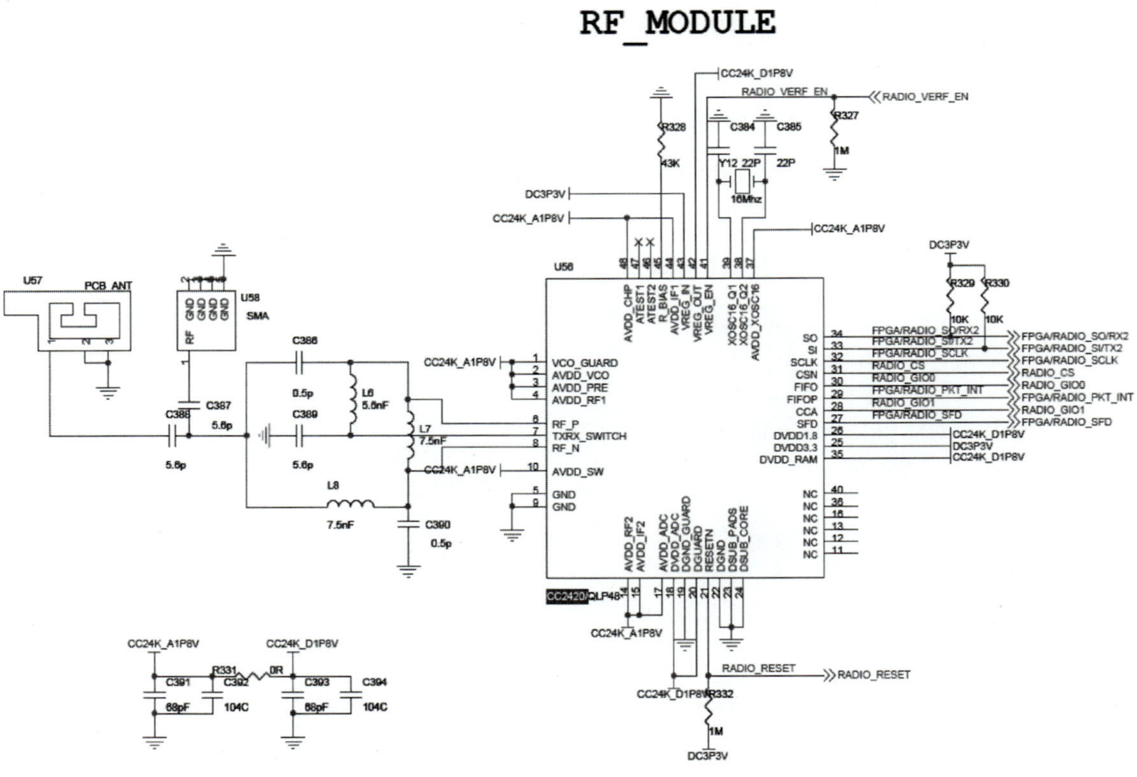

[그림 8-25] CC2420 회로도

X-Hyper320TKU에 사용되는 CC2420 Driver의 소스파일의 위치는 다음의 경로에 위치한다.

- Source(Library)

```
C:\WINCE500\PLATFORM\XHyper320TKU\SRC\DRIVERS\CC2420
```

platform.reg 파일에는 적절한 위치에 다음과 같이 코드를 추가한다.

- Registry(platform.reg)

```
[HKEY_LOCAL_MACHINE₩Drivers₩BuiltIn₩CC2420]
    "Dll" =" CC2420drv.dll"
    "Prefix" =" ZGB"
```

- CC2420 Driver Test

IEB Board에 있는 CC2420칩의 Driver Test를 위해서는 CC2420을 이용한 통신을 하는 mote가 필요하다. 교재에서는 하이버스(주)의 Hmote2420을 사용해서 테스트하였다.

① 먼저 Hmote2420을 이용하여 하이버스(주)에서 제공하는 "270_all"이라는 어플을 mote에 프로그래밍한다. Cygwin의 자세한 사용법과 컴파일 및 퓨징 방법은 USN관련교재나 홈네트워크 교재를 참조하기 바란다. 참고로 X-Hyper320TKU의 CC2420 Driver는 기본채널 "11", 그룹 ID "0x7d"로 설정되어 있다.

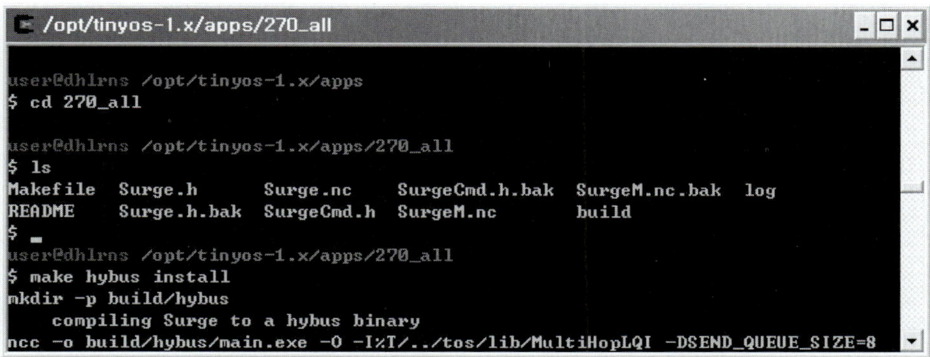

퓨징이 완료되면 mote의 적색 LED가 주기적으로 점멸하면서 X-Hyper320TKU의 CC2420 칩으로 센싱값을 전송한다.

2 다음으로 X-Hyper320TKU제품의 CD에서 제공되는 애플리케이션인 "ZigBeeApp"를 실행한다.

③ 간단한 어플은 mote가 센싱하여 보내는 값 중에 조도값만을 받아서 출력하도록 작성되어 있다. 어플 중간에 BRT값이 표시되는데 이는 조도값을 의미한다. 조도센서를 어둡게 하여 값의 변화를 살펴본다.

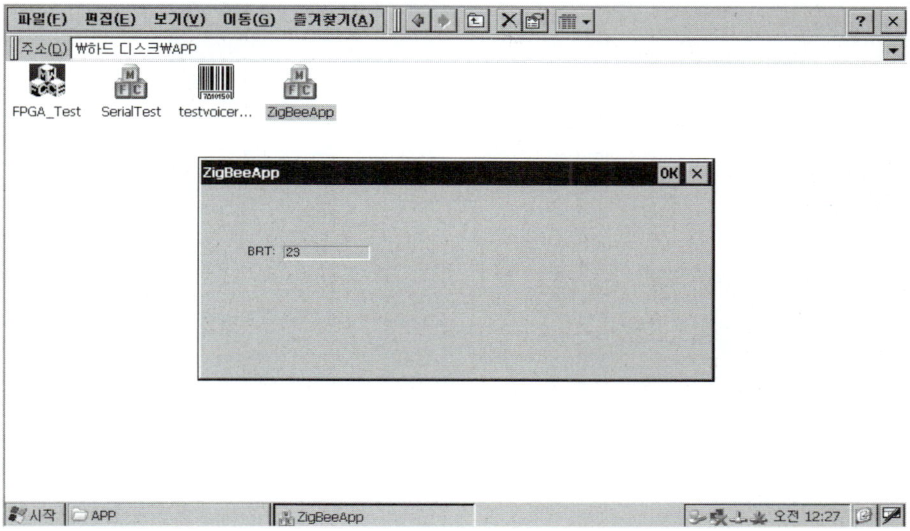

④ IEB 보드의 CLCD를 통해서도 센싱된 값이 출력이 된다. CLCD를 통해서는 센싱되는 온도값도 함께 표시된다.

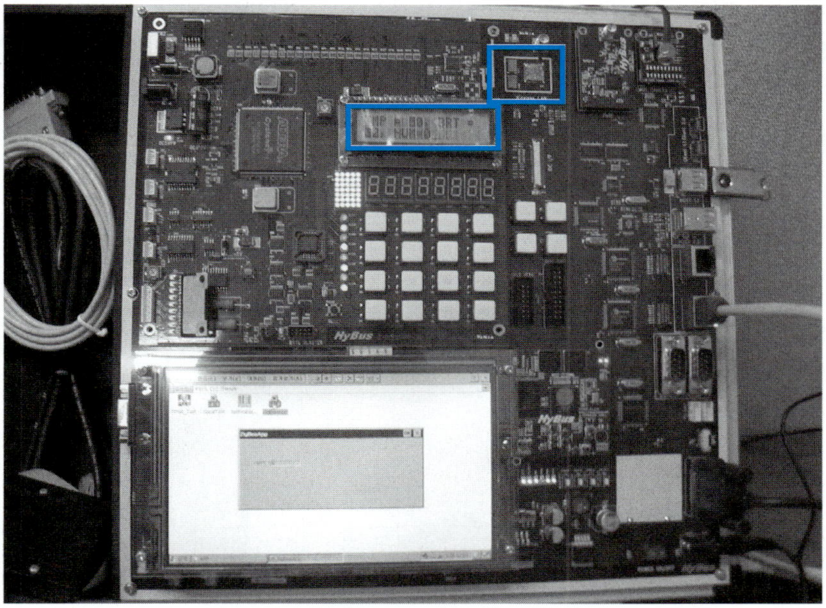

10 드라이버 빌드하기

앞서서 우리는 여러 가지 IEB 보드에 사용되는 드라이버 제작방법에 대해서 알아보았다. 이번에는 드라이버를 플랫폼 빌더에서 빌드하여 적용시키는 것을 알아본다. 각각의 드라이버가 빌드방법이 동일하므로 마지막으로 소개한 Character LCD 드라이버를 예로 디바이스 드라이버 빌드하는 방법에 대해서 알아본다.

앞선 과정을 통해 C:\WINCE500\PLATFORM\XHyper320TKU\SRC\DRIVERS\IEB\clcd의 경로에 다음과 같이 5개의 파일이 준비되었다. 만일 5개의 파일 외에 obj 폴더가 있다면 obj 폴더를 삭제하도록 한다.

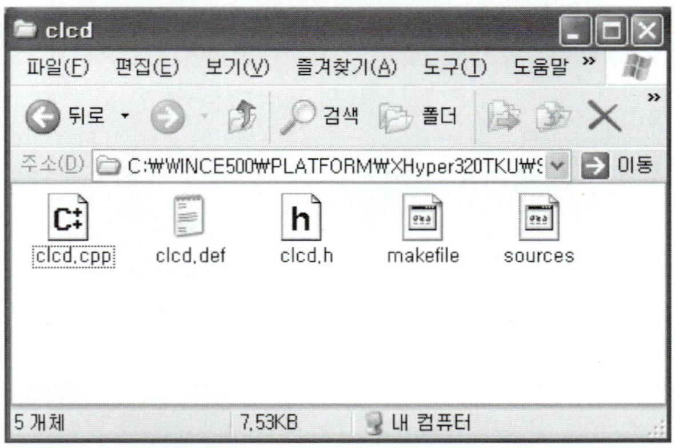

[그림 8-26] 드라이버 경로의 파일

명령 프롬프트 창을 이용하여 작성된 디바이스 드라이버 소스코드를 빌드한다. 플랫폼 빌더의 명령 프롬프트 창을 이용하려면 플랫폼이 생성되어 있어야 하기 때문에 이 책의 7장에서 생성한 플랫폼을 불러온다.

플랫폼 빌더를 실행항 메뉴에서 File → Open Workspace..을 선택한다.

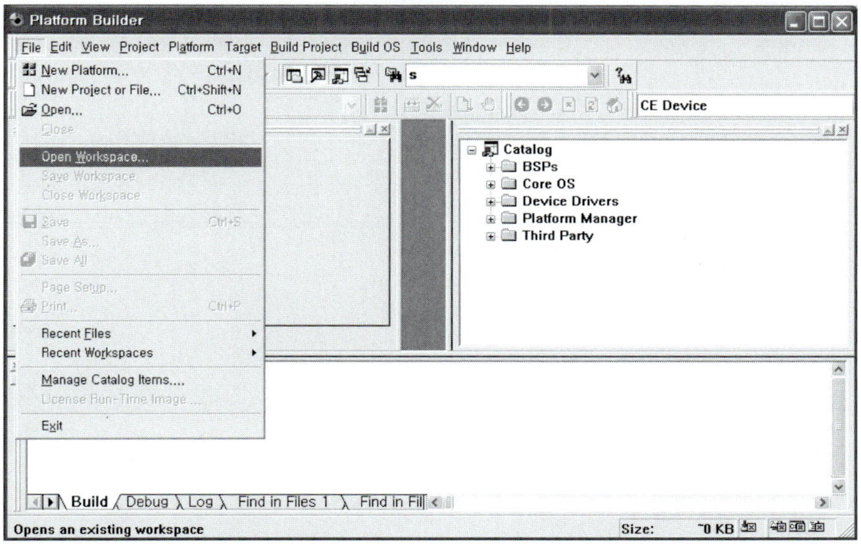

[그림 8-27] Workspaced 열기

다음과 같은 탐색창이 열리면 C:\WINCE500\PBWorkspaces 경로로 이동하여 Workspaced 파일을 불러온다.

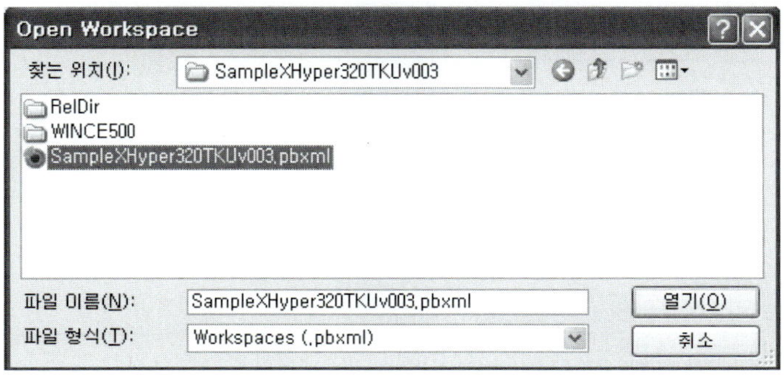

[그림 8-28] Workspaced 파일 열기

Workspace 창에서 "FileView" 탭을 누른다.

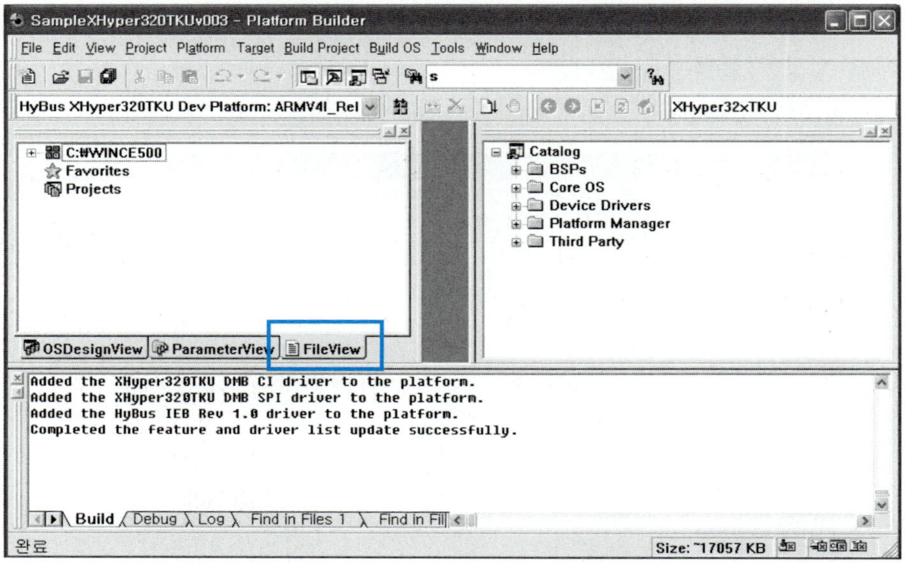

[그림 8-29] FileView

작성한 디바이스 드라이버 소스코드가 있는 C:\WINCE500\PLATFORM\XHyper320TKU\SRC\DRIVERS\IEB\clcd 의 경로로 이동한다.

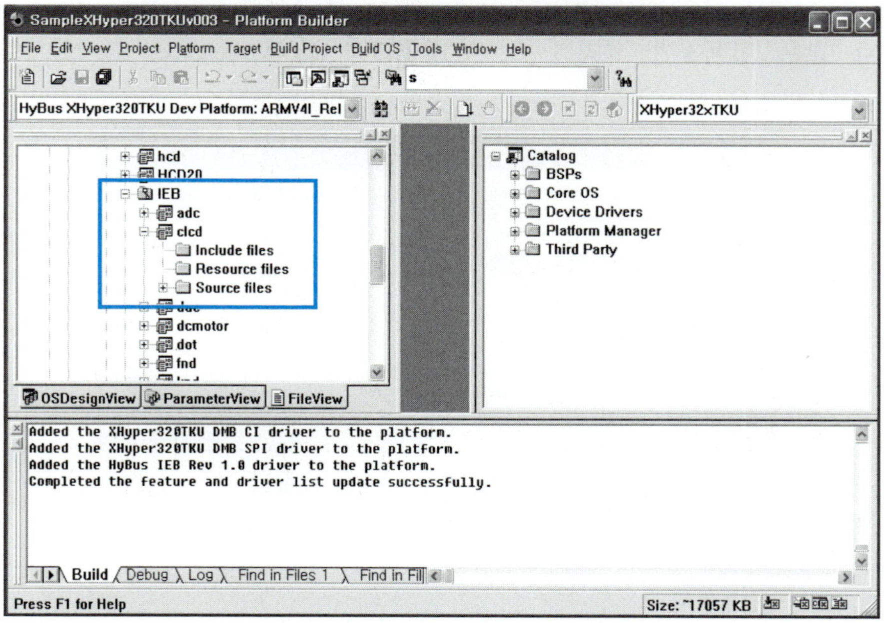

[그림 8-30] 소스코드 확인

"clcd"를 선택한 후 오른쪽 마우스를 클릭하여 팝업창의 "Open Build Window"를 선택한다.

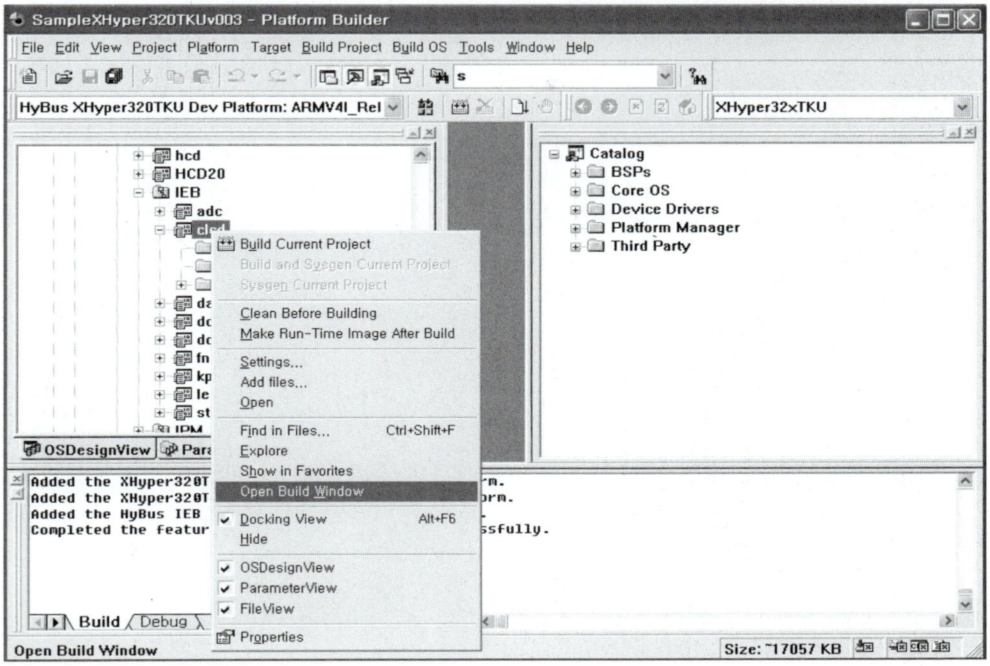

[그림 8-31] Open Build Window

명령 프롬프트창이 열리면 다음과 같이 명령을 입력하여 작성한 디바이스 드라이버 소스코드를 빌드한다.

```
>build -ci
```

[그림 8-32] 드라이버 빌드

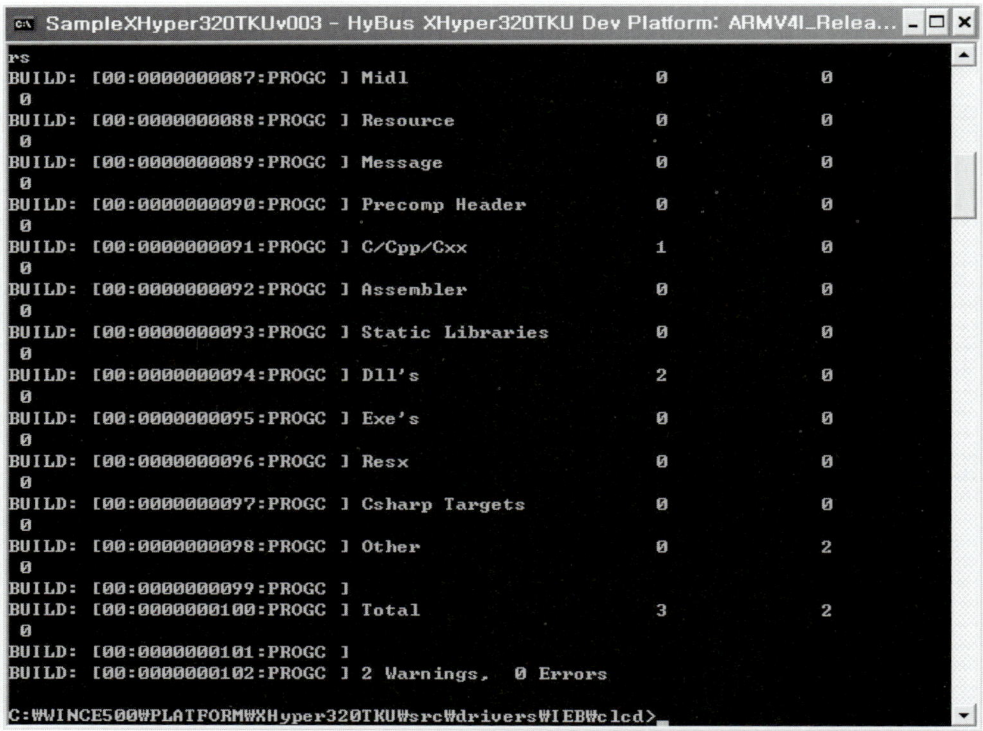

[그림 8-33] 드라이버 빌드

빌드 과정이 성공적으로 끝났으면 C:\WINCE500\PLATFORM\XHyper320TKU\SRC\DRIVERS\IEB\clcd의 경로로 이동하여 obj 폴더가 생성되었는지 확인한다.

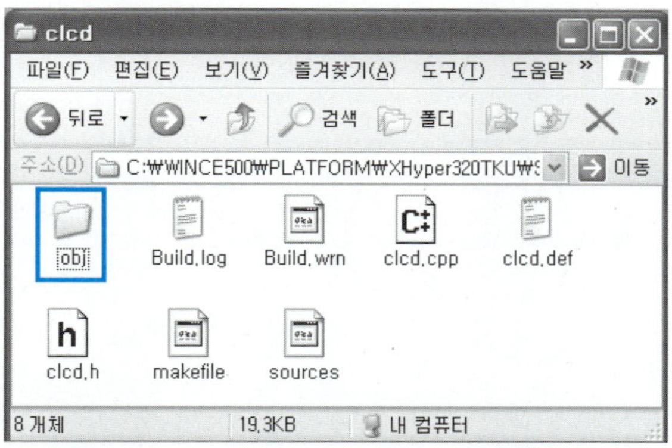

[그림 8-34] 드라이버 생성 확인

다시 C:\WINCE500\PLATFORM\XHyper320TKU\SRC\DRIVERS\IEB\clcd\obj\ARMV4I\retail 폴더로 이동하여 다음과 같은 파일들이 생성되었는지 확인한다.

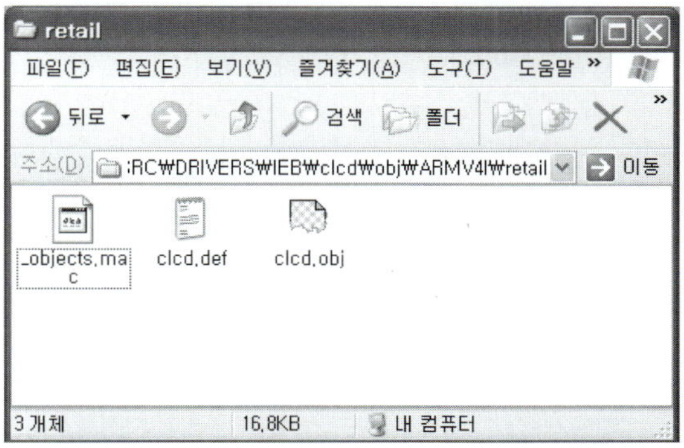

[그림 8-35] 드라이버 생성 확인

source 파일에서 "RELEASETYPE=PLATFORM" 항목은 "clcd.dll" 파일을 생성할 위치를 지정해 주는 항목으로 PLATFORM이 의미하는 위치는 _RELEASEDIR=$(_TARGETPLATROOT)\target\$(_CPUDIR)이며, 이 위치는 결국

C:\WINCE500\PLATFORM\XHyper320TKU\target\ARMV4I\retail 가 된다고 앞에서 설명하였다. 실제로 "clcd.dll" 파일이 다음 위치에 생성되었는지 확인해 보자.

source

```
TARGETNAME=clcd
TARGETTYPE=DYNLINK
RELEASETYPE=PLATFORM

TARGETDEFNAME=clcd
DEFFILE=clcd.def
WINCETARGETFILE0=clcd.def

INCLUDES= \
        ..\..\..\inc; \
        ..\..\..\..\..\..\public\oal\inc; \
        ..\..\xllp_plat\include; \

TARGETLIBS= \
  $(_COMMONSDKROOT)\lib\$(_CPUINDPATH)\coredll.lib
```

8장

```
PREPROCESSDEFFILE=1
DLLENTRY=LCD_DllEntry

SOURCES=clcd.cpp
```

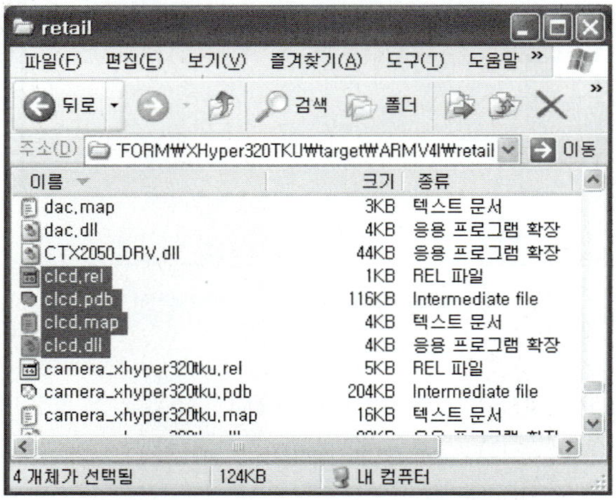

[그림 8-36] 드라이버 생성 확인

이제 컴파일된 디바이스 드라이버를 운영체제 이미지가 만들어질 때 같이 포함되도록 하는 작업을 해야 한다. 앞서 각각의 드라이버 제작과정에서 언급했듯이 컴파일된 디바이스 드라이버를 운영체제 이미지에 추가하려면 C:\WINCE500\PLATFORM\XHyper320TKU\FILES 경로에 있는 platform.bib 파일과 platform.reg 파일의 수정이 필요하다.

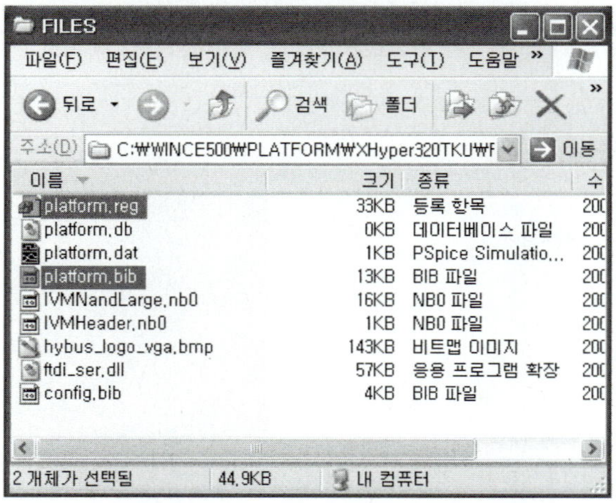

[그림 8-37] platform.bib / platform.reg 파일 확인

BIB 파일은 압축할 파일들에 대한 정보와 압축이미지의 속성을 결정한다. 특히 개발자는 platform.bib 파일을 사용하여 특별한 항목을 이미지에 추가할 수 있다. platform.bib 파일을 열어 다음과 같이 생성한 clcd.dll 디바이스 드라이버를 MODULES 영역에 추가한다.

[표 8-15] MODULES 영역 추가 내용

추가할 파일	생성될 타깃 위치	압축될 장소	속 성
clcd.dll	$(_FLATRELEASEDIR)\clcd.dll	NK	

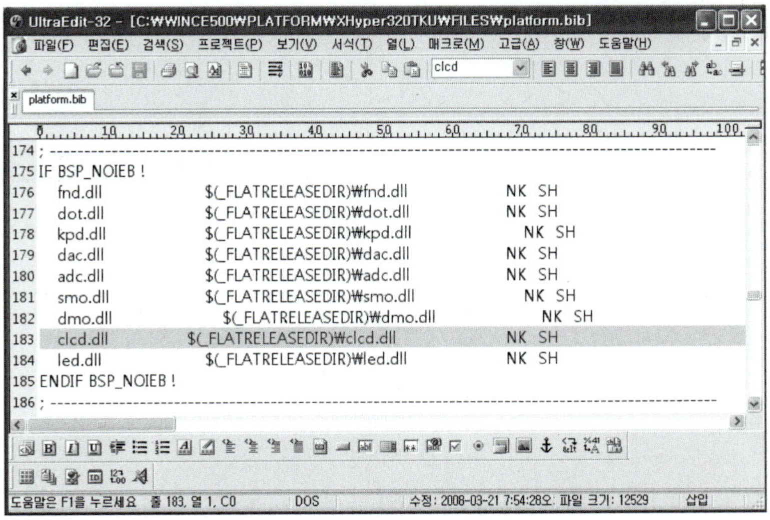

[그림 8-38] platform.bib 내용 추가

BIB(Binary Image Builder) 파일은 이미지를 생성할 때 어떤 모듈이나 파일을 추가할지를 설정하는 파일로, ROM 이미지를 만들어 내는 Romimage.exe 프로그램은 이미지를 생성할 때 BIB 파일을 참조하여 어떤 모듈이나 파일들을 추가할지 결정한다.

[표 8-16] 속성의 구분

문 자	설 명
S	시스템 속성
H	숨김 속성
K	커널모드 속성
X	서명된 정보를 가지고 이미지 파일에 압축되도록 함
L	데이터 영역이 연속적인 공간상에서 존재하도록 함

REG 파일은 타깃보드에서 작동될 운영체제의 레지스트리 파일을 만드는데 사용되며, 레지스트리 키의 요소와 값에 따라 디바이스의 I/O 포트 주소, DMA, IRQ 설정 등 다양한 정보를 입력 수정할 수 있다. 다음 코드를 platform.reg 파일을 열어서 적절한 위치에 추가한다.

```
;―――――――――――――――――――――
;CLCD
;―――――――――――――――――――――
[HKEY_LOCAL_MACHINE\Drivers\BuiltIn\CLCD]
   "DLL" =" clcd.dll"
   "Prefix" =" CLCD"
   "Index" =dword:1
   "Order" =dword:0
   "Ioctl" =dword:4
```

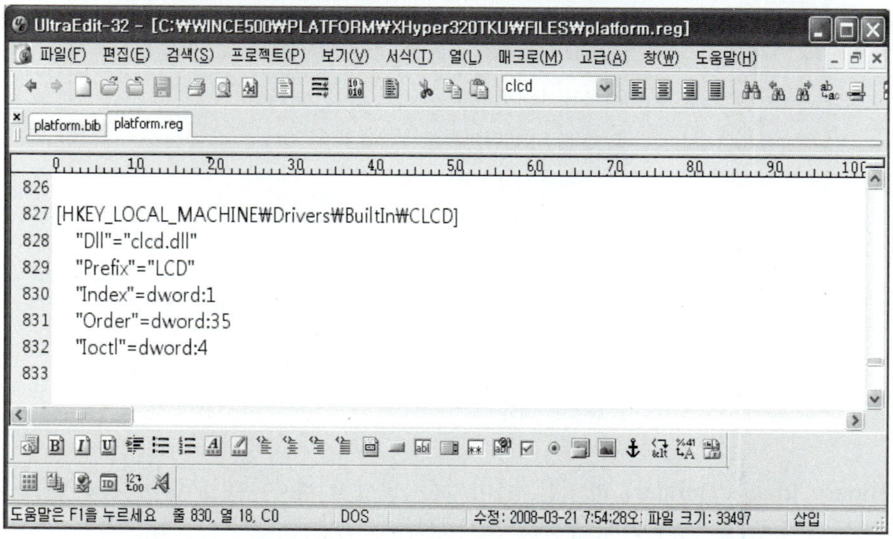

[그림 8-39] platform.reg 파일 내용 추가

platform.reg 파일에 추가하는 내용을 살펴보면 "Dll" 항목은 드라이버 파일 이름을 나타내며, "Prefix" 항목은 드라이버의 접두어를, "Index" 항목은 접두어가 같은 장치를 각각 식별하기 위한 값을 나타낸다. 또한, "Order" 항목은 메모리에 적재되는 순서를 나타내며 '0'이 가장 빠른 순서이며, "Ioctl" 항목은 IOControl 코드를 나타낸다.

제작한 디바이스 드라이버가 정상적으로 추가가 되어 시스템에 로딩이 되었는지 확인하기 위해 플랫폼 빌더의 메뉴에서 "Remote Process Viewer" 도구를 이용해 알아보자.

먼저 호스트 PC와 타깃보드가 usb로 연결되어 있는지 확인하고, 호스트 PC의 네트워크 환경으로 들어가 "LAN 또는 고속인터넷" 장치가 표시되는 목록의 장치들을 모두 오른쪽 마우스를 클릭하여 "사용안함"으로 설정한다.

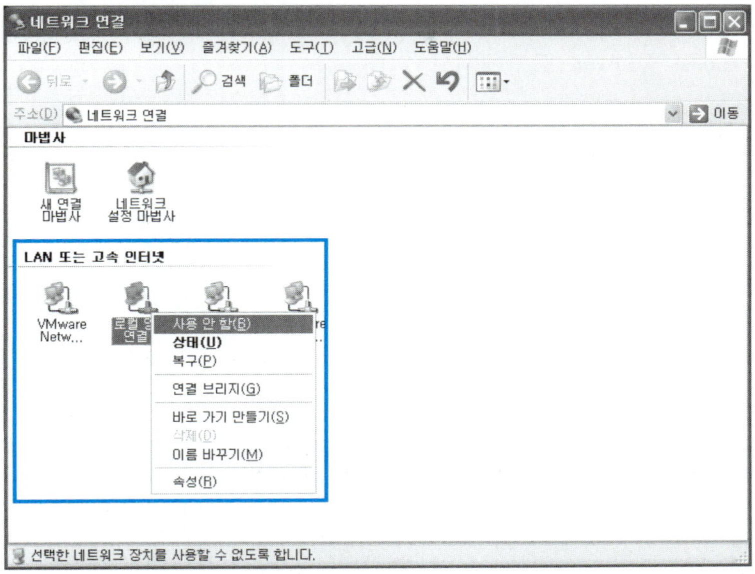

[그림 8-40] 이더넷 사용안함

"Remote Precess Viewer" 도구를 실행시키기 위해 메뉴에서 Tools → Remote Process Viewer 를 선택한다.

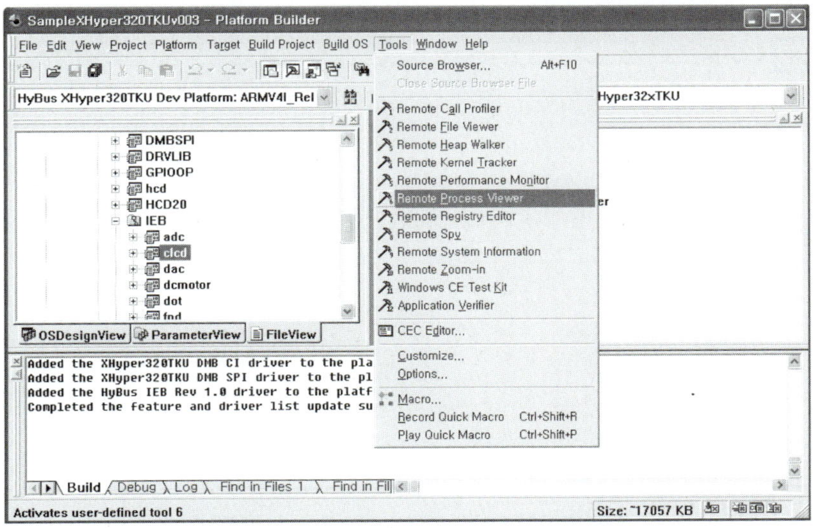

[그림 8-41] Remote Process Viewer 실행

Remote Process Viewer이 실행되면, 연결할 XHyper320TKU 타깃보드를 선택한 후 "OK" 버튼을 누른다. Remote Registry Editor 도구에서 설정해준 XHyper320TKU 연결설정이 Remote Process Viewer 도구에서도 그대로 적용되기 때문에 별도로 연결설정을 할 필요가 없다.

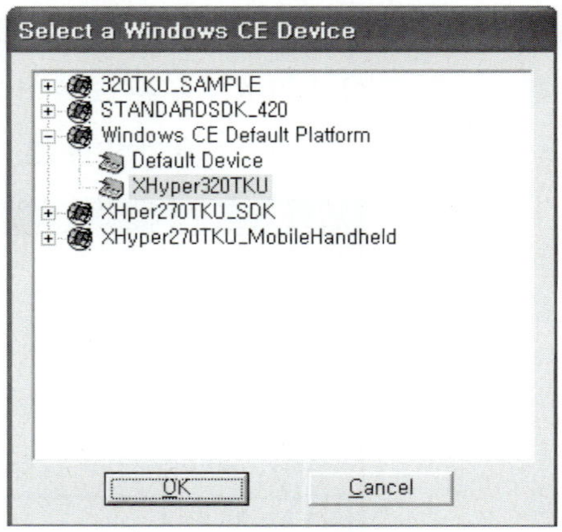

[그림 8-42] 장치 연결

"OK"를 누르면 XHyper320TKU 타깃보드와 연결이 되면서 XHyper320TKU에서 실행되고 있는 Windows CE 운영체제의 프로세서들에 대한 정보가 표시된다.

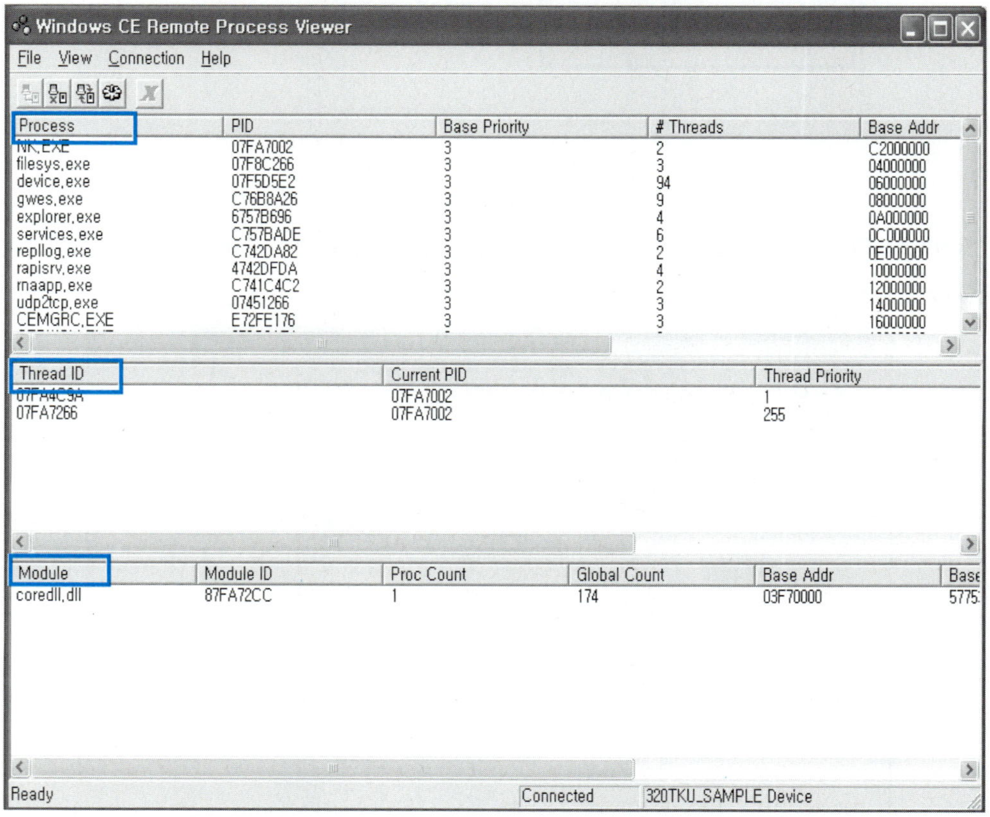

[그림 8-43] Remote Process Viewer 실행 모습

가장 위쪽의 Process 창은 현재 실행중인 응용프로그램과 시스템 프로그램의 정보를 표시하고 있고, 가운데의 Thread ID 창은 스레드의 정보를 표시하고 있으며, 가장 아래쪽의 Module창은 프로세서가 실행될 때 사용되는 모듈 정보를 표시하고 있다.

우리가 작성한 문자 LCD 디바이스 드라이버는 스트림 인터페이스 디바이스 드라이브이므로 디바이스 매니저(DEVICE.exe)에 의해 로딩된다. 가장 위쪽의 창에 device.exe 를 클릭하면, 가장 아래쪽 창에 디바이스 매니저에 의해 로딩된 모듈들이 표시된다. Module 창에서 clcd.dll 모듈이 로드된 것을 확인할 수 있다.

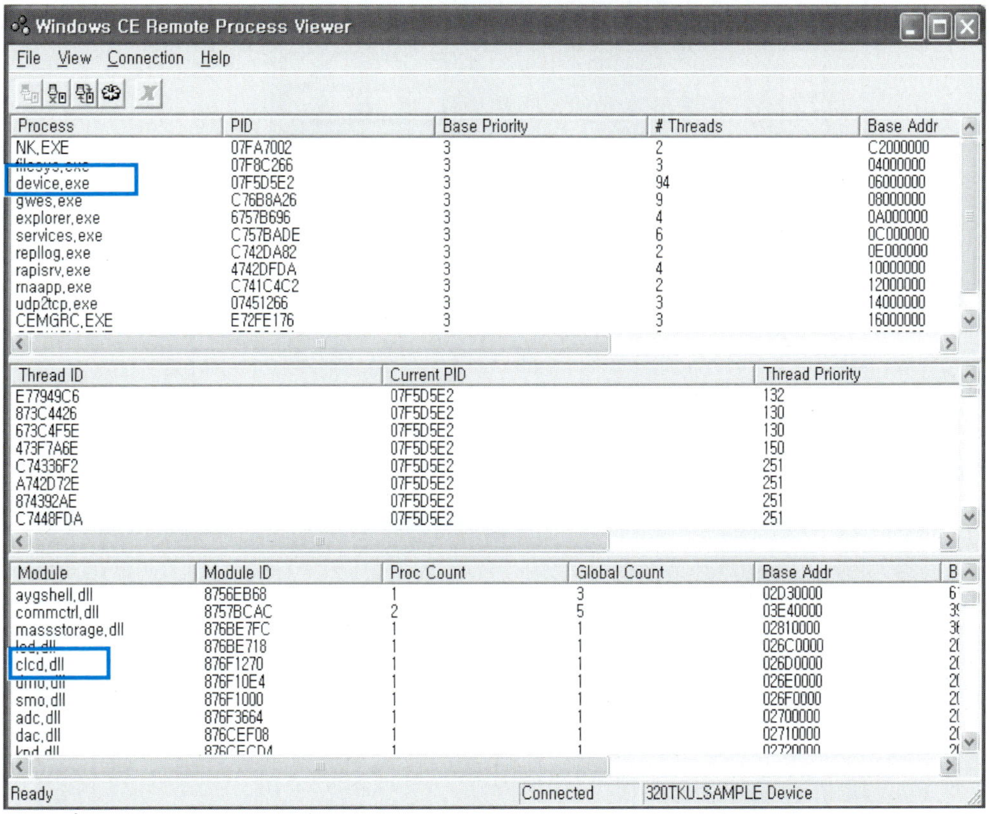

[그림 8-44] Remote Process Viewer 실행 모습

디바이스 테스트는 제공된 IEB Test Application으로 다음의 각 디바이스를 테스트할 수 있다.

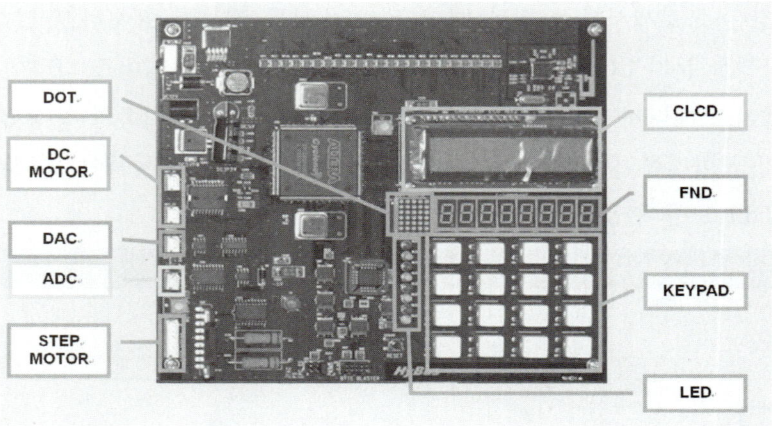

[그림 8-45] IEB 장치 설명도

IEB Device Driver를 테스트하기 위한 애플리케이션이 CD를 통해 제공된다. 제공되는 CD안의 애플리케이션을 통해 디바이스를 테스트해보자.

(1) DOT Matrix

DOT Matrix 탭에서 버튼을 클릭하여 IEB 보드를 제어할 수 있다.

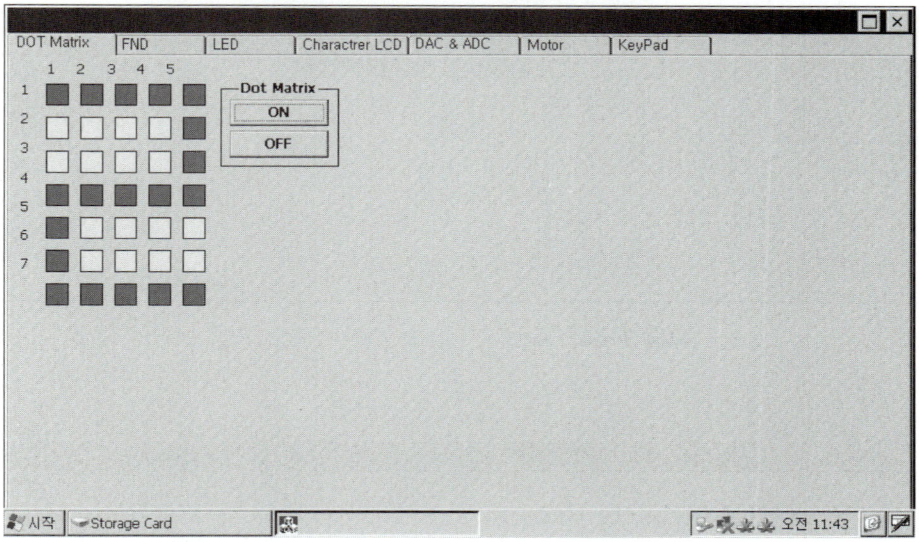

[그림 8-46] DOT Matrix 테스트

(2) FND

DOT Matrix의 테스트 방법과 동일하다.

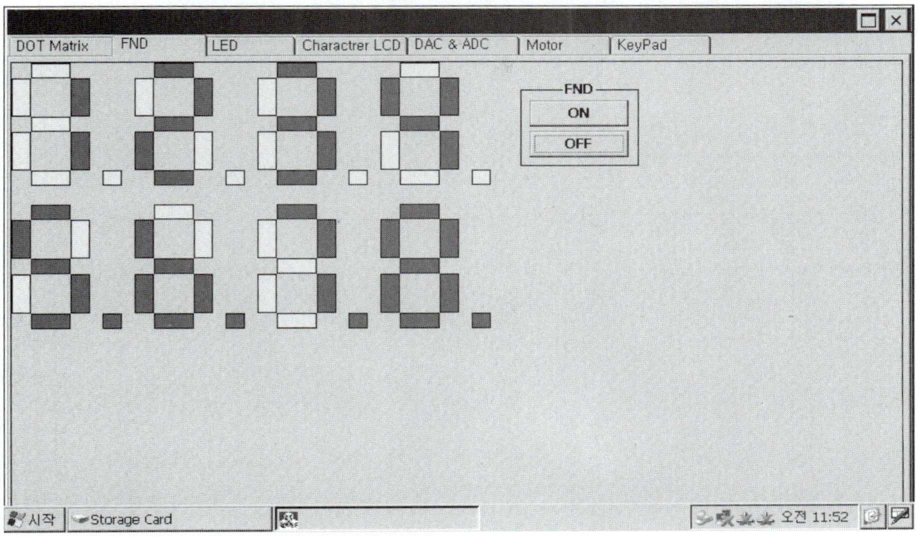

[그림 8-47] FND 테스트

(3) LED

DOT Matrix의 테스트 방법과 동일하다.

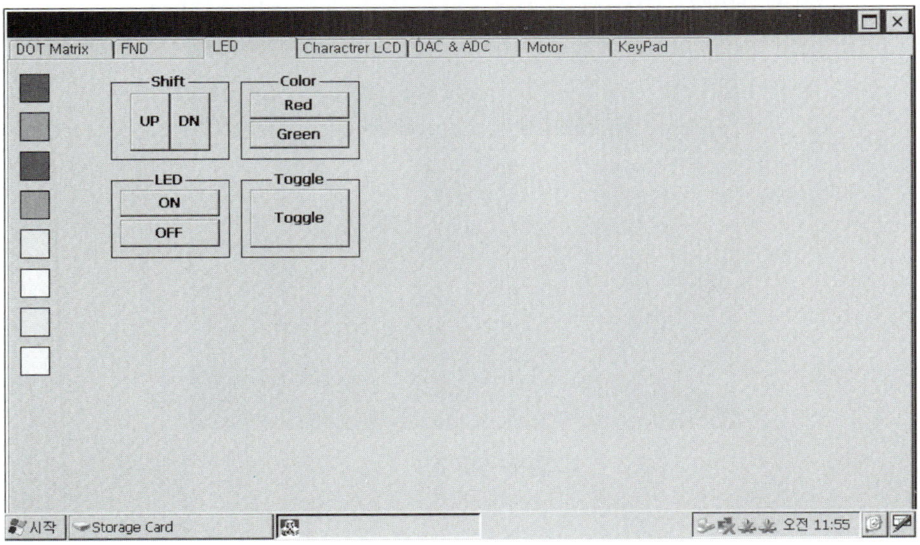

[그림 8-48] LED 테스트

(4) CLCD

Edit box의 문자열을 CLCD로 나타낸다.

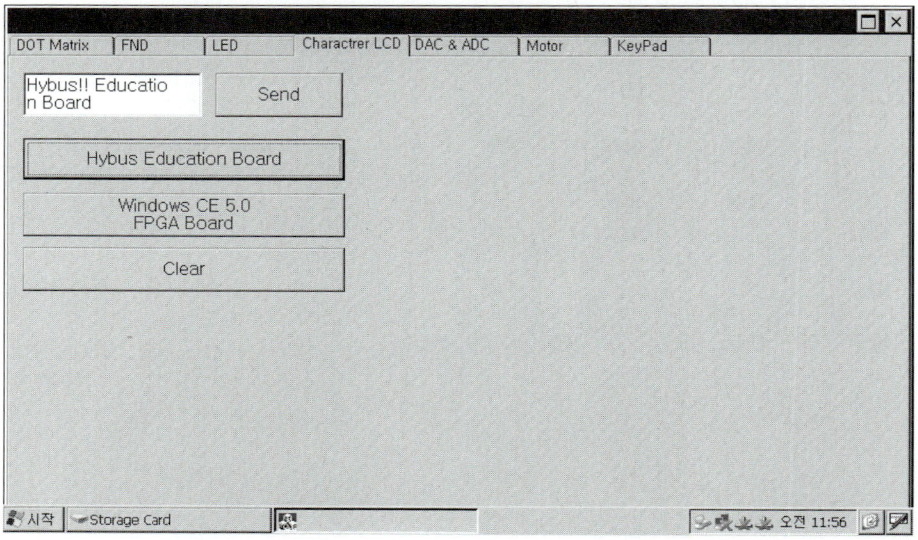

[그림 8-49] CLCD 테스트

(5) DAC & ADC

IEB Board를 보면 DAC 커넥터와 ADC 커넥터 사이에 J25(Loop Back)핀이 있다. J25핀을 연결(쇼트)하여 ADC와 DAC의 테스트가 바로 가능하다.

[그림 8-50] 점퍼 셋팅

DAC의 버튼으로 값을 입력한다. 다음 ADC의 Read 버튼을 눌러 값을 확인한다. 값은 정확하지 않을 수 있으며 근사값이 표시된다.

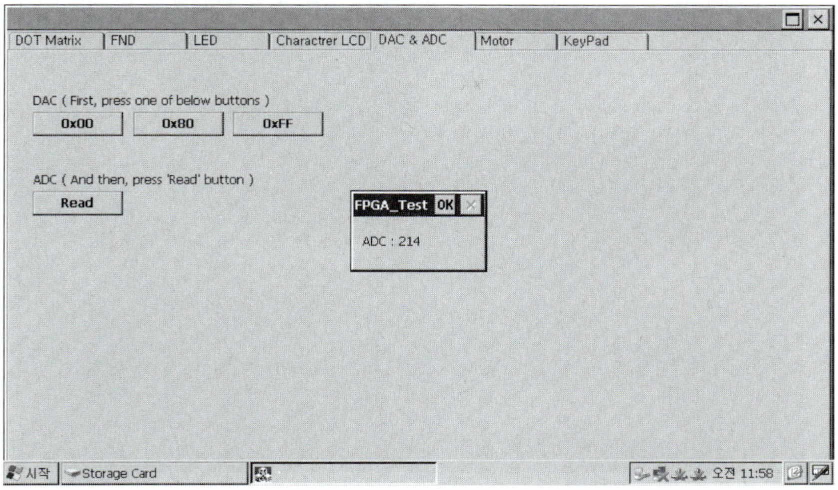

[그림 8-51] ADC/DAC 테스트

(6) MOTOR

IEB Board를 보면 STEP MOTOR 커넥터와 DC MOTOR(Left, Right) 커넥터가 있다. 각 커넥터에 맞는 모터를 연결한 후 모터의 동작을 테스트할 수 있다.

모터를 연결하고 버튼으로 제어해 본다. STEP 모터의 경우에는 버튼으로 제어하고 보드의 STEP 모터 커넥터 옆의 가변저항을 돌려 동작을 확인한다.

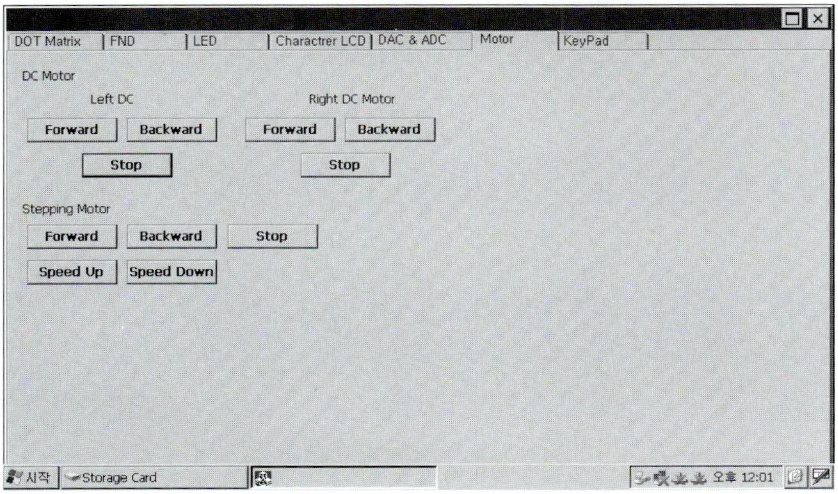

[그림 8-52] DC 모터 / STEP 모터 테스트

8장

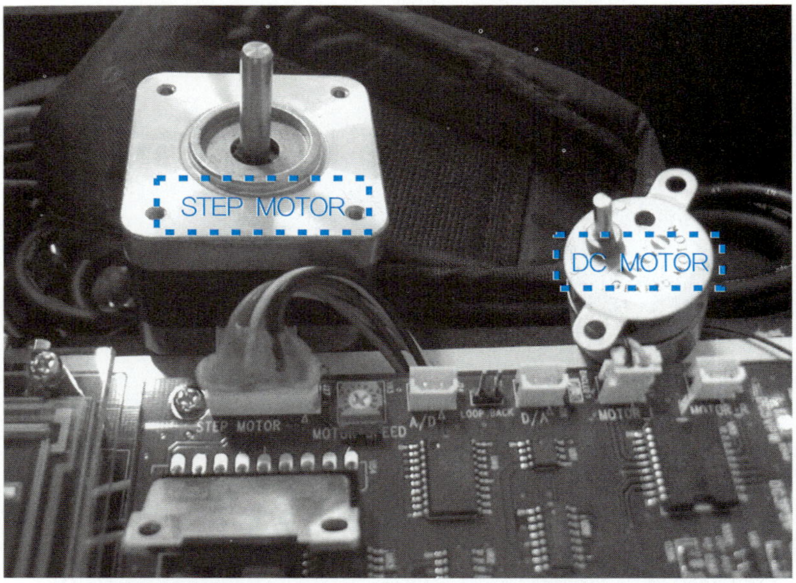

[그림 8-53] DC 모터 / STEP 모터 연결

(7) KEYPAD

IEB에 부착되어 있는 키를 눌렀을 때 해당되는 버튼의 색이 바뀐다.

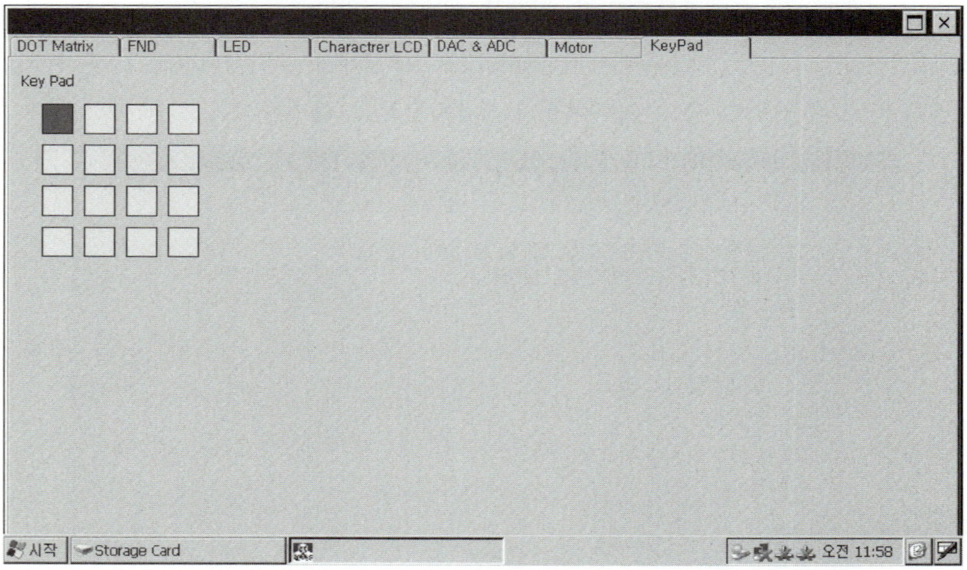

[그림 8-54] KEYPAD 테스트

8.2 X-Hyper320TKU 주변기기 디바이스 / 테스트

1 X-Hyper320TKU 디바이스 드라이버

X-Hyper320TKU에서는 앞서 살펴본 X-Hyper320TKU의 IEB 보드 드라이버뿐만 아니라 다양한 주변 장치들을 지원한다. 이러한 디바이스들은 좀 더 확장이 쉽고 편리하게 사용할 수 있는 환경을 만들어 준다. 이번 절에서는 X-Hyper320TKU에서 지원하는 각종 드라이버의 구성을 확인하고 각종 디바이스의 기능을 간단히 확인해 보도록 한다.

(1) 환경변수

컴포넌트에 필요한 기본적인 환경변수는 XHyper320TKU.bat 파일에 있다. XHyper320TKU.bat 파일은 다음과 같은 경로에 위치한다.

```
C:\WINCE500\PLATFORM\XHyper320TKU\XHyper320TKU.bat
```

(2) 드라이버 경로

드라이버는 PXA320 controller를 이용한 디바이스 드라이버와 외부 칩셋을 이용하여 확장한 디바이스 드라이버 두 가지로 나눌 수 있다

내부 컨트롤러를 사용한 드라이버의 경우 소스파일의 경로는 아래의 경로에 위치하며

```
C:\WINCE500\PLATFORM\XHyper320TKU\Public\CSP\MONAHANS\
```

앞서 제작해본 IEB 보드의 드라이버와 같이 외부 칩셋을 사용한 경우 소스파일의 경로는 다음에 위치한다.

```
C:\WINCE500\PLATFORM\XHyper320TKU\SRC\DRIVERS
```

드라이버 등록과 설정은 Parameter view의 Hardware Specific Files의 platform.reg와 platform.bib에서 결정한다.

(3) 드라이버 확인

X-Hyper320TKU의 컴퍼넌트들은 플랫폼 빌더의 Catalog view에서 확인할 수 있다.

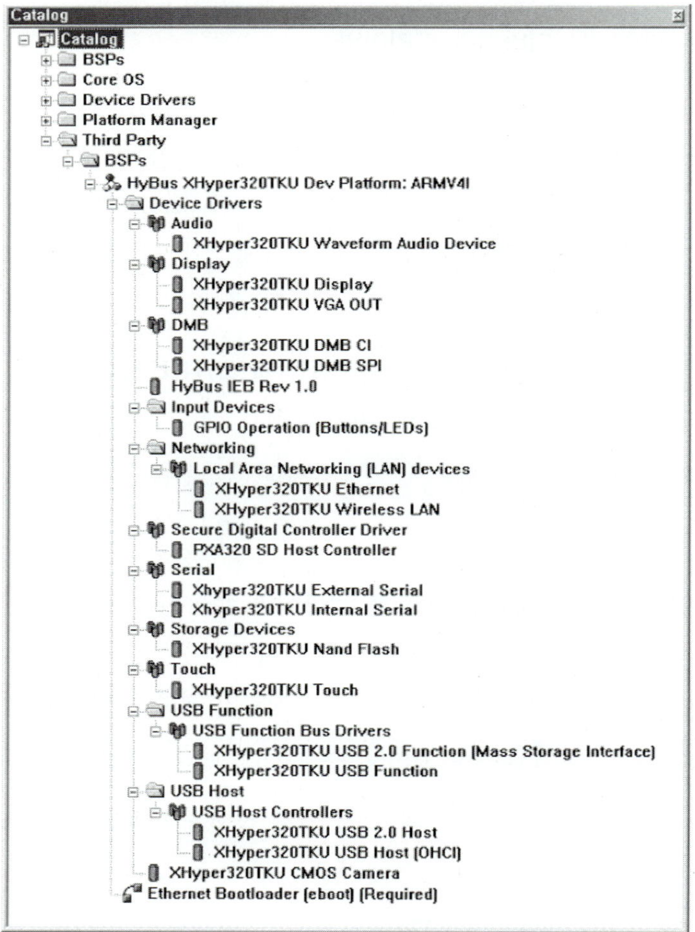

[그림 8-55] 드라이버 확인

2 Display 드라이버

X-Hyper320TKU에 사용되는 PXA320 LCD 컨트롤러는 최대 해상도 800 × 600 RGB 18비트를 지원한다. 그러나 WINCE에서는 18bit를 지원하지 않고 16bit와 24bit를 지원한다. 따라서 X-Hyper320TKU에서는 800 × 480 16bit LCD를 사용한다.

환경변수는 XHyper320TKU.bat 파일에 "set BSP_NODISPLAY="에 해당하며 "NODISPLAY" 환경변수는 WinCE에서 지원하지 않는 환경변수이다. 모듈형태로 지원되며 platform.bib 파일에서 pxa27_lcd.dll 모듈을 정의한다. 다음은 platform.bib의 일부이다.

```
IF BSP_NODISPLAY !
   pxa27x_lcd.dll   $(_FLATRELEASEDIR)\pxa27x_lcd.dll   NK  SH
ENDIF
```

Display Driver 컴포넌트는 플랫폼 빌더의 Workspace의 OSDesignView에서 확인할 수 있다.

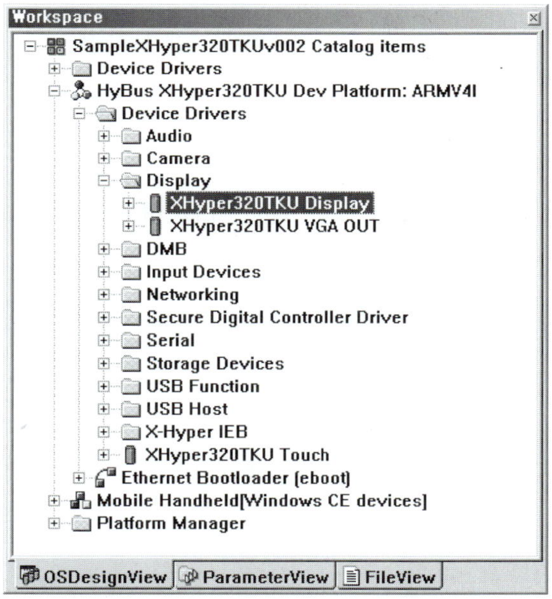

[그림 8-56] 드라이버 확인

LCD의 블록 다이어그램은 다음 [그림 8-57]과 같다.

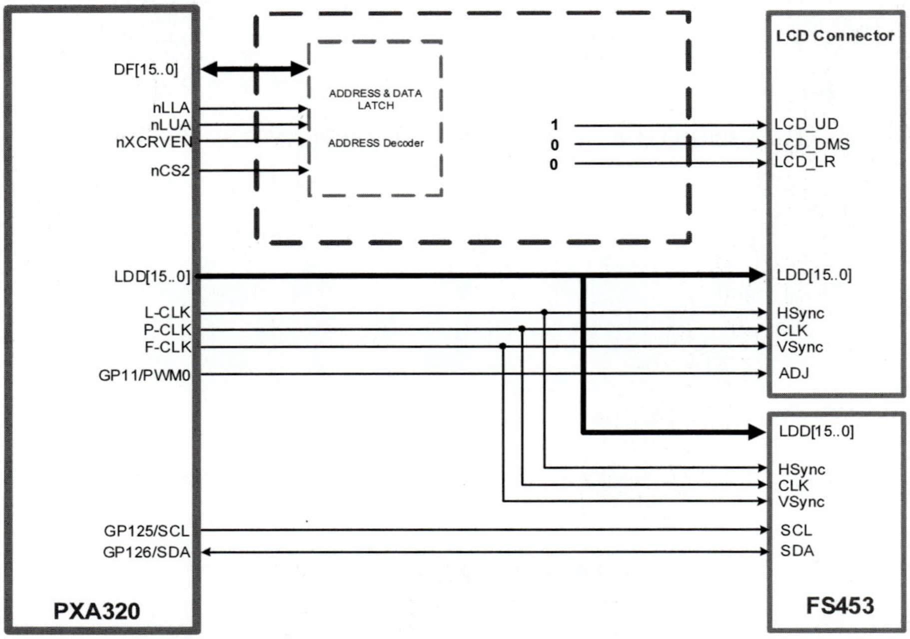

[그림 8-57] LCD 블록 다이어그램

X-Hyper320TKU에 사용되는 LCD 디바이스 드라이버의 소스파일의 위치는 다음의 경로에 위치한다.

```
C:\WINCE500\PLATFORM\XHyper320TKU\Public\CSP\MONAHANS\DISPLAY\
PXA27X_LCD\
```

platform.reg 파일에는 적절한 위치에 다음과 같이 코드를 추가한다.

```
[HKEY_LOCAL_MACHINE\Drivers\Display\PXA27x\Config]
    "DisplayDll" =" pxa27x_lcd.dll"
    "DisplayType" =" CPT800x480"
    "CxScreen" =dword:320 800
    "CyScreen" =dword:1E0 480
    "Bpp" =dword:10
```

(1) 디바이스 테스트

- 백라이트 밝기조정 테스트

LCD는 화면이 정상적으로 나온다면 일단 정상동작 확인이 가능하다. CD에 제공되는 CtrBRT.exe 애플리케이션으로 화면밝기를 조정해 보자.

① cd에서 제공되는 CtrBRT.exe를 찾아서 실행시킨다.

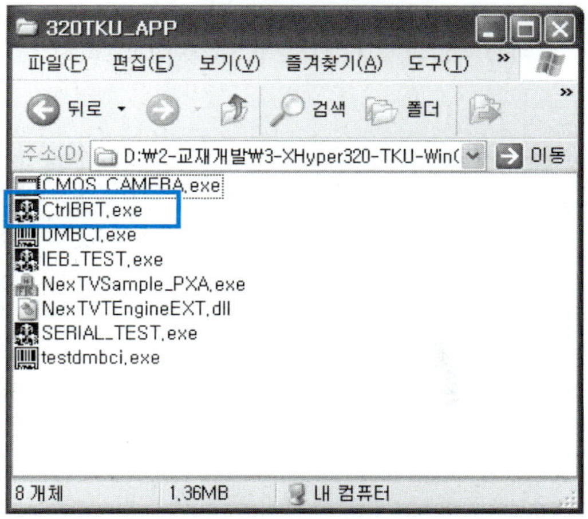

② 가운데 막대 버튼을 클릭하여 밝기를 조정해 보자. 밝기가 조정되는 것을 확인할 수 있다.

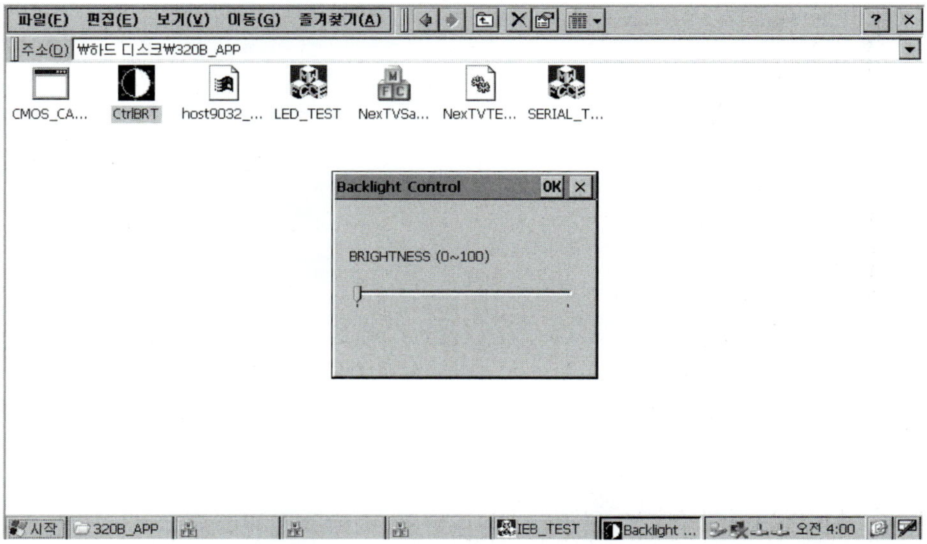

• VGA out 테스트

X-Hyper320TKU에서는 LCD 디스플레이 뿐만 아니라 VGA 출력을 지원한다. 다음과 같은 방법으로 VGA 출력을 테스트하자.

1 먼저 연결한 모니터를 LCD 좌측에 VGA 케이블을 연결한다.

2 LCD 아래쪽에 위치한 스위치를 VGA쪽으로 옮겨 재부팅한다.

③ 다음과 같이 일반 모니터와 LCD에 동시에 디스플레이된다. 그러나 모니터에 따라 지원하지 않거나 해상도에 문제가 있는 경우도 있다. (테스트에 사용된 모니터는 오리온사의 TopSync-OR1709 모델을 사용하였다.)

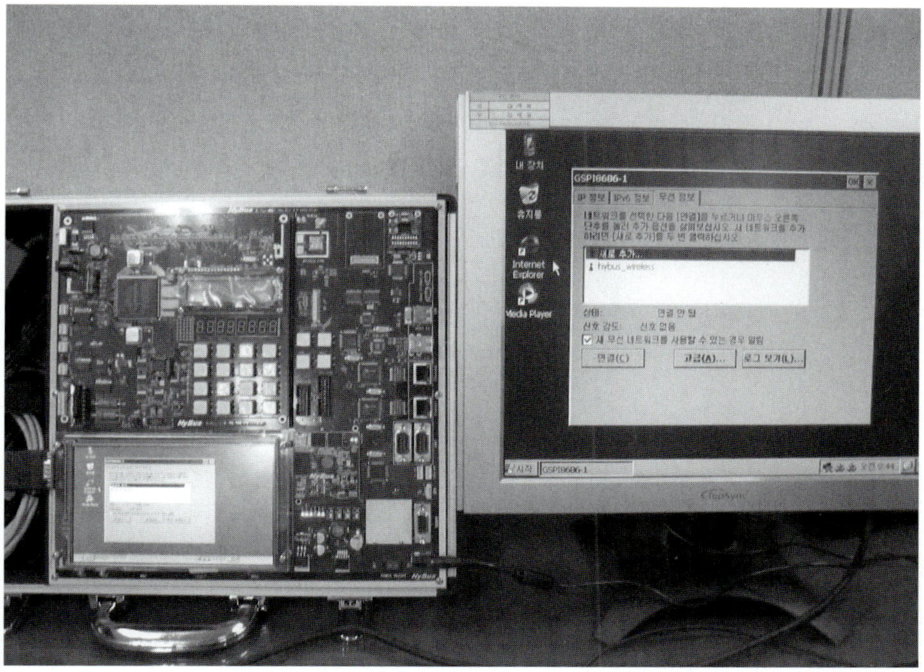

3 Touch Screen 드라이버 (내부 제어기)

휴대용 임베디드 시스템에서는 다양한 입력장치를 갖추기 힘들기 때문에 터치 기능은 거의 필수적인 입력장치이다. 터치 기능은 사용자가 입력한 좌표의 값을 계산하여 명령을 수행한다. X-Hyper320TKU에 사용되는 터치스크린 드라이버는 외부 칩셋(WM9712) 또는 내부 컨트롤러를 이용해서 사용할 수 있다. 현재 내부 컨트롤러만 사용하며 인터페이스는 물려있지 않다.

환경변수의 정의는 XHyper320TKU.bat 파일에 “set BSP_NOTOUCH=” 라고 되어 있고, LCD 드라이버와 마찬가지로 모듈형태로 지원되며 platform.bib 파일에서 touch.dll 모듈을 정의한다. 다음은 platform.bib의 일부이다.

```
IF BSP_NOTOUCH !
   touch.dll    $(_FLATRELEASEDIR)₩touch.dll        NK  SH
ENDIF
```

또한, 터치스크린 드라이버 컴포넌트는 OSDesignView에서 확인할 수 있다.

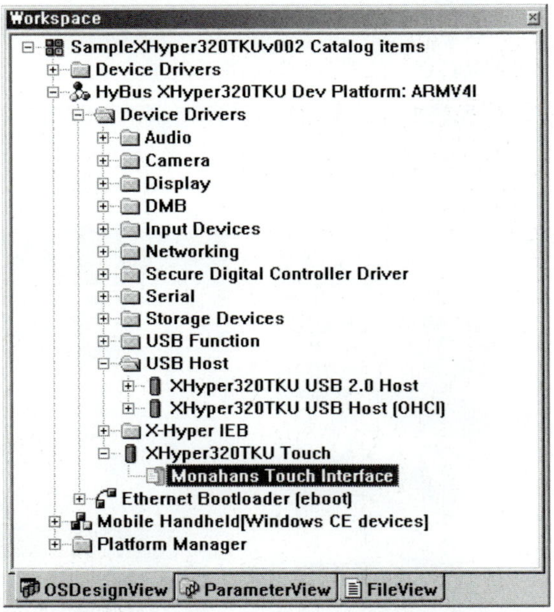

[그림 8-58] 터치스크린 컴포넌트

터치의 블록도는 [그림 8-59]와 같다.

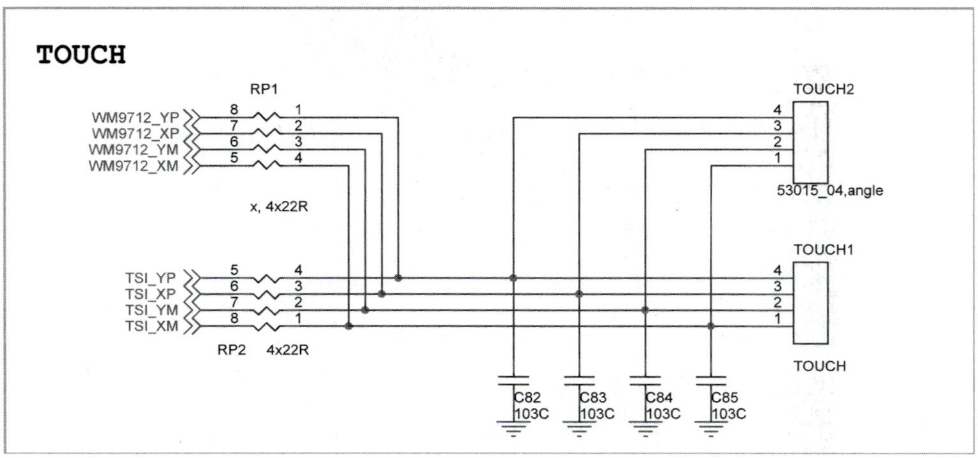

[그림 8-59] 터치 블록도

X-Hyper320TKU에 사용되는 터치 디바이스 드라이버의 소스파일의 위치는 다음의 경로에 위치한다.

```
C:\WINCE500\PLATFORM\XHyper320TKU\SRC\DRIVERS\TOUCH
```

platform.reg 파일에는 적절한 위치에 다음과 같이 코드를 추가한다.

```
[HKEY_LOCAL_MACHINE\HARDWARE\DEVICEMAP\TOUCH]
    "DriverName" = "touch.dll"
    "CalibrationData" = "507,504 753,231 255,231 262,780 754,779"
```

4 USB 1.1 Host 드라이버

범용 직렬버스라고 불리우는 USB는 다양한 확장을 돕는 장치이다. USB를 통하여 키보드, 마우스, 기타 휴대용 저장장치 등을 이용할 수 있다.

X-Hyper320TKU에 사용되는 USB 1.1 Host 디바이스 드라이버의 환경변수 정의는 XHyper320TKU.bat 파일에 "set BSP_NOUSB="라고 되어 있고, LCD 드라이버와 마찬가지로 모듈형태로 지원되며 platform.bib 파일에서 ohci2.dll 모듈을 정의한다. 다음은 platform.bib의 일부이다.

```
IF BSP_NOUSB !
   ohci2.dll    $(_FLATRELEASEDIR)₩ohci2.dll     NK  SH
ENDIF BSP_NOUSB !
```

또한, USB 1.1 Host Driver 컴포넌트는 OSDesignView에서 확인할 수 있다.

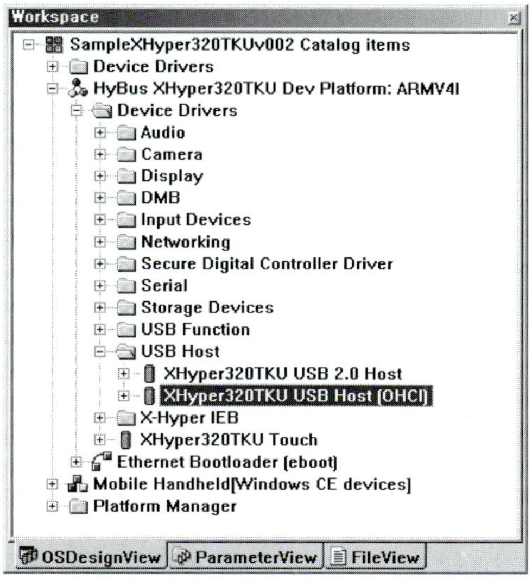

[그림 8-60] USB 1.1 Host Driver

X-Hyper320TKU에서는 PXA320 내부 USB 1.1 Host 컨트롤러를 사용한다.

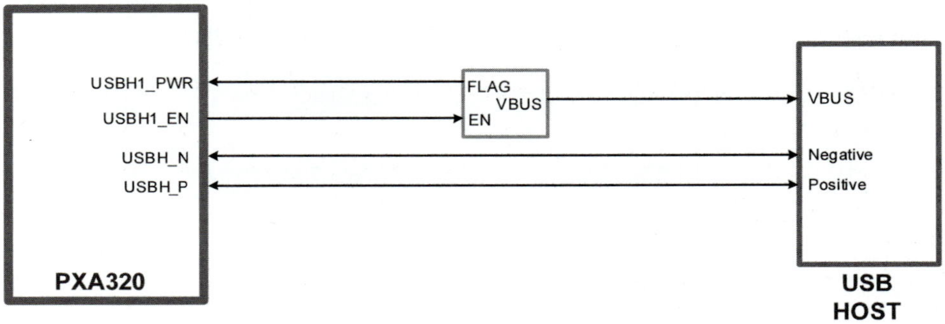

[그림 8-61] USB 1.1 Host 블록도

X-Hyper320TKU에 사용되는 USB 디바이스 드라이버의 소스파일의 위치는 다음의 경로에 위치한다.

```
C:\WINCE500\PLATFORM\XHyper320TKU\SRC\DRIVERS\HCD
```

platform.reg 파일에는 적절한 위치에 다음과 같이 코드를 추가한다.

```
[HKEY_LOCAL_MACHINE\Drivers\BuiltIn\OHCI]
    "InterfaceType"=dword:0     ; Internal
    "Prefix"="HCD"
    "Dll"="ohci2.dll"
    "Index"=dword:1
    "Order"=dword:2
    "Irq"=dword:3
    "SysIntr"=dword:11          ; (SYSINTR_FIRMWARE+1)
    "MemBase"=dword:4C000000
    "MemLen"=dword:1000
    "UseExistingSettings"=dword:0
```

(1) USB Mass Storage

USB Mass storage를 사용하기 위해서는 Core OS → Windows CE devices → Core OS Services → USB Host Support → USB Storage Class Driver를 추가한다.

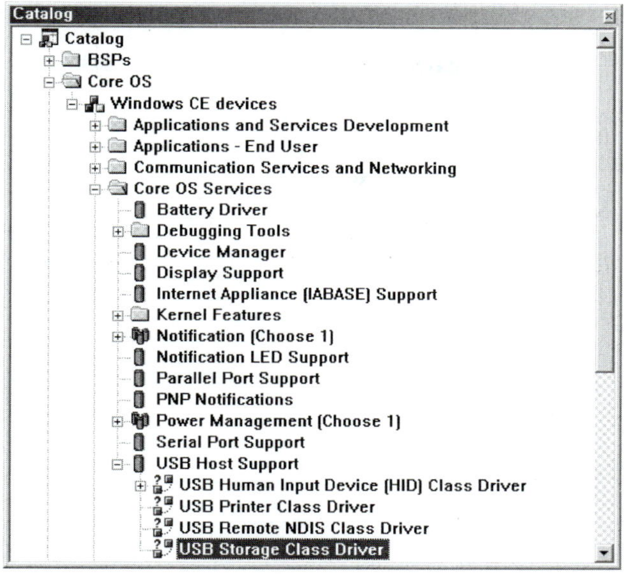

[그림 8-62] USB Storage Class Driver 추가

(2) USB HID

USB Human input device를 사용하기 위해서는 Core OS → Windows CE devices → Core OS Services → USB Host Support → USB Human Input Device (HID) Class Driver → USB HID Keyboard and Mouse를 추가한다.

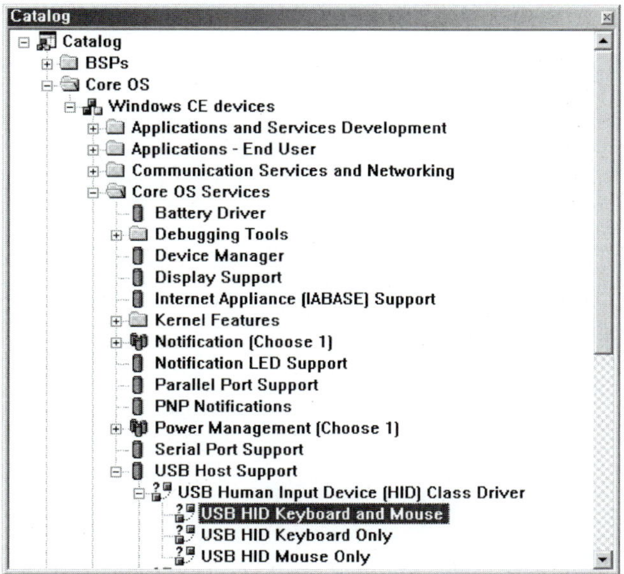

[그림 8-63] USB HID Keyboard and Mouse 추가

키보드 타입도 추가해야 USB 키보드를 사용 할 수 있다.

Device Drivers → Input Devices →Keyboard / Mouse → NOP(Stub) Keyboard / Mouse Korean

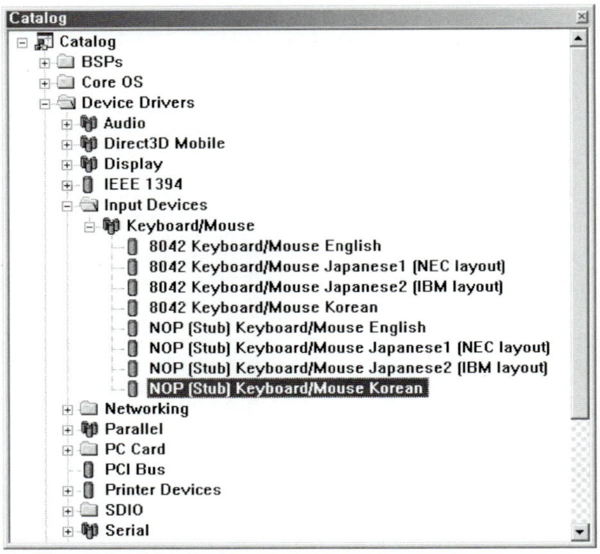

[그림 8-64] NOP (Stub) Keyboard/Mouse Korean 추가

(3) 디바이스 테스트

타깃보드가 부팅된 상태에서 간단히 USB 플래시 메모리를 이용해 USB Device Test를 한다.

① 타깃보드 LCD의 바탕화면에서 "내 장치"를 클릭한다.

② 호스트 PC에서 제공된 CD에 있는 “320TKU_APP” 폴더를 USB 플래시 메모리로 복사하여 타깃보드의 USB Host1.1 포트에 연결한다. “320TKU_APP” 폴더에는 각종 테스트 프로그램이 들어 있다.

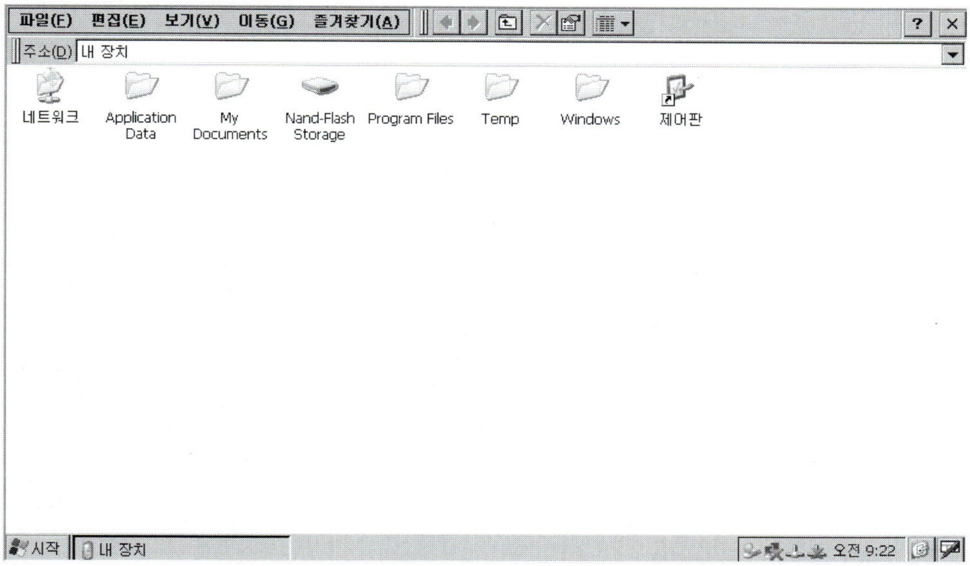

③ 타깃보드의 윈도우창에 새로운 저장장치가 추가되는 것을 확인할 수 있다.

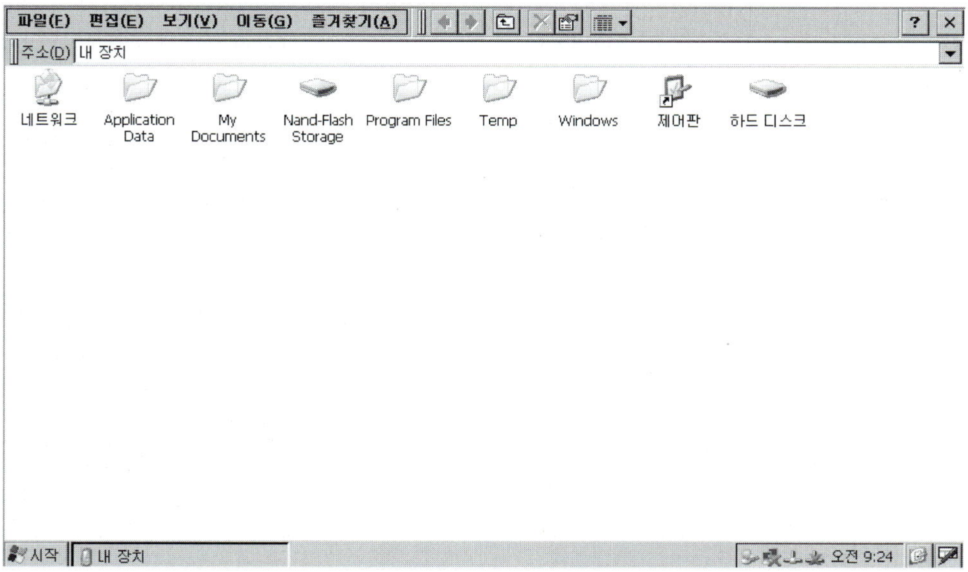

④ 추가된 파일을 확인한 후 장치를 해제한다.

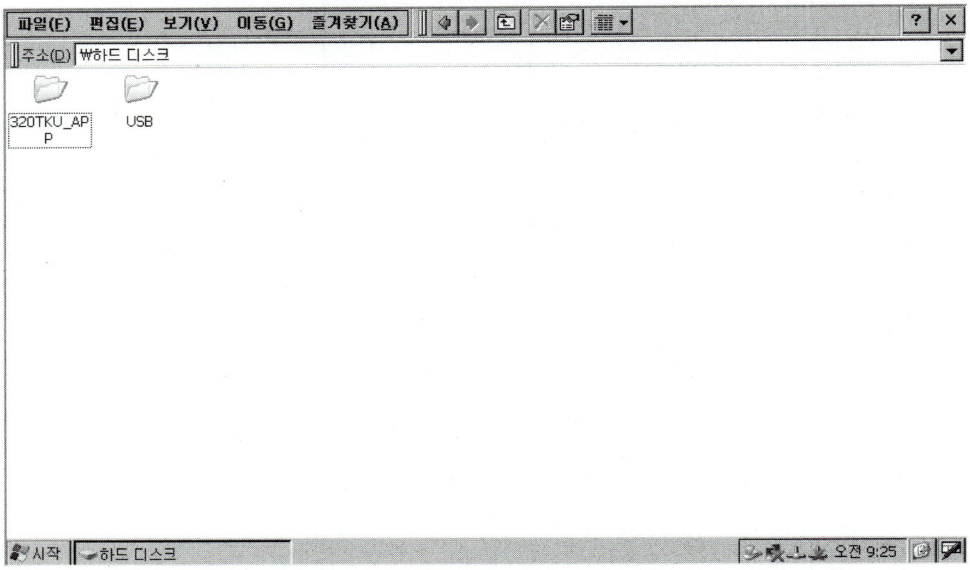

5 MMC/SD 드라이버

MMC/SD 드라이버는 디지털 카메라, 네비게이션 등에 사용되는 메모리를 간편하게 사용하기 위해 추가되어진다. 메모리 내에 여러 가지 데이터를 저장하여 손쉽게 타깃보드에서 확인할 수 있다. MMC/SD Driver의 환경변수는 XHyper320TKU.bat 파일에 "set BSP_SDHC=1"라고 설정되어 있다. 모듈형태로 지원되며 platform.bib 파일에서 sdhc_xhyper320tku.dlll 모듈을 정의한다. 다음은 platform.bib의 일부이다.

```
IF BSP_SDHC
   sdhc_xhyper320tku.dll      $(_FLATRELEASEDIR)₩sdhc_xhyper320tku.dll
                        NK  SH
ENDIF
```

그리고 MMC/SD Driver 컴포넌트는 OSDesignView에서 확인할 수 있다.

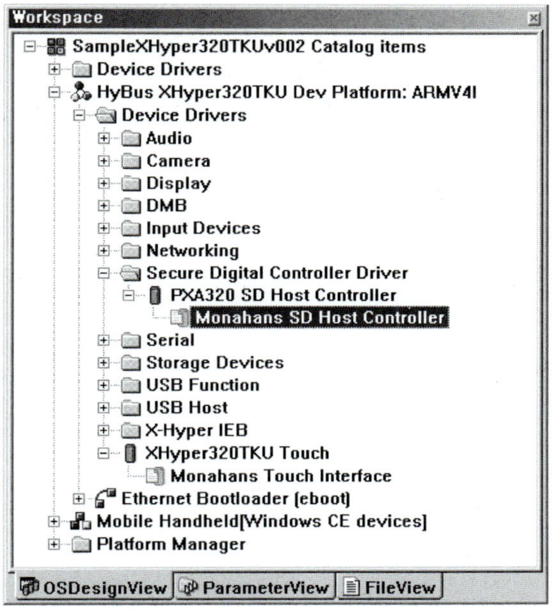

[그림 8-65] MMC/SD Driver

SD 메모리를 사용하기 위해 evice Drivers → SDIO → SD Memory를 추가한다.

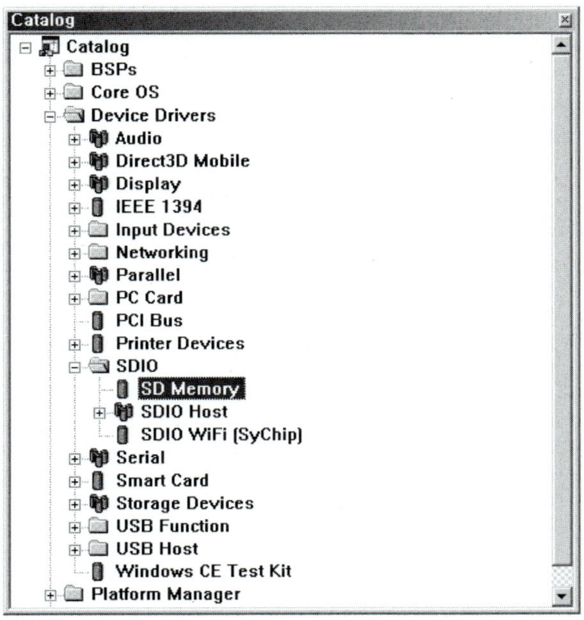

[그림 8-66] SD Memory 추가

X-Hyper320TKU에 사용되는 MMC/SD Driver의 소스파일의 위치는 다음의 경로에 위치한다.

```
C:\WINCE500\PLATFORM\XHyper320TKU\Public\CSP\MONAHANS\SDHC
C:\WINCE500\PLATFORM\XHyper320TKU\SRC\DRIVERS\SDHC
```

platform.reg 파일에는 적절한 위치에 다음과 같이 코드를 추가한다.

```
[HKEY_LOCAL_MACHINE\Drivers\BuiltIn\SDHC_XHYPER320TKU]
    "Order"=dword:21
    "Dll"=" sdhc_xhyper320tku.dll"
    "Prefix"=" SDH"
    "ControllerIRQ"=dword:17
    "ControllerISTPriority"=dword:64
   ;" CardDetectIRQ"=dword:9
    "CardDetectIRQ"=dword:95 98(149)
    "CardDetectISTPriority"=dword:65
    "ClockAlwaysOn"=dword:0
    "ClockOnlfInterruptsEnabled"=dword:1
    ; Indicate a power manageable interface
    "IClass"=" {A32942B7-920C-486b-B0E6-92A702A99B35}"

[HKEY_LOCAL_MACHINE\System\StorageManager\Profiles\SDMemory]
        " FileSystem"=" fatfsd.dll"
        " PartitionDriver"=" mspart.dll"
        " MountFlags"=dword:0
      "Name"=" SD Memory Card"
      "Folder"=" Storage Card"
      "AutoMount"=dword:1
        " AutoPart"=dword:1
        " AutoFormat"=dword:0

[HKEY_LOCAL_MACHINE\System\StorageManager\Profiles\MMC]
        " FileSystem"=" fatfsd.dll"
        " PartitionDriver"=" mspart.dll"
        " MountFlags"=dword:0
      "Name"=" MMC Card"
      "Folder"=" Storage Card"
```

```
    "AutoMount" =dword:1
     " AutoPart" =dword:1
     " AutoFormat" =dword:0
```

- SD Memory Storage class driver

```
[HKEY_LOCAL_MACHINE\Drivers\SDCARD\ClientDrivers\Class\SDMemory_Class]
   "Dll" =" SDMemory.dll"
   "Prefix" =" DSK"
   "BlockTransferSize" =dword:40
  ; send no more than 64 blocks of data per bus transfer
  ;" SingleBlockWrites" =dword:1
  ; alternatively force the driver to use single block access
  ;" IdleTimeout" =dword:7D0    ; 2000 milliseconds
  ;" IdlePowerState" =dword:2    ; 0 == D0, 1 == D1, etc.
  ;" DisablePowerManagement" =" "
  ; if value present, then disable (remove value to enable)
  "Profile" =" SDMemory"
   "IClass" =multi_sz:" {A4E7EDDA-E575-4252-9D6B-4195D48BB865}" ,
            "{A32942B7-920C-486b-B0E6-92A702A99B35}"
```

- MMC Storage Class Driver

```
[HKEY_LOCAL_MACHINE\Drivers\SDCARD\ClientDrivers\Class\MMC_Class]
   "Dll" =" SDMemory.dll"
   "Prefix" =" DSK"
   "BlockTransferSize" =dword:40
  ; send no more than 64 blocks of data per bus transfer
  ;" SingleBlockWrites" =dword:1
  ; alternatively force the driver to use single block access
  ;" IdleTimeout" =dword:7D0    ; milliseconds
  ;" IdlePowerState" =dword:2    ; 0 == D0, 1 == D1, etc.
  ;" DisablePowerManagement" =" "
  ; if value present, then disable (remove value to enable)
   "Profile" =" MMC"
   "IClass" =multi_sz:" {A4E7EDDA-E575-4252-9D6B-4195D48BB865}" ,
            "{A32942B7-920C-486b-B0E6-92A702A99B35}"
```

[그림 8-67]은 MMC / SD 드라이버의 블록 다이어그램이다.

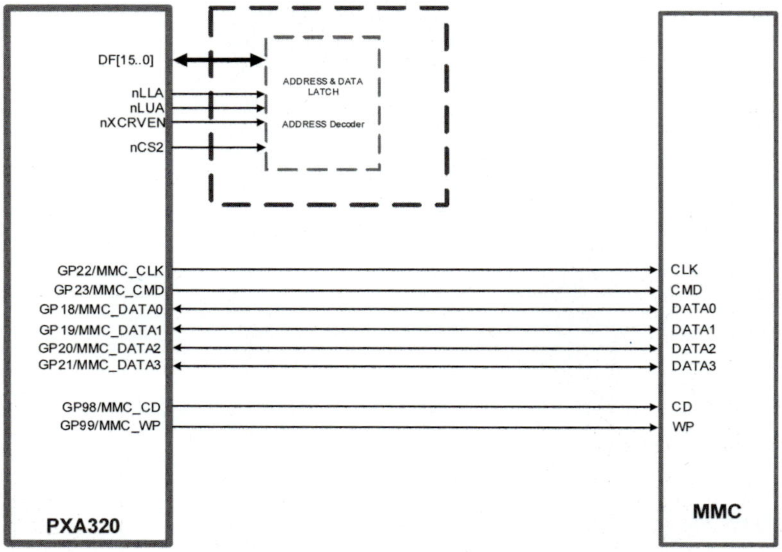

[그림 8-67] MMC / SD 드라이버의 블록 다이어그램

(1) 디바이스 테스트

SD / MMC 메모리 카드도 USB 메모리와 마찬가지로 간단히 데이터를 이동하는 것으로 장치의 동작을 확인할 수 있다.

1 타깃보드 LCD의 바탕화면에서 "내 장치"를 클릭한다.

② 호스트 PC에서 제공된 CD에 있는 “320TKU_APP” 폴더를 SD 메모리 카드에 복사하여, 타깃보드의 SD / MMC 카드 슬롯에 장착한다.

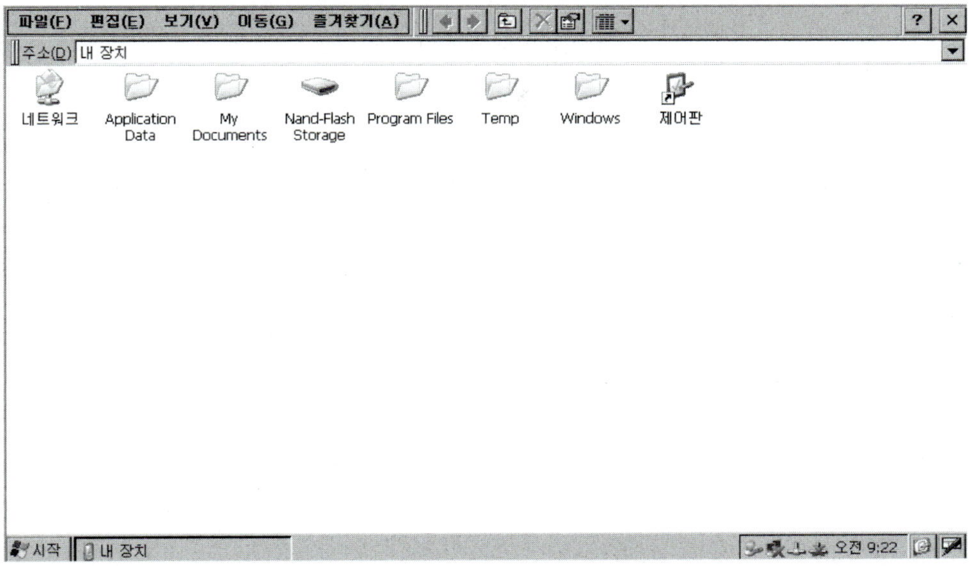

③ 타깃보드의 윈도우창에 새로운 저장장치가 추가되는 것을 확인할 수 있다.

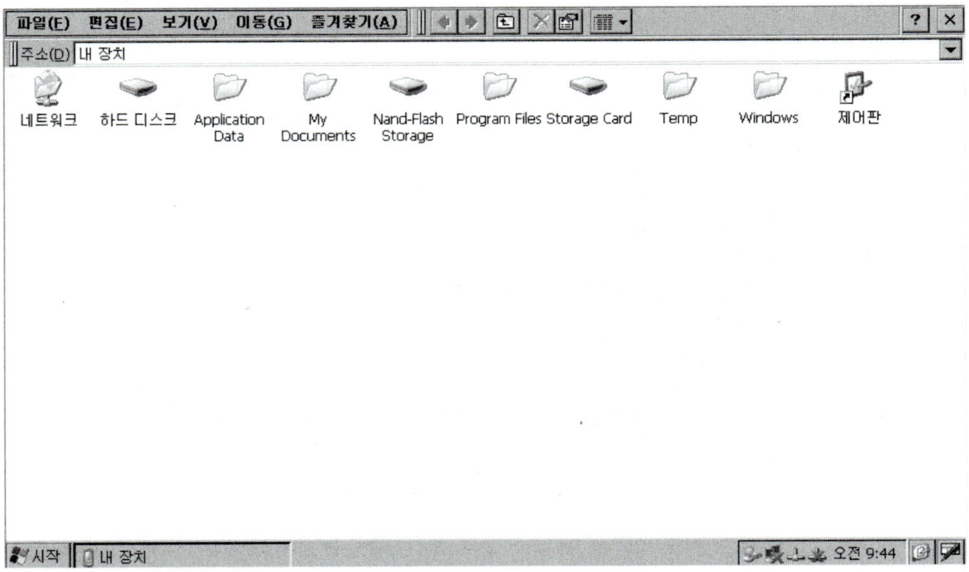

8장

④ 추가된 파일을 확인한 후 장치를 해제하지 않고 그대로 둔다.

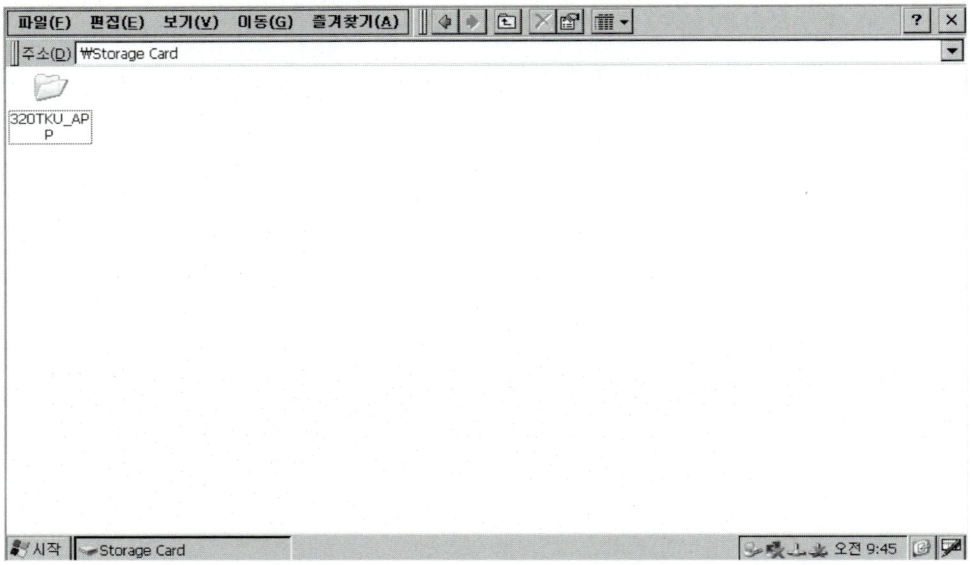

6 UART 드라이버

UART는 PXA320이 가지고 있는 내부 3포트와 외부 칩셋을 이용한 외부 4포트 등 총 7포트를 사용한다.

환경변수의 정의는 XHyper320TKU.bat 파일에 "set BSP_NOSERIAL= " 와 "set BSP_NOEXTUART=" 라고 되어 있고, 모듈형태로 지원되며 platform.bib 파일에서 ms2_serial.dl과 EXT_serial.dll 모듈을 정의한다. 다음은 platform.bib의 일부이다.

```
IF BSP_NOSERIAL !
   ms2_serial.dll     $(_FLATRELEASEDIR)₩ms2_serial.dll               NK  SH
ENDIF BSP_NOSERIAL !
```

```
IF BSP_NOEXTUART !
         EXT_serial.dll   $(_FLATRELEASEDIR)₩EXT_serial.dll    NK  SH
ENDIF BSP_NOEXTUART !
```

Internal serial Driver 컴포넌트는 OSDesignView에서 확인할 수 있다.

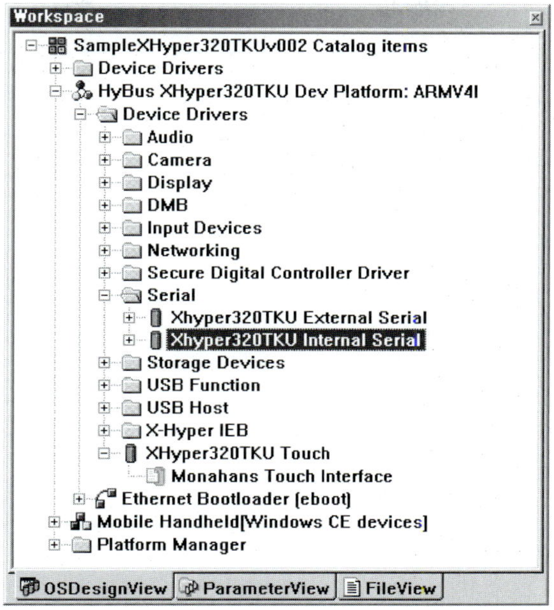

[그림 8-68] 내부 Serial Driver 확인

외부 serial Driver 컴포넌트는 OSDesignView에서 확인할 수 있다.

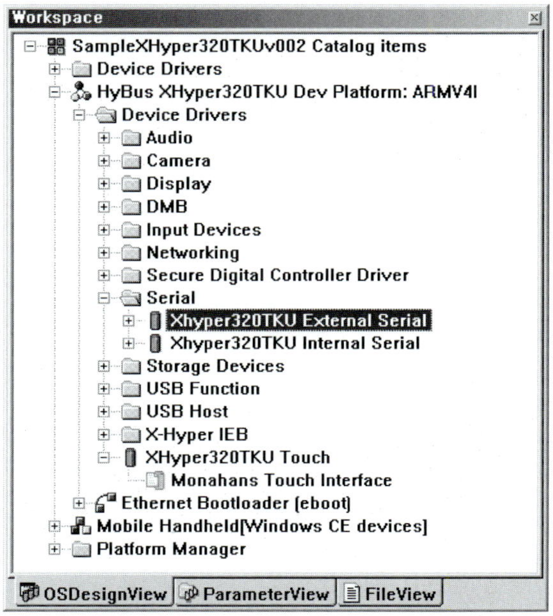

[그림 8-69] 외부 Serial Driver 확인

serial Driver의 블록 다이어그램은 [그림 8-70]은 같다.

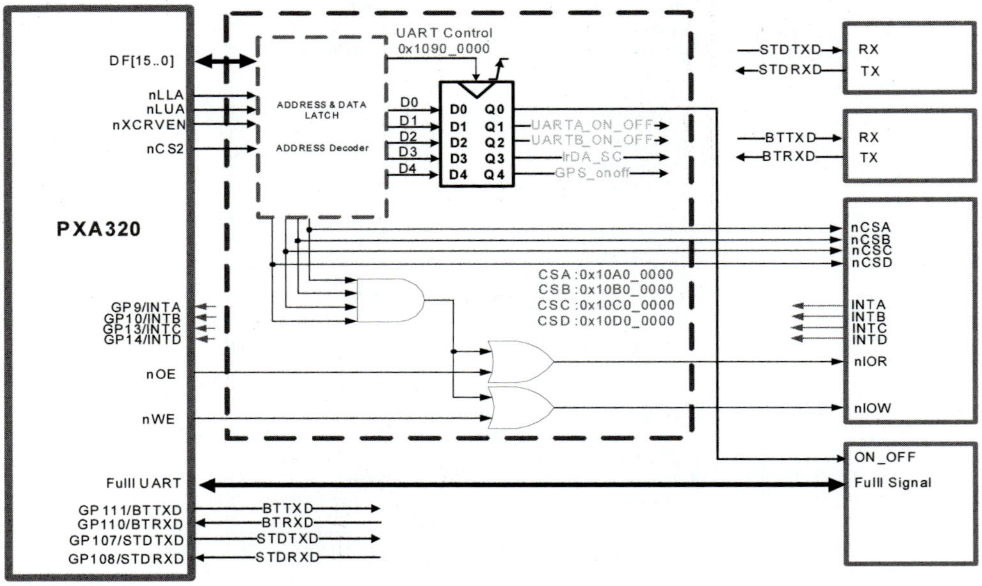

[그림 8-70] Serial Driver의 블록 다이어그램

X-Hyper320TKU에 사용되는 UART 의 소스파일의 위치는 아래의 경로에 위치한다.

- Source

```
C:\WINCE500\PLATFORM\XHyper320TKU\Public\CSP\MONAHANS\SERIAL
C:\WINCE500\PLATFORM\XHyper320TKU\SRC\DRIVERS\SERIAL
C:\WINCE500\PLATFORM\XHyper320TKU\SRC\DRIVERS\SERIAL2
```

platform.reg 파일에는 적절한 위치에 다음과 같이 코드를 추가한다.

- Registry(platform.reg)

```
[HKEY_LOCAL_MACHINE\Drivers\BuiltIn\Serial]
    "Irq" =dword:16              ; 22 IRQ_FFUART
    "SysIntr" =dword:1d          ; 29 SYSINTR_FFUART
    "MemBase" =dword:40100000    ; FFUART Register
    "MemLen" =dword:40
    "DeviceArrayIndex" =dword:80 ; FFUART object
    "Prefix" =" COM"
```

```
    "IClass" =" {CC5195AC-BA49-48a0-BE17-DF6D1B0173DD}"
    "Dll" =" ms2_serial.dll"
    "Order" =dword:2        ; make sure it is loaded afer IPM
    "Index" =dword:6
    "32BitBus" =dword:1      ; 1 = 32BitBus is enabled, 0 = 32BitBus is disabled
    "FIFOMode" =dword:1    ; 0 = FIFO Interrupt Mode is used, 1 = FIFO DMA Mode is used
    "RxBufferSize" =dword:2048
    "AutoFlowControl" =dword:0   ; only for FIFO DMA mode, 0 = no auto-flow, 1 = half auto-flow(auto-nRTS-only mode), 2 = full auto-flow(both of auto nCTS and nRTS)

  [HKEY_LOCAL_MACHINE\Drivers\BuiltIn\Serial\Unimodem]
    "Tsp" =" Unimodem.dll"
    "DeviceType" =dword:0
    "FriendlyName" =" FFUART on COM6:"
    "DevConfig" =hex: 10,00, 00,00, 05,00,00,00, 10,01,00,00, 00,4B,00,00, 00,00, 08, 00, 00, 00,00,00,00

  [HKEY_LOCAL_MACHINE\Drivers\BuiltIn\Serial2]
    "Irq" =dword:15 ;21 IRQ_BTUART
    "SysIntr" =dword:1c ; 28 SYSINTR_BFUART
    "MemBase" =dword:40200000    ; BTUART Register
    "MemLen" =dword:40
    "DeviceArrayIndex" =dword:81 ; BTUART object
    "Prefix" =" COM"
    "IClass" =" {CC5195AC-BA49-48a0-BE17-DF6D1B0173DD}"
    "Dll" =" ms2_serial.dll"
    "Order" =dword:2        ; make sure it is loaded afer IPM
    "Index" =dword:7
    "32BitBus" =dword:1      ; 1 = 32BitBus is enabled, 0 = 32BitBus is disabled
    "FIFOMode" =dword:1    ; 0 = FIFO Interrupt Mode is used, 1 = FIFO DMA Mode is used
    "RxBufferSize" =dword:2048
    "AutoFlowControl" =dword:0 ; only for FIFO DMA mode, 0 = no auto-flow, 1 = half auto-flow(auto-nRTS-only mode), 2 = full auto-flow(both of auto nCTS and nRTS)

  [HKEY_LOCAL_MACHINE\Drivers\BuiltIn\Serial2\Unimodem]
    "Tsp" =" Unimodem.dll"
    "DeviceType" =dword:0
    "FriendlyName" =" GPS on COM7:"
```

8장

```
    "DevConfig" =hex: 10,00, 00,00, 05,00,00,00, 10,01,00,00, 00,4B,00,00, 00,00, 08, 00,
00, 00,00,00,00

 [HKEY_LOCAL_MACHINE\Drivers\BuiltIn\SerialA]
        "RegStride" =dword:2                PXA27x(4), TL16C554(2), Default(1)
        "Dll" =" EXT_serial.Dll"
        "IoBase" =dword:10A00000            UART_A
        "Irq" =dword:3C                     IRQ()
        "Sysintr" =dword:2F                 SYSTEM_INTR(31+16)
        "Tsp" = "Unimodem.dll"
        "IoLen" =dword:10                   Register Size(16 : Stride(2)*Registers(8))
        "DeviceArrayIndex" =dword:1         PDD16550ISR(0), PDD16550(others)
        "Prefix" = "COM"
        "Order" =dword:0
        "DeviceType" =dword:0
        "FriendlyName" = "PXA320 External UART A"
        "DevConfig" =hex:   10,00,00,00,05,00,00,00,10,01,00,00,00,4B,00,00,00,00,08,00,00,
                    00,00,00,00

 [HKEY_LOCAL_MACHINE\Drivers\BuiltIn\SerialB]
        "RegStride" =dword:2
        "Dll" =" EXT_serial.Dll"
        "IoBase" =dword:10B00000             UART_B
        "Irq" =dword:3D                      IRQ(152)
        "Sysintr" =dword:30                  SYSTEM_INTR(32)
        "Tsp" = "Unimodem.dll"
        "IoLen" =dword:10
        "DeviceArrayIndex" =dword:2
        "Prefix" = "COM"
        "Order" =dword:0
        "DeviceType" =dword:0
        "FriendlyName" = "PXA320 External UART B"
        "DevConfig" =hex: 10,00,00,00,05,00,00,00,10,01,00,00,00,4B,00,00,00,00,08,00,00,
                    00,00,00,00

 [HKEY_LOCAL_MACHINE\Drivers\BuiltIn\SerialC]
        "RegStride" =dword:2
        "Dll" =" EXT_serial.Dll"
```

```
        "IoBase" =dword:10C00000                UART_C
        "Irq" =dword:40                         IRQ(179)
        "Sysintr" =dword:31                     SYSTEM_INTR(33)
        "Tsp" = "Unimodem.dll"
        "IoLen" =dword:10
        "DeviceArrayIndex" =dword:3
        "Prefix" = "COM"
        "Order" =dword:0
        "DeviceType" =dword:0
        "FriendlyName" = "PXA320 External UART C"
        "DevConfig" =hex: 10,00,00,00,05,00,00,00,10,01,00,00,00,4B,00,00,00,00,08,00,00,
                    00,00,00,00

[HKEY_LOCAL_MACHINE\Drivers\BuiltIn\SerialD]
        "RegStride" =dword:2
        "Dll" =" EXT_serial.Dll"
        "IoBase" =dword:10D00000                UART_D
        "Irq" =dword:41                         IRQ(180)
        "Sysintr" =dword:32                     SYSTEM_INTR(34)
        "Tsp" = "Unimodem.dll"
        "IoLen" =dword:10
        "DeviceArrayIndex" =dword:4
        "Prefix" = "COM"
        "Order" =dword:0
        "DeviceType" =dword:0
        "FriendlyName" = "PXA320 External UART D"
        "DevConfig" =hex: 10,00,00,00,05,00,00,00,10,01,00,00,00,4B,00,00,00,00,08,00,00,
                    00,00,00,00
```

8장

(1) 디바이스 테스트

Debug 포트를 포함하여 6개의 Serial 포트를 제공한다.

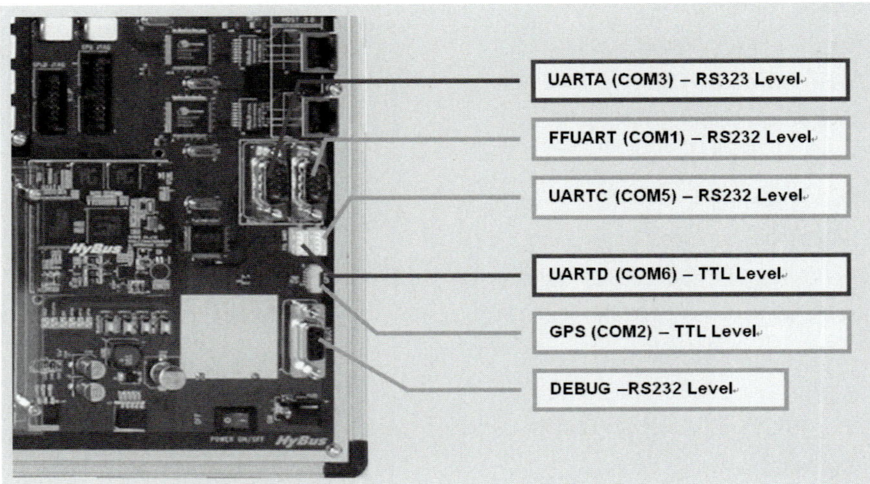

(여기서 흐름제어(handshaking) 없는 통신만 설명하였으므로 흐름제어를 사용하고자 한다면 RS-232C 관련된 문서를 참조하시기 바랍니다.)

[그림 8-71] 320TKU 에서 제공되는 시리얼 포트

(2) RS-232 레벨 테스트 (No Handshaking)

RS-232 레벨의 UART는 FFUART(COM1), UARTA(COM2), UARTC(COM5) 가 있다. RS-232 레벨은 12V로 동작되므로 Host PC와 연결하여 테스트가 가능하다.

[표 8-17] Host PC의 시리얼 통신 프로그램 포트 설정

Host PC의 시리얼통신 프로그램 포트설정	
Port	Host PC 환경에 맞게 설정
Baud Rate	38400(타깃과 동일하게 설정)
Data Bits	8
Parity	없음
Stop bits	1

[표 8-18] X-Hyper320TKU의 Serial Test Application 설정

X-Hyper320TKU의 Serial Test Application 설정	
Port	연결 상태에 따라 선택(COM1/COM2/COM5)
Baud Rate	38400(Host PC와 동일하게 설정)

1 FFUART (COM1) 테스트

FFUART와 Host PC를 이어줄 시리얼 케이블을 다음과 같은 구성으로 제작한다.

DTE		DTE	
2번핀	RxD	2번핀	RxD
3번핀	TxD	3번핀	TxD
5번핀	GND	5번핀	GND

2 UARTA (COM3) 테스트

FFUART에서 소개한 시리얼케이블과 동일하게 테스트가 가능하다.

DTE		DTE	
2번핀	RxD	2번핀	RxD
3번핀	TxD	3번핀	TxD
5번핀	GND	5번핀	GND

3 UARTC (COM5) 테스트

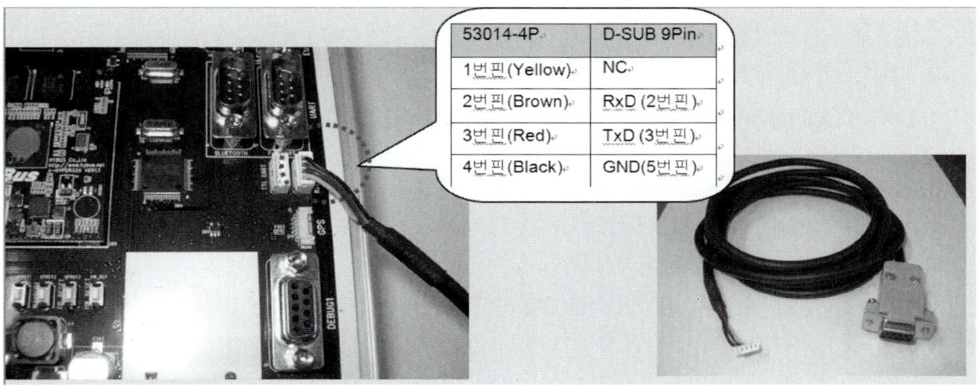

53014-4P	D-SUB 9Pin
1번핀(Yellow)	NC
2번핀(Brown)	RxD (2번핀)
3번핀(Red)	TxD (3번핀)
4번핀(Black)	GND(5번핀)

위 사진과 같이 케이블 제작을 제작하여 Host PC와 연결하면 UART 통신이 가능하다.

8장

(3) TTL 레벨 테스트(No Handshaking)

X-Hyper320TKU의 UART 중에서 TTL Level의 UART는 GPS(COM2), UARTD (COM6)가 있다.

① GPS 테스트 방법

GPS 테스트는 Serial Test Application으로 가능하다.

GPS 테스트를 위한 Serial Test 프로그램의 설정	
Port	2
Baud Rate	9600

위와 같이 연결하면 NMEA 데이터를 확인할 수 있다.

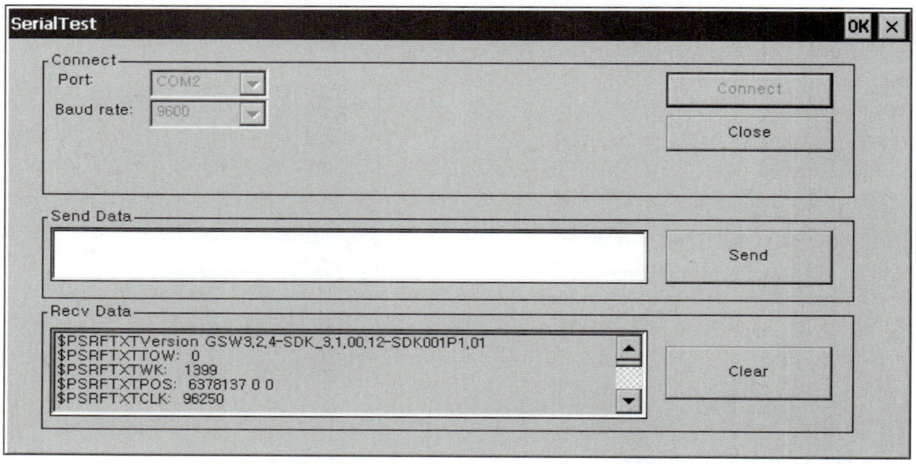

② UARTD(COM6) 테스트 방법

UARTD(COM6)로 Hyper320TKU 2대 간의 시리얼 통신 테스트를 할 수 있다.

X-Hyper320TKU의 Serial Test Application의 설정	
Port	6
Baud Rate	115200 (상대 타깃과 동일하게 설정)

다음과 같이 시리얼 케이블을 제작한다.

DTE	
1번핀	NC
2번핀	RxD
3번핀	TxD
4번핀	GND

DTE	
1번핀	NC
2번핀	RxD
3번핀	TxD
4번핀	GND

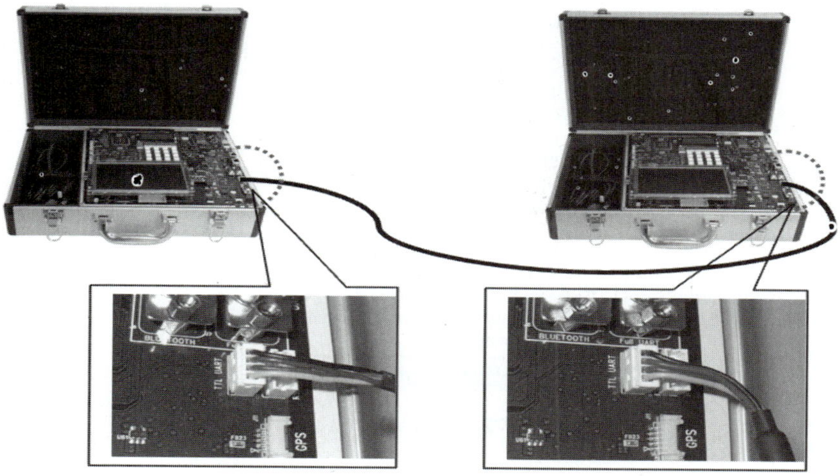

7 Ethernet 드라이버

환경변수의 정의는 XHyper320TKU.bat 파일에 "set BSP_DM9000E= " 라고 되어 있고, 모듈형태로 지원되며 platform.bib 파일에서 dm9isa.dll 모듈을 정의한다. 다음은 platform.bib의 일부이다.

```
IF BSP_DM9000E
        dm9isa.dll    $(_FLATRELEASEDIR)₩dm9isa.dll        NK  SH
ENDIF BSP_DM9000E
```

Ethernet Driver 컴포넌트는 OSDesignView에서 확인할 수 있다.

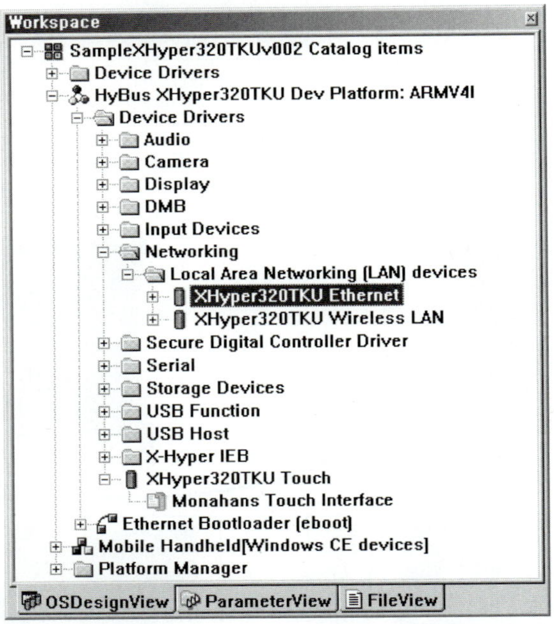

[그림 8-72] Ethernet Driver 확인

네트워크 관련 컴포넌트도 추가해준다.

Catalog → Core OS → Windows CE devices → Communication Services and Networking → Networking - Local Area Network (LAN) → Wired Local Area Network (802.3, 802.5)

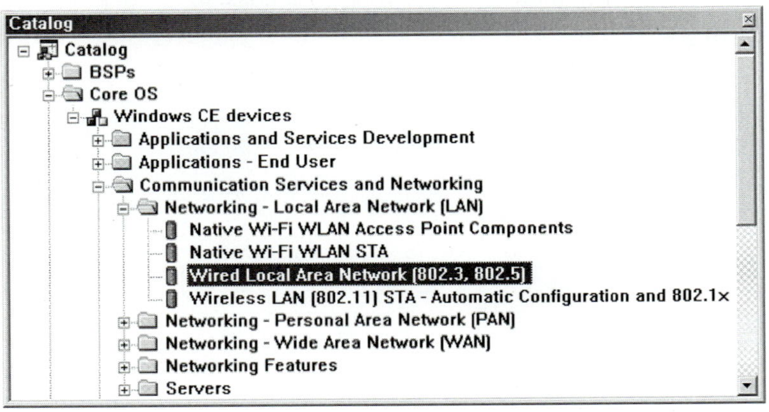

[그림 8-73] 네트워크 관련 컴포넌트 추가

다음은 Ethernet Driver의 블록 다이어그램이다.

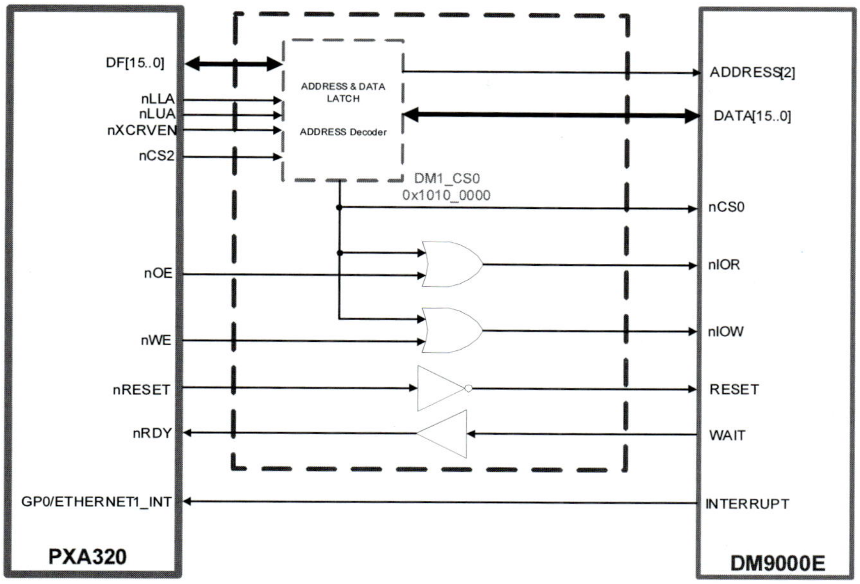

[그림 8-74] Ethernet Driver(1)

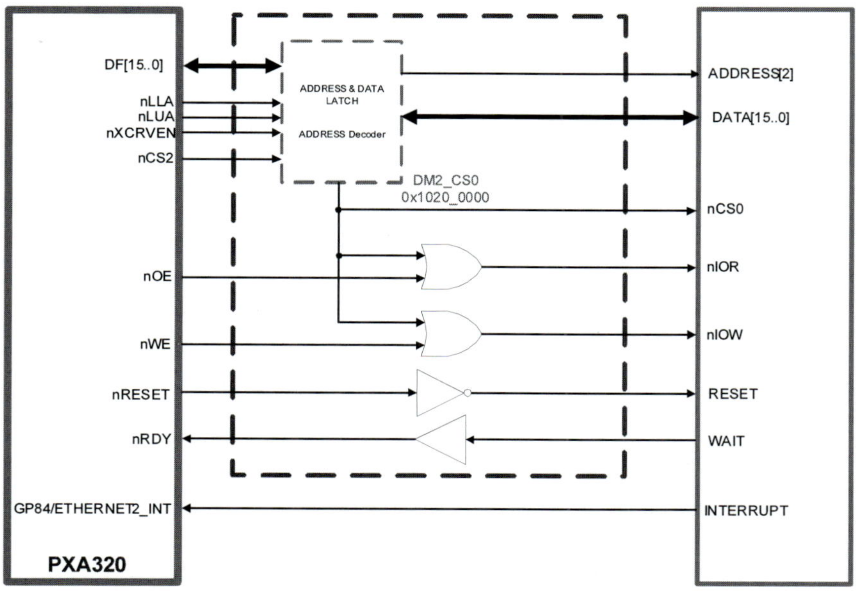

[그림 8-75] Ethernet Driver(2)

8장

X-Hyper320TKU에 사용되는 Ethernet Driver 의 소스파일의 위치는 아래의 경로에 위치한다.

- Source

```
C:\WINCE500\PLATFORM\XHyper320TKU\SRC\DRIVERS\DM9000E
```

platform.reg 파일에는 적절한 위치에 다음과 같이 코드를 추가한다.

- Registry(platform.reg)

```
[HKEY_LOCAL_MACHINE\Comm\DM9CE]
    "DisplayName" = "DM9000/9000A/9010 ISA Fast Ethernet Adapter"
    "Group" = "NDIS"
    "ImagePath" = "dm9isa.dll"

[HKEY_LOCAL_MACHINE\Comm\DM9CE\Linkage]
    "Route" =multi_sz: "DM9CE1" , "DM9CE2"
  ; "Route" =multi_sz: "DM9CE1"

[HKEY_LOCAL_MACHINE\Comm\Tcpip\Linkage]
        "Bind" =multi_sz: "ppp" , "dm9ce1" , "dm9ce2"
        "Bind" =multi_sz: "dm9ce1"

[HKEY_LOCAL_MACHINE\Comm\DM9CE1]
        "DisplayName" = "DM9000 Ethernet 1"

[HKEY_LOCAL_MACHINE\Comm\DM9CE1\Parms]
        "BusNumber" =dword:0
        "BusType" =dword:1
        "XmitBuffer" =dword:20
        "RecvBuffer" =dword:20
        "IrqNumber" =dword:9C     DM9000 IRQ DEC156(105+51) 0x9C Base-3rd
        "SysIntr" =dword:2A       DM9000  SYSINTR No.
        "IoAddress" =dword:10100000       DM9000 CS
        "MacAddress1" =dword:3412 ;DM9000 MACAddress1
        "MacAddress2" =dword:7856 ;DM9000 MACAddress2
        "MacAddress3" =dword:00AB ;DM9000 MACAddress3

[HKEY_LOCAL_MACHINE\Comm\DM9CE1\Parms\TcpIp]
```

```
        "EnableDHCP" =dword:0
        "UseZeroBroadcast" =dword:0
        "DefaultGateway" = "192.168.1.129"
        "IpAddress" = "192.168.1.128"
        "Subnetmask" = "255.255.255.0"
        "DNS" = "0.0.0.0"

[HKEY_LOCAL_MACHINE\Comm\DM9CE2]
        "DisplayName" = "DM9000 Ethernet 2"

[HKEY_LOCAL_MACHINE\Comm\DM9CE2\Parms]
        "BusNumber" =dword:0
        "BusType" =dword:1
        "XmitBuffer" =dword:20
        "RecvBuffer" =dword:20
        "IrqNumber" =dword:87       DM9000 IRQ DEC135(84+51) 0x87 Base-3rd
        "SysIntr" =dword:2B         DM9000 SYSINTR No.
        "IoAddress" =dword:10200000        DM9000 CS
        "MacAddress1" =dword:3412 ;DM9000 MACAddress1
        "MacAddress2" =dword:7856 ;DM9000 MACAddress2
        "MacAddress3" =dword:01AB ;DM9000 MACAddress3

[HKEY_LOCAL_MACHINE\Comm\DM9CE2\Parms\TcpIp]
        "EnableDHCP" =dword:0
        "UseZeroBroadcast" =dword:0
        "DefaultGateway" = "125.7.203.193"
        "IpAddress" = "125.7.203.206"          Static IP Address
        "Subnetmask" = "255.255.255.192"
        "DNS" = "61.97.112.155"
        "DNS" = "61.97.113.250"
```

(1) 디바이스 테스트

Ethernet Driver의 테스트는 호스트 PC와 크로스 케이블이 연결된 상태에서 간단히 수행할 수 있다.

① 타깃보드 LCD의 바탕화면에서 "내 장치"→제어판을 클릭한다.

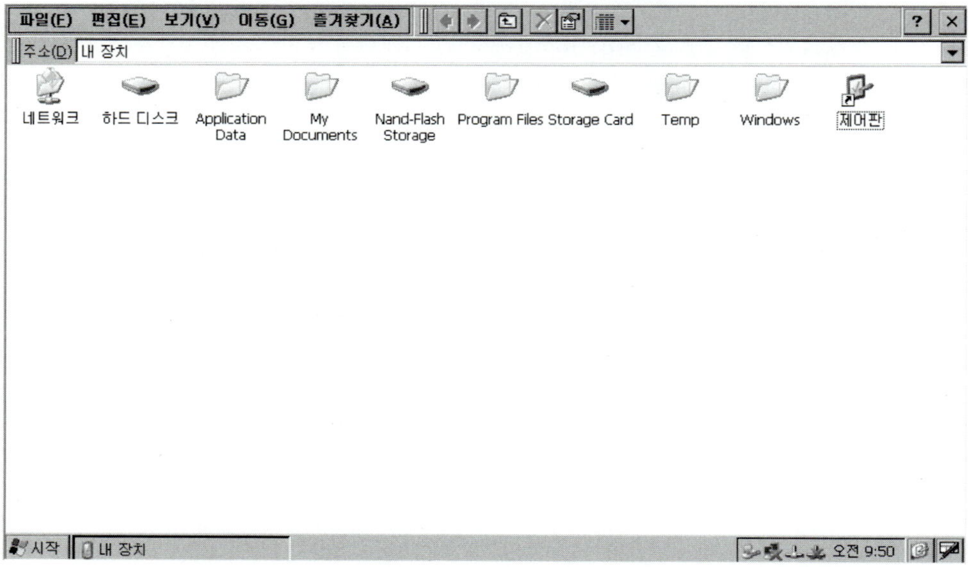

② 다음으로 네트워크 및 전화접속..을 클릭한다.

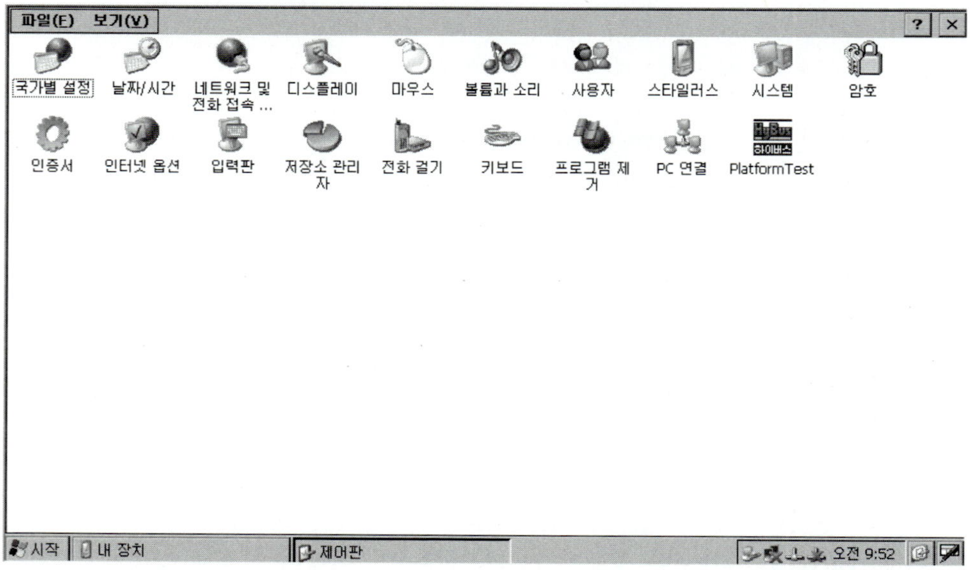

③ DM9CE1 장치를 더블클릭하여 IP를 입력한다. 호스트 컴퓨터의 IP를 192.168.1.1 로 하였고 이에 따라 타깃보드의 IP는 192.168.1.2 로 하였다. IP 입력이 끝나면 "OK"를 눌러 설정을 적용한다.

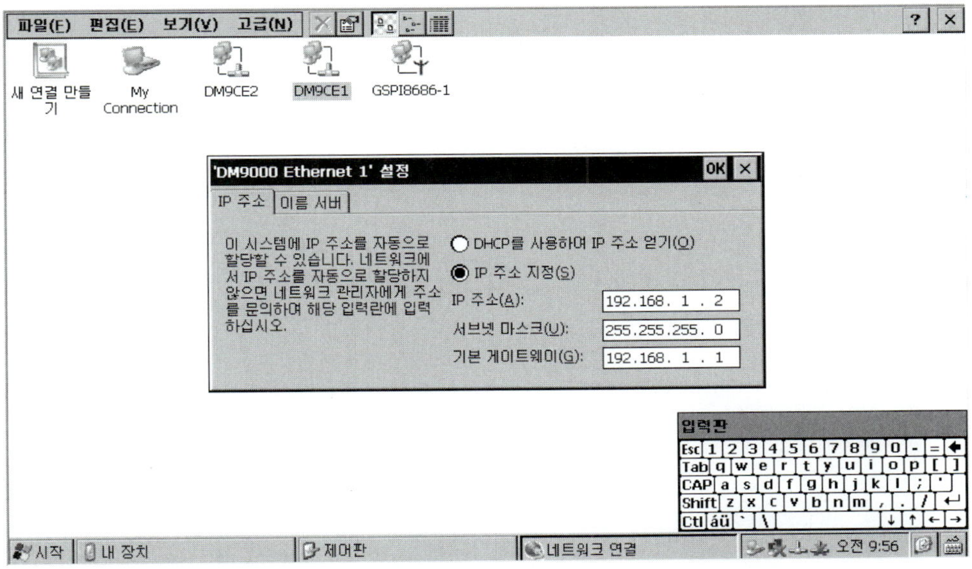

④ 호스트 컴퓨터에서 시작→실행 버튼을 눌러 "cmd" 라고 입력하여 command 윈도우 창을 연다.

⑤ ping 192.168.1.2를 입력하여 타깃보드와 호스트 PC간 통신이 되는지 확인한다.

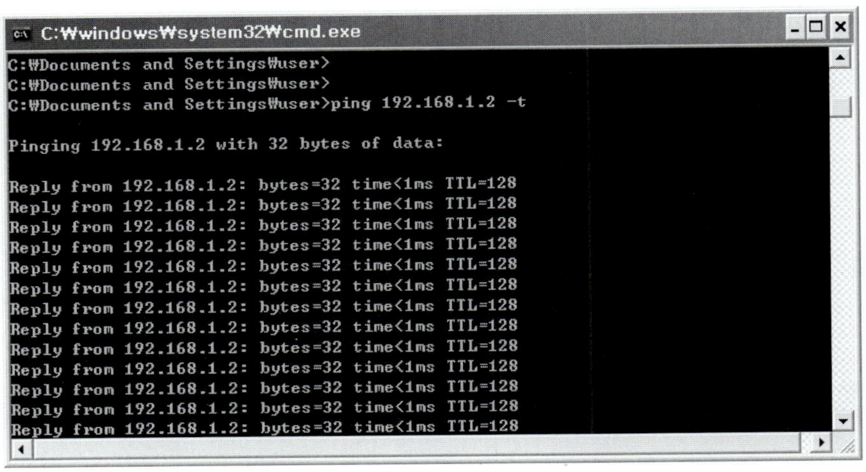

8장

⑥ 반대로 타깃보드의 시작 → 실행을 눌러 "cmd"를 입력하여 ping test를 해봐도 확인이 가능하다.

```
파일(F)  편집(E)  도움말(H)
 Pocket CMD v 5.0
\> ping 192.168.1.1
Pinging Host 192.168.1.1
Reply from 192.168.1.1: Echo size=32 time=1ms TTL=128
Reply from 192.168.1.1: Echo size=32 time<1ms TTL=128
Reply from 192.168.1.1: Echo size=32 time<1ms TTL=128
Reply from 192.168.1.1: Echo size=32 time<1ms TTL=128
\>
```

⑦ 실제 IP를 입력하여 웹페이지를 열어보자. 앞서 IP를 입력한 방법과 같이 자신이 사용할 네트워크에 맞게 수정한다.

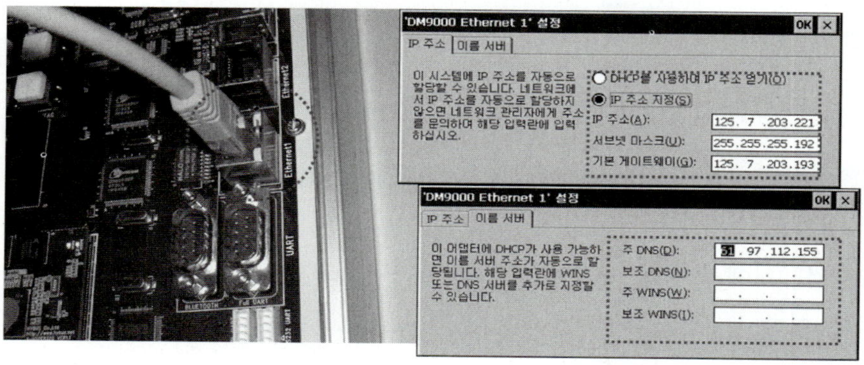

자신의 네트워크에 맞게 설정하였다면 Network 사용이 가능하다.

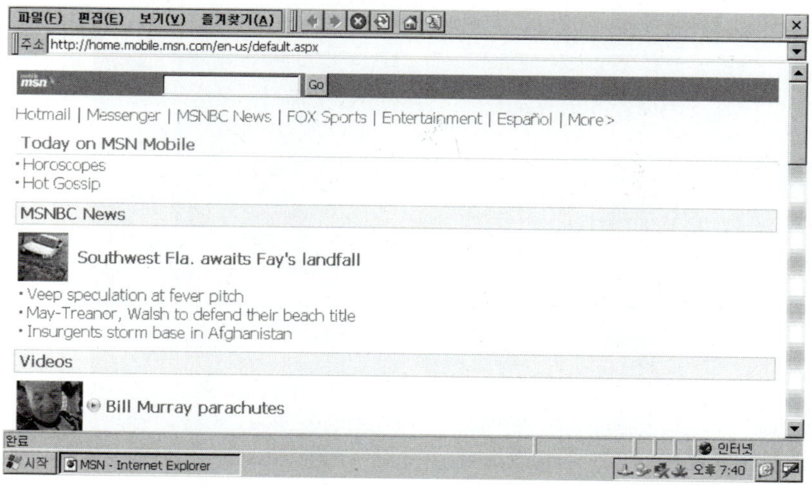

8 GPIO Buttons / LED 드라이버

GPIO Button / LED 드라이버는 GPIO 제어 하는 예제로 활용한다.

환경변수의 정의는 XHyper320TKU.bat 파일에 "set BSP_GPIO_BTNLED=1" 라고 설정 되어있고, 모듈형태로 지원되며 platform.bib 파일에서 gpioop.dll 모듈을 정의한다. 아래는 platform.bib의 일부이다.

```
IF BSP_GPIO_BTNLED
        gpioop.dll    $(_FLATRELEASEDIR)₩gpioop.dll              NK  SH
ENDIF BSP_GPIO_BTNLED
```

GPIO Button / LED Driver 컴포넌트는 OSDesignView에서 확인할 수 있다.

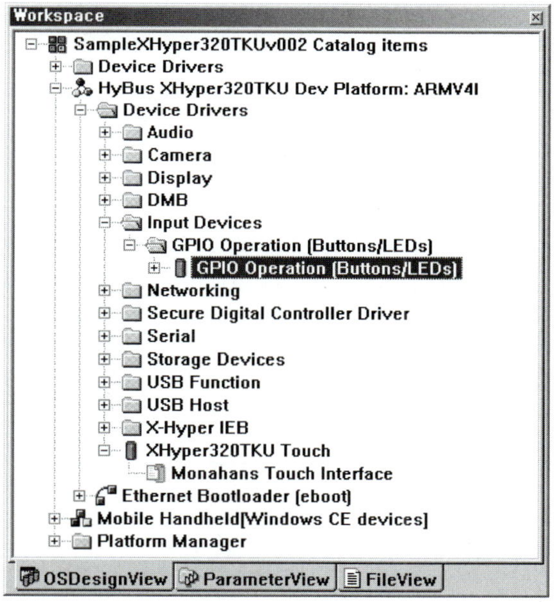

[그림 8-76] GPIO Button / LED Driver 컴포넌트

8장

다음은 GPIO Button / LED Driver의 회로도이다.

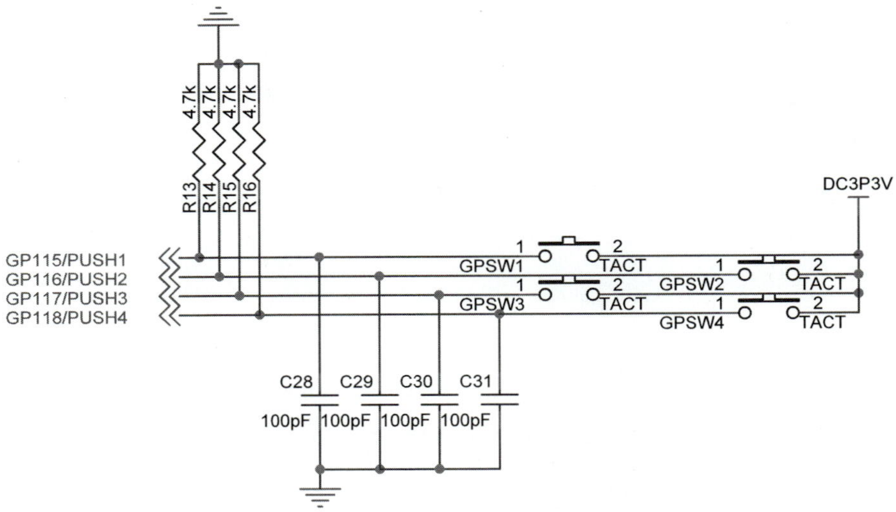

[그림 8-77] GPIO Button 회로도

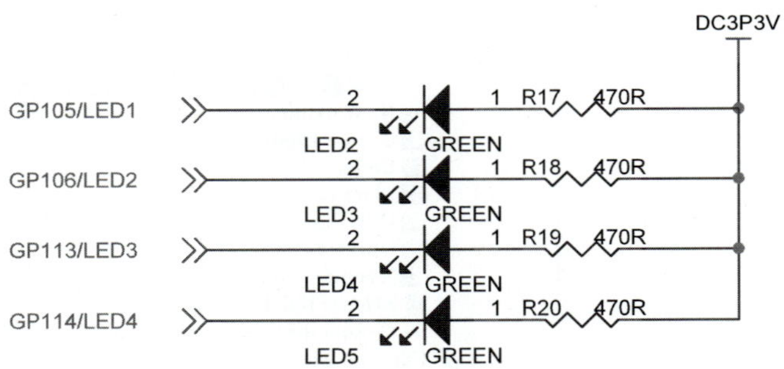

[그림 8-78] LED 회로도

X-Hyper320TKU에 사용되는 GPIO Button / LED Driver의 소스파일의 위치는 아래의 경로에 위치한다.

- Source

C: \WINCE500 \PLATFORM \XHyper320TKU \SRC \DRIVERS \GPIOOP

platform.reg 파일에는 적절한 위치에 다음과 같이 코드를 추가한다.

- Registry(platform.reg)

```
[HKEY_LOCAL_MACHINE\Drivers\BuiltIn\GPB]
        "Dll" = "gpioop.dll"
        "Prefix" = "GPO"
        "Index" =dword:1
        "Order" =dword:35
        "Ioctl" =dword:4
```

(1) 디바이스 테스트

GPIO Button / LED Driver 테스트는 별도의 장치가 필요 없이 드라이버의 확인을 X-Hyper320TKU에서 진행한다.

[그림 8-79] GPIO Button과 LED

GPIO 버튼이 4개 있으며 CPU 모듈 아래에 GPIO LED가 6개가 있다. 이 중 4개의 LED가 GPIO 버튼의 동작을 표시한다.

[그림 8-80] 동작확인

9 Audio 드라이버

환경변수의 정의는 XHyper320TKU.bat 파일에 "set BSP_NOAUDIO="라고 설정되어 있고, 모듈형태로 지원되며 platform.bib 파일에서 wavedev2.dll 모듈을 정의한다. 아래는 platform.bib의 일부이다.

```
IF BSP_NOAUDIO !
  wavedev2.dll   $(_FLATRELEASEDIR)₩wavedev2.dll        NK   SH
ENDIF BSP_NOAUDIO !
```

Audio Driver 컴포넌트는 OSDesignView에서 확인할 수 있다.

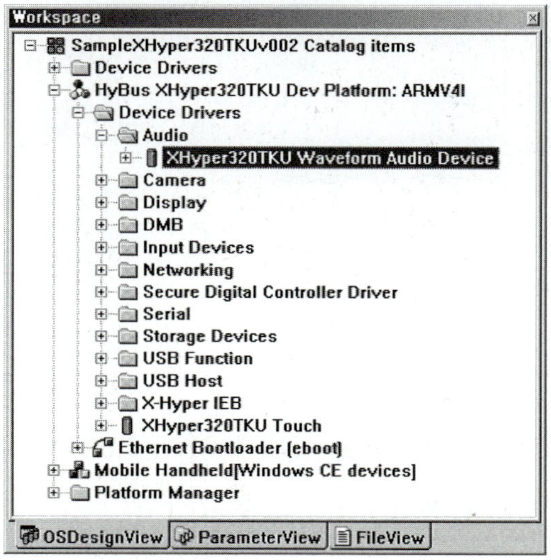

[그림 8-81] Audio Driver 컴포넌트

추가적인 컴포넌트로 Waveform Audio를 추가한다.

Catalog → Core OS → Windows CE devices → Graphics and Multimedia Technologies → Audio → Waveform Audio

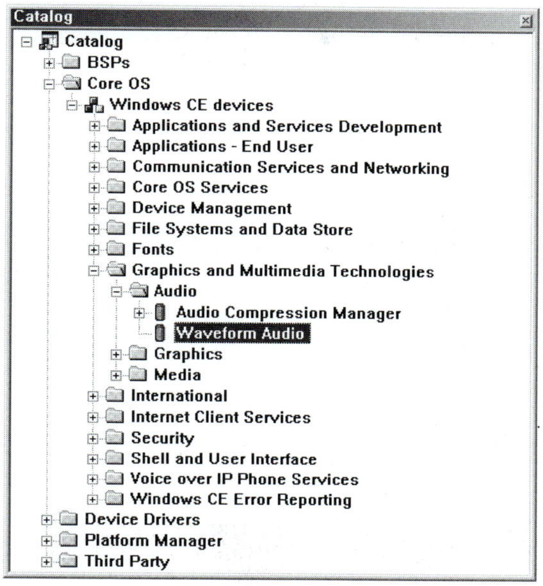

[그림 8-82] Waveform Audio 추가

AC97 코덱을 이용하여 WM9712 Audio 출력을 하며 내장스피커, Ear Jac, DMB Line 출력과 Mic 입력을 받는다.

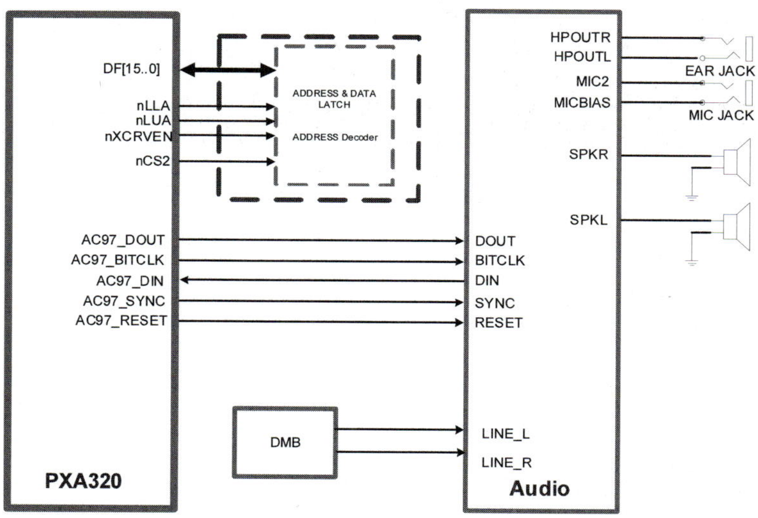

[그림 8-83] Audio 블록도

X-Hyper320TKU에 사용되는 Audio Driver의 소스파일의 위치는 아래의 경로에 위치한다.

- Source

```
C:\WINCE500\PLATFORM\XHyper320TKU\Public\CSP\MONAHANS\WAVEDEV
```

platform.reg 파일에는 적절한 위치에 다음과 같이 코드를 추가한다.

- Registry(platform.reg)

```
[HKEY_LOCAL_MACHINE\Drivers\BuiltIn\WaveDev\]
    "Prefix" = "WAV"
    "Dll" = "wavedev2.dll"
    "Index" =dword:1
    "Order" =dword:3
    "Priority256" =dword:95
    "Sysintr" =dword:19

[HKEY_LOCAL_MACHINE\Audio\SoftwareMixer]
    "BufferSize" =dword:1000
    "Priority256" =dword:96

[HKEY_LOCAL_MACHINE\Drivers\BuiltIn\WAPIMAN\]
    "Priority256" =dword:97
```

(1) 디바이스 테스트

- 음악재생 테스트

Audio Driver의 테스트는 USB 이동식메모리 또는 SD 메모리 카드를 이용하여 호스트 PC에 있는 음악파일을 이용하여 테스트한다.

① USB 이동식 메모리를 이용하여 호스트 PC에서 음악파일을 복사하여 저장한다.

② USB 메모리카드를 타깃보드에 꽂아 장치를 인식시킨다.

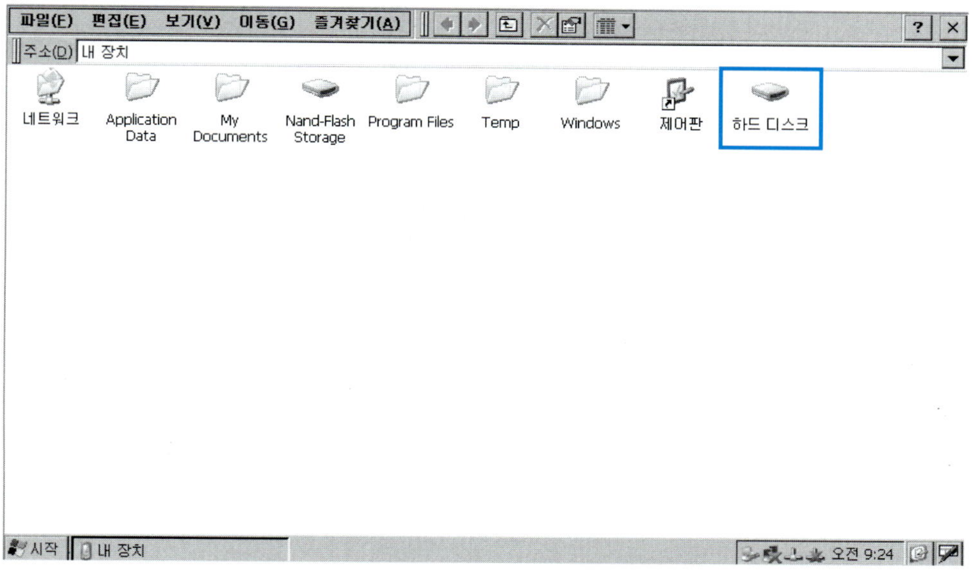

③ 인식된 메모리의 경로로 이동하여 음악파일을 확인한다.

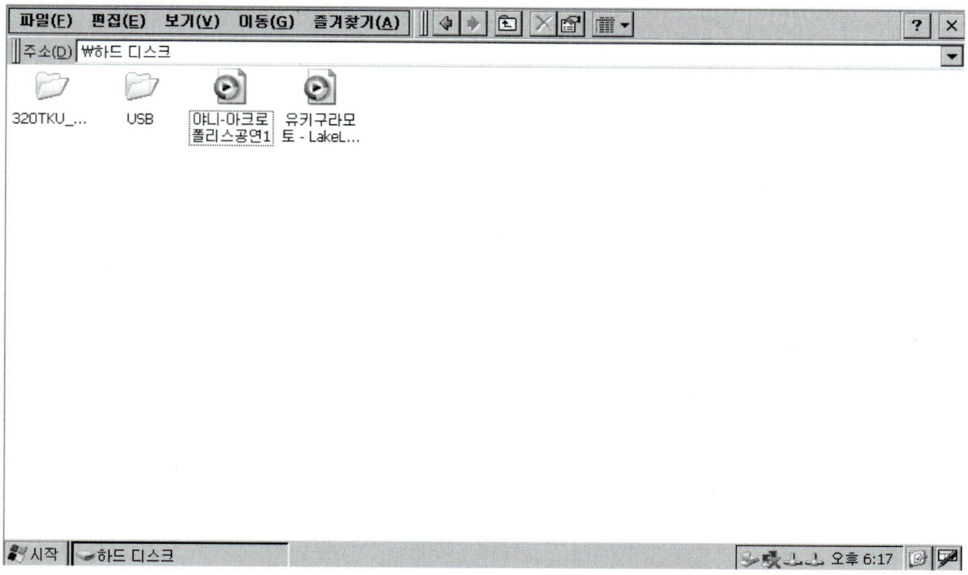

8장

4 음악파일을 더블클릭하면 윈도우 미디어 플레이어가 실행되면서 음악이 재생된다.

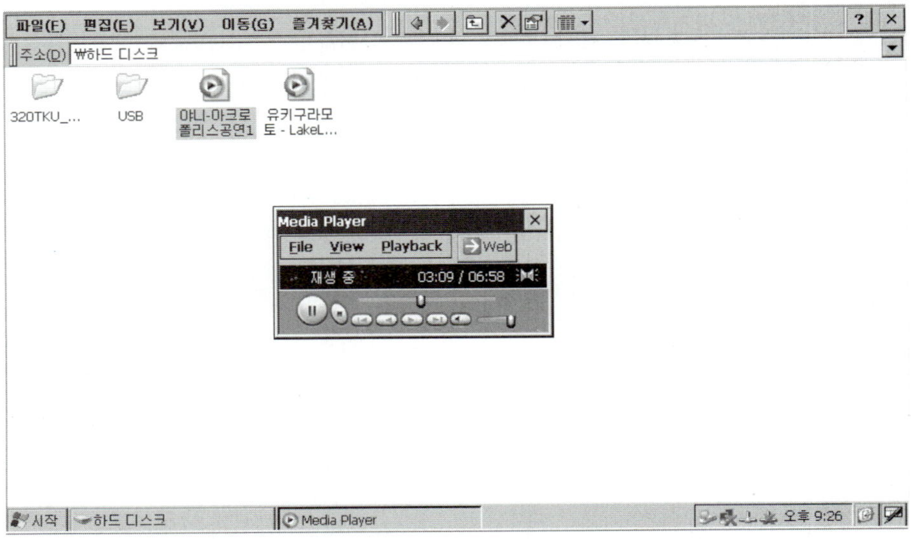

- 녹음 테스트

제공되는 어플 중에 "testvoicerecord" 라는 애플리케이션이 있다. 이를 실행하여 녹음 테스를 진행해 보자.

1 먼저 X-Hyper320TKU에 마이크를 연결한다. 일반적으로 구하기 쉬운 헤드셋을 이용하면 된다.

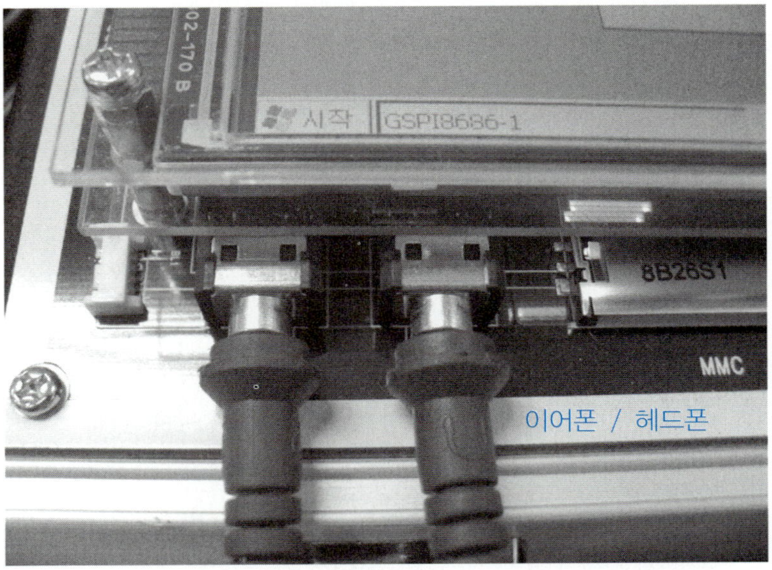

② 테스트 어플을 실행한다.

③ “Operations”에서 “Start Record”를 선택하면 녹음을 시작한다.

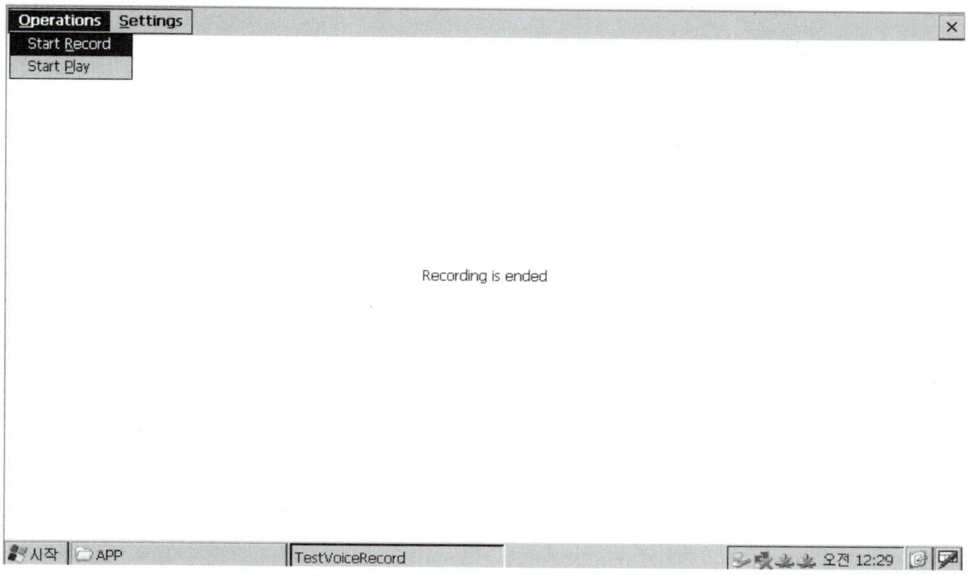

④ 녹음이 완료되면 "Start Play"를 실행하면 녹음된 소리를 재생할 수 있다.

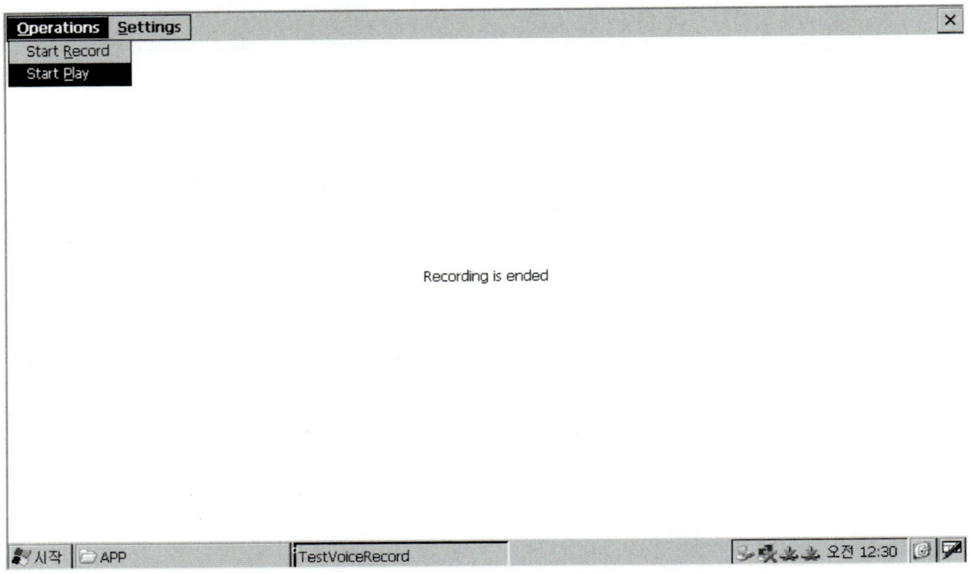

⑤ "Settings" 항목에서는 녹음 품질 및 녹음 시간을 설정할 수 있다.

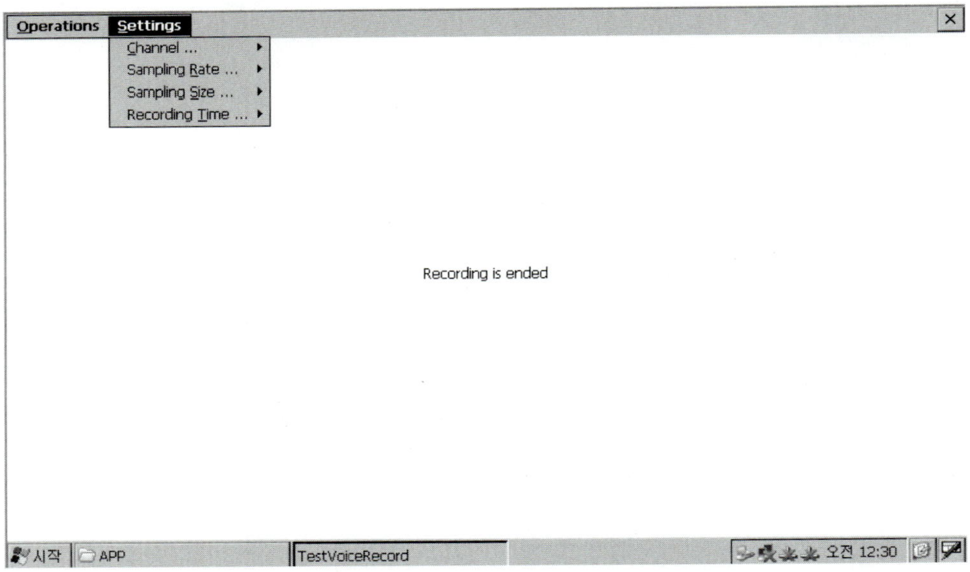

10 Camera 드라이버

환경변수의 정의는 XHyper320TKU.bat 파일에 “set BSP_NOCAMERA=”라고 설정되어있고, 모듈형태로 지원되며 platform.bib 파일에서 camera_xhyper320tku.dll 모듈을 정의한다. 아래는 platform.bib의 일부이다.

```
IF BSP_NOCAMERA !
 camera_xhyper320tku.dll    $(_FLATRELEASEDIR)₩camera_xhyper320tku.dll
 NK   SH
ENDIF BSP_NOCAMERA !
```

Camera Driver 컴포넌트는 OSDesignView에서 확인할 수 있다.

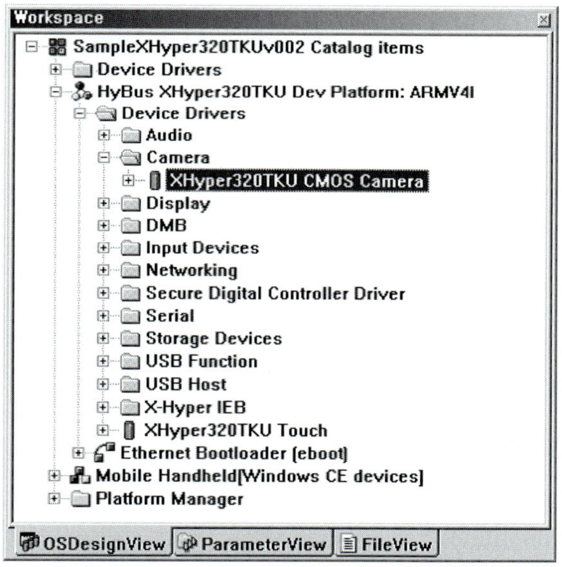

[그림 8-84] Camera Driver 컴포넌트

[그림 8-85]는 Camera Driver의 블록 다이어그램이다.

8장

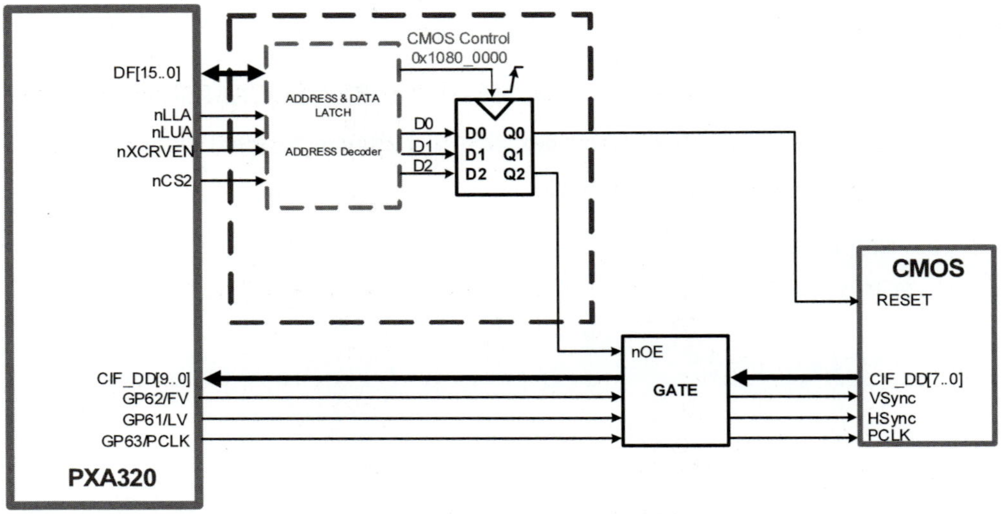

[그림 8-85] Camera Driver 블록 다이어그램

X-Hyper320TKU에 사용되는 Camera Driver의 소스파일의 위치는 아래의 경로에 위치한다.

- Source(Library)

```
C:\WINCE500\PLATFORM\XHyper320TKU\SRC\DRIVERS\CAMERA
```

platform.reg 파일에는 적절한 위치에 다음과 같이 코드를 추가한다.

- Registry(platform.reg)

```
[HKEY_LOCAL_MACHINE\Drivers\BuiltIn\CAMERA]
    "Dll" = "camera_xhyper320tku.dll"
    "Prefix" = "CAM"
    "Order" =dword:5
```

(1) 디바이스 테스트

카메라 디바이스는 USB 메모리에 복사해 두었던 "320TKU_APP" 폴더에 있는 프로그램을 사용하여 테스트한다.

1 USB 메모리를 장착하고 내장치를 클릭하여 USB 저장장치로 이동한다.

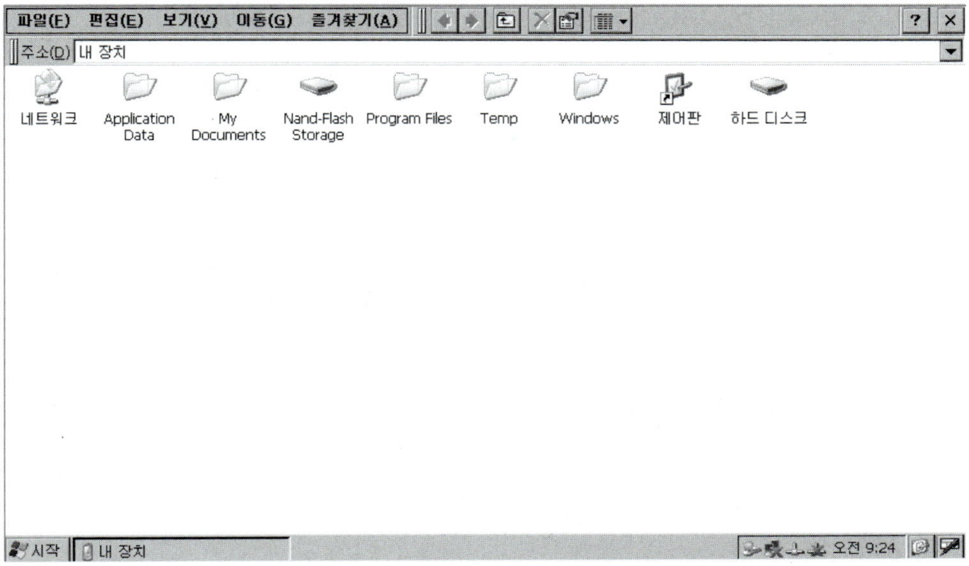

2 "320_TKU" 폴더를 더블클릭한다.

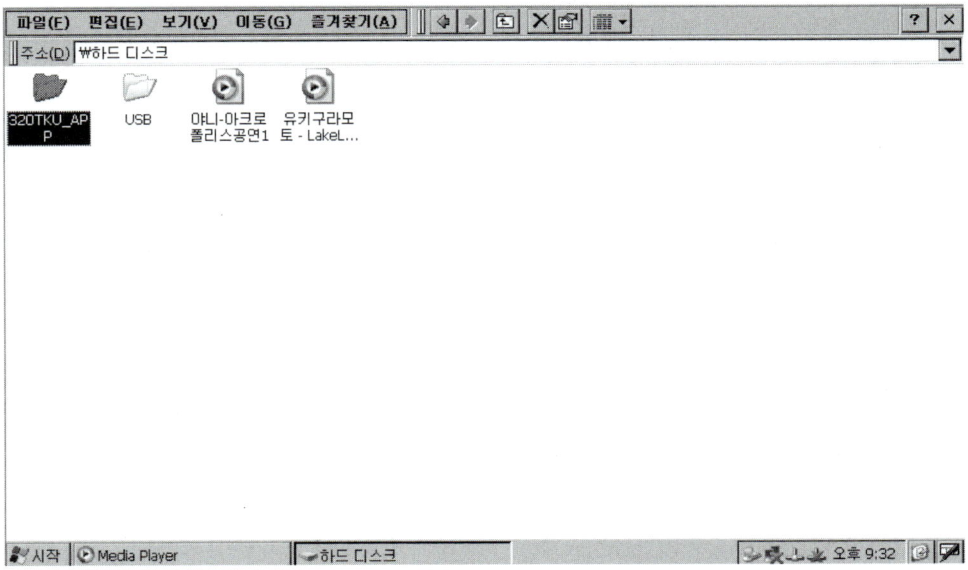

③ "CMOS_CAMERA" 실행 파일을 더블클릭하여 실행한다.

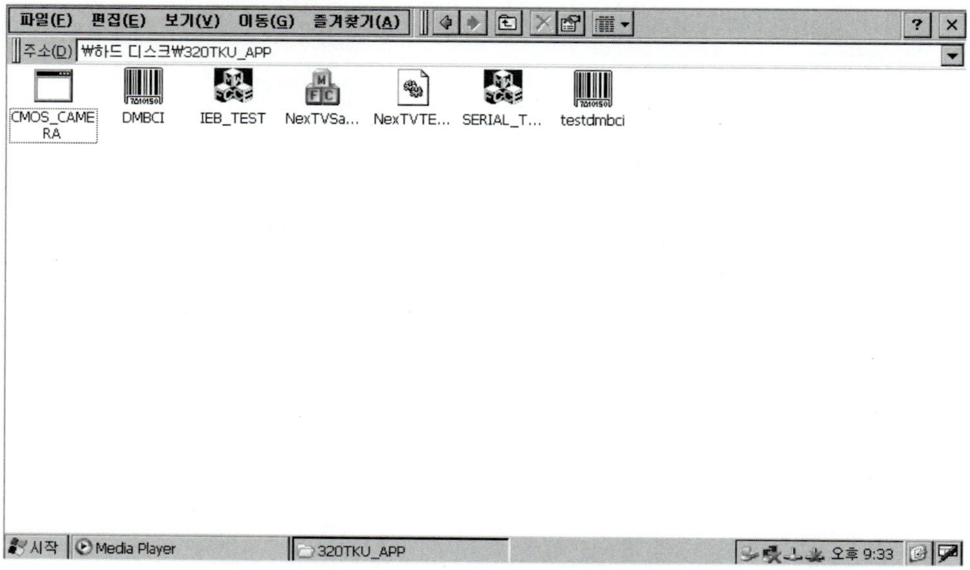

④ 프로그램이 실행되면 File → Preview를 실행하여 카메라를 동작시킨다.

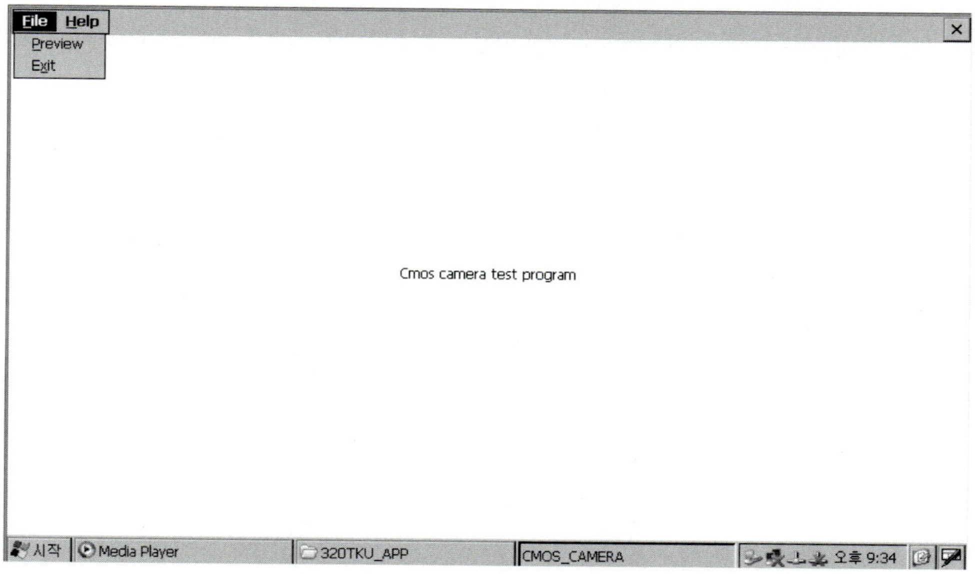

5 카메라가 동작되는 것을 확인할 수 있다.

11 무선(Wireless) LAN 드라이버

환경변수의 정의는 XHyper320TKU.bat 파일에 "set BSP_NOWLAN=" 라고 설정되어 있고, 모듈형태로 지원되며 platform.bib 파일에서 GSPI8686_xhyper320tku.dll 모듈을 정의한다. 아래는 platform.bib의 일부이다.

```
IF BSP_NOWLAN !
  GSPI8686_xhyper320tku.dll $(_FLATRELEASEDIR)₩GSPI8686_xhyper320tku.dll
        NK SH
ENDIF
```

8장

Wireless LAN Driver 컴포넌트는 OSDesignView에서 확인할 수 있다.

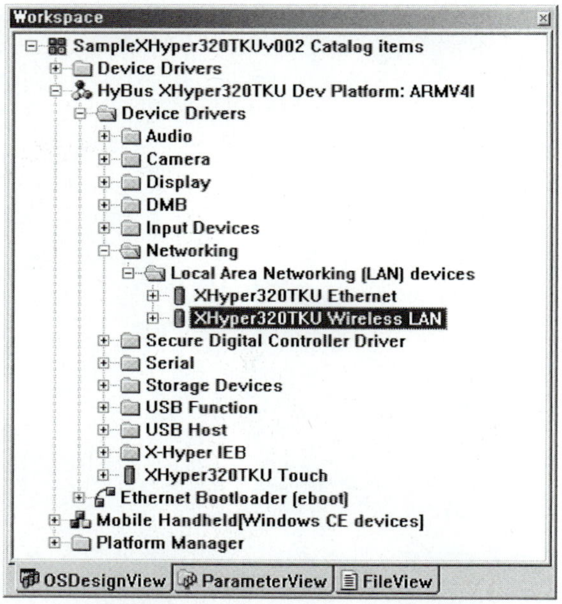

[그림 8-86] Wireless LAN Driver 컴포넌트

추가적인 콤퍼넌트로 Catalog → Core OS → Windows CE devices → Communication Services and Networking → Networking - Local Area Network (LAN) → Wireless LAN (802.11) STA - Automatic Configuration and 802.1x.를 추가한다.

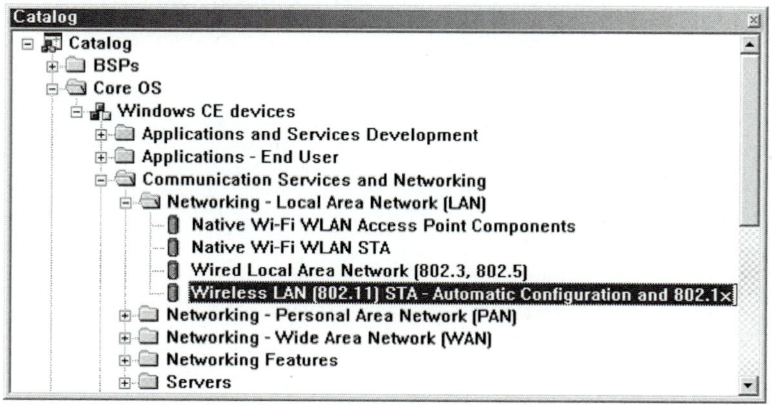

[그림 8-87] Automatic Configuration and 802.1x.를 추가

[그림 8-88]은 Wireless LAN Driver의 블록 다이어그램이다.

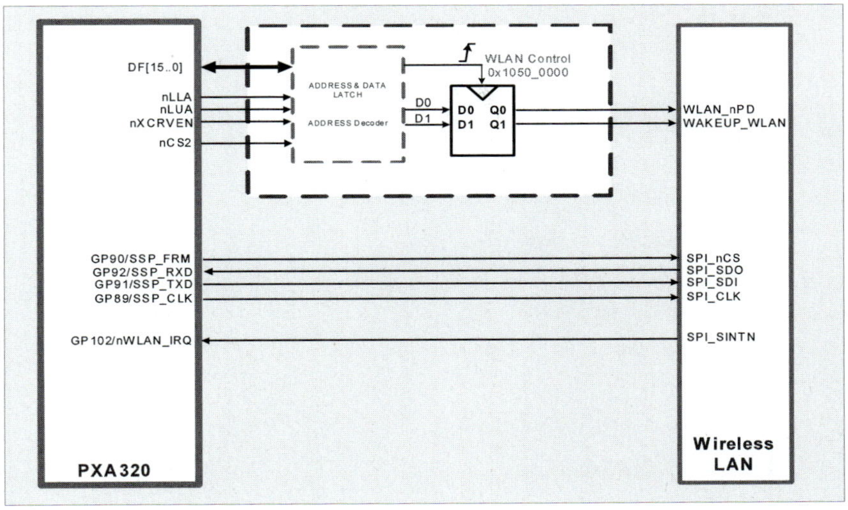

[그림 8-88] Wireless LAN Driver 블록 다이어그램

X-Hyper320TKU에 사용되는 Wireless LAN Driver의 소스파일의 위치는 아래의 경로에 위치한다.

- Source (Library)

```
C:\WINCE500\PLATFORM\XHyper320TKU\SRC\DRIVERS\WLAN
```

platform.reg 파일에는 적절한 위치에 다음과 같이 코드를 추가한다.

- Registry(platform.reg)

```
[HKEY_LOCAL_MACHINE\Comm\GSPI8686]
        "DisplayName" = "GSPI8686 WLAN"
        "Group" = "NDIS"
        "ImagePath" = "GSPI8686_xhyper320tku.dll"

[HKEY_LOCAL_MACHINE\Comm\GSPI8686\Linkage]
        "Route" =multi_sz: "GSPI8686-1"

[HKEY_LOCAL_MACHINE\Comm\Tcpip\Linkage]
        "Bind" =multi_sz: "GSPI8686-1" , "ppp"
```

8장

```
[HKEY_LOCAL_MACHINE\Comm\GSPI8686-1]
        "DisplayName" = "GSPI8686 WLAN"
        "Group" = "NDIS"
        "ImagePath" = "GSPI8686_xhyper320tku.dll"

[HKEY_LOCAL_MACHINE\Comm\GSPI8686-1\Parms\TcpIp]
        "EnableDHCP" =dword:1
        "DefaultGateway" = "0.0.0.0"
        "UseZeroBroadcast" =dword:0
        "IpAddress" = "0.0.0.0"
        "Subnetmask" = "0.0.0.0"
        "DNS" = "0.0.0.0"

[HKEY_LOCAL_MACHINE\Comm\GSPI8686-1\Parms]
        "BusNumber" =dword:0
        "BusType" =dword:0          WinCE4.x only

        setup card parameters
        "NetworkAddress" = "    "
        "PowerMode" =dword:0                 0 = off, 1 = on
        "ExtendedScan" =dword:0              0 = off, 1 = on
        "FragThsd" =dword:92A
        "RTSThsd" =dword:92A

        following is for BT co-existence testing
        "BTMode" =dword:0
        "BTAntennaConfig" =dword:0
        "BTFrequencyConfig" =dword:0
        "BTWLANTxPriorityLo" =dword:0
        "BTWLANTxPriorityHi" =dword:0
        "BTWLANRxPriorityLo" =dword:0
        "BTWLANRxPriorityHi" =dword:0

        adhoc starter default channel
        "AdhocDefaultChannel" =dword:6

        adhoc starter WiFi test datarate modify or not
        "AdhocWiFiDataRate" =dword:0
```

```
adhoc default band, 1:G, 0:B
"AdhocDefaultBand" =dword:1

SetSD4BIT: Please set 1, SetSD1BIT: Please set 0, default SetSD1BIT
"SetSD4BIT" =dword:0

Set the value of SdioIstThread
"SdioIstThread" =dword:65

Set the value of AvoidScanTime after connected
"AvoidScanTime" =dword:10000

Set ACTIVE_ROAMING
"bActiveRoamingScanOneChannel" =dword:1
"bLinkLostScanOneChannel" =dword:1

Set NEW_RSSI parameters
"ulRSSIThresholdTimer" =dword:5000
"RSSI_Range" =dword:10

Set ACTIVE_ROAMING with BackGround Scan
"bActiveRoamingwithBGSCAN" =dword:0

Set the value of Enable80211D
"Enable80211D" =dword:0
```

(1) 디바이스 테스트

X-Hyper320TKU의 무선 Network 테스트 환경은 다음과 같다.

- 무선 공유기 기종 : NETGEAR WGR614 V6
- WEP사용(암호화)

(무선 Network 환경에 따라 설정방법이 다를 수 있으니 참고하시기 바랍니다.)

8장

제공된 무선 인터넷 안테나를 연결한다.

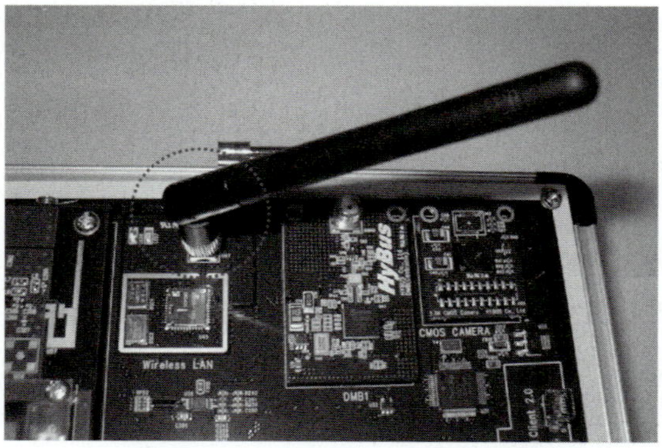

[그림 8-89] 무선 인터넷 인테나 연결

무선 네트워크 환경에 있다면 다음과 같이 무선 인터넷 정보가 표시된다.

사용하고자 하는 네트워크를 선택하여 연결(C)을 클릭→ 무선 네트워크 속성에서 WEP를 설정한다.

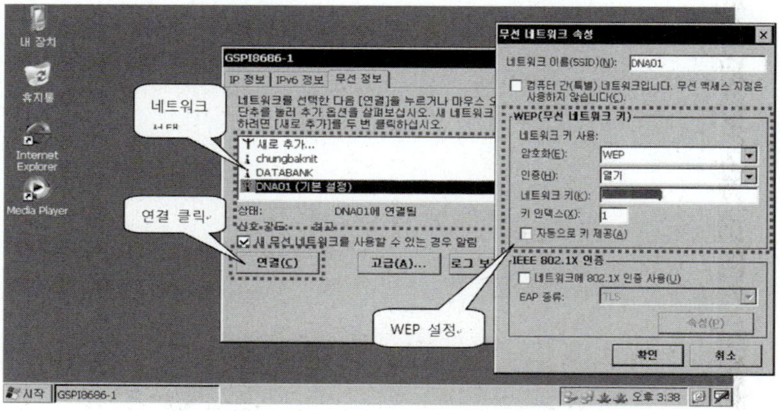

[그림 8-90] 네트워크 셋팅

네트워크 셋팅을 AP에 맞게 설정하였다면 네트워크 사용이 가능하다.

12 DMB 드라이버

DMB는 Capture interface 를 이용한 방식과 SPI 통신을 이용한 두 가지 타입의 DMB가 탑재되어 있다.

환경변수의 정의는 XHyper320TKU.bat 파일에 아래와 같이 설정되어 있다.

```
set BSP_NODMB=
set BSP_DMB_CI=1
set BSP_DMB_SPI=1
```

모듈형태로 지원되며 platform.bib 파일에서 GSPI8686_xhyper320tku.dll 모듈을 정의한다. 아래는 platform.bib의 일부이다.

```
IF BSP_NODMB !
IF BSP_DMB_CI
        amb9_xhyper320tku.dll   $(_FLATRELEASEDIR)₩amb9_xhyper320tku.dll      NK SH
ENDIF
ENDIF
```

```
IF BSP_NODMB !
IF BSP_DMB_SPI
        CTX2050_DRV.Dll   $(_FLATRELEASEDIR)₩CTX2050_DRV.dll          NK SH
        SPI_DRIV.dll    $(_FLATRELEASEDIR)₩SPI_DRIV.dll               NK SH
ENDIF
ENDIF
```

DMB (CI) Driver 컴포넌트는 OSDesignView에서 확인할 수 있다.

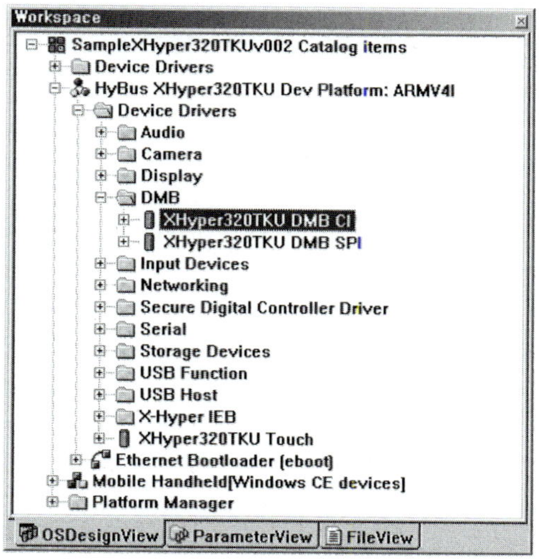

[그림 8-91] DMB (CI) Driver 컴포넌트

8장

DMB (SPI) Driver 컴포넌트는 OSDesignView에서 확인할 수 있다.

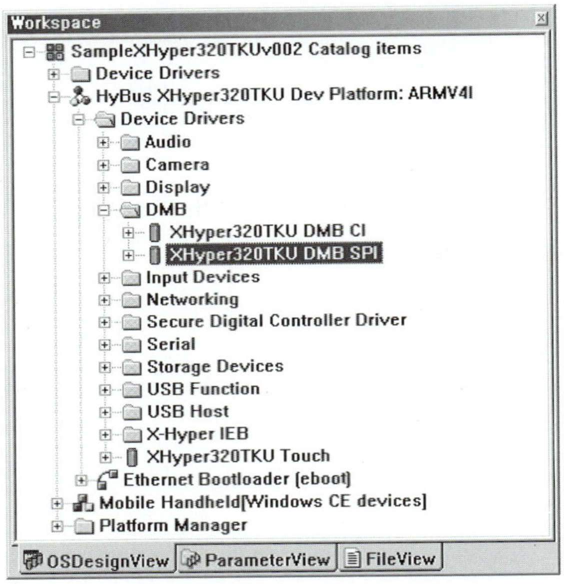

[그림 8-92] DMB (SPI) Driver 컴포넌트

[그림 8-93]은 DMB Driver의 블록 다이어그램이다.

CI 방식

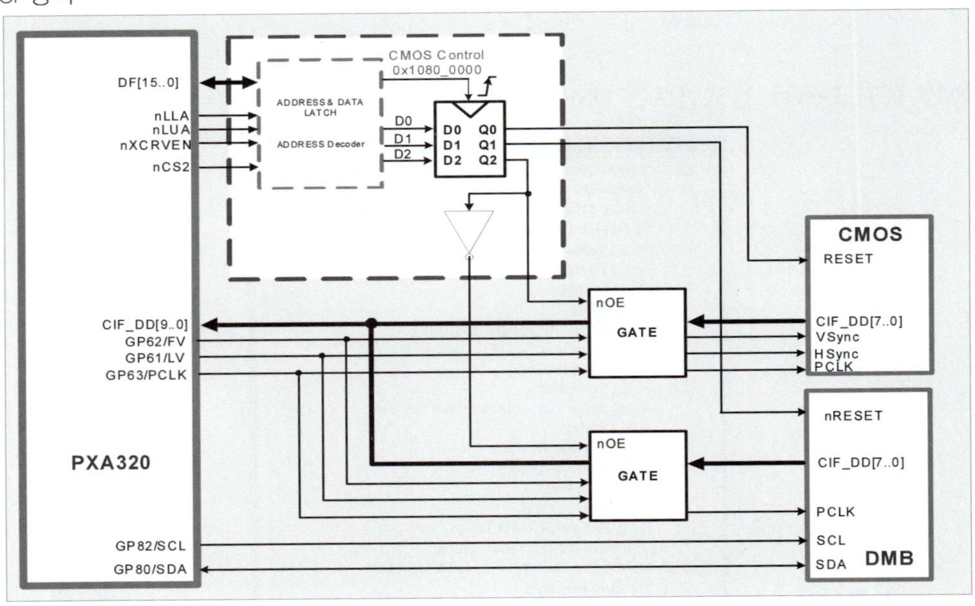

SPI 방식

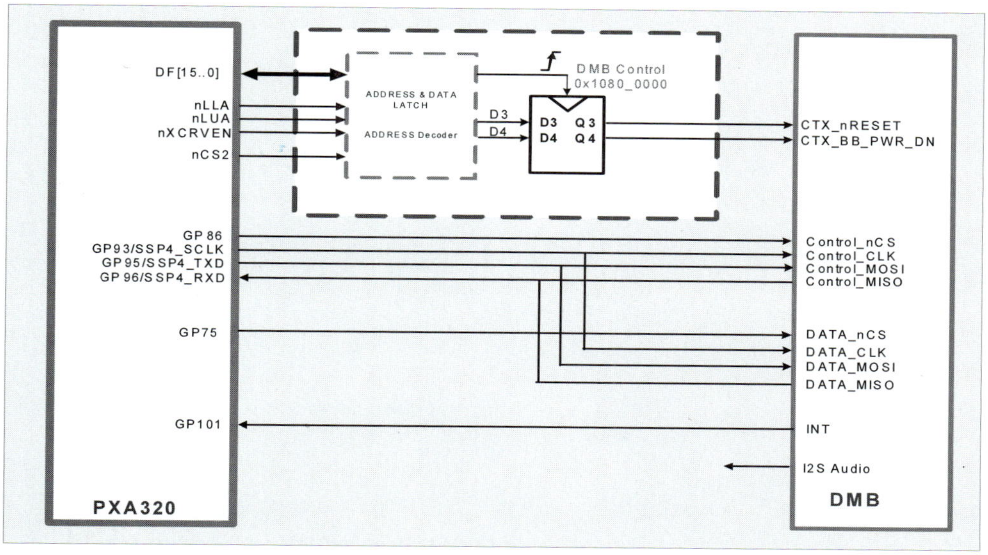

[그림 8-93] DMB Driver 블록 다이어그램

X-Hyper320TKU에 사용되는 DMB Driver의 소스파일의 위치는 아래의 경로에 위치한다.

- Source (Library)

```
C:\WINCE500\PLATFORM\XHyper320TKU\SRC\DRIVERS\DMBCI
C:\WINCE500\PLATFORM\XHyper320TKU\SRC\DRIVERS\DMBSPI
```

platform.reg 파일에는 적절한 위치에 다음과 같이 코드를 추가한다.

- CI 방식

```
[HKEY_LOCAL_MACHINE\Drivers\BuiltIn\DMBCI]
    "Dll" =" amb9_xhyper320tku.dll"
    "Order" =dword:5
    "Prefix" =" DMB"
```

- SPI 방식

```
[HKEY_LOCAL_MACHINE\Drivers\Builtin\BBM]
    "Dll" = "CTX2050_DRV.Dll"
```

8장

```
    "Prefix" = "BBM"
    "Index" =dword:1
    "CtxInterruptIrqNumber" =dword:2D
    "SpiIrqNumber" =dword:2D
    "Priority256" =dword:28
    "Order" =dword:1
    "Ioctl" =dword:4

[HKEY_LOCAL_MACHINE\Drivers\Builtin\SPI]
    "Dll" = "SPI_DRIV.DLL"
    "Prefix" = "SPI"
    "Index" =dword:1
   SPI Controller Config
    "SpiPortNumber" =dword:34              SPI PORT Number ; Dont Change Port
                                           Number(Now Version Support Port3)
    "SpiClkPinNumber" =dword:5d            SPI Clk pin Number ( Now Gpio 52)
    "SpiMisoPinNumber" =dword:60  MISO(RXD) pin Number
    "SpiMosiPinNumber" =dword:5F  MOSI(TXD) pin Number

   CTX DMB Module Pin Config
    "CtxInterruptPinNumber" =dword:65      CTX MOdule interrupt Pin Number
    "CtxResetPinNumber" =dword:5C          CTX MOdule Reset Pin Number
    "CtxComandSelPinNumber" =dword:56
   CTX MOdule Control chip Select Pin Number
    "CtxDataSelPinNumber" =dword:4b
   CTX MOdule Data chip Select Pin Number

    "Order" =dword:0
    "Ioctl" =dword:4
```

(1) 디바이스 테스트

DMB Device Test역시 마찬가지로 USB 메모리에 복사해 둔 320TKU 폴더에 응용프로그램이 있다. "DMBCI"는 CI 방식의 DMB를 "NextTVSample_PXA"는 SPI 방식의 DMB방송을 시청할 수 있다.

USB 메모리의 320TKU 폴더로 이동한다.

[그림 8-94] USB 메모리의 320TKU 폴더

- CI 방식의 DMB 시청

1 DMB CI는 X-Hyper320TKU의 IEB 보드의 우측상단에 있는 안테나 단자에 안테나를 연결한다.

2 "DMBCI"를 실행한다.

우측 중앙의 화살표와 sel 버튼을 이용해 채널을 변경할 수 있다.

- SPI 방식의 DMB 시청

1 SPI 방식은 보드의 Wireless LAN 옆에 DMB 모듈을 별도로 장착한다. 안테나는 DMB 모듈을 통해 연결한다.

② 다음으로는 "NextTVSample_PXA"를 실행한다.

Channel Scan 버튼으로 채널을 검색하면 우측 상단에 검색된 채널목록이 생성된다. 채널을 선택하여 방송을 시청한다. 방송되는 화면을 클릭하면 아래와 같이 큰 화면으로 시청이 가능하다.

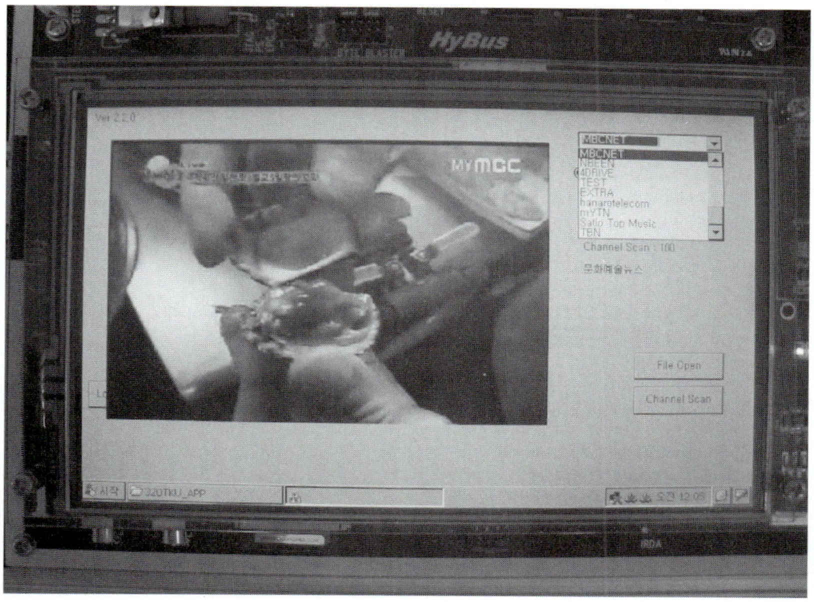

13 USB 1.1 Function 드라이버

USB는 다양한 확장을 돕는 장치이다. USB는 크게 호스트와 클라이언트로 구분되는데 모바일장치 등을 PC에 연결하는 경우 PC는 USB 호스트이며 반대로 주변기기들은 USB 클라이언트로 연결이 된다. 마찬가지로 모바일 장치의 USB 호스트에는 USB 플래시메모리 등을 연결할 수가 있고 반대로 USB 클라이언트에 PC와 연결하면 호스트 PC에서 모바일 장치로 인식하게 된다.

X-Hyper320TKU에 사용되는 USB 1.1 Function 디바이스 드라이버의 환경변수 정의는 XHyper320TKU.bat 파일에 "set BSP_NOUSBFN="라고 되어 있고, 모듈형태로 지원되며 platform.bib 파일에서 ms2_usbfn.dll 모듈을 정의한다. 아래는 platform.bib의 일부이다.

```
IF BSP_NOUSBFN !
  ms2_usbfn.dll      $(_FLATRELEASEDIR)\ms2_usbfn.dll      NK SH
ENDIF
```

또한, USB 1.1 Host Driver 컴포넌트는 OSDesignView에서 확인할 수 있다.

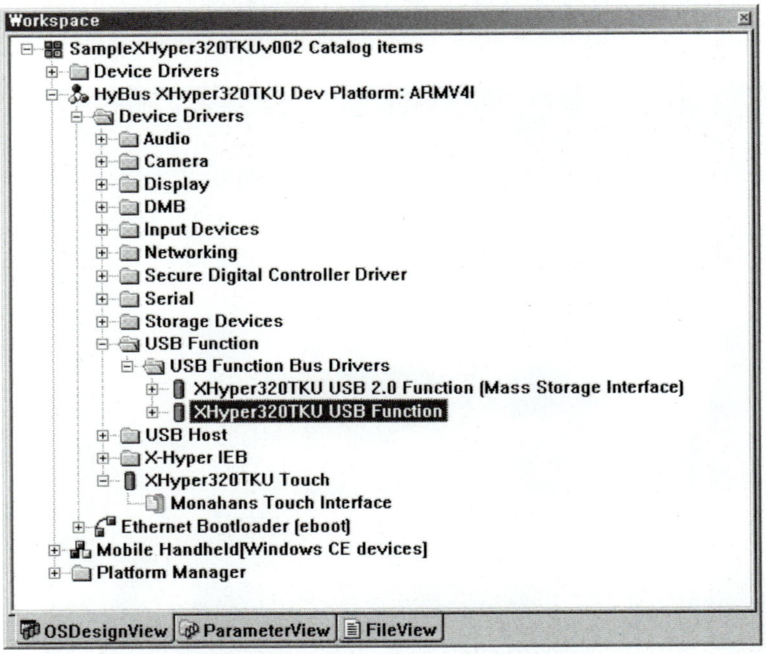

[그림 8-95] USB 1.1 Host Driver 컴포넌트

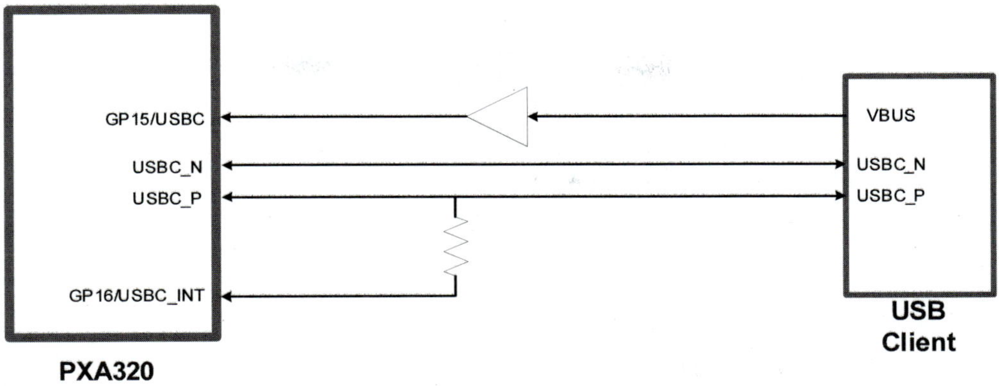

[그림 8-96] USB 드라이버 블록도

X-Hyper320TKU에 사용되는 USB 디바이스 드라이버의 소스파일의 위치는 아래의 경로에 위치한다.

```
C:\WINCE500\PLATFORM\XHyper320TKU\Public\CSP\MONAHANS\USBFN
C:\WINCE500\PLATFORM\XHyper320TKU\SRC\DRIVERS\USBFN
```

platform.reg 파일에는 적절한 위치에 다음과 같이 코드를 추가한다.

```
[HKEY_LOCAL_MACHINE\Drivers\BuiltIn\Usbfn]
    "InterfaceType"=dword:0     ; Internal
    "Prefix"="UFN"
    "Dll"="ms2_usbfn.dll"
    "Order"=dword:2
    "Priority256"=dword:64
    "MemBase"=dword:40600000   ; UDC_BASE_U_VIRTUAL
    "MemLen"=dword:1000          ; Needs at least 0xE04. Round up to 1 page.
    "Sysintr"=dword:1a
    "BusIoctl"=dword:2a0048

 "IClass"=multi_sz:"{E2BDC372-598F-4619-BC50-54B3F7848D35}=%b","{6F40791D-30
0E-44E4-BC38-E0E63CA8375C}=%b"
    "DMAIN"=dword:1
    "DMAOUT"=dword:1
```

8장

(1) USB Client

추가적인 사항으로 Client 드라이버를 추가한다.

Active sync를 사용하기 위해 serial과 mass storage를 추가한다.

Catalog → Device Drivers → USB Function → USB Function Clients → Serial

Catalog → Device Drivers → USB Function → USB Function Clients → Mass Storage

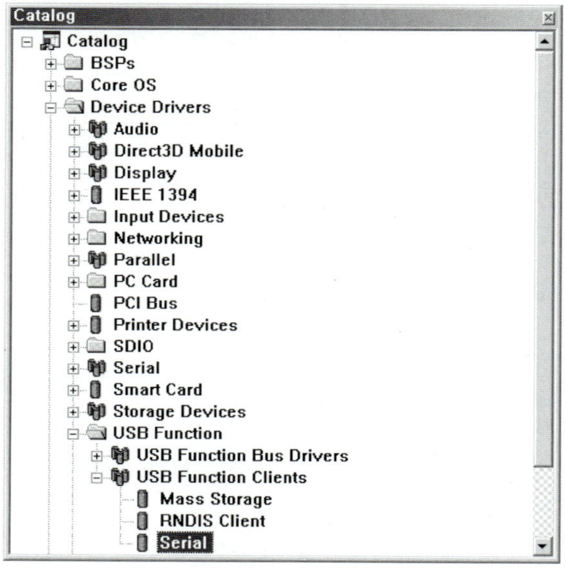

[그림 8-97] Client 드라이버 추가

(2) 디바이스 테스트

추가적인 사항으로 Client 드라이버를 추가하였으며 X-Hyper320TKU에서는 USB 클라이언트를 지원한다. 개발을 위해 플랫폼 빌더엣 애플리케이션을 개발하거나 타깃보드의 현재 상황을 모니터링하기 위해 주로 Activesync를 사용하게 된다.

1 ActiveSync를 연결할 때 타깃보드의 USB1.1 Client 와 PC의 USB 포트를 연결한다.

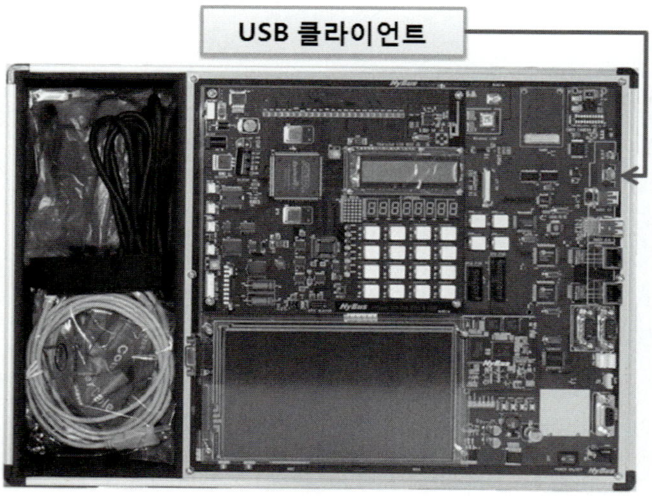

② PC에 ActiveSync가 연결 메시지와 함께 연결이 확인된다.

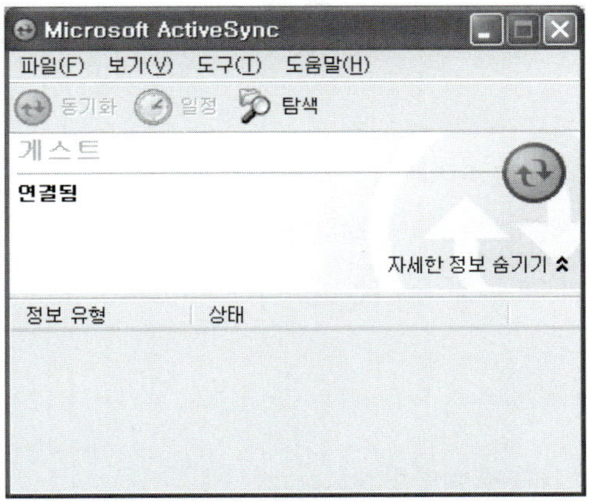

③ 또한 호스트 PC의 장치 관리자에서도 장치가 추가된 것을 확인할 수 있다.

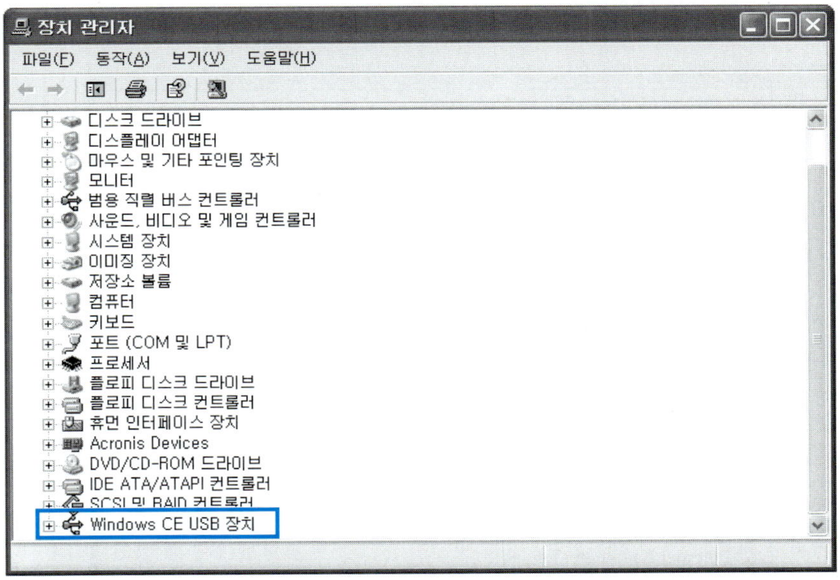

14 USB 2.0 Function 드라이버

USB 2.0 Function Driver는 PC의 USB 호스트에 연결하였을 경우 보드의 DSK영역이 대용량 저장소장치로 인식된다.

X-Hyper320TKU에 사용되는 USB 2.0 Function 디바이스 드라이버의 환경변수 정의는 XHyper320TKU.bat 파일에 "BSP_USBC20_NET2272=1" 라고 되어 있고, 모듈형태로 지원되며 platform.bib 파일에서 MassStorage.dll 모듈을 정의한다. 아래는 platform.bib의 일부이다.

```
IF BSP_USBC20_NET2272
        MassStorage.dll        $(_FLATRELEASEDIR)₩MassStorage.dll NK SH
ENDIF
```

또한, USB 2.0 Function Driver 컴포넌트는 OSDesignView에서 확인할 수 있다.

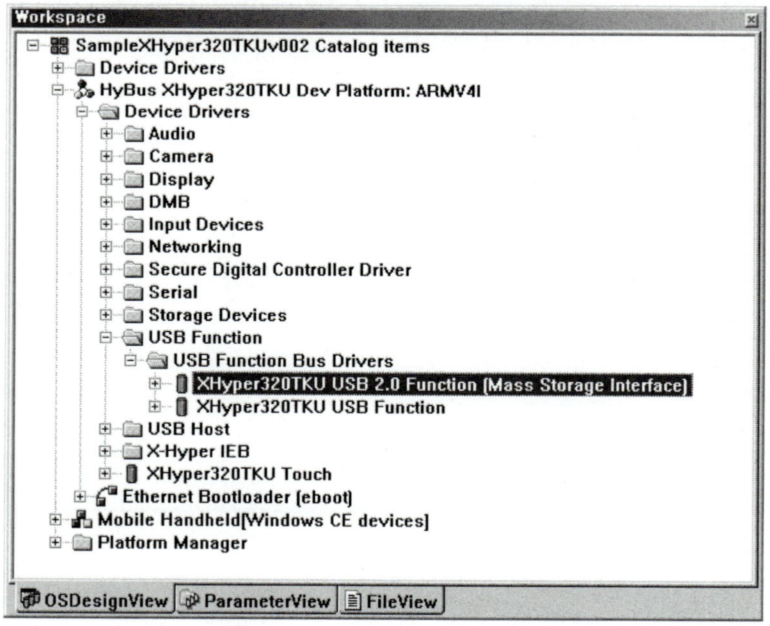

[그림 8-98] USB 2.0 Function Driver 컴포넌트

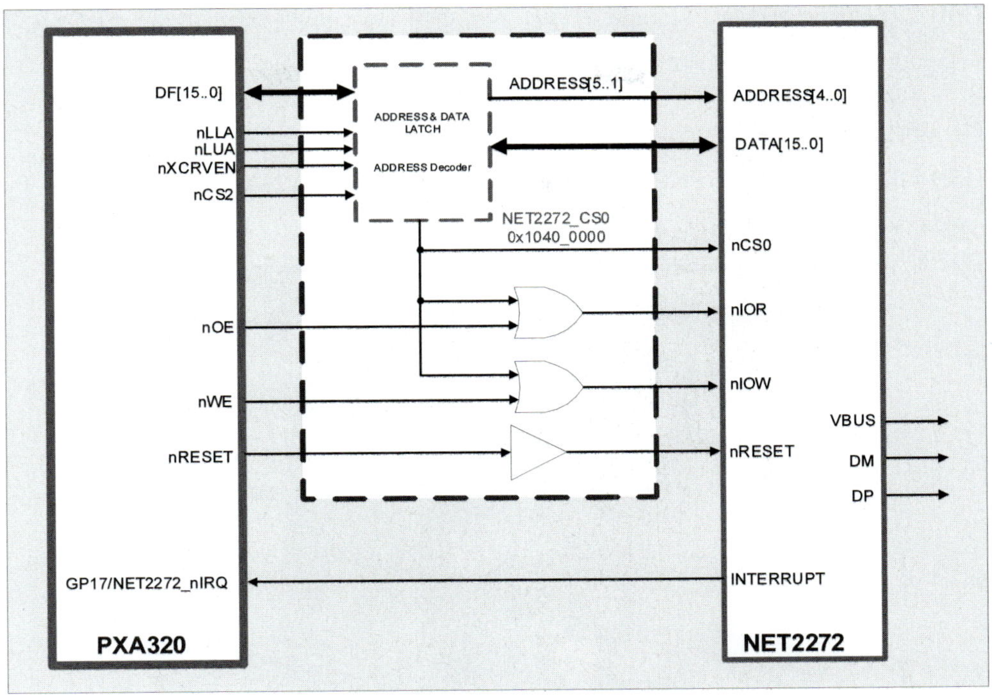

[그림 8-99] USB 2.0 블록도

X-Hyper320TKU에 사용되는 USB 디바이스 드라이버의 소스파일의 위치는 아래의 경로에 위치한다.

```
C:\WINCE500\PLATFORM\XHyper320TKU\SRC\DRIVERS\NETCHIP2272
```

platform.reg 파일에는 적절한 위치에 다음과 같이 코드를 추가한다.

```
[HKEY_LOCAL_MACHINE\Drivers\BuiltIn\Net2272]
    "Dll" = "MassStorage.dll"
    "Prefix" = "NCM"
    "Order" =dword:40
    "MemBase" =dword:10400000    Physical Address
    "SysIntr" =dword:27    16+21=39 0x27
    "DMAIN" =dword:1
    "DMAOUT" =dword:1
```

8장

USB 2.0 Client 중 Mass storage 기능을 사용하며 Host PC에 연결시 보드의 DSK 영역이 대용량 저장소로 인식된다.

(1) 디바이스 테스트

USB Client 2.0을 Host PC와 연결하면 X-Hyper320TKU의 NAND Flash가 Host PC에서 외부 저장장치로 잡히게 된다.

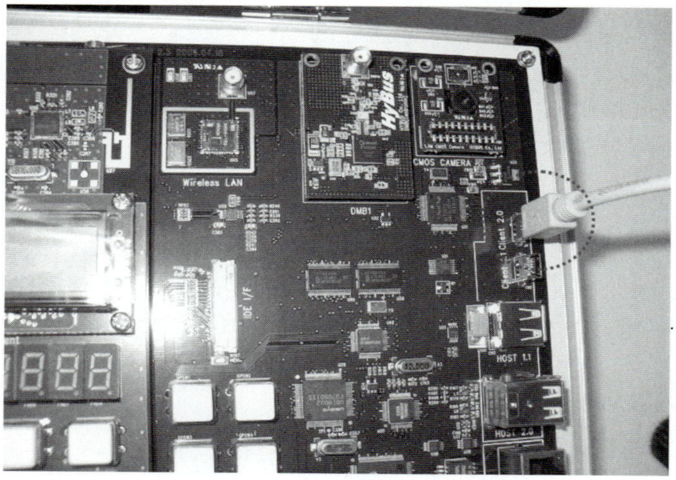

[그림 8-100] 케이블 연결

아래와 같이 이동식 디스크로 인식된다.

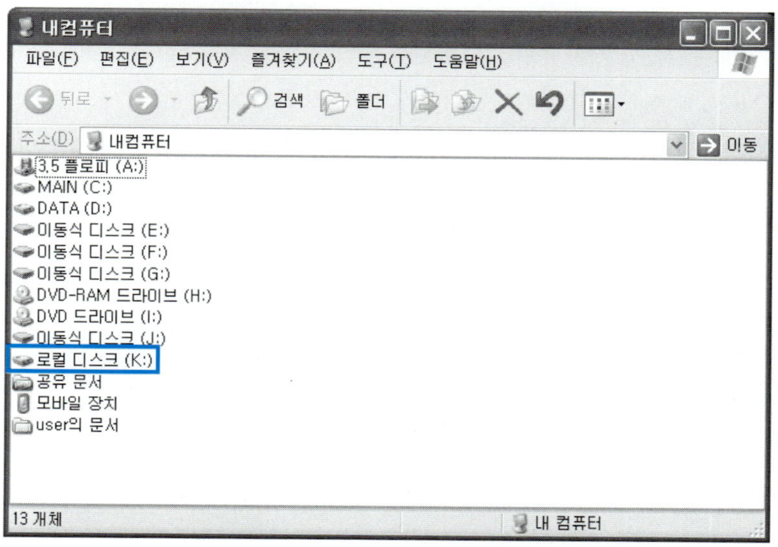

[그림 8-101] 장치 연결 확인

9장 응용프로그램 제작 툴

학습목표

응용프로그램은 타깃보드에서 최종사용자와 가장 먼저 접하게 되는 인터페이스이다. 또한 타깃보드와 사용자를 연결해주는 인터페이스이기도 하다. 이런 응용 애플리케이션은 다양한 환경에서 제작될 수 있으며 일반적으로 많이 사용되는 개발 툴의 순서대로 응용프로그램 개발에 대해 간단히 설명한다. 그리고 응용프로그램의 제작, 등록, 실행에 관한 전반적인 방법을 익힌다.

9.1 응용 제작 툴 제작 및 설치

1 Windows CE 응용 제작 툴

응용프로그램 개발자는 Microsoft eMbedded Visual C++ 4.0과 Platform Builder5.0 등의 개발도구를 이용하여 Windows CE 5.0에서 동작 가능한 응용프로그램을 개발할 수 있다. [표 9-1]는 OS 버전별 응용프로그램 개발 도구를 보여준다.

[표 9-1] OS 버전별 응용프로그램 개발도구

개 발 도 구	1.X	2.X	3.X	4.X	5.X	6.X
Windows CE Toolkit for Visual C++ 5.0	✔	✔				
Windows CE Toolkit for Visual C++ 6.0		✔	✔			
eMbedded Visual C++ 3.0		✔	✔			
eMbedded Visual C++ 4.0				✔	✔	
Visual Studio 2005				✔	✔	✔
Visual Studio 2008				✔	✔	✔

2 SDK 제작

SDK(Software Development Kit)는 응용프로그램의 개발을 간편하고 쉽게 하도록 프로

그래머에게 유상 또는 무상으로 제공되는 개발 도구로서 프로그래머들이 솔루션 개발 시 자사의 응용프로그램 인터페이스(API)를 채택하게 하기 위한 목적으로 대부분 무료로 제공된다. 개발 도구 및 라이브러리, 관련 도큐먼트, 개발 툴 등으로 구성된다.

X-Hyper320TKU의 응용프로그램을 개발하려면 X-Hyper320TKU SDK와 eVC++(Embedded Visual C++)가 필요하다. SDK는 eVC++에서 사용하는 라이브러리들의 집합체로 응용프로그램을 쉽게 개발할 수 있도록 X-Hyper320TKU의 시스템 환경을 응용프로그램 개발자에게 제공한다.

응용프로그램 개발에 필요한 타깃보드의 SDK는 플랫폼 빌더를 이용하여 생성할 수 있다.

SDK를 생성하려면 어떤 플랫폼의 SDK를 생성할지 결정해야 하므로 SDK생성을 위한 새로운 플랫폼을 생성한다. 또한 SDK를 생성하려면 반드시 해당 운영체제 이미지가 빌드되어 있어야 한다. 먼저 플랫폼 마법사를 사용하여 플랫폼을 생성하는 방법에 대해 기술하였다.

① 플랫폼 마법사를 실행시키기 위해 메뉴에서 File → New Platform..을 선택한다.

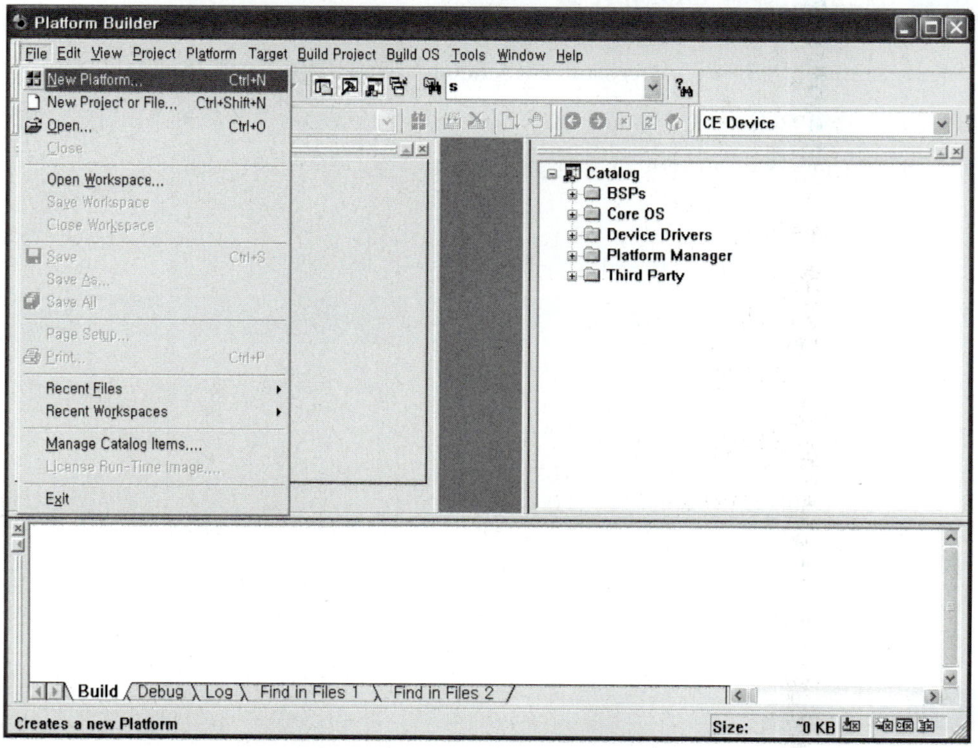

② 플랫폼 마법사를 실행시키면 다음과 같은 화면을 볼 수 있다.

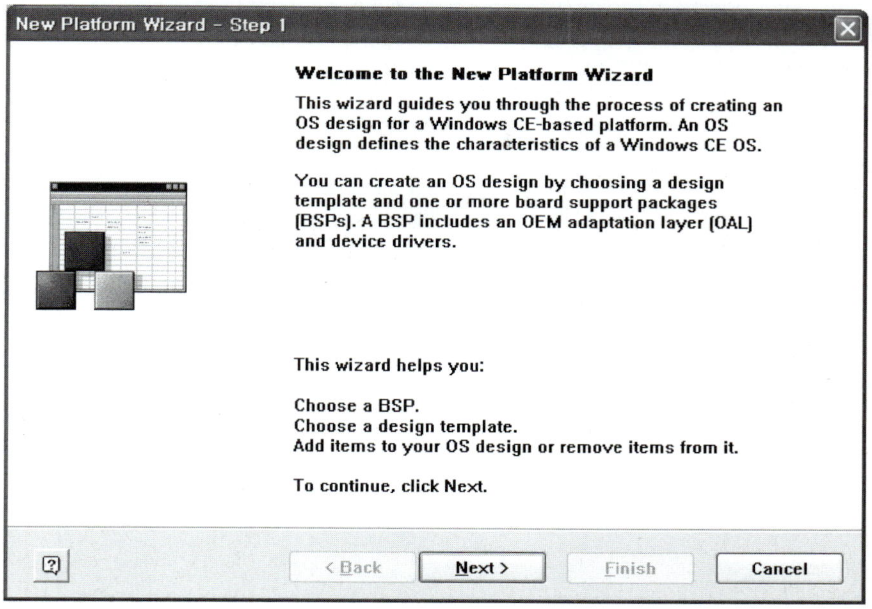

③ 생성할 플랫폼의 이름을 지정한다. “XHyper320TKU_SDK”이라고 입력한 후 “Next”를 누른다.

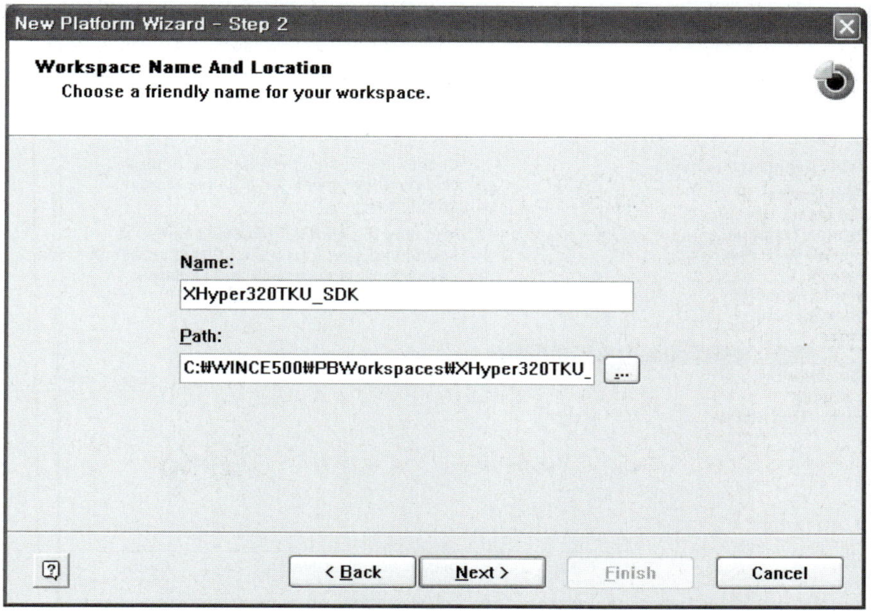

9장

④ "XHYPER320TKU BSP:ARMV4I"를 선택한 후 "Next"를 누른다.

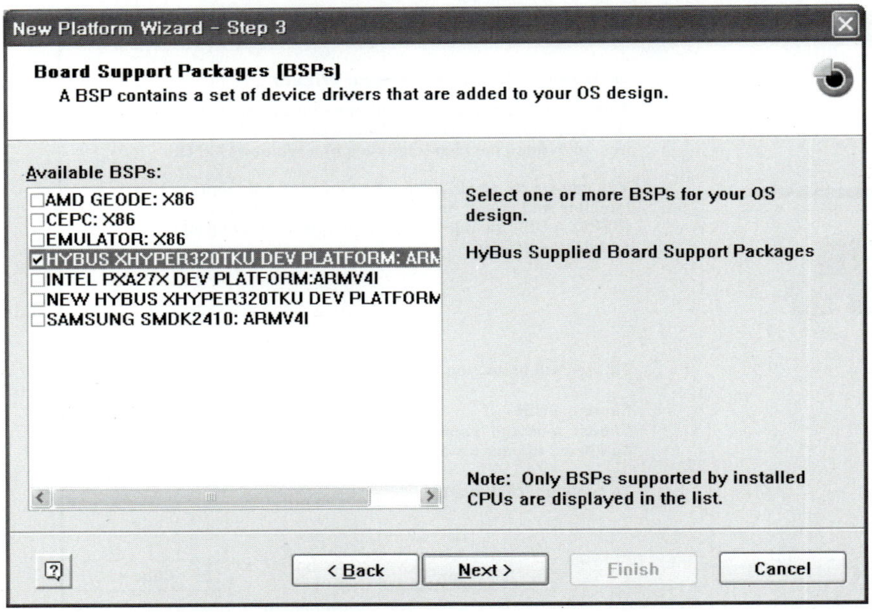

⑤ Mobile 플랫폼을 생성하도록 한다. "Mobile Handheld"를 선택한 후 "Next"를 누른다.

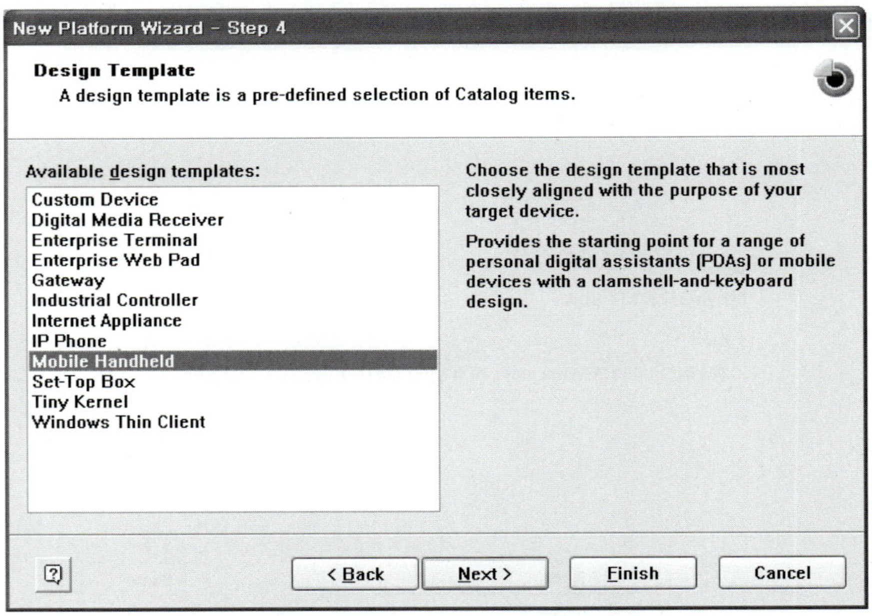

⑥ 플랫폼 형태를 지정하고 나면, 생성할 플랫폼에 제공될 애플리케이션들과 Media 컴포넌트들을 선택할 수 있는 창이 나타난다. 다음과 같이 항목들을 선택한 후 “Next”를 누른다.

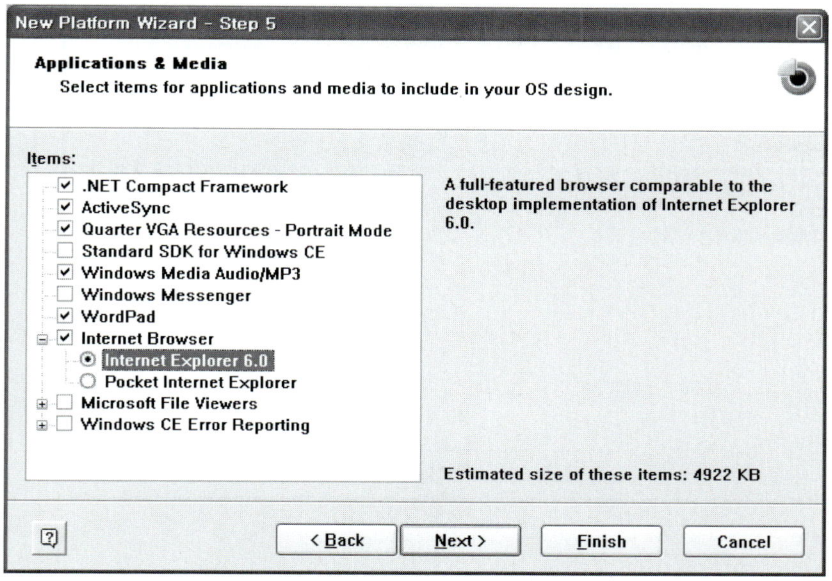

⑦ 다음은 타깃보드에서 사용할 네트워킹과 통신 부분의 구성요소들을 선택하는 창이다. X-Hyper320TKU에는 “Bluetooth”는 사용하지 않기 때문에 “Bluetooth”는 제외한다.

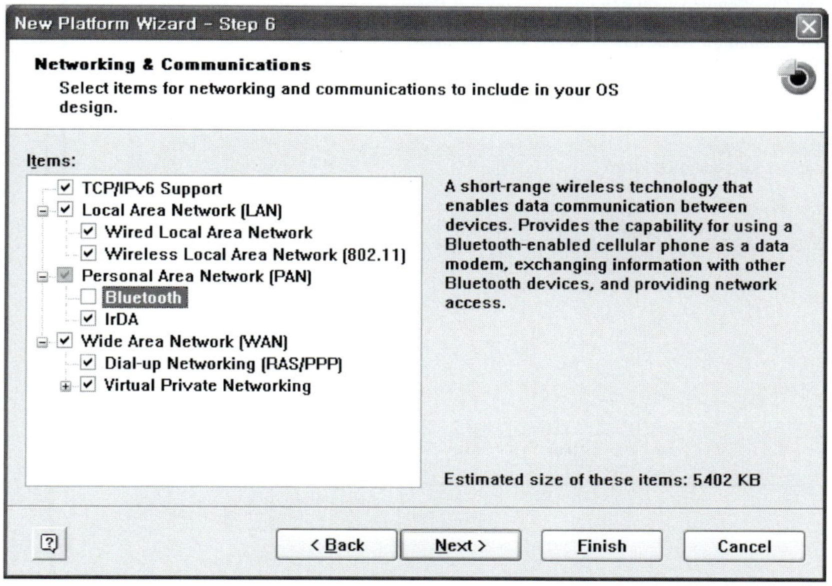

9장

8 다음은 보안문제를 개발자에게 인지시켜주는 창으로 "Next"를 누른다.

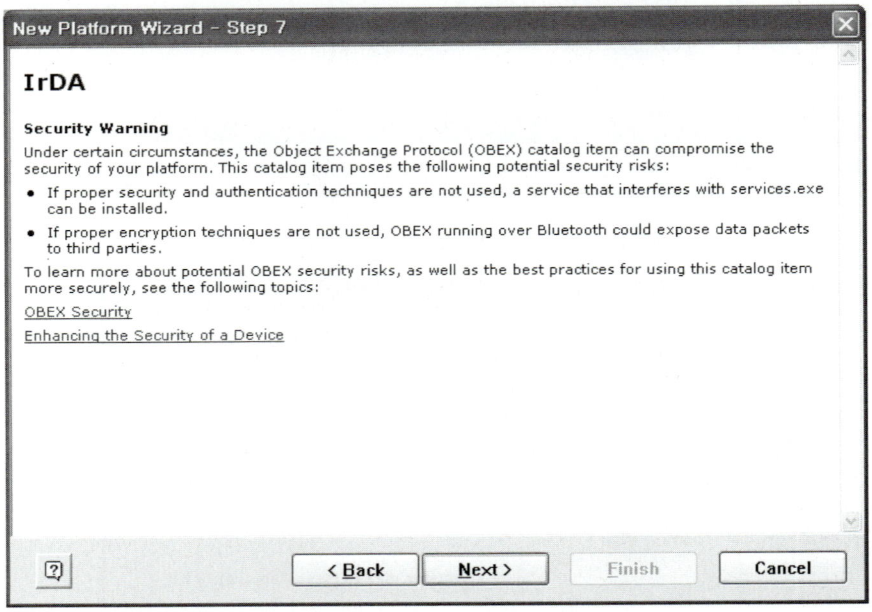

9 "Finish"를 눌러 플랫폼 마법사를 끝마치면 새로운 플랫폼이 생성된다.

⑩ 성공적으로 새로운 플랫폼이 생성이 되었다면 플랫폼 빌더의 Workspace 창에 추가된 항목을 볼 수 있다.

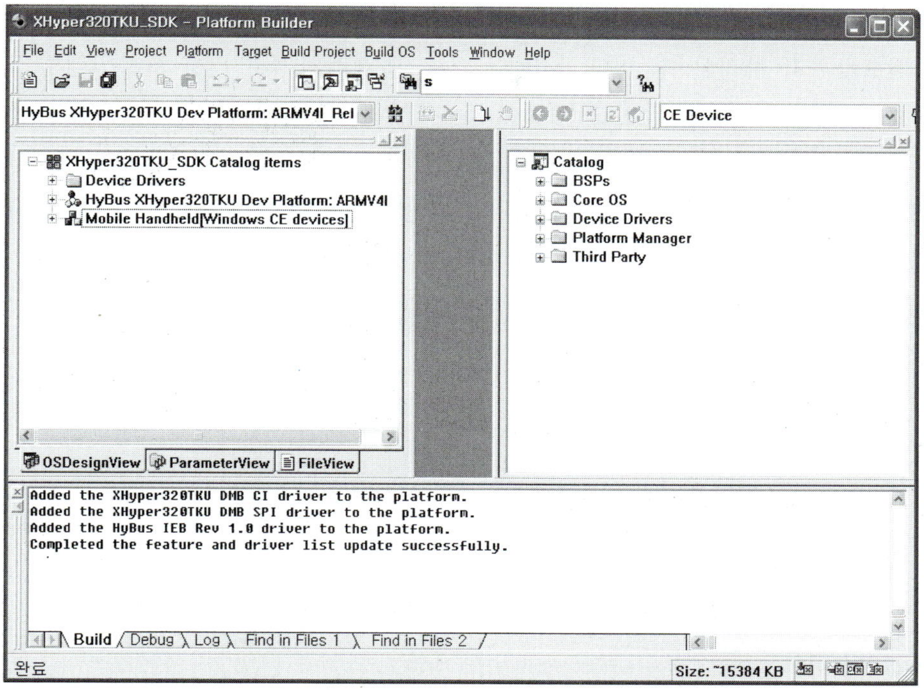

⑪ 응용프로그램을 개발하려면 MFC(Microsoft Foundation Class)이 필요하므로, Catalog 창에서 "Microsoft Foundation Class[MFC]" 구성요소를 추가해 준다. 추가적으로 "Storage Manager" 구성요소도 추가해 준다.

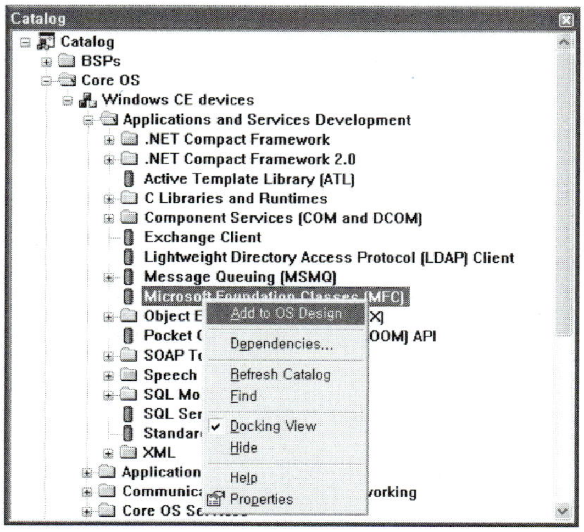

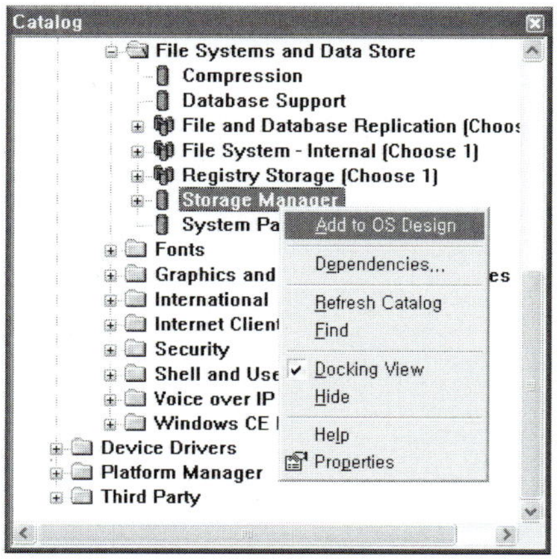

MFC(Microsoft Foundation Class) : 마이크로소프트사에서 윈도우즈 프로그래밍을 하기 위해 제공하는 기초 클래스들을 말한다. 개발자들은 MFC를 사용하여 간단한 다이얼로그에서부터 MFC에서 제공하는 도큐먼트/뷰 아키텍처를 이용한 프로그래밍과 액티브 X 컨트롤까지 작성할 수 있다. MFC는 C++ 클래스의 객체지향 프로그래밍 기법을 C기반 프로그래밍 기법인 Win32 API에 적용하여 클래스화한 라이브러리이다.

⑫ Sysgen을 실행하기 전에 빌드 옵션을 변경해 주어야 한다. 메뉴에서 Platform → Settings..을 선택한 후 옵션을 다음과 같이 설정을 변경한다.

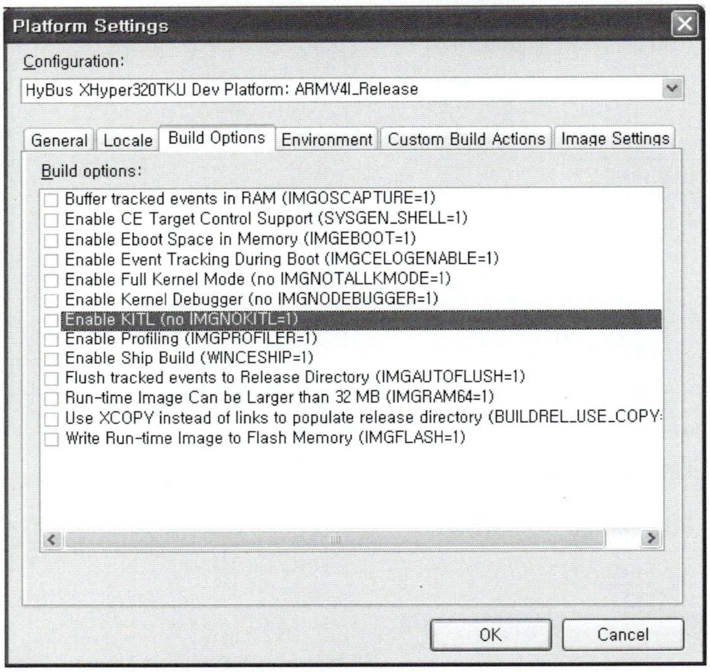

⑬ "Copy Files to Release Directory After Build"와 "Make Run-Time Image After Build" 항목을 선택하여 Sysgen을 실행시키는 것만으로 Windows CE 운영체제 이미지가 생성되도록 한다. 메뉴에서 Build OS→"Copy Files to Release Directory After Build"와 Make Run-Time Image After Build" 항목을 선택한 후 Sysgen을 선택한다.

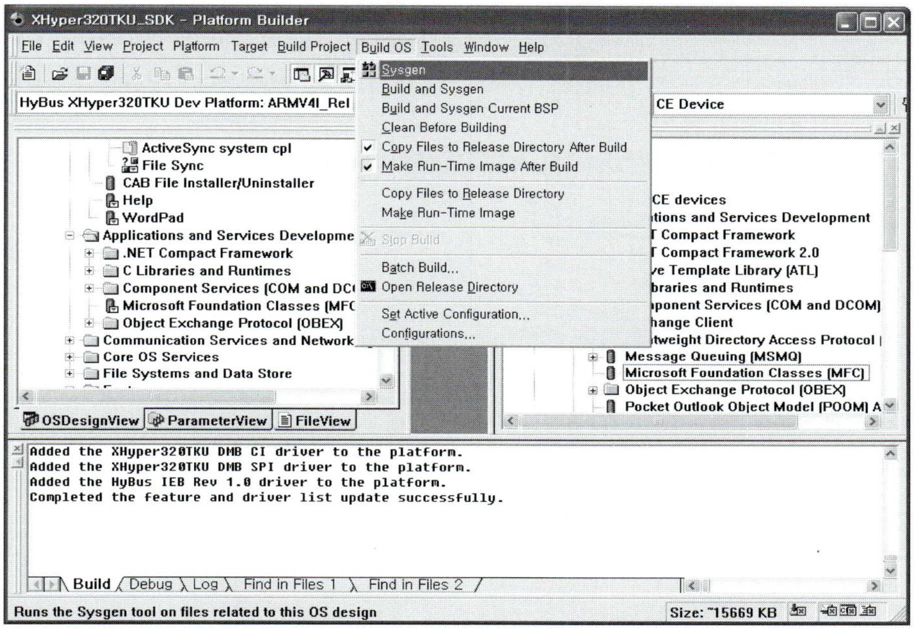

• 다음은 SDK 마법사를 이용하여 앞에서 생성한 플랫폼의 SDK를 생성하는 방법에 대해 기술한다.

① SDK 마법사를 실행시키고자 메뉴에서 Platform →SDK →New SDK..을 선택한다.

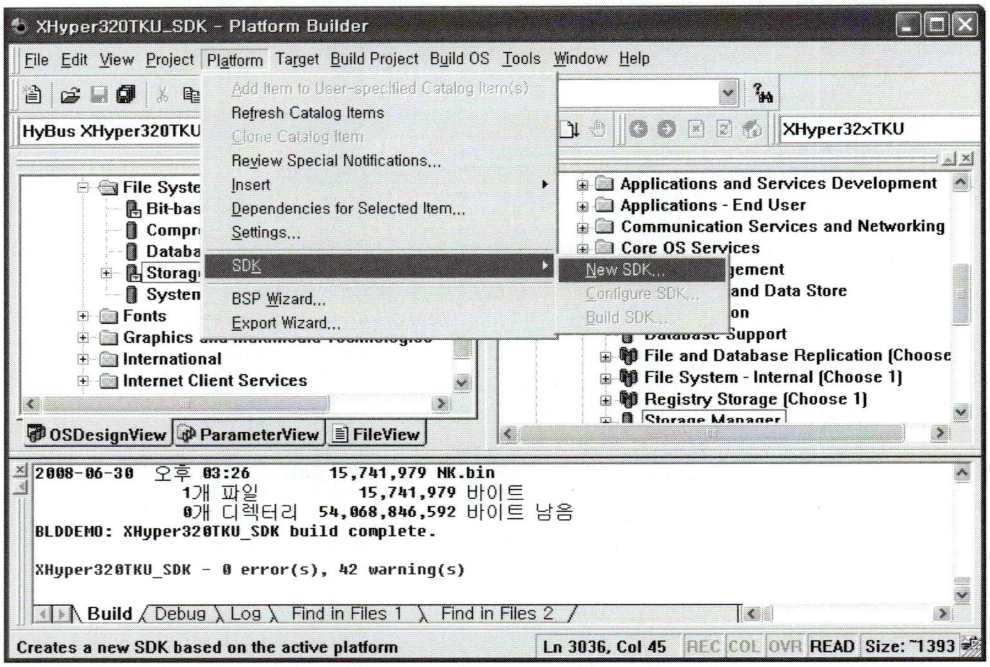

② SDK 마법사를 실행시키면 다음과 같은 화면을 확인할 수 있다.

③ 생성할 SDK에 대한 제품 정보를 입력하는 창으로 생성할 MSI(Microsoft Installer) 파일의 이름과 SDK 제조사, 사용하는 언어 등을 입력한다.

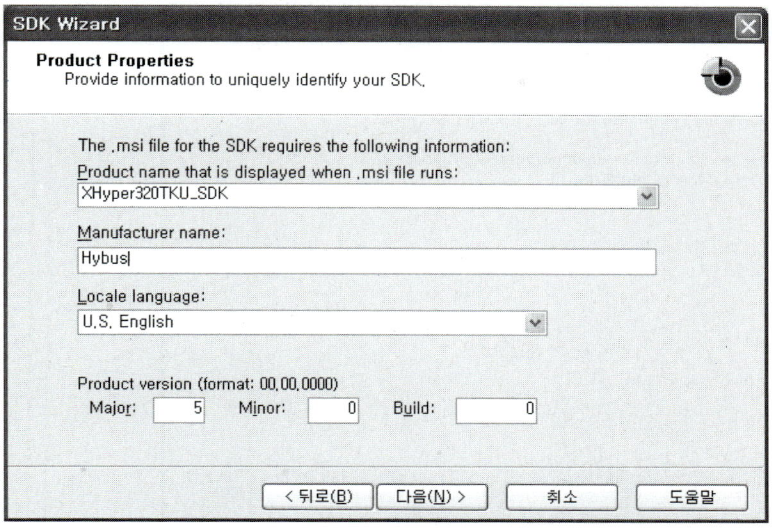

④ 생성할 SDK가 지원할 개발 언어들을 선택하는 창으로 다음과 같이 항목들을 선택한다.

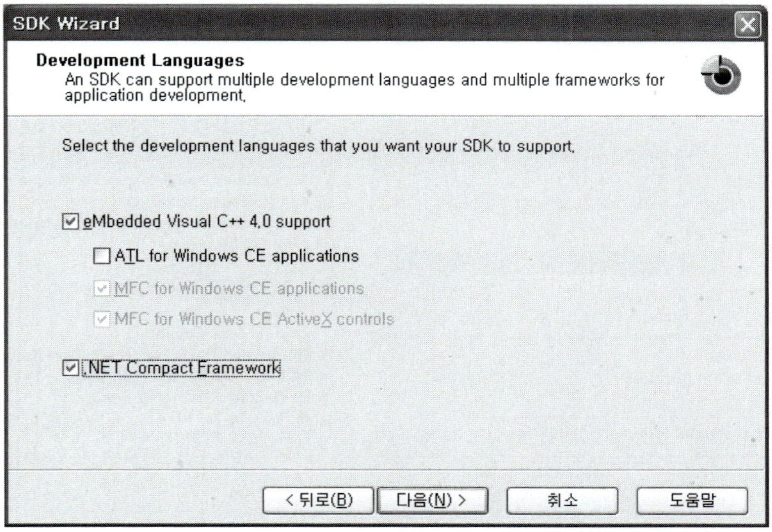

9장

5 "Finish" 버튼을 눌러 SDK 마법사를 끝마치면, 새로운 SDK를 생성하기 위한 기본적인 환경설정이 끝난다.

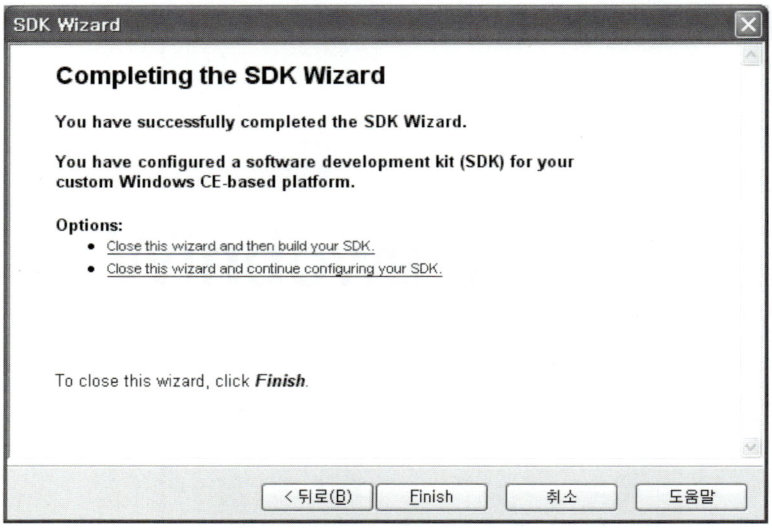

6 생성할 SDK에 대한 세부적인 환경설정을 위해 메뉴에서 Platform → SDK → Configure SDK..을 선택한다.

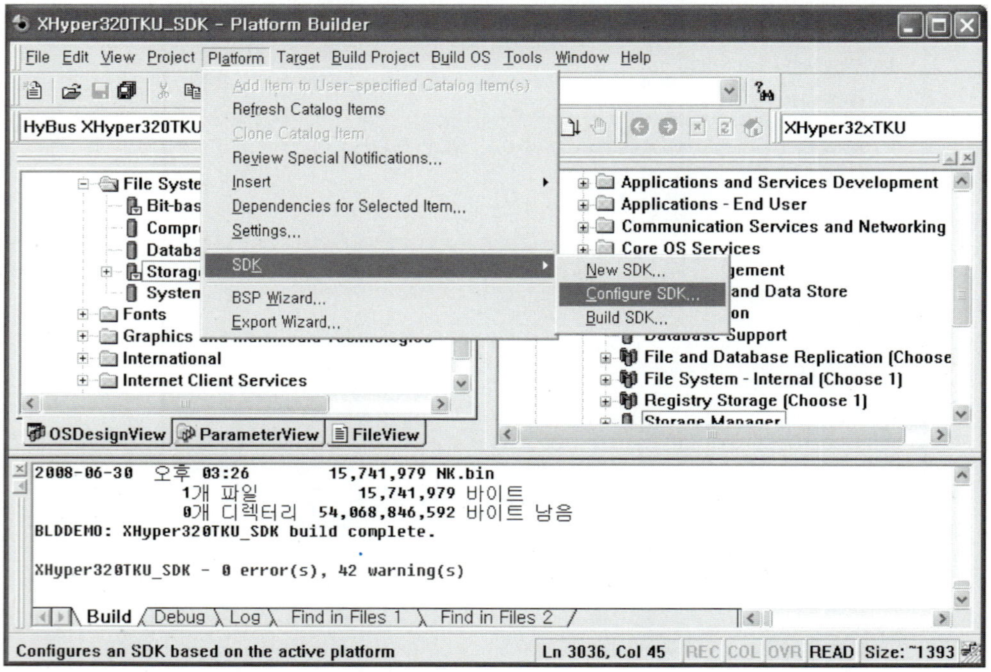

⑦ “CPU” 탭에서 X-Hyper320TKU에서 사용하고 있는 CPU 타입인 “ARMV4I”를 선택한 후 “확인”을 누른다.

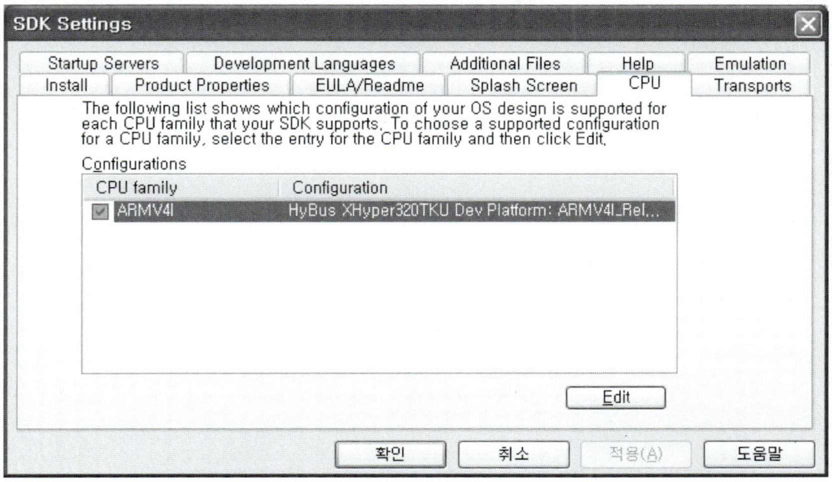

⑧ 앞에서 설정한 환경으로 SDK를 빌드하도록 메뉴에서 Platform → SDK → Build SDK..을 선택한다.

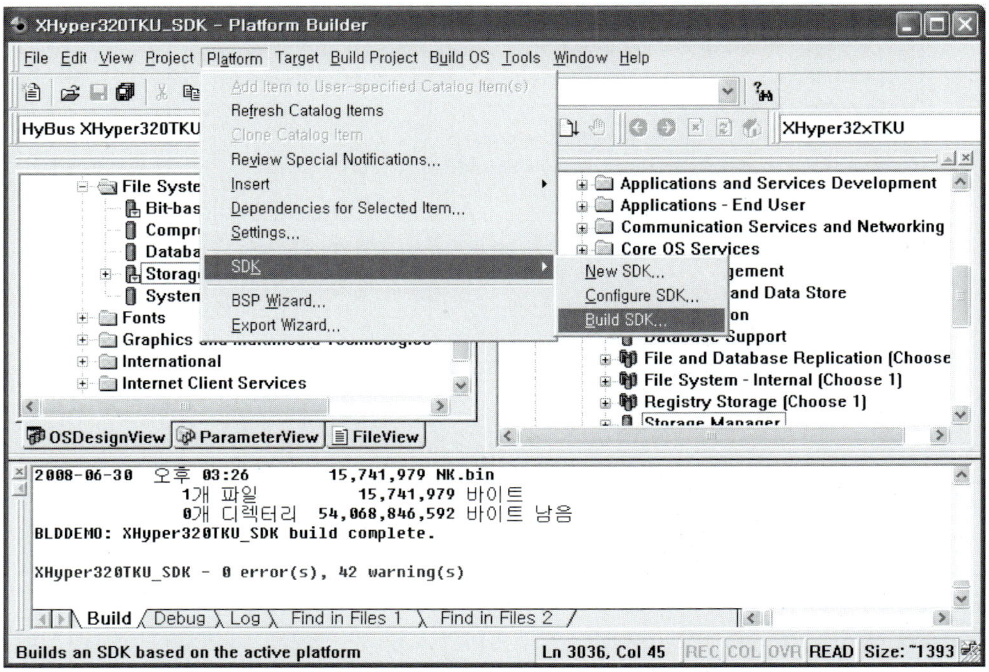

9장

9 메뉴에서 "Build SDK.."를 선택하면 자동적으로 빌드가 시작된다.

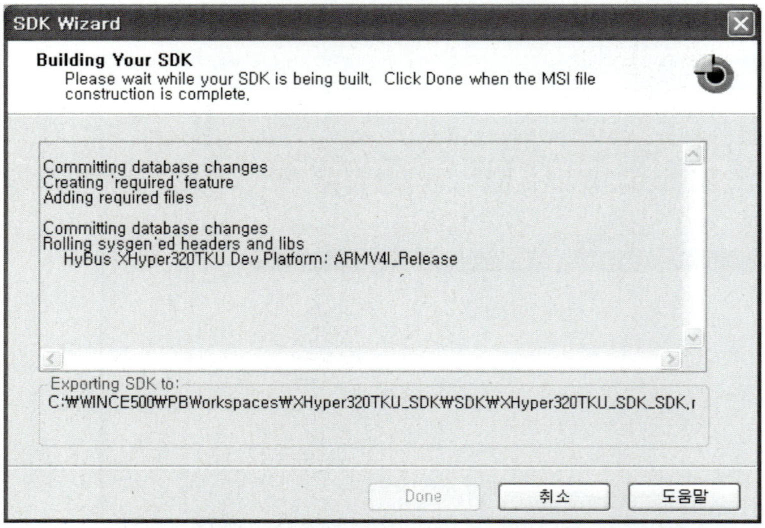

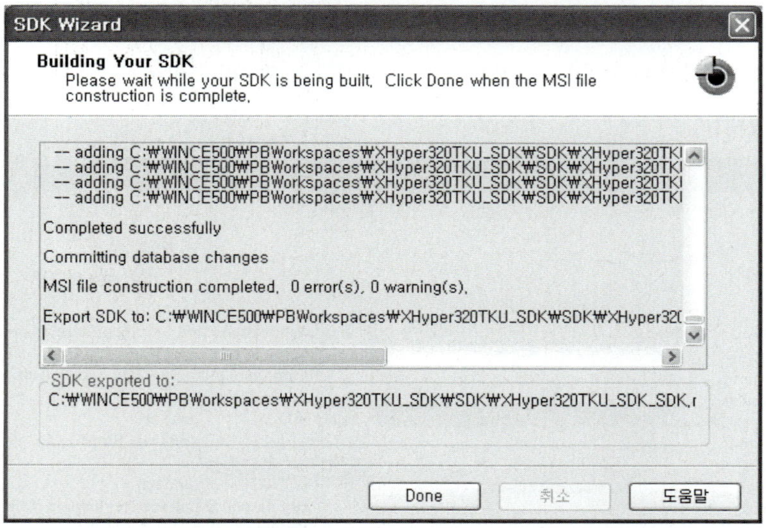

⑩ SDK가 정상적으로 생성되었는지 \WINCE500\PBWorkspaces\XHyper320TKU_SDK\SDK\폴더로 이동하여 "XHyper320TKU_SDK_SDK.msi" 파일을 확인한다.

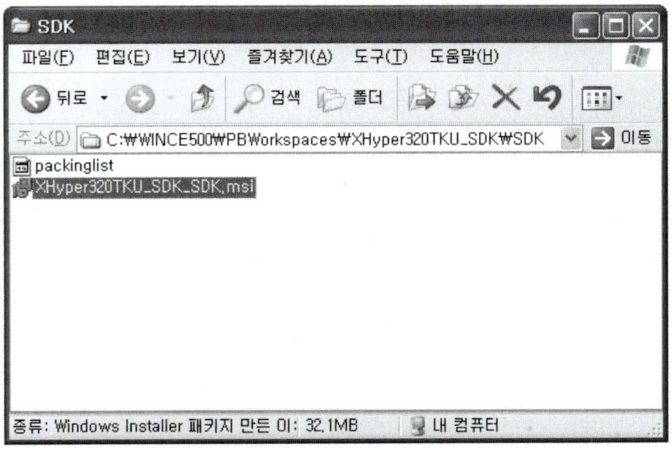

- SDK 생성시 에러 발생할 경우는 다음과 같이 SDK 생성시 에러가 발생할 경우가 있다.

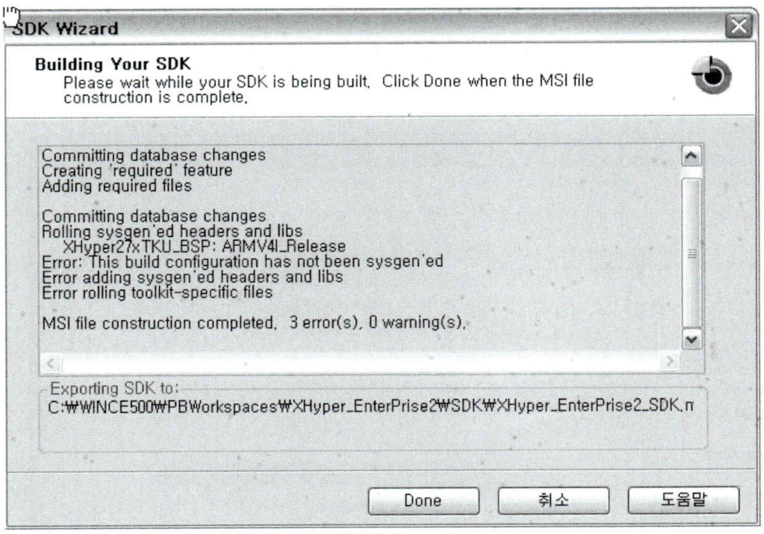

9장

① 해당 SDK 경로의 \MakeSdk\platform.ini 파일에서 "Sysgen=" 찾고 0을 1로 바꾼다. (release와 debug 두 개)

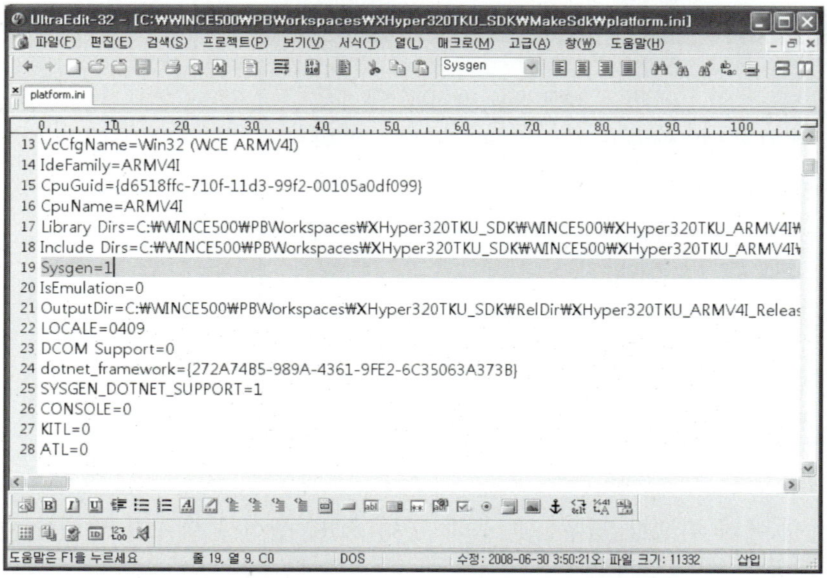

② Platform builder의 Build OS -→ Open Release Directory를 선택 - cmd 창에서 \MakeSdk\ 폴더로 이동한다.

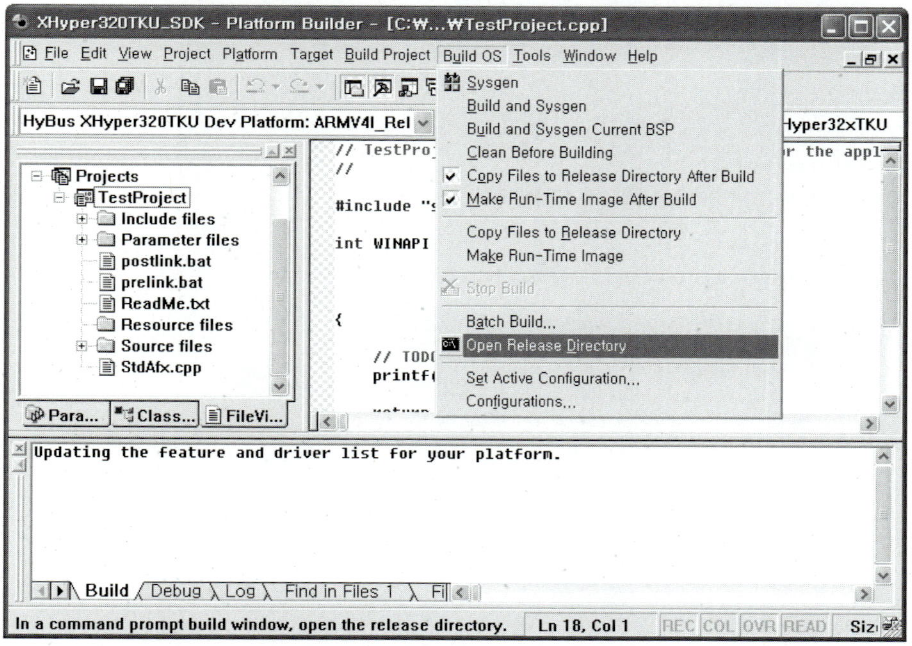

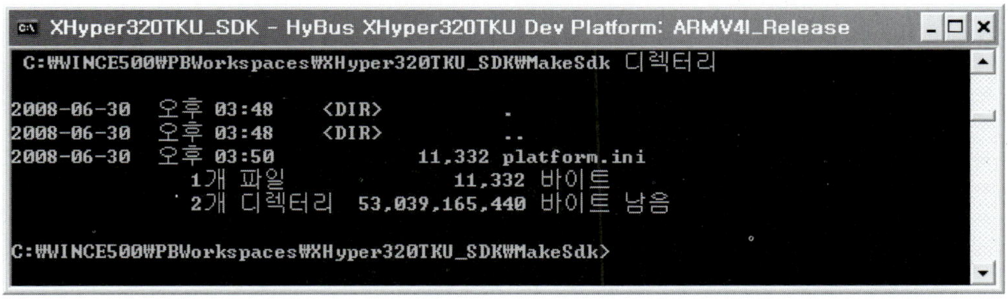

③ makesdk.exe /inifile: “.\platform.ini”를 실행한다.

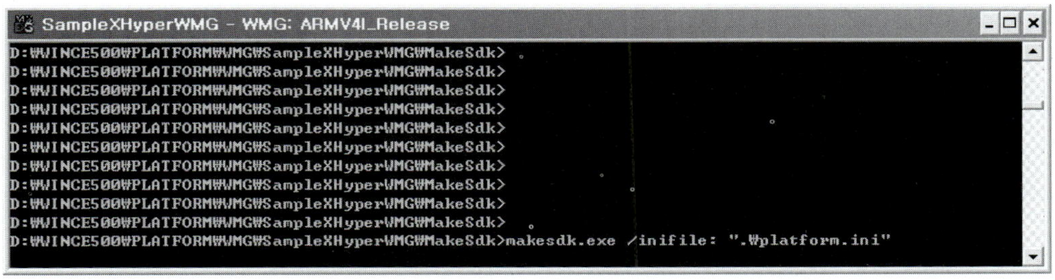

④ 정상적으로 SDK가 만들어진다.

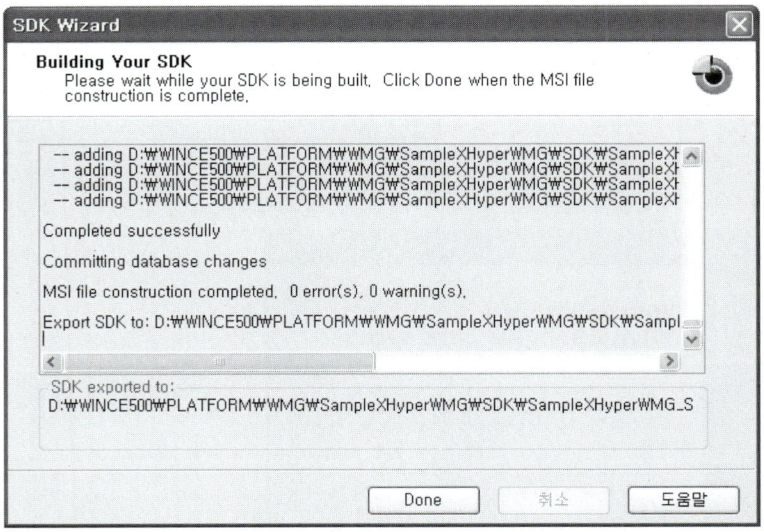

9장

3 SDK 설치

- 다음은 생성된 SDK(Software Development Kit)를 설치하는 방법에 대해 기술한다.

① \WINCE500\PBWorkspaces\XHyper320TKU_SDK\SDK\폴더로 이동하여 생성된 "XHyper320TKU_SDK_SDK.msi" 파일을 더블클릭한다.

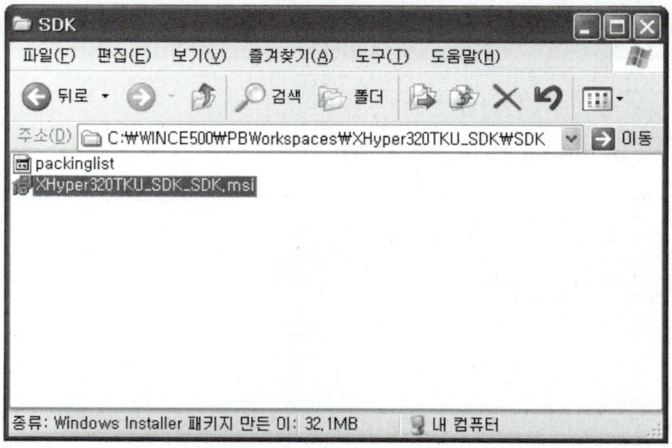

② "XHyper320TKU_SDK_SDK.msi" 파일을 실행시키면 다음과 같이 SDK 설치가 시작된다.

③ "Next"를 눌러 다음 과정을 진행한다.

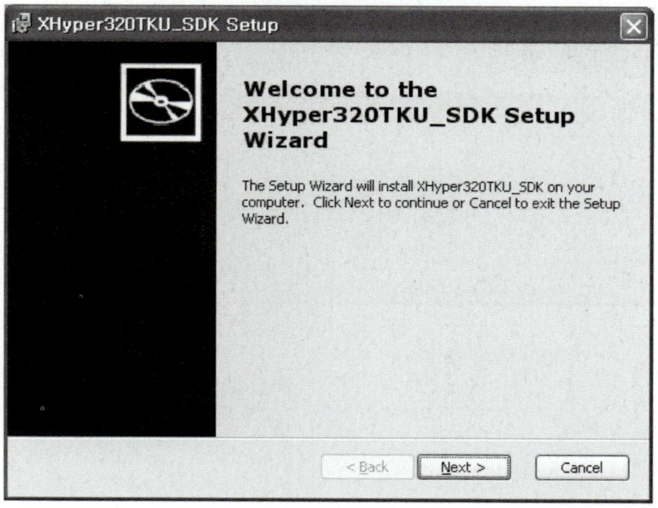

④ 라이선스 문서에 동의를 하고 "Next"를 눌러 다음 과정을 진행한다.

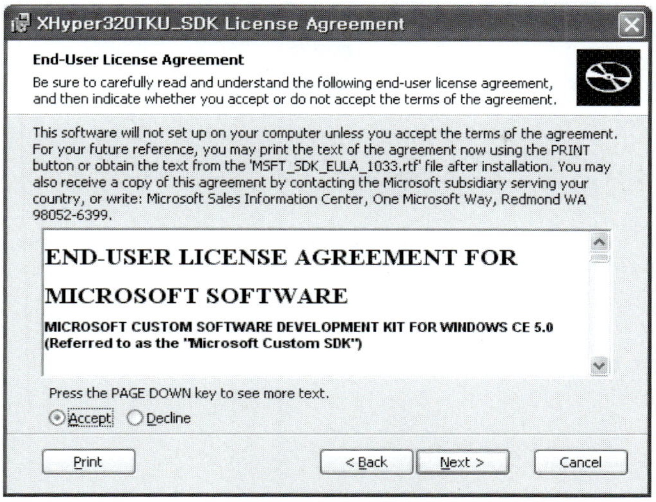

⑤ 사용자 정보를 입력한 후 "Next"를 눌러 다음 과정을 진행한다.

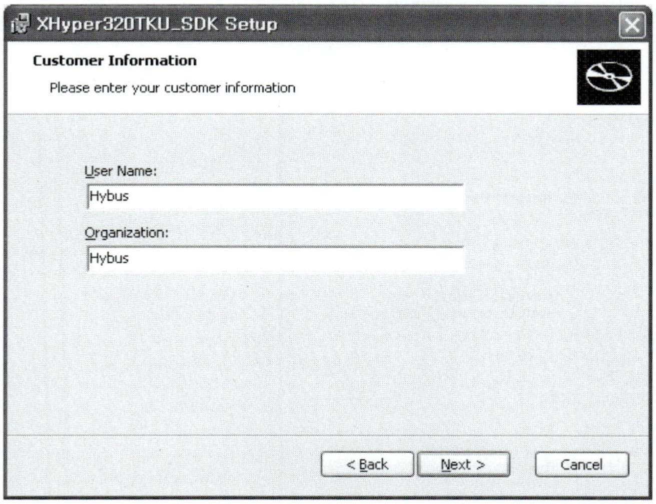

9장

⑥ 다음은 SDK를 어떠한 형태로 설치할지 선택하는 창으로 "Custom"을 선택한다.

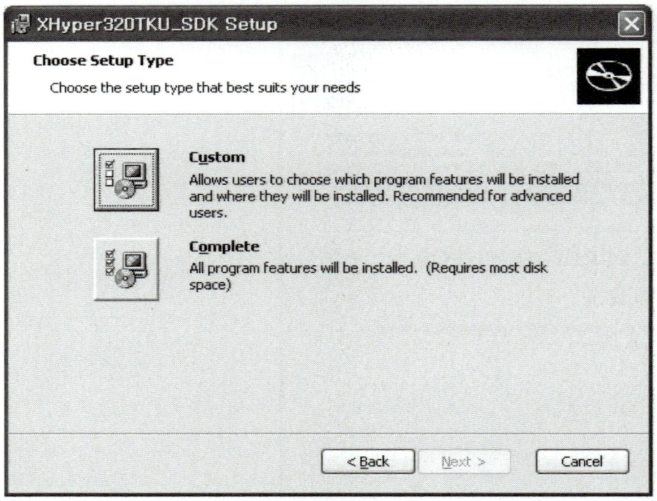

⑦ 설치할 요소들과 설치할 디렉토리를 선택해준다.

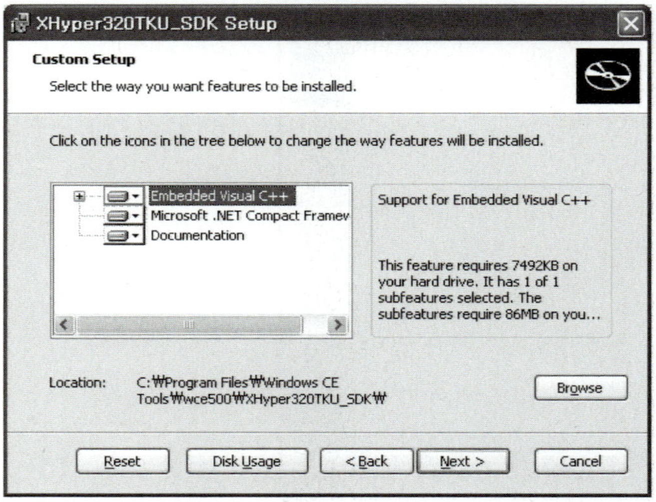

⑧ "Install"을 눌러 SDK를 설치한다.

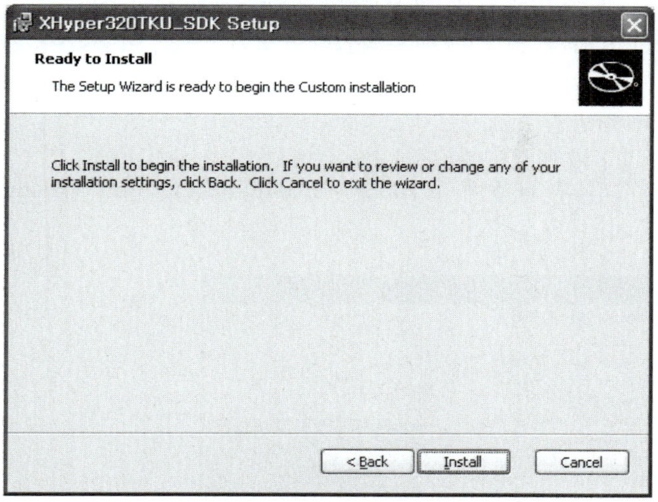

⑨ 성공적으로 SDK의 설치가 완료되면 다음과 같은 화면을 볼 수 있다. "Finish"를 눌러 설치를 끝마친다.

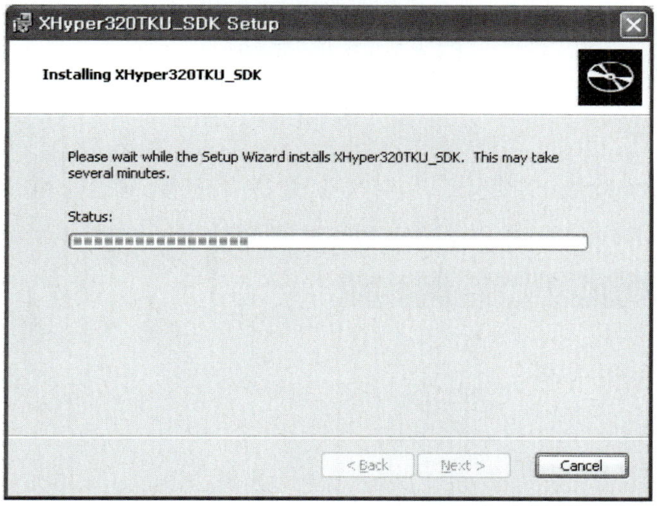

4 SDK 설치 확인

SDK(Software Development Kit)가 제대로 설치되었다면 eVC++를 이용하여 확인해 볼 수 있다. 다음은 SDK가 제대로 설치되었는지 확인하는 방법에 대해 기술하였다.

① eVC++ 프로그램을 실행시킨 후 메뉴에서 Tools→Configure Platform Manager..을 선택한다.

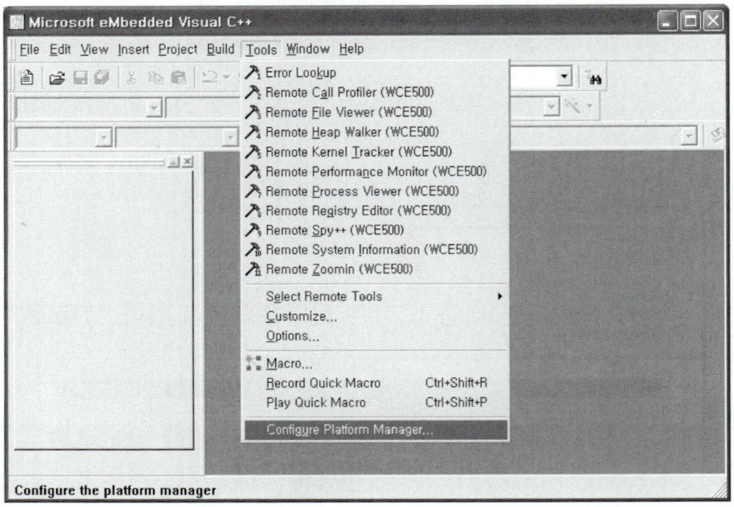

② Configure Platform Manager를 실행시키면 다음과 같은 화면을 확인할 수 있다. "XHyper320TKU_SDK Device" 라는 항목이 있는지 확인한다.

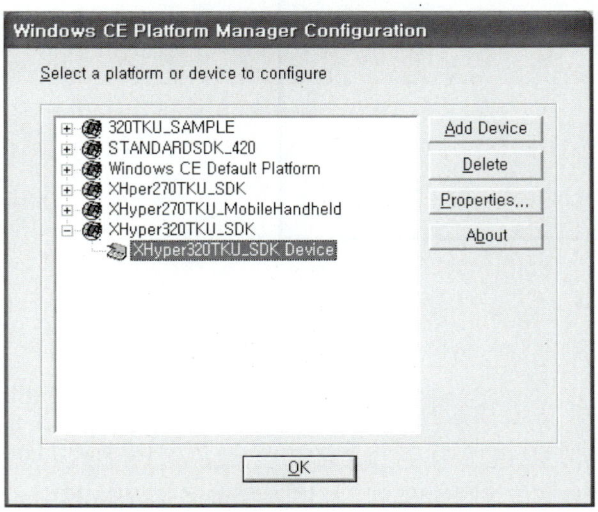

9.2 eMbedded Visual C++ 개발

1 eVC++에서 프로젝트 생성

다음은 eVC++를 이용하여 X-Hyper320TKU에서 동작하는 문자 LCD 응용프로그램을 작성하는 방법에 대해 기술하였다.

① 먼저 새로운 프로젝트를 생성하기 위해 메뉴에서 File → New..을 선택한다.

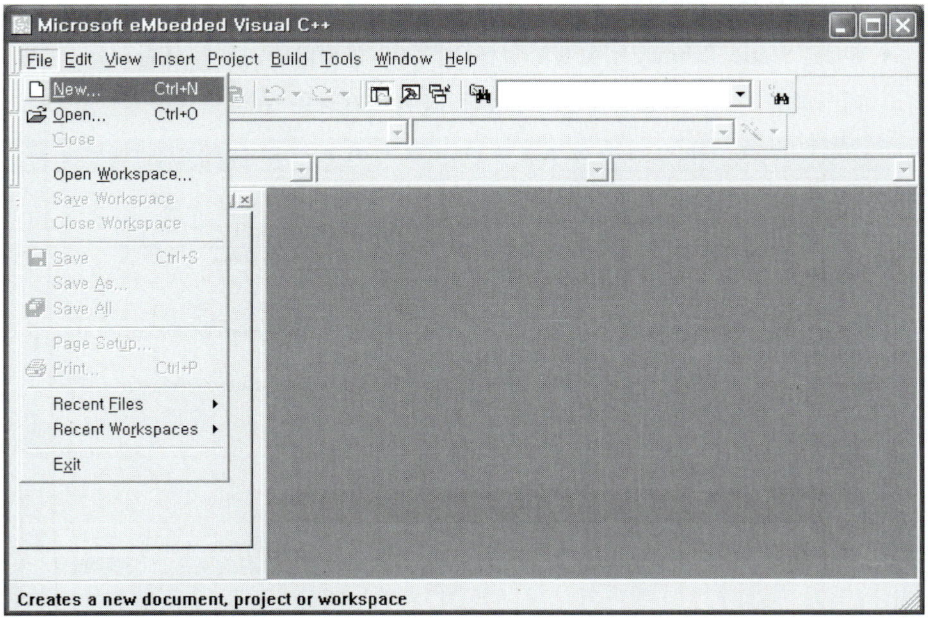

② 우리가 작성할 응용프로그램은 MFC 기반이므로 “WCE MFC AppWizard[exe]”를 선택하고, 프로젝트 이름과 저장할 폴더와 생성될 응용프로그램이 어떤 종류의 CPU를 지원할지 선택한다. 우리가 실습에 이용하고 있는 X-Hyper320TKU는 ARMV4I 계열의 CPU를 사용하고 있으므로, “ARMV4I”를 선택한 후 “OK”를 누른다.

응용프로그램 마법사(AppWizard)는 일종의 코드 생성기로, 단계별 마법사 페이지를 통하여 설정한 정보를 바탕으로 Windows CE 응용프로그램의 골격코드를 생성한다.

- WCE Application : 표준 Windows CE 응용프로그램용 빈 프로젝트나 “Hello,

World" 응용프로그램을 생성한다.

- WCE ATL COM AppWizard : Windows CE COM 객체용 ATL 프로젝트를 생성한다.
- WCE MFC ActiveX ControlWizard : Windows CE ActiveX 컨트롤 제작을 위한 MFC 프로젝트를 생성한다.
- WCE MFC AppWizard[dll] : Windows CE DLL 제작을 위한 MFC 프로젝트를 생성한다.
- WCE MFC AppWizard[exe] : Windows CE 실행프로그램 제작을 위한 MFC 프로젝트를 생성한다.
- WCE Static Library : 실행파일을 만들때 실행파일 안에 포함되는 객체, 함수, 데이터를 가진 Windows CE 정적 라이브러리용 프로젝트를 생성한다.

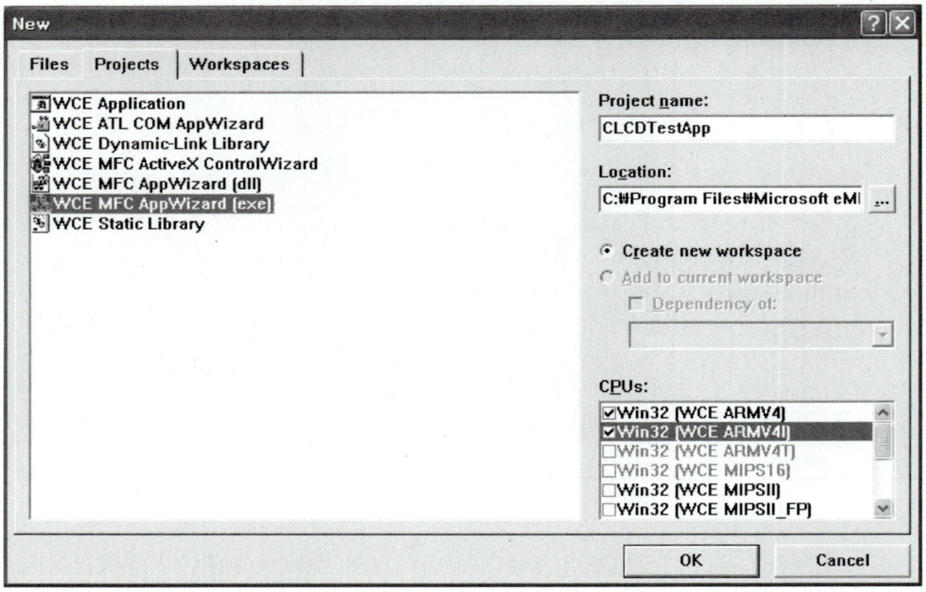

3 다음은 작성할 프로그램의 형태를 선택하는 창으로, 다음과 같이 "Dialog based"를 선택하고 사용할 언어로 "영어"를 선택한 후 "Next"를 클릭한다. 작성할 응용프로그램이 한국어를 지원하려면 "한국어"를 선택하면 된다. 하지만, 한국어가 지원되려면 타깃보드에 탑재된 운영체제가 한글과 해동 한글폰트, 라이브러리 등을 지원해 주어야 한다.

응용프로그램 유형은 다음과 같다.

- Single document : 현재 작성하던 문서를 감춘 다음에, 메모리에서 작성하던 문서를 삭제하는 과정을 거치지 않고, 바로 새로운 문서를 읽어들인다. 이 방식을 사용하면 속도가 느린 외부 저장장치를 액세스하거나, 새로운 메모리 공간을 준비할 필요가 없어서 응답속도가 중요한 기기의 응용프로그램 개발시 적합하다.
- Dialog based : 이 인터페이스를 가진 응용프로그램은 내부적으로 문서 템플릿을 가지고 있지 않으며, 이 인터페이스는 입력즉시 반응이 오는 방식의 응용프로그램에 적합하다.

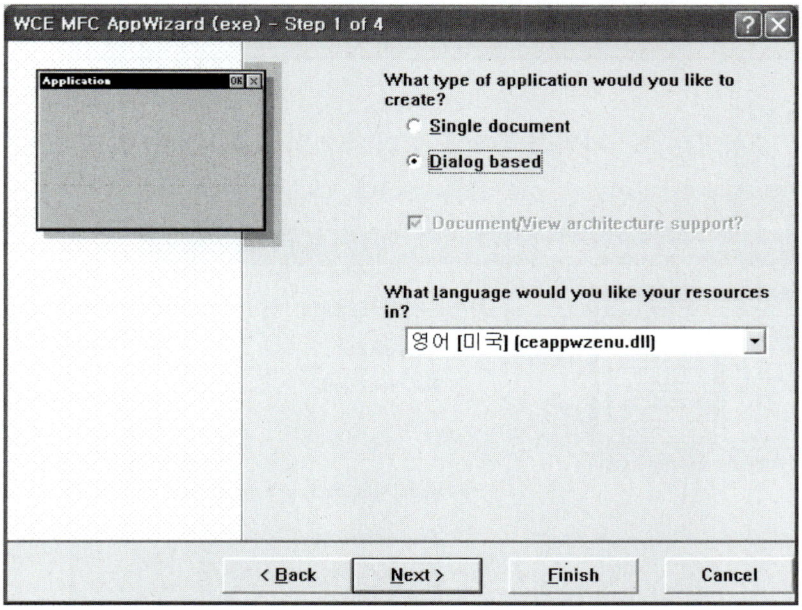

④ 다음은 생성할 응용프로그램에 어떤 요소를 추가할 것인지를 선택하고, 다이얼 로그의 이름을 입력하는 창이다. 다음과 같이 선택한 후 "Next"를 누른다.

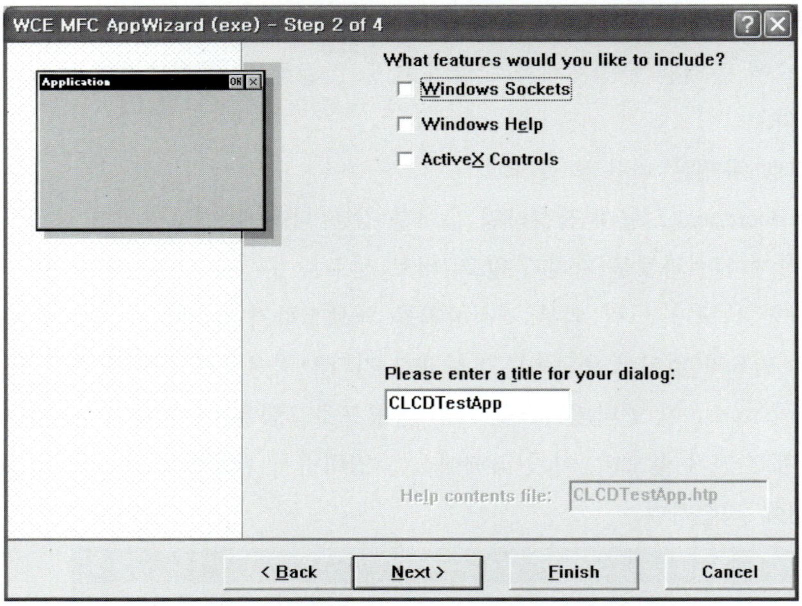

⑤ 다음은 생성되는 소스파일에 주석을 미리 추가할 것인지, MFC 라이브러리를 어떤 방식으로 사용할 것인가를 선택하는 창이다. 다음과 같이 선택한 후 버튼을 누른다.

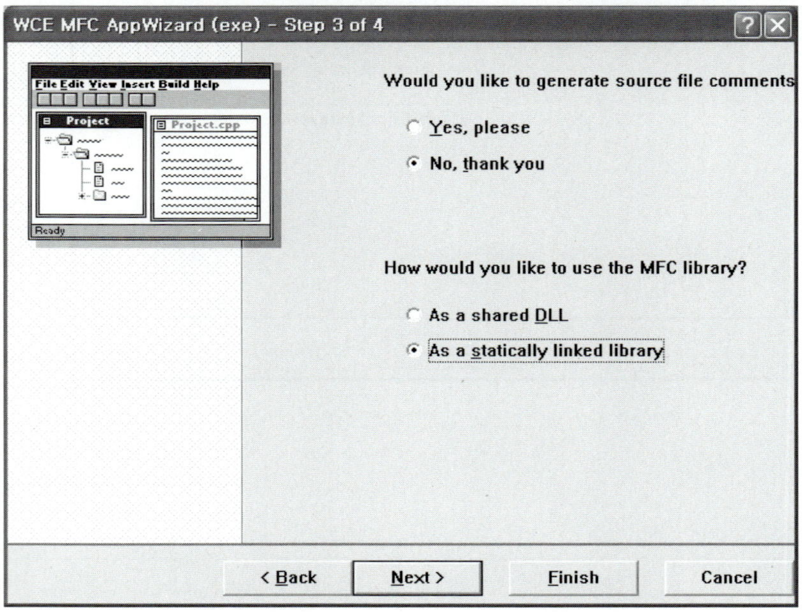

MFC 라이브러리의 이해는 다음과 같다.

- As a sharde DLL : 공유 DLL 형태의 MFC 라이브러리를 선택하였다면, 운영체제에 이미 응용프로그램이 사용하는 MFC 라이브러리들이 설치되어 있어야 응용프로그램이 정상적으로 작동한다. 완성된 응용프로그램의 전체적인 크기가 작아지는 장점이 있다.
- As a statically linked library : 정적 라이브러리를 선택하였다면 응용프로그램이 빌드될 때 필요한 정적라이브러리를 함께 컴파일하여 해당 프로그램의 코드 내에 포함한다. 완성된 응용프로그램의 전체적인 크기가 커지는 단점이 있지만, 시스템의 라이브러리의 지원 없이 내부 코드만으로 응용프로그램이 작동한다.

6 다음은 프로젝트에서 생성할 클래스에 대한 정보를 개발자가 설정할 수 있는 창으로, Document/View 이중 구조기반의 프로젝트일 경우 View 클래스의 기반 클래스까지도 변경할 수 있지만, 대화상자 기반의 프로젝트에서는 클래스의 이름만 변경할 수 있다. 다음과 같이 선택한 후 "Finish"를 누른다.

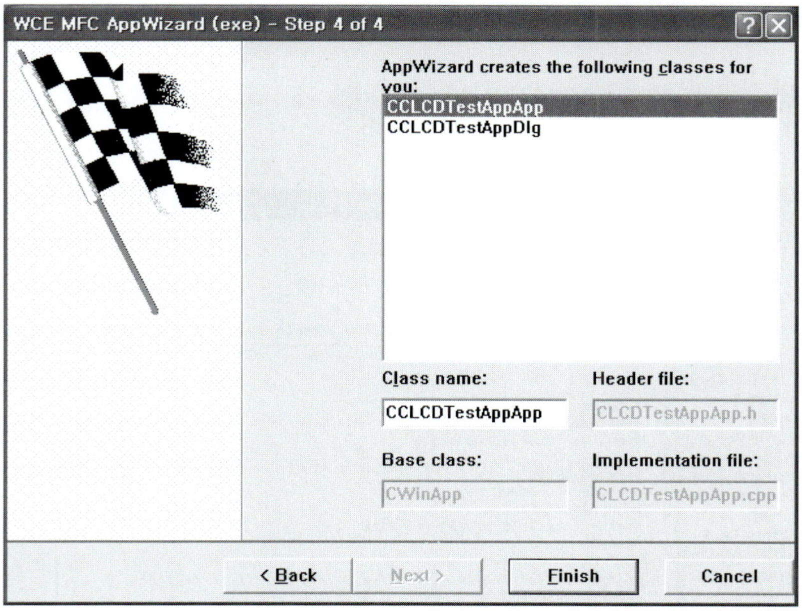

9장

7 다음은 지원하는 CPU, 생성할 파일의 목적, 부가기능, 프로젝트 디렉토리를 확인할 수 있는 창으로, "OK"를 누르면 이 설정된 데이터를 가지고 응용프로그램의 소스코드를 생성한다.

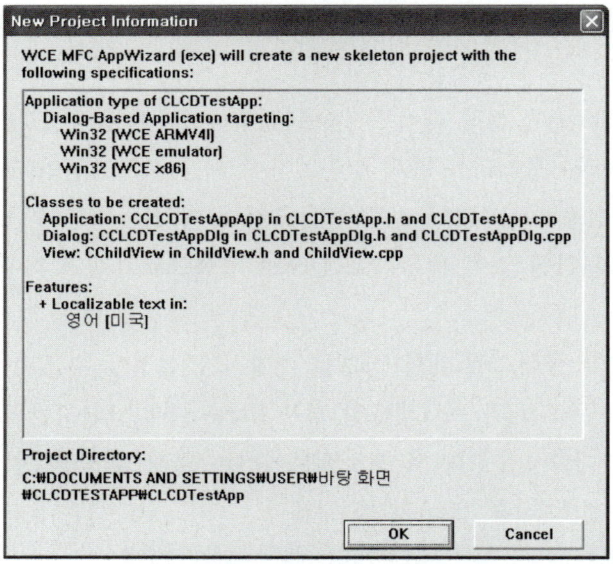

8 MFC AppWizard를 끝마치면 다음과 같이 생성된 파일들과 소스코드를 확인할 수 있다.

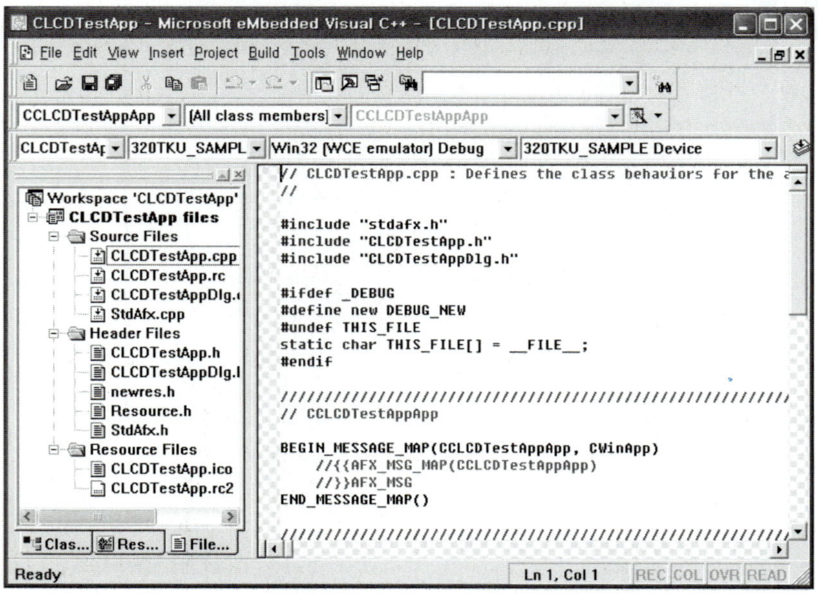

CLCDTestApp 프로젝트를 구성하고 있는 파일들에 대해 살펴보면 다음과 같다.

[표 9-2] 프로젝트 구성하는 있는 파일

파일이름	파일내용
CLCDTestApp.cpp	CLCDTestApp 클래스 정의 파일로서, 응용프로그램에서 가장 기초가 되는 전역적인 정보들이 포함되어 있다.
CLCDTestApp.cpp	리소스 스크립트 파일(Resource Script File)로서 메뉴, 아이콘, 비트맵, 대화상자들을 포함하고 있으며, 이 파일은 RC라는 이름의 리소스 컴파일러로 컴파일하여 사용하는데, 이 파일을 컴파일하면 리소스 파일 CLCDTest App.res 파일이 생성된다.
CLCDTestAppDlg.cpp	CLCDTestAppDlg 클래스 정의 파일로서 . 대부분의 대화상자 관련 응용프로그램은 이 파일을 수정하여 기능을 추가한다.
StdAfx.cpp	StdAfx.h 파일을 컴파일하기 위한 소스파일로서, 이 파일을 컴파일하면 CLCDTestApp.pch 파일이 생성되고, 추가적으로 StdAfx.obj라는 오브젝트 파일이 생성된다. 오프젝트 파일은 링크시에 CLCDTestApp.pch 파일을 참조한다.
CLCDTestApp.h	CLCDTestApp 클래스 선언파일
CLCDTestAppDlg.h	CLCDTestAppDlg 클래스 선언파일
newres.h	리소스 파일에서 읽어들이는 헤더파일
Resource.h	리소스 헤더파일(Resource Header File)로서, 리소스에서 자동으로 부여되는 ID를 #define 방식으로 포함하고 있으며, 소스 내부에서 문자형식으로 되어 있는 리소스를 컴파일러가 알 수 있는 숫자형식으로 변경해주어 컴파일할 수 있게 해준다.
CLCDTestApp.ico	아이콘 파일로서, 기본적으로 16색상의 아이콘이 포함되어 있으며, 16×16 크기의 아이콘 리소스와 32×32 크기의 아이콘 리소스가 하나의 파일 안에 같이 들어 있다.
CLCDTestApp.rc2	리소스 에디터로 편집할 수 없는 외부 리소스에 대한 정보를 가지고 있다.

9 다음과 같이 소스코드를 작성한다. 자세한 소스코드는 제공된 CD의 소스코드를 참조한다.

- **CLCDTestApp.cpp**

```
CCLCDTestAppApp::CCLCDTestAppApp() : CWinApp()
{
        // TODO: and construction code here,
        // Place all significant initialization in Initstance
}
```

CLCDTestAppApp() 함수는 CCLCDTestAppApp 클래스의 생성자로서, 이 생성자는 클래스를 생성하는 일 이외에는 아무런 역할도 하지 않는다.

```
BOOL CCLCDTestAppApp::InitInstance()
{
        // Standard initialization
        // If you are not using these features and wish to reduce the size
        // of your final executable, you should remove from the following
        // the specific initialization routines you do not need

        CCLCDTestAppDlg dlg;
        m_pMainWnd = &dlg;
        int nResponse = dlg.DoModal();
        if (nResponse == IDOK)
        {
        // TODO : Place code here to handle when the dialog is
          // dismissed with OK
        }
        else if (nResponse == IDCANCEL)
        {
             // TODO : Place code here to handle when the dialog is
          // dismissed with Cancel
        }
  // Since the dialog has been closed, return FALSE so that we exit the
   // application, rather than start the application's message pump.
        return FALSE;
}
```

InitInstance() 함수는 응용프로그램의 인스턴스를 초기화하는 함수로서, 내부적으로 대화상자 클래스인 CCLCDTestAppDlg 클래스를 정의하고 이 클래스를 응용프로그램의 메인 윈도우를 가리키는 포인터인 m_pMainWnd와 연결하고 있다. MFC가 사용자의 클래스를 조작할 수 있도록 메인 윈도우와 대화상자 클래스를 연결하며, 사용자는 CCLCD TestAppDlg 클래스를 조작하고, 시스템은 m_pMainWnd를 조작한다. 그 다음 대화상자를 DoModall() 함수를 사용하여 호출한다. DoModal() 함수는 대화상자에서 "OK" 를 누를 때 반환하는 "IDOK"와 "Cancel"을 누를 때 반환하는 "IDCANCEL" 라는 2가지 반환값을 가지고 있다.

- CLCDTestAppDlg.cpp

```
CCLCDTestAppDlg::CCLCDTestAppDlg(CWnd* pParent /*=NULL*/)
        : CDialog(CCLCDTestAppDlg::IDD, pParent)
{
        //{{AFX_DATA_INIT(CCLCDTestAppDlg)
        m_strCLCD = _T(" " );
        //}}AFX_DATA_INIT
                m_hFile = NULL;
        // NOTE: the ClassWizard will add member initialization here
        m_hIcon = AfxGetApp()→LoadIcon(IDR_MAINFRAME);
}
```

CCLCDTestAppDlg() 함수는 CCLCDTestAppDlg 클래스의 생성자이다. AFX_DATA_INT로 둘러싸인 부분은 ClassWizard를 사용하여 변수를 추가할 경우에 ClassWizard가 자동으로 변수의 초기화 부분을 삽입해 주는 부분이다.

m_hIcon로 시작하는 부분은 대화상자의 아이콘을 설정해 주는 부분으로 m_hIcon 맴버변수는 대화상자의 아이콘을 가리키는 핸들이며, 이 핸들에 IDR_MAINFRAME이라는 ID를 가진 아이콘을 연결해 준다. AfxGetApp() 함수는 응용프로그램의 클래스인 CCLCDTestAppApp()의 포인터를 얻어온다.

```
void CCLCDTestAppDlg::DoDataExchange(CDataExchange* pDX)
{
        CDialog::DoDataExchange(pDX);
        //{{AFX_DATA_MAP(CCLCDTestAppDlg)
        DDX_Text(pDX, IDC_EDIT_LCD, m_strCLCD);
        //}}AFX_DATA_MAP
}
```

DoDataExchange() 함수는 대화상자의 데이터를 교환하기 위한 함수로서 대화상자에 데이터를 교환할 수 있는 컨트롤을 추가하고, 변수를 연결해 주면 ClassWizard가 알아서 내용을 추가해 준다.

```
BOOL CCLCDTestAppDlg::OnInitDialog()
{
        CDialog::OnInitDialog();
        SetIcon(m_hIcon, TRUE);                          // Set big icon
        SetIcon(m_hIcon, FALSE);                    // Set small icon
        OpenCLCD();
        CenterWindow(GetDesktopWindow());     //center to the hpc screen

        return TRUE; // return TRUE unless you set the focus to a control
}
```

OnInitDialog() 함수는 대화상자가 생성될 때 발생하는 WM_INITDIALOG 메시지에 대한 핸들러 함수이다. 함수의 내용을 살펴보면 먼저 CDialog의 CDialog::OnInitDialog() 핸들러를 호출하여 초기화 작업을 한 후, SetIcon() 함수를 이용하여 CCLCDTestAppDlg 생성자에서 읽어들였던 아이콘 리소스를 대화상자의 기본 아이콘으로 설정한다.

CenterWindow() 함수는 생성할 윈도우를 전체화면 중간에 위치시키는 함수이다.

```
void CCLCDTestAppDlg::OnBtnSend()
{
        UpdateData();
        WriteCLCD(m_strCLCD);
}
```

OnBtnSend() 함수는 응용프로그램에서 "Send" 버튼을 눌렀을 때 실행되는 함수로서, UpdateDate() 함수와 WirteCLCD() 함수를 호출한다. UpdateData() 함수는 대화상자에 종속된 컨트롤의 값을 초기화하거나 데이터를 읽고 저장하는 함수이고, WriteCLCD() 함수는 Character LCD에 데이터를 표시하기 위한 함수이다.

```
void CCLCDTestAppDlg::OnBtnHybus()
{
    CString str = L"Hybus!! Education Board";
        m_strCLCD = str.Left(16);
        m_strCLCD += "\r\n" + str.Mid(16);
        UpdateData(FALSE);
```

```
        WriteCLCD(str);
}
```

OnBtnHybus() 함수는 응용프로그램에서 "Hybus Education Board" 버튼을 눌렀을 때 실행되는 함수로서, CharcterLCD에 "Hybus!! Education Board"라는 문구를 표시한다.

```
void CCLCDTestAppDlg::OnBtnWince()
{
        CString str = L "Windows CE 5.0 \r\n FPGA Board" ;
        m_strCLCD = str;
        UpdateData(FALSE);
        WriteCLCD(str);
}
```

OnBtnWince() 함수는 응용프로그램에서 "Windows CE 5.0 FPGA Board" 버튼을 눌렀을 때 실행되는 함수로서, Character LCD에 "Windows CE5.0 FPGA Board"라는 문구를 표시한다.

```
void CCLCDTestAppDlg::OnBtnClear()
{
        CString str = L "   " ;
        m_strCLCD = str;
        UpdateData(FALSE);
    WriteCLCD(str);
}
```

OnBtnClear() 함수는 응용프로그램에서 "CLEAR" 버튼을 눌렀을 때 실행되는 함수로서, Character LCD에 표시되어 있는 문구를 지운다.

```
BOOL CCLCDTestAppDlg::OpenCLCD()
{
        m_hFile = CreateFile(TEXT( "LCD1:" ), //Open LCD1
        GENERIC_WRITE,          //Open form writing
          0,                                //Do not share
          NULL,             //No security
```

```
            OPEN_EXISTING,        //Open or create
            FILE_ATTRIBUTE_NORMAL,  //Normal file
            NULL);
    if(m_hFile == (HANDLE)-1)
        {
        ::MessageBox(NULL,_T( "Cannot  open  LCD1:" ),_T( "2Line  Character  LCD" ),
MB_OK);
                return FALSE;
        }
        return TRUE;
}
```

OpenCLCD() 함수는 Character LCD 디바이스 드라이버를 열기 위해 CreateFile() 함수를 호출한다. CreateFile() 함수는 파일을 새로 만들거나 기존의 파일 또는 장치를 열 때 사용되는 함수로서 함수에 대해 살펴보면 다음과 같다.

```
Prototype
HANDLE CreateFile(
        LPCTSTR lpFileName,
        DWORD dwDesiredAccess,
        DWORD dwShareMode,
        LPSECURITY_ATTRIBUTES lpSecurityAttributes,
        DWORD dwCreationDispostion,
        DWORD dwFlagsAndAttributes,
        HANDLE TemplateFile
);
```

첫 번째 lpFileName 매개변수는 새로 만들거나 여는 파일의 이름으로 OpenCLCD() 함수에서는 매개변수로 Character LCD 디바이스 드라이버명인 TEXT("LCD1:")을 지정하였다. 두 번째 dwDesiredAccess 매개변수는 액세스 권한을 나타내며, OpenCLCD() 함수에서는 매개변수로 쓰기 액세스 요청할 때 사용하는 "GENERIC_WRITE" 라는 플래그를 지정하였다. 세 번째 dwShareMode 매개변수는 다른 프로세서에 허가할 수 있는 액세스 권한을 나타내며, OpenCLCD() 함수에서는 '0'으로 지정하여 공유할 수 없도록 하였다. 네 번째 lpSecurityAttributes 매개변수는 윈도우즈 CE에서는 지원하지 않으므로 "NULL"로 설정한다. 다섯 번째 dwCreationDispostion 매개변수는 파일이나 장치를 열거나 새로 만드는 방법을 나타내며, OpenCLCD() 함수에서는 "OPEN_EXISTING"로 지정하여 기본 장치나 파일을 열도록 하였다. 여섯 번째 dwFlagsAndAttributes 매개변수는 새로 만들어지는 파일의 속성 플래그를 지정하고 세부적인 작업내용을 지시하고자 사용하는 매개변수로, OpenCLCD() 함수에서는 "FILE_ATTRIBUTE_NORMAL"로 설정하여 디폴트 속성으로 설정하였다. 마지막 hTemplateFile 매개변수는 윈도우즈 CE에서는 지원하지 않으므로 "NULL"로 설정한다.

```
void CCLCDTestAppDlg::WriteCLCD(CString str)
{
        str.Remove('\r');

        if(m_hFile)
        {
                DWORD size;
                CHAR buff[33] = {0};

                WideCharToMultiByte(CP_ACP,0,str,-1,buff,33,NULL,NULL);
                WriteFile(m_hFile,buff,strlen(buff),&size,NULL);
        }
}
```

WriteCLCD() 함수는 Character LCD에 문자를 표시하고자 WriteFiel() 함수를 호출하며, WideCharToMultiByte() 함수를 호출한다. WideCharToMultiByte() 함수는 Unicode 문자열을 다중 바이트 문자열로 변환해 주는 함수이다.

WriteFiel() 함수는 파일을 쓰고자 할 때 사용하는 함수로서 함수에 대해 살펴보면 다음과 같다.

```
Prototype
BOOL WriteFile(
    HANDLE hFile,
    LPCVOID lpBuffer,
    DWORD nNumberOfBytesToWrite,
    LPDWORD lpNumberOfBytesWrtiten,
    LPOVERLAPPED lpOverlapped
);
```

9장

첫 번째 hFile 매개변수는 열려 있는 파일의 핸들을 지정하며, 두 번째 lpBuffer 매개변수는 파일에 기록할 데이터를 포함하는 버퍼에 대한 포인터를 지정한다. 세 번째 nNumberOfByteToWrite 매개변수는 파일에 쓰기를 할 바이트 단위의 크기를 지정하며, 네 번째 lpNumberOfBytesWritten 매개변수는 실제로 쓰인 바이트 숫자를 받을 DWORD에 대한 포인터를 지정한다. 마지막 lpOverlapped 매개변수는 윈도우즈 CE에서는 지원하지 않으므로 "NULL"로 설정한다.

```
void CCLCDTestAppDlg::CloseCLCD()
{
        CloseHandle(m_hFile);
}
```

CloseCLCD() 함수는 Character LCD 디바이스 드라이버를 닫기 위해 CloseHandle() 함수를 호출한다.

```
void CCLCDTestAppDlg::OnClose()
{
        CDialog::OnClose();
}
```

OnClose() 함수는 응용프로그램에서 상단에 있는 "X" 버튼을 눌렀을 때 실행되는 함수로서 응용프로그램을 종료시킨다.

• 다음은 작성한 프로젝트를 빌드하는 방법에 대해 기술하였다. 이번 실습은 미리 작성되어 CD로 제공된 프로젝트를 이용한다. 프로젝트를 빌드하기 위해 CD로 제공된 프로젝트를 하드 디스크의 적당한 위치에 복사한다.

① 미리 작성된 프로젝트를 열기 위해 메뉴에서 File → Open Workspace...를 선택한다.

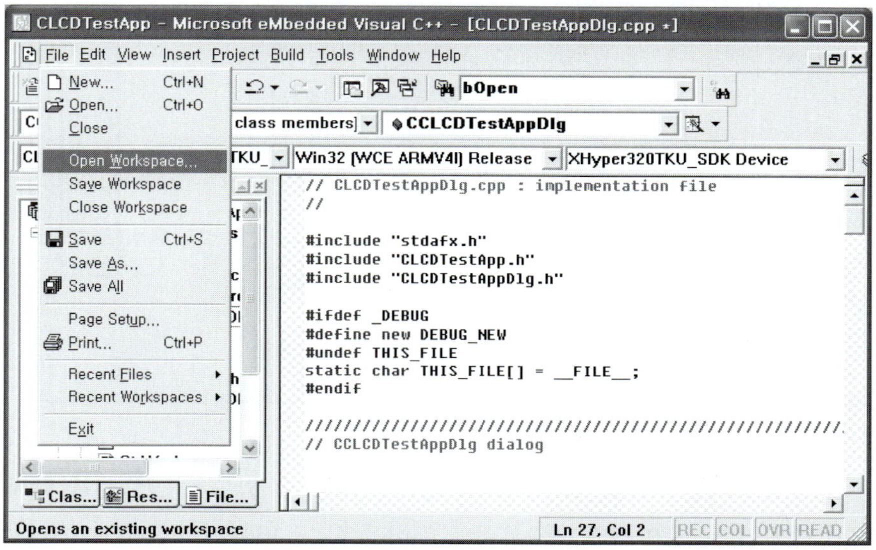

② 해당 디렉토리로 이동 후 "CLCDTestApp.vcw" 파일을 선택한다.

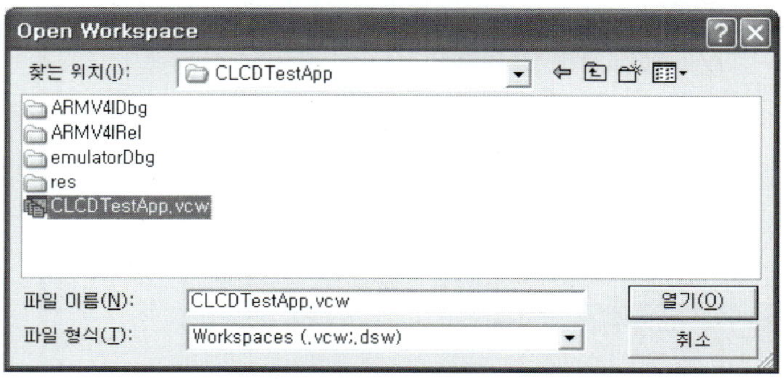

③ 프로젝트를 열면 다음과 같은 화면을 확인할 수 있다.

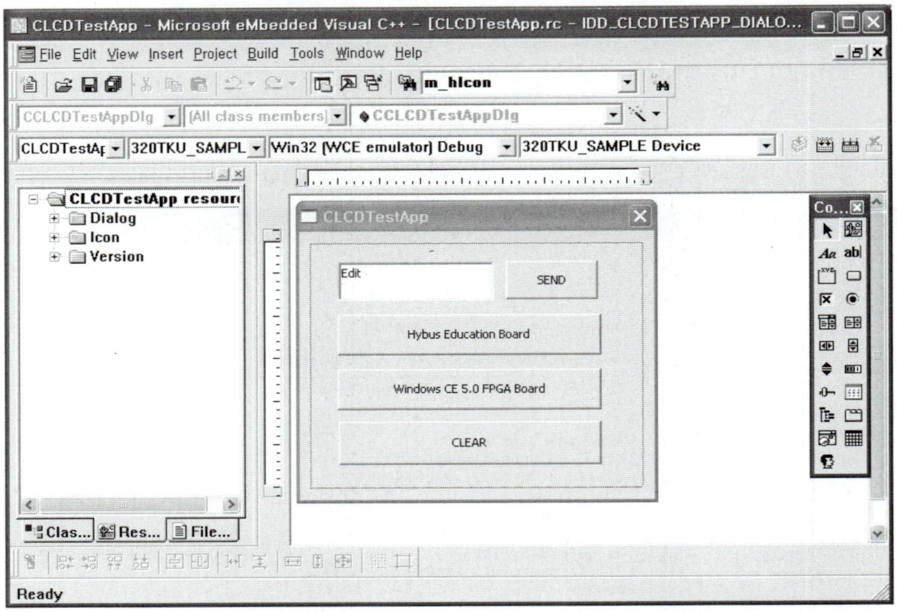

④ 작성한 응용프로그램이 X-Hyper320TKU에서 작동될 수 있도록 빌드하기 위해 앞에서 설치한 "X-Hyper320_SDK"를 선택해 주어야 한다. 메뉴에서 Build→Set Active Platform...를 선택한다.

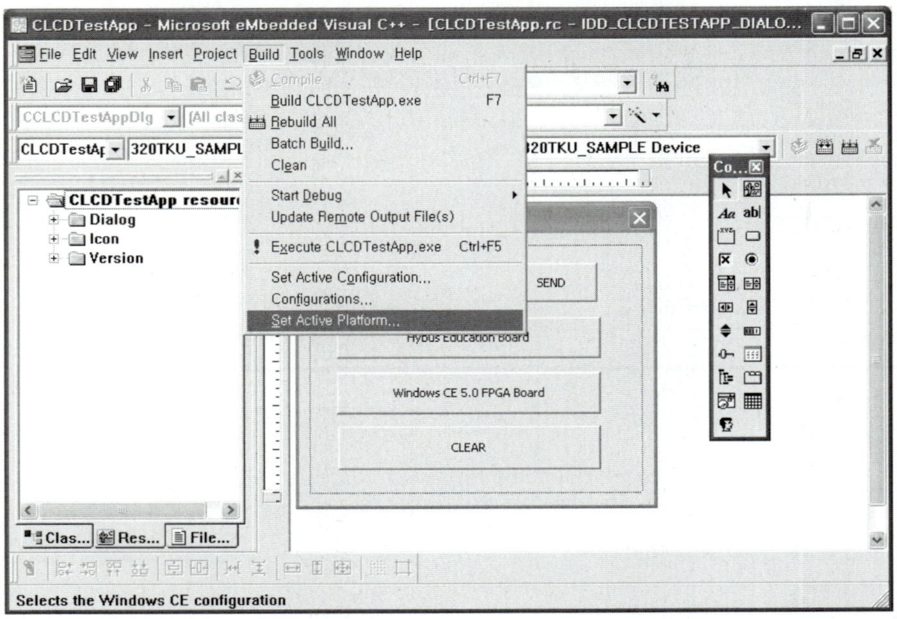

5 Set Active Platform에서 앞의 실습에서 설치한 "XHyper320TKU_SDK"를 선택한다.

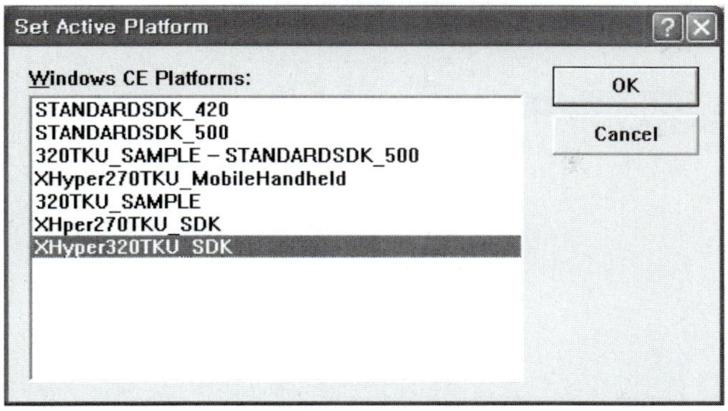

6 다음은 작성한 프로젝트를 Release 모드로 빌드하기 위해 메뉴에서 Build → Set Active Configuration...를 선택한다.

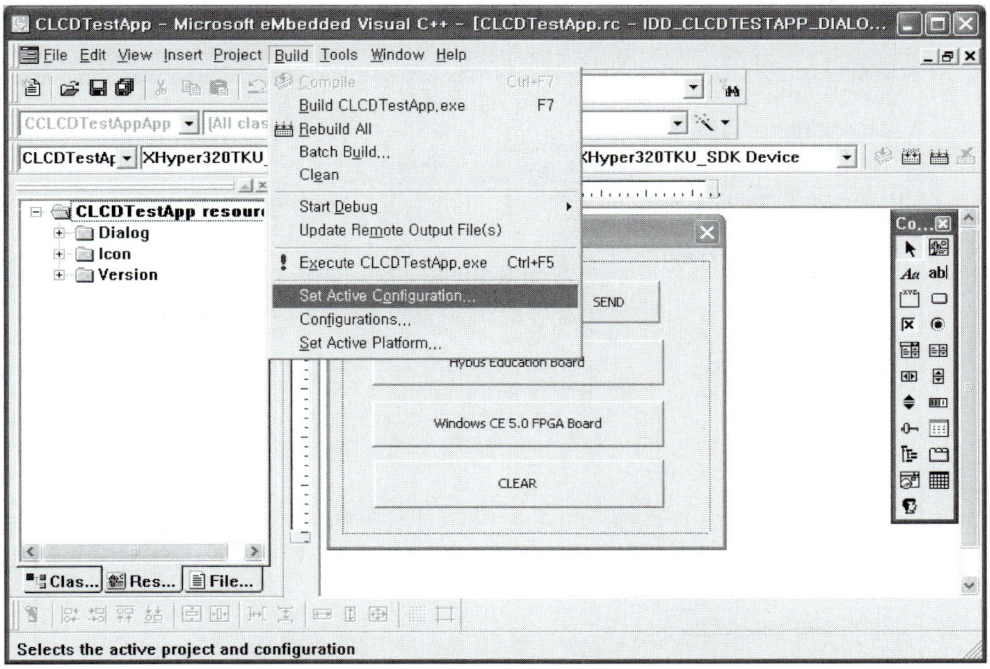

⑦ Set Active Project Configuration에서 "Win32 [WCE ARMV4I] Release"를 선택한다.

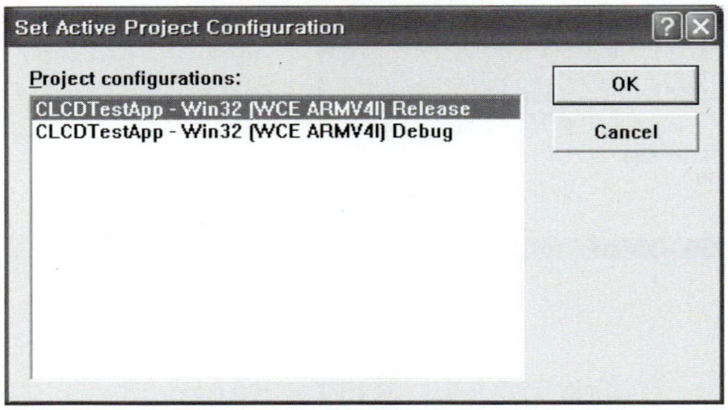

⑧ 작성한 프로젝트를 빌드한 후 자동으로 ActiveSync를 이용하여 실행파일이 다운로드되도록 호스트 컴퓨터의 USB 포트와 타깃보드를 USB 케이블로 연결한 후 메뉴에서 Build→Rebuild All를 선택한다.

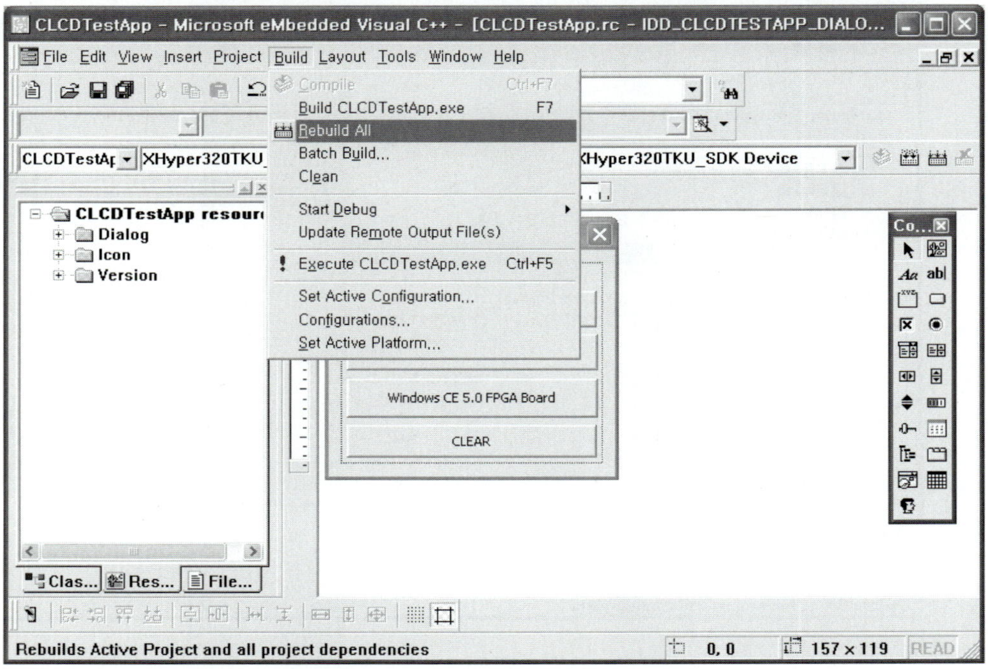

⑨ 빌드가 완료되면 자동으로 ActiveSync 연결을 시도한다.

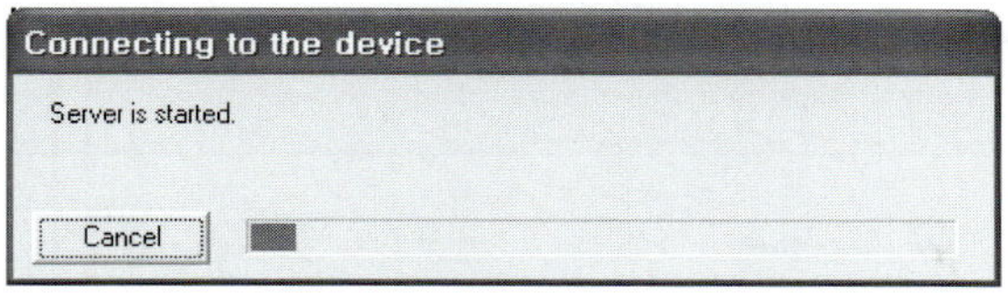

⑩ 타깃보드(X-Hyper320-TKU)를 부팅한 후 바탕화면의 "My Device" 아이콘을 더블 클릭한다.

⑪ "My Device" 아이콘을 더블클릭하면 다음과 같이 "CLCDTestApp.exe" 파일이 타깃보드에 다운로드되어 있는 것을 확인할 수 있다.

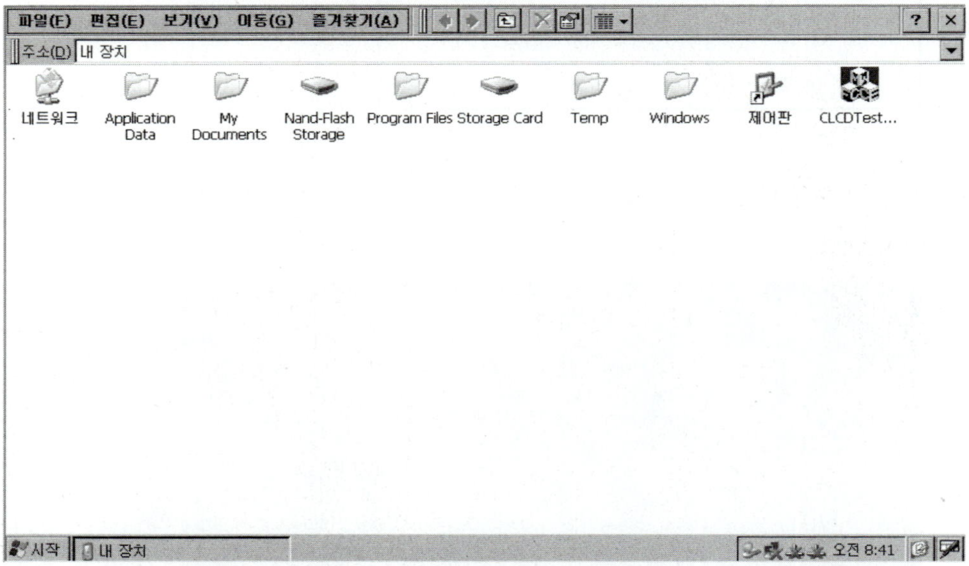

⑫ "CLCDTestApp.exe" 실행파일을 더블클릭하면 다음과 같이 CLCD 테스트 응용프로그램이 실행된다.

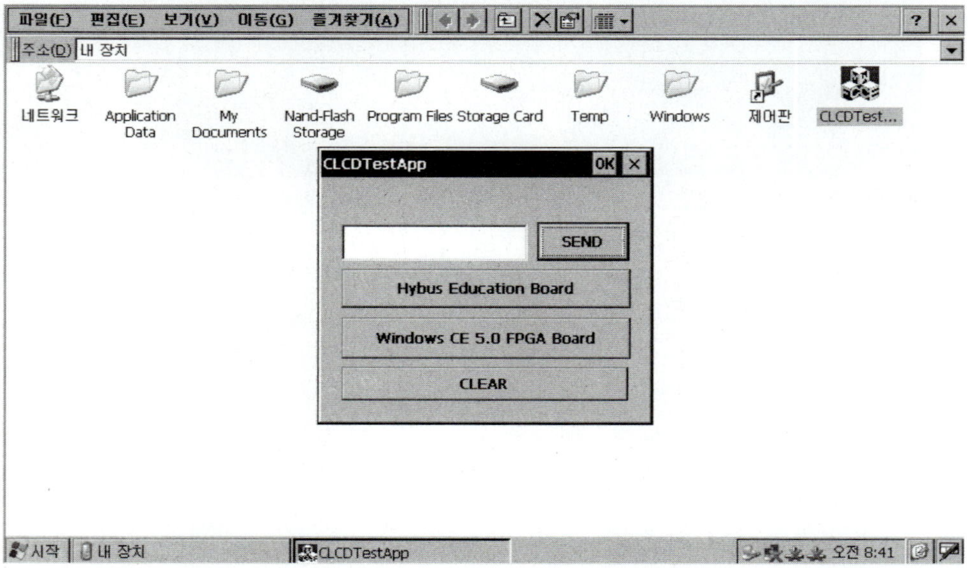

⑬ eVC++에서 작성한 프로젝트를 빌드한 후 메뉴에서 Build → Execute CLCDTestAPP.exe를 선택하면 한 번에 타깃보드에서 CLCD 테스트 응용프로그램을 실행시킬 수 있다.

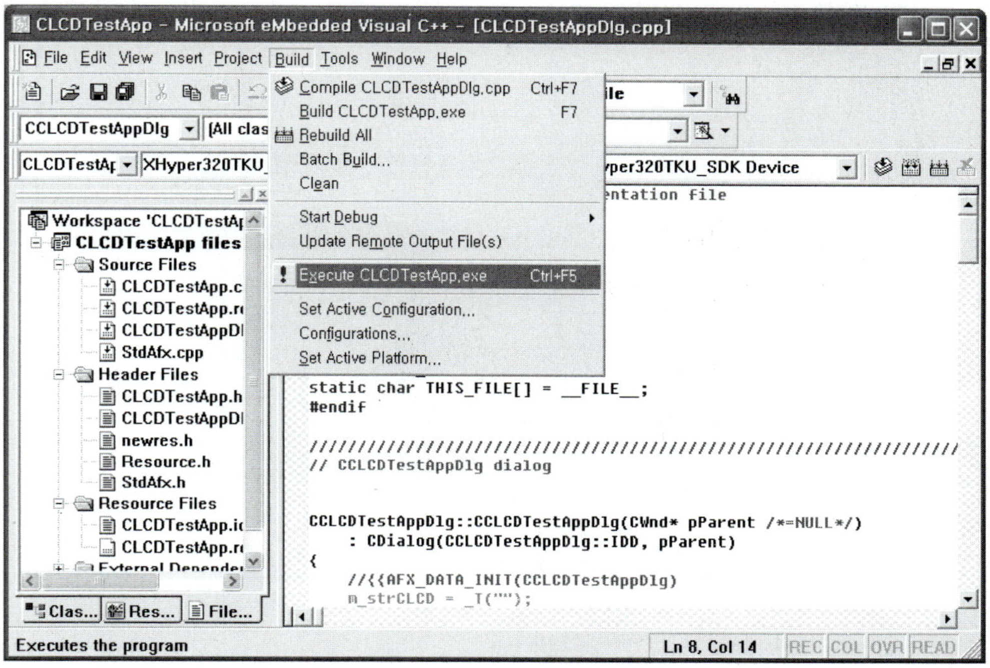

2 eVC++ 응용과 에뮬레이터

작성한 응용프로그램을 수정할 때 마다 계속 타깃보드에 다운로드하면서 디버깅하는 것은 불편한 작업이다. 따라서 작성한 응용프로그램을 호스트 컴퓨터에서 동작하는 Windows CE 5.0 에뮬레이터에 다운로드하면서 디버깅하는 것이 편리하다. 하지만, 타깃보드의 장치들을 제어하는 응용프로그램은 Emulatorfmf 이용하면 제대로 작동하지 않는다. 그 이유는 에뮬레이터(Emulator)가 지원하는 개발환경에 제한이 있기 때문이다. 호스트 컴퓨터에서 동작하는 Windows CE 5.0 에뮬레이터를 사용하려면 "Windows CE 5.0 Standard Software Development Kit(SDK)"를 설치해야 한다.

(1) SDK 다운로드

다음은 "Windows CE 5.0 Standard Software Development Kit(SDK)"를 마이크로소프트 웹사이트에서 다운로드받는 방법에 대해서 기술하였다.

1 먼저 아래의 웹사이트 주소로 접속한 후 "Search" 항목에 "Standard SDK 5.0"이라고 입력한다. (반드시 영문 홈페이지로 접속한다.)
(http://www.microsoft.com/downloads/)

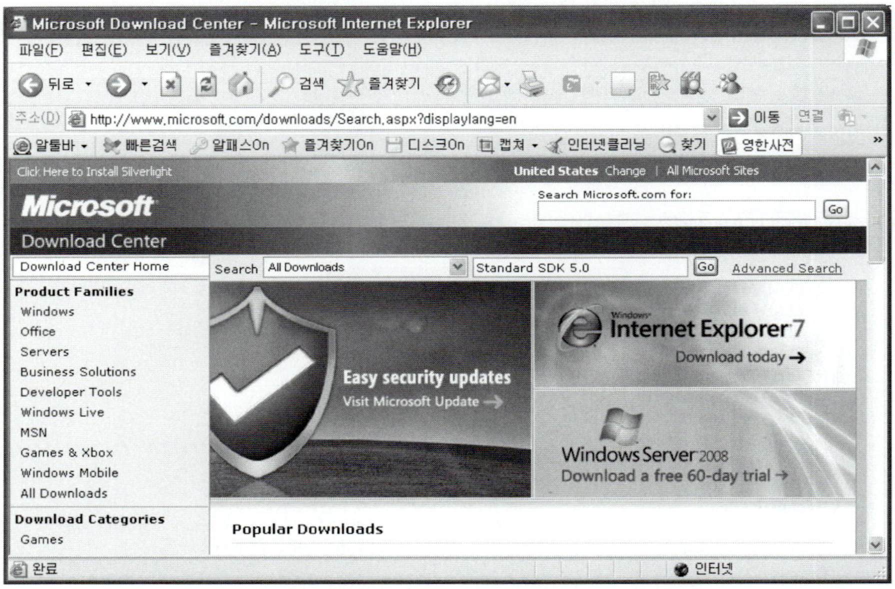

2 검색된 항목 중에 "Windows CE 5.0 : Standard Software Development Kit(SDK)" 항목을 선택한다.

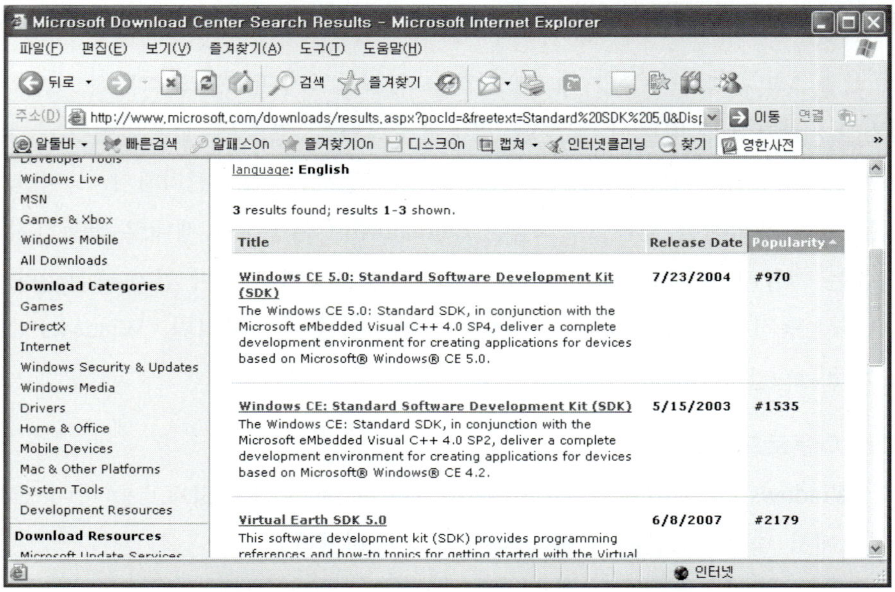

③ “Download”를 눌러 “Windows CE 5.0 : Standard Software Development Kit(SDK)”을 다운로드받도록 한다.

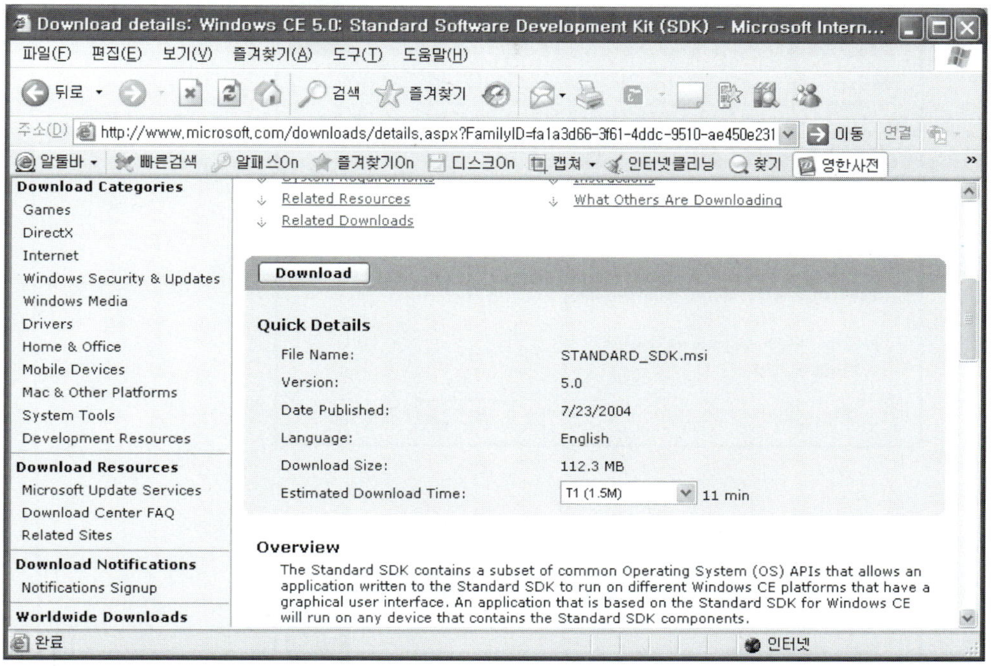

④ 다운로드받은 실행파일을 실행시키면 다음과 같이 SDK 설치가 시작된다. “Next”를 눌러 다음 과정을 진행한다.

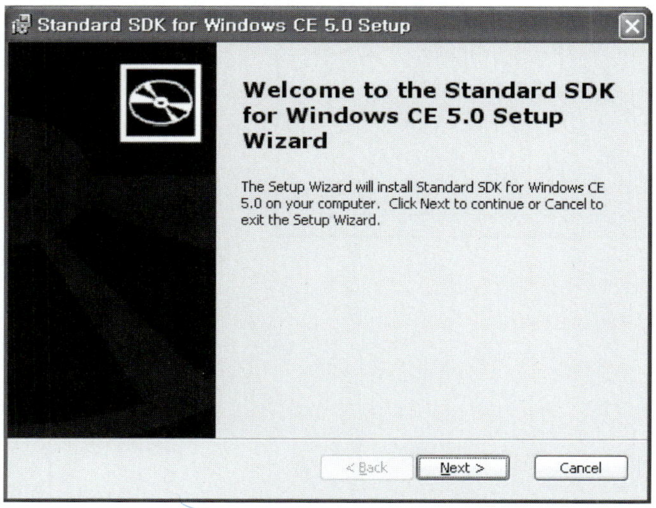

5 라이선스 문서에 동의하고 "Next"를 눌러 다음 과정을 진행한다.

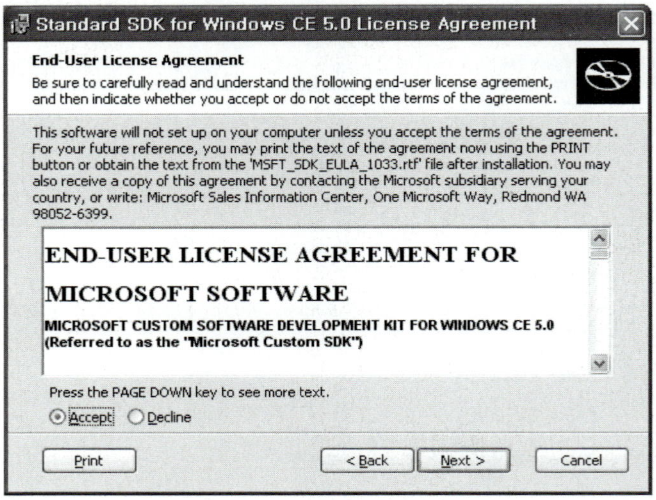

6 사용자 정보를 입력한 후 "Next"를 눌러 다음 과정을 진행한다.

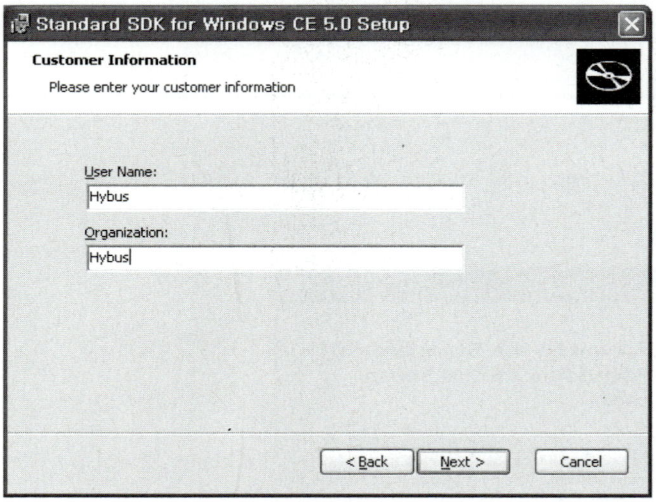

⑦ 다음은 SDK를 어떠한 형태로 설치할지 선택하는 창으로 "Custom"을 선택한다.

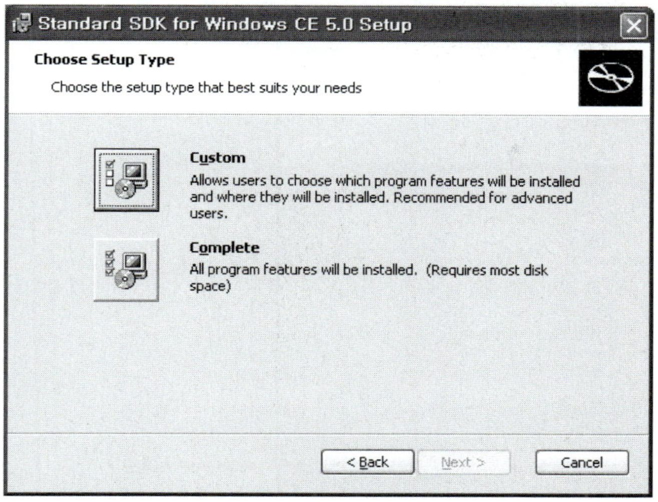

⑧ 설치할 요소들과 설치할 디렉토리를 선택해 준다.

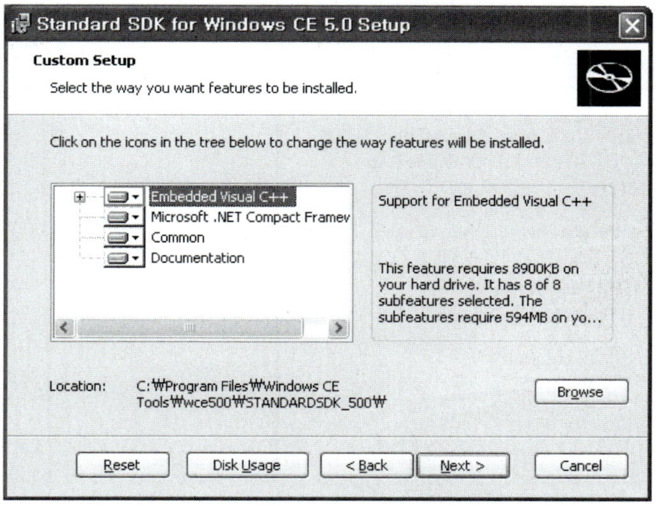

9장

⑨ “Install”을 눌러 SDK를 설치한다.

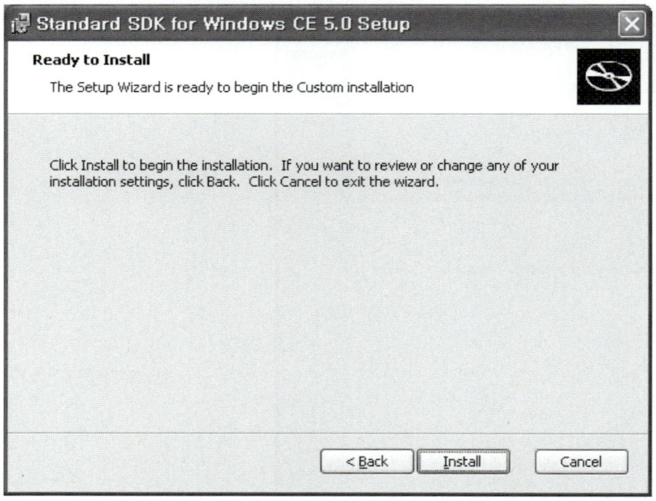

⑩ 성공적으로 SDK의 설치가 완료되면 다음과 같은 화면을 볼 수 있다. “Finish”를 눌러 설치를 끝마친다.

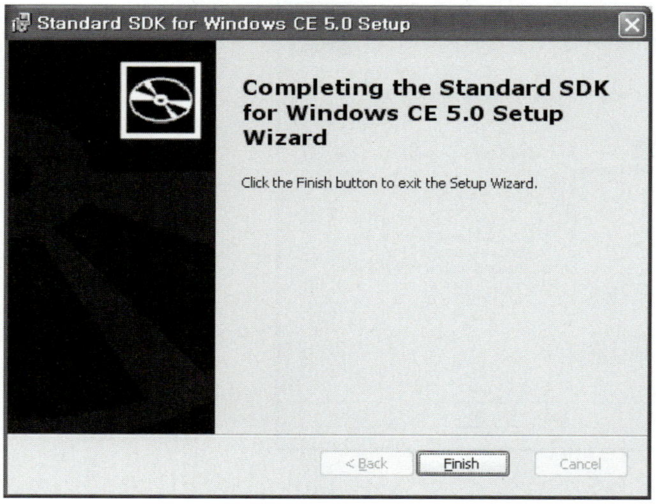

(2) SDK 설치확인

SDK가 제대로 설치가 되었다면 eVC++를 이용하여 확인해 볼 수 있다. 다음은 SDK가 제대로 설치가 되었는지 확인하는 방법에 대해 기술하였다.

① eVC++ 프로그램을 실행시킨 후 메뉴에서 Tools→Configure Platform Manager..를 선택한다.

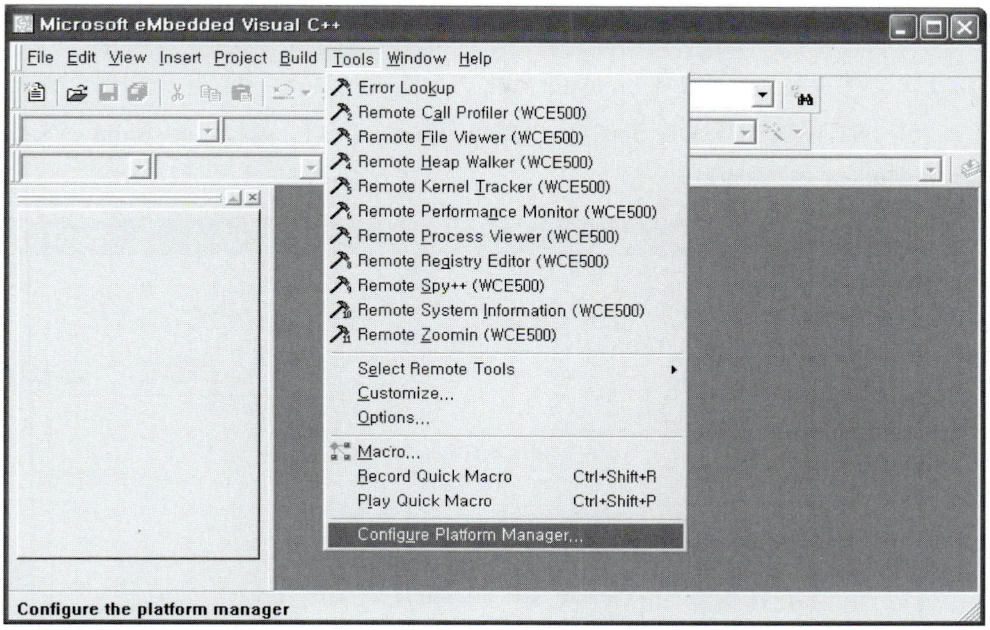

② Configure Platform Manager를 실행시키면 다음과 같은 화면을 확인할 수 있다. “STANDARDSDK_500 Emulator”라는 항목이 있는지 확인한다.

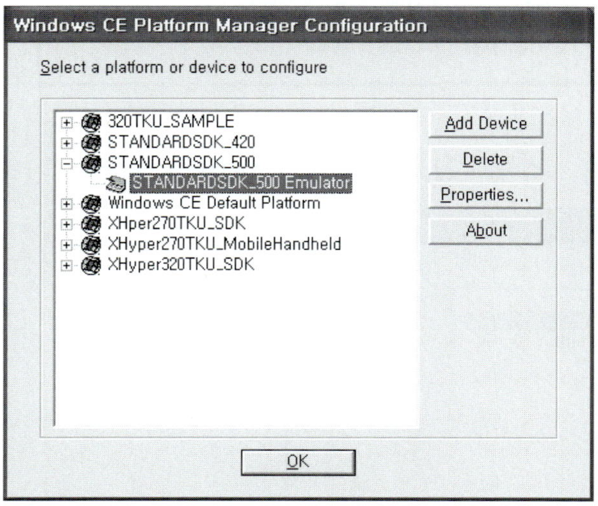

9장

(3) 응용프로그램 다운로드

다음은 작성한 응용프로그램을 Emulator에 다운로드하는 방법에 대해 기술하였다.

1. 작성한 응용프로그램이 Emulator에서 작동될 수 있도록 빌드하기 위해 앞에서 설치한 "STANDARDSDK_500"을 선택해 주어야 한다. 메뉴에서 Build → SetActive Platform..를 선택한다.

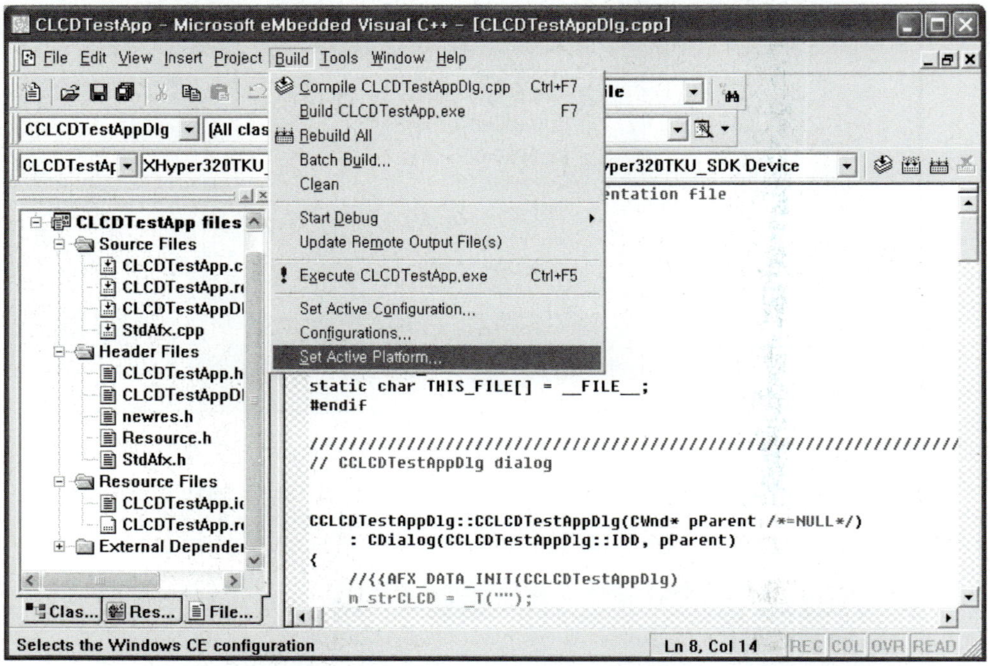

2. Set Active Platform에서 앞의 실습에서 설치한 "STANDARDSDK_500"을 선택한다.

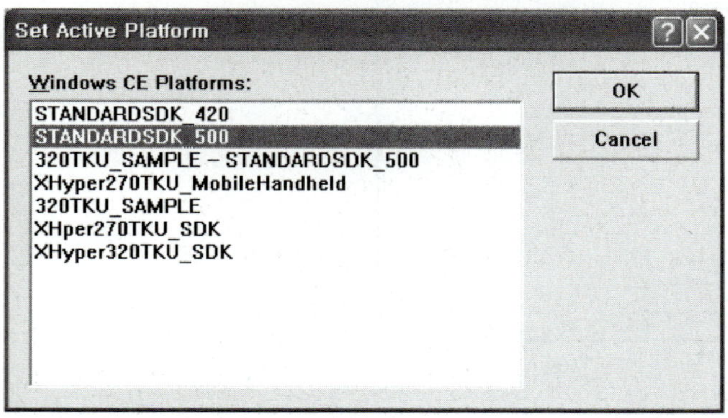

③ 다음은 작성한 프로젝트 Release 모드로 빌드하기 위해 메뉴에서 Build → Set Active Configuration...를 선택한다.

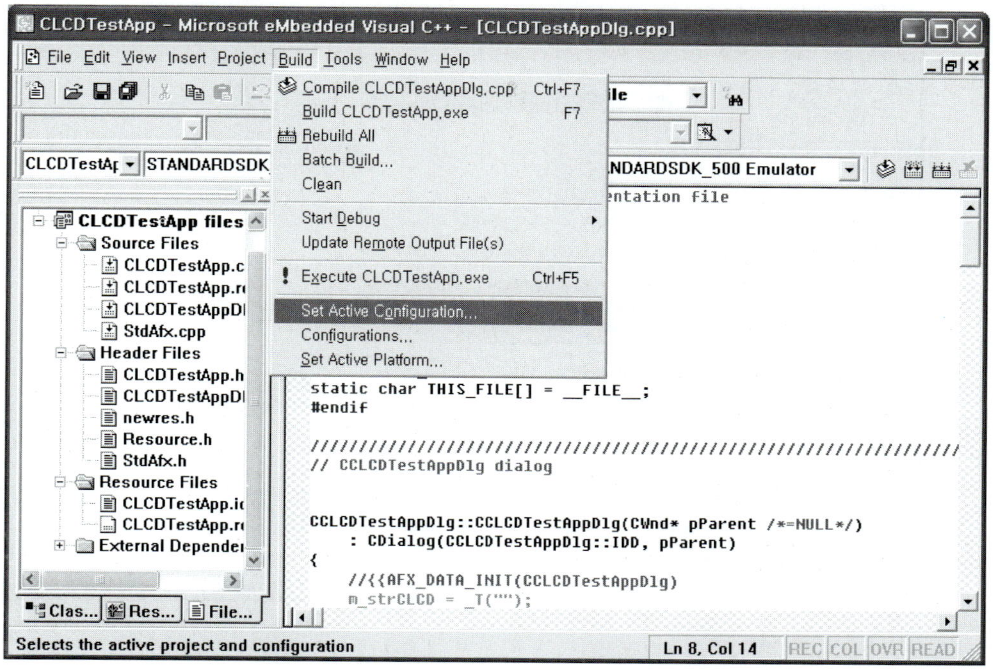

④ Set Active Project Configuration에서 "Win32 [WCE emulator] Release"를 선택한다.

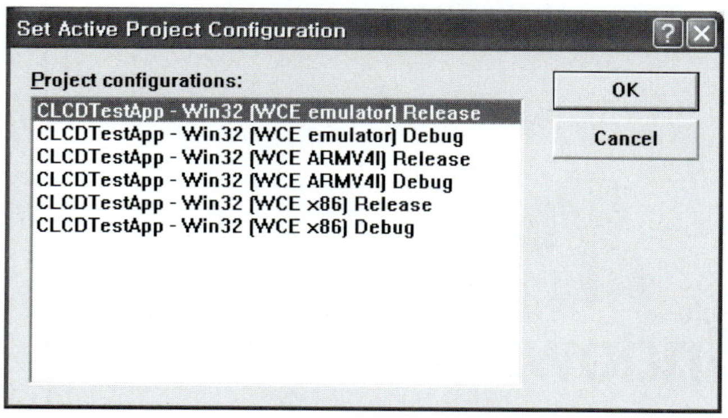

⑤ 작성한 프로젝트를 빌드하기 위해 메뉴에서 Build → Build CLCDTestApp.exe를 선택한다.

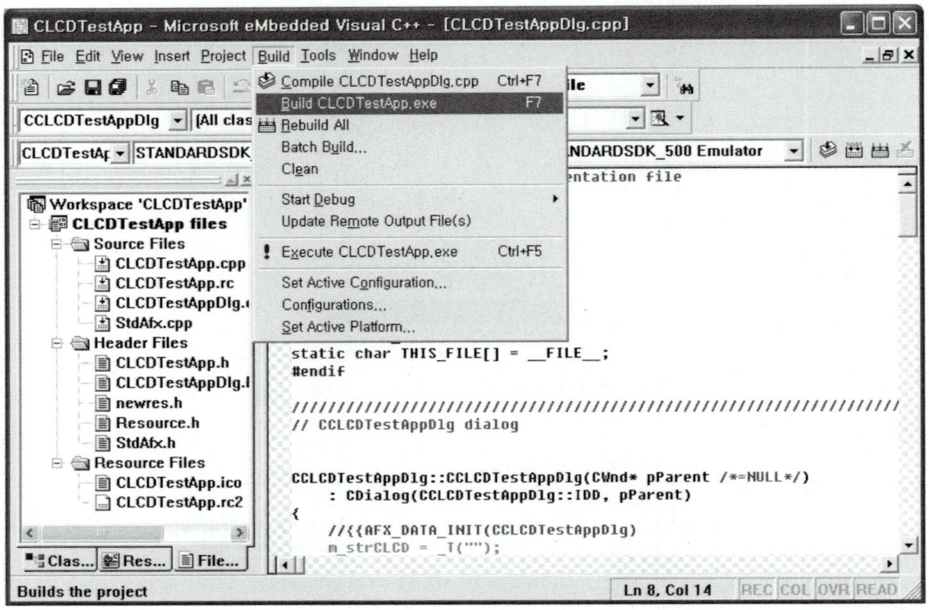

⑥ 빌드가 완료되면 자동으로 다음과 같이 Emulator가 실행된다.

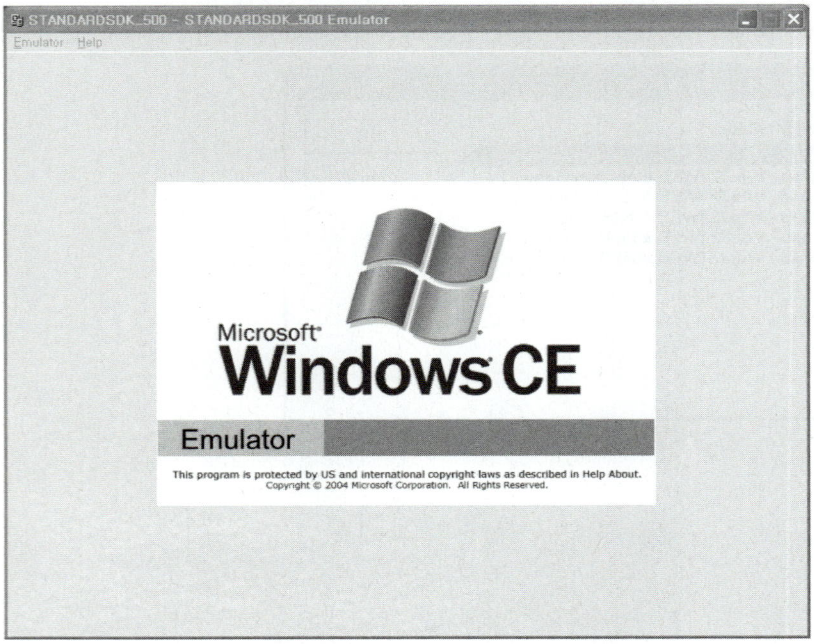

7 CLCD 테스트 응용프로그램을 Emulator에서 실행시키기 위해 Build → Execute CLCDTestApp.exe 를 선택한다.

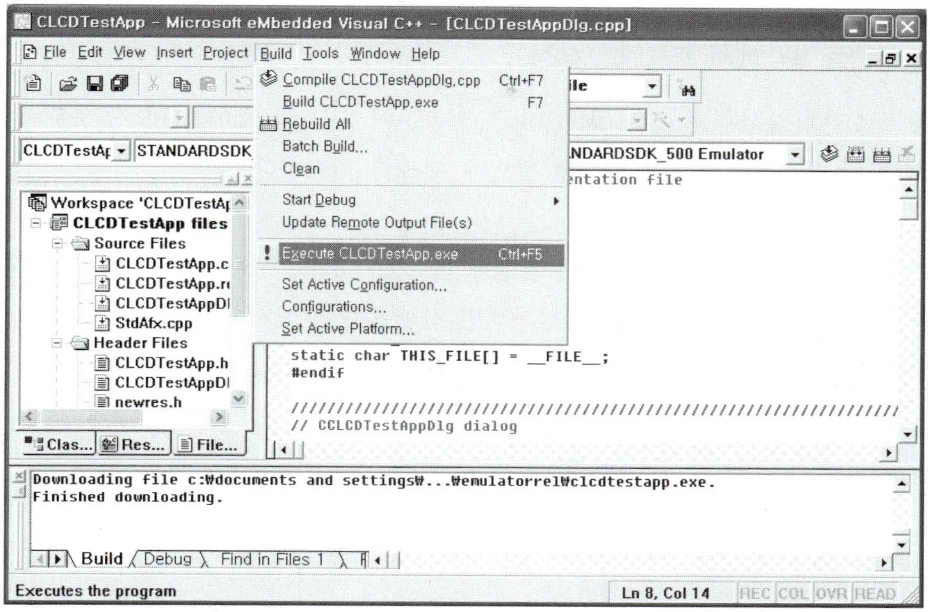

8 다음과 같이 Emulator에서 CLCD 테스트 응용프로그램이 실행되는 것을 확인할 수 있다.

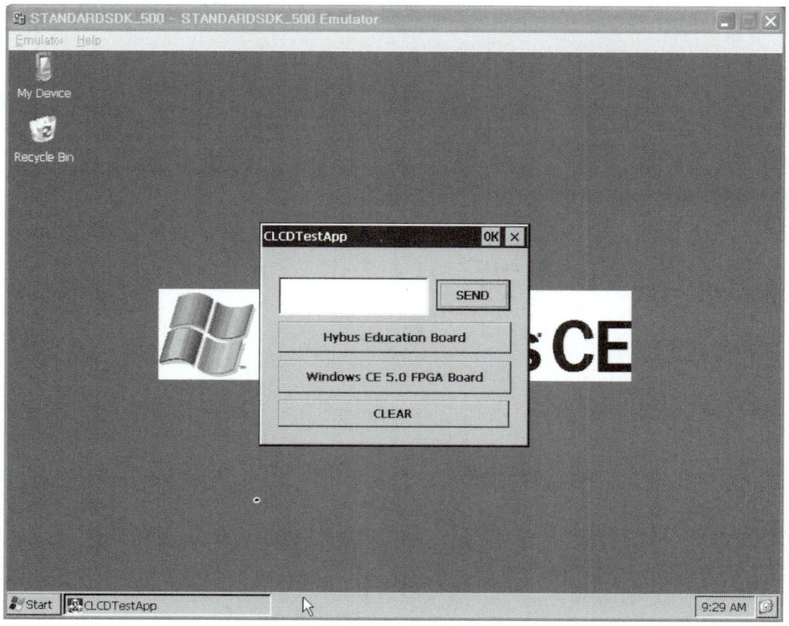

9.3 플랫폼 빌더 개발

1 플랫폼 빌더에서 프로젝트 생성

응용프로그램 작성은 플랫폼 빌더(PB)를 이용하여 X-Hyper320TKU에서 작동될 수 있는 간단한 응용프로그램을 작성하는 방법에 대해서 기술한다.

1. 먼저 새로운 프로젝트를 생성하기 위해 메뉴에서 File → New Project or File...을 선택한다. 참고로 프로젝트를 생성하려면 플랫폼이 생성되어 있어야 한다.

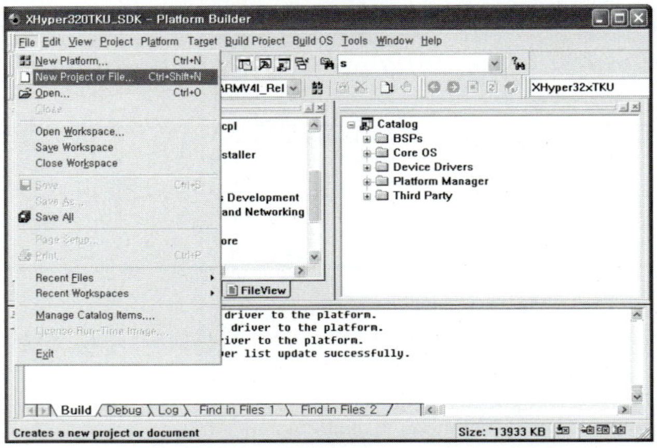

2. 우리가 작성할 프로그램은 애플리케이션이므로 “WCE Application”을 선택하고, 프로젝트 이름과 저장할 디렉토리를 선택한 후 “OK”를 누른다.

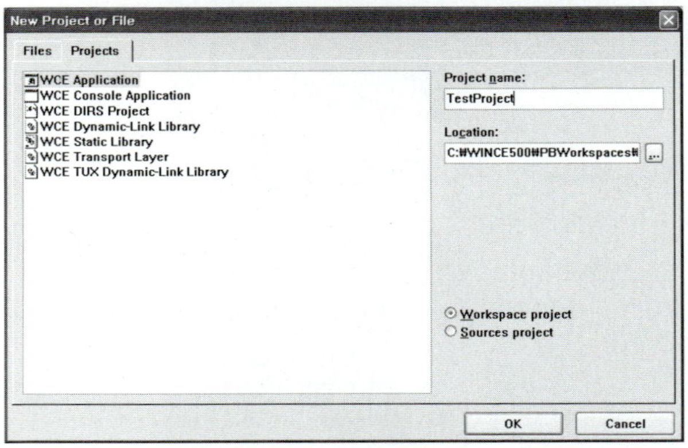

③ "OK"를 누르면 생성할 응용프로그램에 관한 정보를 입력하는 창이 나타난다. 입력하고 싶은 정보를 입력한 후 "Next"를 누른다.

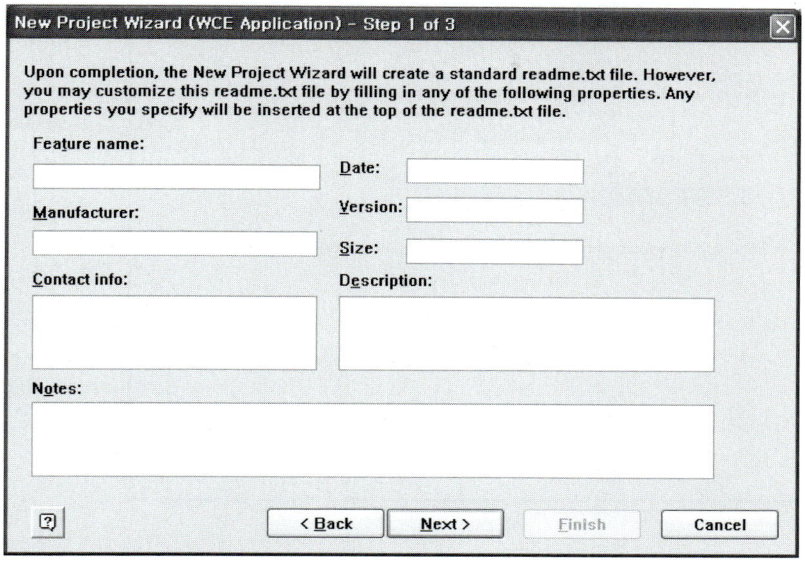

④ 다음은 작성할 프로그램의 형태를 선택하는 창으로, 다음과 같이 "A simple Windows CE application"를 선택한 후 "Next"를 누른다.

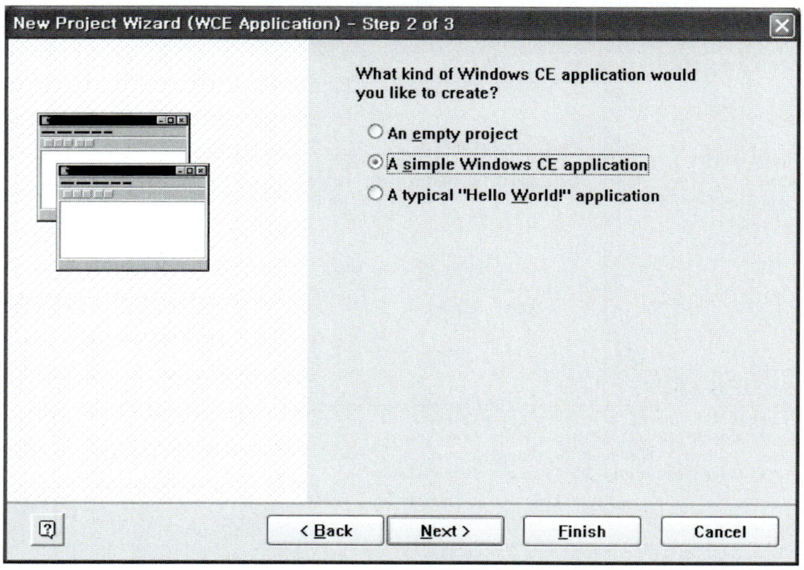

9장

⑤ 다음은 Release 타입을 설정하는 창으로,“LOCAL”을 선택한 후 “Finish”를 누른다.

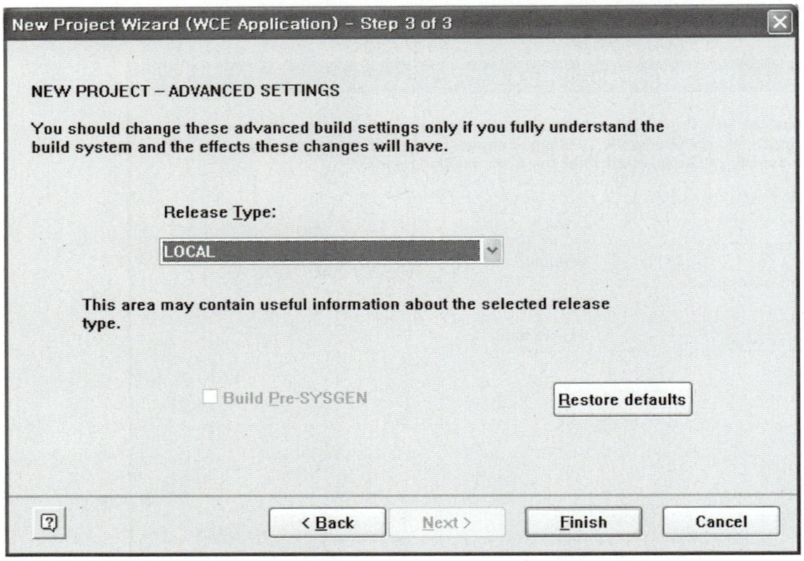

⑥ 프로젝트 마법사를 끝마치면 다음과 같이 생성된 파일들과 소스코드를 확인할 수 있다.

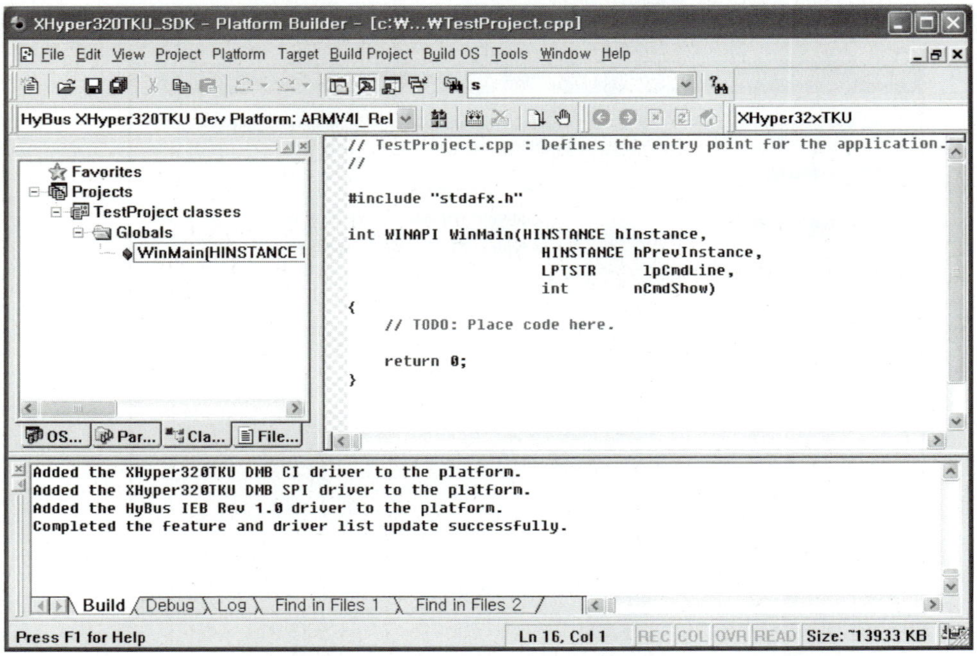

7 메뉴에서 View→Class View를 선택한 후 다시 "WinMain" 함수를 선택한 후 다음과 같이 간단히 응용프로그램을 테스트해 볼 수 있는 소스코드를 추가한다.

```
RETAILMSG(1,(TEXT( "Test Project !!!!! \r \n" )));
```

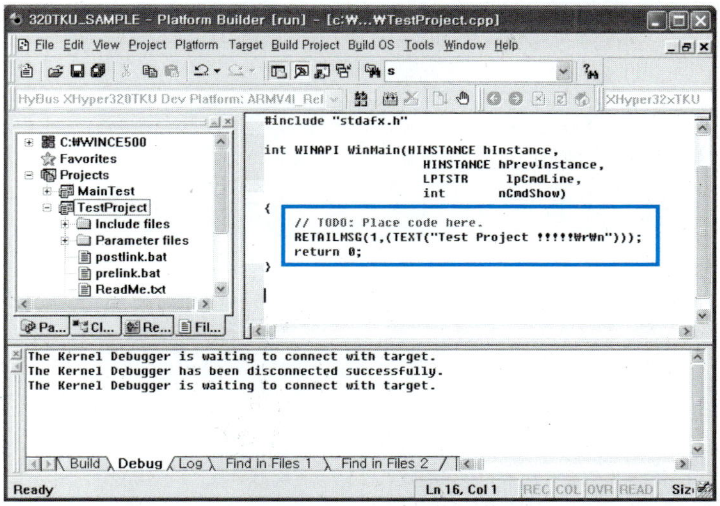

8 작성한 프로젝트를 빌드하기 위해 메뉴에서 View→File View를 선택한다. 그 다음 작성한 TestProject 프로젝트를 선택한 후 오른쪽 마우스 버튼을 누른 후 팝업창에서 "Open Build Window"를 선택한다.

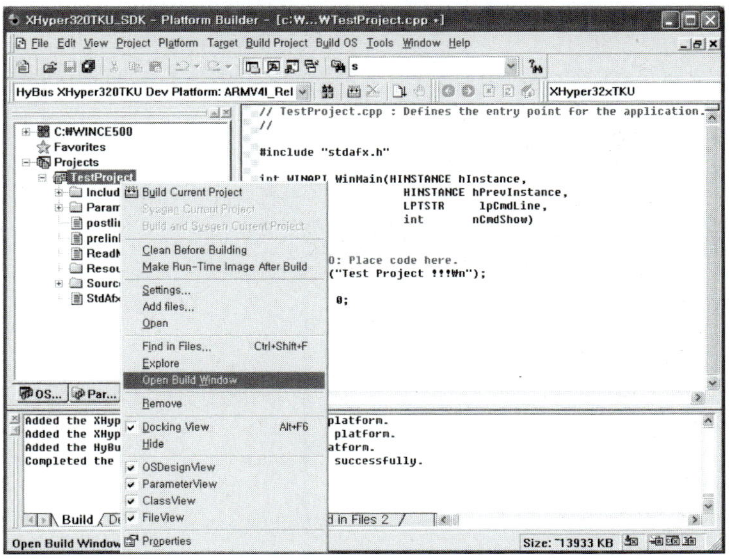

⑨ 팝업창에서 “Open Build Window”를 선택하게 되면 아래와 같이 명령창이 나타난다. 작성한 프로젝트를 빌드하기 위해 다음과 같이 명령어를 입력한다.

```
>build -ci
```

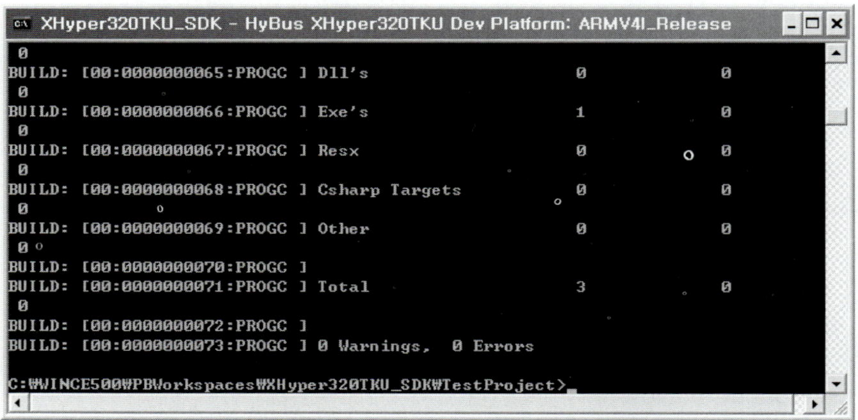

⑩ 앞의 실습에서 프로젝트를 생성할 위치를 기본값으로 설정했다면 \WINCE500\PBWorkspaces\XHyper320TKU_SDK\TestProject\obj\ARMV4I\retail\폴더에서 빌드 완료된 실행파일을 확인할 수 있다.

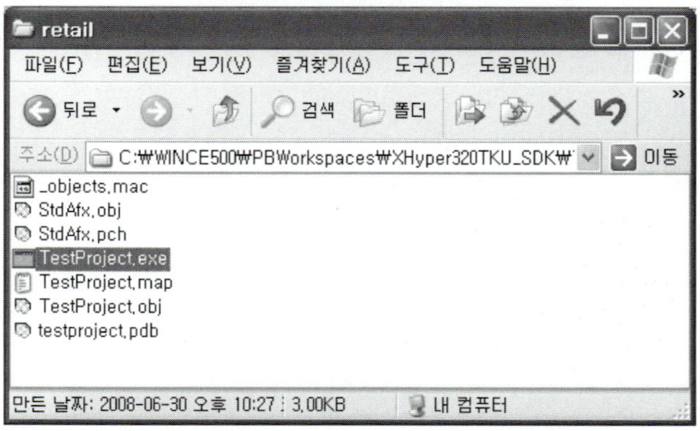

2 플랫폼 빌더 응용과 타깃 시스템

앞의 실습에서 작성한 응용프로그램을 ActiveSync를 이용하여 타깃보드에 다운로드 하였다. 이번 실습에서는 ActiveSync를 이용하지 않고 타깃보드에 적재할 Windows CE 운영체제 이미지에 작성한 응용프로그램을 포함시켜 타깃보드에 다운로드하는 방법에 대해 알아보자.

① 먼저 생성이 된 TestProject.exe 실행 파일을 \WINCE500\PLATFORM \XHyper 320TKU\files 폴더에 복사한다.

② 메뉴에서 View → Parameter View를 선택한다. 그 다음 "platform.bib" 파일을 선택한 후 FILES 항목에 다음과 같은 구문을 입력한다.

추가할 파일	생성될 타깃 위치	압축될 장소	속 성
TestProject.exe	$(_FLATRELEASEDIR)\TestProject.exe	NK	

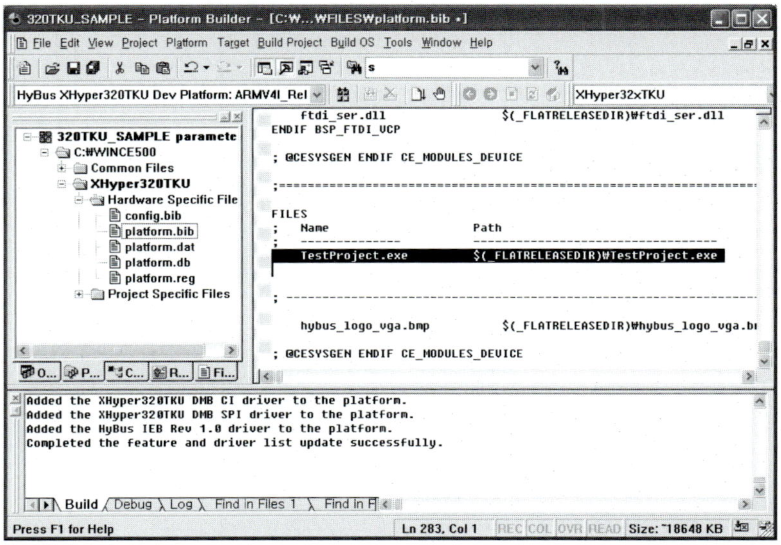

③ Sysgen을 진행하기 전에 빌드 옵션을 설정해 주어야 한다. 메뉴에서 Platform → Settings...를 선택한다.

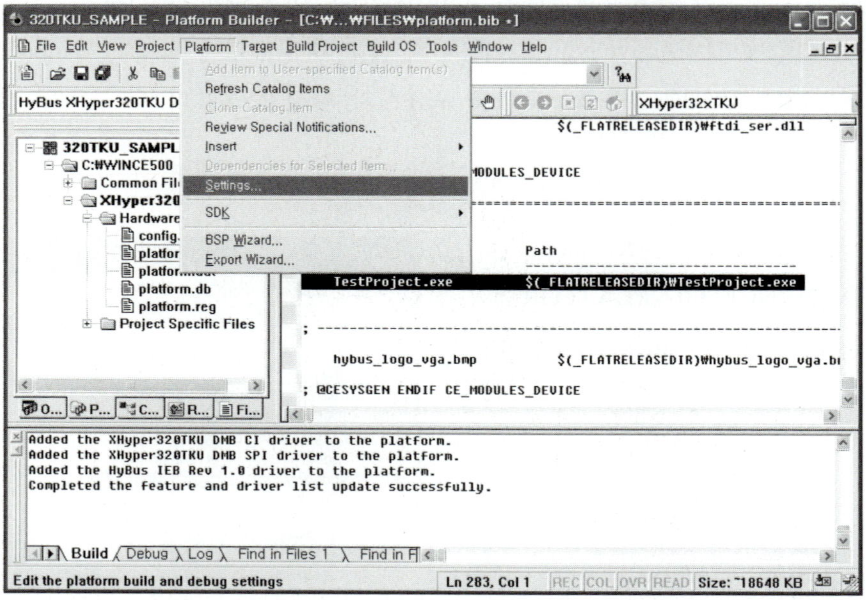

④ "Build Optons" 탭을 선택한 후 다음과 같이 설정해 준다.

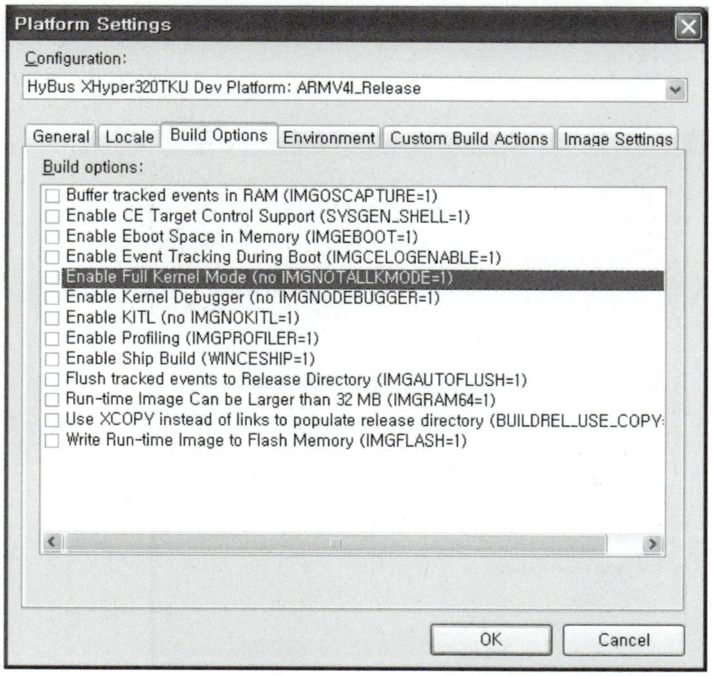

5 "Copy File to Release Directory After Build"와 Make Run-Time Image After Build" 항목을 선택하여 Sysgen를 실행시키는 것만으로 Windows CE 운영체제 이미지가 생성되도록 한다. 메뉴에서 Buid OS→"Copy Files to Release Directory After Build"와 "Make Run-Time Image After Build" 항목을 선택한 후 Sysgen를 선택한다.

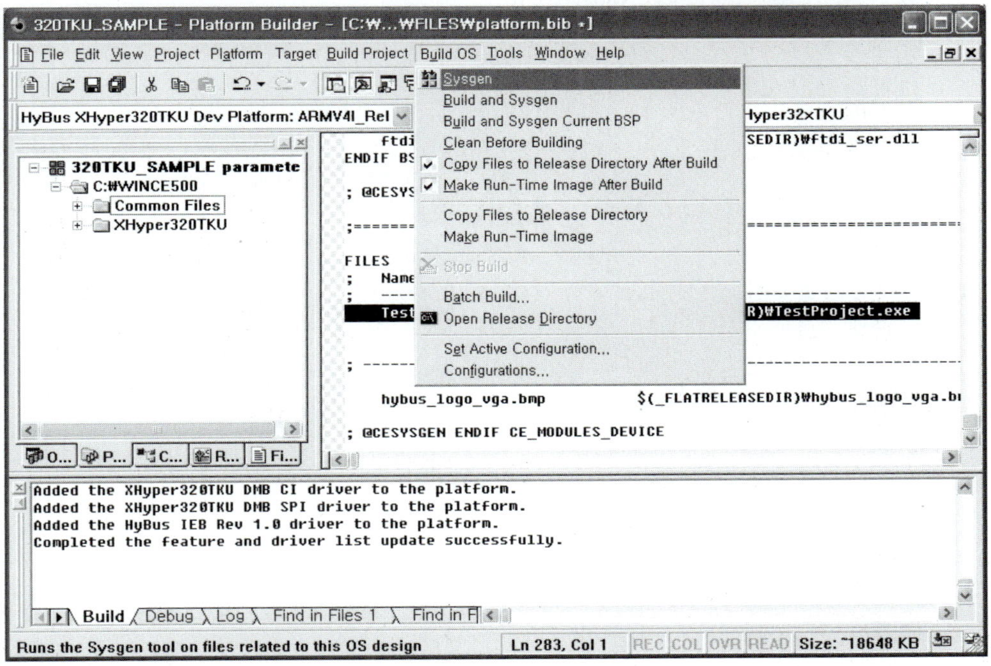

6 생성된 Windows CE 운영체제 이미지를 다운로드한다.

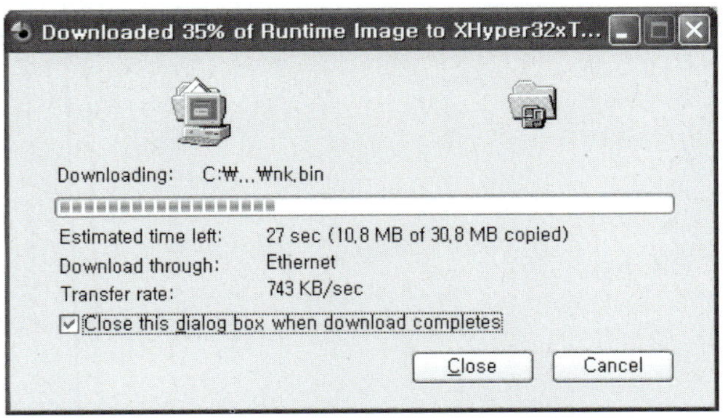

7 작성한 응용프로그램을 실행시키고자 타깃보드(X-Hyper320TKU)를 부팅시킨 후 바탕화면의 "My Device" 아이콘을 더블클릭한다.

8 "Windows" 폴더를 더블클릭한다.

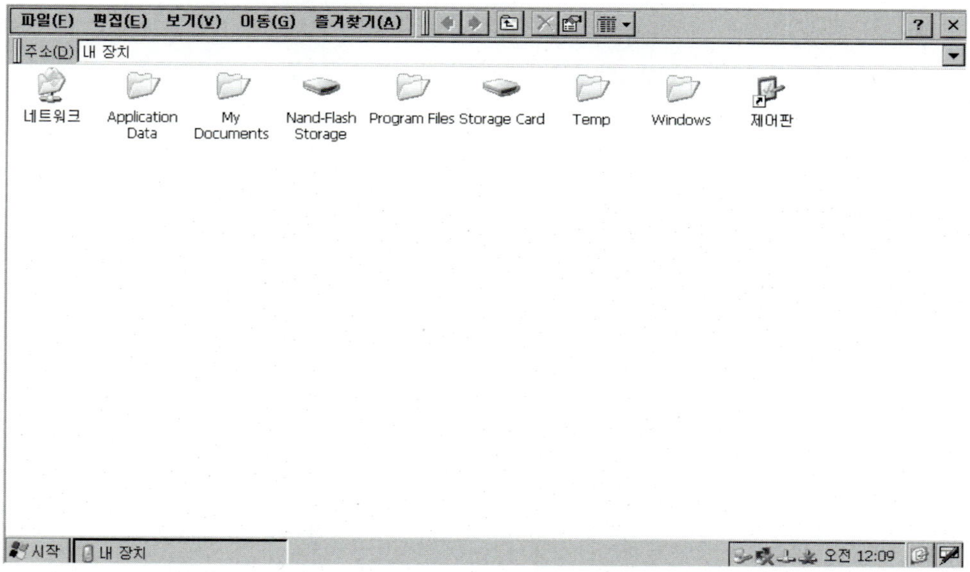

⑨ Windows 폴더의 내용에서 “TestProject.exe”를 다음과 같이 확인할 수 있다.

⑩ Windows CE 운영체제 이미지에 포함시킨 응용프로그램인 “TestProject.exe” 가 보이지 않는다면 확인을 위해 메뉴에서 보기 → 옵션 을 선택한 후 다음과 같이 설정을 변경한다.

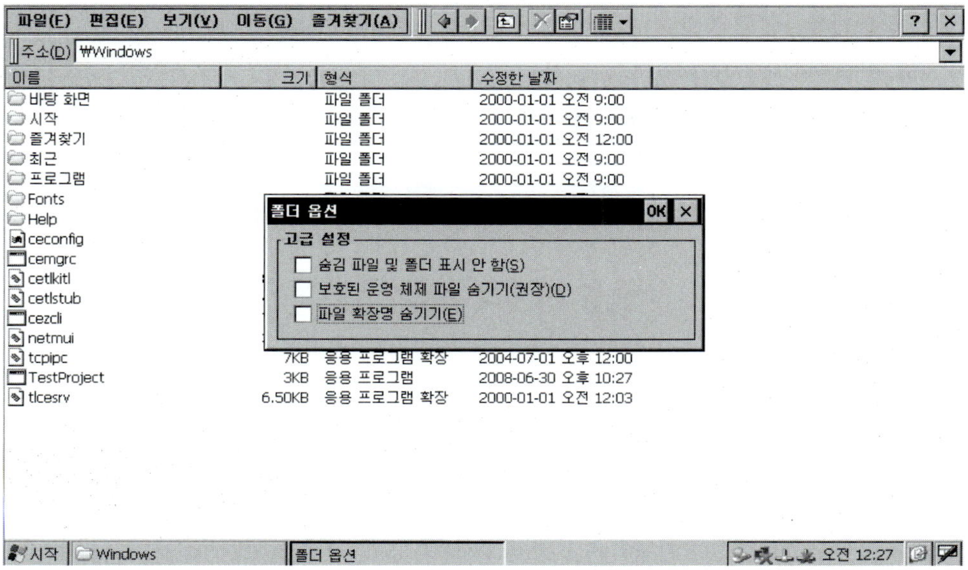

11 폴더 옵션을 변경하면 다음과 같이 운영체제 이미지에 포함시킨 "TestProject"라는 실행파일을 확인할 수 있다.

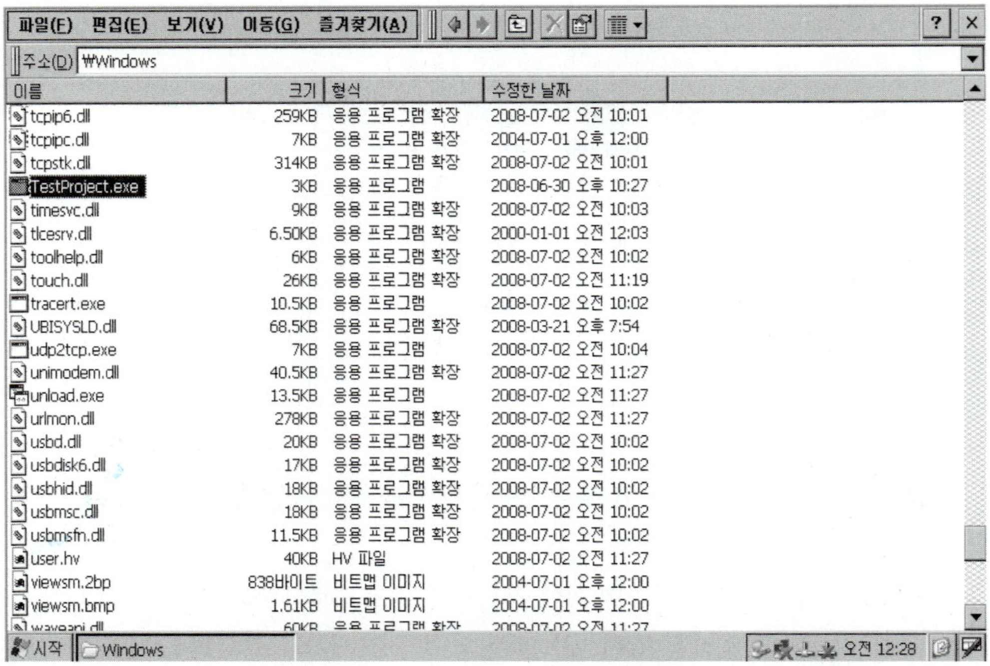

12 TestProject 실행파일을 더블클릭하면 타깃보드와 연결된 하이퍼 터미널 창에 다음과 같은 화면을 확인할 수 있다.

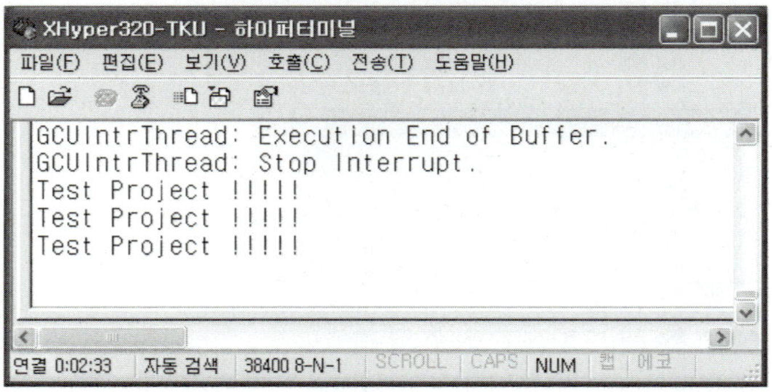

9.4 비주얼 스튜디오 개발

1 비주얼 스튜디오 2008 설치

이번 장에서는 비주얼 스트디오(ViSual Studio)를 이용하여 프로젝트를 생성하고 애플리케이션을 작성해 본다. WindowsCE 5.0은 MicroSoft 사에서 제공하는 Visual Studio 2005와 Visual Studio 2008 을 이용하여 응용프로그램을 작성할 수 있다.

Visual Studio 2008은 MicroSoft 사의 영문 홈페이지에서 다운로드할 수 있다.

1. 다음 주소의 MicroSoft 사의 영문 홈페이지에 접속한다. 국내 홈페이지에는 다운로드 검색이 안되거나 Visual Studio 2005 평가판만 다운로드받을 수 있다. Visual Studio 2008이 없거나 구하기 힘든 경우 Visual Studio 2005를 사용해도 된다. 다운로드받는 Visual Studio 2008은 90일 평가판 버전이다.
(http://www.microsoft.com/downloads/search.aspx?displaylang=ko)

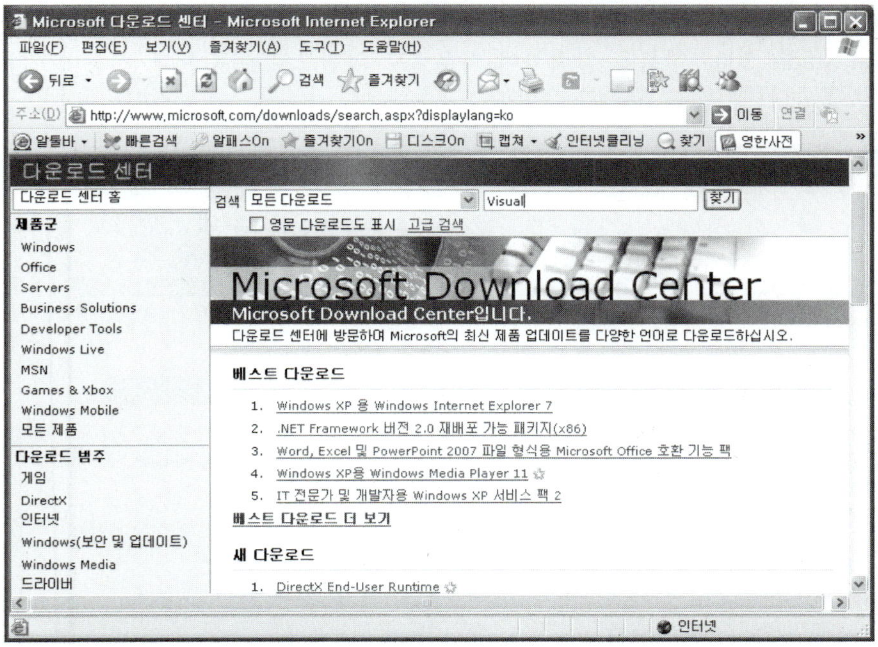

② Visual Studio 2008 평가판을 다운로드 항목을 확인할 수 있다.

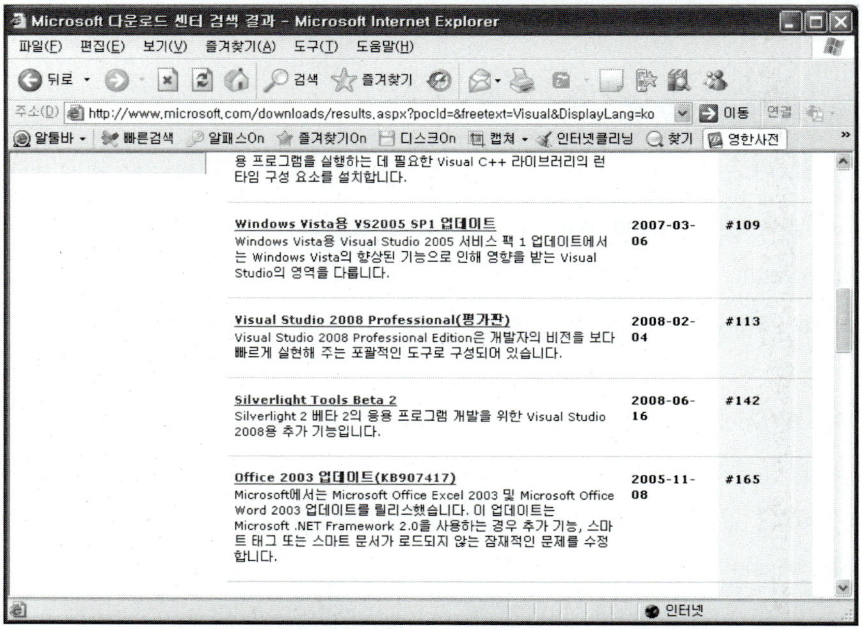

③ Visual Studio 2008 항목을 클릭하여 다운로드 화면으로 이동한다. 전송속도를 확인하고 "다운로드"를 클릭한다.

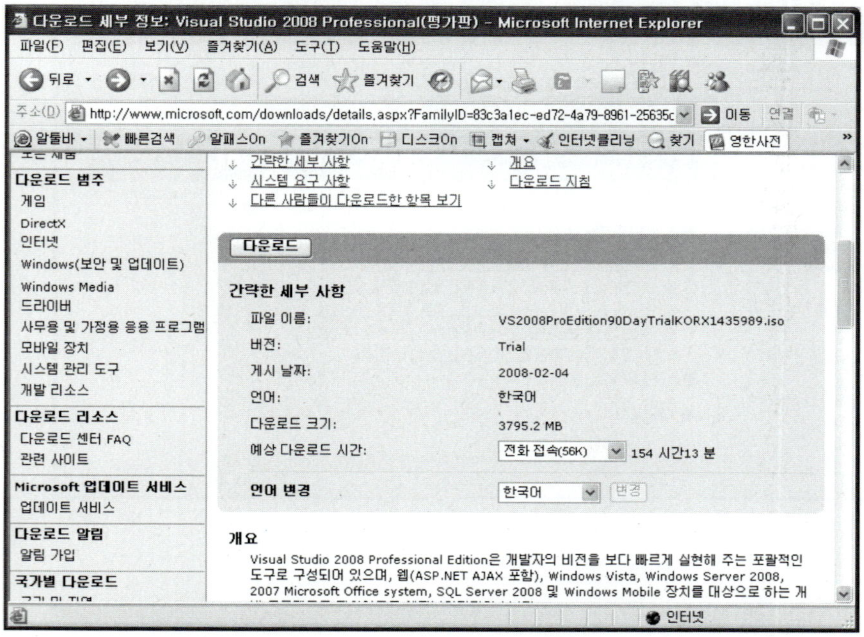

④ 평가판 버전을 다운로드한다. 저장을 눌러 저장 후 설치를 하거나, 열기를 눌러 바로 설치를 진행해도 무방하다. 하지만 네트워크 상태가 양호하지 않으면 설치 중 에러가 발생할 수 있으므로 저장하여 설치하기를 권장한다.

⑤ 다운로드받은 파일은 DVD 용량의 iso 이미지 파일로 되어 있다. 가상 CD ROM인 데몬이나 CD 스페이스를 사용하던가 DVD 라이터를 이용해 DVD로 버닝 후 설치를 진행하면 된다.

2 NK 이미지 빌드

비주얼 스튜디오 2008을 이용하여 애플리케이션을 작성하여 Windosws CE 환경에서 동작시키기 위해서는 기존에 생성해 놓은 이미지에 추가적으로 .NET FrameWork 2.0과 Standard SDK가 포함되어야 한다.

① C:\WINCE500\PLATFORM\XHyper320TKU\PBWS\XHyper320TKU 경로로 이동하여 320TKU_SAMPLE.pbxml 파일을 더블클릭하여 플랫폼 빌더를 실행시킨다.

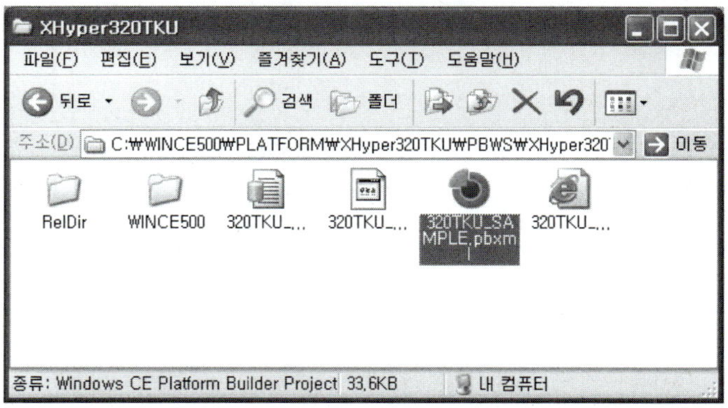

② Catalog 창에서 .NET Compact Framework 2.0 항목을 추가하여 준다.

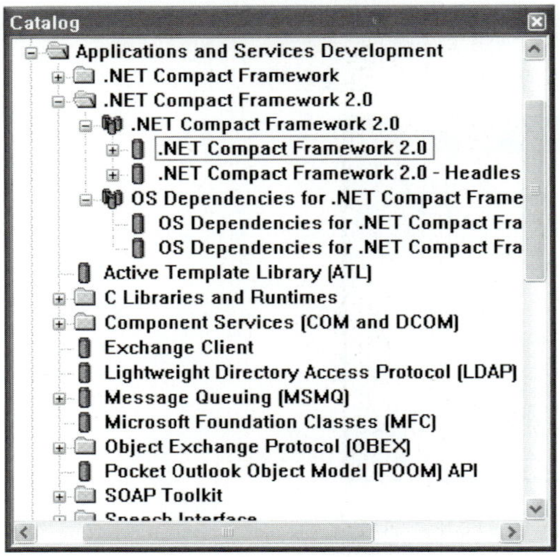

③ 다음으로 Catalog 창에서 Standard SDK for Windows CE 항목을 추가하여 준다.

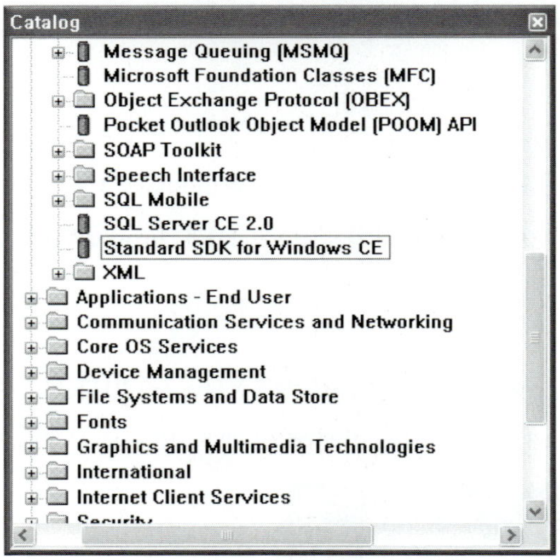

④ 추가가 완료되면 Build OS → Sysgen을 클릭하여 빌드한다.

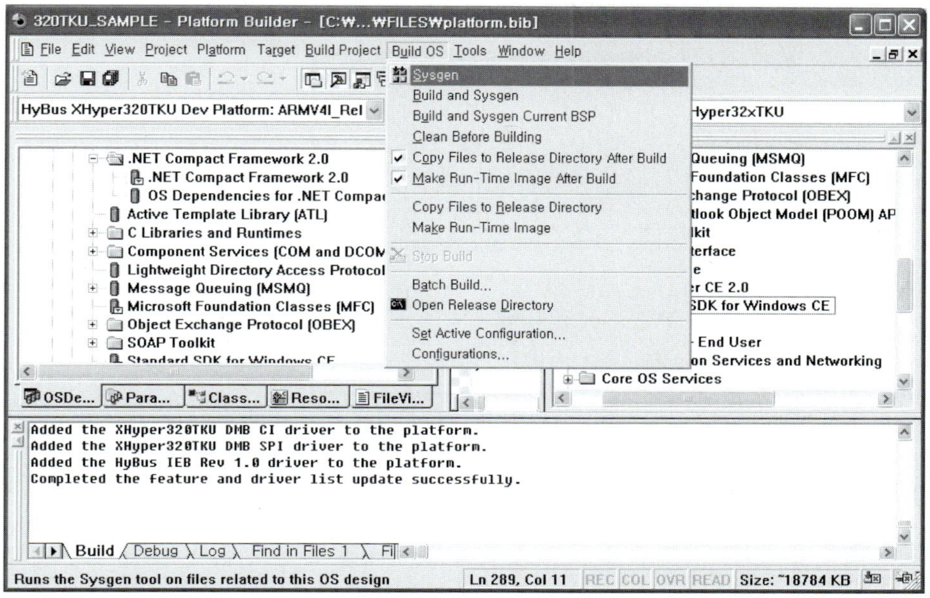

⑤ 빌드가 완료되면 타깃보드와 크로스 케이블이 연결된 상태에서 플랫폼 빌더의 메뉴에서 Target → Attach Device 를 클릭하여 새로 생성한 커널 이미지를 타깃보드에 다운로드받는다.

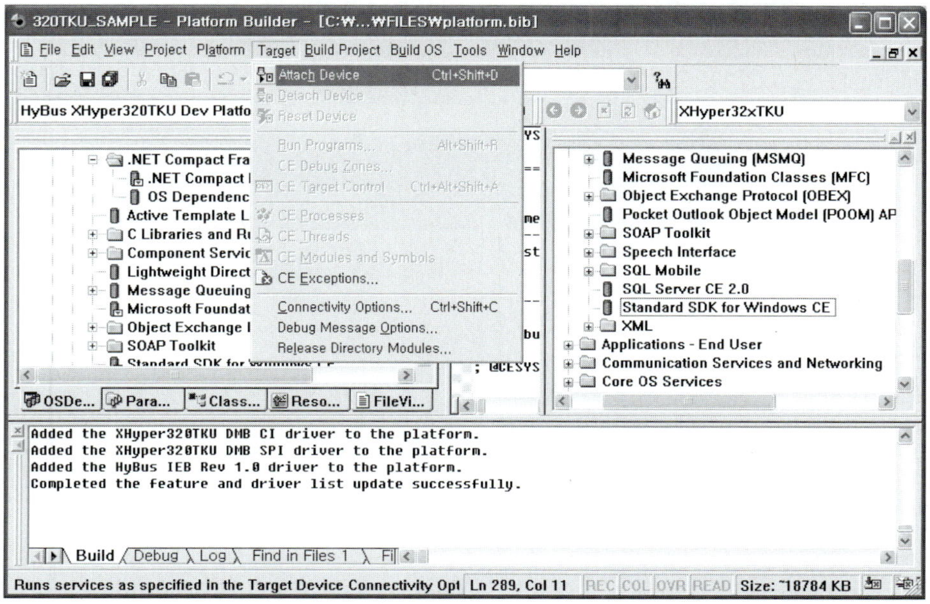

⑥ 타깃보드를 재부팅하고 스페이스바를 눌러 부트메뉴로 진입한 후 “D” 버튼을 누르면 다운로드가 시작된다.

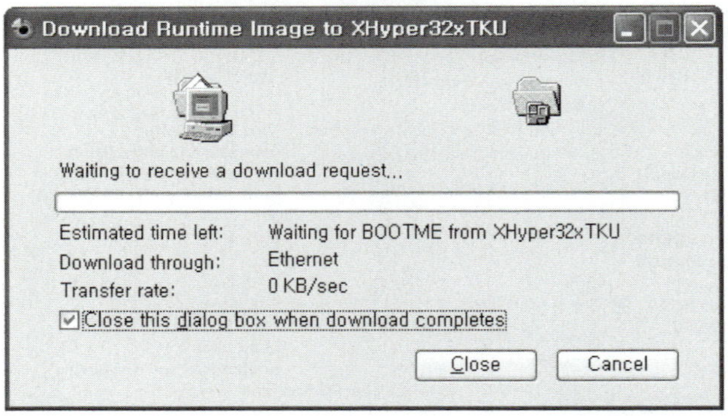

3 비주얼 스튜디오 2008에서 프로젝트 생성

다음으로는 비주얼 스튜디오를 이용하여 간단한 애플리케이션을 만들어 비주얼 스튜디오 사용법을 알아보도록 한다. 비주얼 스튜디오는 개발자를 위한 프로그래밍 개발 툴이다.

① 설치가 완료된 Visual Studio 2008을 처음 실행하면 환경설정 메뉴가 나타난다. 여기서는 Visual C++ 환경설정을 한다. 환경설정은 개발자가 개발목적에 따라 편리하게 사용할 수 있도록 설정하는 것이며 추후 Visual Studio 의 메뉴에서 변경이 가능하다.

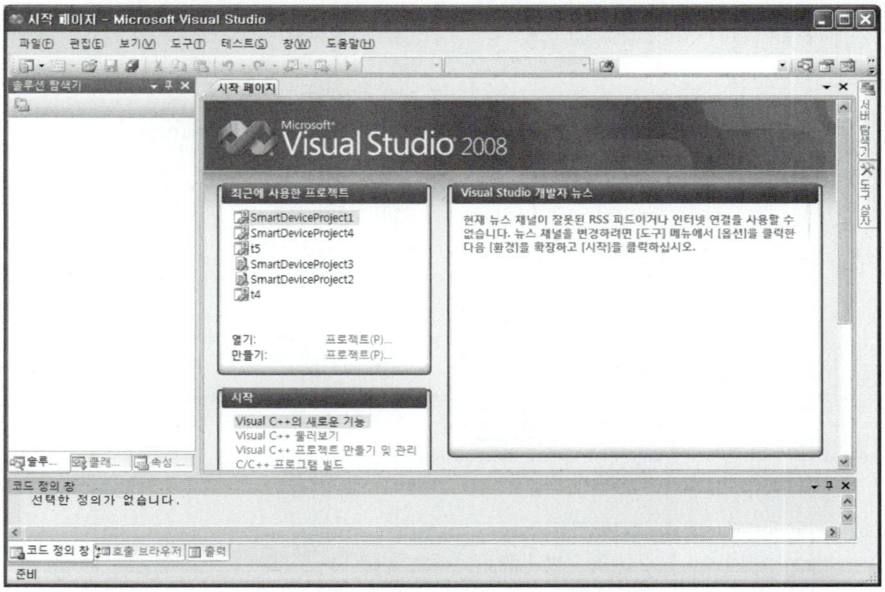

② 초기화면에의 메뉴에서 "파일→새로 만들기→프로젝트"를 클릭한다.

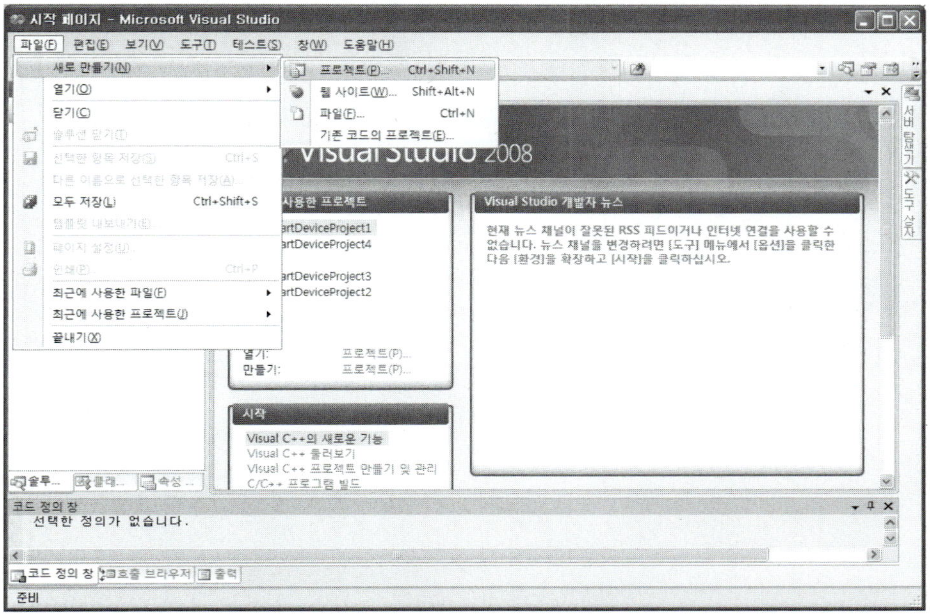

③ 다음과 같은 화면에서 프로젝트 형식에서 "다른 언어→Visual Basic→스마트 장치"를 선택하고 우측의 템플릿에서는 "스마트 장치 프로젝트"를 선택한 다음 아래에 프로젝트 이름을 생성한다.

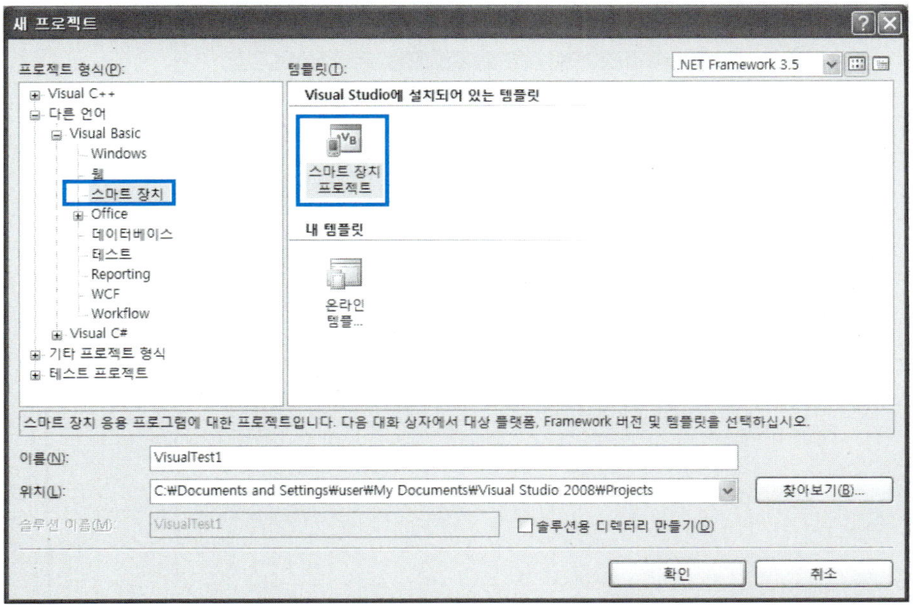

④ 다음 설정창에서는 대상 플랫폼에 “Windosw CE”를 선택하고 .NET Compact Framework 버전에는 “.NET Compact Framework Version 2.0”을 선택한다. 템플릿에서는 “장치 응용프로그램“ 을 선택하면 된다.

⑤ 프로젝트가 생성이 되면 다음과 같이 폼 디자인이 나타난다.

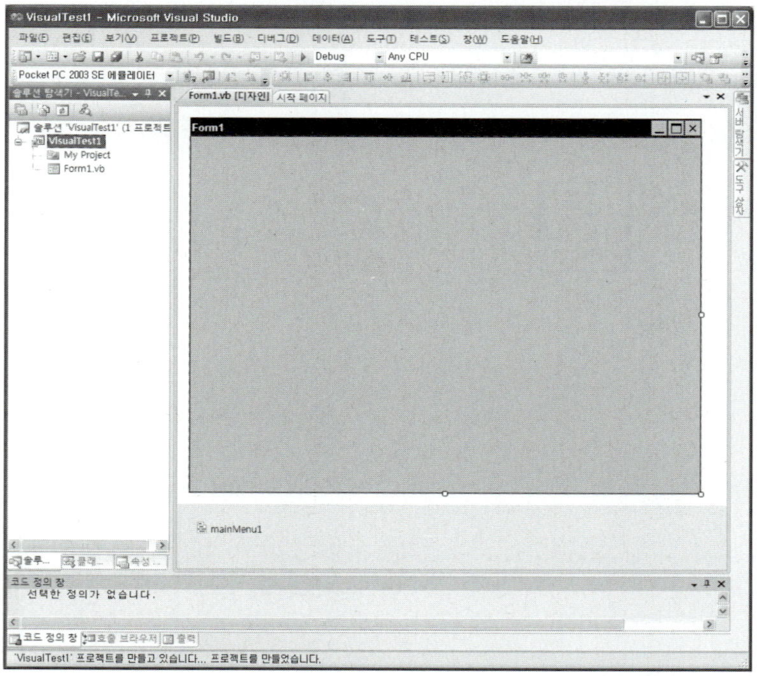

⑥ 기본 폼에서 우측에 "도구 상자"를 클릭하면 각종 도구 아이콘이 표시가 된다.

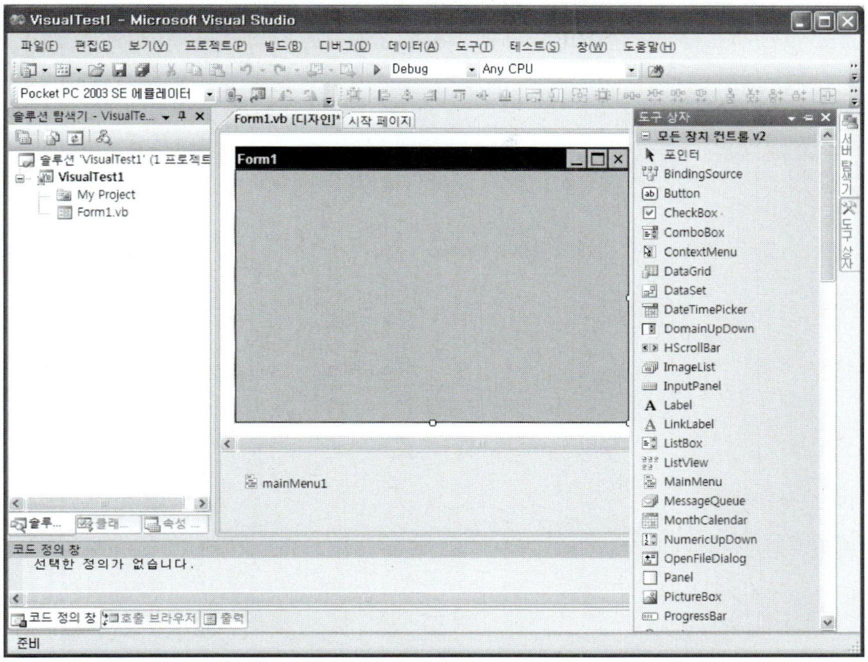

⑦ 여기에서 "Month Calendar"를 선택한다.

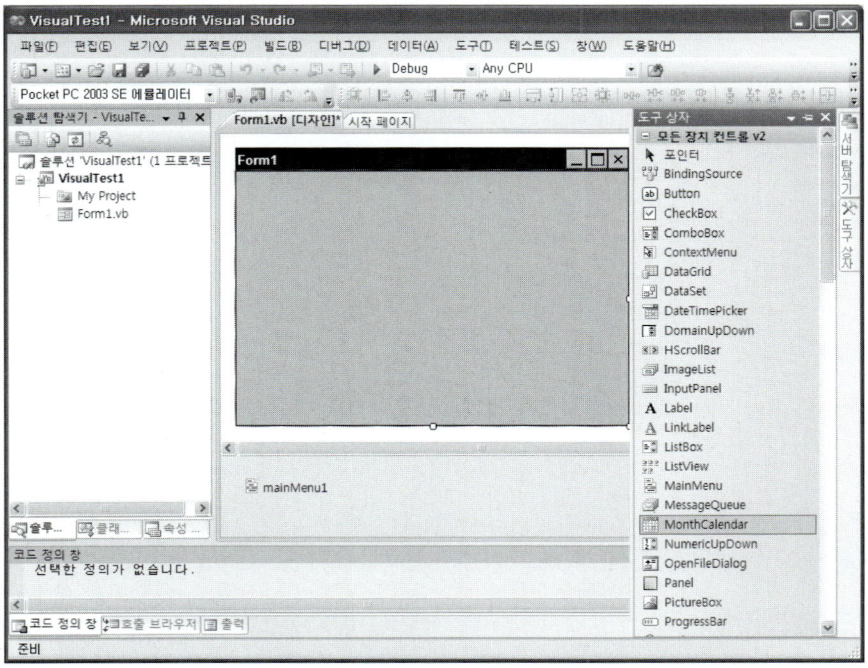

9장

8 다음과 같이 적당한 위치에 옮겨 놓는다.

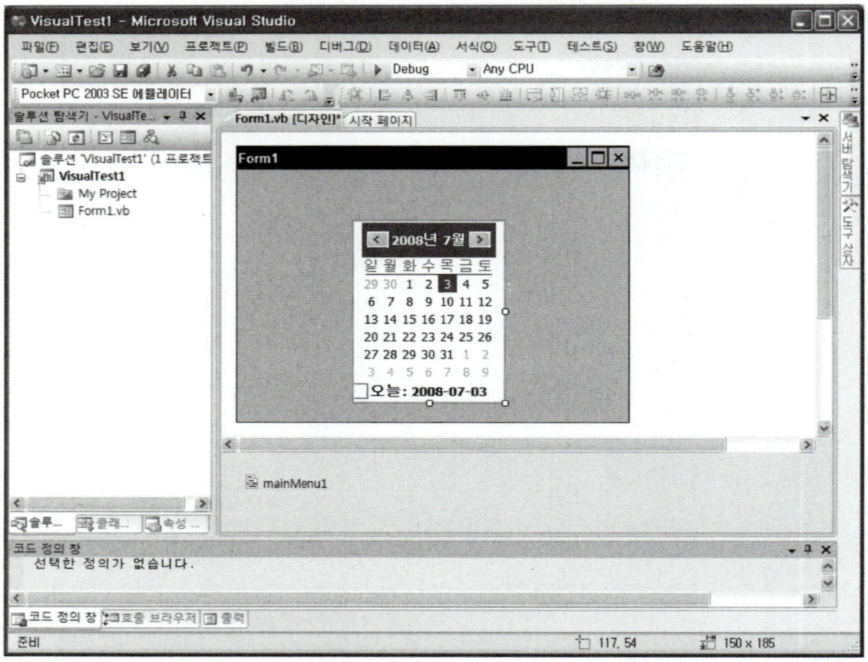

9 다음으로 메뉴에서 "빌드→(프로젝트명) 빌드"를 클릭하여 빌드한다.

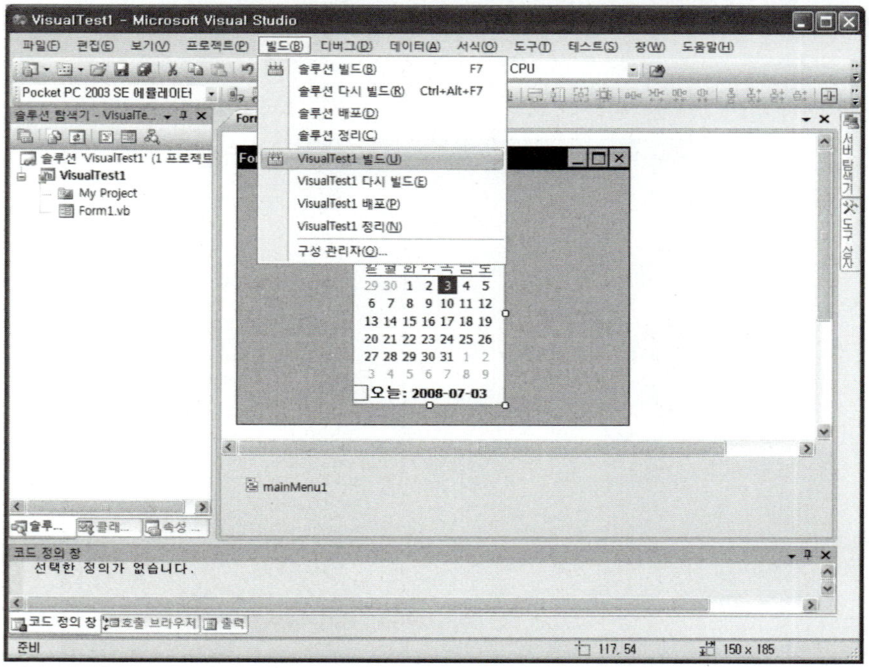

⑩ 기본 폼에서 간단한 도구만 추가하였으므로 에러 없이 빌드가 될 것이다.

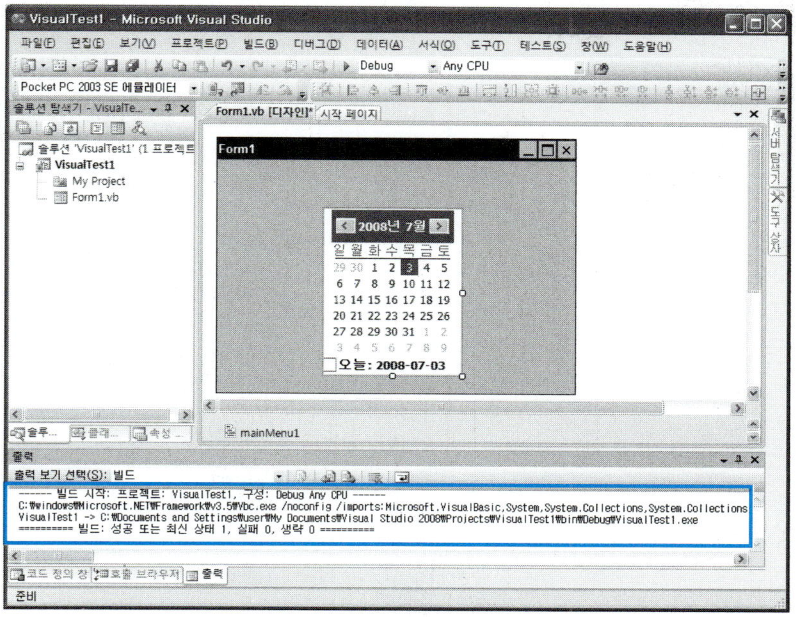

4 타깃보드로 다운로드

위에서 작성한 프로그램을 타깃보드에서 실행시키는 방법은 두 가지가 있다.

간단하게 SD 메모리 카드를 이용하여 복사해서 실행시켜 보는 방법과 다른 방법으로 ActiveSync를 이용하여 타깃보드로 다운로드받아서 실행시키는 것이다. 여기에서는 ActiveSync를 이용하여 다운로드받아서 실행하는 방법을 설명한다.

메모리를 이용하여 실행파일을 복사하여 실행시킬 때는 생성한 프로제트 파일의 경로를 따로 설정하지 않았다면 "내문서 →Visual Studio 2008→Projects" 폴더에 파일이 생성된다. 참조하도록 하자.

[그림 9-1] Projects 폴더

9장

① 먼저 ActiveSync를 이용하기 위해 타깃보드와 PC간에 USB 케이블로 연결을 한다. 연결과 동시에 접속을 알리는 소리가 나며 ActiveSync가 실행이 된다.

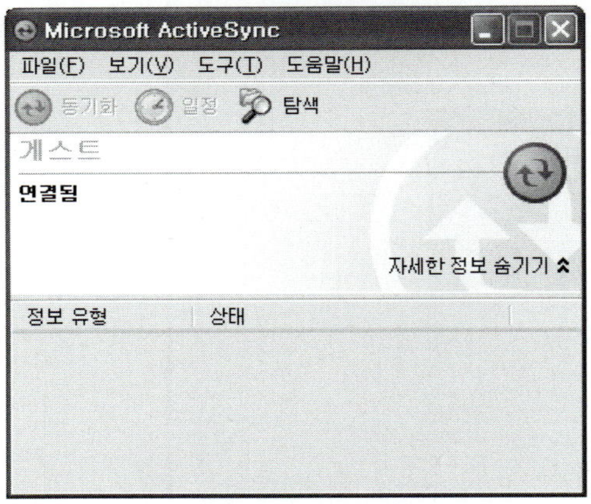

② 장치가 연결이 되었다면 앞서 빌드한 메뉴에서 "빌드→(프로젝트명)배포"를 선택한다.

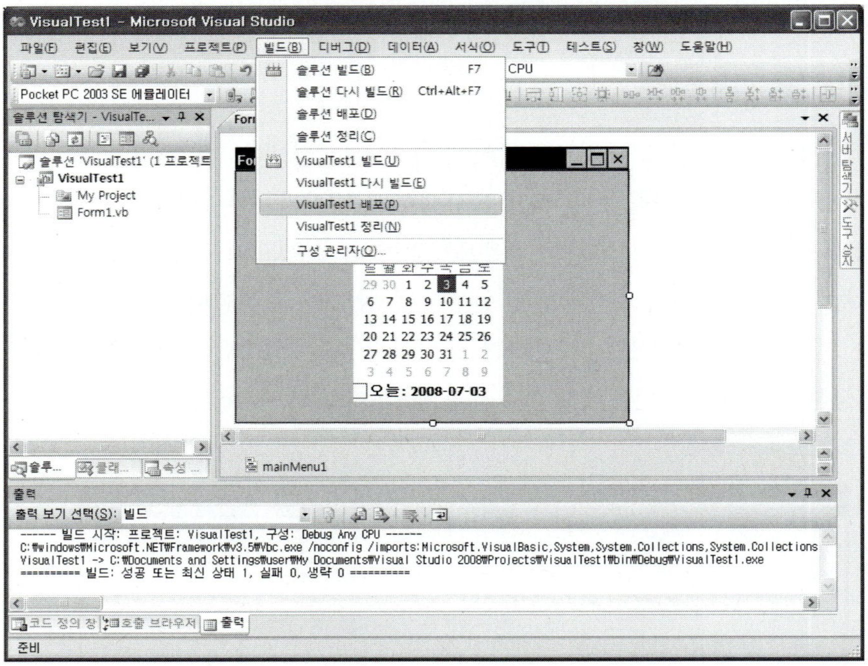

③ 배포 윈도우창이 열리면서 배포위치를 선택한다. 여기서 "Windows CE 장치"를 선택하여 배포한다.

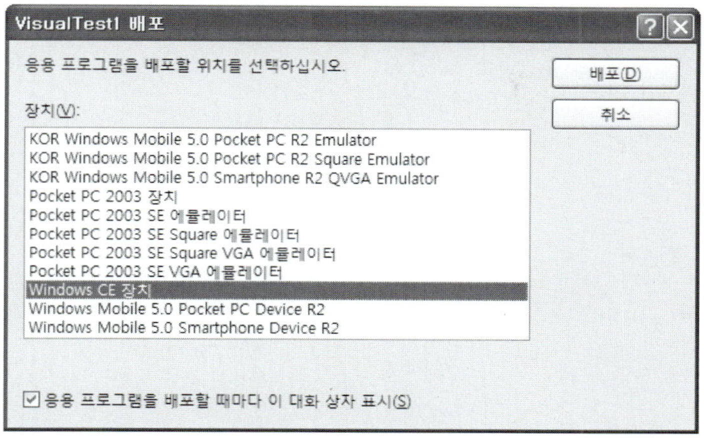

④ 잠시 후 아래와 같이 배포 성공 메시지를 확인할 수 있다.

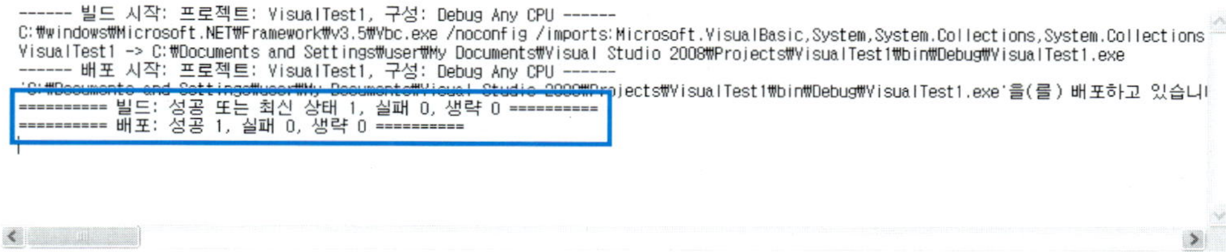

⑤ 배포 성공 메시지를 확인하였다면 타깃보드에서 "내 장치"를 클릭한다.

9장

⑥ 다음으로는 “ProgramFiles”를 클릭한다.

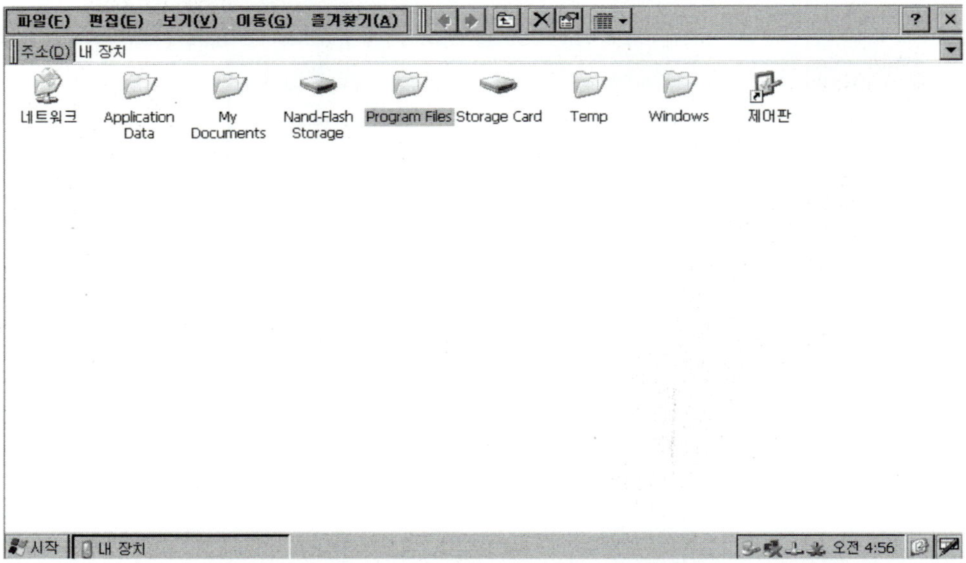

⑦ Program Files 안에 보면 생성한 프로젝트명의 폴더를 확인할 수 있다.

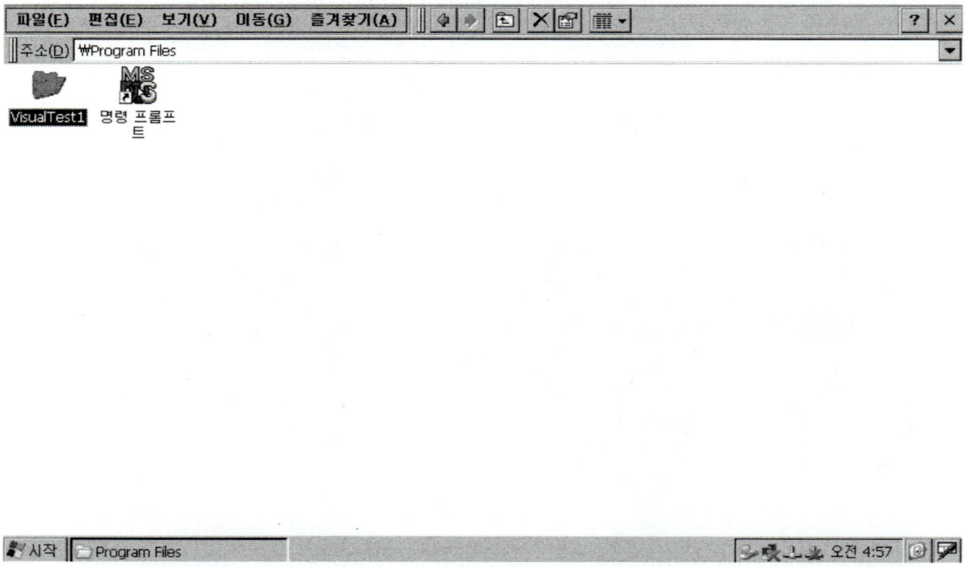

8 프로젝트명 폴더내에 실행파일이 다운로드되어져 있다. 이를 실행시켜 보자.

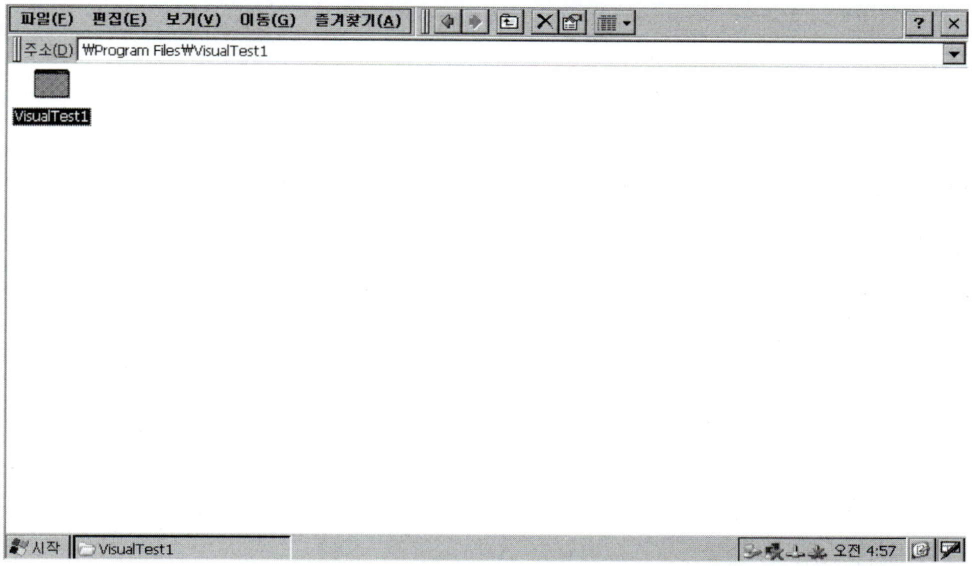

9 간단한 달력 프로그램이 실행되는 것을 확인할 수 있다.

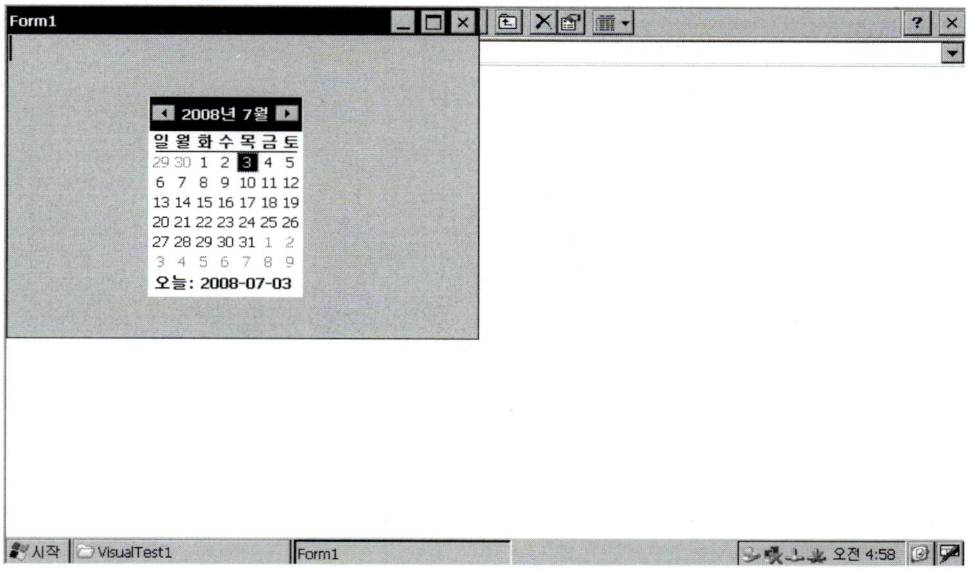

9장

9.5 Application의 응용

Windows CE 운영체제 이미지에 작성한 응용프로그램을 포함시켜 타깃보드에 다운로드하고 WinCE 부팅시 자동으로 실행되게 하는 방법에 대해서 알아본다.

1 Application OS 이미지에 추가

Application을 OS 이미지에 추가하기 위해서는 Paltform.dat 파일을 수정하여야 한다. 디바이스 드라이버 작성시 모듈을 추가하였던 것과 동일한 방법으로 추가하면 된다.

① 먼저 제공되는 CD에 있는 320TKU_APP 폴더를 확인하면, 다음과 같은 여러 종류의 디바이스 테스트 Aplication이 있다. 이 중에서 몇 가지만 추가해 보도록 한다.

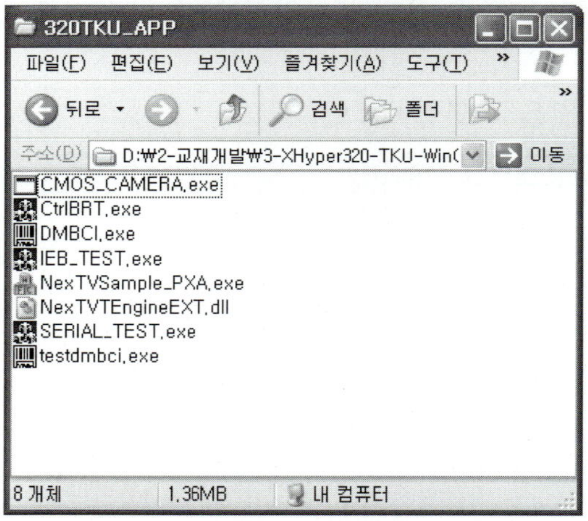

② CMOS_CAMERA.exe, CtrlBRT.exe, IEB_TEST.exe 파일을 이미지 생성시 참조하는 폴더인 C:\WINCE500\PLATFORM\XHyper320TKU\FILES 안에 복사하여 넣는다.

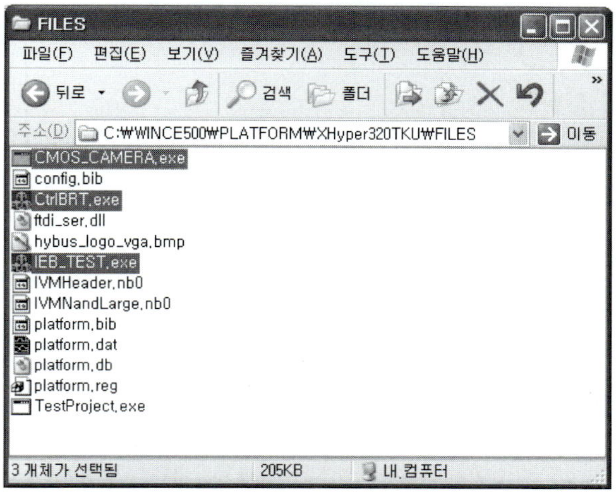

③ 플랫폼 빌더를 실행시킨다.

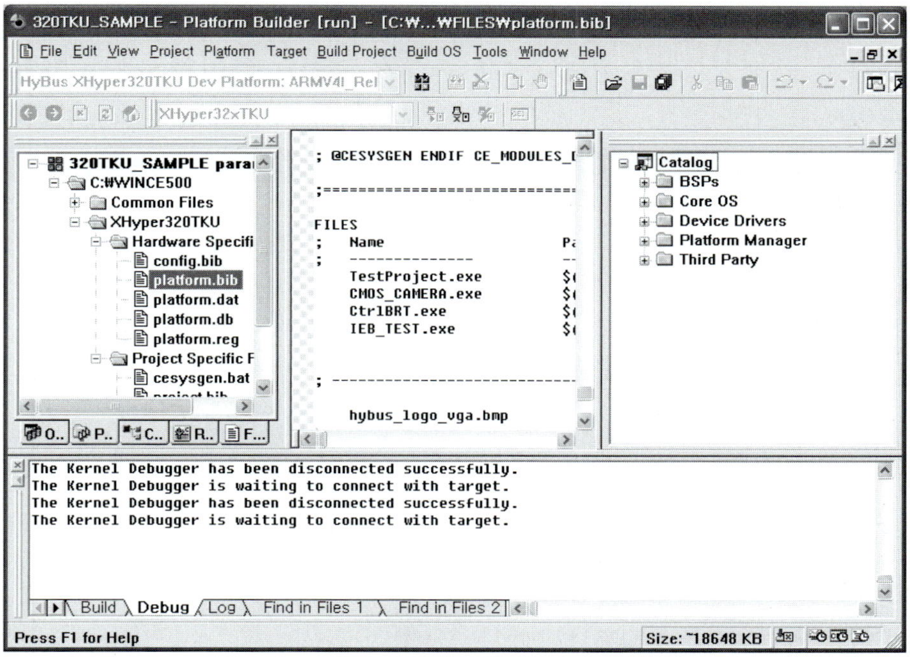

④ 메뉴에서 View → Parameter View를 선택한다. 그 다음 "platform.bib" 파일을 선택한 후 FILES 항목에 다음과 같은 구문을 입력한다.

추가할 파일	생성될 타깃 위치	압축될 장소	속 성
IEB_TEST.exe	$(_FLATRELEASEDIR)₩IEB_TEST.exe	NK	
CMOS_CAMERA.exe	$(_FLATRELEASEDIR)₩CMOS_CAMERA.exe	NK	
CtrlBRT.exe	$(_FLATRELEASEDIR)₩CtrlBRT.exe	NK	

```
;==============================================================================================

FILES
;   Name                  Path                                              Memory Type
;   --------------        ----------------------------------                -----------
    TestProject.exe       $(_FLATRELEASEDIR)₩TestProject.exe                NK
    CMOS_CAMERA.exe       $(_FLATRELEASEDIR)₩CMOS_CAMERA.exe                NK
    CtrlBRT.exe           $(_FLATRELEASEDIR)₩CtrlBRT.exe                    NK
    IEB_TEST.exe          $(_FLATRELEASEDIR)₩IEB_TEST.exe                   NK

|
; ----------------------------------------------------------------------------------------------

    hybus_logo_vga.bmp       $(_FLATRELEASEDIR)₩hybus_logo_vga.bmp          NK  SH

; @CESYSGEN ENDIF CE_MODULES_DEVICE
```

⑤ Sysgen을 진행하기 전에 빌드 옵션을 설정해 주어야 한다. 메뉴에서 Platform → Settings...를 선택한다.

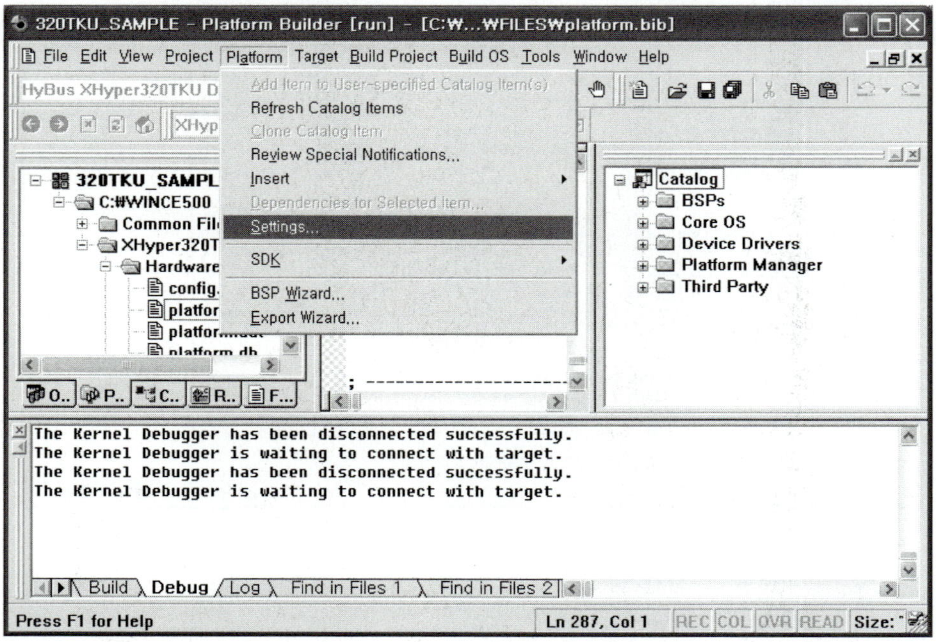

⑥ "Build Options" 탭을 선택한 후 다음과 같이 설정해 준다.

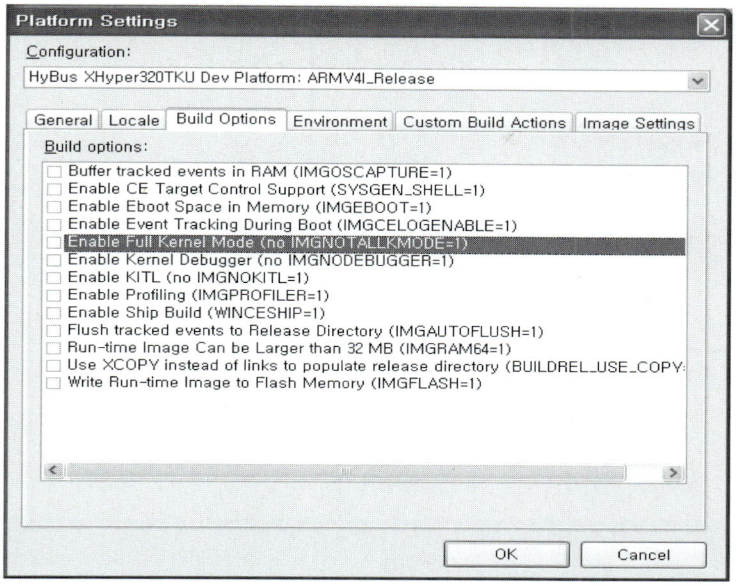

⑦ "Copy File to Release Directory After Build"와 Make Run-Time Image After Build" 항목을 선택하여 Sysgen를 실행시키는 것만으로 Windows CE 운영체제 이미지가 생성되도록 한다. 메뉴에서 Buid OS→"Copy Files to Release Directory After Build"와 "Make Run-Time Image After Build" 항목을 선택한 후 Sysgen를 선택한다.

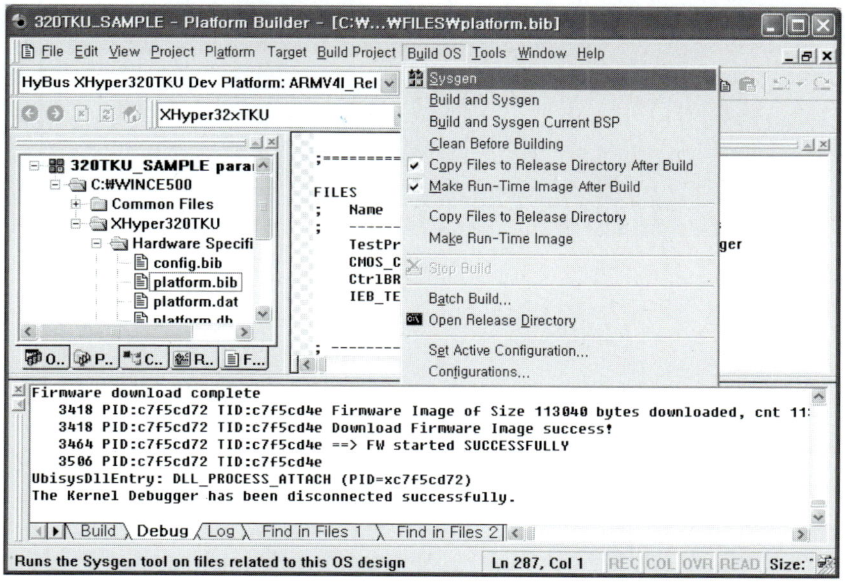

8 생성된 Windows CE 운영체제 이미지를 다운로드한다.

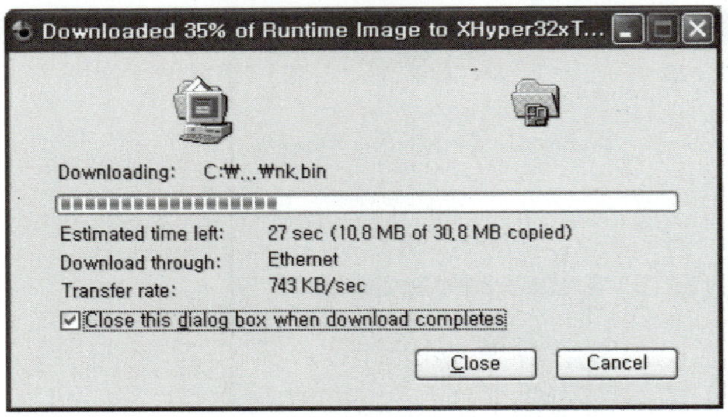

9 작성한 응용프로그램을 실행시키고자 타깃보드(X-Hyper320-TKU)를 부팅시킨 후 바탕화면의 “My Device” 아이콘을 더블클릭한다.

⑩ "Windows" 폴더를 더블클릭한다.

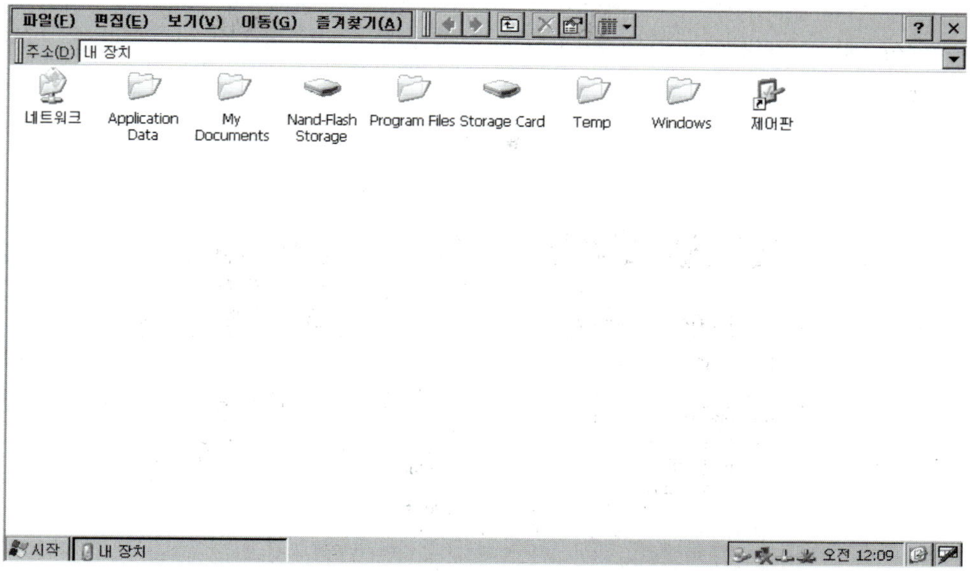

⑪ Windows 폴더의 내용에서 추가한 프로그램들을 다음과 같이 확인할 수 있다.

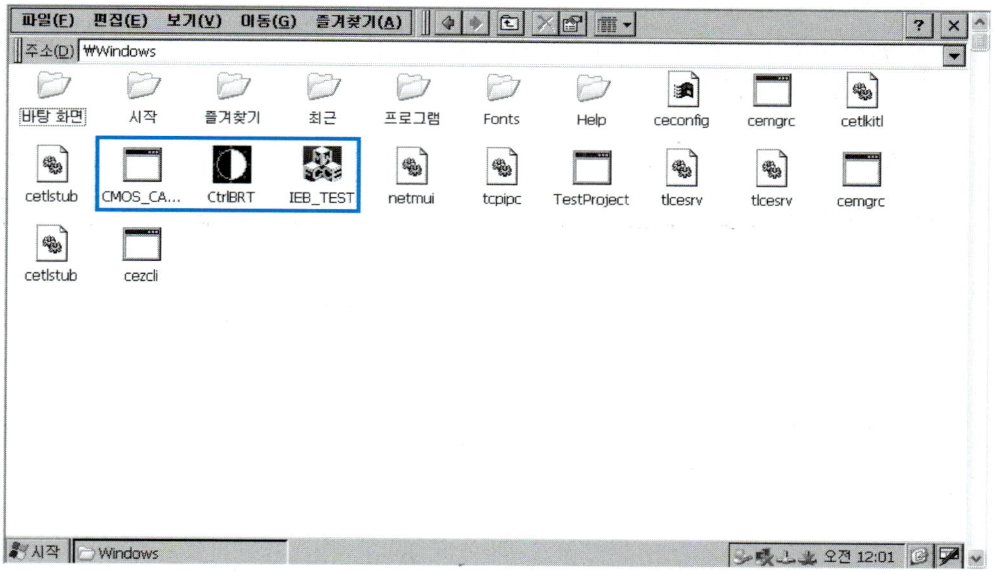

9장

2 Application의 자동실행

앞에서 애플리케이션을 정상적으로 OS 이미지에 추가가 되었다면 다음으로 OS가 부팅될 때 시작프로그램에 등록을 해서 자동으로 부팅이 되도록 해보도록 한다.

1 플랫폼 빌더를 실행시킨다.

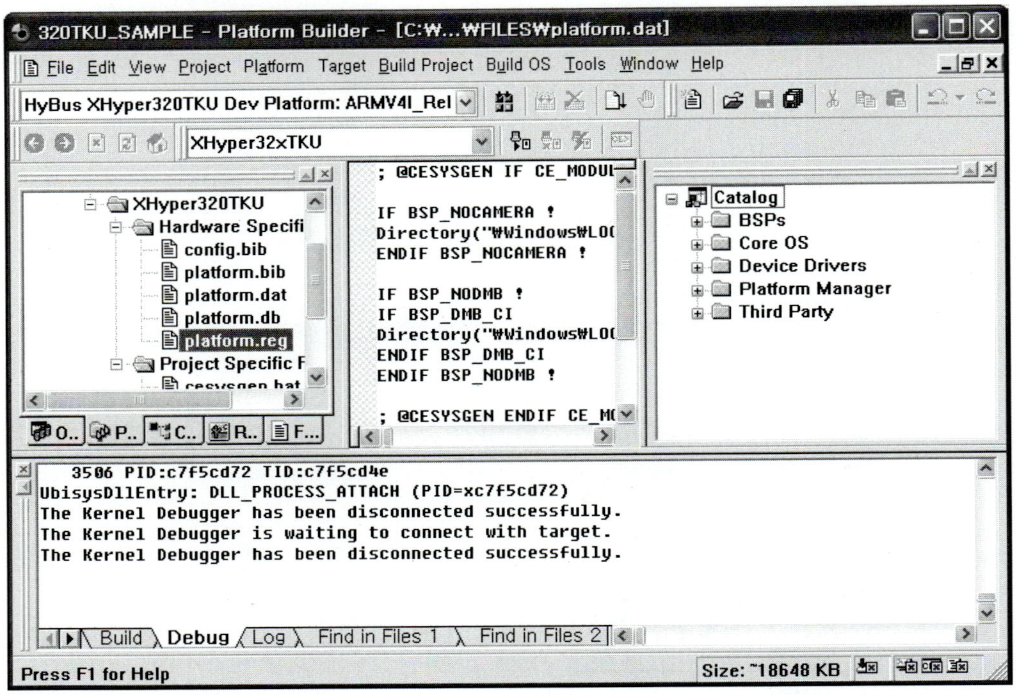

2 메뉴에서 View → Parameter View를 선택한다. 그 다음 "platform.reg" 파일을 선택한 후 다음과 같은 구문을 입력한다.

```
[HKEY_LOCAL_MACHINE₩init]
        "Launch50" = "IEB_TEST.exe"
        "Depend50" =hex:14,00,1e,00
```

```
; ---------------------------------------------------------------------------
[HKEY_LOCAL_MACHINE₩init]
    "Launch50"="IEB_TEST.exe"
    "Depend50"=hex:14,00,1e,00
; ---------------------------------------------------------------------------
```

③ Sysgen을 진행하기 전에 빌드 옵션을 설정해 주어야 한다. 메뉴에서 Platform → Settings...를 선택한다.

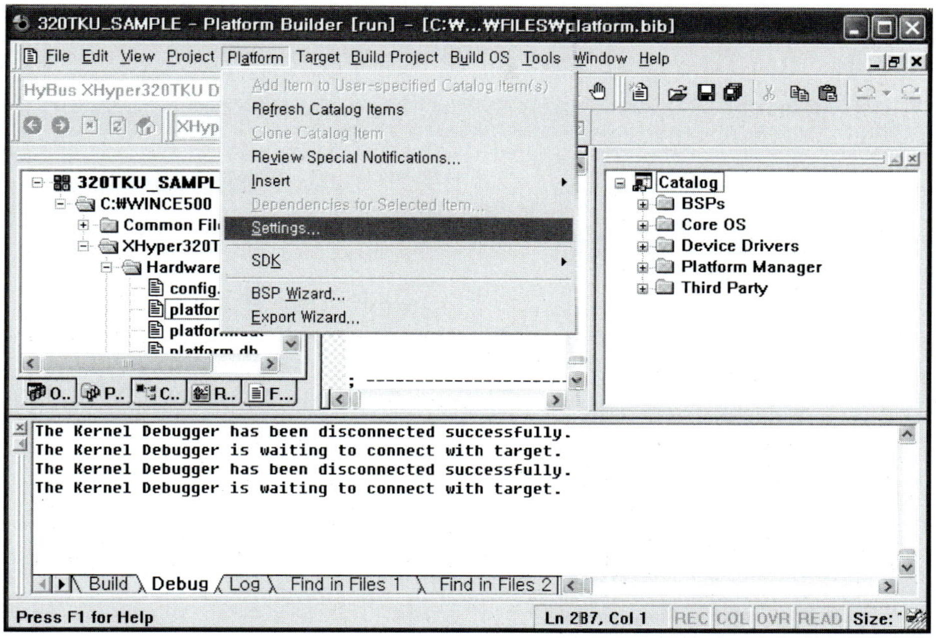

④ "Build Options" 탭을 선택한 후 다음과 같이 설정해 준다.

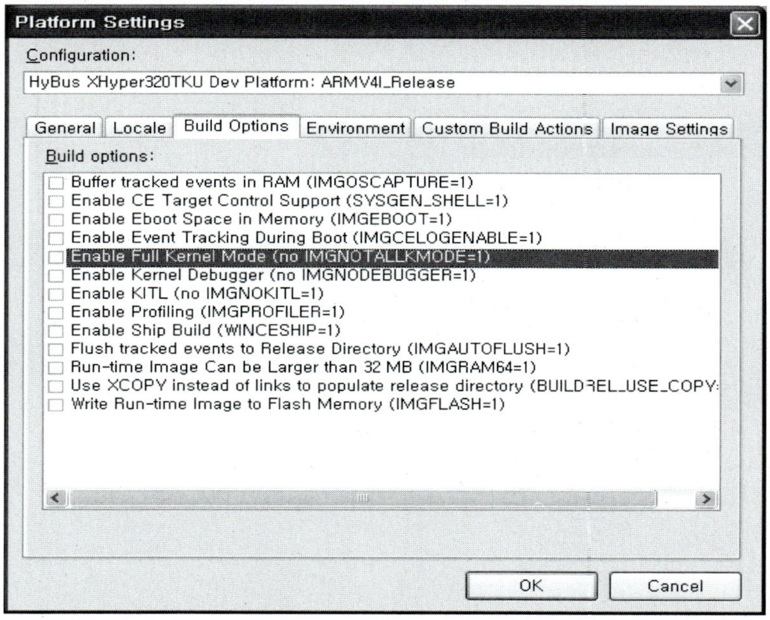

5 "Copy File to Release Directory After Build"와 Make Run-Time Image After Build" 항목을 선택하여 Sysgen를 실행시키는 것만으로 Windows CE 운영체제 이미지가 생성되도록 한다. 메뉴에서 Buid OS →"Copy Files to Release Directory After Build"와 "Make Run-Time Image After Build" 항목을 선택한 후 Sysgen를 선택한다.

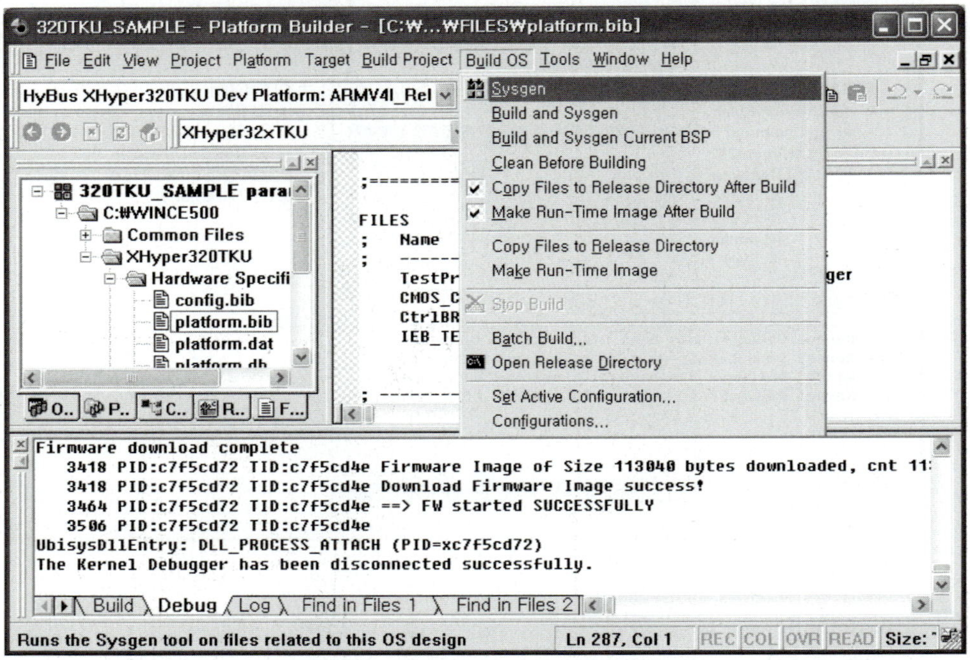

6 생성된 Windows CE 운영체제 이미지를 다운로드한다.

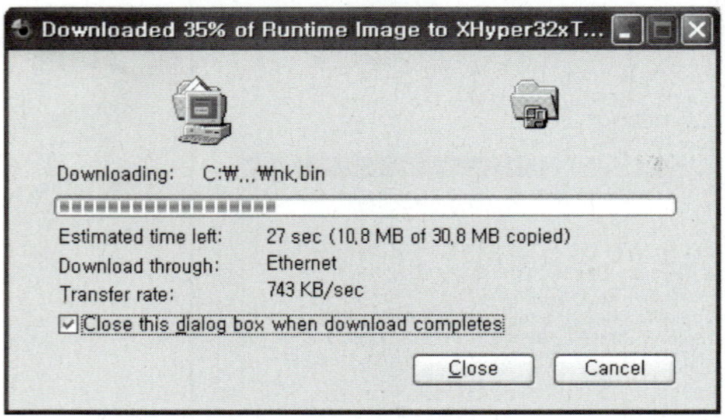

7 타깃보드를 재부팅하면 OS시작과 함께 설정한 애플리케이션이 실행된다.

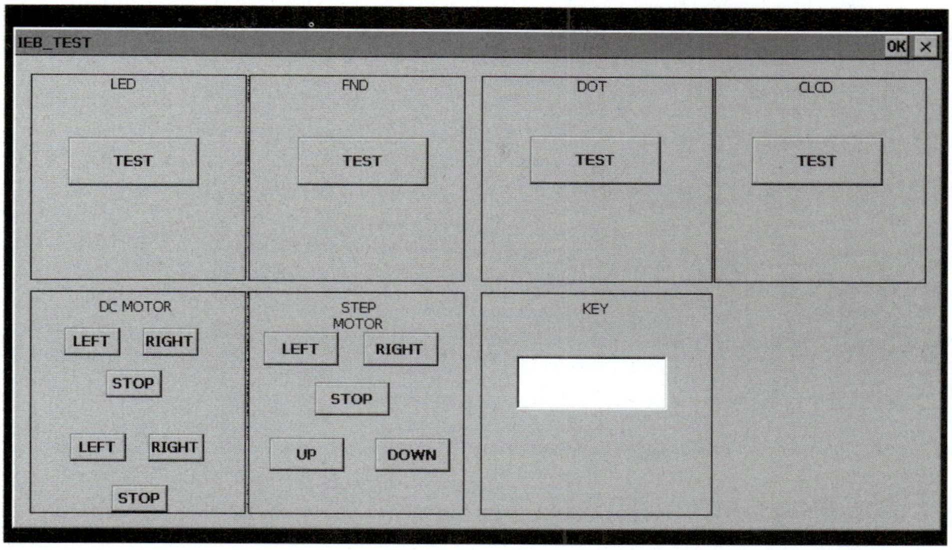

9.6 KITL 사용

1 KITL

WinCE 5.0에는 KITL이라는 디버깅 모드가 있다. 커널 trace할 때 사용되며 외부 에뮬레이터 없이 디버깅이 가능하다. KITL을 사용하기 위해서 몇 가지 설정을 해주고 빌드한 후 사용한다.

KITL은 시리얼 포트뿐만 아니라 이더넷, USB 등 다양한 통신 방법을 제공한다. 플랫폼 빌더를 이용해서 디버깅을 하기 위해서는 KITL 부분을 먼저 동작되도록 만들어야 한다. 현재는 별도의 하드웨어 추가없이 고속으로 통신할 수 있는 USB 포트를 통한 디버깅 방법이 주요한 KITL의 통신 포트로 사용된다. KITL이 정상적으로 동작해야만 플랫폼 빌더에서 제공하는 모든 디버깅 기능을 이용할 수 있기 때문에 KITL에 관련된 작업을 초기에 중점적으로 하는 것은 중요한 일이라고 하겠다.

2 KITL 환경설정

(1) USB KITL 환경변수 셋팅

USB 1.1 Device를 이용한 KITL을 사용하기 위해 사용할 플랫폼에서 다음과 같은 환경변수를 세팅한다.

지금까지 사용해온 X-Hyper320TKU 플랫폼에 있는 XHyper320TKU.bat 파일을 찾아서 확인한다. 경로는 다음과 같다.(C:\WINCE500\PLATFORM\XHyper320TKU)

각각의 항목을 찾아 확인한다.

```
set IMGNOKITL=
set BSP_NOUSBKITL=
set BSP_NOUSBFN=1
```

(2) USB RNDIS KITL 사용 설정

USB RNDIS KITL을 사용하기 전에 USB RNDIS 연결을 설정해야 한다. 그러기 위해서 먼저 RNDIS로 이미지를 다운로드받을 수 있도록 설정해야 한다. EBOOT 메뉴에서 [S]를 선택하고 [T]를 선택한 다음 [2]를 선택한다

1. 타깃보드를 재부팅하여 스페이스바를 입력한다.
2. "S"를 눌러 "Set BSP Configuration"으로 들어간다.

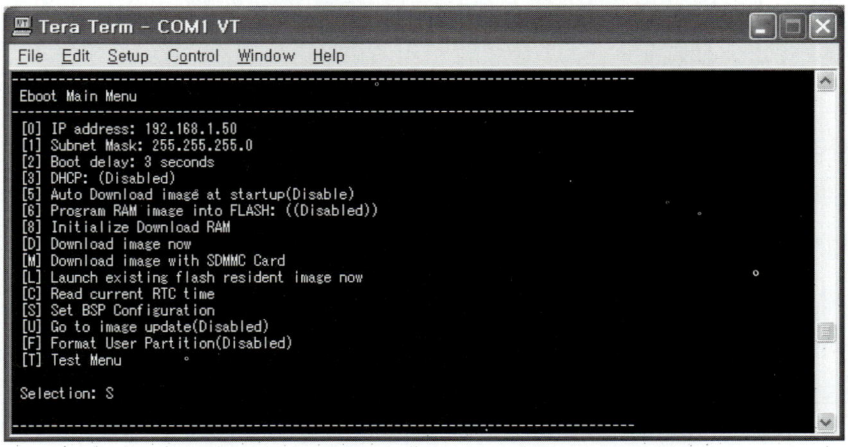

③ "T"를 눌러 "KITL(Image Download) Transport : (DM900)" 으로 들어간다.

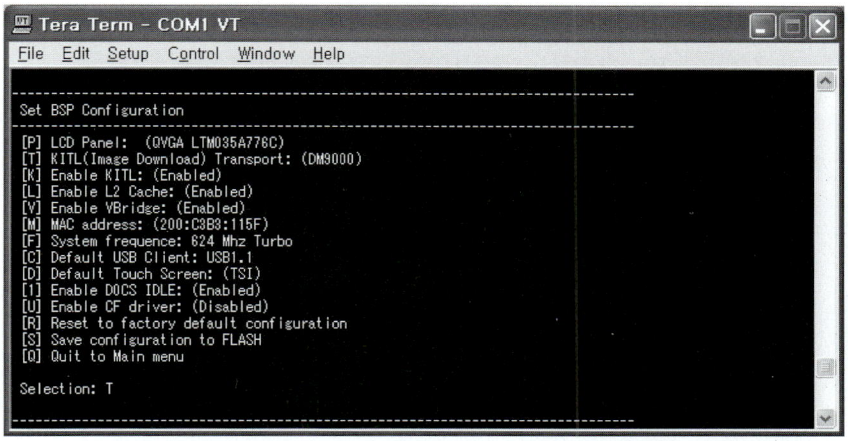

④ 다음으로 "2"번 항목을 선택한다. USB1.1을 사용할 것인지 묻는 화면에 "y"를 입력한다.

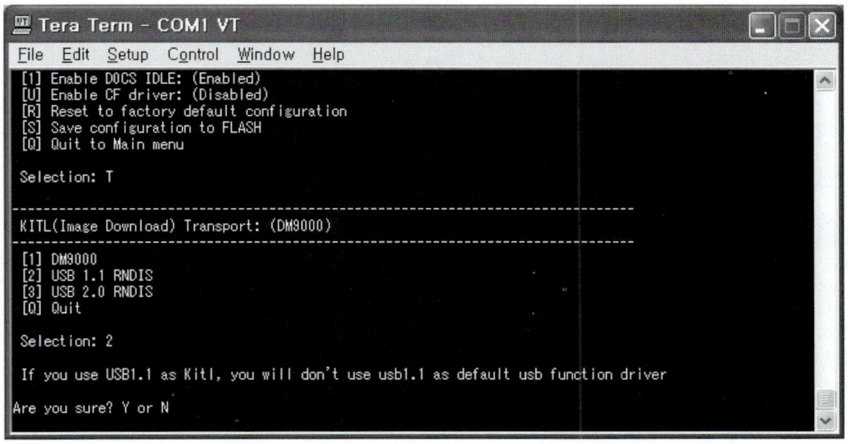

⑤ "KITL(Image Download) Transport : (DM900)" 항목이 "KITL(Image Download) Transport : (USB1.1RNDIS)" 로 변경된 것을 확인할 수 있다.

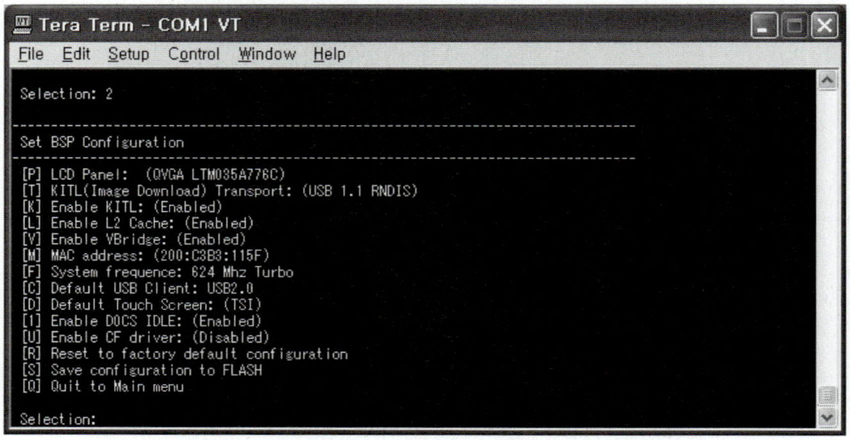

(3) 플랫폼 빌더 빌드옵션 수정

플랫폼 빌더에서 Platform Manager → Platform Manager가 추가되어 있어야 한다.

① 플랫폼 빌더를 실행시킨 후 Platrm → Setting 메뉴에서 Build Option 중에 Enable CE Target Control Support와 Enable KITL을 다음과 같이 추가한다.

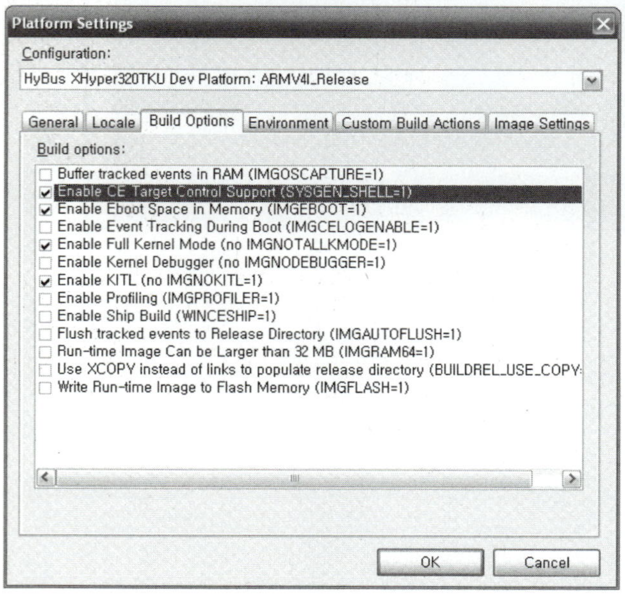

② 설정이 완료되면 플랫폼 빌더의 메뉴에서 BuildOS→Sysgen 을 실행하여 새로운 이미지를 생성한다.

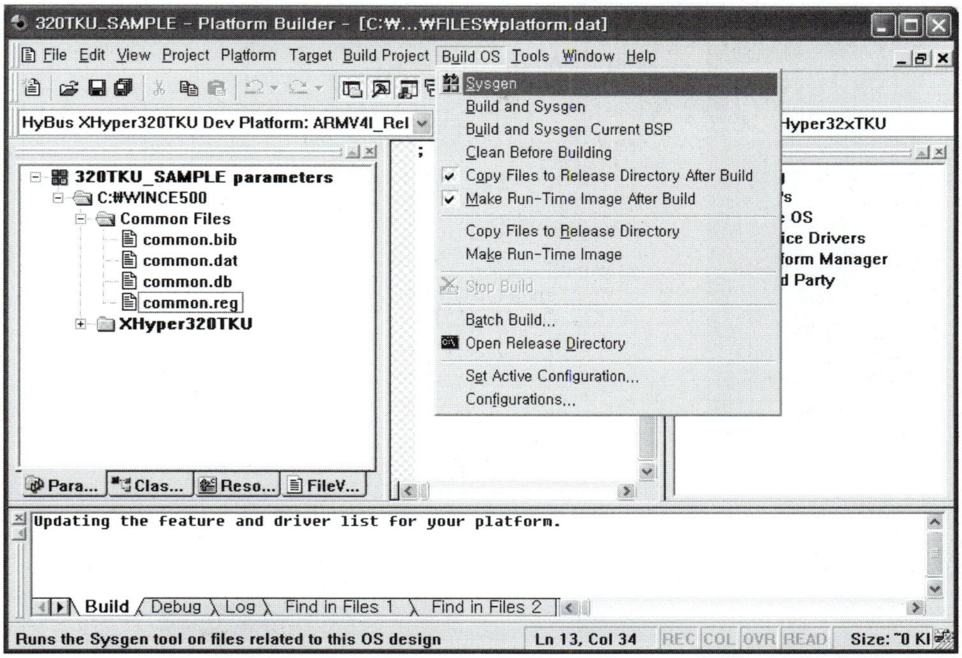

(4) USB RNDIS KITL Connection

USB RNDIS를 사용하기 위해 다음과 같은 순서대로 진행한다.

① Eboot 메뉴에서 USB cable을 연결하고 "Q"를 눌러 메인 메뉴로 나온다.

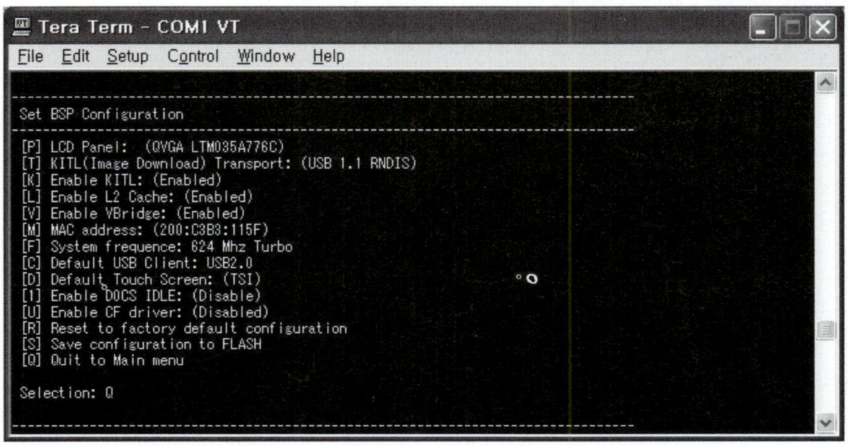

9장

② 다시 최초 메뉴로 진입 후 [D] Download Image now를 선택하고 잠시 기다리면 Host PC쪽에서 [새 하드웨어 검색]이 동작한다.

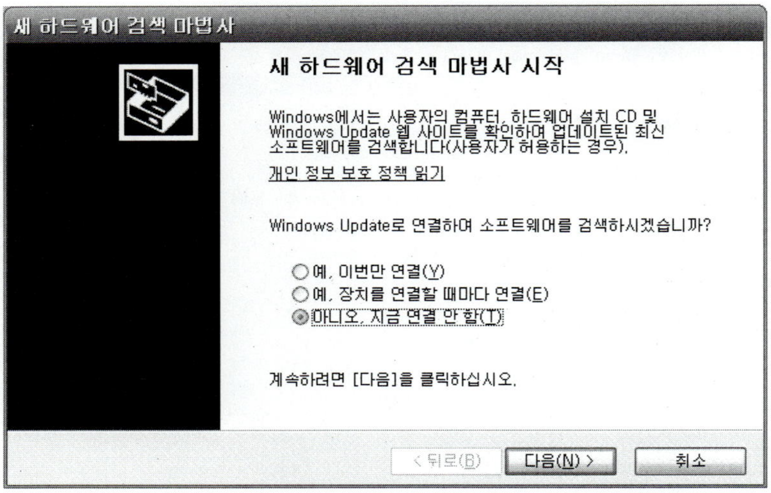

③ 목록 또는 특정 위치에서 설치(고급)을 선택한다.

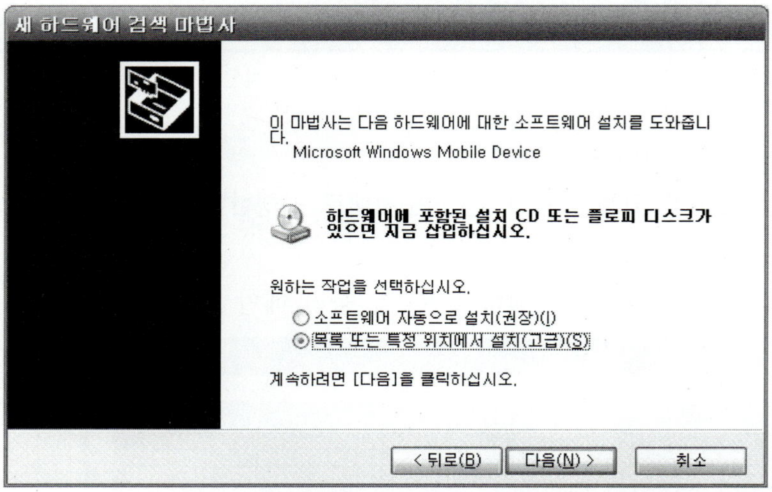

④ 아래와 같은 화면에서 찾아보기를 눌러 드라이버 위치를 지정하여 준다. 드라이버는 BSP 폴더 아래 ActiveSync_USB_Host_Driver에 위치한다.

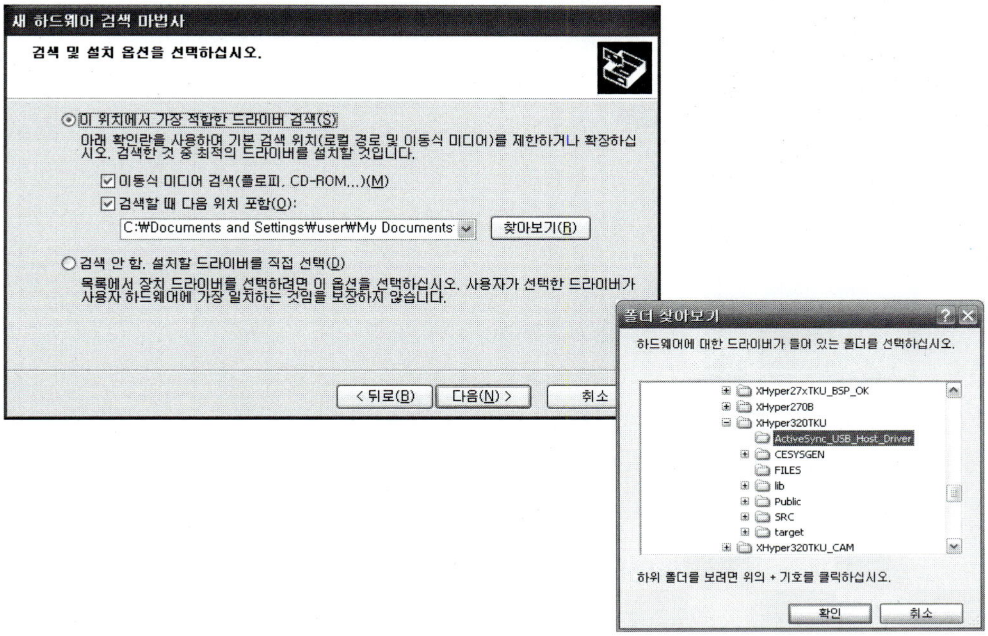

⑤ 확인을 하고 다음을 선택하면 드라이버 설치를 진행한다.

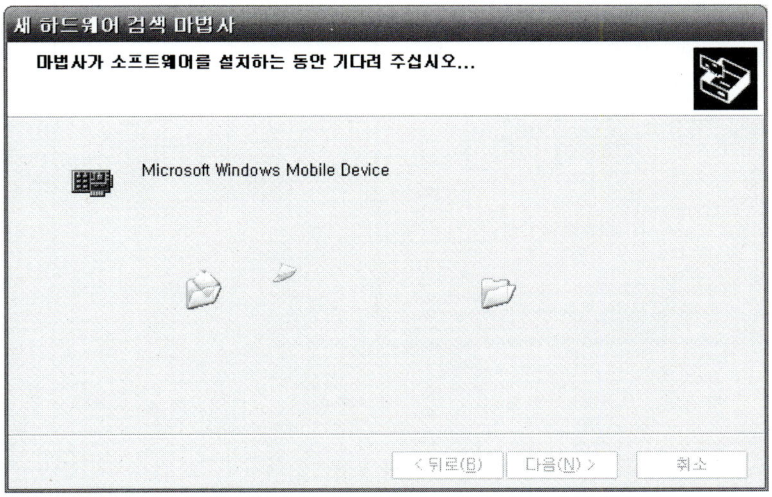

9장

⑥ 설치가 완료되면 Ethernet과 같은 방식으로 다운로드한다.

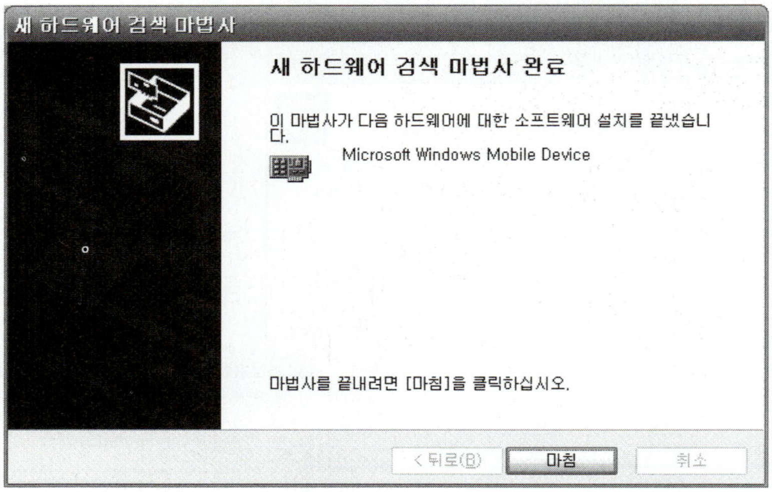

⑦ 네트워크 연결에 보면 RNDIS 장치가 등록된 것을 알 수 있다. 이더넷 장치는 타깃 보드의 전원이 인가되어 EBOOT 메뉴에서 "D"를 눌러 다운로드를 시도할 때만 나타난다.

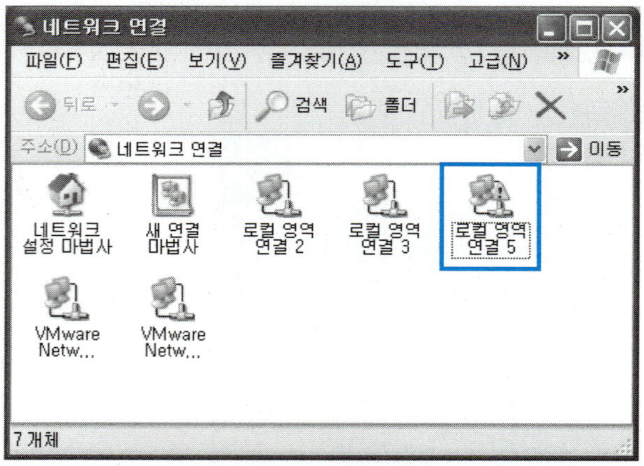

8 새로운 장치에 오른쪽 마우스를 클릭하여 속성으로 들어가서 이더넷 장치와 같이 간주하여 IP를 할당한다.

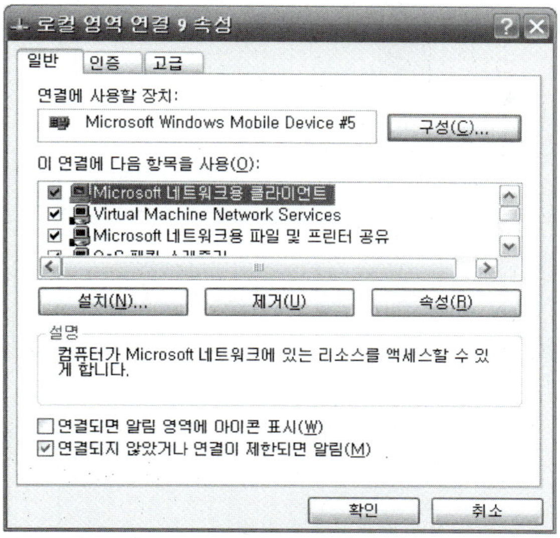

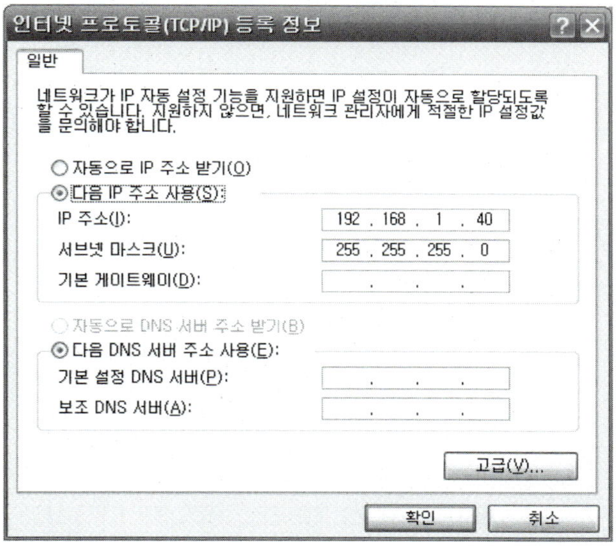

9 설정이 완료되면 플랫폼 빌더의 메뉴에서 Target → Connectivity option에서 Debugger를 KdStub을 지정한다.

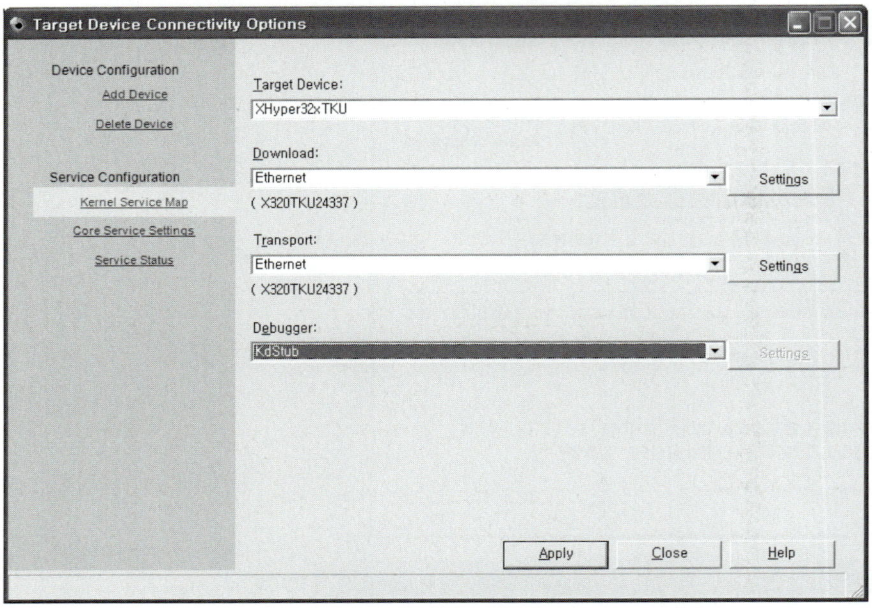

10 다음으로 플랫폼 빌더의 Target → Attach Device 메뉴를 선택하여 다운로드를 시도한다.

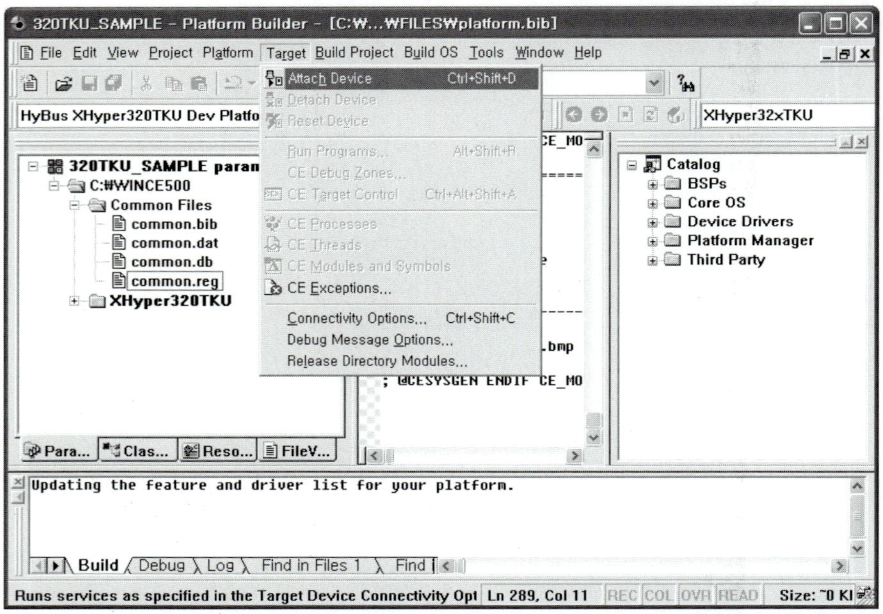

⑪ 다운로드가 진행된다.

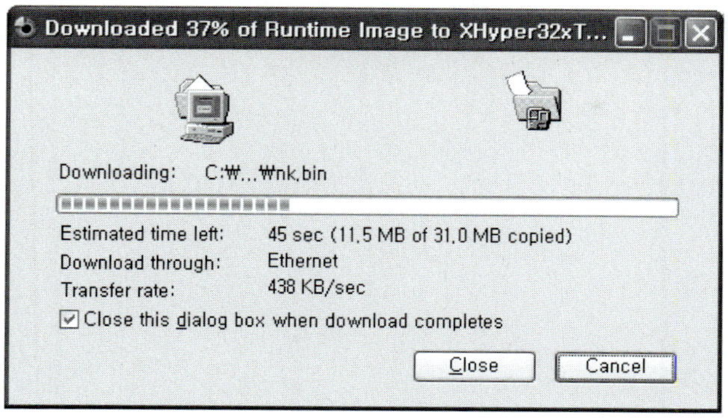

⑫ 만약 다운로드가 진행되지 않는다면 플랫폼 빌더의 메뉴에서 Target→Connectivity option에서 Download의 Settings을 클릭하여 다운로드 장치가 있는지 확인한다.

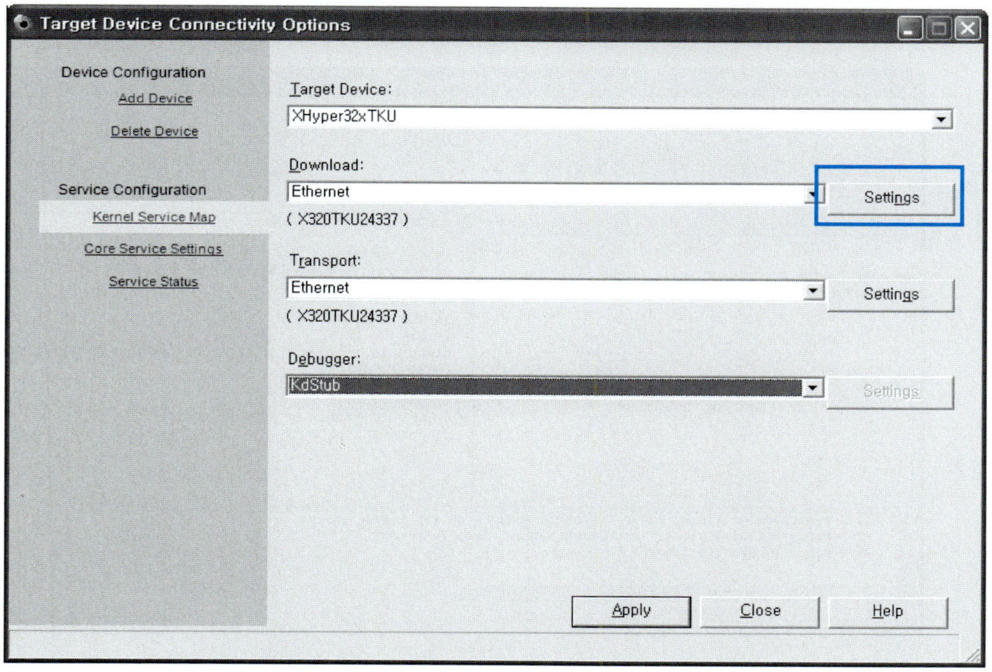

⑬ ActiveDevices 에 다른 넘버의 장치가 확인되면 클릭하여 선택한다.

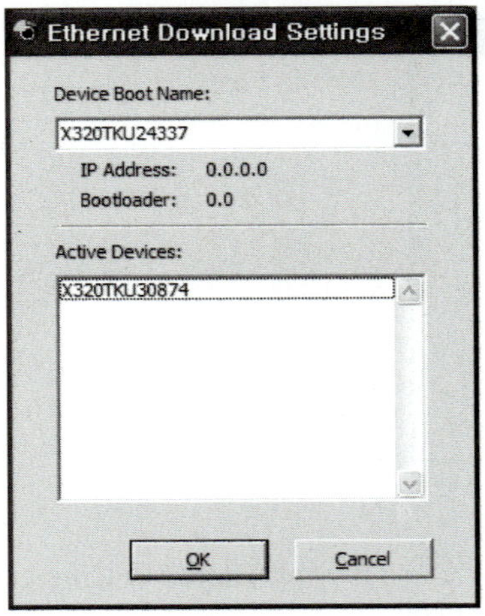

⑭ Download가 완료되면 KITL이 동작되는 것을 확인할 수 있다.

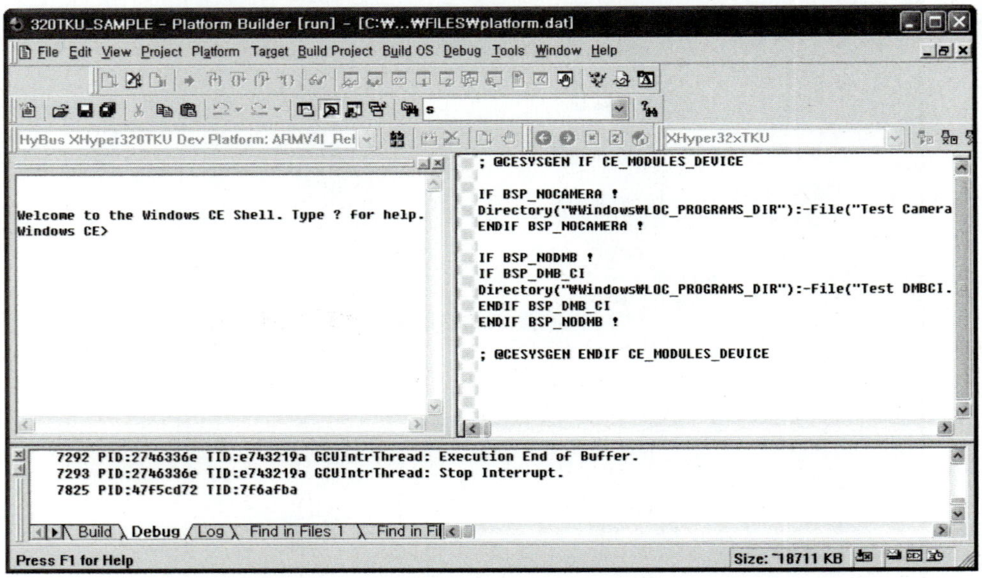

9.7 리모트 툴

1 리모트 툴의 개요

마이크로소프트 Windows CE는 Windows CE 기반장치를 테스트하고 디버깅하는 도구를 제공한다. 대부분의 테스트와 디버깅을 위한 도구는 개발 컴퓨터에 있으며, 개발 컴퓨터와 타깃장치 사이 통신을 돕는 연결 기반구조에 의지한다.

여기에서는 Windows CE 기반 장치를 디버그하고 테스트하는 여러 도구들 중 리모트 툴(Remote Tools)에 대해서 알아본다. 그리고 리모트 툴을 이용하여 X-Hyper320TKU 스크린 이미지와 레지스트리를 보는 간단한 작업을 수행해 보도록 한다.

(1) 리모트 툴

리모트 툴(Remote Tools)이 있는 개발 컴퓨터는 원격으로 마이크로소프트 Windows CE 기반 타깃장치에서 여러 가지 프로그래밍 업무를 수행하는데 이용할 수 있다. 개발 컴퓨터의 애플리케이션과 타깃장치 사이의 애플리케이션 레벨 연결을 지원하는 플랫폼 매니저(Platform Manager) 상에서 리모트 툴과 타깃장치 사이의 연결을 한 후 다음과 같이 작업할 수 있다.

- 타깃장치로 파일 다운로드
- 타깃장치의 프로세스 및 스레드의 상태 감시
- 타깃장치의 성능 측정

(2) 플랫폼 매니저상에서의 리모트 툴과 타깃장치 간의 연결

플랫폼 매니저는 응용 연결성(application connectivity)을 지원한다. 응용 연결성은 개발 컴퓨터에서 동작하는 응용과 타깃장치 사이에 연결을 할 수 있도록 해주는 통신 하부구조이다. 리모트 툴과 Embedded Visual C++는 타깃장치를 연결하기 위해서 플랫폼 매니저에서 응용 연결성 지원을 사용한다.

(3) 리모트 툴을 이용한 타깃장치 연결

리모트 툴을 사용하기 위해선 개발 컴퓨터와 타깃장치 사이에 연결을 해야만 한다. 처음 리모트 툴을 시작했을 때는 '장치'를 선택해야만 한다. 여기서 말하는 '장치'는 플랫폼 매니저가 물리적 타깃장치와의 연결을 할 수 있도록 해주는 정보를 저장하고 있는 플랫폼 매니저 객체이다. 만약 타깃장치와의 연결을 위해 시리얼 커널 전송을 사용한다면, 리모트 툴과 타깃장치간 연결을 위한 플랫폼 매니저를 설정하기 위해 특별한 단계를 따라야만 한다.

장치를 선택한 다음 플랫폼 매니저는 리모트 툴을 물리적 장치에 연결하기 위해 장치에 저장되어 있는 정보를 이용한다. 다음 작업 시간 동안 리모트 툴을 시작할 때, 플랫폼 매니저는 선택한 장치를 이용하여 물리적 장치에 연결할 수 있도록 하는 연결 대화상자를 보인다. 플랫폼 매니저가 리모트 툴과 특정 장치의 연결하는 것을 원하지 않으면 다른 장치를 선택할 수 있다.

리모트 툴을 가지고 타깃장치에 연결하기 위해 다음 단계를 따르도록 한다.

- 플랫폼 매니저를 이용하여 타깃장치로의 연결을 설정한다.
- 리모트 툴 윈도우의 'Connection' 메뉴에서 'Connect to Device'를 선택한다.
- 'Windows CE Default Platform' 노드를 확장한다.
- 'Default Device'를 선택하거나 사용자 정의 장치를 선택한다.

통합개발환경(Integrated Development Environment)에서 '장치'는 타깃장치와의 응용 연결성을 확립하기 위해 플랫폼 매니저에 의해 요구되는 정보를 나타낸다. 개발 컴퓨터의 응용을 가지고, 타깃장치에 대한 장치 설정을 정확히 했다면 타깃장치와의 성공적인 연결을 할 수 있다. 장치는 'startup server'와 'transport'의 선택을 포함한다. 전송(transport)은 타깃장치와 플랫폼 매니저의 데스크탑측이 통신 하드웨어상에서 통신을 할 수 있도록 해준다. 스타트업 서버(startup server)는 플랫폼 매니저의 장치측을 타깃장치에 다운로드하고 플랫폼 매니저의 장치측을 타깃장치에서 시작함으로써 연결을 시작한다.

플랫폼 매니저에 의해 제공되는 응용 연결성은 또 하나의 응용 연결성 서비스인 마이크로소프트의 액티브싱크(ActiveSync)와 여러 가지 점에서 비슷하다. 사실 어떤 플랫폼 매니저 스타트업 서버와 전송은 응용 연결성을 제공하기 위해 액티브싱크 연결을 필요로 한다. 그러나 액티브싱크가 데이터 동기화 프로토콜인 반면, 플랫폼 매니저는 개발 툴을 지원하기 위해 설계된 것이다.

애플리케이션을 타깃장치에 연결하기 위해 통신 하드웨어를 먼저 설정해야만 한다. 다음 표는 타깃장치로의 시리얼 연결과 타깃장치에서의 Repllog.exe 프로세스로부터의 액티브싱크 연결을 확립하는데 필요한 전송과 스타트업 서버의 선택을 나타낸다.

[표 9-3] ActiveSync 연결에 요구되는 전송과 스타트업 서버

전송(Transport)	스타트업 서버(Startup server)
ActiveSync	CESH ActiveSync Manual server
TCP/IP	CESH ActiveSync Manual server
KITL	CESH ActiveSync Manual server

☞ Note : 시리얼 연결을 통해서 타깃장치와 TCP/IP를 연결할 수 있다. TCP/IP Transport Configuration 대화상자에서 'Configuration automatically over serial'을 선택하면 된다.

한 순간에 각 리모트 툴에서 하나의 인스턴스를 실행할 수 있다. 리모트 콜 프로파일러(Remote Call Profiler)와 리모트 커널 트랙커(Remote Kernel Tracker)를 동시에 실행할 수는 없다. 하지만 여러 개의 리모트 툴을 복수의 창으로 나타낼 수 있다.

[표 9-4]는 플랫폼 빌더와 마이크로소프트 eMbedded Visual C++ 4.0 Service Pack 4에서 사용 가능한 리모트 툴을 보여준다.

[표 9-4] 리모트 툴

리모트 툴(Remote tool)	설 명
리모트 콜 프로파일러 (Remote Call Profiler)	애플리케이션에서의 알고리즘 병목 현상을 확인할 수 있는 GUI 내에서 프로파일링과 분석 툴을 제공한다.
리모트 파일 뷰어 (Remote File Viewer)	타깃장치의 파일 시스템 계통 뷰를 보여준다.
리모트 힙 워커 (Remote Heap Walker)	타깃장치에서 실행하고 있는 프로세스에 대한 힙 확인자와 플래그에 대한 정보를 나타낸다.
리모트 커널 트랙커 (Remote Kernel Tracker)	OS와 타깃장치에서 발생하는 애플리케이션 이벤트의 가시적 표현을 제공한다.
리모트 퍼포먼스 모니터 (Remote Performance Monitor)	타깃장치의 성능을 측정한다.
리모트 프로세스 뷰어 (Remote Process Viewer)	타깃장치에서 실행 중인 프로세스와 스레드 목록을 보여준다.

리모트 툴(Remote tool)	설 명
리모트 레지스트리 에디터 (Remote Registry Editor)	타깃장치의 레지스트리를 보여주고, 레지스트리를 관리할 수 있도록 해준다.
리모트 스파이 (Remote Spy)	타깃장치에서 열려 있는 창의 목록과 창으로부터 발생된 메시지를 보여준다.
리모트 시스템 인포메이션 (Remote System Information)	타깃장치에 대한 시스템 설정과 속성을 보여준다.
리모트 줌-인 (Remote Zoom-In)	타깃장치의 스크린 이미지를 보여준다.

리모트 툴들은 용도에 따라 다음과 같이 분류할 수 있다.

- 디버깅을 위한 리모트 툴 : 리모트 힙 워커, 리모트 프로세스 뷰어, 리모트 스파이
- 성능 프로파일링 위한 리모트 툴 : 리모트 콜 프로파일러, 리모트 커널 트래커, 리모트 퍼포먼스 모니터
- 정보 관리를 위한 리모트 툴 : 리모트 파일 뷰어, 리모트 레지스트리 에디터, 리모트 시스템 인포메이션, 리모트 줌-인

2 리모트 툴 사용하기

플랫폼 빌더의 리모트 툴 중 정보관리를 위한 리모트 시스템 인포메이션(Remote System Information)을 X-Hyper320TKU 타깃장치와 함께 실행해 보도록 한다.

플랫폼 빌더에서 생성한 X-Hyper320TKU Windows CE 5.0의 SDK(Software Development Kit)를 개발 컴퓨터에 설치한다.

(1) Remote Call Profiler

Call Profiler는 프로그램내의 함수나 코드의 동작시간을 수치와 그래픽적으로 표시해 주어 어떠한 루틴에서 지연 요소가 생겼는지 분석할 수 있게 해주는 Remote Tool이다. 윈도우 임베디드 애플리케이션 개발이 어느 정도 마무리가 되었다면 Call Profiler로 프로그램의 수행시간을 측정하여 동작 지연 요소가 생기는 부분을 찾아내어 개선하는 방법도 애플리케이션의 성능 개선을 위한 좋은 방법이라고 하겠다.

(2) Remote File Viewer

Remote File Viewer은 플랫폼 빌더상에서 타깃보드의 파일을 확인할 수 있는 기능을 제공한다. 임베디드 시스템은 PC와 비슷한 파일 시스템을 사용하기는 하지만 PC와 동일하다고 볼 수는 없다. 이러한 차이점을 극복하게 해주는 툴이 리모트 파일 뷰어다. PC에서 개발보드 파일 시스템내의 파일을 자유자제로 볼 수 있게 하고 PC로부터 개발보드로, 개발보드로부터 PC로 파일 복사 작업을 쉽게 해주는 툴이다.

윈도우 CE 임베디드 시스템은 개발이 어느 정도 진행이 되면 ActiveSync를 통해 PC로부터 파일을 복사할 수 있지만 그 전에는 운영체제 이미지에 파일을 포함시키는 것 말고는 없기 때문에 리모트 파일 뷰어는 초기 개발시 중요한 툴의 하나이다.

ActiveSync가 연결된 상태에서 플랫폼 빌더의 메뉴인 Tools→Remote File Viewer를 클릭한다.

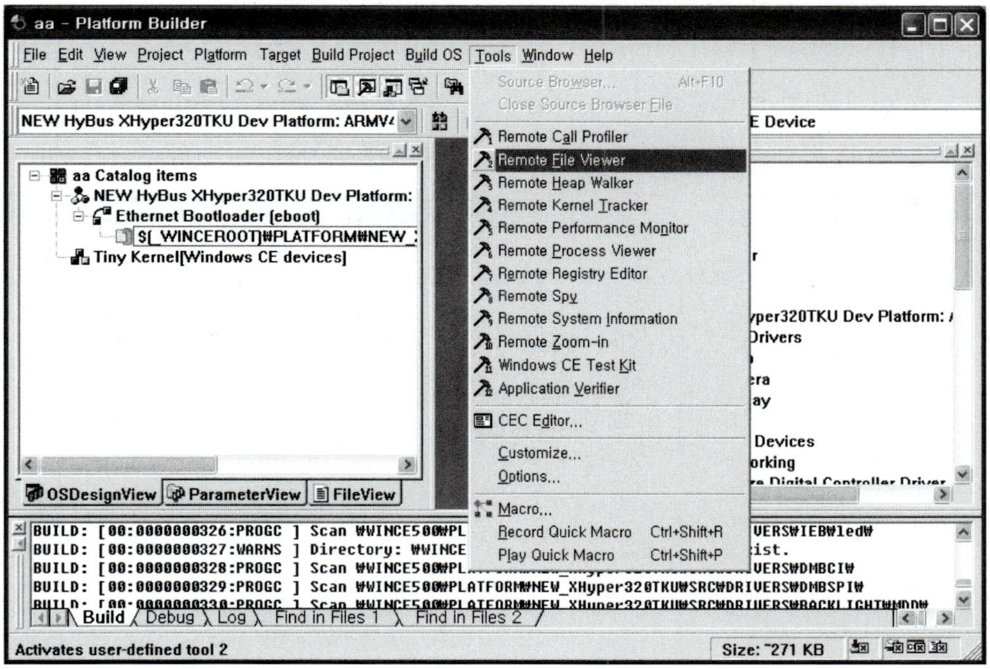

[그림 9-2] Remote File Viewer

Remote File Viewer가 열리면서 연결할 장치를 선택하는 화면이 나온다. 다음과 같이 해당 타깃보드를 선택하고 "OK"를 누른다.

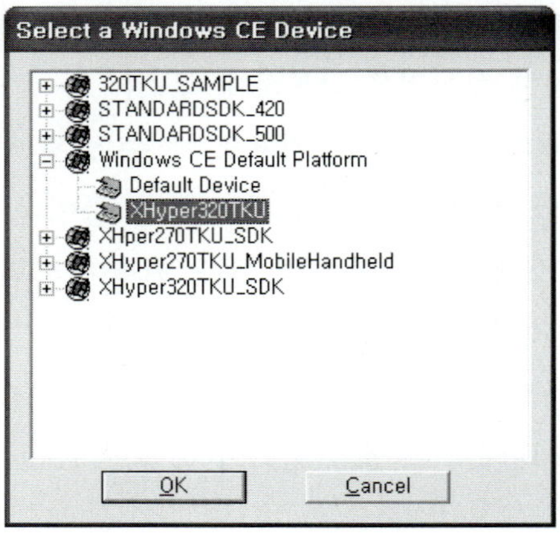

[그림 9-3] 연결 장치 선택

장치가 연결이 되면 다음과 같이 윈도우 파일탐색기와 같은 화면이 나온다. 좌측의 "Add Connection" 버튼을 눌러 다른 장치를 추가할 수 있다.

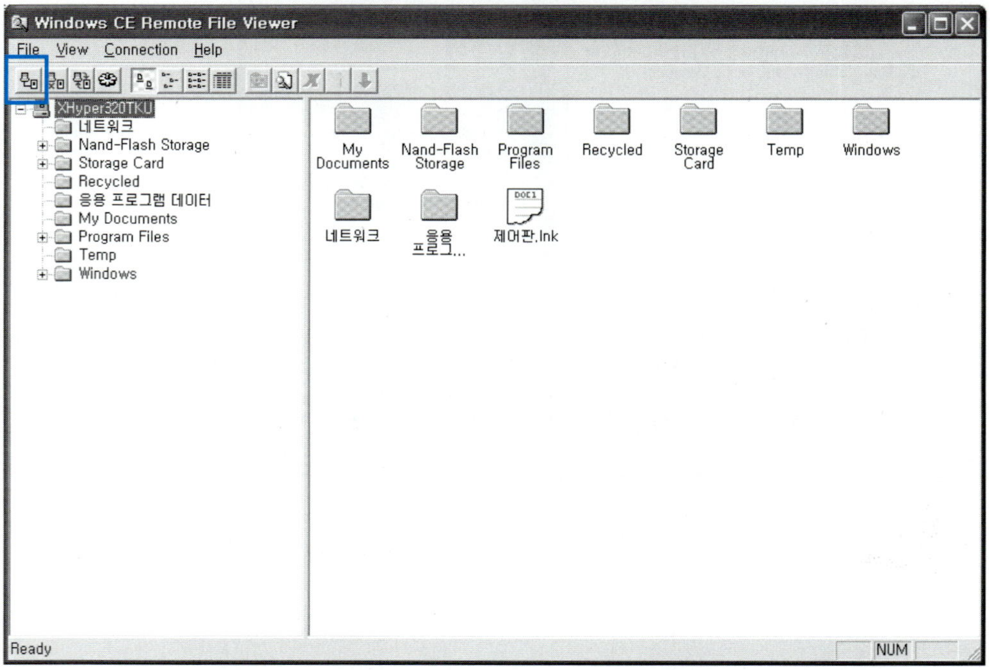

[그림 9-4] File Viewer 실행화면

다음과 같이 다른 장치를 추가하여 본다.

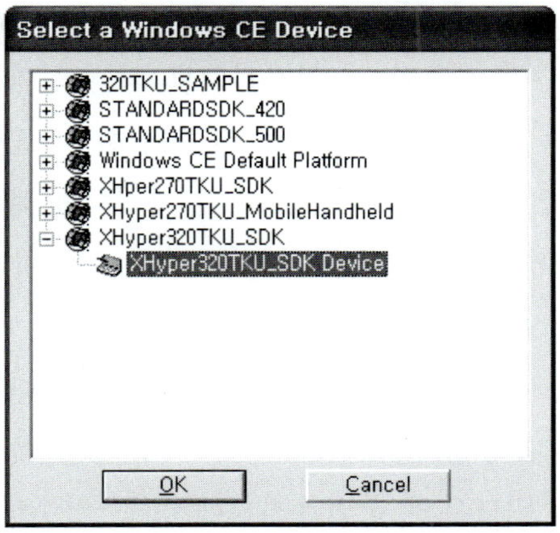

[그림 9-5] 다른 장치 추가

[그림 9-6]과 같이 다른 장치의 파일을 확인할 수 있다.

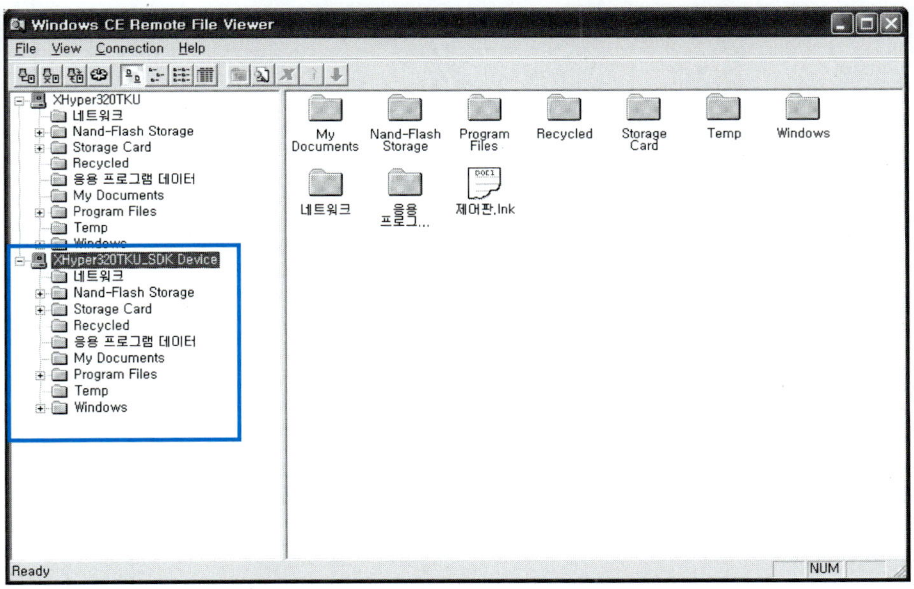

[그림 9-6] 장치 추가 확인

Remote File Viewer 이외에도 폴더 새로 만들기 파일 업로드 및 다운로드 및 삭제를 수행할 수 있다.

9장

(3) Remote Heap Walker

메모리에는 여러 가지 종류가 있다. 응용프로그램 내에서 malloc() 과 같은 함수에서 사용되는 메모리 영역, 함수를 호출할 때 인자가 저장되는 영역 등 여러 가지가 존재한다. 하나의 프로그램에서도 이런데 운영체제에는 더 복잡한 메모리 구조를 가질 것이다.

윈도우 CE에서 이런 복잡한 메모리 이용 정보를 분석하게 해주는 툴이 리모트 힙 워커이다. 어떠한 스레드에서 어떻게 메모리를 할당하고 어떠한 방식으로 메모리를 이용하는지 분석할 수 있게 해준다. 메모리를 할당하고 제대로 해제는 하는지, 특정 프로세서에서 과도하게 메모리를 점유하지는 않는지 분석하기 위해서 사용된다. 잘못된 메모리 사용으로 인해 발생하는 메모리 누수를 방지하기 위해 사용되는 툴이다.

Remote Heap Walker은 윈도우의 작업관리자에서 와 비슷하게 프로세스 상태를 보여준다. 실행방법은 전과 동일하다.

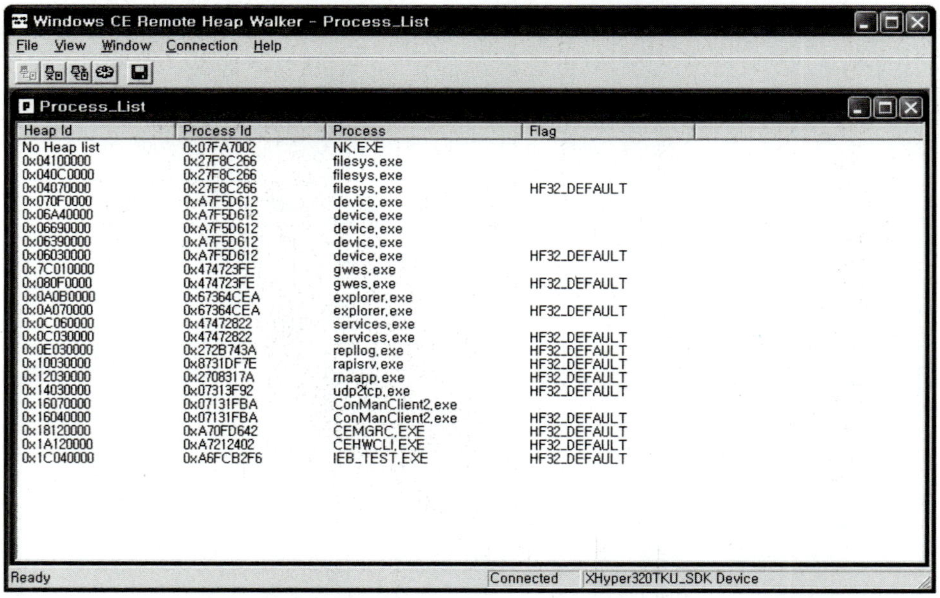

[그림 9-7] Remote Heap Walker

(4) Remote Kernel Tracker

윈도우 CE는 여러 개의 프로세스(Process), 스레드(Thread)가 동시에 동작하는 멀티스레드(Multi Thread) 운영체제이다. 따라서 소스의 일부만 가지고, 디버거에서 브레이크(Break) 명령을 통해 운영체제의 동작을 일시 정지시킨 다음에 문제를 확인하기에는 어려운 점도 있다. 이때 사용하는 것이 리모트 커널 트랙커이다. 리모트 커널 트랙커는 윈도우 CE 운영체제를 좀더 거시적으로 보게 해준다. 윈도우 CE를 코드와 코드의 묶음이 아니라 프로세서와 프로세서, 스레드와 스레드의 관계로 보게 해준다. 이러한 점이 리모트 커널 트랙커의 중요한 점이다. 리모트 커널 트랙커로 할 수 있는 기능은 다음과 같다.

- 스레드간의 상호작용을 그림으로 보여준다.
- 시스템 상태의 변화를 보여 준다.
- 시스템 이벤트, 인터럽트, 스레드간의 연관 관계를 보여준다.
- 프로세스와 스레드의 생성, 실행, 정지 등의 상태를 상세히 보여준다.

(5) Remote Performance Monitor

Remote Performance Monitor라는 툴을 이용해 각 프로세스별로 어느 정도 리소스를 차지하는지, 어떤 프로세스가 많은 스케줄링 시간을 이용하는지 이러한 정보를 알 수 있다. Remote Performance Monitor의 역할을 정리하면 다음과 같다.

- 스레드, 프로세스, 시스템의 성능 및 통계 측정
- 시스템 메모리 사용에 대한 측정
- 전원, TCP, IP, RAS, ICMP 등 성능 측정

(6) Remote Registry Editor

레지스트리는 PC 뿐만 아니라 윈도우 CE에서도 중요한 항목이다. PC와 비슷하게 윈도우 CE의 설정과 디바이스 드라이버 등록이 레지스트리를 통해 이루어지기 때문이다. 윈도우 CE를 개발할 때 제일 먼저 알아야 하는 것이 디바이스 드라이버를 레지스트리에 등록하는 방법이다. 이런 것처럼 레지스트리에 설정을 변경하고 새로운 드라이버를 등록하기 위해서 사용한다.

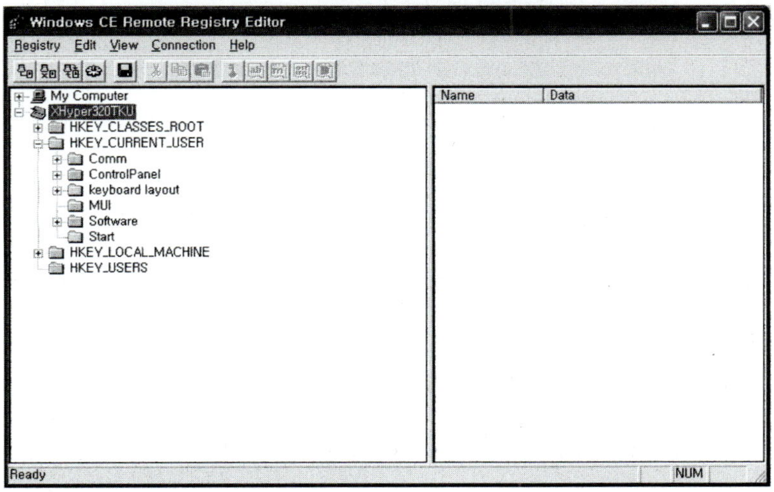

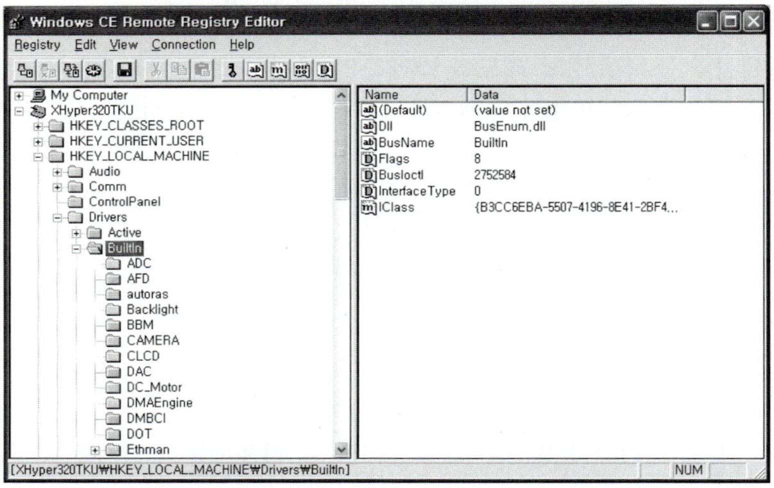

[그림 9-8] Remote Registry Editor

(7) Remote Spy

윈도우 CE 운영체제는 윈도우와 그래픽, 이벤트로 구성된 시스템이다. 이벤트는 사용자의 입력을 처리하고 반응하는 구조를 말한다. 사용자가 터치패널을 터치하면 터치에 대한 입력 이벤트가 발생한다. 이 이벤트를 받은 이벤트 관리 프로그램은 적절한 위치에 새로운 윈도우를 만들게 된다. 이때 역시 새로운 윈도우가 생성되었다는 이벤트가 발생한다. 이러한 이벤트들의 움직임을 기록할 수 있게 하는 툴이 리모트 스파이다.

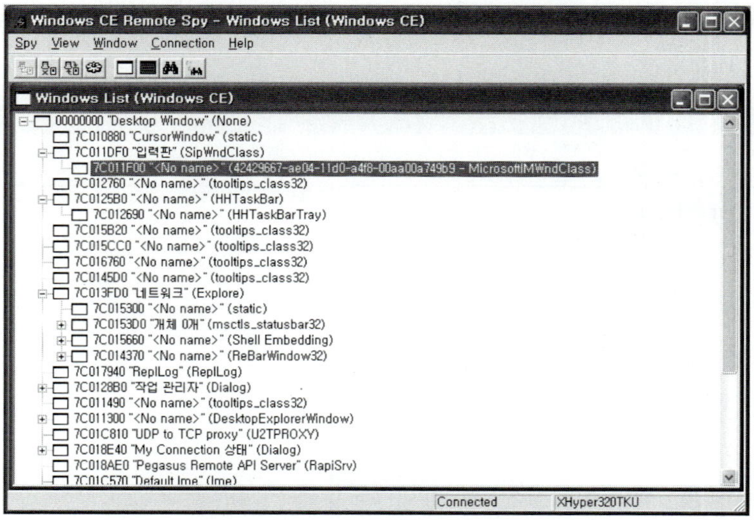

[그림 9-9] Remote Spy

(8) Remote System Information

플랫폼 빌더의 리모트 시스템 인포메이션 툴을 이용하여 타깃 시스템의 정보를 알 수 있다. PB(Platform Builder)의 메뉴 항목에서 Tools → Remote System Information을 선택하면 Windows CE Remote System Information을 실행한다.

(9) Remote Zoom-in

Remote Zoom-in은 시스템의 문제점을 보고할 때나, 매뉴얼 작업을 할 때 동작하는 장치에 대한 캡처 화면이 필요할 때 사용하는 프로그램이다. 단순히 개발하고 있는 장치와 연결하여 원격으로 화면을 캡처하는 프로그램이지만 중요하고 많이 사용된다.

Remote Zoom-in은 타깃보드의 화면을 플랫폼 빌더를 통해 확인할 수 있게 해준다. 화면전환을 적용하기 위해 리프레시 버튼을 눌러야 한다.

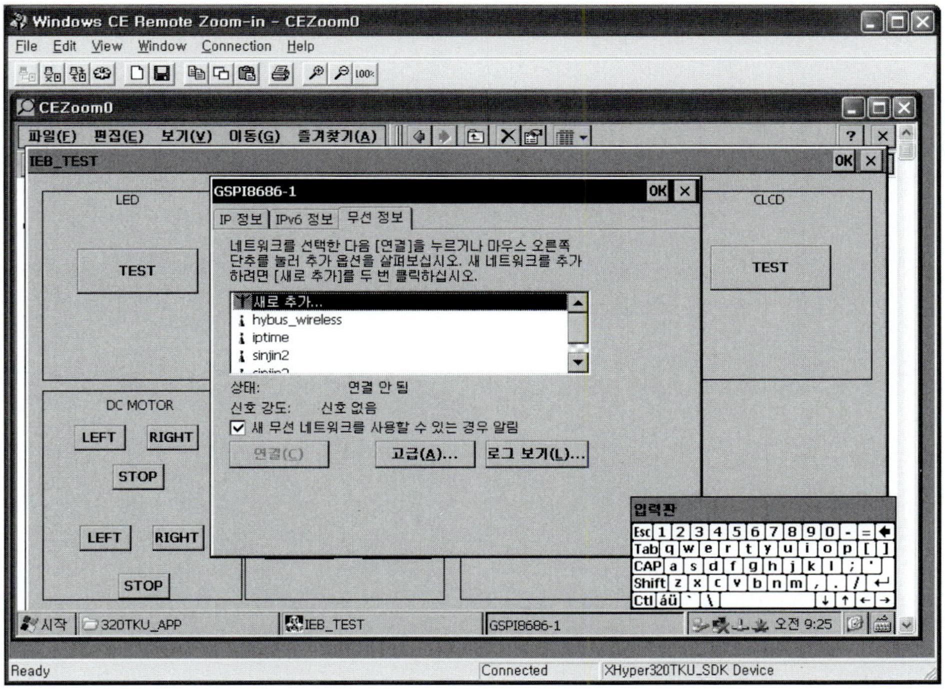

[그림 9-10] Remote Zoom-in

찾아보기

저자 약력

■ **남 상 엽**

- 공학박사
- 삼성종합기술원 정보시스템연구소 근무
- 모토로라 반도체통신(주) 기술연구소 근무
- (현) 국제대학 IT학부 교수

■ **하이버스(주) 기술연구소**

Windows CE 개발 및 응용

2009년 1월 10일 1판 1쇄 발행

저 자 남 상 엽
하이버스(주) 기술연구소
발행인 남 승 우

발행처 도서출판 상尙 학學 당堂
서울특별시 동작구 사당3동 220-43
TEL : 02) 595-1692~4
FAX : 02) 595-1394
E-mail : namdoo6@unitel.co.kr
신고 : 2-155호 (1968. 11. 29)

(CD 포함) **정가 30,000원**

ISBN 978-89-93383-18-8 93560

※ 이 책의 저작권은 저자에게 있으며, 저자의 동의 없이 복사・인용・복제・전재를 금합니다.

Embedded

HyBus Project & Services

X-Hyper270A-EDU KIT

기초 교육용 맞춤 장비

임베디드 리눅스 기초 교육을 위한 **맞춤** 장비

이제 임베디드 리눅스 교육을 쉽고 재미있게 배울 수 있다!

기본 메인 PXA270 CPU 모듈을 기반으로 기초 디바이스들을 회로 설계에서부터 납땜, 조립, 소스 작성까지 직접 만들어서 동작시키는 키트입니다. 기존의 이미 구성된 임베디드 장비를 운영하는 형식의 교육에서 벗어나 학생이 직접 하드웨어를 제작, 포팅할 수 있는 조립형 실험 장비입니다. 단계별로 가장 쉬운 디바이스(LED)에서부터 시작하여 고급 디바이스(Char LCD)까지 실험이 가능하며 재료비 형태로 저렴하게 구매 실험할 수 있습니다.

Main Board

- Marvell Xscale PXA270 Processor 탑재
- Memory : SDRAM – 64MB / Flash ROM – 32MB
- Audio : AC97(CS4299)
- Embedded Linux 2.6.11
- 저전력, 초소형(113mm x 88mm)으로 다양한 분야에 응용가능
- 180Pin 확장 커넥터를 통한 기능확장
- 6.4" TFT Color LCD 확장 가능(터치 스크린 포함)

| Daughter Board |

X-Hyper270A-KEY	X-Hyper270A-CHARACTER	X-Hyper270A-FND
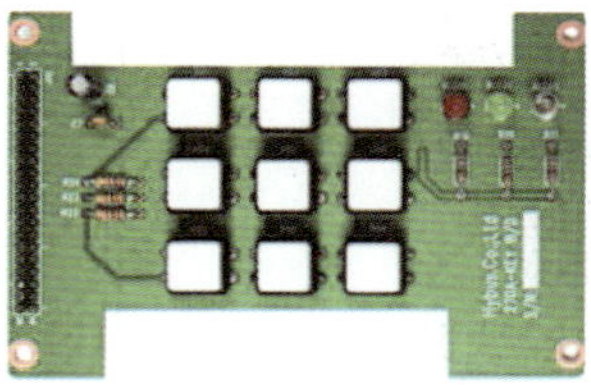 LED 3EA(RED,GREEN,BLUE) KEY 9EA 3x3·KEYSCAN	 16X2 character LCD	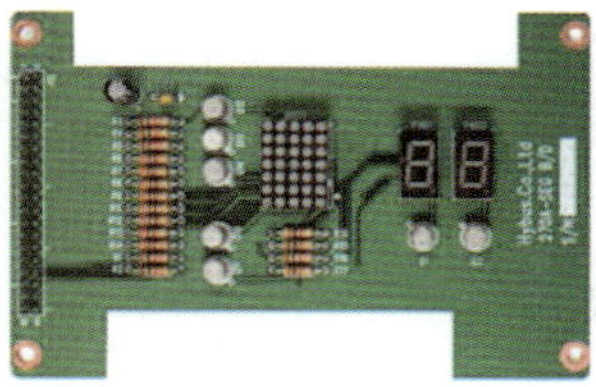 FND 2EA 5x7Dot Matrix
X-Hyper270A-ADC	**X-Hyper270A-DCM**	**X-Hyper270A-Bread Board**
 ADC0804 8bit 1ch	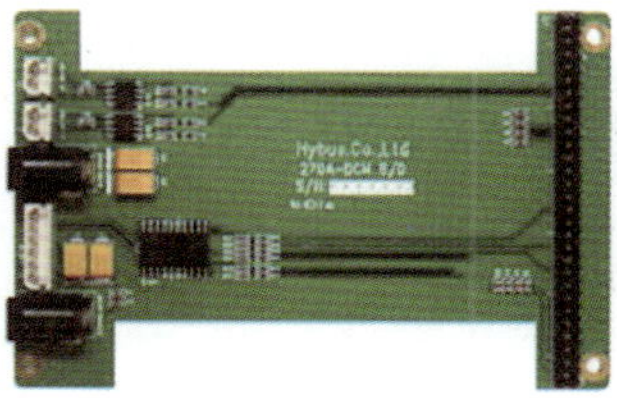 L293DD 4ch Driver MSGB048E01 7.5/step	 270A용 2.54mm 확장보드를 직접 제작할 수 있는 만능기판(Part List 제공)

| 제품 특징 |

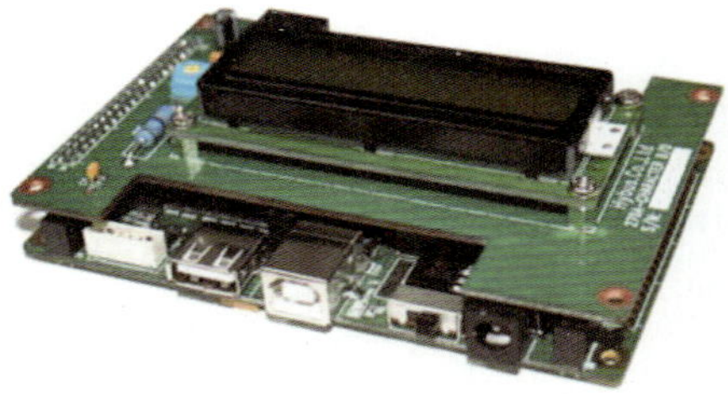

- Embbed System의 이해 및 설계하기 위한 최적의 구성
- 회로설계 및 제작 가이드 라인을 제시한 플랫폼
- 각종 테스트를 위한 다양한 시스템 프로그램 소스
- 제작한 하드웨어를 디바이스 드라이버로 제어하여 개발 능력 습득
- Marvell Xscale PXA270 Processor 탑재
- Embedded Linux 2.6.11 / WinCE 5.0
- 저전력, 초소형으로 다양한 분야에 응용가능
- 확장 커넥터를 통한 기능확장

| 만능 기판 실습예 |

| 실습교재 |

실습교안

- Linux Kernel linux-2.6.11-h270a_dt Source
- X-Hyper270A Bootloader Source
- Root File System(jffs2)
- 확장보드 디바이스 드라이버 / 어플리케이션
- X-Hyper270A, Daughter Board 회로도 제공

실습교재목차

1. 임베디드 시스템 개발환경구축
2. Linux Device Driver
3. STEP MOTOR Device Driver 회로 설계 및 응용
4. LED Device Driver 회로 설계 및 응용
5. KEY Device Driver 회로 설계 및 응용
6. FND Device Driver 회로 설계 및 응용
7. DOT Device Driver 회로 설계 및 응용
8. CharacterLCD Device Driver 회로 설계 및 응용
9. ADC Device Driver 회로 설계 및 응용

H-RUEM900

RFID/USN 교육용 실험 장비

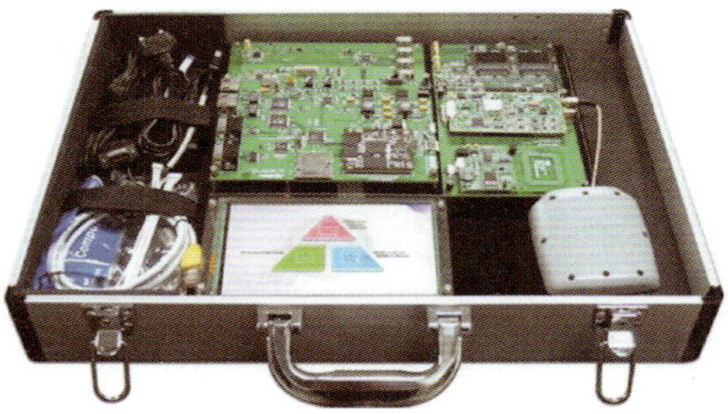

RFID, USN, 임베디드 시스템이 결합된 **유비쿼터스** 실험 장비

유비쿼터스 컴퓨팅 실험장비로서 RFID, USN, 임베디드 시스템 실험장치가 복합적으로 제작되어 서로간의 유기적인 동작 및 실험이 가능하다. RFID/USN 의 통신 기초 실험을 위해 변복조, 부호/복호화 실험을 위한 회로가 설계되어 FPGA를 통해 VHDL 코딩으로 자유로운 실험이 가능하다. 통신 파형을 하드웨어의 Test Point를 통해 직접 찍어서 오실로스코프로 확인이 가능하고 임베디드 시스템의 LCD를 통해 파형을 볼 수 있는 특징이 있다. 각 모듈별로 제품이 분리 및 연동이 가능하여 프로젝트 활용도 가능하다.

| 제품특징 |

- 유비쿼터스 컴퓨팅 실험 장비 가능 (RFID, USN, 임베디드 장비의 개별 실험 및 연동을 통한 융합 실험 가능)
- 최신의 PXA320 기반 임베디드 시스템 실험 가능
- 13.56MHz/900MHz RFID 실험 가능
- CC2420 기반의 USN 실험 가능, CC2430 기반의 USN 실험 가능 (Nano stack을 이용한 IP USN 실험 가능)
- VHDL 코딩을 통한 변복조 실험 가능
- VHDL 코딩을 통한 부호화, 복호화 실험 가능
- 변복조 된 데이터가 부호화, 복호화로 연결되어 실험 가능
- 학생이 직접 VHDL 코딩을 통해 작성된 결과물을 오실로스코프로 파형 측정 가능 (통신 원리를 깨닫고 직접 확인할 수 있는 장비)
- 임베디드 시스템의 Wide 7" LCD를 통해 변복조/부호화 등의 파형보기 가능
- 임베디드 시스템을 통한 RFID/USN 연동 실험 가능(재고 관리 프로그램)

| 구성요소 |

- 임베디드 시스템 (PXA320, 7" Wide LCD)
- RFID 시스템 (13.56MHz, 900MHz)
- USN 시스템 (CC2420, CC2430 기반 MOTE 내장, 2.4GHz, IP-USN, TinyOS2.0)
- 통신 기초 실험 시스템(VHDL을 통한 변복조/부복호 실험)

| Block diagram |

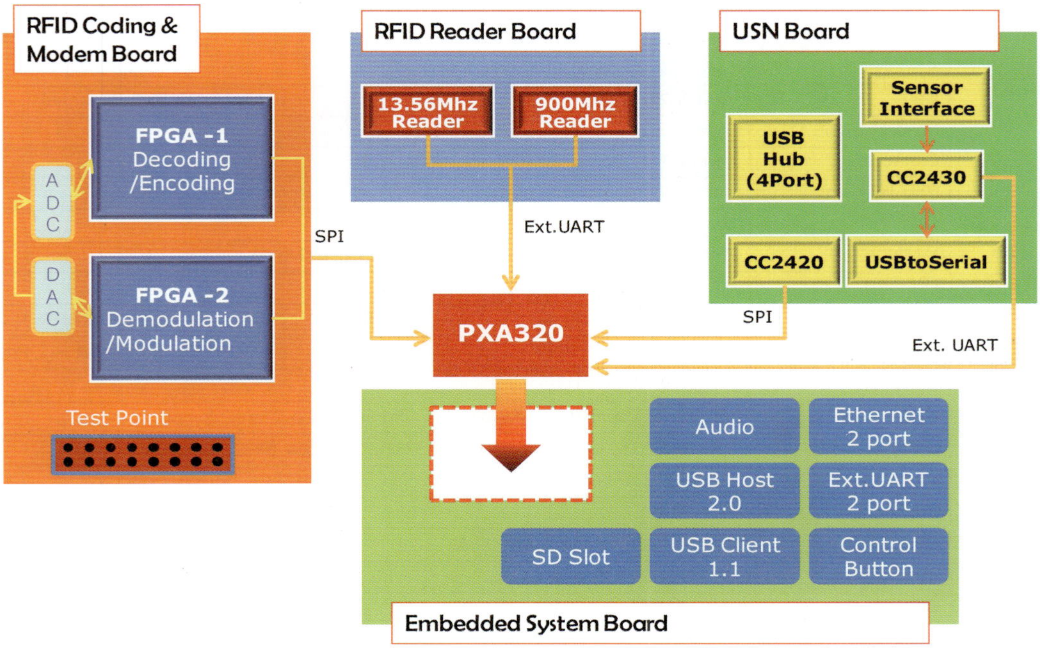

| 제품 H/W 구성 |

구분	항목	내용				
900MHz RFID Part	Protocols	ISO 18000-6 Type-B/C, EPC Gen 2				
	Frequency	910MHz ~ 914MHz (FHSS-15ch)				
	Communications	UART / USB Port	Operation Indicator	Buzzer		
	Power	Average active Current < 950mA @ 4.0 V				
	Reading Range	5 meters (Using 6dBi antenna)				
	Input Power	4V DC	Modulation	ASK-DSB	Tag	Card Type : 5EA
	Data rate	40 kbps (80 kbps available)	Encoding method	PIE(TX), FM0(RX)		
	Functions	Read / Write (Reserved/EPC/TID/User Bank)				
13.56MHz RFID Part	Protocol	ISO14443A, ISO15693	Frequency	13.56MHz, Mifare Type A		
	Read Range	5~10 cm (Panel Antenna)	Communication	RS232		
	Power	5V DC @ 150mA	인식속도	100mse		
	Environment	Operating temperature range: -20deg C to +70deg C				
	Tag	Card Type : 5EA (Plastic)				
RFID Coding Modem Part	Coding (Encoder/Decoder)	Encoder, Decoder (FPGA 10만 게이트) - NRZ, Manchester(bi-phase), Unipolar RZ, Miller, Modified Miller, Differential Test Point, VHDL Coding, FPGA Targeting				
	MODEM (Modulation, Demodulation)	MODEM (FPGA 10만 게이트) - 진폭 편이 변복조 (ASK: Amplitude Shift Keying) - 주파수 편이 변복조 (FSK: Freqency Shift Keying) - 위상 편이 변복조 (PSK: Phase Shift Keying) Test Point, Embedded Module과의 통신 (SPI 방식), VHDL Coding, FPGA Targeting				
USN Part	Processor	Hmote2430mini module(TI CC2430 Processor (SoC) (IEEE802.15.4 Processor/Radio Board - 2.4G) - MPU Block (Enhanced 8051 Core) Speed : 32MHz, Ram:8KB, Program space : 128KB - Radio Block (CC2420 Core) Frequency : 2.4GHz ~ 2.483GHz Data Rate : 250Kbps(Max)				
	Antenna	내장 PCB Antenna, 외부 확장 Antenna				
	OS	TinyOS 2.0, TinyOS1.2	IP-USN	Nanostack IPv6 (6lowpan)		
	Sensor	Light Sensor, Temperature/Humidity Sensor				
	Connector	Sensor 확장 Connector(센서 보드 확장 가능)				
	USB Hub	Hmote2430mini and Hmote2420 연동 기능				
Embedded Part	CPU	Marvell PXA320(806MHz) Processor				
	Memory	266MHz DDR SDRAM 128MByte / NAND Flash 128MByte				
	LCD	800 X 480(7 Inch Wide TFT Color LCD)				
	PMIC	PMIC MAX8660	CPLD	CPLD Xilinx CoolRunner-II		
	Touch Screen	Touch Screen Controller	Ethernet	10/100 Mbps Ethernet - 2 Port		
	Audio	Audio-AC'97(WM9712)				
	USB	USB HOST/Client 1.1 1Port(Internal) / USB HOST 2.0 2Port(External)				
	UART	Debug(RS232), GPS(TTL), FFUART(RS232), TL16C554 (RFID Reader & CDMA)				
	CDMA Module(Option)	CDMA 1x 153Kbps, EV-DO 2.4Mbps, W-CDMA 384Kbps, HSDPA 7.2Mbps				
	Connector	확장 핀				
	GPIO	Indicator LED 8EA & Button 8EA				
	SD/MMC	SD/MMC Card Socket				
	OS	Linux (WinCE 2차 개발)				

H-RUEM900

RFID/USN 교육용 실험 장비

| Application S/W |

Ubiquitous Sensor Network S/W

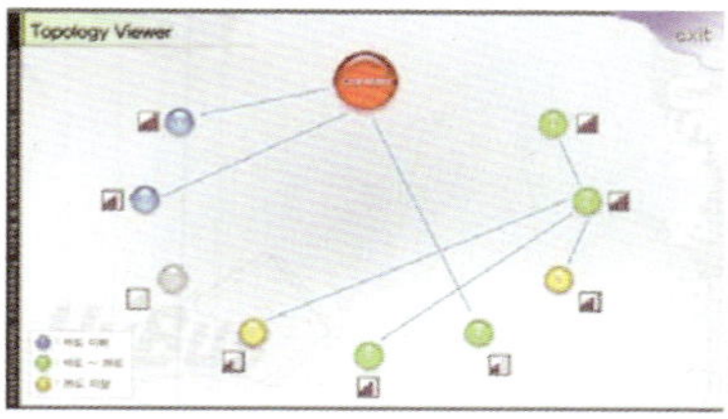

(Topology Viewer)

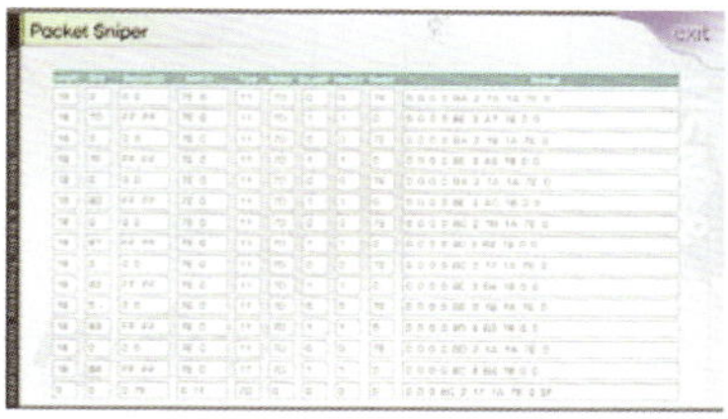

(Packet Sniper)

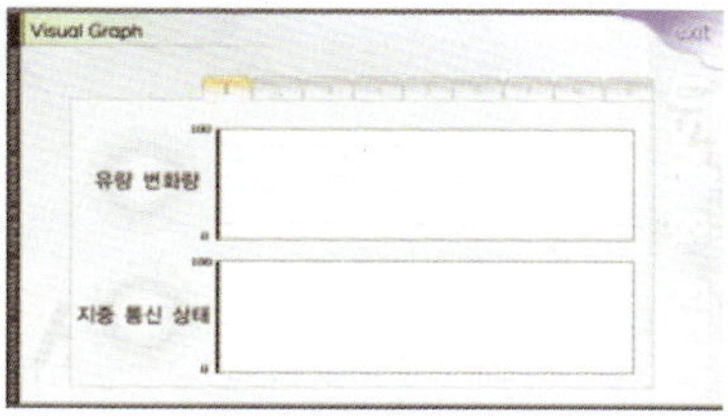

(Visual Graph)

RFID&USN 연동 무선 재고 관리 시스템

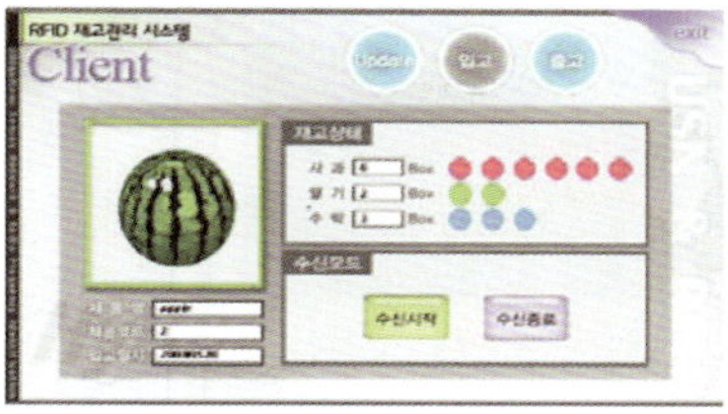

(RFID Client)

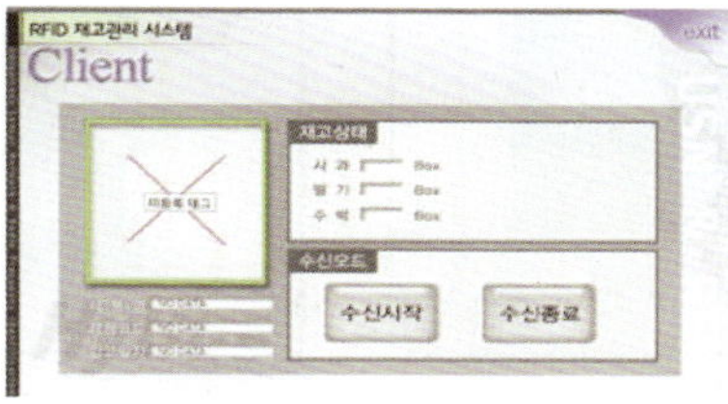

(RFID Client)

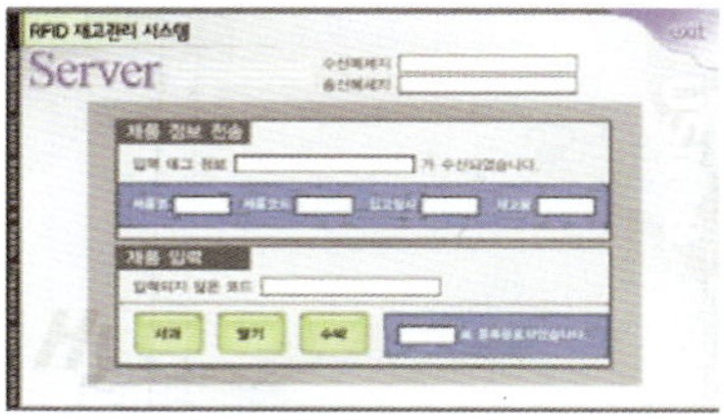

(RFID Server)

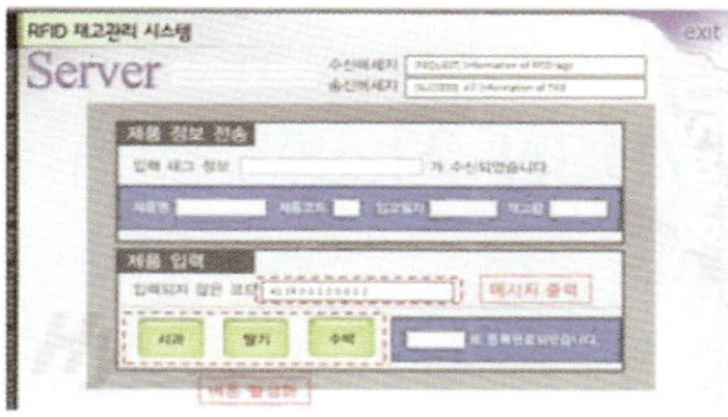

(RFID Server)

RFID Baseband Modem Control

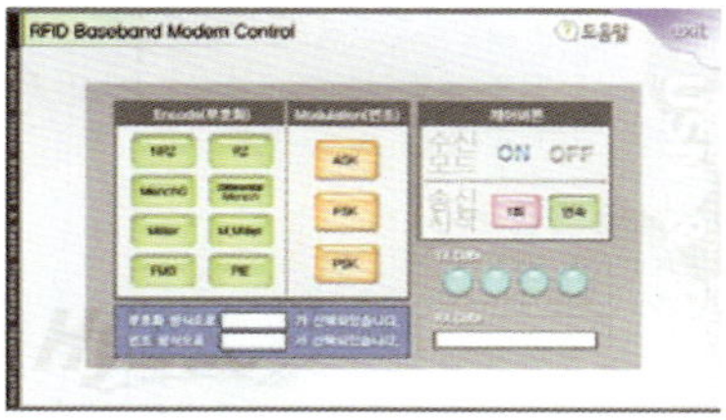

(RFID Baseband Modem Control)

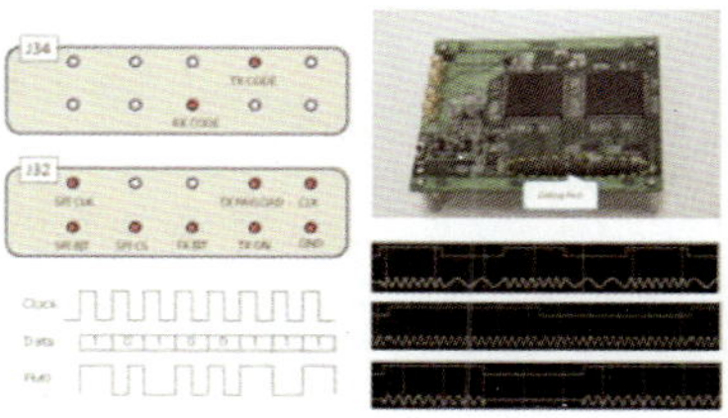

(Modem Control)

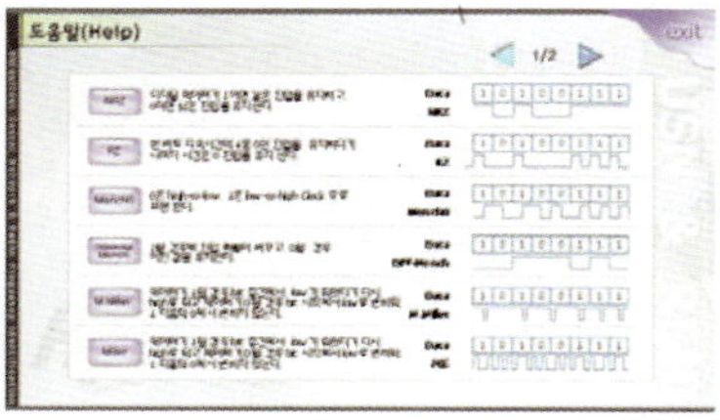

(도움말)

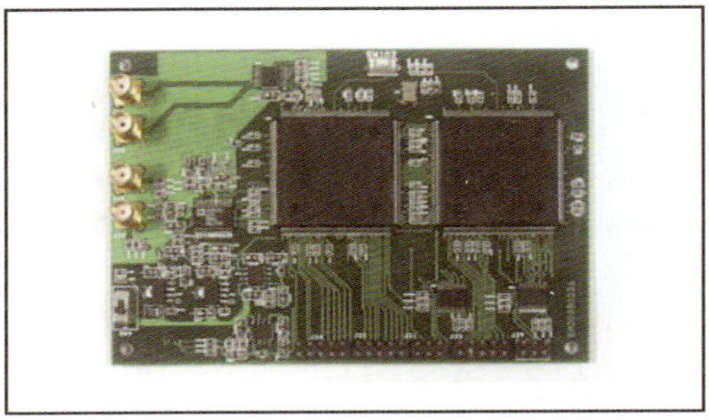

Coding & Modem Part

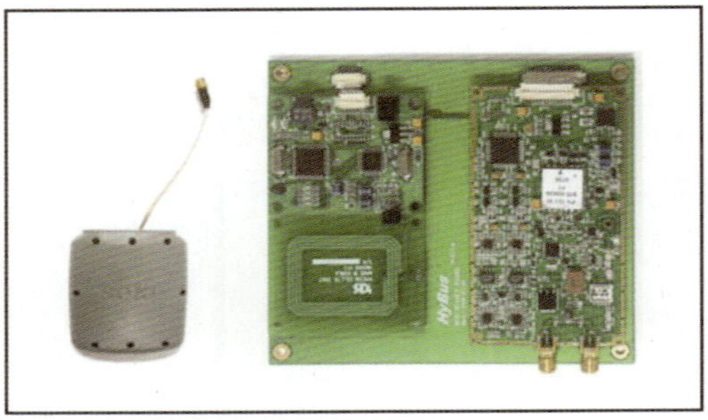

RFID Part(13.56MHz & 900MHz)

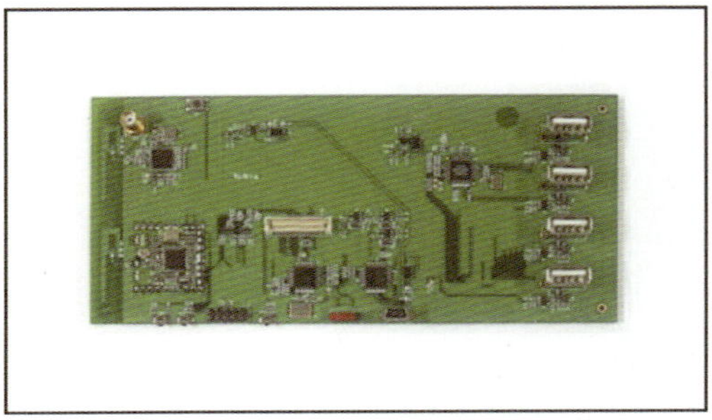

USN Part

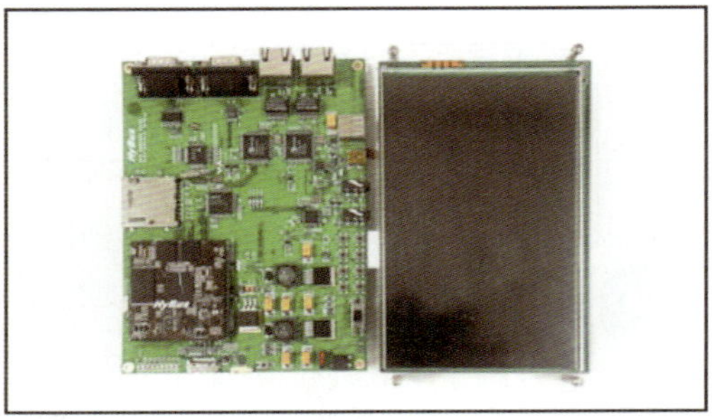

Embedded Part

| 실습 교재 |

RFID/USN 시스템 실습 및 응용

Contents

Embedded

HyBus Project & Services

X-Hyper320TKU

Marvell PXA320 기반 교육용 실습장비

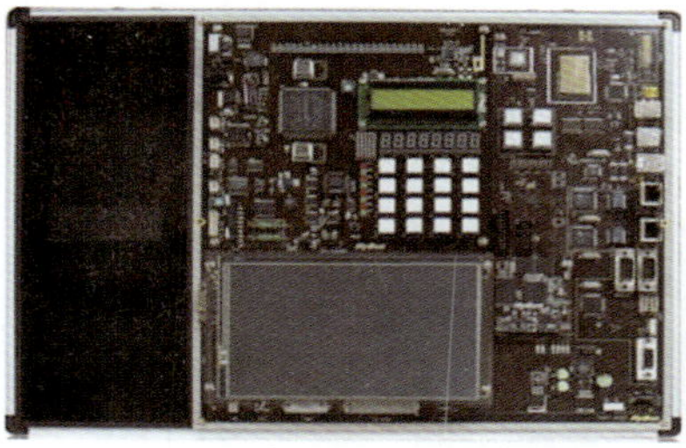

임베디드 시스템 기술 트랜드를 적용한 **교육용** 실험 실습장비

- WindowsCE5.0 / Linux 2.6 지원, Wide 7" TFT LCD 탑재
- 네비게이션, DMB 교육용 장비로 응용 가능
- DMB Module, WLAN Module, GPS Module, PMIC, USB2.0 기본 탑재
- EDU(Education for University) Board 탑재
  (FND, Dot, Text LCD, LED, Key Button, Step motor, DC Moto, ADC/DAC, ZigBee RF CC2420)

| 제품특징 |

- 강력한 성능의 최신 프로세서 Marvell PXA320(806MHz) 탑재된 최신의 교육용 임베디드 실습 장비 (PXA320은 PXA270보드 30% 빠른 Core speed 제공)
- 266MHz DDR SDRAM의 사용으로 기존 SDRAM 보다 빠른 실행 속도
- 업계에서 가장 많이 사용되는 Nand Flash Memory를 사용하여 현장의 개발 방향과 일치하고 대용량의 Nand Flash 교체가 보드 수정없이 가능
- 네비게이션, DMB 교육 실습 가능
- IEEE 802.15.4 RF Chip이 내장되어 무선으로 송수신 가능 (USN gateway 기능)
- EDU(Education for University) Board 가 기본 탑재되어 쉬운 디바이스를 통해 임베디드 실험을 쉽게 접근하고 추후에 고급 디바이스로 응용하여 실험하는 구조로 설계 (FND, Dot Matrix, Text LCD, LED, Button Step Motor, DC Motor, CC2420 RF Chip 등)
- Wireless LAN, GPS, 고해상도 Cmos Camera Module이 기본 탑재되어 있음
- 고성능 디바이스 탑재되어 뛰어난 성능의 멀티미디어 실습 가능
  (7" Wide Color LCD, VGA, CMOS Camera, Audio, IDE, USB 2.0, DMB, GPS, IrDA, CF, MMC/SD 탑재, FPGA 탑재)
- 획기적인 CPU change 기능, 추후 대체 가능 CPU (PXA300, PXA310, S3C6400, Au1250)

| 장비의 우수성 검증(H/W & S/W) |

- 수많은 산업용 임베디드 장비 개발 실적으로 우수성 입증
- 검증된 회로도
- 인텔 프로세서를 사용한 임베디드 장비 국내 최초 개발
- 하이버스 소스를 가지고 수많은 기업에서 개발하여 제품 생산
- ETRI 임베디드S/W단과 몬타비스타 리눅스가 선택한 장비
- ORACLE EMBEDDED DB가 포팅된 장비

| 실험 실습 교재 완비 |

- 임베디드 리눅스 강의 교재
- MS WindowsCE 5.0 강의 교재
- 강의 슬라이드 PPT 교재(임베디드 리눅스, WinCE5.0)

강의 교재 (임베디드 리눅스 설계 및 응용)

임베디드 시스템 설계 및 응용

PXA320 기반, Embedded Linux Kernel 2.6

1. X-Hyper320TKU 임베디드 리눅스
2. X-Hyper320TKU 임베디드 시스템 구성 및 성능
3. 임베디드 리눅스 시스템 개발 환경 구축
4. 시스템 호출과 주요 커널 함수
5. 모듈프로그래밍
6. 디바이스 드라이버 활용
7. X-Hyper320TKU 디바이스 드라이버
8. 임베디드_리눅스_시스템응용

* Windows CE.NET 5.0 교재 출시 예정

| X-Hyper320TKU 장비 구조 |

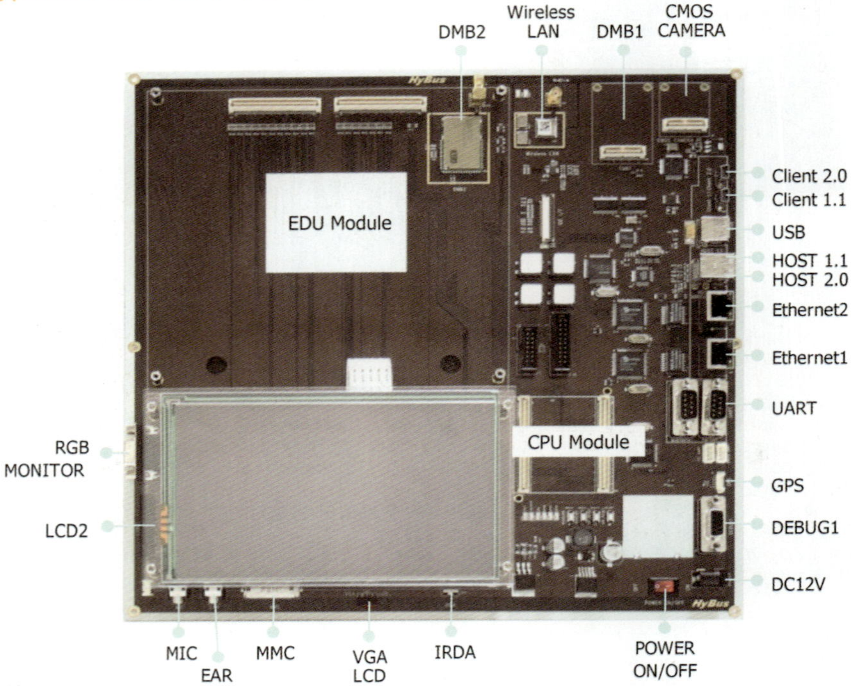

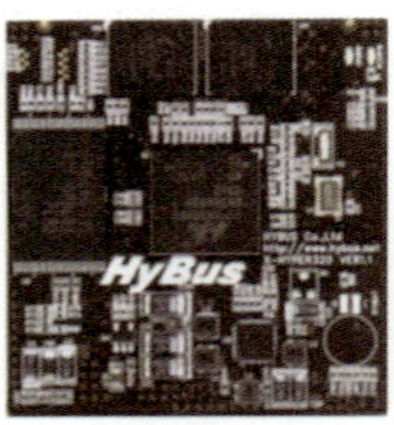

CPU Module

CMOS Camera

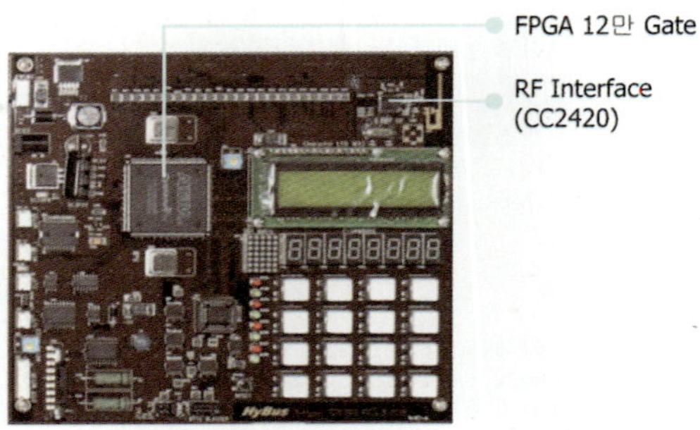

EDU Module

| EDU Module 교체 가능 |

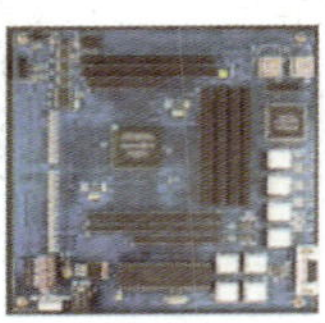

FPGA Module
(140만 게이트)

EDU Module
(기본)

EDU Module 2.0 Revision

- 각각의 디바이스를 Address별로 직접 제어 가능
- 디바이스들을 직접 제어해 봄으로써 디바이스에 대한 정확한 이해가 요구됨 (교육용에 적합)

LPM Module

- 16x16 RGB LED Module Interface 가능
- 각 색상당 9bit 크기의 밝기 조절 가능
- PXA270TKU와 LPM Module간 Interface를 CPLD에서 담당 (사용자가 마음대로 코딩 가능)